JN440531

인도네시아: 사람들과 역사들

Indonesia: Peoples and Histories

진 테일러(Jean Taylor) 지음, 여운경 옮김

진인진

존 스메일을 추모하며: 존경과 애정을 담아

목차

에세이 박스

그림

지도

서문

이 책에서 내 목표는 인도네시아인들을 자신들 이야기의 중심에 자리매김하는 것이다. 그러나 사실 단일한 이야기 혹은 역사라는 것은 존재하지 않고, 복수의 인도네시아사를 얘기할 때만 인도네시아인들이 주인공이 된다. 이 책이 집필되는 역사적 맥락에는 인도네시아 내부에서 어떤 지역들과 공동체들이 국가를 구성하는가에 대한 논쟁이 있었다. 그것은 학계의 공허한 주장이 아니라, 인도네시아의 공동체들 내부에서의 그리고 그들 간의 실제 분쟁에 대한 것이었다. 논쟁은 공개적 토론을 통해서, 또 폭력적 방법을 통해서 이루어졌다. 남성, 여성, 아이들이 죽고, 삶이 붕괴되고, 재산이 파괴되고, 사람들이 모이는 장소에는 두려움이 감돌았다. 이 책에서 나는 인도네시아의 공동체들 간의 연결고리를 만들려고 노력했는데, 그것은 역사적으로 이들이 하나의 민족으로 함께 살아야 할 이유를 보여주기 위함이지만, 동시에 서로 다른 그들의 역사를 보여주기 위함이다.

인도네시아에 대한 기존 연구에서는 자바(Java)와 다른 지역의 차이를 강조하는 오랜 전통이 있는데, 특히 이슬람에 대한 접근방식이 "교조적"이거나 "제설혼합적"이라는 점에서 그렇다. 내가 보기에는 "민속 이슬람(folk Islam)"이라는 개념을 이용하는 것이 종교적 믿음과 행위에 대한 접근방식을 이해하는 데 더 도움이 되는데, 그렇게 해야 자바인들을 군도(archipelago)의 다른 지역 무슬림 공동체들과 연결시킬 수 있고, 또 인도네시아 이슬람들(Islams)을 다른 지역의 이슬람 전통들, 역사들과 결부시켜 생각할 수 있기 때문이다. 자바의 차별성을 논함에 있어 대부분의 학자들은 인도네시아가 자바와 외부도서(Outer Islands)로 구성되어 있고, 핵심은 자바이고 다른 섬의 사회들이 주변부를 구성하고 있다는 자바인(혹은 네덜란드인)의 시각을 받아들였다. 이 주변부는 때로 말레이 - 무슬림 권역이라고 불렸는데, 이 역시 자바의 차별성을 시사하는 것이다.

모든 역사가들에게, 자바를 다루면서 "나머지" 지역을 어떻게든 포함하는 역사를 어떻게 쓸 것인가 하는 것은 매우 어려운 문제이다. 각 공동체는 자기 역사의 중심이다. 트르나테(Ternate)와 그 해상제국으로부터 시작되는 역사를 쓸 수도 있고, 아니면 아체(Aceh)를 편제의 중심으로 놓고, 말레이 반도와 수마트라에 있는 그 봉신국들을 포함시키고, 이 정치체들이 점차 자바에 중심을 둔 국가에 편입되는 과정을 보여주는 역사를 쓸 수도 있다. 1945년 인도네시아인들이 자신들의 국가를 만들 때 자카르타를 제외한 어떤 곳도 중심으로 제안되지 않았다. 고대 스리비자야 왕국의 중심지인 남부 수마트라의 팔렘방(Palembang)이 인도네시아라는 새 국가의 수도가 되어야 한다고 주장한 사람은 아무도 없었다. 군도에 이슬람을 처음 전파한 술탄국으로 알려진 파사이(Pasai)를 지지하는 사람도 없었다. 인도네시아인들에게는 자바와 자바인들이 국가의 핵심처럼 보였다. 이슬람과 힌두 역사의 상속자이자 네덜란드인들이 건설한 도시 자카르타가 인도네시아공화국 수도로서 적합한 장소로 받아들여졌다.

명칭(lables)은 역사서술에 있어 문제를 야기한다. 국제적으로 인정받은 "인도네시아"라는 독립체는 1949년 이전에는 존재하지 않았고 1910~20년대 이전에는 아예 상상된 일조차 없었다. "인도네시아인"이라는 명칭은 보기에는 단순하지만, 그것은 인도네시아 군도, 중국, 인도, 아라비아, 유럽 등지에서 온 조상을 둔 시민들을 포괄한다. 정치적, 종교적 열정때문에 "인도네시아인" 이라는 명칭은 종종 아라비아나 군도 출신 조상을 둔 사람들을 위한 것으로 여겨진다. 예를 들어, 어떤 인도네시아인을(내가 이 글에서 그러는 것처럼) "중국인

(Chinese)"이라고 명시하는 것은 유감스럽게도 그 사람이 "진짜" 인도네시아인이 아니라는 것을 암시하고 강조한다. 어떤 학자들은 중국계 인도네시아인(Chinese Indonesian)이라는 표현을 사용한다. 그렇다면, 논리적으로는 미낭카바우계 인도네시아인, 아랍계 인도네시아인, 자바계 인도네시아인 등의 표현도 사용해야 한다. 마찬가지로, "네덜란드인(Dutch)"이라는 단어도 단순히 네덜란드에서 태어난 사람을 지칭하는 것처럼 보인다. 그렇지만 인도네시아 역사에서 네덜란드 군대는 보통 십수 명의 유럽인과 수백 명의 발리인, 자바인, 바타비아인, 티모르인(Timorese), 부기스인(Buginese), 암본인(Ambonese) 군인들로 구성된 집단을 의미했다. 민족주의 역사, 제국주의 역사, 그리고 탈식민주의 역사는 식민주의를 백인에 대항하는 유색인종의 거대한 드라마로 묘사했지만, 보통 사람들에게 그 드라마는 더 복잡한 것이었다.

네덜란드의 지배는 많은 술탄국들(sultanates)을 포함하는 단일 정치 단위를 만들어냈다. 그것은 무슬림, 기독교도 인도네시아인들이 도로, 철도, 증기선 루트를 이용해서 식민지 공간을 돌아다니게 만들었다. 네덜란드의 지배는 이전에 산발적으로만 만나던 인도네시아인들이 지속적인 상호관계를 형성하게 했다. 네덜란드인들은 또한 인쇄기, 전신, 백신 등 새로운 기술을 도입하고 적용하는 데 있어 중개인 역할을 했다. 인도네시아인들은 외부의 지배를 거부했지만, 전기나 기계화된 교통수단을 없애자는 목소리는 없었다. 오래 지속된 또 다른 네덜란드의 유산은 기독교인 유럽인 지배에 의한 감정적 영향이었다. 네덜란드가 만든 국가의 경계들은 오늘날 도전받고 있으며, 기독교의 영역과 무슬림 인도네시아인에 대한 권위도 제한되고 있다.

이 책의 핵심 주제는 이동성(mobility), 특히 이동하는 사람들(mobile men)이다. 인도네시아인들이나 외부자들이 남긴 문헌들은 방랑하는 성자들, 학자들, 상인들, 짐꾼들, 반란 군주들,(때로 지역 영웅이라 불리던) 폭력배들이 여행하는 모습을 보여준다. 네덜란드인들이 본 인도네시아는 바다의 해적, 육지의 부랑자들, 성가신 예언자들이 있는 거친 공간들로 가득찬 곳이었다. 인도네시아 설화들은 신성함이나 높은 신분의 신부를 얻기 위해서, 혹은 타고난 권리를 되찾기 위해서 싸우며 숲길을 헤쳐나가거나 바다를 항해하는 영웅의 방랑기를 들려준다. 유배 혹은 초지역적 이주(transmigration)는 인도네시아 군도의 왕들이나 네덜란드 총독들의 도구였고, 오늘날에는 인도네시아 대통령들의 도구이다. 민병대와 고용된 폭도들이 산속 은신처나 도시 빈민가에서 봉기해서 사회에 흔적을 남기고, 사회를 새로운 방향으로 끌고가려 하기도 했다. 과거에 공동체들은 평행한 세계에 살고 있었고, 그들의 삶이 서로 맞닿는 경우는 많지 않았다. 오늘날, 그들의 차별성을 위한 공간이 줄어들면서, 인도네시아의 일부 공동체들은 억압받고 있다. 인터넷은 근본적인 변화를 가져왔다. 예전같으면 가둬지거나 억압될 수 있었던 생각들이 그 공간에 던져지고, 거기서 모든 이의 생각과 경쟁하고, 분노와 증오를 부채질하고, 음모론자들을 키워내고, 모든 종류의 이상주의자들에게 영감을 준다.

인도네시아 역사의 외부자가 쓴 이 책이 인도네시아인들에게는 국사 교과과정과 역사를 살아온 개인의 경험을 통해 배워온 그들의 역사를 이상하고 낯설게 서술하는 것으로 여겨질 수 있다. 이 책은 다른 사람들에게 지극히 중요한 것으로 여겨지는 시기, 사건, 사람들을 기껏해야 조금씩 다룰 수 있을 뿐이다. 나는 보통사람들의 삶, 문제, 만남을 포함시키기 위해서, 큰 사건들과 더불어 사소한 주제들과 잘 알려지지 않은 인물들을 통해서 인도네시아 역사들(Indonesian histories)을 서술하려 노력했다. 아주 많은 인도네시아 역사들이 존재한다. 이 책에 포함된 내용은 하나의 예일 뿐이다.

이 책은 계속되는 서사와 각 장에 삽입된 짧은 에세이들을 결합했다. 에세이 박스들은 테마들, 사람들, 예술품들, 학자들의 다양한 해석, 그리고 달력, 칼리프, 이슬람 사원 디자인 같은 주제들을 다룬다. 몇몇 에세이들은 한 주제를 여러 시대와 연결시킨다. 불교에 대해 잘 알거나 혹은 인도네시아에서 공공장소에서의 키스가 의미하는 것이 무엇인지 아는 독자들은 이들 주제에 대한 에세이를 건너뛰면 된다. 일부다처제의 정치, 동전의 역사, 혹은 "므르데카(*merdeka*)"의 의미에 대해 알고 싶은 독자들은 해당 에세이로 바로 가도 된다. 책의 목차 뒤에 각 에세이의 제목과 페이지 위치가 나와있다.

자료들은 각 장별 참고문헌에 정리되어 있다. 개설서이기 때문에 영어로 된 문헌들을 주로 참조했지만, 특별히 가치있다고 생각되는 인도네시아어, 네덜란드어, 프랑스어 단행본과 논문도 포함시켰다.

지명과 인명의 철자는 근대화된 체계를 따랐다. 고문헌은 Aceh를 Achin으로, Jakarta를 Djakarta로, Maluku를 Moluccas로, Melaka는 Malacca로, Sulawesi는 Celebes로 표기한다. 이 책에서는 보르네오(Borneo)섬의 2/3에 해당되는 인도네시아 영토에 대해서는 칼리만탄(Kalimantan)을 사용한다. 서이리안(West Irian)은 파푸아(Papua)로 개명되었고, 과거 인도네시아의 한 주였던 동티모르(East Timor)는 티모르 로로세(Timor Loro Sa'e)라는 국가가 되었다. 인도네시아어나 다른 언어로 된 단어들은 책에서 처음 등장하는 부분에 번역해 놓았다. 두 번 이상 사용된 용어들은 용어사전에 철자순으로 정리했다.

참고문헌은 내가 과거와 현재 학자들에게 입은 은혜를 잘 보여준다. 특별한 감사를 표해야 할 분들을 거명하고 싶은데, 내가 이 책을 헌정하는 내 스승 제이미 맥키(Jamie Mackie)와 존 스메일(John Smail)부터 시작하고자 한다. 두 분은 내가 인도네시아에 관심을 갖도록 이끌어주셨고, 그에 대해 생각하는 방식을 알려주셨다. 예일대학 출판사에 내가 이 책을 쓰도록 제안해 준 것에 대해 앤서니 리드(Anthony Reid)에게, 그리고 출판사 여러분들의 인내심과 역량, 지원에 감사한다. 네덜란드 라이덴의 왕립 언어학 인류학 연구소(the Royal Institute of Linguistics and Anthropology)의 사료실 직원들은 내가 수년에 걸쳐 그곳의 훌륭한 사진 컬렉션을 이용할 수 있도록 허락해주었다. 특히 헤릿 크납(Garrit Knaap)과 도로시 뷔어(Dorothie Buur)에게 감사를 표한다. 이 책에 쓰인 그림을 제공받도록 도와준 얍 안텐(Jaap Anten)에게 감사드린다. 자카르타의 론타르 재단(Lontar Foundation), 특히 하니 시티 하사타(Hani Siti Hasanah)와 존 맥글린(John H. McGlynn)에게, 그들의 도움 그리고 글에 나온 그림의 재사용을 너그럽게 허락해준 것에 대해 감사드린다.

뉴사우스웨일스대학교(University of New South Wales) 인문대는 내가 국제학술대회에 참석하고 인도네시아를 재방문할 수 있는 여비를 지원하고 연구와 집필을 위한 휴직을 허가해줌으로써 이 책을 후원했다. 사학부 동료들은 내 계획을 지지하고, 강의 일정을 재조정해주고, 격려를 아끼지 않았다. 특히 로저 벨(Roger Bell), 이안 티렐(Ian Tyrrell), 그리고 동남아시아사 분야 동료들인 이안 블랙(Ian Black), 존 잉글슨(John Ingleson), 미나 로세스(Mina Roces)에게 감사를 표한다. 근대언어학부 동료들인 로차야 마칼리(Rochaya Machali), 데이빗 리브(David Reeve), 에드워드 아스피날(Edward Aspinall)의 전문적 지식이 큰 도움이 되었다. 사회과학 사서인 마가렛 아스타르(Margaret Astar)의 학술적 도움과 우정에 감사드린다.

내 동료들인 바바라 왓슨 안다야(Barbara Watson Andaya), 찰스 코펠(Charles Coppel), 로버트 크립(Robert Cribb), 낸시 플로리다(Nancy Florida), 티네케 헬비크(Tineke Hellwig), 클라이브 케슬러(Clive Kessler), 엘렌 래퍼티(Ellen Rafferty), 마이클 판 랑엔베르크(Michael van Langenberg)는 친절하게도 그들의 풍부한 지식을 공유해주었다. 도널드 에머슨(Donald Emerson)은 나와 오랜 시간동안 여러 장소에서 계속해서 인도네시아에 대한 대화를 나눴다. 이 책 12장에 대한 그의 상세한 코멘트와 끊임없는 격려에 감사를 표한다. 책 초반부 장들에 상세한 코멘트를 해준 볼프강 린저(Wolfgang Linser)에게 감사드린다. 로리 시어스(Laurie Jo Sears)와 이안 블랙에게는 특별한 감사를 전한다. 그들은 이 책의 원고를 모두 읽고 소중한 시간을 투자해서 품위 있고 빈틈없는 코멘트를 해주었다. 로버트 크립은 이 책에 쓰인 지도를 그려주었는데, 자신의 특별한 기술과 지식을 이 책을 위해 제공해준 것에 대해 감사드린다.

사실 연구만큼이나 가르치는 과정을 통해서 많이 배우게 된다. 그런 점에서 박사과정 연구와 통찰력, 친절함을 통해 많은 것을 가르쳐준 이스칸다르 누그라하(Iskandar P. Nugraha)와 크리스타르니아르시(Kristarniarsi)에게 감사의 마음을 전하고 싶다. 특히 자바에서 시간여행을 체험하게 해준 이스칸다르 누그라하와 토니 우르잔토노(Tony B. Wurjantono)에게 감사한다. 토마스(Thomas)와 미에케 넬완(Mieke Nelwan)의 환대와 오랜 우정, 내 가족에 대한 사랑에 대해 감사드린다.

내 아들과 남편은 이 책을 "끝나지 않을 책"이라고 불렀다. 세상의 어떤 여성 학자도 이보다 더 힘이 되어주는 두 남자를 가질 수 없을 것이다. 전문적 컴퓨터 지식을 제공해준 해리(Harry)와 유머로 나를 지탱해준 하워드(Howard)에게 감사의 마음을 전한다.

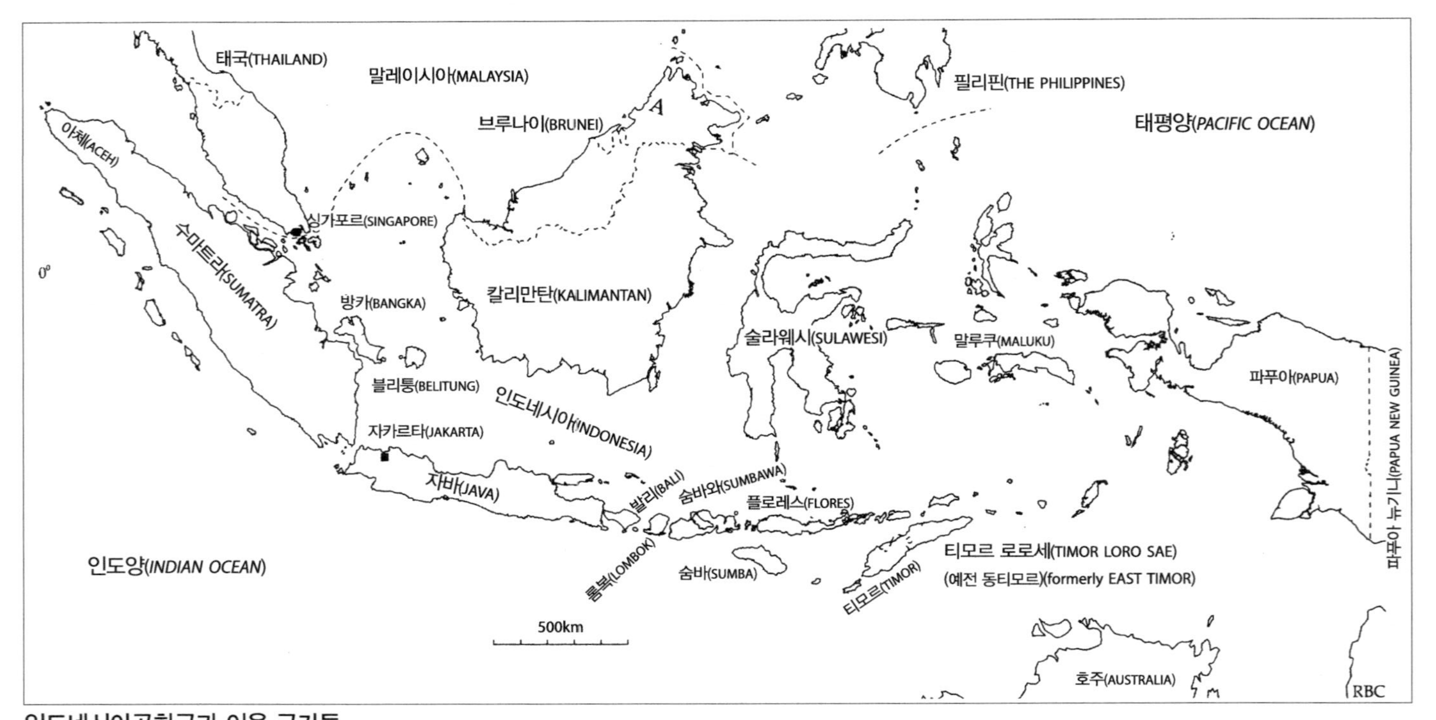

인도네시아공화국과 이웃 국가들

• • • •

서론

인도네시아는 세계에서 네 번째로 큰 국가다. 석유, 천연가스, 각종 공산품의 중요 수출국으로서, 서구와 일본의 원조와 자금 투자의 주요 수혜국으로서, 세계에서 가장 많은 무슬림 인구를 가진 국가로서 중요성을 지닌다. 2억 3천만 명이 넘는 인구가 300개가 넘는 언어를 사용하는, 17,506개의 섬으로 이루어진 군도 국가이다. 독립 공화국으로서 50년이 넘게 유지되었는데, 그 이전에는 네덜란드 식민지, 그리고 이슬람 군주들의 권역이었다. 자바 중심부에는 9세기에 건축된 세계 최대의 불교 사원이 남아 있고, 발리에는 힌두교의 한 형태가 살아있다. 주변부의 일련의 기독교 공동체들이 자바를 둘러싸고 있다.

인도네시아는 근대적 개념으로, 1850년경 네덜란드 군인들의 마음 속에 처음으로 구상되고, 1890년대에는 네덜란드 민간 정치인들에 의해 채택되고, 1914년에 이르러 실현되었다. 네덜란드 식민국가의 주요 도시에 살면서 네덜란드어로 가르치는 학교에서 공부한 인도네시아 청년들은, 그 식민국가를 모두의 정체성의 중요한 초점으로 삼되 자치를 획득하려는 목표를 품었다. 그들이 이 야심찬 계획을 실행하려 했을 때 사람들의 마음에는 이미 이슬람이라는 정체성이 들어와 있었다. 이런 자기이해는 무슬림 왕의 신민이라는 정체성으로부터, 기독교도 유럽인과 연합한 무슬림 귀족이 지배하는 땅의 무슬림이라는 자기 인식으로 단계적으로 진화해왔다. 인도네시아인의 정체성을 주창하는 사람들은 무슬림들 사이에서 기독교도의 지배에 대한 반대를 불러일으키려는 다른 청년들과 경쟁했다. 또 어떤 사람들은 민족주의자들이 칭송하는 인도네시아 문화의 독특한 특성을 버리고 이슬람을 아랍적인 것(Arabness)과 나란히 놓기 위해, 이슬람에서 토착적 뿌리를 떼어내기를 원했다.

이 책은 정치사라기보다는 사회사이다. 이 책은 군도 사람들이 현재의 인도네시아공화국에 이르는 여정을 기술한다. 이 책은 보다 큰 그림에 영향을 주면서 한편 영향을 받고, 그 아래 가려지지만 그것 때문에 사라지지 않는 병행하는 역사들을 보여주기 위해서 성인 남녀들과 아이들의 삶을 오두막, 작업장, 왕궁 등의 배경 속에서 보고자 한다. 이 책의 부제가 "사람들과 역사들(*Peoples and Histories*)"인 것은, 다수의 과거가 합쳐져서 인도네시아라는 국가를 이루었기 때문이다.

나는 과거란 사람들에 대한 사실들 그리고 알 수 있고 실증 가능한 과정들로 구성된다는 것을, 그리고 각 역사가의 개성과 도덕적 판단에 따라서 해석이 사실을 선택하고 또 드러내지 않는다는 것을 믿는다. 모든 저술가는 특정 계급이나 성별, 혹은 지역을 강조하는 아젠다를 지녔다. 저자에 따라 경제사나 기술사에 재능이 있기도 하고, 어떤 배경속의 개인들에 매료되기도 한다. 인도네시아 역사에 대한 내 접근방식은 아시아라는 배경 속에서 인도네시아인과 네덜란드인의 만남에 대한 초기의 흥미에서 자라났다. 그 관심은 그 만남 이전, 이후의 다른 과거들과 시간들로 이어졌다.

근대 인도네시아의 대통령들은, 네덜란드 식민지가 완성된 형태로 이 지역을 지배한 것보다 더 오랫동안 존재해 온 국가를 통치해왔다. 이들은 판차실라(Panca Sila)라는 국가 이데올로기를 통해 인도네시아인의 심오한 정체성을 만들어내기 위해 현대 세계에서 구할 수 있는 기술들에 의존했는데, 판차실라의 이상적인 신봉자들은 유일신, 단일한 인도네시아인의 정체성, 세계 속에서 인도네시아의 위치, 정치 조직에 대한 자체적 해법, 공정하고 풍요로운 사회를 믿는다. 이 국가 철학이 이슬람과, 그리고 알라신과 무하마드(Muhammad), 이슬람법, 국제 이슬람 공동체 내에서의 인도네시아의 위치에 대한 이슬람의 헌신과 경쟁한다.

인도네시아 초대 대통령인 수카르노(Sukarno, 재임 1945~1967)는 국가 차원에도 적용될 수 있는 상호 부조, 토론, 합의제가 있는 마을 공화국들(village republics)의 땅으로 인도네시아를 인식했다. 인도네시아 최초의 여성 법 전공자인 마리아 울파 산토소(Ulfah Santoso)는 같은 경관을 둘러보면서 일부일처제와 참정권을 원하는 여성들을 보았다. 1945년 그녀는 권리장전을 통한 모든 인도네시아인의 보호를 지지했다. 1893년부터 1939년까지 수라카르타(Surakarta) 공국의 지배자였던 파쿠부워노(Pakubuwono) 10세는 자바의 왕으로 인정받기를 원했다. 공상가였던 카르토수위르요(Kartosuwiryo)는 추종자들이 붙여준 이맘(imam)이라는 칭호를 받아들였고, (세속 국가로부터) 멀어질 것을 설파하고, 이슬람 국가(Islamic state)를 도입하기 위해 자신의 민병대를 출정시켰다. 공산주의 행동가인 탄 말라카(Tan Malaka)는 세습되는 왕, 귀족, 식민지 총독을 일소하기 전에는 보통의 인도네시아인들이 가치 있는 삶을 살 수 없을 거라 생각했다.

독립 인도네시아에 대한 이상은 봉기와 전쟁을 촉발시켰다. 1926년과 1927년에 인도네시아 공산당 지부들이 네덜란드 지배를 무너뜨리려는 시도를 했다. 1943년에는 일본의 군도 점령에 저항하는 무장단체가 반란을 일으켰다. 1945년에는 전시 일본 제국이 무너진 후 네덜란드의 식민지 재점령을 막기 위해서 무장 집단들이 전투를 시작했다. 1948년에는 (무슬림) 신의 군대(Army of (the Muslim) God)와 인도네시아 공산당 군대가 각각 자신들이 생각하는 인도네시아의 실현을 목표로 인도네시아공화국 군대를 공격했다. 1950년대 암본(Ambon), 술라웨시(Sulawesi), 수마트라(Sumatra), 서부 자바(West Java)의 반군과 분리주의자들도 마찬가지였다. 1965년, 수하르토 장군은 인도네시아공화국을 공산주의로부터 보존한다는 목적으로 정규군, 지역 민병대, 개인들을 인도네시아 좌익들에 저항하도록 부추겼다. 1974년부터 1979년까지 동티모르에서의 무장, 민간 저항은 인도네시아라는 이상에 대한 도전이었다. 오늘날 아체와 파푸아에서 정치인들과 민병대들이 인도네시아라는 이상에 도전하고 있다.

오늘날 인도네시아인들은 어떤 통치체제가 있어야 하는지, 전체의 이익을 위해서 어떤 권리가 제한되어야 하는지, 나라가 어떤 방향으로 나아가야 하는지, 그리고 무슬림들의 국가가 오래 지속되는 민주적 형태를 만들어낼 수 있을지에 대해 논쟁한다. 이 논쟁의 개방성과 격렬함은 1998년 32년에 걸친 수하르토 체제의 종식 덕분이다. 여러 집단들이 인권, 독립적 사법체제, 책임 있는 정부를 위한 캠페인을 벌이지만, 서구 언론은 인도네시아를 세속적 서구(West)에 적대적인 곳, 차이를 옹호하는 사람들의 권리를 압살하고자 하는 이슬람 민병대의 땅으로 묘사한다.

최근까지 인도네시아는 서양에 대해 이슬람 국가로서보다는, 웃는 얼굴과 이국적 무희, 낙원 같은 풍경의 땅인 발리(Bali)를 통해 스스로를 묘사했다. 서양 학자들은 한때 자바인들의 내면 생활의 고요함, 그 철학의 심오한 관용에 대해 저술했다. 이제 저술가들은 반대자들과 공공영역 전반을 겨냥한 국가 테러의 다양한 형태의 폭력에 초점을 맞춘다. 한때 인도네시아는 중국과 서양을 잇는 거대한 해상로에 걸쳐 있다는 이유로, 또 거주민들이 이른바 세계 종교(이슬람, 불교, 힌두교, 기독교)를 믿는다는 이유로, 세계의 교차로라고 표현되었다. 현재 이 교차로는 불법 인신매매의 지역으로 더 자주 논의된다.

자신이 속한 지역에서 인도네시아는 가공스러운 존재이다. 인구가 훨씬 더 많고 남는 노동자들을 인접국들에 수출한다. 반체제인사들은 지역으로 숨어들어서 종족, 종교, 정치 갈등을 선전한다. 인도네시아의 이상주의자들은 지역 젊은이들을 종교적 목적을 위해 끌어들이는데, 그 대중문화는 지역의 말레이 젊은이들에게 근대성과 "쿨함"의 메시지를 내보낸다. 인도네시아의 부자들이 보다 안전한 지역 경제에 투자하는 반면, 이 곳의 목재, 광물, 값싼 노동력은 다국적 기업들의 관심을 끈다. 때로 인도네시아는 인접국인 티모르 로로세, 말레이시아, 싱가포르, 브루나이, 필리핀, 파푸아 뉴기니(Papua New Guinea), 호주에 위협적인 존재처럼 보인다.

인도네시아 역사는 자신이 속한 지역에서도 제대로 알려지지 않았다. 잡지 기사와 다큐멘터리가 화재와 홍수 같은 환경 재해, 2001년 공화국 5대 대통령에 여성이 선출된 것, 2002년 비무슬림 외국인을 몰아내고 인도네시아를 이슬람 법이 지배하는 국가로 만들자는 요구 등의 파편적 정보를 전한다.

많은 인도네시아 지식인, 정치가, 언론인들은, 외국인들(주로 서구)이 인도네시아를 이해하지 못하고, 인도네시아가 직면한 복잡한 문제들을 전혀 파악하지 못하고, 인도네시아인들의 열망에 부합하고 평범한 사람들에게 풍요와 평화, 정의를 가져다줄 정치형태를 찾으려는 인도네시아들의 분투에 전혀 공감하지 못한다고 믿는다. 많은 인도네시아인들은 서구 정부들과 국제 인권기구들이 군도의 동, 서쪽 끝에서 일어나는 반체제운동을 지원함으로써 인도네시아의 분열을 꾀한다고 믿는다. 이들은 모순을 지적한다. 서구는 인도네시아의 부패한 정치, 군사, 사업 엘리트 연결망을 지원하고 그와 협력하면서, 그리고 종족분쟁과 자연재해를 피해 달아난 내부 망명자들은 방관하면서, 인도네시아에게 인권과 경제 운영에 대해 가르치려 한다는 것이다.

내가 이 글을 쓰는 시대적 배경에는 기나긴 수하르토 체제의 몰락과, 세 명의 새 대통령의 빠른 교체가 있었다. 수하르토 체제에서는, 질서, 안보, 경제발전 중심의 공식 정책이 모스크바나 메카를 향한 열정을 대체했다. 인도네시아는 남녀 모두를 위한 교육과 의료서비스의 계속적 확대, 쌀농사 자급 성취와 산업화를 위한 프로그램 등의 경제적 성취를 통해서 비동맹 국가들 사이에서 지도적 위치를 회복했다. 1990년, 처음으로 수출 가치에 있어 공산품이 원자재를 넘어섰고, 수백만 명의 인도네시아인이 생활수준 향상을 경험하게 되었다. 1997년 아시아 통화 위기로 은행과 기업들이 무너지고 인도네시아 인구의 절반 이상이 정부가 규정한 빈곤층으로 전락하면서 이 성과는 무위로 돌아갔다.

수하르토 정권은 특정 종족 대상의 학살, 분리운동, 통제력을 잃은 것처럼 보이는 군부 등의 혼돈 속에 해체되었다. 이제 새로운 권력 투쟁과 비전들의 경쟁이 여러 가능성을 배태한 인도네시아의 상황을 보여준다.

• • • •

이른 시작: 물질문화를 통해 본 역사

처음에 인도네시아는 존재하지 않았다. 자바, 수마트라, 보르네오 등의 섬들은 지협들을 통해 유라시아 대륙과 연결되어 있었다. 솔로(Solo) 계곡에서 발견된 유골들은 150만년 전 자바에 인간 조상들이 살았다는 유일한 증거이다. 기원전 4만년 전 경부터 인류사회가 희미하게 모습을 드러낸다. 초기 공동체의 후손들은 오늘날 인도네시아 군도 주변부, 뉴기니(New Guinea), 멜라네시아 섬들, 호주, 그리고 말레이 반도와 필리핀 고지대에 살고 있다. 최근까지도 그들은 숲에서 사냥을 하고, 덩이줄기를 채집하고, 조각난 석기를 생산했다. 인도네시아 섬들에서 이들은 섬들이 아시아 대륙과 분리된 이후 이주한 사람들 속에 흡수되거나 그들에 의해 밀려났다. 이 도서부 세계에서 인간의 흔적, 제조품, 농경의 증거가 같이 발견된 제일 오래된 장소는 그 시기가 기원전 6세기까지 거슬러 올라간다.

옛 문헌들은 이주 물결에 대해 얘기하는데, 이것은 사람들이 아시아 대륙의 정해진 장소에 모여서 남쪽 땅에 있는 알려진 목적지—이쪽으로 가면 베트남, 저쪽으로 가면 자바—를 향해 내려간다는, 강렬하지만 잘못된 인상을 불러일으킨다. 오늘날 인도네시아인들 사이에 발견되는 다양성은 다른 인종들의 개별 이주의 결과물이 아니다. 그것은 군도 내부에서 한 종족언어집단의 구성원들이 다양한 현장에 적응하고, 기존 공동체들과 섞이고, 다른 시간에 다른 방식으로 외부 문명의 영향에 대응한, 길고 점진적인 팽창의 생산물이다. 오늘날 군도의 대규모 인구집단들은 남중국에서 왔다는 공통점이 있고, 오스트로

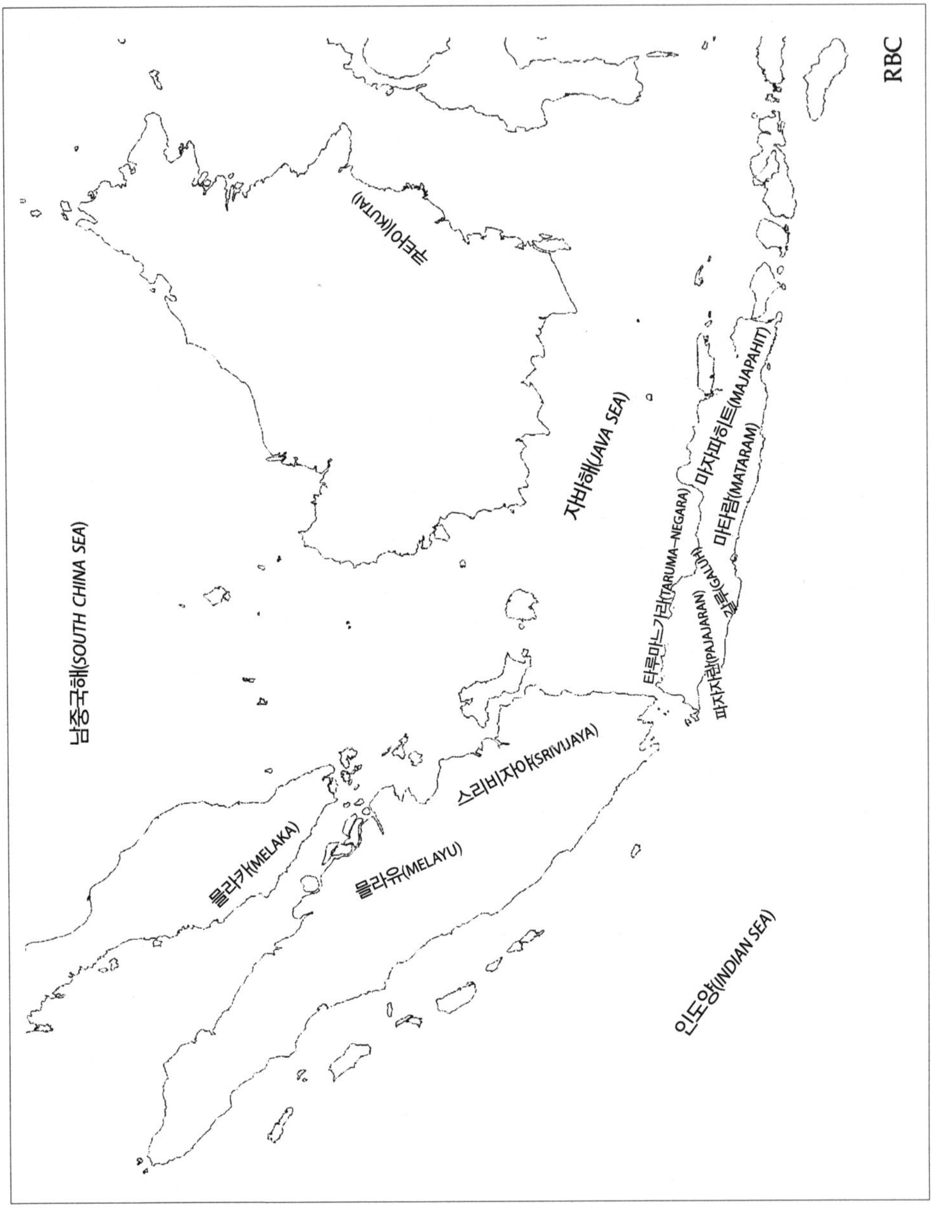

서부 군도의 초기 왕국들

남중국해(SOUTH CHINA SEA)
쿠타이(KUTAI)
자바해(JAVA SEA)
마자파히트(MAJAPAHIT)
마타람(MATARAM)
타루마느가라(TARUMA–NEGARA)
파자자란(PAJAJARAN)
갈루(GALUH)
스리비자야(SRIVIJAYA)
믈라카(MELAKA)
믈라유(MELAYU)
인도양(INDIAN SEA)
RBC

네시안 어족에 속하는 매우 다양한 언어를 사용한다.

기원전 4000년경, 중국 양쯔강 델타와 남부 푸젠(Fujian) 사이의 습지성 해안을 따라서, 일군의 사람들이 쌀농사를 짓고, 돼지와 닭을 키우고, 곡물을 저장하고 끓일 도기를 만들었다. 그들은 강과 해변의 모래톱을 따라 작고 바닥이 평평한 배를 조종하며 물길을 보도처럼 이용했다. 기원전 3000년부터는 금속을 전문으로 다루는 사람들이 등장했다. 기원전 1000년이 되면, 대륙부 동남아시아 해안대를 따라 거주하는 공동체들이 강이 범람하는 지역에서 쌀농사를 짓고, 도기와 돌 도구, 금 채굴을 위한 금속도구를 만들고, 청동 주조를 하고 있었다. 플루비어(Pluvier)의 이론은 오늘날 인도네시아인들의 기원을 이 거주지에 둔다. 몇 세대에 걸쳐서, 육지와 바다의 농민들이 중국에서 남쪽으로 조금씩 이동했고, 결국에는 말레이 반도로 그리고 거기서 군도로 이동해갔다.

벨우드(Bellwood)는 도서부 동남아시아로의 이주가 바닷길을 통해 이루어졌다고 주장한다. 남중국 해안 지역 사람들이 배를 타고 대만의 서부 해변으로 갔고, 그곳의 늪지대에서 쌀농사를 짓고, 도자기 제조와 베짜는 기술을 자식들에게 전해주고, 가장자리가 비스듬한 손도끼를 생산하고, 물소를 길렀다. 무엇보다, 그들은 물 위에서도 능숙했다. 바람과 대양, 벌목, 조선 등을 잘 아는 뱃사람들에게, 남중국해(South China Sea)는 익숙한 주거환경을 재생산하는 섬과 해변을 제공해주었다. 맹그로브 해안에는 물고기와 거북이가 많았고, 강둑은 열린 바다의 풍랑으로부터 피난처를, 삼림이 우거진 저지대는 배와 오두막을 만들 목재와 등나무, 피난처로 사용할 절벽의 동굴을 만들어주었다. 그들은 기원전 3000년경 북부 필리핀 제도에, 기원전 2000년경 동부 인도네시아의 섬들과 보르네오에, 그리고 기원전 1500~1000년 사이에 뉴기니, 자바, 수마트라에 도달했다.

바닷길을 통한 이주의 근거는 언어학적인 것이다. 오늘날 대만, 필리핀, 인도네시아, 말레이시아로부터 베트남의 참어 사용(Cham-speaking) 지대에 이르는 지역에서 사용되는 언어는 서로 연관성이 있고, 대륙부에서 사용되는 언어와는 구별된다.

인도네시아 군도 내에서는, 이들 집단들이 오스트로네시안 언어 이전의(pre - Austronesian) 수렵 - 채집자들을 에워싼 채 해안과 강 상류를 따라 퍼져 있다. 인도네시아 역사에서 이 시기는 문자 기록이 없기 때문에, 가장 오래된 주거지에서의 오스트로네시안 언어 사용 공동체의 생활은 발굴 현장에서 나온 증거를 통해서만 알 수 있다. 배가 곧 집이고, 자동차고, 생산 장소였다. 하구퇴적지, 강, 호수, 해안은 일년 내내 정기적으로 음식을 공급해줬고, 그래서 물을 이용해 생활하던 집단들은 물에서의 생활을 지원하기 위해 땅에 정착지를 만들고 땅과 바다에서의 노동을 분리했다. 문헌 기록이 남아 있는 과거 수백 년간의 어업 공동체에는 나이와 성별에 따른 노동분배가 있다. 남자들은 가까운 해안에서 작살과 그물을 이용해서 다양한 물고기를 잡았다. 그들은 심해 낚시를 위한 어선 제조와 항해를 위해 목재를 고르고 베었다. 그들은 거북이를 사냥했고 진주층을 구하기 위해 잠수했다. 그들은 고기잡는 그물을 수리했다. 여성과 아이들은 해변에서 가까운 지층과 암초에서 조개를 수집했다. 그들은 배 위에서, 해변에서 일했다. 그들은 햇볕에 말리고, 불에 굽고, 끓이고, 염장함으로써 해산물을 육지에서 쓰거나 바다 여행에 가지고 갈 수 있게 보존하고 저장했다.

배로 사냥을 하고 해변에 정착함으로써 이 공동체들은 음식과 건축자재를 찾기 위해 숲으로 뒤덮인 해안선, 평야, 계곡 경사지로의 진입을 감행할 수 있었다. 오스트로네시아안 언어 사용자들은 군도의 섬들을 따라가는 긴 팽창 과정에서 열대우림 바닥에 자라는 덩이줄기, 채집한 과일, 포획한 야생 멧돼지에 의존했다. 동부 군도의 비에 젖은 섬들에서 그들은 사고 야자(sago palm)를 음식과 건축재료로 이용했다. 군도의 더 건조한 지역의 공동체들은, 벼와 뿌리 채소를 퍼뜨리기 위해 도끼와 불을 이용해서 열대우림의 밀집된 덤불의 일부분을 개간했다. 그들은 그들의 터를 둘러싼 뒤엉킨 초목 속에서 사냥을 하고, 야생 식물을 채집하고, 이후 다른 땅을 개간하기 위해 이동했다. 일부 집단은 내륙 물길에 적응해서, 간헐적으로 상승해서 둑을 범람하여 토양이 비옥해지는 강을 따라 파종을 했다. 다른 집단들은 강 상류를 따라가서 비옥한 산

계곡에 정착하고 쌀농사를 지었다.

쌀

오늘날 쌀은 인도네시아 모든 사회 계층의 주식이지만, 사람들이 쌀농사 기술을 획득하거나 다른 곳에서 경작된 쌀을 살 수 있게 되면서 비로소 인도네시아인들의 식생활에 포함되었다. 야생 벼의 흔적은 기원전 3천 년 술라웨시로 거슬러 올라간다. 쌀을 경작한 증거는 훨씬 후 자바에서 나오는데, 8세기의 돌 비문에 왕이 쌀에 세금을 부과했다고 기록되어 있다. 9세기 프람바난(Prambanan) 사원 벽화에 묘사된 장면들은 남자와 여자, 동물들 간의 노동 분업을 보여주는데, 이것은 20세기 자바에서도 여전히 볼 수 있던 모습이다. 물소 한 마리가 마구(馬具)로 쟁기에 매여 있다. 여성들은 밭에 모종을 심고 쌀을 빻는다. 한 남성이 어깨에 둘러멘 막대 양쪽에 볏단을 매달아 옮긴다. 16세기 동부 군도를 방문한 유럽인의 기록을 보면, 쌀밥은 의례와 연회 때 지배층에게 제공되는 새로운 고급 음식이었다.

쌀이 여물기 위해서는 햇볕을 쬐어야 한다. 인도네시아 역사에서 개간된 농지에서의 쌀농사는 땅을 고르기 위한 쇠도끼의 생산, 물소 길들이기, 철이 달린 쟁기로 진흙덩어리를 깨기 위한 물소의 힘 조절, 물소 배설물의 비료로의 이용 등과 연관된다. 지난 1500년간에 걸친 쌀농사의 확대로, 인도네시아의 경관은 조밀한 삼림지대에서 영구적으로 개간된 농지와 집중된 정착지로 변모되었다.

인도네시아 섬들의 고산에서 발원하는 많은 강들은, 거대한 바위로 덮인 평야를 따라서 바위 절벽에서 바다로 흘러간다. 강들은 폭포에 의해 낮은 협곡과 충돌하고, 이후 해변 평야에 도달한다. 거기서 강은 여러 지류로 분기되고, 거센 비와 폭풍이 올 때면 육지와 바다를 구분하기 어려워지는, 또 뜨겁고 건조한 시기에는 강이 얕아지는 물가 경관을 느릿느릿 가로지른다. 이런 강들은 내륙 고지대를 해변과 해로로 연결하는 큰 물길로 이용될 수 없었다. 이 지역의 여행은 정글을 가로지르는 길들과 물을 항해하는 길들을 결합해야 했다. 많은 집단들은 고지대에 위치했기 때문에, 해안 주민들의 정착 양식의 변화

때문에, 까다로운 지형 때문에, 그리고 삼림 지대의 다른 서식자들, 특히 호랑이, 멧돼지, 독사와의 힘에 부치는 경쟁 때문에 외따로 떨어져 살게 되었다. 장거리 여행은 수단 좋고 건강한 남성들의 주된 일이었다.

해안 정착지의 사람들은 우림의 반(半)유목 농민이나 고지대 계곡 사람들과는 간헐적으로 접촉했고, 다른 해안을 따라 거주하는 사람들과 더 정기적으로 접촉했다. 배 위에 그리고 땅에 사는 공동체들은 다른 해안 공동체들의 여행 범위와 연결되는 작은 영역 안에서 항해했다. 인도네시아의 여러 역사에서, 바다 사람들(sea people)은 상인, 해적, 용병, 노예로서 중요한 역할을 했다. 이들은 토지에 기반한 공동체들이 볼 때 외부자, 기록자, 그리고 공급자 역할을 해왔다. 그들은 기록된 문헌에 바다 유목민(sea nomads), 바다 집시, 바다 사냥꾼 혹은 채집가, 그리고 인도네시아어로는 오랑 라웃(orang laut, 바다 사람들) 등의 여러 이름으로 등장한다.

주거지에 대한 증거가 발굴된 물품에서만 나오는 천 년 동안 얼마나 많은 사람들이 해변에 또 물 위에서 살았는지는 알 수 없다. 질병이나 동물의 공격, 혹은 상처로 죽은 삼림 거주 공동체들의 수가 얼마나 되는지도 알 수 없고, 조상의 기원이 남중국에 있는 사람들이 얼마나 빨리 군도의 삼림지대에 먼저 살던 일군의 사람들과 경쟁하거나, 그들을 쫓아내거나, 혹은 그들을 흡수했는지도 알 수 없다. 알려진 것은 20세기 보르네오섬 우림 거주자들의 이동이다. 이반(Iban)족의 한 집단은 땅을 개간하고 경작하고, 한 번의 개간을 통해 재배된 음식으로 1~2년을 살면서, 30년에 걸쳐 사라왁(Sarawak) 숲 300km를 여행했다.

선사시대 인도네시아 역사는 사물의 생애를 통해서 어렴풋이 이해될 수 있다. 물건은 생활이 어떻게 유지되었는지, 인류가 음식을 획득하고 보존하기 위해 어떻게 분투했는지, 신체적, 정신적 건강을 지키기 위해 어떻게 노력했는지, 영적 생활을 어떻게 영위했는지 설명해준다. 물건은 사람들 간 부와 운명의 차이를 드러내준다. 사물은, 처음 만들어진 지역에서, 발견된 지역에서,

축조되는 과정에서, 역사에서 특정한 시기에 한 공동체의 기술을 드러내준다. 물건은 기술, 사상, 인간 조직, 인간의 필요와 욕망에 대한 기록을 제공해준다. 물건은 교통망을 만든다. 물품들, 기술들, 생각들은, 자신이 태어난 공동체 밖으로 이동하며 필요, 욕망, 지식, 타자에 대한 인식을 발전시킨 사람들에게 운반되어, 육로와 해로를 따라 여행했다.

초기 인도네시아 역사는 돌과 쇠로 만든 물건들을 통해 이어졌는데, 이 물건들은 우림과 수로로 된 인도네시아의 자연환경에 의해 주어진 현실적 문제들에 대해 오래 전에 사람들이 제시한 해법들을 보여준다. 돌도끼, 곡괭이, 칼은 숲의 일부를 개간해서 식용 곡물을 심거나, 배를 만들기 위해 나무를 베거나, 금속 광석을 얻기 위해 얕은 구덩이를 파거나, 동물 껍질을 벗기거나, 송진이나 풀을 얻기 위해 나무 속을 파기 위해 필요한 인간의 힘을 늘려주었다. 남부 수마트라와 서부 자바 지역들 특유의, 돌로 생산된 연마된 도끼들은, 중첩되는 복잡한 항해 구간을 따라 멀리 떨어진 공동체들까지 전파되었다.

기원전 500년경부터 이 구간들은 인도네시아 군도 사람들을 동아시아와 남아시아에서 발전된 주요 문명권과 연결시키는 항해로와 맞물렸다. 인류의 상호 접촉, 호기심, 욕망, 새로운 물품의 의의에 대한 인식을 다룬 고대사는 육로와 해로가 만나는 곳에서 열렸다. 기원전 3세기가 되면 중국인들은 괭이, 도끼, 나무 쟁기 끝에 사용할 만큼 강한 금속을 생산할 수 있는 금속 제련 기술을 발전시켰다. 이들은 큰 용광로에서 중국 내수시장과 해외 수출을 위한 철 제품을 만들어냈다. 기원전 마지막 몇 세기 동안, 금속 제품은 인도네시아 군도까지 닿아 있는 무역망을 통해 이곳에 스며들었고 점점 인기 있는 물품이 되었다.

금속 매장층을 어떻게 발견하고 금속을 어떻게 채굴하고 다루는가에 대한 지식도 군도의 바닷길을 따라 퍼져갔다. 철광석은 서부 수마트라와 남부 술라웨시의 흙에서, 구리 광석은 수마트라와 남부 자바의 흙에서, 주석은 방카(Bangka)섬과 블리퉁(Belitung)섬에서, 금은 서부 수마트라 고지대와 서부 칼리만탄 강기슭에서 발견된다. 광석을 추출하고 다루는 데에는 다음과 같이

한 공동체 내 많은 남녀의 노동력이 필요했다. 쟁기 · 삽 · 바구니 제작자들, 광부들, 땔감용 나무를 모으고 자를 사람들과, 용광로에 열을 가할 숯을 만들 사람들, 광석을 녹이고 두드려서 막대형으로 만들 금속공들과, 도구, 무기, 팔찌를 만들 대장장이들, 제작된 금속제품을 판매와 구매 네트워크에 투입할 상인들. 이들 모두는 음식의 사냥, 재배, 보존, 조리, 차림에 있어 바다와 육지의 농민들에게 의존했다. 군도의 금속 산업은 광석, 숲, 큰 물길, 규모 있는 거주지가 있는 장소에서 발전했다.

군도 대부분 지역에는 금속 매장층이 없었다. 몇몇 공동체들은 중국과 일본에까지 이어지는 긴 교환 체인을 통해 막대형 구리, 철, 여타 금속을 획득했다. 기술, 예술적 디자인, 여러 품목들이, 수마트라, 자바, 발리, 칼리만탄, 그리고 탈라웃(Talaud), 숨바(Sumba), 숨바와(Sumbawa), 플로레스(Flores), 슬라야르(Selayar) 같은 작은 섬들의 해안을 따라 산재해 있는 외부 지향적인 해양공동체들 사이에 유통되었다. 그곳의 금속공들은 화살촉, 검, 갑옷, 도끼, 칼, 보습, 낚시 바늘, 단지, 향꽂이, 접시, 반지, 팔찌 등을 제작했다.

작업, 전쟁, 보관, 장식을 위한 금속 제품들이 중국산 수입품과 토착 산업에 의해 군도의 멀리 떨어진 지역까지 소개되었다. 자바의 대장장이가 만든 크리스(kris)라 불리는 단도의 곡선 날은, 오직 술라웨시의 소로아코(Soroako)의 토양에서만 발견되는 막대형 철-니켈 합금으로부터 빚어졌다. 인도네시아 군도 서쪽의 블리퉁과 카리마타(Karimata)의 광업 공동체에 의해 생산되는 쇠도끼와 칼이 큰 물길을 따라서 여러 사람의 손을 거쳐 여행했다. 몇몇은 뉴기니 북서쪽 끝 정착지 수장의 소유물이 되면서 여정을 마쳤다. 금속 도구와 무기, 동, 은, 금으로 만든 그릇과 귀금속은, 지도자, 종교 전문가, 군인, 기술자, 농민, 상인으로 된 사회 계층구조의 발전과 더불어 여러 공동체에서 이용되었다.

금속 제품을 생산하고 사용하는 공동체에서 멀리 떨어진 거주지에서 이 물건들의 새로운 소유자들에게, 금속으로 만든 물건의 소유는 아마도 상승된 지위의 상징이었고, 그 물건은 지배자의 부와 자존심을 보여주었다. 일례로, 기원전 500년에서 서기 300년 사이 북부 베트남의 금속 가공업 공동체에서 주조된 커다란 청동북들이 수마트라, 자바, 발리의 선사시대 유적지에서 발견되었다. 그 북의 소유자들이 그것을 악기로서, 혹은 가공된 표면의 아름다움 때문에 가치를 매겼는지는 알 수 없다. 북은 공유하거나 물려주는 물건이 아니었다. 소유주가 죽으면 북들은 그 무덤에 놓여졌다. 인도네시아 사회들에서 베트남에서 온 악기들은, 공동체에서 비축된 재산과 빠져나간 재산을 보여준다.

돌과 금속으로 만들어진 고대의 물건들은 인도네시아에서 지배자와 피지배자 사이의 무한한 사회적 거리에 대한 믿음의 역사들을 수반한다. 수마트라, 자바, 발리, 숨바와, 숨바의 돌도끼 제작자들은 또한 거대한 석판을 캐냈다. 그들은 동물과 사람 머리 디자인을 그 판에 조각했고, 그 판을 언덕 경사를 거슬러 끌고 가서 지배자의 무덤 위에 매달았다. 매장터는 지배자가 사후에도 지상에서 누렸던 특권을 누릴 것이라는 믿음과 보통 사람들의 봉사 의무에 대한 믿음의 증거를 제공한다. 군도의 왕족의 무덤에서 발견되는 반지, 팔찌, 화살촉, 단도 옆에는 내세에서 주군을 모시기 위해 죽임을 당한 사람들의 뼈가 놓여 있다.

역사로서의 무덤

죽은 사람을 안전하게 처리하는 것은 대부분의 인간 사회에서 보편적인 것이다. 매장 의례는 종교와 계급의 체계뿐 아니라, 지역 경제, 세공술의 수준, 무역 패턴, 그리고 지역의 기후에 대해 알려준다. 지금까지 발견된 인도네시아에서 가장 오래된 매장지에는 사자 옆에 개인 용품이 놓여 있고, 때로 사람이나 동물의 뼈가 있다. 이것은 군도에서 사후의 삶에 대한 믿음의 역사가 오래됨을 밝혀준다.

인도네시아 군도에서 시신의 처리는 광범위한 풍습을 포함한다. 뼈를 목걸이 달린 단지에 넣어 매장하기(발리, 탕이르 Tangir), 거대한 석판과 돌기둥 아래 매장하기(수마트라, 자바, 발리), 새나 신비한 생물체 형상을 한 돌로 만든 해골 관(니아스 Nias), 해골과 전쟁 광경으로 장식된 돌집에 죽은 적의 머리를 매장하기(미나하사 Minahasa), 이슬람과 기독교식 규율과 디자인에 따라 세워진 묘비 아래 매장하기, 그리고 화장.

부유하고 힘있는 자들을 위한 튼튼한 기념물은 석공, 대장장이, 주철업자, 공구 제작자의 사업이 존재했음을 입증한다. 거석 더미는 종종 그것을 캐내서 매장지로 운반한 노동자들을 상기시키는 유일한 것이다. 무덤의 장식, 그 문양, 상징, 묘비명은 또 다른 종류의 기억되지 않는 노동자들의 기록이다. 그것들은 신학, 전통, 철자에 대한 지식을 드러내준다. 예컨대 14세기 트라울란(Trawulan)의 무덤은 동부 자바에 자바어와 아랍어로 글을 새겨넣을 수 있었던 석공이 있었음을 보여준다. 남부 술라웨시의 무덤들에는 아랍어와 부기스 언어들(Bugis languages), 그 표기 체계로 된 비문들이 있다.

시간의 경과와 열대 기후는 대부분의 산 자와 죽은 자의 모든 흔적을 지워버렸다. 근대 도시와 정치는 오래된 묘지를 지워버리기를 요구한다. 일례로 17, 18세기 자바에 살았던 네덜란드인들의 많은 흔적들은 불도저에 밀려버렸고, 소수의 무덤만이 자카르타 타나 아방(Tanah Abang) 공동묘지에 보존되어 있다. 전쟁, 종교적 학살, 숙청, 대량 학살 희생자들은 개인적 흔적이 없다. 독립전쟁 동안 수백 명의 인도네시아인들이 경쟁 무장세력과 집단 발작의 희생자가 되어 사라졌다. 1965~66년 사이 대통령이 바뀌는 과정에서 50만 명에서 100만 명 사이의 사람들이 살해당했다. 더 많은 유골이 아체, 파푸아(이리안 Irian), 티모르 로로세의 집단 묘지에 누워 있다. 20세기 말 인도네시아의 지역 전쟁들에서, 강과 바다가 헤아릴 수 없이 많은 사람들의 묘지가 되었다.

인도네시아 군도에서 금속 세공술과 금속 제품의 유포가 가능했던 것은 바다에 대한 현지인들의 지식 덕분이다. 항해술은 바람의 세기와 물의 흐름을 관찰하는 것에 기반했다. 축적된 경험이 항해의 패턴과 항로 결정의 타이밍을 만들어냈다. 현지 뱃사람들이 운반하는 토착 산물은 군도의 정착지들 간의 연결고리를 만들어냈다. 숲과 바다라는 인도네시아의 환경에서 나온 산물들은 군도 공동체들을 육지에 기반을 둔 문명들의 권역으로 끌어들였다. 군도의 뱃사람들은 숲과 바다의 산물을 물길을 통한 교환 고리 속에 집어넣었다. 일부 물품들은 다른 일련의 문화적 필요조건과 다른 지식을 상속받은 멀리 떨어진 사회에 남겨졌다.

지리적, 시간적, 문화적으로 서로 멀리 떨어져 있던 산업화 이전 시대의 공동체들은 인도네시아 우림에서 나오는 송진을 다양하게 사용했다. 나무들 사이에서 살며 음식을 자급하던 사람들은 돌도끼로 나무에 낸 상처에서 흘러나오는 끈적끈적한 액체를 바구니에 모아서 송진을 얻는 방법을 발견했다. 그들은 칼날과 손잡이를 접착시키는 데 나무 진액을 활용했다. 그들은 방수 용기에 막을 입히거나 그것을 수리하는 데, 들고다니는 바구니를 밀봉하는 데, 배의 구멍을 막아 누수를 방지하는 데 송진을 사용했다. 그들은 등나무 줄기와 나무 진액으로 뗏목의 나무판을 묶었다. 그들은 실내 조명과 야외 야간 공연을 위해 다마르(damar) 송진을 태워 횃불에 불을 붙였다. 송진의 방향유는 종교 행사를 위한 향을 제공해주었다. 다른 수액들은 나무로 만든 가구, 장막, 용기 등을 보존하고 꾸미기 위해 사용되는 옻과 광택제의 원재료였다. 어떤 나무에는 태우면 방향제로 사용되는 향기 있는 껍질이 있었다. 북서부 수마트라와 서부 자바 산악의 경사지에서 자라는 소나무에서 추출되는 송진과 결정체는 곰팡이 방지약과 훈증약으로 사용되었고 지혈을 위해 상처에 바르기도 했다.

한 공동체가 어느 지역을 경작하면서 나무 수액을 받아내고 난 후, 이 공동체가 개간과 경작을 위해 새로운 곳으로 이동하면 그 나무는 방치되었다. 큰 규모의 반(半)정주 공동체에서, 송진 수집은 더 이상 아무렇게나 받아내는 것이 아니라, 나무의 소유와 상속을 수반하는 정기적인 채집이 되었다. 송진과 나무 껍질 추출을 위해서는 지역에 대한 지식, 돌이나 쇠로 된 도구, 물건을 담을 바구니, 그리고 숲에 살던 사람들의 어느 정도의 시간 투자가 필요했다. 송진과 나무껍질은 강과 바다 여행을 통해 운반하기 쉬웠다.

육지에 사는 사람들은 나무에서 송진, 향료, 그리고 향기나는 껍질을 채집했다. 그들은 코코넛을 수확했다. 그들은 원래 있던 나무들 틈에 후추나무를 심었다(한참 후, 유럽인들과 접촉한 결과로 그들은 자신의 숲에 커피와 차 덤불, 담배나무, 고무나무를 재배했다). 그들은 깃털을 얻기 위해 숲에 사는 새를 사냥했다. 육지보다 바다에 더 오래 사는 인도네시아 사람들은 절벽에 사는 새의 둥지를 채집했다. 그들은 껍질을 얻기 위해 거북이를 사냥하고, 진주층을 얻기 위해 잠수하고, 해삼 낚시를 하고, 바닷물에서 소금을 추출했다.

바다와 숲의 산물은 외부인들이 군도의 중요성을 인식하게 만들고, 그들을 그곳의 물길과 숲길로 끌어들이고, 새로운 지식을 들여왔다. 수요가 늘어나면서 간헐적 채집이 정기적 재배와 수집으로 변했다. 교역은 토착민들을 부유하게 하고, 토착민 혹은 외국인 전문가를 고용하게 했다. 바다와 숲의 산물은 기원전 수 세기동안 중국인과 인도인을 인도네시아 역사에 들여보냈다. 이 산물들은 7세기부턴 아랍인을, 16세기부터는 유럽인들을 이 인도네시아 역사에 불러들였다. 인도네시아의 땅과 심해에서 나오는 석유는 20세기에 일본인들과 미국인들을 불러들였다. 이 모든 외국인들은, 인도네시아의 네트워크에 자신들 산업의 산물을 가지고 왔다. 그들은 자신들의 기술, 신앙체계, 지식을 확산시켰다.

군도에서 현재까지 가장 오래된 매장지에서는, 금속으로 된 물건들 곁에 인도산 유리구슬이 발견되었다. 지역 외부에서 생산된 이 물건들은 군도의 교환 네트워크로 흘러 들어와서 1세기 북부 발리 사회의 중요 인사가 탐내는 물건이 되었다. 나무 껍질이나 새의 둥지는 흔적을 남기지 않기 때문에, 인도나 중국에서 교환된 인도네시아 물건에 대한 상응하는 기록은 찾을 수 없지만, 다른 고고학적 단서들은 인도네시아 군도에서 기원한 물품들이 똑같은 항해로를 따라서 거슬러갔음을 암시한다.

깃털과 배는 인도네시아 군도의 생활과 무역에 대한 단서를 준다. 뉴기니에 사는 극락조의 커다란 깃털은 2000년 전 북부 베트남에서 장인이 청동북에 무늬로 새겼다고 여겨졌고, 그래서 인도네시아의 동쪽 끝부분과 아시아 대륙 간의 아주 오래된 무역 관계를 암시해준다. 기원전 2세기 인도네시아인들이 만든 것으로 판명된 난파선의 잔해가 인도 동남쪽 해안을 따라 널려 있다. 이런 유적들은 5세기 중국 문헌에 근거가 나타나기 수 세기 전에 인도네시아 숲과 바다로부터 물건의 이동이 있었음을 암시한다.

기원전 수 세기 동안 인도 동남쪽 해안을 따라 자리한 항구에 입항했던 군도의 뱃사람들은 자신들과 비슷한 발전단계에 있던 해안 정착지들과 교류했다. 서기 5세기가 되면, 농업에 기반한 인도와 중국의 국가들은 개간된 경작지, 영구 정착촌, 공장 작업지대를 차지한 인구의 규모로 인해, 동시대의 인도네시아 군도 해변 정착지들과 매우 달랐다. 대륙의 인도와 중국 사람들은 곡물, 그리고 금속, 천, 도자기 등의 생산품을 세금으로 납부함으로써 종교와 다른 분야의 지식을 발전시키고 전파한 도시 기반 엘리트들과 관료 계층을 후원했다. 농민들과 장인들이 내는 세금은 글쓰기를 통해 정보를 보관하는, 그리고 바다와 육로를 통해 다른 문명과 접촉하는 연결망을 가진 전문가들을 후원하는 학습 체계를 위한 비용을 지불했다. 인도와 중국 국가들에서 온 물품, 지식, 기술은 전문가들과 함께 들어왔다. 3세기에, 인도 동남쪽 해안의 상업, 공예 공동체들은 대륙부 동남아시아 항구에 부속 정착지들을 건설했다. 그들은 불교도였고, 지배층이 힌두교 신의 추종자이자 브라만(*brahmins* 혹은 *brahmans*)의 후원자인 인도 왕국의 백성이었다.

힌두교와 불교

힌두교는 광범위한 구전 및 기록 문헌에서 유래한, 그리고 사원, 동상, 조각, 회화, 의례, 사회조직에 표현된 인도의 종교신앙 및 관습을 묘사하기 위해 서구인들이 만들어낸 용어이다. 초기 인도철학 사상의 중심에는 개인의 영혼이 최후에 완벽한 깨달음을 통해 존재의 사슬에서 해방될 때까지 여러 형태의 동물과 인간의 삶을 통해 발전해간다는 믿음이 있었다. 불교는 힌두교 내의 한 변종으로, 존재로부터의 해방에 이르는 길은 욕망을 버리는 것, 그리고 경전공부와 직관적 깨달음에서 나온 지식을 습득하는 것에 있다고 가르친다. 힌두교는 고결함과, 오염을 피함으로써 고결함을 유지하는 것을 강조한다. 불교는 욕망을 끝낼 것을 강조한다.

인도에서 철학자들은 산스크리트어로 글을 썼는데, 이 언어는 지적 소통, 철학, 의례, 문학 언어라는 높은 위상을 얻었다. 산스크리트 문학은 철학, 건축, 천문학, 예술, 운문시, 문법, 의학 등을 아우른다. 불교는 그만의 성스러운 언어인 팔리어로 된 문헌이 있는데, 그것은 부처의 삶과 가르침을 기록했고, 그의 전생, 영적으로 충만한 사람들과 신에 대한 이야기, 수도생활의 구체적 계율에 대해 얘기한다.

하나의 신이 여러 현신으로 나타난다는 개념은 문학적, 예술적 관습에 의해 만들어졌다. 각 신은 독특한 특성을 지녔다. 동상이나 그림으로 이들을 묘사하는 데는 규칙이 있었고, 그들을 위한 의례도 구별되었다. 힌두 신들은 바다로 둘러싸인 우주적인, 신성한 계곡인 메루(Meru)산에 살았다. 인도 경관 속의 특정 장소들이 메루산 신들의 가계와 그들이 인간의 모습으로 세상에서 겪은 모험과 결부되었다. 장소들은 부처와도 연결되었다. 성지순례는 다른 사회 계급 사람들을 각각 다른 단계의 지식으로 인도했다.

힌두교와 불교 사원은 폐쇄된 공간과 도해식 공간이라는 두 개의 형태로 건축되었다. 폐쇄된 공간에는 신의 동상을 보관했다. 사원의 형태, 그리고 나침반 선을 따른 그 배치는 우주에 대한 지적 인식을 돌에 표현한 것이었다. 사원은 또한 가르침의 소재였다. 그 벽에는 신과 영웅들의 삶, 선과 악의 선택의 결과의 장면들이 새겨졌다. 순례자들은 돌에 새겨진 이야기들과 조각품들의 대표적 특징을 설명해주는 안내자와 함께 사원 주변을 거닐었다.

불교는 인도에서 힌두교에 에워싸였지만, 그것이 퍼져 나간 다른 여러 사회에서 독자적 생명을 얻었다. 스리랑카에서 그리고 미얀마, 태국, 캄보디아, 라오스에서, 이 종교는 승원의 승려들을 위한 불교이자 가정을 꾸리고 생업에 종사하는 사람들을 위한 불교로 발전했다. 중국에서는 민속 불교(folk Buddhism)가 신, 여신에 대한 경건한 숭배와 더불어 발전했다. 중국 엘리트들 사이에서는 불교가 철학적, 사색적 컬트로 진화해갔다.

힌두교와 불교의 종교 사상은 인간들을 각각 다른 영적 발전 단계에 있는 근본적으로 불평등한 사회 구성원으로 인식했다. 힌두 사상에서, 사람들은 (종종 서구인들이 카스트라고 일컫는) 종교적 성취를 반영하는 직업 및 특권과 결부된 지위로 태어난다. 가장 높은 신분은 브라만으로, 이들은 식생활의 규칙, 직업, (공동 식탁에서의 식사와 같은) 다른 직업집단과의 접촉을 피하는 데 있어 가장 엄격하게 정화 의례를 수행했다. 불교 사상가들도 영적, 경제적, 정치적 불평등을 인식했지만, 이들은 높은 카스트로의 재출생을 통해서가 아니라, 사회에서 물러남을 통해서 모든 사회적 조건에서 해방된다는 것을 강조했다. 동남아시아에서 변형된 불교에서는, 남성의 몸으로 다시 태어나는 것이 깨달음에 이르는 긴 영적 여정의 필수조건의 하나였다.

인도네시아 군도 항구의 뱃사람 - 상인들(sailor - traders)은, 자신의 항구가 외국 상인들이 와서 사무소를 개설할 정도로 중요해지기 오래 전부터 인도 항구들의 상인 공동체들과 그 문화에 대해 간헐적으로 접하고 있었다. 무역 네트워크가 한정된 수량의 외국 사치품만을 들여오는 한, 또 이런 귀중품이 인도네시아 수장들의 무덤에 매장되어 무역에서 빠지는 한, 군도 정착지들은 인근의 이웃에게 외에는 아무 의미 없는 작은 지역에 불과했다. 무역 네트워크에서 유통되는 물품이 아시아 문명의 제조업 능력의 성장을 반영하게 되자, 그 물건들은 칼리만탄, 수마트라, 자바 해안의 몇몇 군도 공동체에서 이에 상응하는 발전을 촉발시켰다. 이 공동체들은 인접한 내륙지역, 이웃지역, 그리고 배로 닿을 수 있는 지역들에서 온 생산품의 수집에 특화된 항구로 성장했다.

외국 상인들은 충분한 양의 다양한 지역 특산물을 시장에 정기적으로 공급하는 지역에 방문할 가치가 있다고 판단했다. 주요 판매자들은, 가서 잘해야 겨우 한두 가지 물건을, 그마저도 예측 불가능하게 공급할 수 있는 정착지를 향해 스스로 위험한 정글 속을 걸어가기보다, 깃털, 송진, 거북 껍질 등을 얻기 위해서 항구 상인들의 현지에 대한 지식과 인맥에 의존했다.

군도의 무역 중심지에 지부를 설치하기 위해 동쪽으로 원거리 항해를 했던 인도 상인들은 내륙 아시아에 기반한 동료들의 중개인이었다. 찾아온 상인들은 군도 항구의 명망가들에게 그곳에서 사업을 할, 그리고 살고 물품을 저장할 건물을 지을 권리를 요청했다. 이들은 현지에 상응하는 물건이 없고, 너무 귀하고 비싸서 하위 계층은 소유할 수 없는 훌륭한 의복과 보석, 탐나는 외국 물건으로 사업을 하기 위한 비용을 지불했다. 사람들이 나무껍질로 만든 옷을 입는 공동체에서, 금이 그려지거나 꿰어진 면, 그리고 몸에 걸치거나 벽에 거는 비단 줄은, 그것을 받는 사람을 남들과 구별되게 해주었다. 외국산 옷과 보석은 새 주인들을 국제적 유행으로 인도했다.

인도 도시들에서 사업은 특정 신에 대한 헌신을 기반으로 조직된 조합들에 의해 운영되었고, 이 조합들은 자체 사원과 조합원들의 기부에 의해 지원

받는 종교 담당자를 두었다. 이런 사원들은 또한 사업가들의 회합장으로 기능했고 시장을 끌어들이기도 했다. 정기적인 종교 축제는 순례자이자 구매자인 사람들(pilgrim - shoppers)을 끌어들였다. 외부에서의 자신들의 사업 방식을 본따서, 인도 상인 공동체들은 사원은 물론 가판대까지 건설했다. 그들은 현지 지배자에게 준 선물을 통해 토지를 확보했다. 상인들은 사원 건축의 디자인과 규칙을 아는 건설업자를 수입해왔다. 그들은 사원 벽에 조각을 새길 수 있는 기술자와 힌두교, 불교 신에 대한 표현을 관리하는 종교적 관습을 아는 조각가를 데리고 왔다. 그들은 사원을 축성하고, 거기 모셔진 신을 위한 의례를 거행하고, 사원의 조수들을 훈련시킬 사제들을 초빙했다.

현지 지배자들도 이 외국 전문가들의 서비스를 이용했다. 전문가의 기술은 휴대 가능한 것이었고 그들이 다수의 고용자를 위해 일할 수 있게 해주었다. 아마도 이들 대부분은 인도네시아 군도에서 직업을 얻기 위해 인도에서 직접 온 것은 아니었을 것이다. 그들은 산스크리트 학습의 어떤 일파에 통달해서 차별화되는 일군의 국제적인 사람들이었다. 그들은 전문 작가로서, 아첨꾼으로서, 철학자로서, 사서로서, 직업 교사로서, 신앙 집단의 보호자로서 왕궁과 종교 공동체에서 직업을 구했다. 브라만이라는 하나의 단어가 많은 유급직을 포괄했고, 그 직업들은 모두 분해력과 관련이 있었다. 이 용어는 독신이거나 가정을 이룬 사람들, 성자들과 실무자들을 다 포함했다. 이 개념 정의에서 본질적인 것은 유급 피고용자로서, 수혜자로서, 아첨꾼으로서 지배자 집안과 맺은 관계였다.

브라만을 고용한 인도네시아 군도 항구의 수장들은 인도에서 군주들이 사용하는 왕실 칭호를 받아들였다. 이 칭호들은 그들이 항구에 정착하게 허가해준 인도 상인들에게는 익숙한 것이었다. 인도 칭호인 라자(raja)나 마하라자(maharaja)를 받아들이고, 인도 왕실에서 이름 뒤에 붙이는 - 바르만(- varman)을 자신의 이름에 붙인 군도 사람들은, 새로 온 사람들에게 지배자로서의 자신들의 위치를 선전했다. 이런 칭호의 사용이 정착될 수 있었던 시기라는 점에서, 인도네시아에서 국가들의 기원은 5세기로 자리매김된다.

인도네시아 마하라자

자신의 지역에서는 주요 상인이면서 인도 왕국들에 유행하던 왕족의 칭호와 연호를 사용한 동남아시아 항구의 수장들은 국제적인 집단이었다. (유파 포스트 Yupa posts라 불리는) 7개의 돌기둥에 새겨진 비문들은, 5세기에 오늘날 동부 칼리만탄 쿠타이(Kutai) 시 인근 지역을 장악했던 한 가문의 경제적 성장과 과시에 대한 얘기를 전해준다. 물라바르만(Mulavarman) 왕의 명으로 세워진 이 돌기둥에는 그의 승전, 브라만에 대한 관대함, 그의 왕가 계보가 기록되어 있다. 역시 산스크리트어로 되어 있고 5세기에 만들어진 서부 자바의 돌비문은 왕족 클럽에 소속된 군도의 다른 구성원인, 타루마느가라(Tarumanegara)의 왕 푸르나바르만(Purnavarman)의 칙령을 공표한다.

칼리만탄의 유파 포스트

5세기 초. 팔라바(Pallava) 문자로 돌에 보존된 산스크리트어 문장들은 동부 칼리만탄의 쿠타이 인근 영역을 장악했던 한 집안의 이야기를 전한다. 물라바르만 왕의 승리, 브라만에 대한 그의 관대함, 그의 왕실 가계도가 일곱 개의 유파 포스트에 기록되어 있다. 자카르타, 국립박물관, D 2 c. 사진 제공: 론타르 재단.

인도 것을 추구하고 소유함으로써, 군도 사람들은 그들이 활동하던 상업 중심지를 변모시켰다. 주요 상인들은 새로 얻은 부를 이용해서 상상된 인도를 만들어냈다. 항구와 시골에서 그들의 부와 인맥은, 인도 사원 벽의 조각에 영감을 받은 조각으로 장식된, 힌두교나 불교의 도상학 법칙에 따라 돌로 만든 신들의 조각상을 수용한, 석조와 벽돌 사원 건축으로 귀결되었다. 항구 지배자들은 현지 시간과 사업을 조직화하기 위해서 힌두교와 불교 의례 일정을 도입했다. 이들은 자신의 항구가 화려한 인도식 이름으로 국제적으로 알려지게 했다. 이들은 스스로 인도식 매너라고 상상한 것을 받아들였다. 그들은 브라만을 고용하고 그들과 어울렸다.

인도화(Indianization)와 인도네시아

인도화는 19세기 유럽 역사학자들이 자바, 수마트라, 동부 칼리만탄 등에서 발견된 산스크리트 비문, 불교와 힌두교 신들의 조각상, 8~9세기에 건축된 사원들의 디자인, 현지어로 된 판본의 인도 서사시들, 춤과 음악 형태, 지명, 그리고 오늘날 인도네시아 군도에서 사용되는 언어들 속의 대량의 산스크리트어 어휘 등의 발견을 설명하기 위해 사용한 단어이다. 이런 문화적 유산은 인도의 점령과 식민화의 유산으로 여겨졌다.

쇠데스(Coedes)나 보슈(Bosch) 같은 학자들은 인도로부터 대량 이주의 근거는 없다고 주장했다. 그들은 인도문명이 인도네시아 군도 사회들이 유목 부족 집단에서 영구적으로 정착한 농업전문가들의 지원을 받는 국가로 스스로를 변모시킬 도구를 제공했다고 생각했다. 이 이론에 따르면, 인도네시아 군도의 수장들은 인도에서 온 브라만을 고용하고, 자기 관료들 일부를 주요 학습 중심지에서 공부하도록 그곳으로 파견했다. 이 수장들은 인도인을 고용함으로써 스스로 왕이 될 수 있었는데, 그들은 그 수장들에게 산스크리트어 왕실 칭호를 주고, 자신의 주군의 지배를 정당화하기 위해 인도네시아에서 성대한 힌두 희생의식을 재현했다.

월터스(Wolters)와 비스만 크리스티(Wisseman Christie)는 상반되는 주장을 한다. 국가 형성이 인도화에 선행했다는 것이다. 그들의 견해에 따르면, 떠돌아다니던 부족장들이 브라만을 찾아 사람을 보낸 것이 아니었다. 오히려, 브라만 집단과 본격적인 접촉이 있기 전부터, 유목 친족 집단 우두머리에서 경계가 정해진 영토 지배자로의 전환과정이 일어났다. 지역 지도자들이 필경사(scribe), 건축가, 조각가, 종교 관료를 궁으로 끌어들이고 후원하기 위해서는 충분한 부를 지녀야 했다. 국제 무역에 더 많이 개입함으로써 지역 지도자들은 우선 먼 곳에서 오는 재화와 상인들을 접했고, 다른 사회의 지식을 얻고, 떠돌아다니는 외국인들의 기술을 얻기를 열망하고 또 자신의 지위를 상승시키고 자신들 항구의 외국인들에게 좋은 인상을 주기를 바라게 되었다. 이들은 청동북과 고급 직물 같은 이국적인 물건들, 그리고 지배자를 신의 대리인 혹은 현신으로 떠받드는 힌두교와 불교의 종교 의식 형태의 비전 지식을 수입했다.

대부분의 인도네시아 군도 사람들은 군도 항구를 지탱하는 상업 활동 기록에 사용되지 않는 산스크리트어를 말하거나 이해하지 못했다. 산스크리트어는 신과 왕을 칭송하는 데 사용되었다. 그것은 문학 작품 창작 방법을 전달하는 데 이용되었다. 그것은 왕을 계도할 안내 책자를 위한, 그리고 기술자, 석공, 예술가를 위한 기술 서적을 위한 언어였다. 그것은 힌두교와 불교 철학을 공부하는 여로이기도 했다. 인도 문자가 새겨진 채 공공장소에 세워진 거대한 돌기둥은 그 크기 그리고 상징의 신비로움을 통해 으리으리하고 두드러지게 하려는 의도로 만들어졌다. 그 기호들의 의미를 해독할 수 있는 능력은 공부와 일을 찾아 여행하는 사람들의 것이었다.

이동하는 사람들(mobile men)은 그들의 지식을 자신의 후견인인 왕들과 자신과 동류인 사람들이 마음대로 쓸 수 있게 했다. 그들은 군도 항구의 내륙 숲에 사는 사람들, 해산물을 채집하는 사람들, 혹은 항해사들을 위해 글을 쓴 게 아니었다. 전문 작가들은 대륙부와 도서부 동남아시아 항구에 자리한 국제적 세계에서 활동했다. 군도 경관 속의 사원, 조각, 문헌들은 기본적으로 그 국제주의자들을 위한 것이었다. 인도네시아 내륙과 바다 공동체 지도자들이 후원하는 학자와 종교 재단을 위한 비용은 피지배 남녀의 노동력으로 충당되었다. 인도네시아인들은 노동자로서, 의식의 관람자로서, 축제의 소소한 참가자로서 이 국제적 문화와 관계를 맺었다.

군도의 소인도(mini - Indias) 권역을 순회하는 학자들의 국제 공동체에는 중국에서 온 사람들도 포함되었다. 4세기경부터 중국의 불교 연구자들이, 인도네시아 군도 서쪽 끝자락을 통해 이어지는 해상로를 통해서 인도에 있는 불교 학습과 순례 중심지들을 방문했다. 그들의 배는 음식과 식수 공급을 위해서 중간에 있는 항구들에 정박했다. 그 결과, 여행자들은 이 항구들에서 구할 수 있는 물건들에 대해 알게 되었고, 원할 경우 그곳에서의 무역을 통해 여행 비용을 마련했다. 5, 6세기가 되면, 중국 기록은 중국 남쪽 해상의 멀리 떨어진 무역 중심지들을 언급한다. 지금까지, 수마트라 동부 해안이나 자바 북서부 해안 지역들을 중국 왕실의 기록 편찬자들에게 전해진 애매한 기록들과 연결시킬만한 고고학적 근거는 발견되지 않았다. 그러나 7세기부터 중국 기록들은 남쪽의 송진과 후추의 공급원들 중 한 항구의 이름을 특기하고 있는데, 중국어로 시리포시(Shih - li - fo - shih)라 번역된 이 항구의 이름은 인도네시아 항구도시 스리비자야(Srivijaya, 또는 Sri Vijaya, Sriwijaya, Sri Wijaya)와 동일시되어왔다.

중국, 야만국, 기록 보존

고대 중국 저술가들은 중국(China)을 하늘의 이름으로 황제가 다스리는 "중국(the middle kingdom)", 세상의 중심이라고 인식했다. 이 "중국"은 인지 가능한 경계를 지녔고, 그 경계 안에 중국어를 말하고 문화적으로 중국인인 백성들이 있었다. 이 중심부는 군사적으로 점령하거나 동화시켜야 할 사람들이 있는 야만국으로 둘러싸였다. 중국의 국가(Chinese state)는 영토를 확장할 때 점령한 땅에 이미 중국인으로 사회화된 군인, 농민, 행정가, 기술자 등을 정착시켰다. 바다에 의해 "중국"과 분리된 국가들은, 가끔씩 방문하는 황제의 칙사를 영접하는 것과 조공을 통해 중국의 문화적, 정치적 우월성을 인정하는 것에 감사하는 멀리 떨어진 봉신으로 여겨졌다.

세계에 대한 이런 인식은 중국 관료의 실천과 태도를 좌우했다. 중국은 개발자, 생산자, 수출자, 그리고 하급자에게 유용한 지식을 전파해주는 존재로서 국제관계에서 늘 베푸는 자였다. 정부 부서들은 중심부에 유용한 정보를 모으고, 분석하고, 기록했다. 외국 지배자들의 이름, 그들의 국가, 생산물 등이 왕실 기록물에 입력되었다. 종이에 먹으로 그려지거나 쓰여진 문자 형태로 기록된 정보들은 정기적인 필사, 수정, 현존 문서의 편집 등을 통해 보존되었다.

군도에서 돌에 새겨진 중국어 문헌은 발견된 적이 없다. 인도네시아 군도에 대한 중국어 문헌들은 중국에서 중국의 목적을 위해 작성되었다. 그 문헌들은 중국을 둘러싼 야만 봉신국이라는 인식을 유지한다.

7세기의 마지막 수십 년 동안, 스리비자야는 다음과 같이 지역 문화에 참여한 흔적을 지녔던 무역 중심지였다. 산스크리트어 지명, 산스크리트어 칭호와 연호로 알려진 지배자들, 돌에 새겨진 비문, 불교 종교 재단에 대한 왕실의 후원. 스리비자야는 수마트라 동남부 해안에, 무시강(Musi River)의 지류들, 섬들, 모래톱 등 물가 경관 속에 자리잡았다. 강길, 숲길은 스리비자야를 숲에서 생활하는 공동체들, 그리고 바리산(Barisan) 산맥에 있는, 강 상류의 공동체들과 연결시켜주었다. 바다의 순환로들은 스리비자야를 자바해(Java Sea)에 흩어져 있는 항구들과 연결시켜주었다. 남쪽 극단에 있는 위치는 스리비자야가 믈라카 해협(Straits of Melaka)에서 내려오거나 중국에서 오는 선박들에게 자연스러운 정박지가 아니었음을 의미했다. 그러나 그 내륙과 바다 주민들의 노력 덕분에 스리비자야는 여러 지역에서 오는 군도 산물의 전시장이 되었다. 원거리 항해를 한 그곳의 뱃사람들은 멀게는 중국 남부 해안 항구들까지 견본을 가져갔다.

이 무역의 근거는 중국 기록에만 남아 있다. 중국에서 해외 무역은 왕실이 독점했다. 중국은 선박들을 받아들이기는 했지만, 내보내지는 않았다. 중국 남부 해안 항구 감독을 책임지는 왕실 행정 관료가 외국 선박의 화물을 점검했다. 관료들이 중국 시장에 들여놓기를 원했던 무역품들은 "조공품", 즉 오랑캐들이 정중하게 바친 선물이었다. 중국의 항구 관리들이 '물건을 제공한다'

고 생각한 나라는 승인을 받고 공식적인 봉신의 지위를 부여받았다. 허가받은 봉신은 관청의 인장과 "선물", 즉 자신들이 중국으로 가져온 물건과 교환되는 무역품을 받았다. 중국 관리들은 봉신국이 보낼 수 있는 선박의 수를 지정했다. 다른 선박들이 강을 타고 올라가서 물건을 하역하고 중국 생산물을 가지고 돌아가는 것은 허용되지 않았다.

관계에 대한 이런 진술에서, 스리비자야는 6세기에 봉신국으로 지정되었다. 중국 기록에는 6, 7세기와 8세기, 이어 10, 11세기에도 조공(무역)사절단이 나온다. 스리비자야의 "조공품"은 후추, 송진, 등나무, 상아, 깃털, 새 둥지, 거북이, 해삼, 진주층이었다. 중국 황제가 스리비자야로 보낸 "선물"은 산업 염료, 쇠, 도자기, 비단이었다. 중국측 설명에 따르면, 한 수마트라 국가가 700년간 조공국으로 인정받았는데, 이 국가가 군도의 여러 오랑캐 항구국가들의 중재자 역할을 하고, 이들이 중국으로 보내는 조공품을 스리비자야의 조공품과 같이 가져왔다고 한다. 중국식 설명에 의하면 봉신이 되는 영예는 중국에 의해 주어지고, 그 봉신이 가치 없다고 여기지면 중국에 의해 박탈된다. 1380년, 스리비자야는 중국과의 특별한 관계를 박탈당했고 중국의 봉신이 되는 영예는 자바의 마자파히트 왕국의 차지가 되었다. 스리비자야는 중국 세계에서 이름이 사라지고, 중국에 대해서는 자바에 의해서 대표되는 무명의, 사소한 오랑캐국이 된다.

스리비자야의 위치와 명칭에 대한 중국 기록의 불분명함은 두 가지로 설명될 수 있다. 첫째, 중국 황실 정부는 15세기초까지 중국 선박이나 항해사들이 남쪽으로 원거리 여행을 하는 것을 허가하지 않았다. 군도와 중국 사이를 오간 선원들은 중국인이 아니라 말레이인이었다. 둘째, 제국의 관념에서 보면, 중요한 것은 중심에 있는 중국의 위치였다. 오랑캐의 주변부 내의 봉신국 하나의 정확한 위치는 별로 중요하지 않았다. 이런 제국적 중국 역사인식의 영향으로 인도네시아사 연구자들은 스리비자야를 (팔렘방에서 잠비까지) 이동 가능한 중심지들이 있는 무역국가로, 혹은 모두 스리비자야라는 이름을 쓰는 항구들의 집합체로 묘사한다.

무역을 통해 늘어난 부는 스리비자야 지배자들이 인접 지역에서 전과 다른 방식으로 스스로를 내세우도록 해주었다. 중국의 봉신이면서 인도식 표현 방식을 채택했고, 이웃들에게는 지역문화에 참여하는 것처럼 보였다. 스리비자야의 지배자들은 불교 교리를 탐구하는 데 헌신한 국제 학자들을 후원하기를 즐겼다. 불교 연구 중심지로서의 스리비자야의 명성은 인도로 향하던 중국 학자들이 남쪽으로 먼 길을 우회해서 가도록 유도했다. 그들은 인도의 불교 중심지들에서의 심화학습에 대비하기 위해, 스리비자야에서 산스크리트어 문법과 교리에 대한 지식을 발전시켰다. 스리비자야에 불교를 배우는 학생 1천 명의 공동체가 있었다는 것이 중국 왕실 기록에 직접 언급된다. 671년 잠시 이 공동체의 일원이었던 중국의 학자이자 순례자인 의정(義淨, I Ching 혹은 I Tsing)은 여행의 다음 단계인 인도행을 준비하기 위해 산스크리트어를 공부했다.

스리비자야는 또한 군도의 사회와 역사의 맥락에 위치지워질 수 있다. 인도네시아의 맥락에서 보면, 스리비자야는 지금까지 발견된 가장 오래된 말레이어 텍스트가 있는 지역이다. 682~686년에 만들어진 석판에 인도 문자로 새겨진 것은 인도네시아 서부 군도 사람들의 언어이다. 이 글은 말레이어 사용자인 자신의 백성들에게 직접 얘기하는 왕을 보여준다. 인도 왕족의 칭호로 치장된 채, 그는 영원한 평화의 제공자로 자처하고, 다른 왕국들에 대한 자신의 승리, 선물들, 성공을 위한 기도, 성불에 이르는 길을 추구하려는 맹세를 기록한다. 왕의 백성들에 대해서도 새겨져 있는데, 그들의 존재는 강의 공동체와 바다 주민들의 시노사들이 그들을 피보호자로서 스리비자야 지배 가문에 구속하는 맹세의 형태로 보존되어 있다.

이 돌들은 또한, 7세기에 자신의 고용자와 그 백성들이 말하는 언어를 문어로 표현하는 문제에 인도 철자에 대한 지식을 적용한 전문 작가들의 존재를 증명한다. 이런 점에서 인도네시아 역사에서 스리비자야는 그 수도의 정확한 위치 혹은 인도네시아 군도 사람들에 대한 스리비자야의 지배 범위와 기간에 대한 학자들의 주장보다 훨씬 중요한 의의를 지닌다.

스리비자야와 인도네시아

인도네시아 역사에서 스리비자야는 잊혀진 과거, 외국 학자들에 의해 재창조된 과거, 그리고 이후 인도네시아 민족정체성을 위해 민족주의 지식인들에 의해 재발견되고 포장된 과거를 대표한다. 1920년대 프랑스 학자 쇠데스의 연구가 출판되기 전까지, 팔렘방 지역의 수마트라인들도 다른 지역의 인도네시아인들도 스리비자야에 대해 전혀 들어본 적이 없었다. 쇠데스의 발견과 해석은 식민지의 네덜란드어, 인도네시아어 신문에 발표되었다. 민족주의자들의 상상 속에서, 스리비자야는 동쪽에 있는 자바의 마자파히트와 균형을 이루는 서부 군도의 위대한 제국으로서, 역사 초기의 위대함, 군도의 통합성, 수마트라의 중요성의 증거가 되었다. 스리비자야와 마자파히트는 네덜란드 식민국가 이전 인도네시아 사람들의 통합을 증명하는 예로 함께 제시되었다.

그러므로 스리비자야라는 집단적 이름으로 교과서에 알려진, 인도네시아 군도의 여러 항구들의 발견 가능한 역사는 다음과 같은 몇 개의 역사들(histories)의 산물이다. 숲과 바다의 생산물을 세금으로 내서 국제적 지위를 향한 자신들의 지배자들의 갈망을 지원해준 보통사람들의 역사. 군도 항구에서 산스크리트어와 말레이어로 글을 쓰고, 사원을 건축하고, 학자들의 공동체를 발전시켰던 이동하는 사람들(mobile men)의 역사. 자신들의 지적 훈련을 통해서 세계의 중심과 봉신들이라는 중국적 세계관 속에 스리비자야를 위치시켰던 중국 관료들의 역사. 진짜(real) 인도에 대한 관심 덕분에 군도의 창조된(invented) 여러 인도에 도달했던 중국 학자들의 역사.

모든 외부인들이 공통적으로 인도네시아의 교환 네트워크에 투입한 것은 철자였다. 글쓰기와 거기에 담긴 지식은 교환 네트워크를 매끄럽게 넘나들었다. 1300년 전 말레이어로 돌에 쓰여진 글귀들은, 선사시대 인도네시아 역사에서 물건들이 얘기해주는 것을 보강해준다. 돌무덤과 그 내장품들은 사람들이 지배자와 피지배자 간의 현격한 격차를 인식했음을, 주군에 대한 보통 사람들의 의무가 무제한적이었음을, 평범한 사람들이 지배 가문과 그들의 종교 의례를 지원하기 위해 노동력을 제공했음을 말해준다. 물건들 그리고 돌에 새겨진 글은 육지와 바다의 공동체들이 맞물렸고 경관이 재편된 근거를 제공해준다.

공동체들과 왕국들: 글쓰기와 사원을 통해 본 역사

인도네시아의 경관은 근대의 창조물이다. 높은 인구밀도의 도시와 평야, 농업, 광업, 공장, 주거 단지를 만들기 위해 숲, 새, 동물의 삶을 없앤 언덕, 고층 사무실과 아파트 단지가 들어선 교외 경관. 고속도로와 전화선들이 교차하고 인터넷 카페가 점점이 박힌 시골. 군도의 습한 기후와 수 세기에 걸친 자연재해와 인재는 오랜 과거의 대부분의 흔적을 지워버렸다. 도시에 사는 인도네시아인들은, 밭을 갈다가 나온 오랜 물건에 대한 얘기를 신문에서 읽거나 근대적 배경에서 석조 사원이나 공동묘지의 잔해를 봄으로써, 자신들 주변에 있었을 거라고 생각하지 않을 과거와 짧게 마주할지도 모른다. 그들은 수학여행이나 휴일 여행에서 9세기의 보로부두르(Borobudur) 사원을 경험할 수도 있다. 그들이 방문하는 이슬람 성소 주변에서 힌두 사원의 잔해를 인지할 수도 있다. 다른 오래된 과거의 흔적들은 차와 관광 버스로 쉽게 갈 수 없는 산속에 있다. 민족주의 사가들이 인도네시아의 과거를 구성하는데 가장 중요한 두 왕국, 마자파히트와 스리비자야의 흔적은 거의 남아있지 않다.

발굴과 보존을 위한 기금을 분배하는 데 있어, 인도네시아의 식민정부와 공화국 정부는 자바의 힌두교와 불교 유적지를 선호했다. 인도네시아 이슬람의 초기 역사와 관계된 유적지 보존은 덜 강조되었다. 이슬람 사원의 경우, 인도네시아의 공적, 사적 기금은 옛 것을 탐사하기보다 새 것을 건설하는 데 사용되었다. 관광업을 위해서 그리고 교과서 사진 속에 보존되고 제시되는 과거는, 세계에서 가장 큰 무슬림 국가의 국민들이 경험한 역사에서 유리된 것처럼 보인다.

과거를 눈으로 볼 수 없기 때문에, 우리는 다시 금속과 돌로 된 물건에 주목하게 된다. 더 이른 시기의 역사를 들려주는 마체테(machetes), 도끼, 북과 달리, 이 물건들에는 글귀가 쓰여 있다. 인도네시아의 산비탈, 숲, 평야에는 돌, 금, 구리, 도자기, 유골에 기록된 문헌들이 가득하다. 글이 새겨진 사물들은 종종 생뚱맞게, 다른 사물이나, 왕궁, 도서관, 사원 같은 고대 건물의 유적과 무관하게 존재한다. 인도네시아에서 제일 오래된 문헌은 7개의 돌기둥에 새겨져 있는데, 이것은 5세기 칼리만탄 왕 물라바르만과 그의 백성들에 대해 남아 있는 유일한 단서이다. 비문 내용은 그 공동체에서 지속되던 일상생활의 순간의 스냅사진을 제공해준다. 비문이 수 세기를, 혹은 그 사회의 모든 계층과 관심사를 묘사할 수는 없다. 또 인도네시아 고대 문헌을 보존하는 소재들이 모든 기록 용지를 대표하는 것도 아니다. 오직 근대 이후의 동물 가죽, 나무껍질, 나뭇잎 등만 살아남았다. 더 내구성 있는 필기 재료들도 사라질 수 있다. 강우와 습기가 돌을 닳게 하고, 이끼와 식물이 돌 표면을 변화시켜 글자를 읽을 수 없게 할 수도 있다. 후세들이 새로운 신을 기리는 사원을 짓기 위해 돌을 다른 곳으로 옮길 수도 있다.

현대 인도네시아의 풍경에서 수습된, 글귀가 새겨진 물건들은 육로와 해로의 교차로에 위치했던 공동체들과 왕국들의 다양한 역사를 전달해준다. 그것들은 떠돌아다니던 사람들, 그들의 고용자들, 그리고 부, 직업, 지리적 이동성, 성별에 의해 계층이 구분되던 공동체들의 역사를 말해준다. 그것들은 지적 교류와 혁신의 역사, 그리고 군도 내에서 그리고 아시아 대륙의 도시들과 교류하던 공동체들의 역사를 전해준다.

글쓰기, 언어, 문자

글쓰기의 4요소는 언어, 표기 체계, 필기 도구, 내용이다. 인도네시아의 언어들이 표현되는 표기 체계는 다른 사회들과의 접촉의, 전문 저술가들의 훈련과 여행의, 석공이나 금속세공사 같은 장인들과의 연계의 역사를 말해준다. 하나의 표기 체계는 종교적, 지적 상호교환의 그리고 정치적 헤게모니의 역사들을 암시해준다. 그것은 또한 한 공동체의 어떤 계층들이 알 것이라 추정되는 것을 드러낸다.

인류 역사에서 창안된 표기 체계는 극소수이다. 인도네시아의 언어들은 산스크리트어, 아랍어, 라틴어 사용자들이 고안한 표기 체계들로 표현된다. 예를 들어, 말레이어는 문어로서의 오랜 역사 속에서 인도, 아랍, 로마식 표기 체계를 통해 표현되었다. 자바어는 인도의 나가리(Nagari)와 팔라바(Pallava) 표기 체계로 쓰여지기도 했고, 자바어 소리를 포함하기 위해 수정된 아랍어 표기 체계인 페곤(pegon)으로 쓰여지기도 했고, 로마자 철자가 사용되기도 했다. 인도네시아 지명, 인명, 상품명이 중국 왕실을 위한 보고서와 역사에 등장하기는 했지만, 인도네시아 언어들이 중국어 문자를 통해 표현된 적은 없었다.

5세기에서 9세기까지 고대 인도네시아 공동체의 비문 3천 개가 발견되었다. 가장 오래된 것은 돌기둥에 새겨진 것이다. 많은 고대 인도네시아 문화에서 수직 돌기둥, 돌 구유, 쌀통, 상자가 세워졌고, 그 중 몇몇에는 동물과 새 문양이 새겨졌다. 칼리만탄의 기둥들이 새로운 것은 그 표면에 글귀가 새겨졌고, 물라바르만과 동시대의 인도 왕국들에 세워진 종교의식을 위한 기둥들과 유사하다는 데 있다. 이 왕의 업적을 자랑하는 언어는 인도의 문어인 산스크리트어였다. 기록 체계는 남인도의 팔라바 문자를 모델로 삼았다.

돌과 동판에 새겨진 250개의 비문은 5~9세기 자바에서의 왕족의 명령들을 기록하고 있다. 가장 오래된 것은 역시 산스크리트어로 되어 있다. 9세기부터 비문의 언어로 오늘날 구 자바어(Old Javanese)로 알려진 고어가 사용되었다. 자바에서 나온 몇몇 비문은 북부 인도에서 유래한 나가리 문자로 기록되었다. 발리 왕실의 결정도 나가리 문자로 선포되었다. 현재까지 발리에서 발견된 가장 오래된 비문은 882년으로 거슬러 올라가고, 고대 발리 언어 형태로 되어 있다. 10세기 이후 발리에서 나온 비문들은 구 발리어, 산스크리트어,

구 자바어가 뒤섞여있다. 1016년 이후 발리의 모든 비문의 언어는 구 자바어이다.

공공장소에 세워진 기둥에는 왕실의 존재를 알리고 경외감을 갖게 하려는 의도가 있었다. 그 기둥들은 돌을 캐서 지정된 곳으로 끌고 온 사람들보다도 컸다. 돌의 앞면, 뒷면, 옆면에 망치와 정으로, 크고 길쭉한 글씨로 문장들이 새겨졌다. 이 기둥들은 공개된 장소에서 의례의 중심이었다. 그들은 왕의 사람들이 맹세를 위해 모이는 장소이기도 했다. 그 내용은 한 장소에 고정되어 있었다. 사람들이 그 글이 있는 곳으로 가야 했다. 멀리 떨어진 관리들과 글로 소통하기를 원했던 군도의 왕들은 석공이 아니라 금속을 가열해서 얇은 종이처럼 만들 수 있는 제철공을 고용했다. 이런 재료에 글을 쓰기 위해 필경사는 정이 아니라 섬세하고 뾰족한 도구가 필요했고, 글자를 작고 둥글게 쓰는 방법으로 넓이 10~25cm, 길이 20~25cm의 종이에 내용을 압축해서 담아야 했다. 대부분의 판이 4줄 밖에 넣을 수 없게 되어 있었기 때문에, 아주 짧은 글이 아니면 몇 개의 판에 걸쳐 계속되었다. 이 휴대용 판들은 개인이나 마을에게 보내는 지배자의 특정한 메시지를 전달했다.

인도네시아에서 나온 알려진 비문들은 모두 왕의 이름으로 공표되었다. 왕의 목소리는 질서를 관장하는 자의 목소리였다. 백성들은 복종해야 했고, 세금을 내야 했고, 특정한 의무를 수행해야 했고, 자신들을 약속에 속박시키는 맹세를 해야 했다. 돌과 금속에 기록된 다른 목소리는 작가의 것이었다. 작가는 왕에 대한 찬가를 부르고, 그를 인도 신들에 비유한다. 작가는 인도식 시간 계산 체계에 의거해서 조심스럽게 글을 쓸 날짜를 확정한다.

시간, 달력, 날짜

개인의 삶 속에서 시간을 이해하고 그것을 계산하는 방식은 다르다. 초기 자바 왕들은 힌두 사카 시대(Saka era)에 기반한 달력을 이용했다. 그들의 이름으로 반포된 비문들은 산스크리트어 용어를 사용해서 날짜와 시간에 따른 칙령을 기록한다. 당시 시간을 계산하는 그런 용어와 개념이 왕실 밖에서 널리 사용되었는지, 혹은 농민들과 장인들은 시간에 대한 다른 용어와 계산 방식을 사용했는지는 알려지지 않았다. 사카 원년은 서구 역법으로 하면 서기 78년에 해당된다. 모든 자바 왕들은 자기 백성들의 삶이 이슬람의 역법에 의해 통제되도록 명하기 전까지 계속 이 체계 안에서 시간을 설정했다. 마타람(Mataram)의 술탄 아궁(sultan Agung)이 1636년 최초로 이슬람식 계산체계를 도입했다. 이 체계에서 원년은 무하마드가 메카에서 메디나로 탈출한 해, 즉 서양 역법의 622년에 해당된다. 서유럽의 기독교 역법에서 원년은 예수가 탄생한 해이다. 오늘날 세계에서 유럽식 역법이 국제적으로 사용되고 보편적 시간으로 알려져 있다.

인도네시아인들의 역사적 과거들은 힌두, 불교, 무슬림, 기독교 역법 체계의 신성한 시간 속에서 진행되어 왔다. 이 책에서 이 과거들의 시기는 기원전(Before Common Era, B.C.E)과 기원후(Common Era, C.E.)라는 보편 역법에 따라 기록된다.

작가들은 전문가들이었고, 왕을 비롯해 왕자, 공주, 관료, 군사령관 등 왕실 지배층의 읽고 쓸 줄 모르는 사람들에게 고용되었다. 인도네시아 군도 왕들을 위해 일하던 필경사들이 사용하던 인도 문자체계는, 인도 국가들, 스리랑카, 동남아시아 대륙부 왕국들에서 왕을 위해 일하던 동시대인들도 사용한 것이었다. 5~8세기 사이 이 넓은 지역에서 진흙판, 석판, 동판에 새겨진 문자의 형태는 굉장한 균일성을 보여준다. 공통된 문체는 일군의 작가들이 자신들의 기술을 가르치고 팔면서 순례 중심지들, 승원들, 왕궁들을 돌아다녔다는 것을 암시한다. 전문 작가들은 왕실에 고용되기를 원하거나, 혹은 왕실의 후원을 받아 종교공동체에 정착해서 공부하고, 가르치고, 필사를 통해 문헌을 보존하는 삶을 추구했던, 이동하는 사람들(mobile men)이었다.

8세기 중반을 기점으로, 자바에서 만들어진 비문의 문자는 아시아 다른 지역의 비문의 인도 철자의 "손글씨"와 달라보인다. 자바의 지역 양식의 발전은 8세기가 되면 자바 내에 필경사 공동체가 생겨났다는 것을 의미한다. 자바 왕궁에서 전문 작가로 일하고 싶은 사람들은 글쓰는 방법을 배우기 위해 인도 왕국까지 여행할 필요가 없었다. 이들은 자체적으로 생산된 문헌을 가지고 자체적으로 훈련받은 스승에게 사사했다. 이 무렵에는 또한, 자바어 사용자들과 함께 살던 전문 작가들이 그들이 아는 인도 문자체계를 사용해서 자신들의 구어를 문어로 표현하는 실험을 시작했다. 왕의 신하들이 이해할 수 있는 언어로 발표된 9세기의 왕실 칙령에서 나온 예가 남아 있다. 작가들은 또 산스크리트어 사전, 문법, 문체 교본을 참고해서, 그들이 산스크리트 문학에서 배운 이야기들을 재생하는 시를 자바어로 생산했다.

이런 발전들은 남아시아와 동남아시아 권역을 돌아다니는 전문 여행가들이 줄어들고 더 많은 자체 생산 학자들이 등장했음을 암시하지만, 자바 전문 작가들은 여전히 인도 철학, 의례 생활, 문학의 발전을 접하고 있었다. 천 년 동안 인도네시아 군도에서는 산스크리트어와 문학이 학습되었다. 산스크리트어 문헌이 인도에서 유입되고, 자바어 주석과 함께 유통되고, 자바어로 된 창작에 영감을 주었다. 동시에 산스크리트어로 된 창작도 계속되었다. 교재로 쓸 문헌들이 편찬되었다. 먼 타지에서의 산스크리트어 교육을 위한 사전과 문법서도 저술되고 복사되었다. 15세기에 인도에서 유행하던 의례가 자바에서 자바어로 창작된 시에 묘사되고 있었다.

카카윈: 시와 군주들

카카윈(Kakawin)은 옛 자바어로 지어진 장편 이야기 시(narrative poem)이다. 작가들은 일상생활에서 쓰이는 구어보다는 문어체를 사용한다. 시들은 산스크리트어 문학에서 나온 장단과 운율을 갖춘 운문 형태이다. 카카윈은 9세기에서 16세기까지 중부, 동부 자바 왕실에서 만들어졌다. 인도의 라마야나, 마하바라타의 신, 여신, 괴물, 성인, 왕족들에서 나온 이야기들이 자바의 경관에 이식되었다.

그 이야기들에 보통사람들은 거의 등장하지 않는다. 왕족, 혹은 신의 현신인 남성이 어떤 물건, 잃어버린 친척, 혹은 특별한 지식을 찾기 위해 탐험을 수행한다. 떠돌아다니는 과정에서 그들은 에로틱한 모험을 하기도 하고, 큰 전투에서 싸우기도 하고, 인간 존재의 의미에 대해 신으로부터 가르침을 받고 후에 그것을 부인들과 추종자들에게 전달해주기도 한다. 카카윈 저자들은 자신의 주군들을 신에 비유하고, 작품의 취약함에 대해 사과하고, 글쓰는 행위를 궁극적 지식에 다다를 수 있는 영적 여행으로 묘사한다.

왕족의 결혼은 많은 카카윈의 지배적인 주제이고, 그것은 당시 일반화된 관습과 가치에 통찰을 불어넣었다. 이상적인 왕족의 결혼은 사촌간에 하는 것이었다. 신부는 처녀여야 했다. 아내는 남편에 대한 충성과 신의를 통해 다른 여성들의 도덕적 모범이 되어야 했다. 죽은 남편을 따라 화장용 장작더미에 오른 왕비들은 칭송받는다. 카카윈은 왕자들이 정원에서 사랑을 나누고, 실연을 한탄하고, 연회를 벌이고, 보석과 금, 고급 의상을 누리는 것을 묘사한다. 이 시기 자바 궁정의 카카윈은 사랑 시와 편지가 궁정의 여흥이었던 엘리트 식자층의 세계에 부적절한 사랑 행각을 집어넣었다. 여성은 자신의 생각, 믿음, 행동을 남성에게 헌신함으로 칭송받았다. 어머니로서 찬양받지 않았다.

자바에서 나온 비문들의 내용과 의도는 그 필기 재료와 잘 들어맞는다. 망치로 돌에 새겨진 것은 힌두 신의 경배자인 왕을 칭송하는 산문이었다. 돌에 새겨진 문헌은 외국인 사제들에 대해 말해주고 왕실의 선물을 기록한다. 작은 금속 접시에 새겨진 휴대 가능한 문헌들은 마을간 경계를 확정하고 시장을 규율하는 헌장을 담고 있다. 종교 단체에게 지정된 마을에서 세금을 걷을 수 있는 권리를 주고 (때로 이름이 명시된) 왕실 징세원들이 그 마을에 들어가는 것을 금하는 법적 문서도 있다. 다른 비문은 성인이나 사원, 관리나 그 부인에게 준 금, 은, 옷 등의 선물을 기록한다. 몇몇 비문들은 춤, 노래, 연극 공연, 그리고 축제에서 소비된 음식에 대해 설명한다. 이 비문들은 시행 일자와 왕의 이름, 그리고 왕의 명령을 하달하는 책임을 맡은 관리의 이름을 전해준다. 때로는 필경사의 이름도 기록된다.

중부, 동부 자바에서 나온 돌과 금속에 새겨진 문헌은 많은 계층과 직업으로 구성된 사회들의 모습을 보여준다. 일련의 큰 관리군이 왕과 보통사람을 연결해준다. 장관들, 조언자들, 그리고 도로 경비를 맡은 군 사령관들이 있었다. 구역의 수장들, 시장 관리들, 징세원들, 마을 원로들, 삼림 측량사들, 점성술사도 있었다. 왕에게 임명이나 서훈을 받은 마을 사람들은 산스크리트어 칭호를 받았다. 이런 행위는 보통사람들을 궁정 중심의 문화로 이끌었다.

9세기 비문을 보면, 마을 사람들은 택지, 그리고 벼와 과일나무가 심어진 땅을 소유하고 팔았고, 마을 공동 토지 일부를 배당받아서 밭농사 작물을 경작하거나 동물을 위한 목초지로 사용할 수 있었다. 부과된 세금은 마을주민들의 일련의 직업을 보여준다. 염료와 염색된 옷을 만드는 사람들, 그리고 베짜는 사람들이 있었다. 흙항아리를 만드는 사람들, 그리고 대나무 망과 깔개를 만드는 사람들이 있었다. 사탕수수와 코코넛 기름을 가공하는 사람들도 있었다. 몇몇 마을 사람들은 덫으로 새와 동물을 사냥했고, 어떤 사람들은 목축을 했다. 석공, 목수, 그리고 금, 쇠, 구리, 청동을 다루는 사람들이 있었다. 또 다른 사람들은 강의 교차로에서 배를 운행했다. 짐꾼들은 자바의 1주일인 5일마다 마을군들을 돌면서 열리는 시장들 사이에서 물건을 운반했다. 뱃사공과 어부, 목탄과 석회 제조자, 물상수, 요리사, 재난사가 있었다. 기록에 언급된 또 다른 직종은 시체 씻는 사람, 의료전문가, 시가 낭송가, 음악가, 고수, 닭싸움 관리자, 요리사 등이었다. 또한 코끼리 기수, 장창병, 사냥 조직자, 그리고 외부인과 매춘부의 관리자들이 있었다.

비문들은 마을 시장들과 항구의 시장들을 연결하는 상업네트워크 안에서 전문 상인들이 활동했음을 보여준다. 이들은 물소, 암소, 염소, 돼지, 쌀의 구매자였다. 쌀, 면화, 옷, 금속, 소금, 절인 생선, 식용유가 지역 시장에서 거래되었다. 전문 상인들은 상품을 대량으로 구입하고, 운반하고, 되팔았다. 그들의 고객은 현지에서의 판매를 위해 물건을 구매하는 소상인들과, 금속과 도자기를 수입하는 외국 상인들이었다. 10세기 자바에서 나온 비문들은 외국 상인으로 참족, 크메르족, 몬족, 벵갈인(Bengalis), 남인도인 같은 대륙부 아시아인들을 명시한다. 그들의 대리인들이 자바 마을에서 활동했고, 그들에게는 부가세가 부과되었다. 외국인들은 또한 종종 왕의 세입의 징세자로 거명되었다.

비문을 통해서 우리는 사람들이 바나나, 오이, 양파, 마늘, 생강을 재배했고, 물고기와 오리, 거위, 닭을 키웠던 것을 알 수 있다. 그들은 야자와 사탕수수로 많은 술을 만들었다. 축제 때는 야자잎에 올려진 쌀, 닭, 야채를 먹었다. 의식을 거행할 때는 모든 지위의 남녀가 왕의 독실함과 재주를 기록한 축성석을 마주보고 원을 그리며 앉았다. 관리의 부인들은 왕의 선물을 받은 자로 목록에 올랐다. 의식을 주재하는 관리는 왕의 칙령을 어길 자에게 저주를 내렸다. 비문은 여러 줄에 걸친 저주 문구를 포함했다.

케디리(Kediri, 11~13세기) 왕국 비문은 왕들이 비슈누(Visnu)신의 추종자이고 그의 현신으로 칭송받았음을 보여준다. 비문들은 왕이 종교 자문가, 육군과 해군 사령관, 코끼리와 말 관리자 등의 관리들에게 영예와 칭호를 하사했음을 기록한다. 군인들은 창과 활로 무장했다. 마을들에는 자신들의 사령관이 이끄는 무장세력과 고유의 깃발이 있었다. 비문은 또한 케디리 왕들이 벌금을 금으로 계산하고, 가축, 금속제품, 소금, 기름의 판매, 그리고 노래와 춤 공연에 세금을 부과했음을 말해준다. 비문에서는 글쓰기가 활용된 근거가 나온다. 케디리 왕은 종교 문제와 통치 기술에 대한 안내 교본을 가지고 있었다.

비문의 근거에 의하면 왕궁들, 사원들, 수도원들, 시장들, 마을들의 연결망은 자바 전원지대에 널리 퍼져 있었다. 인도 신 시바(Siva), 비슈누, 브라마(Brahma)는 자바 산 위에 살았다. 그들의 종복과 괴물들은 그 아래를 거닐었다. 지금은 오직 사원들만 남아서 비문이 상기시키는 1천 년의 자바 세계를 증명하고 있다. 고고학 조사에 따르면, 서기 700년에서 900년 사이 중부 자바 므라피(Merapi) 산의 남쪽 경사지에 33개의 사원과 사원 단지가 건축되었다고 한다. 이 산과 인도양 사이 218개의 인류 활동 장소(종교 건물, 비문들)가 발견되었다. 프람바난 인근 한 지역만이 아마도 욕실과 명상의 동굴을 포함한 왕궁과 정착지의 유적일 것이다. 이것은 크라톤 라투 보코(Kraton Ratu Boko, 보코 왕의 왕궁)로 알려져 있다.

중부 자바의 산들은 천상의 신들의 형상을 안치할 건물 축조에 사용될 화산암을 제공해주었다. 티크 삼림은 왕의 거주지, 수도원, 순례자 기숙사, 도서관을 위한 건축자재를 공급해주었다. 숲은 또 농부의 엉성한 오두막과 마을회관을 짓기 위한 등나무, 대나무, 야자잎의 공급원이었다. 왕과 평민의 집 모두 열대 기후 속에 붕괴되었다. 흐르는 용암 덕분에 토양이 비옥해지고, 덕분에 이 지역에 천년 이상 사람들이 계속 정착하고 농사를 지었지만, 과거의 이야기를 간직한 물건들은 사라졌다. 붕괴된 많은 사원들의 원형을 알아보기 위해서는 전문가가 필요하다. 보존 상태가 나은 다른 사원들은 약탈당해왔다. 내실과 제단에서 동상이 사라졌다. 벽감이 비어 있다. 신들의 머리가 없는 경우도 있다.

중부 자바에서 왕궁에 거주하며 농민들의 수확을 통제하던 왕조의 가문은, 사제, 건축가, 일꾼들이 힌두 신과 부처를 숭앙하는 사원을 짓는데 자신들의 재산을 마음대로 쓸 수 있게 했다. 남자들이 논을 고르고 나면, 모종, 잡초제거, 수확, 요리 같은 일은 여성과 아이들의 몫이었다. 남성 노동력은 논을 벗어나 돌을 캐고 옮기는데 투입될 수 있었다. 시간제 농민 - 노동자들(farmer - laborers)은 돌들을 같은 크기의 사각 덩어리로 만들고 건축가의 지시에 따라 늘어놓았다. 기술자들이 바위 표면에 이야기를 새겨넣고, 조각가들이 새길 조각상을 위한 틈을 파냈다. 비문은 노동자들이나 숙련된 조각가들의 이름을 기록하지 않는다. 그것들이 말해주는 것은 그 노동자들의 감독관들이 동남아시아와 인도를 아우르는 지식 세계에 살고 있었다는 사실이다. 중부 자바 건축가들은 인도 산스크리트어 문헌인 『마나사라 실파사스트라』(*Manasara Silpasastra*)의 사본을 가지고 있었는데, 이 글은 사원이 수원지 가까이 있는 비옥한 토양 위에 세워져야 한다고 명시했다. 자바의 사원들은 산 정상이 보이는, 가파르고 깊은 계단으로 올라갈 수 있는 높은 토대 위에 자리잡았다.

비문에는 중부 자바에서 부처를 숭배하던 사일렌드라(Sailendra) 왕조, 그리고 힌두 신들을 따르던 산자야(Sanjaya) 왕조가 기록되어 있다. 비문에는

846년 두 왕조 간의 결혼이 기록되어 있다. 자바 설화에 따르면 사일렌드라는 보로부두르 사원 건축을 관장했고, 산자야는 힌두 신에게 봉헌된, 벽화에 라마(Rama) 왕자, 그의 부인 시타(Sita), 괴물 왕 라바나(Ravana), 원숭이 하누만(Hanuman)의 이야기를 담은 프람바난 사원군을 축조했다. 산자야인들은 또 불교 사원인 세우(Sewu)와 플라오산(Plaosan)도 축조했다.

의로운 왕이 마을들을 종교 재단에 분배했을 때, 주민들의 끊임없는 노역이 확정되긴 했지만 그의 행위는 마을 경제를 활성화시켰다. 성자들은 청중을 위해 사원의 의식을 거행하고, 새로운 필경사를 양성하고, 숙소, 음식, 기념품을 구매해야 하는 학자와 순례자들을 끌어들임으로써 지역 주민을 위한 사업을 일으켰다. 큰 종교 재단들은 시장, 마을, 논으로 둘러싸여 있었다. 또 사람들의 거주지에서 멀고 순례자들이 접근하기 어려운 은둔처나 성소에는 사당이 있었다.

디엥 고원 사원군

1200~1300년 전 자바 노동자들은 움푹 꺼진 화산지대인 디엥 고원(Dieng Plateau)에 있는 높은 산자락에 힌두 신을 위한 석조 사원을 축조했다. 디엥은 "신의 거주지"라는 뜻의 산스크리트어 디 향(Di Hyang)에서 나온 말이다. 참배객들은 경사지 아래 멀리 떨어진 마을에서 오랜 시간 길을 걸어와서 사제들이 들어간 사당에 모였고, 가파른 계단을 올라 높은 진입석(entrance stone)을 넘어 제단과 그 조각상 앞에 섰다. 사제들은 사원 벽 속의 수도관에서 나오는 물로 그 성상을 씻었다. 조금 어둡고, 밖의 테라스에 있는 보통 사람들에게는 보이지 않는 내부에서, 사제들은 신들에게 강림해서 그들의 동상에 현신하고 인간을 위한 메시지를 전달해주기를 청했다.

오늘날 몇몇 사원들은 재건축되었다. 다른 사원들은 토대는 남고 윗부분은 붕괴되었다. 사원 안과 주변에서는 아이들이 뛰놀고, 사당의 무너진 부분에는 여성들이 앉아 있고, 양떼가 그들을 쳐다본다. 농부들은 곡식을 빼곡히 심기 위해서 산비탈에서 정상에 이르는 곳까지 나무들을 제거했다. 규모 면에서 고대 건물보다 훨씬 으리으리한, 돔과 첨탑의 아랍 건축양식으로 된 흰 색의 모스크가 새로 축조되어,

비마(Bima)와 가톳카차(Gatotkaca)라는 이름의 디엥 사원들과 나란히 위치했다. 모스크 주변에는 그것을 후원하는 마을의 집과 가게들이 있다. 아랍어 기도문과 인도네시아어 설교가 확성기를 타고 방송되는 것은 디엥에서 들리는 현대적 형태의 종교 예배이다. 일련의 힌두 사원들 서쪽 끝에 위치한 이슬람 사원은, 종교 이해의 발전에서 자연스러운 진전으로서 의도되었을 것이다. 그것은 아마도 인도 신과 군주들로 구성된 자바의 과거에 반대하는 것이다.

디엥 고원: 힌두 사원과 모스크

7세기와 8세기 힌두 신들을 위한 사원들은 20세기 모스크를 향하는 것처럼 보인다. 사진 제공: 이스칸다르 P. 누그라하.

산 위의 사원 단지들, 작은 개별 사당, 자바 지역에 넘쳐나는 대형 평지 사원은, 엄청난 노동, 건축 자원, 관리, 그리고 비전의 산물이다. 자바의 과거 모습을 지배하는 것은 보로부두르 사원으로, 이 거대한 사원은 부처를 경배하기 위해 헌정되었고, 그 건축가들은 사원의 형태, 벽에 새긴 부조, 조각을 통해 불교 교리를 표현하기 위해 이것을 설계했다. 이것은 중부 자바 화산대에 인간이 만들어낸 산이다. 그 축조는 760년경 시작되어 830년에 완결되었다. 보로부두르는 자바에 인도 성지순례지를 재현한, 또 70년이라는 시간 동안 목표

달성을 위해 백성들의 노동력을 통제할 정도로 부유하고 막강했던 왕조의 경건한 의도를 표현한다.

모든 계층이 그들의 지배자들의 꿈을 실현시키기 위해 동원되었다. 기술이 없는 노동자들은 사원의 기초를 다지기 위해 땅을 고르고 사원의 4방으로 층을 만들기 위해 비탈을 평평하게 만들었다. 이들은 최소 백만 개가 넘는 돌덩어리를 현장으로 옮겼다. 석공들이 돌을 잘라 모양을 맞췄고, 숙련된 공예가들이 아래쪽 4개 층을 따라 이야기가 이어지는 디자인을 새겨넣었다. 다른 노동자들은 각 층을 돌아다닐 수 있는 열린 통로와 높은 층들에 이르는 계단들을 만들었다. 조각가들은 통로를 따라 있는 틈에 넣을, 또 세 개의 개방된, 원형으로 된 층을 위한 불상들을 조각했다. 그들은 돌로 격자세공을 한 스투파(stupa)를 세웠는데, 종 모양의 이 건축물은 부처가 앉아 명상을 했다는 연꽃을 표현한 것이다(불교 사원 건축에서 연꽃은 부처를 상징한다). 보로부두르에는 격자 스투파들이 부처 좌상들을 둘러싸고 있어서 순례자들은 부처상을 희미하게만 인식하게 되는데, 이것은 인간이 깨달음을 얻기가 어려움을 반영한다. 중앙에 있는 스투파는 참배객의 등정의 정상에 위치한다. 이것은 속이 차 있고, 아마도 부처의 유품으로 추정되는 성스러운 물건을 위한(지금은 비어 있는) 작은 벽감만 있다. 부처가 가르치고 명상하는 것을 묘사한 불상들의 양식, 그리고 1,460개의 이야기 판(narrative panels)에 부처의 삶을 얘기한 것은, 인도 사원과 불교 교본에 예시된 불교 미술의 필요조건을 따른 것이다. 그래서, 공사 현장에는 모든 다른 종류 노동의 감시자, 음식과 노동 일정의 관리사뿐 아니라, 불교 역사, 신학, 예술, 건축의 전문가들이 있었다.

이야기 판들은 8세기 자바 특권층의 일상생활의 각색을 통해 기원전 6세기 부처의 삶에 대해 얘기한다. 이 판들은 신들, 왕족들, 그들의 신하들을 보여주지만, 노동자들의 일상생활에 대한 설명은 거의 없다. 세계의 불교 중심지와의 접촉을 가능하게 하고 인도네시아 역사에서 매우 중심적 역할을 한 활력 넘치는 해상로에 대해서는, 항해하는 돛단배들이 조각된 두 개의 판에 암시만 되어 있다.

보로부두르는 자바의 역사 중 자바 경관 속에 인도문명이 새롭게 만들어지던 시기에 속한다. 보로부두르가 완성된 후, 독실한 신자들은 부처와 관계된 곳에서 참배하기 위해 인도로 장거리 여행을 떠날 필요가 없어졌다. 순례자들은 대신 지리적으로 훨씬 짧은 여행을 했고, 그 산과 같은 사원(temple-mountain) 주변을 걷거나 올라감으로써, 부처의 가르침의 영적 의미에 이르는 상징적 여행을 했다. 불교를 공부하는 사람들도 자바에서 만들어진 문헌을 참고할 수 있게 되었다. 7~8세기경 금판(gold plates)에 쓰여진 중부 자바에서 가장 오래된 불교 문헌은 인간의 고통, 환생, 해탈과 같은 불교 교리를 설명한다. 이 글은 단순화된 산스크리트어 덕분에 학습 초기 단계에 있는 승려들도 읽을 수 있었지만, 또한 종교 학습 상급자가 지식과 통찰의 발전을 가속화하기 위해 숙고할 만한 신비한 기호들도 포함했다. 10세기에 나온 문헌은 불교 교리에 대한 산스크리트어 운문에 자바어로 설명을 덧붙였다.

현대 여행객들처럼, 보로부두르 방문자들은 자신들의 순례를 기념하고 예배를 돕기 위해 기념품을 구매했다. 진흙으로 만든 스투파 미니어처와 부처 형상이 새겨진 작은 진흙판들 다수가 보로부두르 인근에서 출토되었다. 이것들은 아마도 남성들이 신선한 재료를 공급해주면 주걱 모양 도구로 진흙을 매끈하게 하던, 사원 벽 부조에 나오는 여성들에 의해서 생산되었을 것이다.

보로부두르: "발견과 방치", 복원과 의의

자바 지배계급은 이슬람으로 개종했을 때 조세 수입을 이슬람 사원과 학교 건축, 그리고 교사들을 위해 전용했다. 자바의 힌두-불교 사원들은 더 이상 조직된, 공개 예배의 중심이 아니었다. 사제들이 사라지고 나서 이들은 황폐해졌고 왕들은 더 이상 그 보수에 노동력을 투입하지 않았다. 사원 안뜰과 통로에는 담쟁이덩굴과 나무들이 자랐고, 흙가루와 먼지가 부조들을 뒤덮고, 건물 잔해가 쌓여갔다.

무슬림들이 볼 때, 그 사원들은 부적절한 마술적 잠재력의 기운과 이슬람 이전 과거의 영적 존재들과의 연결고리를 유지하고 있었다. 자바의 이슬람 왕들에게 저항하는 반란세력은 영적인 힘을 얻을 목적으로 보로부두르에 갔다. 보로부두르를 방문한 첫 번째 유럽인은 프레데릭 코옛(Frederik Coyett)이었다. 그는 이 사원이 버려진 것을 알고서는 1733년 몇몇 불상을 떼어내어 그가 바타비아(Batavia)에 짓고 있던 집으로 보냈다(그 집은 이후 자카르타 중국인 공동체의 소유가 되었고, 그들은 이 집을 자신들의 부처들을 모시는 사원으로 사용했다).

보로부두르와 이슬람 이전 시기의 다른 사원들은 1811~1816년 자바에서 유럽식 지배를 이행했던 영국 관리들의 큰 관심사였다. 그 디자인과 장식의 주제는 영국인들이 인도에서 탐구했던 사원들과 유사했고, 자바 지배층은 여기에 관심이 없는 것으로 보였다. 보로부두르가 활발한 학문과 예배의 장소였던 것이 벌써 9세기가 지난 후였다. 이 산과 같은 사원을 감싸버린 초목을 잘라내고 태우고, 먼지와 잡석들을 정리해서 뼈대의 형태와 조각된 판들을 드러내기 위해서 200명이 6주 간 일을 해야 했다. 보로부두르는 모험을 좋아하는 유럽인들의 세속 순례(관광)지가 되었다. 1844년 한때 부처의 유물을 보호하던 꼭대기 스투파에는 찻집이 만들어졌다.

세계에서 가장 큰 불교 기념물은 시암(Siam)의 불교 군주 쭐랄롱꼰(Chulalongkorn) 왕에게 특별한 관심사였다. 그는 1896년 발굴 현장을 방문한 뒤 네덜란드인 초청자들에게 기념품을 부탁했다. 수레 여덟 대 분량의 조각상, 벽판, 조각된 동물들, 수호자 칼라의 머리(kala heads)가 보로부두르에서 떼어져 방콕으로 보내졌고, 그곳의 국립박물관에 남아 있다.

발견이라는 개념과 연결되는 것이 방치이다. 유럽인들은 보로부두르와 다른 귀한 예술품들이 퇴락하게 된 것이 자바 상류층의 무지 혹은 게으름 때문이라 확신했다. 자바 엘리트들은 성지의 보존을 위해 관심과 돈을 투자했지만, 사용되고 있는 장소에 국한되었다. 이슬람에 대한 자바인의 이해 속에서 무슬림 아닌 자를 들이는 것은 성소를 더럽히는 것이었기 때문에, 유럽인들은 이슬람 사원의 디자인이나 장식에 대한 관심을 추구할 수 없었다. 이런 이유로 유럽 학자들의 관심은 자바의 더 오랜, 이슬람 이전의 과거로 옮겨졌다.

보로부두르는 세계 문화 유산 지위를 부여받았고 1974~1983년 사이에 국제기금으로 보수되었다. 오늘날 인도네시아식 이슬람 의상을 입은 여학생들과 선생님들이, 역사수업의 일환으로 보로부두르를 방문한다. 남학생들은 격자로 된 스투파를 음료수 병을 버리는 쓰레기통으로 이용한다.

시암의 왕 라마 5세, 쭐랄롱꼰의 보로부두르 방문, 1896

불교도 왕과 그의 수행단이 식민지배의 두 기둥인 네덜란드 관리와 자바 왕족과 동행했다. 라이덴, 왕립 언어학 인류학 연구소, 사진 자료, No 9890. 사진 제공: KITLV.

보로부두르는 고립되어 건축된 것이 아니다. 하나의 큰 불상을 모시는 사당들도 인근에 세워졌다. 힌두 신들에게 봉헌된 프람바난 단지의 많은 사원들에도 엄청난 양의 노동력이 소비되었다. 각각 하나의 신상을 안고 있는 세 개의 주요 사원 주위로, 수백 채의 작은 사원들이 규칙적으로 줄지어 늘어섰다. 그 벽화들은 물소, 뱀, 쥐, 거위, 나무, 빽빽하게 뒤얽힌 잎들, 꽃이 가득한 자바의 경관 속에 인도의 라마(Rama) 이야기들을 재현한 것이었다.

초기 자바에서의 인신공양?

시바와 다른 힌두 신들을 모신 프람바난 사원 단지와, 거기서 남쪽으로 수 km 떨어진 불교 사원 찬디 소지완(Candi Sojiwan)의 바닥에서 이루어진 발굴작업에서 인골의 흔적이 나왔다. 동상 받침대 밑에 있는 깊은 통로에 금과 동으로 된 접시, 불에 탄 동물 뼈와 닭 뼈, 동전과 보석, 그리고 인간의 유해가 있는 것이 발견되었다. 발굴이 이루어진 20세기 초에는 인골은 별다른 주목을 받지 못했다. 인신공양은 네덜란드 고고학자들과 그들의 자바인 학생들, 동료들이 간직한 자바의 고대 과거에 대한 이상화된 시각과 맞지 않았다. 그 사원들은 화장된 왕의 유골들 위에 축조된 장례 기념물이라고 생각되었다.

건축과 조각의 정교함과 그 인도 문명과의 관계에 감명받았던 당시의 고고학자들은, 발견된 물건들을 제대로 분석할 지적인 틀을 갖추지 못했다. 유골들은 굴삭기에 의해 제거되었고, 인체가 어떻게 놓여져 있었는가에 대한 기록이 남지 않게 되었다. 빌려온 것보다 "자생적인" 것에 더 관심이 많은 오늘날의 학자들은, 인간의 유해가 희생제의 근거라고 주장하려 한다. 그들은 고대 자바인들이 건물 축조 시작 전에 영령들을 위무하려 했고, 이런 자생적 개념이 왕실 사제들에 의해 힌두 의례에 포함되었다고 추측한다. 고고학적 근거의 해석은 시대와 학문의 유행과 긴밀하게 연결된다.

10세기에 부유한 왕의 궁전과 그들의 사원들이 동부 자바에서 발견된다. 이전 200년간과 같은 규모의 사원 축조는 중부 자바에서는 중단되었다. 서기 900년 이후 중부 자바 주민들의 삶에 대한 기록은 남아 있지 않은데, 어떤 왕조도 그들의 노동력에 의존해 사원을 짓지 않았고 그 행위를 석판이나 동판에 기록하지 않았기 때문이다.

보다 평평한 동부 자바의 경관 속의 사원들 다수는 므라피산 사원들에 쓰인 돌무더기보다 작은 벽돌로 축조되었다. 남아 있는 사원들은 더 작게 구상되었다. 이들은 힌두 신이나 여신 조각을 둘러싸거나 돋보이게 하거나, 혹은 후손들이 죽은 왕과 왕비를 위해 만든 기념물이다. 돌에 영정 그림을 새기도록 위임된 조각가들은 비슈누나 불교의 자비의 여신을 그리는 데 전형적으로 쓰이는 이목구비, 복식, 동작을 왕족들에게 적용했다. 당시의 비문에 보존된 글은 왕족들을 신성한 존재와 동일시한다.

동부 자바 왕실은 사원 건축 과정에서 백성들의 시간, 노력, 자원을 덜 소모했다. 이들이 노동력을 동원할 수 있는 인구가 중부 자바 마을 주민들에 비해 적었기 때문일 수도 있고, 아니면 노동력이 더 다양한 작업에 이용되었기 때문일 수도 있다. 중부 자바 초기 사원을 지탱하는 마을들은 모두 므라피 산의 남쪽 경사지, 그 산과 해변 사이에 있었다. 자바 남부 해안에는 인도양의 위험한 역조로부터 안전한 항구가 없었다. 중부 자바 지배자들은 자바에서 인도를 재현하고 인도로의 여행이 필요 없게 만드는데 집중했다. 그들은 자신들의 풍부한 노동력과 곡물을 자신들 거점에 사원 공동체를 만들고 지원하는 데 이용했다. 이와 달리, 동부 자바 왕국은 인도네시아의 해로들에 주목했다. 그들이 위치한 브란타스강(Brantas River)은 그들을 천연항, 붐비는 항만, 잔잔한 바다가 있는 북부 해안에 연결시켜주었다. 동부 자바 왕들은 백성들의 풍부한 노동력을 수출하고 국제 무역을 장려했다. 10세기의 이런 지향성은 동부 자바 공동체가 발견 가능한 역사에 기록되게 했고, 자바 공동체에 육지와 바다의 연계로 인한 역동적인 결과를 돌려주었다.

12세기 파나타란(Panataran)과 같은 동부 자바 사원의 벽 부조는 이 사회의 일면을 보여준다. 신, 왕족, 그들의 조언자들 같은 중심 인물들 주위에 바퀴 달린 마차, 가옥들, 안장과 등자를 이용해서 말을 타는 사람들, 기둥으로 지탱한 초가지붕 그늘에서 과일을 먹는 보통사람들이 있다. 머리를 올려 쪽을 진 여성들이, 무릎 아래까지 내려와 무늬 있는 치마를 부분적으로 가리는 긴 소매 블라우스를 입고 있다. 이 벽판들은 오늘날 관광객들이 인도네시아 역사들을 재생하는 수단인데, 처음 만들어졌을 때도 방문객을 불러모았다. 사원 수호자들은 각 판의 의미를 설명하고, 묘사된 신들의 이름과 그들 각각의 특별한 특징들, 그들의 가르침에 대한 안내를 제공하면서 종교적 건물들 주변으로 또 건물들을 통과하면서 순례자들을 안내할 수 있었다. 사원 설계와 장식에 결합된 남근 모양의 링가(lingga) 상징은 시바 신의 생명력을 표현했다. 불고문, 물고문을 보여주는 판을 보는 사람들은 지옥의 공포를 느낄 수 있었다. 참배객들의 조각은 순례자 군중들에게 앉아서 신에게 경배하는 올바른 방법을 보여주었다. 미소 짓는 왕비들이 남편에게 고개 숙이는 것을 바라보는 보통 남녀에게는 선한 행동과 사회적 관계가 분명해졌다. 아마도 그들은 돌에 보이는 모든 종복들이 시중을 들고, 과일 접시를 가져오고, 동물을 기르고, 전쟁터에 나아가는 모습에서 자신들의 모습을 보았을 것이다. 학자들과 왕실 지배층은 불교 철학에 대한 학문적 토론을 벌이고, 숨겨진 뜻을 찾기 위해 어려운 문헌을 탐색하고, 신들과의 신비로운 연계를 얻기 위해 비전 의식을 거행했을 수 있다. (자신들의 노동력으로 이 모든 것을 지원한) 보통 사람들은 방문하고 보고 듣는 것을 통해서 힌두교나 불교에 대한 개인적 깨달음을 얻을 수 있었다.

고대 인도네시아 사회에서 글을 읽을 수 있는 사람은 극소수였지만, 글쓰기는 어디서나 이루어졌고, 운문으로 기록되어 큰 소리로 낭송되었다. 전문가수, 무희, 음악가들이 열린 공공 장소에서 왕족, 관리, 수행원들, 마을 주민들 앞에서 공연을 했다. 극단들은 축제일 일정을 따라 사원 주변을 돌아다녔다. 그들은 왕실 행렬을 따라가서 인도의 산스크리트 문학을 자바어로 번역해서 만든 노래와 연극으로 여흥을 제공했다. 떠돌아다니는 전문가들은 왕실과 종교 공동체들을 지원하기 위해 일하는 마을 사람들 사이에 궁정 중심 문화의 연결망을 확산시켰다. 낭송되는 시는 왕들을 신으로 칭송하고 그들의 전쟁과 사랑의 모험을 묘사했다. 그런 시는 관리들의 마음속에 왕위에 대한 왕의 권리를 확인시켜주었을 것이다. 보통사람들에게 시는 왕실에 대한 어휘와 일군의 생각들을 유포시켰는데, 그것은 지배자의 거의 신적인 자질, 무한한 권리, 개인적 아름다움, 그리고 부유한 생활방식을 강조했다. 동시에, 마을 사람들은 공연단을 위한 새 인물들을 채용해서 궁정에 제공했다. 궁정은 재능 있는 마을 젊은이들에게 채석장에서의 중노동에서 벗어날 기회를 주었다. 궁정 공연단 또한 마을의 취향과 양식에 영향을 받았다.

자바에서 자바어 단어와 소리를 재생산하기 위해 인도 문자체계를 사용한 것은 카위(kawi)라 불렸다. 자바 왕실에 고용된 필경사들은 인도 문자와 힌두교, 불교 문화 유산을 인도네시아 군도의 다른 사회에 전파하는 중개인이 되었다. 이런 식으로 자바 필경사들은 국제적 권역에서 브라만들이 그들을 위해 했던 지적 역할을 재생산했다. 이들은 스스로의 여행을 통해서, 멀리 있는 왕실에 고용됨으로써, 문헌을 생산함으로써, 그리고 자신들의 학교를 통해서 기술, 지식, 학문적 어휘, 취향을 전파했다. 많은 인도네시아 공동체들은 처음에 자신들의 언어를 카위에서 파생된 문자로 기록했다. 이들은 직접 인도인이나 인도 국가로부터가 아니라, 떠돌아다니는 자바인 전문가들로부터 산스크리트 문명의 일부를 습득했다. 그 결과, 자바는 그 문화적, 정치적 영향력으로 인해 인도네시아 역사에서 중요한 존재가 되었다. 많은 인도네시아 군도 공동체들의 역사에서 자바는 그들의 전통과 국가 형태의 원천으로 새겨져 있다. 자바의 영향을 가장 크게 받은 것은 발리였다.

판지 설화

동부 자바 왕국들에 대한 민간의 기억은 판지 설화를 통해서 자바, 발리, 반자르마신(Banjarmasin), 팔렘방에 보존되었다. 이 이야기들에는 쿠리판(Kuripan), (케디리의 다른 이름인) 다하(Daha), 그글랑(Gegelang), 싱가사리(Singhasari)라는 4개의 왕국이 등장하는데, 각 왕국은 형제 중 하나가 다스렸다. 이 중 맏형이 쿠리판의 왕이었다. 그의 아들 라덴 이누(Raden Inu)가 사촌인 다하의 공주와 약혼했는데, 그녀가 사라져버렸다. 라덴 이누가 판지(Panji)라는 이름을 택하고서 사라진 공주를 찾아 길을 떠난다. 많은 모험을 거친 후 이 커플은 결국 다시 만나 결혼했다. 판지는 왕자이자 전사, 많은 사람들을 끌어들이는 능력이 있는 사람, 자바 예술의 후원자라는, 자바의 지배자상을 대표한다.

발리섬은 동부 인도네시아 섬들을 인도의 항구들과 연결하는 해상로상의 중간 정박지들 중 하나였다. 인도네시아 향료, 향목과 인도 도자기의 아주 오래된 교환이 발리 북부 해안을 세계사에 등장시켰다. 고고학자들은 발리에서 가장 오래된 정착지가 서기 1세기나 2세기부터 있던 것으로 추정한다. 발리 북서부 해안의 길리마눅(Gilimanuk)에서 인류 정착의 초기 증거들은, 생선, 조개류를 먹고, 돼지, 개, 가금류를 키우고, 멧돼지, 새, 쥐, 박쥐를 사냥하던 사회를 보여준다. 구성원들은 도기를 만들어서 음식을 저장했다. 그들은 또 공동체의 고위 구성원 장례에 용기로 쓸 항아리를 고안했다. 그들은 이런 해상로와의 접촉을 통해 도끼와 같은 금속제품, 북, 도자기, 유리구슬을 획득했다. 국제 무대에 참여하면서, 발리 수장들은 인도식 칭호인 마하라자(maharaja)를 사용하고 그들의 지역에서 돌아다니는 전문가들을 고용해서 그들의 칙령을 기록했다. 비문은 논, 과수원, 정원, 목초지, 목축, 닭싸움 등으로부터 얻은 세입을 왕족들과 연결짓는다. 바다로 둘러싸여 있었지만 발리인들은 인도네시아 군도에서 항해사로 활동하지 않았다. 그들의 사회망은 건조한 북부와 동부 지역, 중부, 그리고 곡물이 관개된 땅과 건조한 땅에서 모두 재배되는 비옥한 남쪽 평야까지, 발리의 다양한 주거 환경으로 퍼져갔다.

발리의 수장들은 지역의 산스크리트 전문가들을 고용해서 그들의 왕의 명령을 구 발리어(Old Balinese)로 기록했다. 동판에 새겨진 이 비문들은 882년부터 만들어졌다. 그러나 자바의 동쪽 끝에서 불과 2.5km 떨어진 이 섬의 위치 때문에 발리인들은 자바의 문화적, 정치적 세계에 긴밀하게 연결되었다. 11세기가 되면 발리에서 발견되는 대부분의 비문은 구 자바어이고 카위로 기록되었다. 자바의 언어는 행정, 종교, 철학, 문학에서 발리어를 대체했다. 발리 작가들은 자바 문학을 흉내내고 독창적인 창작은 자바 궁정 언어로 했다. 발리에서 나온 산스크리트어 어휘와 문법 교본은 자바에서 편찬되었던 옛 판본을 보존하고 있다. 이 교본들은 구 자바어 번역을 병기하여 동식물의 산스크리트어 명칭과 신들에 대한 산스크리트어 별칭을 열거한다. 일부는 구 자바어로 그에 상응하는 발리어를 알려준다. 어떤 것들은 산스크리트어 명사와 대명사의 많은 문법적 형태를 늘어놓는다. 문학 작가에게, 이 교본들은 자신의 문헌을 위엄있고 아름답게 해주는 고상한 언어의 원천을 제공한다. 이것들은 또한 산스크리트에서 영감을 받은 자바의 문학 문화를 롬복(Lombok)의 발리인 정착지에 전해주는 것을, 근대 인도네시아 문화에서 힌두교의 영감을 보존하는 것을 도왔다.

론타르와 나무껍질에 남겨진 기록

론타르(lontar) 잎에 글을 쓰는 전통은 발리에서는 적어도 천년이 되었다. 론타르 잎은 보통 4줄을 쓸 수 있는 길고 얇은 조각 모양의 필사 재료로 만들어진다는 점에서 동판과 유사하다. 때로 그 텍스트는 두 줄의 글과 내용을 묘사하는 그림들로 구성되어 있다.

다라수(팔미라, palmyra) 야자로 필사 재료를 만드는 것은 19세기까지 가내수공업이었다. 다 자란 잎들은 건기에 수확되었는데, 발리의 경우 5월에서 10월 사이였다. 잎들을 씻고, 말리고, 압축하고, 다듬고, 손질하고, 윤을 내는 긴 과정을 통해서, 쇠바늘로 새길 매개물을 생산한다. 검은 진흙을 잎에 스며들게 문지르고, 닦아내고, 글씨가 검게 되어 잎의 갈색과 대비되어 잘 보일 수 있게 둔다. 잎에는 세 개의 구멍을 내고 세 페이지가 연속되도록 묶는다. 종종 장식된, 딱딱한 표지로 잎을 보호한다. 론타르 필사본들은 상자나 가방에 담겨 사원, 특별한 건물, 혹은 소유자의 집 북동쪽 구석에 있는 봉헌대에 놓여진다.

론타르 필사본들은 산스크리트어, 구 자바어, 현대 발리어로 되어 있다. 그것들은 매우 짧은 사업 문서, 마을 위원회 명단, 쌀농사와 관개에 대한 규정, 닭싸움에 대한 안내일 수 있다. 몇몇은 발리 궁정들 사이의 외교 서신을 포함한다. 의례 교본, 의학 지식, 점집에서 알파벳 글자에 대해 설명한 것도 있다. 좀 더 긴 문서는 왕들의 가계도와 후손, 왕국들의 역사, 인도 서사시에서 나온 이야기들을 설명한다.

인도네시아 군도 전역에서 공동체들은 다양한 야자나무 잎으로 론타르를 만들었는데, 비가 많이 오는 지역에서 자라는 사탕수수나 코코야자 나무의 잎, 또 동부 군도의 더 건조한 지역에서 나오는 팔미라 잎이 사용되었다. 몇몇 마을들은 나무 속껍질에서 거친 종이를 생산하기도 했다. 또 다른 필사 재료는 대나무와 방부처리된 염소 가죽이었다. 이 재료들 위에 칼, 혹은 잎줄기나 대나무로 장식된 펜으로 글을 썼다. 펜으로 글을 쓰기 위해서는 그을음이나 나무 송진에서 잉크를 만들어야 했다. 전문 작가에게는 잉크통과 책받침대도 필수품이었다. 나무 껍질로 만든 종이는 유연해서 두루마리 형태로 말 수 있었다. 두루마리에 펜으로 이야기와 그림을 기록하고, 읽는 사람이 글을 낭송하는 동안 듣는 사람들에게 그림을 보여주기 위해 두루마리를 서서히 펼쳤는데, 이것은 종종 북소리와 함께 진행되었다.

가느다란 조각으로 사용하는 것이 가장 좋은 야자잎들은 카위 원고의 일반적인 문장들을 기록하기에 적합했다. 지난 300년간 관찰되고 기록된 읽기 모임에서, 글을 읽을 때 론타르 잎은 낮은 탁자나 봉헌 쟁반에 펼쳐진다. 일군의 남성들이 그 내용을 차례로 낭송하거나 노래하고 그 뜻을 일상 언어로 설명한다. 글을 읽고 필사하기 전에, 봉헌과 향 태우기, 특별 기도 낭송 등이 행해진다. 론타르 필사본은 수명이 약 200년이다. 손상된 문서는 태워서 처리한다.

발리의 론타르 전통은 20세기 들어서도 유지되었다. 발리에서 생산된 옛 문헌을 복사, 재복사하는 것 외에도, 발리 작가들은 똑같은 복사 방식으로 원래 자바에서 만들어진 문헌들도 보존했다. 발리 론타르는 자바 문화 형식이 자바에서 존재하지 않게 된 후에도 이 형식의 문헌을 일부 보존한다. 발리 론타르는, 썩어 없어질 나뭇잎에 글을 쓰는 것이 돌이나 쇠에 글을 쓰는 것과 함께 존재했음을 알려준다. 그렇게 볼 때 남아 있는 자바 비문들은 아마도 더 방대한 문헌기록의 일부만을 대표할 것이다.

자바의 모험가들, 전문 작가들, 공예가들은 동으로 서로 돌아다녔다. 차별화된 기술을 가진 덕분에 그들은 지역 수장들에게 인기를 끌었다. 어떤 경우에는 모험가들이 지역 수장들의 자리를 대체하거나 결혼을 통해 그들의 가문에 편입되기도 했다. 이들은 인도네시아 군도에서 널리 통용되던 산스크리트 왕실 칭호를 사용하고 자바에서 유행하던 왕실 종교 의식에 참여하는 등, 새로운 방식으로 자신들을 표현했다. 이렇듯 자바화된(Javanized) 인도 문화의 망은 중부 수마트라 산악지대까지 퍼져갔다. 미낭카바우(Minangkabau)인의 중심부의 고지대에는 14세기 말까지 거슬러 올라가는 벽돌로 된 사당과 카위로 쓰여진 35개의 돌비문이 있다. 사당들과 비문들은, 스리 마하라자 아디탸바르만(Sri Maharaja Adityavarman)이라는 연호와 불교의 탄트라 종파(Tantric sect)에 대한 후원을 통해 자신의 국제적 연줄을 과시한 이와 그를 지원하던 숙련공들과 노동자들로 구성된 사회가 존재했음을 기록하고 있다. 그는 또 자신의 조상이 자바에서 왔다고 함으로써, 현지에서 생각하는, 왕이 될 수 있게 하는 구성요소에 자바인이라는 것을 추가했다. 이후 수마트라와 말레이 반도, 사라왁(Sarawak), 브루나이(Brunei)의 모든 이슬람 왕들은 자신들이 아디타바르만과 자바 왕가의 후손이라고 주장했다. 2002년 아디타바르만의 미낭카바우인 후손은 욕야카르타 술탄 하멩쿠부워노 10세(Hamengkubuwono X)에게 수마트라식 칭호인 양 디프르투안 마하라조 알람 삭티(Yang Dipertuan Maharajo Alam Sakti, 우주의 위대한 군주)라는 칭호를 수여함으로써 그의 조상과 자바와의 관련성을 상기시켰다.

자바 북부 해안의 정주 공동체들과 자바에서의 글쓰기에 대한 가장 오래된 근거는 이 섬의 서쪽 끝, 순다(Sunda)라는 지역에서 나온다. 돌도끼 제작자들의 생산물은 우림 속 혹은 근처에 살던 사람들에게 가치가 있었다. 그들이

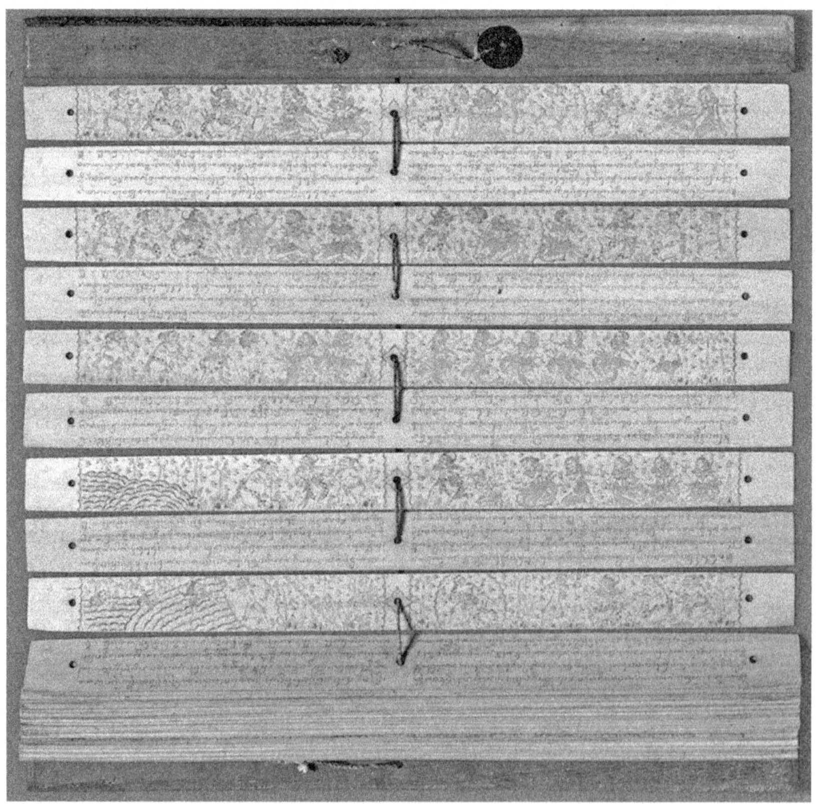

나와루치 이야기를 전하는 발리 론타르

욕야카르타 소노부도요(Sonobudoyo) 박물관 L 13 l. 사진 제공: 론타르 재단.

덤불을 태우고 거친 공터에 씨를 뿌리려면, 그 전에 나무를 찍어낼 도끼가 필요했다. 도끼 무역을 통해 서부 자바는 지역 무역 네트워크에 편입되었다. 5세기에 이 지역 지도자들은 자신들의 부를 이용해서 칼리만탄의 물라바르만으로 대표되는 일군의 사람들을 모방하려 했다. 푸르나바르만 왕에게 고용된 장인들은 돌 위에 팔라바 문자로 왕이 자신의 브라만들에게 1천 마리의 암소를 하사했음을 기록했다. 600년 뒤 순다어(Sundanese) 사용자들과 살면서 그들의 왕에게 고용된 전문작가들은 (이제는 낡은) 일종의 순다어를 사용했다. 중부, 동부 자바 궁정의 필경사들과 마찬가지로, 이들도 카위 모델의 도움을 받아서 산스크리트어에서 자신들 지역의 언어로 돌아섰다. 카위 문자로 쓰여진 가장 오래된 구 순다어(Old Sundanese) 돌비문은 1030년에 나온 것이다.

순다인 필경사들은 자바 궁정에서 확립된 유행을 따랐다. 이들 역시 동판에 기록을 남김으로써 왕의 명령을 휴대 가능하게 만들었다. 발견된 가장 오래된 사례는 14세기로 거슬러 올라가고, 순다의 파자자란(Pajajaran) 왕국(1344~1570년대)에 대한 근거를 제공해준다. 순다 필경사들은 또 나뭇잎을 여러 목적을 위해 필사 재료로 사용했다. 그들은 힌두교와 불교 신앙을 설명했고, 갈루(Galuh)와 파자자란 왕국의 남녀 영웅의 이야기와, 다른 국가에 사절로 갈 때 날아갈 수 있었던 한 궁정 특사에 대한 이야기를 들려주었다. 필경사들은 유력 가문의 빛나는 계보를 만들고, 여행과 결혼을 위한 상서로운 시기의 계산법을 기록했다. 그들은 론타르 위에 관습, 신화, 주술적 격언을 편찬해서 보존했고, 비를 기원하는, 혹은 개인의 보호나 치유, 사랑의 마법을 위한 주문을 보존했다.

순다 론타르에서는 또한 여성 식자층에 대한 근거가 나온다. 초기 인도네시아 사회에서 읽고 쓸 수 있는 것은 남성들이라 가정하는 게 보통이다. 떠돌아다니는 필경사 계층은 남성이었고, 왕의 영지를 측량하고 세금을 걷는 관리들도 남성이었다. 그러나 구 순다어로 된 37장의 론타르 중 하나에서는, 여성 저자가 부윳 니 다윗(Buyut Ni Dawit) 이라는 자신의 이름을 기록했다. 그녀는 니 테자 푸라 반차나(Ni Teja Pura Bancana)가 이끌던 종교공동체의 일원이었다. 이런 공동체들은 독신자들로 구성되었고, 소녀들을 가르쳤고, 왕실 정치에서 패한 궁의 여인들에게 도피처를, 은퇴하는 엘리트 여성들에게 거처를 제공해주었다. 이 공동체들은 떠돌아다니는 전문가를 양성하지 않았다.

어떤 왕국의 경제력이 쇠하면, 주요 항구는 후미진 곳으로 전락해서 지금은 존재조차 찾기 어렵게 된다. 순례를 위한 방문자들로부터 단절되고 마을들과 왕실의 선물에서 나오는 안정적인 수입원을 박탈당한 종교 공동체는 해산되었다. 궁핍해져서 전문가를 고용할 수 없게 된 왕가는 더 이상 그 왕국의 이점을 선전할 수 없었고, 민간의 기억이 보존하는 것보다 더 정확한 기록을 남길 수도 없었다. 마찬가지로 왕실의 후원자들이 자신들의 종교적 충성심을 이슬람이나 기독교로 전환했을 때, 카위로 글을 쓰는 학자 집단들은 다른 곳에 일자리를 찾아 흩어질 수밖에 없었다. 그들의 기술이 더 이상 유용하게 쓰일 수 없게 되었을 때 그들은 그 기술을 잃었다. 거상과 여행하는 브라만의 지도에서, 또 하나의 소인도(mini - India)가 서서히 사라져갔다.

서기 1000년이 되면 군도 어디에나—땅, 해안가, 평야, 내륙 고지대— 사람이 살았다. 농민들의 마을이 농사 때문에, 감정에 의해, 혹은 강력한 군주에 의해 한 장소에 묶여 있었던 반면, 어떤 공동체들은 계절에 따라 육지와 바다를 가로지르며 이동했다. 친족 지도자들 아래 정치적으로 조직된 공동체도 있었고, 소수의 유력 가문이 운영하는 공동체도 있었고, 세습적 군주제가 자라난 공동체도 있었다. 제일 눈에 띄는 고대 인도네시아 공동체들은 왕, 작가, 건축가를 지원하던 곳들이었다. 그래서 초기 인도네시아 역사들은 자바, 발리, 수마트라, 보르네오의 특정 장소를 배경으로 펼쳐졌고, 자바의 북쪽과 동쪽에 있는 섬들은 역사가 시작되기를 기다리는, 어둡고 빈 공간처럼 보인다. 조선, 농업, 주택을 자세히 살펴봄으로써 인도네시아 군도 사회들을 포함하고 연결하는 과거를 파악하는 것도 가능하다. 이런 일상생활의 핵심 요소들은 보통사람들이 어떻게 살았는가를 암시해주고, 우리가 인도네시아 섬들의 해안과 내륙을 사람들과 역사들(histories)로 채울 수 있게 해준다.

19세기 이전, 사람과 물자의 이동, 그리고 지적 관계의 형성에 있어 육로보다 물길이 더 중요했다. 사람들은 아주 다양한 배로 강을 건너고, 하류의 항구로 내려가고 바다를 건넜다. 많은 사람들은 땅 위보다 물 위에서 생활함으로써 군도의 환경에 적응했다. 술라웨시와 그 인근에 근거를 둔 부기스(Bugis), 마카사르(Makasar), 만다르(Mandar), 바자우(Bajau), 부퉁(Butung) 사람들, 그리고 자바 북동쪽 해안에서 온 마두라(Madura) 사람들이 인도네시아의 해상종족들(maritime peoples)이다. 이들은 자신들의 원래 중심지 밖에, 인도네시아 군도와 말레이 반도 여러 곳에 거주지를 건설했고, 역사적으로 군도의 육지 기반 정착지들을 위해 바다의 물자를 제공하는 기능을 수행했다.

동쪽 끝에서 믈라카 해협으로 들어선 12세기의 항해자들은, 화강암 절벽에 일련의 수직 자국들 옆에 새겨진 큰 비문을 발견할지도 모른다. 몇몇은 리아우(Riau) 군도의 카리문 브사르(Karimun Besar)의 북서쪽 해안에서 이곳에 접한 곳에 정박해서 깨끗한 우물에서 식수를 싣고, 그 자국들을 부처의 발자국이라고 숭배했을 수도 있다. 그 비문은 북부 인도의 나가리 문자를 사용한 산스크리트어로 되어 있고, 그것을 새긴 사람은 "벵갈(Bengal)에서 온 전문가, 대승불교 신자(Mahayanist)"로 자처했다. 인도네시아 해로 안내자들은 별, 절벽, 곶, 해안의 사당들, 그리고 특이한 지형지물에 근거해서 항로를 계획했다. 그들은 아마도 이 비문을 보고서 바다에서 자신이 있는 위치를 명확히 했을 것이다.

인도네시아 선박은 사람과 화물을 옮기던 선박과 특화된 선함으로 나누어진다. 선박들은 등나무를 엮어 만든 거적 아래 놓인 바구니, 짚 가방, 진흙 항아리 안에 물건을 보관했다. 시장들은 작은 섬들과 모래톱이 산재한 보호된 만으로 이어지는 강 입구에 있었다. 이런 시장들은 선원들이 제일 먼저 보게 되고 가고자 하는 곳이었다. 바닥이 평평한 배나 전투용 카누는 해변까지 바로 가서 기다리고 있던 짐꾼이나 군대에게 화물을 쏟아낼 수 있었다. 보다 심해에 닻을 내린 더 큰 배들은, 섬들 사이에 자신을 숨기고, 작은 거룻배로 대표자들과 화물을 해안에 상륙시켰다. 어떤 곳에서는 현지 남성들이 노를 저어 큰 선박이 정박한 곳에 와서 직접 음식과 식수를 주며 거래를 하고, 세탁과 성행위 같은 서비스를 제안했다. 해변 시장은 선착장과 마을 성벽 안쪽에 모두 있었는데, 전자의 경우 작은 배들이나 물건 바구니를 가진 현지 여성들에게 바로 구매가 가능했고, 후자의 경우 보다 튼튼하고 지붕이 덮인 가판대가 있었다. 시장들은 또 연락선들이 교차하는 곳, 톨게이트, 사당과 종교 재단 인근, 구역 수도들, 그리고 금속 세공, 석회 제조, 도자기 공장 등이 있는 시골 산업 지대에도 있었다.

조선소는 알맞은 삼림, 보호된 만, 그리고 나무꾼, 목수, 조선공, 돛 제작자 등의 숙련 기술자들을 찾을 수 있는 곳에 위치했다. 서기 1500년 이전에는, 인도네시아 군도의 대형 선박은 (오늘날 남부 미얀마에 있는) 바모(Bamo)에서 수입되었다. 인도네시아 군도의 조선 중심지들은 동남부 술라웨시의 비라(Bira), 자바의 티크 삼림 지대인 름방(Rembang), 라셈(Lasem), 주와나(Juwana), 그리고 아체에 있었다. 몇 가지 요소들이 선박 축조에 영향을 끼쳤다. 얕은 바다와 강하고 예측가능한 바람과 결부된 섬의 환경, 그리고 육로보다 해로가 더 효과적이게 만든 늪, 밀림, 산악으로 된 지형. 인도네시아 선박 제작자들은 나무 널빤지를 등나무 줄로 묶거나 나무로 된 못으로 연결시켰다. 그들은 나무 몸통에서 배 모양을 파내고, 파낸 통나무를 함께 묶어 뗏목처럼 강에 띄워서 시장으로 이동시켰다. 이미 기원 후 1000년간 군도의 선박 제작자들은 노 받침대가 이중으로 된 카누, 방향키가 부착된 선박, 지지용 돛대, 고정된 돛 등을 만들고 있었다. 이런 종류의 배는 보로부두르 벽판이나 북부 수마트라의 라우비앙(Lau Biang)의 석조 부조(서기 400~700년경)에 새겨져 있는 걸 볼 수 있다. 16세기 인도네시아 선박 중에는 천 명에 달하는 사람과 무거운 물품들을 운반할 수 있는 대형 원거리 항해 선박이 있었다. 그들은 돛대와 등나무로 엮은 닻을 2개, 3개, 혹은 4개를 가지고 있었다.

군도 동쪽에서는 선박이 해군 순찰, 습격, 바다의 경비를 위해 특별하게 조정되었다. 트르나테 지배자의 전함은 코라 - 코라(kora - kora)라 불렸다. 이 배는 (노동력을 세금으로 내는 노예나 남성인) 노잡이의 힘을 이용했는데, 그 덕분에 코라-코라가 바람의 영향을 받지 않고 또 바람을 거슬러 항해할 수 있었다. 각각의 선박이 200명의 선원을 보유했다. 작고 산이 많은 섬 무리로 구성된 환경 때문에, 광활한 바다에 걸쳐 위치한 관할 영토의 치안을 유지하기 위해 종종 200명의 선원이 있는 코라-코라 선단이 모였다. 그 구조로 인해, 이 전함들은 모래톱, 모래언덕, 암초, 섬들 사이에서, 그리고 해류와 소용돌이를 거슬러서 교묘히 움직일 수 있었다. 이 배들은 1850년에 바닥이 평평한 증기선이 인도네시아 바다에 도입되기 전까지 유럽 선박의 성능을 능가했다.

바람과 부인들

자바의 북쪽 해안을 따라 육지와 바다 사이에 부는 바람 덕분에 일년 내내 항해가 가능했지만, 도서간 연결의 경우 항해사들은 계절풍(monsoon winds)의 주기에 의존했다. 5월부터 10월까지는, 호주 쪽에서 불어오는 바람이 항해에 나선 인도네시아 선박들을 군도 동쪽에서 자바, 수마트라, 믈라카(Melaka)로 보냈다. 이 시기는 농민들이 쌀을 수확해서 수집자들에게 넘기고 그들이 그것을 배로 옮기는 자바의 건기와 일치한다. 11월부터 4월까지는 바람이 배를 믈라카에서 자바쪽으로 인도한다. 믈라카에서 서부 자바까지의 항해시간은 4주였다.

판매, 구매, 수리, 식량 공급, 항해 시간은 바람에 의해 좌우되는 일정표에 따라 진행되어야 했고, 그래서 선박들은 때로 몇 주씩 정박해 있기도 했다. 그래서 인도네시아 군도 항구에는 철따라 이동하는 선장과 선원 계층이 있었다. 부유한 상인들은 자신이 활동하는 주요 항구들에 집을 짓고, 각 항구마다 부인을 두어 집안과 사업을 돌보게 했다. 선원들은 짧은 체류기간 동안 임시 부인을 임대하거나, 더 제한적인 서비스를 제공하는 매춘부를 이용하기도 했다.

임대된 여성들은 노예였고, 항구에서 직업을 얻기 위해 무역로를 따라 이동하는 다수의 사람들 중 일부였다. 이와 달리 부인은 현지 유력 가문의 딸이었다. 이런 여성과의 결혼은 외국 상인에게 현지에 처가를 갖게 해주었다. 처남들과 장인은 외국 상인이 현지 상업에 필요한 인맥을 제공해주었다. 남성 친척들은 조수와 파트너를 제공해주었고, 현지 물가와 특산물에 대한 지식의 원천이었다. 이런 맥락의 일부다처제는 여러 여성이 있는 하렘이 아니라, 무역상의 사업 루트에 있는 다른 항구들에 개별적인 가정을 두는 것이었다. 자신의 친족들 사이에 살고 자신의 사업 이익이 남편의 사업 이익과 연결된 부인이 각 가정을 이끌었다.

군도 전역의 농경, 도시 경제에 있어, 반(半)유목적인 남성들은 정주하는 여성에게 도움을 받았다. 여성과 아이들은 주로 집에 있었다. 이들은 야채와 쌀 농사를 짓거나, 시장에서 장사를 했다. 그들에게는 임시 남편과 아버지가 있었다. 남성들은 여러 달을 바다에서 보내거나 걸어서 무역 여행에 나섰다. 이런 노동의 분화는 흔히 란타우(rantau)라고 불린다.

무역로는 기원전 500년경부터 인도네시아 군도에 흩어져 있던 공동체들이 금속제품과 금속공예 지식을 접하게 해주었다. 불, 심한 열기, 특별한 도구를 가지고 자갈 섞인 광석에서 금속 제품을 창조하는 대장장이는 아마도 마력을 가진 것처럼 보였을 것이다. 그들이 만들어내는 크리스, 징(gongs), 마체테, 도끼 등은 어디에서나 수요가 있는 물품이었다. 15세기 말, 자바에서 온 상인들이 말루쿠(Maluku) 제도에 동전, 크리스, 징 같은 금속 제품을 소개했다. 다른 해상 무역업자들은 적어도 14세기부터 뉴기니의 오닌(Onin) 지역을 방문해서 도끼를 주고 마소이(massoy) 나무 껍질을 가져왔다. 군도 사람들은 마소이 껍질에서 나온 기름을 염색 고착과 의약품, 향수, 화장품 제조 등의 산업에 이용했다. 이런 식의 삼림 생산물과 금속제품의 교환을 통해서, 뉴기니 해안 마을들이 인도네시아 역사에 소개되었다. 이 교환은 뉴기니, 그리고 인도네시아 동부 군도의 작고 일견 고립되어 보이는 일군의 섬에서의 인도네시아의 과거를 언뜻 볼 수 있게 해준다. 뉴기니의 육지 기반 문화를 바다에 연결시켜준 동부 인도네시아 뱃사람들은 뉴기니 생산물을 국제 시장에 소개하기도 했다.

극락조

뉴기니 토종인 극락조(bird of paradise)의 화려한 색상의 깃털은 한 종족의 전사들을 식별하기 위한 머리 장식으로 사용되었다. 뉴기니 밖에서 이 깃털은 왕들이 부의 상징이자 결과물로 과시하기 위해 모으는 이국적 물품 수집 목록에 이름을 올렸다. 그 깃털은 18세기 수마트라와 중국 왕들의 보물의 일부였다. 깃털 무역은 멀게는 기원전 1세기까지 거슬러올라가고, 그 새들이 거의 멸종되고 패션이 변한 1920년대까지 계속되었다.

새머리반도(Bird's Head)로 알려진 뉴기니 지역(지금의 도베라이 반도. 역자)의 사냥꾼들은 화살로 화려한 색깔의 수컷 극락조를 잡았다. 이후 곧 새의 껍질을 벗기고, 다리, 두개골, 조악한 날개 깃털을 제거한다. 이후 비어 있는 속에 나뭇재를 넣고, 준비된 새를 훈제한다. 수출용 새는 대나무 통에 넣고 봉인하거나 야자잎으로 싸서, 벌레때문에 손상되는 것을 막기 위해 벽난로 근처에 걸어놓았다. 새머리곶(Bird's Head promontory)에서 조금 떨어져 있는 아루(Aru)섬과 카이(Kai)섬에서 온 뱃사람들은 구운 사고(sago) 덩어리를 가져와서 깃털과 교환했다.

1512년 포르투갈 상인들은 동부 인도네시아 바다를 항해하면서 복잡하게 얽힌 무역네트워크를 목격했다. 아루섬과 카이섬에서 온 상인들은 극락조 깃털, 앵무새 껍질, 향기나는 나무껍질, 그리고 자신의 지역에서 가공된 사고 덩어리를 반다(Banda)로 가져왔다. 반다 사람들은 사고를 식재료로 사용했다. 그들은 자신들의 육두구, 코코넛, 과일 등에 뉴기니의 생산물을 더해서, 이 화물을 말루쿠 제도로 가져갔다. 남중국과 인도 항구에서 온 상인들은 중국인 판매 중개인과 인도 시장을 위한 향료, 향목, 진주, 깃털 등을 위해서 믈라카와 자바에 왔다. 인도 항구를 방문한 아랍 상인들은 극락조 깃털과 다른 밀림과 바다 생산물을 중동 시장에, 종국에는 유럽 시장에 가지고 갔다. 13세기에 뉴기니 전사들의 머리 장식이었던 그 깃털은 또한 유럽 궁정 기사들의 갑옷 투구를 장식했다.

뱃사람들과 무역상들은 긴 항해에서 자신이 소비하기 위해서, 또 믿을 만한, 연중 음식 공급이 부족한 인도네시아 군도 사회에 팔기 위해 식재료를 가지고 다녔다. 그들은 정원에서 곡물을 길러 농사를 짓고 야생으로 자라는 나무와 덤불에서 음식을 채집하던 인도네시아 군도 사람들에게, 씨앗, 농업기술, 그리고 음식 가공과 요리에 대한 지식을 전달했다. 야생으로 자라는 씨앗과 달리, 재배되는 씨앗은 다른 식물들과 경쟁할 필요가 없었고, 그래서 더 많은 산출을 냈다. 일례로 쌀농사를 하는 곳에는 많은 인구가 존재할 수 있었다. 16세기까지는, 부업으로 야생 식물 생산물을 채집하고 가공하는 것만으로도 후추, 정향(clove), 메이스(mace), 육두구(nutmeg)에 대한 현지와 세계의 수요를 감당할 수 있었다. 수요가 늘어나면서 군도 지배자들은 새로운 종류의 노동력을 동원해서 정향나무와 후추 덤불 재배를 조직화했다. 수입된 노예 노동자들이나 점차 증가하는 여성, 아동 노동력이 세금을 내기 위해 정해진 수량의 견과류를 채집하던 농부들의 자리를 대체해서 후추 덤불을 재배하고 향료나무 열매를 말렸다.

세계의 어느 한 지역에서만 나는 식물들이 무역, 점령, 여행자, 이민자들을 통해서 다른 지역으로 퍼져갔다. 식물들은 종종 한 지역에서 알려져 있었지만, 그 체계적 재배는 여러 세기 동안 일어나지 않거나, 아니면 다른 지역에서 발전되었다. 식물을 환경에 적응시키기, 종자 선택, 재배 기술 등의 실험은 인도네시아의 기록된 역사 중 유럽과의 관계에 대한 내용의 일부이다. 원래 아시아에서 나왔고, 선사시대부터 인도네시아 군도에 퍼져서 재배된 식물들의 경우에도 같은 법칙이 적용된다. 이 과정은 항해, 상업, 그리고 인도네시아 뱃사람들에 의한 군도 섬들의 정착지화(colonization)의 결과이다.

식물과 장소

인도네시아가 원산지인 식물은 육두구, 정향, 생강, 사고 야자, 바나나 등이 있다. 바나나는 기원전 1500~1000년부터 인도네시아 군도에서 재배되어왔다. 인도네시아 역사에서 토착민들의 건강유지식품으로, 수출품목으로 중요한 식물 중 다수는 원래 아시아, 유럽, 중동, 아메리카 대륙의 다른 지역에서 나오는 것이었다. (오늘날 대부분 인도네시아인의 주식인 쌀과 같이) 원래 중국에서 나는 식용 식물이나 (후추와 같이) 인도에서 나온 식물을 2천여 년 전에 재배하려고 시도한 농부들이 누구인지는 알 수가 없다. 이러한 실험적 농사가 행해진 아시아 고대사에서, 인도는 인도네시아의 경관에 정착한 많은 식물의 원천으로서 중요한 위치에 있다. 인도 철자가 지성사에 대해 그랬던 것처럼, 인도 식물들도 초기 인도네시아 경제에 역동적인 영향을 끼쳤다. 의복 섬유를 위해 재배하는 면화는 인도에서 기원해서 기원전 300년경에 자바에 소개되었다. 이후 북부 발리, 남부 술라웨시, 슬라야르 등으로 퍼져갔다. 종이 생산에 사용되는 팔미라 야자는 기원전 3천년 경 남부 인도에서 재배되었고 인도네시아 동부 군도로 퍼져왔다. 후추는 원산지인 인도 뭄바이(Mumbai) 지역에서 기원전 1천년경부터 재배되었고, 인도네시아 군도 서부에서 기원전 600년경부터 재배되었다. 동남아시아가 원산지인 설탕은 기원전 3천 년이나 2천 년부터 재배되었다.

식물이 퍼져가는 과정이 항상 직접적인 것은 아니었다. 인도네시아 역사를 보면, 유럽인들이 18세기에 예멘에서 커피 덤불을, 폴리네시아(Polynesia)에서 빵나무 열매(breadfruit)를, 스리랑카에서 나온 계피를 소개했다(초기 역사와 달리, 외래 종 식물을 도입한 많은 유럽인들의 이름과 날짜는 알려져 있고, 인도네시아에 도입된 식물의 재배 실험도 연구될 수 있다). 20세기 초 네덜란드인들은 중국 남부에서 나는 뽕나무 덤불을 술라웨시의 구릉지대, 특히 소펭(Soppeng)에 도입했다. 양배추, 당근, 양상추, 콩과 식물(legume)같은 유럽 채소, 그리고 딸기, 사과 같은 과일들도 군도에 들어와서 산간 주둔지에서 재배되었고, 현지 공동체들의 식습관에 편입되었다. 유럽인들은 아메리카 대륙에서 오늘날 인도네시아인 식생활과 요리의 핵심을 이루는 식용 식물을 들여왔다: 옥수수, 고구마, 카사바, 고추, 칠리, 땅콩, 토마토. 인도네시아 농부와 요리사들은 관개지를 얻을 수 없는 사람들을 위해 이 작물들을 주 식재료로 택했다. 이들은 또한 외래 식물을 현지의 필요에 맞게 응용했다. 땅콩에서 기름을 추출하고 남은 덩어리를 농민들이 채소 재배지에 거름으로 이용했다.

인도네시아인들의 생활과 건강에 결정적인 또 하나의 작물이 담배였는데, 이것은 스페인인들이 남아메리카에서 들여왔다. 인도네시아의 근대 식민지 역사(colonial history)는 유럽에 수출하기 위한 대규모 담배 재배와 밀접하게 관련되어 있다. 16세기부터 인도네시아의 남성, 여성, 아이들이 담배를 피우고 씹어왔고, 그것이 소개된 것이 자바 서사시 바바드 자카 팅키르(*Babad Jaka Tingkir*, 자카 팅키르 이야기)에 기록될 정도로 담배는 사람들의 삶에 충분히 중요한 것이었다.

가옥의 형태 역시 사람들의 삶의 방식에 대한 단서를 제공한다. 인도네시아 군도에서 최초의 증거인 동굴 거주지들은 육지와 바다의 유목적 사냥꾼들에게 피신처를 제공했다 기원전 2000년경, 남서부 술라웨시의 마로스(Maros) 인근의 파테 동굴(Pattae Cave)의 벽에는, 오래전에 사라진 한 무리의 사람들이 자신들이 잡으려 애쓰던 멧돼지를 그려놓았고, 삶을 위한 그들의 투쟁을 보여주는 손바닥 자국을 남겼다.

기원전 4세기부터의 거주지의 발굴은 말뚝 위에 지어진 가옥의 아주 오랜 역사를 규명한다. 동시대 수마트라의 말레이 양식 주택은 말뚝 위에 있고, 깊은 지붕, 베란다, 남녀의 계단을 구분했다. 인도네시아 군도의 많은 곳에서 보편적으로 주택의 정면, 개방된 부분을 남성의 공간으로, 뒷면과 내밀한 부분을 여성의 공간으로 분배하는데, 이것은 오늘날 인도네시아 가옥 건축의 특징으로 남아 있다.

프람바난과 보로부두르의 여러 사원에서 보이는 것처럼, 기둥 위에 있고 곡선 지붕을 가진 주택은 9세기 자바 마을의 양식이었는데, 14세기가 되면 왕족과 평민의 주거지에서 차별화된 자바 양식이 발달했다. 그 주택은 바닥에 건축되었다. 부유층을 위한 집에는 4개의 요소가 있었다. 기둥 위에 지붕을 걸쳐 놓고, 공식 연회와 여흥을 위해 열려 있는, 높게 올라온 연단인 픈도포(pendopo), (남성) 가장을 위한 공간인 프링기탄(pringgitan), 여성과 아이들의 사적인 방인 달름(dalem), 가정의 의식들을 위해 예비된 공간인 센통(sentong). 깊은 지붕은 거주자의 높은 지위를 상징했다.

발리의 주택은 돌벽으로 된 구내에 일련의 작은 목조 건축물들이 들어선 형태이다. 각각의 건물이 다른 기능을 수행한다. 베란다가 있는 침실, 부엌, 욕실, 곡물창고, 가족 사원, 그리고 때로는 작업장. 구내 건물들의 방향과 위치는 거주자의 신분에 따라 정확한 규칙을 따르는데, 그것은 15세기 문헌에서 보존된 건축 이론에 규정되어 있다. 발리 건축에서 보편적인 것은, 방사선으로 퍼진 여러 줄기를 가진 하나의 막대로 지탱되는 지붕이다.

군도의 대부분 다른 지역에서 가옥은 말뚝 위에 대나무나 짚으로 지어졌고, 종종 가파른 곡선으로 된 복수의 지붕이 있고, 몇 세대를 수용하기 위해 변용 가능했다. 물소뿔 모양 지붕 같은 장식적 요소들, 그리고 도마뱀붙이, 코뿔

새, 방아질 등의 묘사는 많은 지역에서 여러 세기에 걸쳐 가옥 디자인에서 나타난다. 분리된 입구와 집을 보호하는 칼라의 머리는 자바, 발리의 사적, 공적 건물에 공통된 요소들이다. 주택의 양식이 무엇이건, 건축 시기, 방향, 진입로나 입구를 결정하는 것은 전문가의 일이었다.

서기 1000년경부터 인도네시아인들은 국제 권역을 여행하는 새로운 일군의 사람들의 영향을 감지하기 시작했다. 인도네시아의 바다에는 엄청나게 많은 여행자들이 있었고, 항구에 오는 외국인들의 수가 증가했고, 아라비아, 인도, 중국에서 온 무슬림 상인들의 결합이 이루어졌다. 이들은 술탄 혹은 라자라는 칭호를 가치있게 여겼고, 아랍어 철자로 쓰여진, 책 형태로 만들어진 문헌들을 참고했고, 인도네시아 사회에서, 이슬람이 빚어낸 경관 속에서 무슬림 영토로 조직된 국가와 성지순례의 발전을 자극했다.

• • • •

술탄들과 국가들: 이슬람을 통해 본 역사

중국, 인도, 아라비아를 연결하는 해상로상의 정박지에 자리한 인도네시아 공동체들은 사상, 물건 제작, 행동 양식에 있어 새로운 세계적 유행을 습득하기에 최적의 위치에 있었다. 이 전략적으로 유리한 곳에 자리잡은 군도 공동체의 지도자들은 라자라고 자칭했다. 그들이 의식적으로 스스로를 연결시키려 했던 인도는 고대 산스크리트 문화의 화석화된 박물관이 아니었다. 인도네시아 궁정들의 종교지도자들과 전문 작가들은 인도 종교의 유행을 접하고 있었다. 그들은 석상을 만들어 신을 눈에 보이게 만드는 행위를 거부하고 여러 신 대신 보이지 않는 하나의 신에 대한 경배로 대체하는 힌두교 종파에 익숙했다. 이들은 신자와 신의 신비로운 결합을 얻기 위해 바쳐지는 의식에 대해 알고 있었다. 인도와의 접촉을 통해서, 인도네시아 군도의 필경사들과 종교 전문가들은 또한 이런 개념들의 이슬람 버전에 대해서도 알게 되었다.

13, 14, 15세기 인도네시아 항만에서 항해를 나온 선원들은 무슬림 상인들이 장악한 인도 항구에서 물건을 팔았다. 같은 시기에 인도의 국가들의 시골 힌두교 인구는 왕, 군사령관, 종교지도자 등이 속한 도시 무슬림 지배층의 백성이 되었다. 인도의 도시들에서 무슬림 상인들은 그들의 부의 일부를 이슬람 교사와 사원을 후원하는 데 전용했다. 그들은 또한 자신들의 대리인이 사업을 하는 인도네시아 항구의 모스크 공동체도 지원했다. 인도네시아의 라자, 상인들, 학자들, 장인들, 노동자들은 다른 방식으로 아라비아의 이슬람 중심부에서 퍼져나온 문명의 연결망을 알게 되었다. 아랍어는 외교, 무역, 학문, 종

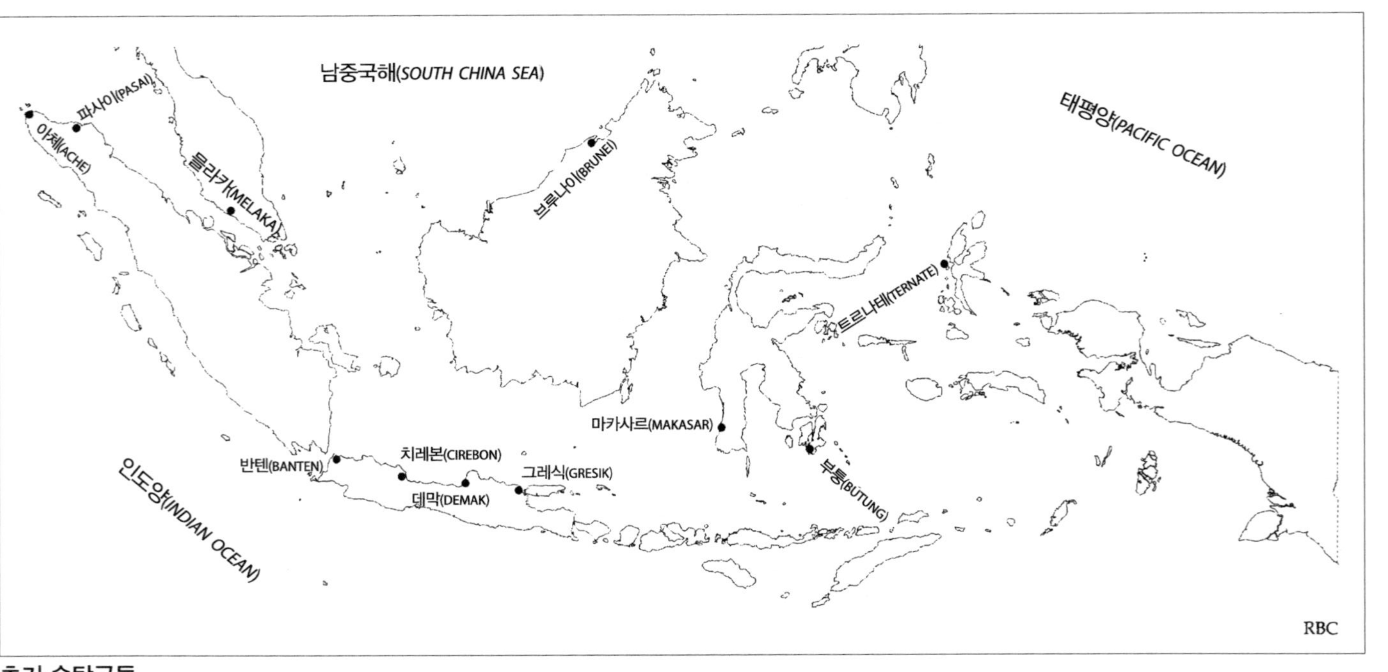
남중국해(SOUTH CHINA SEA)
태평양(PACIFIC OCEAN)
인도양(INDIAN OCEAN)
파사이(PASAI)
아체(ACHE)
믈라카(MELAKA)
브루나이(BRUNEI)
트르나테(TERNATE)
마카사르(MAKASAR)
부퉁(BUTUNG)
반텐(BANTEN)
치레본(CIREBON)
데막(DEMAK)
그레식(GRESIK)
RBC

초기 술탄국들

교에 사용되는 국제언어의 하나였고, 따라서 인도네시아 항구 지배자들은 아랍어를 읽고 쓸 수 있는 필경사를 고용했다. 인도네시아 군도의 상인들은, 구매자와 판매자로 된 국제 네트워크의 구성원인 무슬림들과 사업을 했다. 현지 장인들은 옷감과 복식의 새로운 디자인, 그리고 새로운 형태의 예술과 건축을 배웠다. 이슬람화된 사업가들의 기호에 따른 건물 축조를 위해 인도네시아 항구 노동자들이 고용되었다.

군도 뱃사람들은 인도네시아의 산물을 인도와 중국에 가져갔다. 중국 정부와 그들의 사절들과 많은 교류가 있었지만, 인도네시아 군도 지배자들은 자신들을 알리는 데 있어 절대로 중국어로 된 비문을 남기거나 중국 칭호와 연호를 채택하지 않았다. 그 이유는, 중국 정치 이론상 세계의 중심과 황제는 하나씩만 존재했기 때문에, 중국 왕실에서 보낸 사절은 인도네시아 왕들에게 황제나 천자 같은 칭호를 제안해서 환심을 사려고 하지 않았기 때문이다. 대신 중국 사절들은 군도 군주들을 봉신으로 칭하고, 그들의 낮은 위상을 강조하는 서훈을 하사했다. 예를 들어, 1375년 홍무제는 스리비자야와 자바의 산과 강을 중국 지도에 편입시켰다. 힌두교, 불교, 무슬림 문명에 비할 때, 중국 문명은 도서부 왕들에게 어필하기 위한 노력을 덜 했다.

동시에, 수마트라 북쪽 항구에는 아랍인들이 들어오고 있었다. 이들 중 다수는 아라비아 반도의 서남쪽 변방, 하드라마웃(the Hadramaut)이라고 알려진 지역에서 왔다. 수 세기 동안 하드라미(Hadrami) 상인들은 희귀한 향료와 목재를 인도와 동부 아프리카 해안 항구에 수출해왔다. 9세기부터 아랍 상인들은 정기적으로 해상 무역로를 통해 수마트라 항구에 들어왔다. 그들은 거기서 송진, 장뇌, 향목 등 다양한 인도네시아 물품을 사서 중국으로 가져갈 화물에 추가했다. 13세기가 되면 인도네시아 군도의 주요 무역 중심지에는 아랍 상인 정착지들이 있었다.

중국 시장에 물건을 공급하던 아랍인들은 또한 항해술과 도선술을 중국인에게 판매했는데, 12세기가 되면 중국인들도 중국 내에서 인도네시아 배가 오기를 기다리기보다 인도네시아 군도로 오기 시작했다. 그 결과 인도네시아 항구에는 중국 선박, 선원, 사업가, 노동자들이 훨씬 많아졌다. 바닷길에 걸쳐 있는 군도 공동체들은 중국의 군사적, 상업적 위력에 강력한 인상을 받았다. 또 그들은 일부 중국 상인들이 새로 등장한 이슬람 국제 네트워크의 일부임을 감지했다.

난양: 중국 연안

중국인들이 바다를 통해서 중국보다 남쪽에 있는 지역으로 이주함으로써 생겨난 단어가 난양(Nanyang)이다. 중국인들이 중국 주변부, 중국 연안에서 거주와 생산을 위한 권역이라고 생각한 광대한 영역을 뜻한다. 1271년부터 1368년까지 중국을 장악한 원(몽골) 왕조는, 난양에 대한 초기 남송의 지향을 계승했다. 원 왕조는 수마트라와 자바의 항구들에 사신을 보냈고, 150~300명의 선원을 수용할 수 있는 원양용 범선을 갖췄다. 이 배들은 원거리 항해를 할 수 있게 고안되었다.

몽골 함대는 새 왕조를 알리고 존경의 표시와 공물을 요구하기 위해 외교 사절과 군대를 데리고 주변 지역들로 갔다. 1293년 자바에 상륙한 한 몽골 함대 군인들은 케디리와 싱가사리 왕국의 권력투쟁에 말려 들어갔다. 이 초강대국의 대리인들은 동맹 세력을 얻고 케디리와의 전쟁에서 이길 수 있는 기회를 싱가사리 왕자 위자야(Wijaya)에게 제공했다. 자바 설화에 따르면, 몽골의 동부 자바 마을 공격은 마자파히트 왕국의 창건으로 이어졌다.

정화 원정: 해상 제국 중국

15세기 초반 몇십 년간, 중국 왕실은 외국 선박이 중국으로 오게 하는 대신 외국 항구에 대리인을 두어 왕실 무역을 하는 실험을 했다. 영락제(재위 1402~1424)는 1405년부터 1422년 사이에 6번의 선단 파견을 경제적으로 후원했다. 첫 세 번의 원정은 베트남 중부 해안으로 가서, 동쪽으로는 오늘날의 (자바 북동부) 수라바야(Surabaya)까지, 서쪽으로는 팔렘방으로 갔다가, 믈라카 해협을 통해 믈라카와 수마트라의 파사이에 정박한 후 스리랑카와 인도 남서부 해안의 캘리컷(Calicut)까지 가는 항해였다. 네 번째와 여섯 번째 원정도 같은 길을 따라갔지만, 캘리컷을 지난 후 아라비아

해를 건너 호르무즈(Hormuz) 해협에 들어갔고, 여섯 번째 원정은 아덴(Aden)의 홍해 입구까지 갔다. 최대규모의 항해는 선덕제(재위 1426~1435)의 승인을 받아 1431년에 시작되었다.

이 선단은 그 규모, 선박과 승선자의 수, 가지고 간 상품의 양에서 인도네시아 군도에 흩어져 있던 무역 정착지들을 압도했다. 이 선단에는 물 저장선과 음식 및 해상에서의 수리를 위해 건축 자재를 운반하는 보급선이 있었고, 전투마를 운반하는 교통선, 전함, 초계정, 그리고 돛대가 9개 달린 대형 정크선이 있었다. 중국 상품을 운반하는 가장 큰 선박에는 네 개의 갑판이 있었다. 가장 낮은 곳은 중심을 잡기 위해 돌과 흙으로 채워졌고, 두 번째 갑판은 생활구역과 주방 공간으로 이용되었다. 비단, 면, 차, 쇠, 소금, 삼, 과실주, 도자기 등이 다른 갑판에 실렸고, 제일 높은 갑판에는 대포와 전투를 위한 발판이 있었다. 각 선박들은 깃발, 신호용 종, 북, 징, 손전등, 전서구 등으로 서로 교신했다. 매 원정마다 200척의 선박, 선원, 군인, 관리, 사절, 상인, 장인, 예술가 등 2만 7천 명의 인원은, 이들을 맞이하는 (인구가 수천 명인) 인도네시아 항구들의 능력을 한계에 이르게 했다.

이 원정들은 1433년 일곱 번째 원정에서 돌아오는 도중 사망한, 원정 사령관이자 궁정 고위 관료의 이름을 따서 정화 원정(Zheng He, Cheng Ho voyages)이라고 알려져 있다. 정화와 그의 부관들은 자바, 발리, 칼리만탄, 수마트라에서 전해지는 전설 속에 신비화된 숭배 대상으로 살아 있다. 자카르타와 스마랑(Semarang)에 있는 이들을 기리기 위한 사당들은 20세기 들어서도 참배객들을 끌어들였다. 역사 속의 정화는 운남에서 온 무슬림이었다. 그는 세계 이슬람 공동체의 일부가 되어왔고 육로와 해로로 유라시아를 가로지르던 국제 아랍 네트워크로부터 지식을 습득한 중국의 경계인(border peoples) 집단에 속했다. 인도네시아 토착 역사에서는 정화의 이슬람 인맥이 기억되지 않지만, 그의 원정은 군도의 인도네시아인, 인도인, 아랍인 사업가들에게 중국에 그들의 물품을 위한 거대 시장이 있다는 확신을 남겨주었다.

수 세기에 걸쳐, 군도의 국제항 주민들은 자신이 사는 도시에서 소수 집단인 외국인 무슬림과 조우했다. 배가 닻을 내리면, 항만관리자의 조수들이 노를 저어 접근해서 배의 소유자가 누구이고 누가 운항하는지, 어떤 물건을 사길 원하는지를 탐문했다. 배의 선장이나 주요 승객이 항만관리자와 지배자에게 주는 선물은 일이 쉽게 풀리게 했고, 그들이 팔아야 하는 것들을 광고해주었다. 지배자와의 만남이 허용되면 그들이 어디서 왔는지, 그리고 오는 여정 동안 들린 항구의 정치와 사업의 상황에 대한 질문을 받았다. 때로 현지 라자들은 외국인 무슬림들에게 그들에게 의학적 지식을 제공하거나 그들의 신앙에 대해 토론하기를 요청했다. 외지인들은 가지고 온 화물을 하역하고, 판매하고, 공간을 임대하고, 사업을 하는 동안 해안가에서 살고 일하는 것을 허용해줄 것을 요청했다. 그들은 수출을 위한 화물을 모으기 위해 인도네시아 대리인을 고용했다. 물건을 나르고, 가판대와 창고를 짓고, 음식과 성적 서비스를 제공할 남녀 노동력 공급을 위해 인도네시아인 중개인을 고용했다. 청중 앞에서 상인들이 왕과 함께 하는 공식 행렬은, 항구 사람들이 외국인들의 외모, 복식, 관습을 관찰할 수 있게 해주었다.

외국 상선의 간헐적 방문이 영구적 거주지의 건설로 이어지기 위해서는 특정한 조건들이 필요했다. 현지 지배자가 무역을 통해 부를 늘리고 싶어해야 했다. 그런 지배자는 자신의 항구에 접근하는 바닷길을 침입자들로부터 보호할 해군을 유지함으로써, 그리고 그가 이끄는 행정부가 외국 상인들의 안전과 지배자의 항구에 있는 그들의 재산을 보장해줌으로써, 외국인을 위한 예측 가능한 사업 환경을 조성했다. 물품의 무게와 규격, 그리고 통화에 대해 집행 가능한 기준이 있어야 했다. 국제 네트워크에서 활동하는 외국 상인들은 자신의 대리인들을 인도네시아 군도 항구에 정착시켰다. 시간이 지나면서, 배정받은 구역에서 그 구성원의 종교와 사업방식, 그리고 가옥, 종교 건물의 양식에 의해 구별되는 공동체가 발전했다. 외부에서 온 무슬림 주변에 개종한 현지인들의 중핵이 형성되었다. 부인들, 부인의 가족들, 아이들, 집안 하인들, 그리고 이슬람 사원의 문지기나 시장의 도축업자 등 무슬림 공동체와 빈번한 관계를 맺는 사람들.

인도인, 아랍인, 중국인 무슬림을 연결하는 것은 팽창하는, 세계적 공동체인 이슬람 공동체에서 꾸준히 지속된 개념이었다. 이슬람적 공간과 공동체에 대한 이런 이해는 지식인들이 이슬람 세계의 한쪽 끝에서 다른 끝으로 여행하는 것을 가능하게 했다. 몇몇은 외국 항구에 정착해서 모스크를 이끌거나 학교를 세웠다. 그들이 멈춰서는 도시마다, 종교 학자들은 보편적 지식과 그들의 소수 문화에 대한 이슬람적 인식을 강화했다. 그래서 현지의 해로들과 국제 교통로들의 교차점에 살던 인도네시아인들은 개별 무슬림과 무슬림 이웃에 관한 오랜 경험을 가지고 있다. 약 1280년대부터, 그들 중에도 현지에서 자라난 이슬람 공동체들이 있었다.

최초의 이슬람 국가들은 인도네시아 군도 가장 서쪽에 있는 수마트라섬 북쪽 끝에 있었다. 1430년이 되면 믈라카의 지배자들은 무슬림이었다. 인도네시아 군도 동쪽 끝에서는, 트르나테 지배자가 1460년에 이슬람으로 개종했다. 자바에서는 데막(Demak) 지배자가 1470년경 그곳을 왕의 무슬림 도시라고 선언했고, 인근 항구도시인 투반(Tuban), 그레식(Gresik), 치레본(Cirebon)에서는 1500년경이 되면 무슬림 지배자가 등장했다. 1515년경 아체 항구의 지배자는 무슬림이었다. 마두라는 1528년이 되면 무슬림 지배자가 다스렸다. 술라웨시 북동쪽 갈래에 있는 고론탈로(Gorontalo)에는 1525년에, 동남부 갈래의 인근에 위치한 부퉁에는 1542년에 무슬림 지배 계층이 등장했다. 1605년 남부 술라웨시의 루우(Luwu), 탈로(Tallo'), 고와(Gowa)의 지배자들이 이슬람으로 개종했고, 1611년이 되면 반도 전체에 무슬림 지도자가 있었다. 비마(숨바와) 지배자는 1615년에 이슬람으로 개종했다. 이 모든 지역들은 작은 국가들과 도시들이었다. 1641년에는 군도의 가장 큰 왕국인 자바의 마타람 왕국 지배자가 술탄(sultan) 칭호를 사용함으로써 자신의 지배가 이슬람적인 것임을 알렸다.

군소 지배자들이 스스로 무슬림임을 선언하고 백성들에게 자신을 따르라고 했을 때, 그들에게는 몰아내야 하거나 그들로 인해 불쾌함을 느낄 큰 지배층이 없었다. 4세기에 걸쳐, 왕족, 사제, 기록자, 조각가, 예술가, 조각가, 공예가, 수도작 농민으로 구성된 힌두, 불교 구조 기득권층이 있던 평지와 고지대 계곡의 인도네시아 왕국들의 가장자리로, 여러 무슬림 항구들이 발전했다. 이슬람 항구들은 인도네시아 군도의 많은 삼림 거주 공동체들과 멀리 떨어져 있었다. 인도네시아 군도에서 이슬람과 그 대표자들에 대한 친숙함은 각 사회의 지리적 위치와 역사적 시기에 따라 달랐다. 인도네시아의 이슬람 국가들은 이런 차이라는 맥락 속에서 형성되었다.

자체 성장한 이슬람 사회들이 작고 산개된 항구들이었기 때문에, 이슬람화는 지도상에 비어 있는 지역에서 시작된 것처럼 보인다. 즉 이슬람화가 처음에 발생한 것은 중부 자바의 인구가 많은 평야 지대가 아니라 군도의 서쪽과 동쪽 끄트머리에서였는데, 이 지역들은 이전에 존재하지 않거나 인도네시아 제도에 속하지조차 않는 것처럼 보였다. 게다가, 이 과정이 몇 세기에 걸쳐 일어났기 때문에, 그로 인해 시악(Siak)과 반자르마신 같은 몇몇 지역은 16세기에 인도네시아 역사에 들어왔고, 동부 자바의 발람방안(Balambangan) 같은 다른 지역들은 18세기에야 들어왔다. 이슬람 지배를 확산시키는 과정은 20세기 말에 전혀 다른 역사의 일부로 보이는 사람들(서뉴기니 내륙 산악마을 사람들과 동티모르인들)을 인도네시아 역사로 끌어들였다.

"이슬람"은, 신에게 복종한다는 의미에서 "복종"을 뜻하는 아랍어이고, "무슬림"은 "복종하는 사람"이라는 의미이다. 이슬람 문명은 무슬림이 다스리는 땅의 과학, 예술, 기록 문학, 뮤지컬과 구전 문화, 복식, 도덕률, 정부를 포괄한다. 전 세계, 역사상의 모든 시기에 걸쳐 무슬림들은 이슬람이 신의 마지막 계시이고, 7세기 아라비아에서 금욕적 명상을 하던 중에 무하마드에게 전달되었다고 믿는다. 무슬림들은 또한, 신이 무하마드에게 말한 것처럼, 신성한 계시는 코란에 재현되었고, 무하마드에게 주어진 법은 모든 시기와 지역에 유효한 것이라고 믿는다. 무슬림에게는 다음과 같은 5개의 중요 의무가 있다. 알라(Allah)를 유일신으로, 무하마드를 신의 선지자로 인정. 24시간 중 시간이 정해진 5번의 기도 의례. 무하마드가 계시를 받은 것을 기념하기 위해, 라마단(Ramadhan) 달의 해가 떠 있는 시간에 하는 금식. 무하마드의 영적, 정치적 삶과 결부된 메카와 메디나에 있는 성지로의 순례. 종교 관리, 여행자, 빈자를 돕기 위한 세금 납부.

무하마드는 570년경 태어났다. 생전에 그는 상인이자 예언자, 전쟁 사령관이었고, 메디나에 수도를 둔 새 국가의 지배자였다. 632년 무하마드가 죽은 후 교리 해석과 지도력 문제를 두고 충돌이 발생했다. 그의 추종자들은 무슬림이 지배하는 영역을 넓힘으로써 이슬람 공동체로서의 자신들의 생존을 확고히 하려 했다. 적대적인 아랍 부족들에 대한 급습은 아랍인들간의 내전 그리고 비 아랍인에 대한 정복전쟁으로 급속히 확대되었다. 시간이 지나면서, 무하마드의 계시는 신학, 법, 국가운영기술, 의례, 관습에서 체계화되었다. 군주제가 이슬람 정부의 특징적 형태가 되었다. 이슬람이 그 중심부로부터 세계의 비 아랍권으로 퍼져나가면서, 개별 무슬림들이 자신들의 고유 문화의 영향을 이슬람 이해와 수행에 도입했다. 그러나 이슬람의 핵심 특성들—코란, 이슬람법, 종교 전문가의 리더십, 학교, 모스크, 신비주의, 아라비아로의 성지순례—은 모든 곳에서 이슬람적 실천의 영원한 특징으로 남았고, 이 특징들이 무슬림이 살던, 그들을 받아준 사회를 형성했다.

코란, 샤리아, 종교 전문가

코란(Koran, 다른 방식으로 Quran, Qur–an, Qur'an이라고 표기)은 무하마드가 23년에 걸쳐 들은 것을 기록한 문헌이다. 7세기 중반 현재 형태로 집대성되었다. 이 문헌은 114개의 장(surahs)으로 구성되어 있는데, 그 길이는 운문 2~3개짜리부터 286개짜리까지(2장) 다양하다. 내용은 신에 대한 칭송, 올바른 행동과 신앙에 대한 설명, 천국, 죄, 벌에 대한 설명, 그리고 유대인의 토라(Torah)와 기독교 신약성서의 중요 이야기들의 개작 등이다. 추종자들에 의해 무하마드의 것이라고 여겨지는 언행들과 그의 삶의 이야기는 9세기에 하디스(Hadith)로 편찬되었다. 코란과 하디스는 이슬람의 핵심 원전이다. 무슬림은 신이 코란을 아랍어로 얘기했다고 믿는다. 코란을 낭송하고 듣는 행위는 신의 축복을 부여하는 것으로 여겨진다. 종교 수업은 낭송과 함께 시작된다. 인도네시아 왕들은 목요일 밤, 라마단기간 저녁, 그리고 장례와 같은 의례에서 코란 공개 암송을 위해 돈을 지불했다.

코란이 신성한 담화라는 믿음으로 인해, 모든 무슬림이 아랍어를 배워야 한다는 요구와 코란을 다른 언어로 번역하기를 꺼리는 현상이 생겨났다. 코란의 전파는 암송을 통해서 그리고 책으로 묶인 필사된 종이로 이루어졌다. 인쇄기가 1492년 유럽에서 이슬람 지역에 전해졌지만, 무슬림 왕들은 19세기 초까지도 아랍어 타자 사용을 금했다. 그 결과, 코란 사본의 수는 제한되었고 코란 연구는 무슬림 공동체의 소수에게 한정되었다. 인도네시아에서 아랍어로 인쇄된 최초의 코란은 1854년 팔렘방에서 출판되었다. 코란에 대한 주석은 인도네시아 언어권 사람들이 아랍어로 만들었다. 코란의 현대 인도네시아어 번역본은 1944년 자카르타에서 일본 군사령부에 의해 출판되었다. 17세기 아체에서 말레이어 번역이 이루어지고 18세기에는 아랍어 각 줄 뒤에 부기스(Bugis) 언어와 마카사르 언어로 번역을 한 코란이 나왔다는 증거가 있다.

서양에서는 17세기부터 기독교 신학 논쟁을 통해 코란이 알려졌다. 코란은 처음에는 1530년에 비엔나에서 아랍어로 인쇄되었다. 19세기 코란의 네덜란드어 번역은, 코란을 기독교인 유럽 언어로 번역하는 것이 수치라고 생각한 인도네시아인들의 분노를 자극했다.

아랍어로 샤리아(sharia, 현대 인도네시아어 철자로는 syaria)로 알려진 이슬람 법은 코란과 하디스에 담긴 규칙들을 성문화한 것이다. 원로 종교학자 협의회가 코란에 논의되지 않은 것들이 무슬림 율법에 합당한지를 결정하고, 결정 사항을 파트와(fatwah)를 통해 공표한다. 종교학자들은 울라마(ulama)라는 아랍어로 알려져 있는데, 이것은 알림(alim, 학자)의 복수형으로, 하나의 혹은 다수의 학자라는 의미로 인도네시아어에 유입되었다. 울라마의 의무는 반드시 샤리아가 국가 행정의 기반이 되게 하는 것, 그리고 가르치는 것이다. 독실한 무슬림은 울라마의 손에 입맞춤으로써 경의를 표한다. 자바 이슬람 문화에서 울라마에게 근접하는 것은 신의 은총을 내리는 것이라고 믿어진다. 이론적으로는, 코란에 정통한 사람인 울라마는 왕보다 위에 있다. 인도네시아의 여러 역사에서 울라마는 종종 권력을 두고 왕과 경쟁했다.

칼리프와 술탄

무하마드의 계승자들은 "대리인"이라는 뜻을 지니고 무하마드와 신의 대리인임을 의미하는 칼리프(caliph)라는 칭호를 채택했다. 얼마 지나지 않아, 서로 경쟁하는 여러 칼리프의 왕국들이 지배하고 서로 싸웠다. 11세기가 되면 (힘, 권력이라는 뜻의) 술탄(sultan)이라는 칭호를 사용한 지배자들이 최고 권위에 대한 칼리프의 주장에 도전했다. 개종했을 때 인도네시아 지배자들은 정치적으로 여러 국가로 분리된 이슬람 세계 공동체에 합류했다. 군도 지배자들은 울라마가 아니라 자신들이 민간과 종교 모든 영역에서 최고 권위를 지녔음을 강조하기 위해 술탄과 칼리프라는 칭호를 채택했다.

모스크

모스크(Mosque)는 아랍어(이자 인도네시아어) 마스지드(masjid)를 영어로 표기한 것으로, 무슬림 공동체가 금요일마다 모여 함께 기도하는 공공장소이다. 인도네시아에서는 최근까지도 무슬림 공동체가 공공장소에 모여 기도하는 것은 남성들만의 모임이었다.

모스크 건축은 이슬람이 전파된 여러 문화들을 반영하지만, 모든 모스크에 공통적으로 있는 것은 기도하기 전 손을 씻는 의례를 위한 장소와 키블랏(kiblat)이다. 키블랏은 회중이 기도할 때 향하는 방향을 지정함으로써 신도들을 메카와 연결시킨다. 돔(dome), 첨탑, 아치 모양 창문, 둥근 기둥 등 중동의 건축요소들이 인도네시아 모스크 건축의 일반적 요소가 된 것은 20세기 들어서이다. 이런 특성들은 19세기 말에 아랍에서 돌아온 순례자들, 그리고 인도-무어 양식(Indo-Moorish styles)을 창조한 유럽 건축가들에 의해 군도 사회들에 소개되었다.

동네 기도소는 주민들의 노동력과 기부금의 산물이지만, 거대 모스크는 공인들이 지불한 비용으로 세워졌다. 모스크는 공동체의 기도를 위한 장소이기도 하지만, 법원으로서 정부의 일부이기도 하고, 사회의 성인 남성들의 회합장소이기도 하다. 지배자들은 수입의 일부를 모스크 유지와 그것을 운영하는 사람들을 위해 전용했다. 그들은 주간 설교자를 임명했다. 기금을 제공하고 모스크의 메시지를 관리하는 것은 정치적 행동이고, 종종 갈등과 권력투쟁의 초점이 되기도 한다. 모스크는 또 학자, 학생, 순례자, 사업가들에게 회합 장소와 숙박을 제공했다. 모스크는 경관을 하나로 묶고, 무슬림 영역으로서 보유하여, 사람과 생각이 그것을 통해 지나다닐 수 있게 해주었다.

수피즘: 이슬람 속의 신비주의

이슬람 문명에서 신비주의자는 오랜 전통을 가지고 있다. 이들은 종종 샤리아에 충실한 이슬람 지도자들에게 박해받아왔다. 샤리아 집행자들에게 특히 불쾌한 것은 신과 자신의 합일을 감지하는 완벽한 인간(Perfect Man)이라는 교리였다. 신과 개인 사이의 결합이라는 개념은 인간을 신의 영역에 포섭하는 것을 의미한다. 자바 사상가들은 이 개념을 이용해서 백성과 군주의 관계를 종복과 주군의 결합으로 이해했다. 이런 인식은 백성들이 무슬림 왕에게 복종해야 한다는 이슬람의 가르침을 강화했다.

신비주의자들은 수피(Sufis)라 불렸다. 일반적인 이슬람 사원의 수행과 다른, 음악, 춤, 노래, 집중적인 명상은 수피가 개인과 신 사이의 간극을 메울 수 있게 도와주었다. 수피즘은 개인의 신비주의적 경험으로부터 카리스마 있는 지도자 중심으로 만들어지는 사회운동으로 진화했다.

수피즘은 지역 문화와 들어맞고 또 그것을 반영하는 형태로 지역의 영적 필요를 충족시켰다. 수행의 공통적 요소들—영적 지도자에의 헌신, 성지 방문, 명상, 코란의 내밀하고 숨겨진 의미 검토—은 이슬람 세계 전반에 퍼져 있다. 신비주의는 소수의 비밀스러운 철학이자 대중적 종교이다.

성지순례

메카(Mecca)로의 성지순례는 이슬람의 5개 의무 중 하나이다. 증기선과 비행기가 사용되기 전에는, 인도네시아 군도 사람들에게 메카로의 여행은 엄청나게 힘든 일이었다. 부유한 사람들은 노예를 대동하고, 여행의 다음 단계를 위한 여비 마련을 위해 여행길을 따라 있는 항구들에서 판매할 상품을 가지고 출발했다. 20세기에 여행 비용이 더 저렴해지고 지적 지평이 넓어지면서, 여성들이 남성과 함께 메카로 순례를 떠났다(종교가 인정하는 남성 보호자, 즉 아버지나 남편과 동행하는 경우에 한했다).

인도네시아인들은 1500년대부터 성지순례를 수행했다. 20세기까지 메카에서 동남아에서 온 순례자들을 지칭하는 단어가 자위(Jawi, 자바섬에서 온 사람들)인 것으로 볼 때, 자바 왕의 백성들이 가장 많은 수를 차지했음에 틀림없다. 상인들은 성지순례를 통해서 다른 항구에서 파는 물건들과 수요가 높은 품목들을 볼 수 있었고, 지리적 지식을 넓힐 수 있었다. 남아서 공부를 한 사람들은 종교서적을 필사해서 가지고 돌아왔고, 유통되는 책이 얼마 되지 않던 인도네시아 군도에서 책 보급을 늘리는 데 기여했다. 순례자들은 돌아오면 하지(haji)라는 칭호를 얻었는데, 이것은 왕과 귀족들이 지배하는 사회에서 보통 사람이 명예를 얻을 수 있는 원천이 되었다.

아라비아 반도 남부의 아랍인들은 뱃사람으로서 오랜 역사를 지녔다. 북부 아랍인들은, (유목 부족들은) 축산을 하고 (오아시스 부근의 정착 부족들은) 목축을 하는 대륙인들이었다. 이슬람 점령 시기에, 북부 아랍인들은 재빨리 해양업에 적응해서 선박 제작자, 항해사, 선원, 해상 무역가가 되었다. 이들은 전함을 발전시켜 그를 통해 지중해를 장악했고, 인도양의 주요 해양세력이 되었다. 스페인에서 페르시아에 이르는 방대한 지역을 무슬림 지배하에 편입시킨 아랍의 점령 이후 이슬람 문명이 진화했다.

아랍 문헌에 인도네시아 군도가 등장하는 것은 10세기부터이다. 지리학자 아부 자이드 하산(Abu Zayd Hasan)은 916년에 편찬한 문헌에 851년 아랍 상인이 쓴 스리부자(Sribuza, Srivijaya)에 대한 설명을 포함시켰다. 이븐 할둔(Ibn Khaldun, 1332~1406)이 쓴 역사에는 수마트라도 기록되어 있다. 13세기에서 17세기 사이에 이슬람을 받아들인 인도네시아 군도 지배자들은 중요한 문화의 참여자가 되었는데, 이 문화는 아랍 사막의 산물이 아니라, 그들의 문학, 상업, 군주제, 법치주의, 학식 전통이 있는 도시들의 산물이었다. 이들이 이슬람 공동체의 일원이 된 시기는, 이슬람 세계가 스페인인, 북부 아프리카인, 투르크인, 운남인(Yunnanese), 중국인, 페르시아인, 인도인을 포함했을 때였고, 이슬람 역사에서 민간신앙이 발전하던 단계였다. 하드라마웃, 페르시아, 인도 이슬람의 특징은 성인 숭배, 성자 묘지 순례, 계보학의 숭앙이었다. 인도네시아 이슬람도 이와 비슷하게 묘지와 성자에게서 축복을 찾는, 성인들과 마술적 업적의 문화 속에서 발전했다. 인도네시아식 이슬람은 배울 곳을 찾아 아라비아 반도로 여행하는 것을 장려했고, 돌아와서 군도 이슬람 사원에서 지식을 전파하는 사람들에게 큰 영예를 부여했다. 인도네시아 국가의 지배자들은 여행하는 아랍 학자들을 공경했고, 그들을 자신의 궁정에 주요 이슬람 관리로 임명했고, 왕실 여성과의 혼인을 통해 왕가에 편입되는 것을 허용했고, 이슬람 문헌을 복사하고 학교와 모스크를 세우기 위한 기금을 제공했다.

인도네시아 사회들이 개종했을 때, 이슬람은 인도네시아 군도 상황에 적응 가능한 해상 문명이었다. 학술 문헌에서는, 인도네시아 군도에서 무역과 이슬람 개종의 관계에 대한 것이 많이 논의되었고, 개종을 무역에서 더 큰 이익을 얻으려는 군도 지배자들의 열망을 통해 설명하기까지 했다. 이런 강조는 이슬람이 개인에게 주는 종교적 매력을 폄하하고 현실적인 설명을 간과하게 만든다. 선교사들, 학자들, 장인들, 모험가들(관광객들) 모두 상인으로서 같은 배로 여행했는데, 그것은 그 배가 탈 수 있는 유일한 배였고, 배를 타는 모두가 팔 물건을 가져와서 여행 비용을 마련해야 했기 때문이다. 무역로상의 항구들을 관장하는 군도 지배자들은 무슬림인 외국인 전문가를 고용할 수 있었고, 무슬림 네트워크에 익숙해질 수 있었으며, 때가 되면 개종을 통해 스스로 그 네트워크에 뛰어드는 선택을 할 수도 있었다.

이슬람은 또한 지리학을 통해서 인도네시아 지배자들에게 다가왔다. 이슬람 중심부의 서쪽과 북쪽에는 기독교도가 살고 있었고, 이슬람 팽창을 위해서는 거대 왕국들을 점령해야 했다. 아라비아의 동쪽과 남쪽에는 그 정도의 어마어마한 장애물은 없었다. 이슬람 학자들은 이들 지역에 이슬람 신자가 아니지만 가르칠 만한 사람들이 산다고 생각했다. 인도네시아 군도로 가는 길은 열려 있었고, 그곳 사람들은 다가가기 편했다.

인도네시아사 연구자들은 종종 신자들 간 평등이라는 이슬람식 개념을 400년에 걸친 군도의 이슬람화에서 개종을 유도한 강력한 이유로 꼽는다. 그들은 이슬람에서 신 앞의 신자들의 평등과 인간의 위계에 대한 힌두교와 불교의 믿음을 대비한다. 그러나 이런 주장은 세 가지 큰 이유에서 옹호하기 어렵다. 첫째, 그런 인식은 그 당시 개인들이 사회에서 인류의 평등에 대한 개념을 가지고 그것을 갈망했다는 가정에 기반한다. 둘째, 이것은 불신자보다 무슬림에게, 여성보다 남성에게, 노예보다 그 주인에게 높은 지위를 주는 코란의 가르침과 대치된다. 셋째, 그런 주장은 파트와에서 무슬림 지배자에 대한 백성의 복종을 종교적 의무로 선언한 이슬람의 역사를 무시한다.

인도네시아 군도에서 스스로 무슬림이라 선언한 최초의 지배자들은 북부 수마트라, 르마(Lamreh), 파사이의 작은 정착지 수장이었다. 모든 필요한 요소들이 거기 있었다. 이 공동체들은 주민들이 해변과 해상에 사는 해안 공동체였다. 그들은 작은 배를 이용해서 수마트라 서부와 동부 해안의 집산 중심지에서 밀림과 바다 산물을 수집했고, 지역 무역망을 통해서 인도네시아 산물을 외국 생산품과 교환했다. 르마와 파사이는 인도양에, 믈라카 해협 윗부분에 인도와 아라비아에서 오는 선박에게 편리한 곳에 위치했다. 무슬림 외국 상인들은 이 수마트라 해안의 항만 도시들에 정착지를 건설했다. 그 항구들은 하드라마웃에서 향료를 가져오는 선박과 구자라트(Gujerat, 북서부 인도)에서 섬유를 가져오는 무슬림 선박에게 서비스를 제공했고, 그 물건들과 인도네시아 산물을 중국인 구매자와 해운업자들과 거래했다. 파사이에는 약 1,000년부터 중국인 무역 공동체도 있었다.

르마와 파사이의 지배자들은 술탄이라는 칭호를 받아들이고 원래 이름을 각각 술레이만 빈 압둘라 빈 알-바시르(Sulaiman bin Abdullah bin al-Basir, 1211 사망)와 말릭 알-살레(Malik al-Saleh, 1297 사망)라는 아랍어 이름으로 대체함으로써, 무슬림 해양 네트워크를 운영하는 사람들에게 자신이 이슬람 신자로서 자격이 있음을 선언했다. 이들의 무덤은 이슬람 문화 채택의 또 다른 근거이다. 화장을 하는 대신, 석공이 무슬림 무덤들의 특징인 곡선으로 된 상층부와 받침 표지석을 세웠고, 아랍어 철자로 글을 새겨넣고, 그들이 죽은 시간을 이슬람 역법에 따라 기록했다. 이븐 바투타(Ibn Battuta, 1304~1369)는 파사이가 술탄국이 되고 50년 정도 되었을 때 그곳을 방문했다. 이슬람 주변부 모로코에서 와서 이슬람 중심부 메카에서 수학하고 인도 델리 술탄국에서 최고 법관으로 일했던 무슬림으로서 그는 그곳의 이슬람의 성격을 평가할 자격을 갖췄다. 이븐 바투타는 1354년 모로코에 돌아와서 파사이에 대한 설명을 기록했다. 거기서 그는 당시 술탄이 무슬림 지배자의 의무를 이행했다고 기록했다. 그는 방문하는 이슬람 학자들을 지원하고, 비무슬림 구역으로의 전투를 수행함으로써 이슬람으로의 개종을 장려하고, 비무슬림에게 추가로 세금을 부과했다. 파사이 술탄은 모스크에서의 금요 기도회를 통해 종교 지도자이자 세속 지도자로서 자신의 두 가지 역할을 알렸다. 그는 걸어서 모스크에 갔고, 이슬람 학자와 같은 검소한 옷을 입었다. 기도회가 끝난 후 그는 왕의 옷으로 갈아입고 코끼리를 타고 궁으로 돌아갔다.

르마, 파사이, 아체, 판수르-바루스(Fansur-Barus)등의 항구에서 발견되는 조건들—위치, 생산물, 아랍 상인과 중국 상인의 증가, 시간에 따라 증대되는 무슬림과의 친밀함, 종교이자 문명으로서의 이슬람 지식에 대한 접근—의 알맞은 혼합은 믈라카에서도 등장했다. 믈라카는 15세기 모든 정화 선단의 기항지였다. 그 세 번째 지배자는 중국 황실에 경의를 표하러 세 번이나 직접 방문함으로써, 무역에 있어 중국이 선호하는 지위를 확실하게 보장받으려 했다. 그는 공식적으로 중국 황제의 봉신 왕으로 지명되었고, 믈라카의 영토는 다시 그려진 중국 지도에 편입되었다. 믈라카 지배자는 세 번째 중국 방문에서 돌아오자마자 자신의 항구가 무슬림 해양 네트워크에서 무역에 관심 있는 무슬림 상인들에게 우호적 환경을 제공한다고 선전했다. 그는 자신을 술탄 무하마드 샤(Sultan Muhammad Shah)라고 칭함으로써 그렇게 했다.

오늘날 믈라카는 말레이시아 연방(Federation of Malaysia)의 구역이지만, 말레이시아와 인도네시아 역사에 모두 속한다. 말레이 반도에 국가를 세웠을 때, 그 창시자는 자신이 수마트라에 있는 스리비자야의 불교 왕의 후손이라고 공표했다. 믈라카의 다섯 번째 지배자인 술탄 만수르 샤(Sultan Mansur Syah, 재위 1459~1477)는 자바 마자파히트 왕가와 혼인 관계를 맺음으로써 자신을 인도네시아 역사에 다시 연결시켰다. 파사이와 믈라카는 인도네시아 역사에서 중요하다. 파사이가 군도 전역에 걸쳐 이슬람을 퍼뜨린 사람들의 근거지라면, 믈라카의 궁정, 그 생활방식, 종교 학습, 문학 언어는 이후 술탄국들의 기준이 되었다.

인도네시아인의 삶에 스며든 과거는 이슬람적인 것이었지만, 그 이슬람적 과거는 발굴된 물건, 혹은 인구 수, 소득세, 관료적 결정에 대한 오래된 기록에 있는 것이 아니었다. 인도네시아의 이슬람적 과거는 다음과 같은 이야기, 전설, 설화로 된 유산이었다. 왕들이 어떻게 개종했는가를 설명하는 기적의 이야기, 마술적 업적으로 힌두교와 불교 사제들의 힘을 무색하게 한 무슬림 성자들의 이야기, 이슬람 문학 속의 영웅들의 이야기와 또 자기에 대한 이해와 자신이 술탄과 칼리프로서 다스릴 왕국을 찾아서 인도네시아의 대양을 건너고 밀림을 헤치는 여행을 떠난 지역 영웅들의 이야기. 이 이슬람적 과거는 말레이어, 부기스어, 자바어로 노래되는 이야기들에 스며든다. 그것은 인도네시아의 무슬림 성인들이 묻혀 있는 성지로 퍼져간다. 개종 이전의 일들은, 혼란과 암흑의 이슬람 이전 시기에, 혹은 여전히 신들이 땅을 거닐고 인간과 결혼하던 때에 발생했다.

최초의 무슬림이 되는 영예를 그 지역 왕에게 돌린다는 점에서, 인도네시아 군도 전역에 걸친 개종 설화들은 같은 형태이다. 일반인들에게 이슬람을 소개하고 이슬람 법을 지탱한 것 역시 사원의 설교자가 아니라 왕실 덕분이라고 한다. 개종 설화는 꿈, 환영, 혹은 외국 선교사의 방문의 결과로 무슬림이 된 현 군주에 대해 설명한다. 왕의 개종은 갑작스럽고 예상 밖이었다. 그것은 이전의 공부의 결과가 아니라, 마술적인 변신의 결과였다.

파사이 지배자의 개종은 꿈에서 비롯되었다. 무하마드가 메라 실라우(Merah Silau)에게 나타나서, 그의 입에 침을 뱉고, 그에게 이슬람 시식을 선날했다. 메라 실라우는 잠에서 깨었을 때 자신이 할례를 받았고, 아랍어로 신앙고백을 낭송할 수 있고, 코란을 읽을 수 있음을 발견했다. 그 이후 메카의 칼리프가 보낸 배가 도착했다. 그 선장이 메라 실라우를 술탄 말릭 알-살레로 세우고 그에게 메카에서 가져온 국가 휘장과 의복을 주었다. 그는 새 술탄의 백성들에게 핵심 이슬람 신앙과 기도방법을 가르쳤고, 인도에서 온 성자 하나를 남겨 새 신도들을 이끌게 했다.

파사이와 믈라카 이후, 이슬람 국가 등장을 위한 조건들의 적절한 조합은 15세기 후반과 16세기에 자바 북부 해안의 좋은 항만들에서 등장했다. 인도네시아 산물을 위한 시장에서 항만에 필요한 서비스를 제공하는 중국 상인과 장인들의 안정된 정착지가 있었다. 이들의 사업 활동은 무슬림 해양 네트워크에서 활동하는 상인들의 기회를 크게 증가시켰다. 자바인들에게 항구에 무슬림 거주지를 확대한 것은 이슬람에 계속 접근할 수 있음을 의미했다. 무슬림들, 그들의 신앙, 사업 관행, 습관에 대한 익숙함의 증가, 국제적 유행을 알아낼 더 큰 기회, 이슬람의 방식 어휘로 세계에 대해 생각할 수 있는 시설의 증가. 가장 무슬림과 많이 접하는 항구 주민들은 개종했다. 부인들, 그들의 확대 가족, 아이들, 그리고 이슬람이 번영과 육체노동으로부터의 분리, 도회적인 것을 의미한다고 인식한 사람들. 이런 환경에서 항구 도시의 관리자 계급은 무슬림이 되었다.

자바 역사에서 항구는 왈리들(walis)이 일으킨 기적의 장소였다. 왈리는 "성인(saint)"을 뜻하고, 이슬람을 가져온 아홉 명의 성인과 자바 북쪽 해안을 따라 있는 비어 있는 지역에 사제들의 공국을 건설한 사람들을 지칭한다. 그들은 구전과 기록된 설화들에 다른 이름과 인생사를 가지고 등장하면서, 지역과 지방의 역사 속에 긴밀하게 결합되었다. 몇몇은 파사이 사람이었던 반면, 몇몇은 이집트에서 왔다고 생각된다. 자바 문학에서 그들은 왕국의 수장으로서 사람들을 이끌거나, 자바 왕의 친척, 스승, 피고용인이었다. 이들 모두는 수난(Sunan)이라는 영예로운 칭호를 부여받았는데, 이 칭호는 후에 자바 왕실이 정치뿐 아니라 종교의 지도자로서 성자들을 대체했다는 것을 드러내려 한 이슬람 왕국 마타람과 그 후계 왕국 수라카르타(Surakarta)의 지배자들에게 넘어갔다.

왈리들은 자바인 개개인의 사적 독실함에 있어 중요하고, 그들의 무덤은 인도(guidance), 성공, 치유를 위해 철야 기도를 하는 순례자들을 끌어모았다. 왈리들은 19세기 말 왜 자바가 네덜란드 식민지배를 받게 되었는지 설명하려 한 몇몇 자바 사상가들에 의한 비난의 목표물이 되었다. 1873년에 쓰여진 『바바드 쿠두스』(*Babad Kudus*, 쿠두스 연대기)와 1879년 쓰여진 『스랏 드르마간돌』

자바 이슬람 성인들

성인인 수난 칼리자가는 자바의 와양의 창시자로 여겨진다. 이 성인들은 자바에서 이슬람의 도래와 전파를 전해주는 역할로 인형극에 활용된다. 사진 제공: Archipelago Press, 싱가포르

(*Serat Dermagandul*)은 왈리들이 책략을 꾸미고 간섭하기 좋아하는 부랑자라고, 그리고 자바에 외국 종교를 강요하고, 아들이 아버지에게 등을 돌리게 하고, 자바가 네덜란드의 침략에 취약하게 만들고, 옛 서적을 불태우고 이슬람을 최고로 여기는 새로운 역사 개시를 알림으로써 이슬람 이전 과거를 지워버린 위선자들이라고 맹렬히 비난했다. 이 문헌들은 나왔을 당시 영향이 제한적이었고, 많은 현대 무슬림이 성인 숭배를 경멸함에도 불구하고 왈리들은 대중적 이슬람에서 여전히 숭배된다. 블리타르(Blitar)에 있는 수카르노 기념 박물관에는 왈리들의 초상화 한 점이 자바의 다른 영웅들과 나란히 걸려 있다.

자바에서 나온 구전과 기록된 문헌에 의하면, 왈리들은 자바 북쪽 해안을 따라 데막, 치레본, 반텐(Banten), 그레식 같은 새로운 국가를 건실했다. 그들은 마법이나 전쟁을 통해 자바인들을 개종시켰다. 가장 유명한 왈리인 수난 칼리자가(Sunan Kalijaga)는 힌두 왕국 마자파히트를 물리치고 무슬림 왕국 데막을 건설함으로써 자바의 이슬람화를 위한 길을 닦았다. 그러고 나서 그는 초기 마타람 왕들의 영적 안내자로 활동했다. 수난 칼리자가의 경력은 역사적 시간으로 보면 200년에 걸친 사건들과 연결된다. 그는 왕실의 의식, 와양(wayang, 그림자 인형극), 그리고 슬라마탄(slametan, 식사 의례)을 포함한 자바 이슬람 문화를 창조한 것으로 여겨진다. 몇몇 설명에 의하면, 수난 칼리자가는

아랍인 성인이자 왕자이며, "메카의 왕"의 아들인 세 말라나(Seh Malana)와 함께 공부했는데, 그는 사람들의 개종을 위해 자바로 보내졌었다. 다른 설명에서는, 수난 칼리자가는 마자파히트의 왕자로 수난 보낭(Sunan Bonang)의 지휘하에 있었는데, 강가에서 일종의 요가 명상을 통해 스스로 무슬림으로 개종했다(칼리자가라는 이름은 "강에 있는 관찰자 혹은 수호자"라는 의미이다). 여러 해 후, 최면 상태로 나타난 칼리자가는 아랍어를 말하고 하늘을 날 수 있었다.

수난 구눙 자티(Sunan Gunung Jati)는 치레본의 초대 왕이라 불리고, 아들인 하사누딘(Hasanuddin)을 반텐의 지사(governor)로, 나중에는 독립된 술탄으로 임명했기 때문에 자바에서 이슬람 국가를 늘어나게 한 사람으로 불린다. 어떤 기록에는 수난 구눙 자티가 이집트 출신이다. 다른 기록에서는 그가 파사이에서 와서 메카와 메디나로 성지순례를 간다. 또 다른 설에 따르면 이 수난은 모계쪽으로는 힌두 왕국 파자자란의 실리왕이(Siliwangi) 왕자의 후손이었던 반면, 그의 아버지는 따져보면 무하마드의 후손인 몰라나 술탄 마흐무드(Molana Sultan Mahmud)라는 이집트 왕의 후손이었다.

또 다른 설명에는 반텐의 지배자로 지명된 것이 수난 구눙 자티의 아들이 아니라 사위라고 되어 있다. 팔레테한(Faletehan)은 자신의 군사 기술과 지도력을 무슬림 왕에게 봉사하기 위해 사용한 이방인이었다. 그는 인도의 무슬림 학자 마크다르 이브라힘(Makhdar Ibrahim)의 아들로, 파사이에서 이름이 알려지지 않은 여인과 결혼했다. 그는 스스로 데막의 새 술탄에게 나타나서 파자자란의 항구를 공격할 데막 선단을 이끌도록 임관되었다. 그는 성공에 대한 보상으로 수난 구눙 자티의 딸과 결혼하게 되었다. 그러고 나서 팔레테한은 반텐의 왈리의 대표로 활동했고, 이후 술탄으로서 혼자 힘으로 다스렸다.

그레식의 수난 기리(Sunan Giri)의 출신은 개종 설화 요소들의 또 다른 조합을 보여준다. 한 외국인 성자가 발람방안이라는 동부 자바 왕국에 등장해서, 왕이 이슬람에 복종할 것을 기대하면서 힌두교 왕에게 딸을 낫게 해 주겠다고 약속했다. 공주가 치유되었고 감사의 표시로 그 외국 성자에게 부인으로 주어졌지만, 왕과 그의 궁정은 개종을 거부했다. 그 성자는 임신중인 아내를 버리고 불쾌한 힌두 사회를 떠났다. 그 공주에게서 아들이 태어났다. 발람방안의 힌두교도들은 아이를 나무 궤짝에 넣어 바다에 던졌다. 아기는 때맞춰 구출되어 무슬림으로 길러졌고, 항구 도시 그레식의 영주가 되었다. 몇몇 기록에는, 힌두 마자파히트가 몰락한 후 그 땅에서 모든 비(非)이슬람적인 흔적을 없애기 위해 수난 기리가 40일간 자바를 통치했다고 되어 있다.

리클렙스(Ricklefs), 드류스(Drewes), 존스(Johns) 같은 서구 학자들은 이슬람이 인도네시아 사회에 간접적으로, 즉 아라비아로부터가 아니라, 인도의 구자라트나 페르시아, 운남처럼 이슬람 중심부의 가장자리에 있으면서 이슬람화된 지역들에서 왔다고 주장한다. 자바의 설화들은 그들의 이슬람의 기원이 이슬람 본거지까지 거슬러 간다고 여긴다. 모든 왈리들은 무하마드의 후손인 샤이크 주마딜 쿠브라(Shaikh Jumadil Kubra)라는 사람과 관계가 있다고 얘기된다. 이 이름은 이슬람 역사에서 쿠브라위자야(Kubrawiyya) 신비주의 종파의 창시자인 나즈무딘 알-쿠르바(Najmuddin al-Kubra)의 자바어 형태이다.

이슬람의 도래를 그 창시자와 연결시키는 또 다른 구불구불한 길은 수난 응엠펠덴타(Sunan Ngempeldenta)의 이야기들이다. 이 이야기들 중 하나는 자바 이슬람의 원천을 베트남 해안지역 왕국인 참파(Champa)에 두는데, (자바의 역사와 마찬가지로) 참파 지배 엘리트도 힌두교 의식의 헌신적인 추종자였다. 참파는 중국인과 일본인 상인에게 중요한 무역 중심지였고, 아랍 무역 공동체를 받아들였다. 이 이야기에서, 마자파히트의 힌두교도 왕인 브라위자야(Brawijaya)가 참파 공주와 결혼했다. 이 공주에게는 이브라힘 마크둠 아스마라(Ibrahim Makdum Asmara)라는 이름의 아랍인 이슬람 선교사와 결혼한 여동생이 있었다. 그 참족 공주는 여동생의 아들들을 자바로 데려왔는데, 그들 중 하나인 라흐맛(Rahmat) 왕자는 브라위자야 왕으로부터 토지와 수라바야 지역 마을들의 세입을 받았다. 거기서 그는 그의 노동자들과 부양가족들을 이슬람으로 개종시켰고, 그들이 그를 수난 응엠펠덴타라고 불렀다. 그는 마자파히트 공주와 결혼했고, 이 결혼으로 낳은 아들이 왈리 수난 보낭(wali Sunan Bonang)이 되었다. 수난 보낭은 브라위자야 왕을 물리친 수난 칼리자가의 스승이었다. 무슬림에게 패한 이후 브라위자야 왕은 사라졌다. 그의 참족 왕비는 이슬람으로 개종하고 브라위자야의 모든 자식들과 손자, 손녀들을 무슬림으로 길렀다. 이렇게 함에 있어 그녀는 비록 힌두교도였지만 이슬람에 이르는 신성한 길을 알고 있던 브라위자야 왕의 가르침을 잘 따랐다.

수난 응엠펠덴타: 지역 설화와 "정확한" 사실들

수라바야 지역 이슬람의 기원에 대한 수난 응엠펠덴타의 이야기에서, 지역 설화들은 공식 기록들과 충돌한다. 한 설화에 따르면 수난 응엠펠덴타는 참족과 아랍인의 아들이 아니라 중국계 무슬림의 아들이다. 1964년 M. O. 파를린둥안(Parlindungan)은 자바의 이슬람화에서 운남 중국인의 관련을 확증하는 원고를 출판했다. 네덜란드 학자 H. J. 드 흐라프(de Graaf)와 Th. C. 피고(Pigeaud)가 이 문헌을 철저하게 검토했는데, 이들은 이것이 진본이라고 믿었다. 이를 부정하는 자바 무슬림들의 캠페인에서 그것은 경멸의 대상이 되었다. 이 캠페인은 중국인 무슬림이 이슬람을 자바에 소개했다는 모든 역사적 근거가 잘못된 것이라고 비난하는 인도네시아 종교부의 칙령으로 이어졌다. 판매되고 있던 원고는 모두 회수되었고, 이후의 출판이 금지되었다. 그 공식 입장은 내부적으로 종족 갈등이 있었을 때, 그리고 인도네시아 이슬람을 아랍의 중심부와 연결시키는 게 바람직했던 국제적 맥락 속에서 만들어졌다.

인도네시아 군도 전역의 이슬람 개종 설화에서 공통적으로 등장하는 인물은 해외에서 온 이방인 혹은 선교사다. 이방인은 흔히 화물을 가득 실은 배를 타고 도착한다. 그는 항상 남성이다. 그는 우월한 힘을 지녔는데, 이 힘은 하늘을 날고, 산을 옮기고, 질병을 설명 불가능한 방법으로 치유하는 등의 마술적 행위로 나타난다. 이방인은 금욕주의자가 아니다. 그는 그 지역 왕의 딸과 결혼한다. 외국인 무슬림에게 현지인 외척을 제공해줌으로써, 현지 여성은 그가 인도네시아 사회에 참여하고 소속되게 한다. 이런 개종 이야기에는 성자들의 부인들과 어머니들의 이름이 없다. 그들의 역할은 그 외국인이 현지 왕국의 왕가에 들어가도록 하는 것이다.

개종 설화들은 넓은 지역에 흩어진 군도의 부분들을 연결시킨다. 예를 들면, 자신과 국가의 종교를 이슬람으로 바꾼 최초의 트르나테 지배자는, 1460년에 군도 동쪽 극단에서 서쪽 극단에 있는 믈라카 술탄국에 여행한 후에 그렇게 한 것으로 추정된다. 그는 자바를 거쳐 돌아왔는데, 거기서 귀족여성과 결혼해서 그녀를 왕비로서 트르나테에 데리고 왔다. 『히카얏 타나 히투』(*Hikayat Tanah Hitu*, 히투(암본)의 역사)는 이슬람 전파를 위해 직접 아체로 여행을 간 파사이 술탄에 대해서, 그리고 자일롤로(Jailolo), 티도레(Tidore), 트르나테 지배자들을 개종시킴으로써 같은 역할을 계속한 그의 손자에 대해서 얘기한다. 비마(Bima) 주민들은 이슬람에 대한 최초의 지식을 미낭카바우인 선교사들에게 얻었다고 믿는다. 그레식의 수난 기리는 롬복, 마카사르, 쿠타이(Kutai), 파시르(Pasir, 동남부 칼리만탄)로의 이슬람의 확산을 조성했다. 부기스인들과 마카사르의 설화들은 1605년 술라웨시 지배자들이 개종한 것이 세 명의 미낭카바우 선교사들이 행한 기적 때문이라고 한다. 파스마(Pasemah)의 개종 설화는 남부 수마트라를 자바와 연결시키고 이슬람 문명화의 영향이라는 측면을 더한다. 종교학자들이 마타람 왕국에서 와서, 여전히 삼림 속을 떠돌던 부족이던 파스마의 조상들을 가르쳤다. 개종하자마자 그들은 영구적인 마을에 정착해서 수도작 농민이 되었다.

개종 설화는 또 개종자가 한 명에서 다수가 되는 과정의 윤곽을 보여준다. 개종은 왕실의 명령에 의해, 그리고 모스크 관리, 판사, 학자, 성사 등의 이슬람 엘리트층에 대한 왕실의 후원에 의해 이루어졌다. 왕들은 이슬람으로 개종한 남성들을 항만관리자, 시장 관리자, 노동 감독관 등 수익성이 있는, 높은 위상의 직종에 배정함으로써 개종을 장려했다. 왕들은 쌀농사를 위해 새 토지를 개간하는 데 무슬림을 배정함으로써, 그리고 비무슬림 왕들을 공격하기 위해 군대를 파견함으로써, 개종을 장려했다.

새로운 무슬림 왕은 자신의 부인들, 자녀들, 궁정 인사들, 백성들에게 그의 종교로 개종하도록 명했다. 아랍어 철자로 쓰여진 말레이 언어로 된 최초의 사례는(1303년 혹은 1387년으로 기록됨) 트렝가누(Trengganu) 지배자가 자신이 무슬림이 되었고 모든 백성들에게 역시 무슬림이 되라고 명령한 선언문이 전해준다. 말레이반도 동쪽 해안에 있는 트렝가누는, 오늘날 인도네시아 국민국가 밖에 놓여져 있지만, 서부 군도의 말레이 문화 권역의 일부였다. 정으로 글씨를 새겨놓은 이 돌은 트렝가누의 지배자가 자신을 이슬람의 장려자이자 샤리아의 시행자로 여긴 것을 증명하고, 이슬람 장려를 위한 왕실의 행위와 투입된 비용을 기념한다.

자바의 자카 팅키르(Jaka Tingkir)이야기는 개종의 실제 과정에 대한 보다 구체적인 것이다. 이야기는 데막에서 시작된다. 일단 왕과 그의 궁정 인사들이 개종을 하고 무슬림을 국가 종교 지도자로 임명하자, 다음 단계는 모든 하위 계층이 개종하도록 요구하는 것이었다. 그런 이유로, 왕은 봉신 군주들과 마을의 수입과 노동을 통제하는 사람들을, 무슬림으로서 궁정에 나와서 자신에게 경의를 표하도록 호출했다. 궁정에서는 무슬림 전문가들이 왕실 사제들을 대체했다. 그들은 통제가 안되는 성자들—산과 숲의 은둔자들, 수도자들, 그리고 그들의 제자들—을 표적으로 삼았다. 왕은 모든 불교 서적을 태우도록 명했다. 궁정의 총신들은 숲의 땅을 개간해서 정리된 땅에 노동자들을 농민으로 정착시킬 수 있는 왕실 허가증을 부여받았다. 그들은 이슬람 사원을 건축하고 농민들에게 도시에서 행해지는 것과 같은 공개 예배를 수행하라고 요구함으로써, 이런 개척 정착지에도 무슬림의 지배를 확장하려 했다. 인도네시아 사람들은 또한 전쟁이라는 과정을 통해서 무슬림이 되기도 했다.

지하드: 성전

이슬람적 사고에서, 세상은 두 지역, 즉 무슬림의 땅과 "전쟁의 집"이라는 뜻의 다르 알-하르브(Dar al-Harb)로 나눠진다. 점령을 통해서 무슬림 영역의 경계를 확대하는 것이 무슬림의 의무이다. 그런 전쟁이 "성전(holy war, 아랍어로는 지하드 jihad)"이라 명명되었다. 성전의 목적은 이슬람 사원, 학교, 법정으로 이루어진 이슬람적 환경을 창조함으로써 개종의 모든 걸림돌을 제거하는 것이다. 무슬림의 지배하에 살면서 개종하지 않는 사람들은, 타 종교 신자들에게 무슬림의 패권과 개인적 우월함을 전달하기 위해 고안된 불이익(세금, 낮은 지위의 직업, 정체성을 드러내는 복식, 종교의식의 제한 등)을 감수해야 한다.

지하드는 때로 이성과 감성 사이의 내면적 투쟁을 의미한다. 인도네시아 역사의 몇몇 시기에 지하드라는 말이 되살아났다. 1999년, 전국 무슬림 지도자들은 암본의 정치 권력, 경제 자원, 종교 영역 장악을 위한 무슬림과 기독교인의 싸움을 지하드라고 선언했다.

인도네시아 군도 공동체들은 13세기부터, 즉 아랍어 사용자들과 무슬림 군주들의 아라비아 동쪽에서 서쪽으로의 대규모 팽창이 멈췄을 때에 이슬람으로 개종하기 시작했다. 인도네시아인들의 개종은 아랍 군대의 점령과 아랍인 군주의 배치를 통해 이루어진 게 아니라, 육지와 바다에서 비무슬림 도시와 마을을 공격한 인도네시아인 습격대에 의해 이루어졌다. 이슬람의 이름으로 진행된 전쟁은 자바, 수마트라, 술라웨시에서 발생했다.

16세기 중반 무렵, 자바의 북서부 해안에 있는 치레본 술탄국의 무슬림 군대가 힌두 파자자란 왕국을 공격하고 그 군대를 격퇴했다. 반텐이 치레본의 공국으로 세워졌다. 반텐 지배자들은 무슬림 지배 영토 확대를 계속했고, 그들의 군대는 내륙을 압박해서 1579년에 파자자란의 수도와 마을들을 장악했다. 반텐 술탄국 군대는 또한 순다 해협(Sunda Straits)을 건너서 남부 수마트라에 갔고, 거기서 북쪽으로 멀리 팔렘방 지역까지 진군했다. 반텐의 세 번째 왕인 몰라나 무하마드(Molana Muhammad)는 1596년 무슬림 정부 확대를 위한 전투 중 수마트라에서 사망했다. 새로 점령한 영토를 관리하기 위해서, 반텐 지배자들은 이슬람으로 개종한 남성들만을 봉신으로 임명했다. 동쪽에서는, 마자파히트 힌두 왕국이 1478년경 데막의 무슬림 지배자가 이끄는 군대에게 전투에서 패했다. 술라웨시에서는 1605년 새로 연합된 고와-탈로(Gowa

-Tallo') 왕국의 개종 군주들이 주변 왕국들에 대한 공격을 이끌었다. 만다르(Mandar)는 1608년, 시덴렝(Sidenreng)과 소펭(Soppeng)은 1609년, 보네(Bone)는 1611년에 패퇴했다. 패하고 이슬람으로 개종한 군주들은 고와의 봉신으로서 지위를 회복했다.

판 뤼어(Van Leur), 베르타임(Wertheim), 기어츠(Geertz) 같은 학자들은, 성소에서의 철야 기도와 식자에 대한 경배 등 인도네시아 민속 이슬람(folk Islam)의 관습에 충격을 받았다. 그들은 20세기 인도네시아인의 관습을 7세기 아랍 부족들을 위한 처방과 비교하고서는 인도네시아 이슬람이 "겉치레", 혹은 토착 문화 위에 덧씌워진 "얇은, 깨어져 나가기 쉬운 유리"라고 결론내렸다. 여느 종교처럼 이슬람의 일상적 규율 준수와 관행에는 많은 변종이 존재하고, 시간이 지나면서 큰 다양성이 생긴다. 관행에서의 다양성은 또한 개인의 사회계층, 정규교육, 직업, 성별, 결혼 여부, 나이, 사는 곳과 연결된다. 500년 전 개종 과정을 겪게 된 군도 사회들의 경우, 사회 각 층위가 각각 다른 방식으로 이슬람을 경험했지만, 그들의 지배자가 무슬림이 되었을 때 모든 계층은 일상생활의 변화를 체험했다.

개종은 신자가 세상을 이해하는 방식을 변화시켰다. 개종은 영혼의 윤회와 재생의 반복에 대한 믿음을, 인생은 지상에서 한 번 존재하고 그 뒤에 천국이나 지옥이 온다는 이해로 대체시켰다. 코란의 많은 구절들이 남성 신자에게 뜨겁고 먼지투성이인 환경에서 탄생한 낙원에 대한 개념을 불러일으킨다.

의로운 자들에 대해서
(그들은) 안전한 곳에 있게 될지니
정원과 샘물 사이에,
섬세한 실크와 양단 옷을 입고
서로 마주보리라.
그렇게 우리는 그들을

아름답고, 크고, 윤기가 흐르는 눈을 가진
동반자와 맺어주리라.
그들은 그곳에서
안락하고 편안한 가운데
모든 종류의 과실을 희구할 수 있으리라.
그리고 거기서 그들은
첫 번째 죽음 이후
다시는 죽음을 맛보지 않으리라.
그리고 그는 그들을 불지옥의 형벌에서
보호해 주시리라(44장 51~56절)

물, 과실수, 쾌락을 위한 건물이 있는 정형화된 정원은 인도네시아 술탄국들에서 이슬람 왕실의 상징이었다. 이 정원들은 코란에서 얘기하는 천국을 지상에 재현했고, 왕이 여성들과 더불어 누리는 사적 즐거움을 위해 예비되었다. 정원사, 건축 인부, 하인들이, 주인을 위해 이슬람식 천국을 인도네시아라는 배경 속에 창조하고 유지하기 위해 고용되었다. 일상 노동은 그들에게 코란의 핵심 약속을 소개해주었다.

개종은 공적 행실의 변화를 수반했다. 출생, 결혼, 매장을 둘러싼 의례들은 이슬람의 요구사항과 궤를 같이해야 했다. 예를 들어, 인도에서 전해진 사자의 화장 풍습과 상류층을 위한 정교하고 긴 의식들은, 왕에게나 평민에게나 똑같이 적용되는, 세척 의식과 메카를 바라보는 올바른 방향으로 사자를 눕혀서 수의를 입혀 즉시 매장하는, 간단하고 짧은 의식으로 대체되었다. 화장탑과 장작더미를 만들고 장례용 사원을 건축하는 대신, 노동력은 돌무덤을 자르고 조각하는 데 전용되었다. 묘비들은 동물로부터 무덤을 보호하고 성소임을 표시하기 위해 담장을 친 공동묘지 안에 함께 모아졌다. 묘지 보호자는 무슬림 영웅의 이야기를 창작해서 계속 회자되게 했고, 정화 의식을 주관하고, 순례자들에게 상징들의 의미를 설명하고, 기도회를 감독하고, 기념품을 판매했다.

공식 기도회에 참석한 남성들은 모스크 안에서 그곳 관리들이 규정한 방식에 따라 처신해야 했다. 인도네시아 군도에서 나온 가장 오래된 이슬람 문헌 중에는 기도의 올바른 실행(단어, 신체의 움직임)을 구체적으로 설명한 교본이 있다. 가정을 꾸린 남성들은 혼인신고와 지참금 지불에 관한 이슬람 규정을 배워야 했다. 그들은 아들의 할례와 같은 관습과 이슬람 법에 대해 전문가에게 조언을 구하고 사례를 해야 했다. 만약 무슬림 지배자가 자신의 의무를 진지하게 받아들이고 돼지고기, 술, 도박에 대한 이슬람의 금지를 실행하면, 무역에 종사하는 그의 백성들은 직접적으로 영향을 받았다. 돼지 사육자들과 야자 술을 생산하고 파는 사람들은 새로운 직업을 찾거나 비무슬림들을 대상으로 한 판매에 전념해야 했다. 도축업자들은 동물을 도살하는 새로운 기술을 배워야 했다.

돼지와 돼지고기

7세기 이슬람 식생활에서는 돼지를 먹는 것이 금지되었다. 이슬람 중심부의 반(半) 건조(semi-arid) 기후에서는 돼지가 잘 자라지 않았지만, 인도네시아 우림에서는 잘 자랐다. 돼지는 특히 유목 경작민이 사는 숲에서 그들의 작물을 뽑고, 덩이줄기, 과일, 견과류를 먹으면서 잘 적응했다.

힌두교 왕국 마자파히트에서는, 돼지를 기르고 그것을 세금으로 받기도 했다. 돼지껍질은 잔치에서 사용되었다. 행복한 납세자들이 돼지와 —무슬림 전통에서 불결하게 여기는 또 다른 동물인—개를 수도로 데리고 왔다는 기록이 있다. 마자파히트 기록에 따르면 왕은 운동으로 멧돼지 사냥을 즐겼고, 일반인들은 먹기 위해 멧돼지 사냥을 했다고 한다. 무슬림들에게는, 돼지 먹기를 금하는 것은 새 종교로 개종한 자와 다른 사람들을 구분하는 경계 지표였다. 이 금기는 왕궁, 도심, 마을 주방의 요리법에 변화를 가져왔고, 음식을 선택하고 조리하는 여성의 영역에 이슬람이라는 요소가 가미되었다.

이슬람화된 모든 인도네시아 지역의 식생활에서 돼지고기가 사라졌다. 20세기 들어 농업과 인구 성장으로 정글 서식지가 줄어들면서 멧돼지의 수도 감소했다. 돼지를 기르고 잡는 것은 발리, 파푸아, 마나도(Manado)에서만 중요한 경제 활동으로 남아있다.

지배자의 이슬람 개종은 범죄 용의자들에게 영향을 끼쳤다. 피고인을 끓는 기름에 넣는 등의 시련을 통해 심문하거나, 피선고자를 산 채로 묻거나 코끼리, 호랑이와 싸우게 해서 처형하는 인도네시아의 법적 관습이 점차 태형이나 팔 절단 같은 이슬람 형벌로 대체되었다. 대중의 여흥을 위해서, 무슬림 지배자들은 코란 낭송을 후원하고 이슬람 축제를 큰 대중적 구경거리로 만들었다. 그들은 백성들의 공적, 사적 생활을 이슬람력에 따라 조직해서, 모든 사람의 일상생활의 리듬을 바꾸었다.

무슬림은 스스로 무하마드를 본보기로 삼도록 명을 받았다. 이런 명령의 실질적 결과의 하나는, 개종자의 내적 변화의 상징으로서 외모에 변화를 준 것이었다. 인도네시아 군도의 많은 지역에서 나무 껍질로 된 천으로 몸을 가렸다. 자바에서 노동자들은 인디고에 염색한 긴 면을 허리에 감아서 쌌다. 무늬를 넣고 염색한 면, 그리고 금세공을 한 비단이 부유층의 의복이었다. 남녀의 깎지 않은 머리 모양과 마찬가지로, 자르지 않은 천과 바늘땀 없는 천은 힌두교와 불교 전통에서 신성함을 상징했다. 개종하자마자, 부자는 흉부 위쪽을 덮는 재단된 상의나 예복을 추가했다. 왕족들은 자르지 않은 천으로 둘러싼 부분 아래 비단이나 섬세한 면으로 재단된 정장을 입었다.

남성의 경우, 개종의 표식 중 하나는 머리 덮개였다. 무하마드가 한 것으로 추정되는 말에 의하면, 터번(turban)은 신 앞에서의 공경의 표시이자 이슬람 신앙과 불신 사이의 장벽이었다. 인도네시아의 여러 섬들에 걸쳐서, 현지화된 다양한 머리 덮는 방식이 확산되었다. 터번과 마찬가지로 이 덮개들의 특징은 남성 예배자가 기도 의식에서 머리를 땅에 숙일 때 방해가 될 수 있는 챙이나 뾰족한 끝이 없다는 것이었다. 많은 지역에서 남성들은 여전히 머리를 길게 길렀지만, 머리 덮개로 가렸다. 이발한 머리는 독실함과 연결되었고 머리를 깎는 것은 때로 순례를 떠나기 전에 하는 공적 행동이었다. 무슬림 종교 지도자들은 바틱이나 다른 토착 무늬를 넣은 옷을 거부했는데, 그 무늬가 힌두교의 상징이나 토착 종교 전통에서 나온 것이기 때문이었다. 그들은 담백한 색깔과 격자무늬를 선호했다.

자바에서 여성의 의복은 무릎이나 발목까지 다리를 가리는 옷, 팔과 어깨는 드러내는 가슴 덮개, 그리고 허리띠나 포대기, 혹은 머리 덮개로 쓰이는 한 가닥의 천으로 구성되었다. 이슬람 가정에서 여성들은 어깨와 팔을 가리는 재단된 블라우스를 걸침으로써 자신의 지위를 나타냈다. 어깨와 팔을 드러내는 것은 의례용 그리고 공연용 의복을 연상시키게 되었다.

여성의 몸매를 보이지 않게 감춰야 하는 정도, 그리고 여성의 머리카락, 얼굴, 목, 손, 발이 가려져야 하는지가 무슬림 국가에서 계속 논쟁의 대상이 되었다. 여성의 신체를 가리고 여성들을 남성들의 시선에서 벗어나게 해야 한다는 요구는 코란에 규정되어 있다.

믿는 여성들에게 이르기를
그들의 시선을 낮추고
순결을 지켜야 하리라.
(일상적으로 반드시) 드러나는 것 외에
그들의 미모와 꾸밈을 보여서는 안되리라.
그리하여, 그들은 가슴까지 가리는 머리수건을 쓰고
그들의 남편과 아버지 외에는
그들의 아름다움을 보이지 않아야 하리라.

그 뒤로 시아버지, 아들들, 남자 조카들, 여성, 남녀 노예를 포함하는 긴 목록이 뒤따른다.

그리고 그들은
그들의 숨겨진 아름다움에 주목을 끌기 위해
발소리를 내서는 안되리라.(24장 31절)

무하마드의 부인들과 딸들과 여성 신도들은 집 밖에 나갈 때 "그들의 외복을 자기 몸에 감싸야 한다(33장, 59절)" 라는 명을 받았다. 무하마드의 부인들은 다른 여성들과 다르다고 지목되었다. 그들은 집에 조용히 머물러야 했고, 화려함을 과시하지 말아야 했다(33장, 28~34절). 무슬림 남성들은 여성들이 있고 그들이 단정함을 지킬 때는 시선을 내리깔도록 명령되었다(24장, 30절).

의복의 변화는 상징과 공손한 태도 이상의 의미가 있었다. 이슬람 의복은 더 많은 품목과 종류의 옷, 더 많은 천을 필요로 했고, 그래서 부유한 자의 복식이자, 높은 지위와 신분 상승의 상징이었다. 즉 그 옷을 입은 사람은 짐꾼, 노잡이, 농장노동자, 또는 노예가 아니었다. 이슬람 복식은 재단사, 재봉사, 샌들 제작자들을 참여시켰고, 면화 재배자, 방적공, 염색업자, 자수업자, 판매자, 수입업자를 망라하는 모든 분야에서 섬유 산업을 자극했다.

지배 집안이 15세기 말에 이슬람으로 개종하기 시작한 트르나테에서는, 아라비아가 아니라 믈라카의 말레이식 기준이 종교적 태도의 모델이었다. 트르나테 지배자들은 개종하자마자 말레이 복식을 채택했다. 오늘날 인도네시아 남녀의 이슬람 복식이 매우 다양한 것은 이슬람 세계의 많은 지역으로부터의 영향을, 그리고 신체를 감추는 데 관한 코란의 규칙과 아랍의 관습에 대한 엄격한 인식과 인도네시아인의 취향을 어우러지게 하려는 의상 디자이너들과 대량 생산자들의 공동의 노력을 반영한다.

그러므로 이슬람으로의 개종은 신학적인 장점에 대한 공감보다 훨씬 많은 것을 의미한다. 개종은 시장의 판매자, 공급자, 구매자에게 영향을 끼쳤다. 그것은 사람들이 생활을 위해 돈을 버는 방식, 먹는 음식, 옷을 입는 방식, 오락의 방식, 상상력을 자극하는 이미지와 상징, 두려워해야 하는 대상 등을 바꿨다. 이슬람 관습은 그것을 위한 경제적 여유가 있는 사람들이 가장 많이 받아들였고, 농장과 건설현장 노동자들이 가장 적게 받아들였다. 개종으로 인해 야심가들이 비무슬림 이웃을 공격하게 되자 보통사람들도 영향을 받았다. 그들은 습격자의 희생물이 되었고, 그들의 논밭은 짓밟혔다. 그들은 군인 혹은 군대 장비 수송 행렬의 짐꾼으로 징집되거나, 강제로 전함에서 노를 저어야 했다.

장소에 따라 이슬람화의 속도가 고르지 않았기 때문에, 변화는 산발적으로, 천천히, 긴 과정의 일부로서 발생했다. 처음에는 변화가 특정 계층과 지역에 한정되었다. 시간이 지나면서 이슬람 국가들이 비무슬림 국가들을 둘러싸고 그들에게 우아함의 새로운 방식, 새로운 부의 상징, 새로운 정치적 모델을 불어넣었다. 그들은 패션에서, 정부 형태에서, 지적 유행에서 최첨단을 상징했다. 시간이 흐르면서 소수의 무슬림들과 힌두교, 불교 국가 내부의 무슬림 소수자들의 수와 중요성이 증대하여, 결국 대부분의 군도 왕들이 스스로를 이슬람 지배자로 자처하게 되었다. 이후 그들은 이슬람적 환경을 만들기 시작했고, 그들의 백성들은 자신의 삶을 거기에 맞춰야 했다. 그것은 불가피한 목표를 향한 단선적 운동이 아니었다. 자바의 가장 위대한 힌두교-불교 왕국인 마자파히트는 파사이의 술탄국과 같은 세기에 건국되었고, 항만 입구에 자리한 이슬람 국가들로 지도가 채워지고 있을 때 가장 크게 팽창했다. 왕자비의 제공자로서 또 지배자가 되려는 자들에게 지위를 보장해주는 존재로서, 마자파히트는 이슬람 개종에 관한 모든 지역 역사와 긴밀하게 연결되어 있다.

• • • •

군주들, 멘토들, 이동하는 사람들: 인도네시아 역사 속의 이슬람 토착화

13세기 말의 수년 동안 인도네시아 역사에 큰 의미가 있는 두 개의 사건이 일어났다. 북부 수마트라에서는 메라 실라우라는 지배자가 무슬림 전문가들을 고용해서 파사이에 이슬람 정부를 세웠고, 술탄 알-살레(재위 ? ~1297)라는 연호를 채택했다. 동부 자바에서는 위자야 왕자가 힌두교도, 불교도 전문가들을 고용해서 자신이 세운 국가인 마자파히트를 통치했고, 스리 마하라자 크르타라자사(Sri Maharaja Kertarajasa, 재위 1294~1309)라는 연호를 채택했다. 즉 군도의 반대편 양 끝에서 같은 시기에, 이슬람 군주제와 힌두-불교 군주제가 별개의 문명화 프로그램에 착수했다. 인도네시아 역사에서, 파사이는 군도 이슬람의 원천이자 전위로 기억된다. 그것은 현지 왕족들에게 술탄이라 자처하는 국제적 인물들의 집단에 속한다는 영예를 제공했다. 마자파히트는 세련된 매너, 궁정 의례, 예술에 대한 인도네시아 군도의 전범을 세웠다고 기억된다. 마자파히트 왕국은 왕자들과 공주들을 인도네시아 술탄들의 창건 가문에 들여보냄으로써 그들에게 군도 세계에서 확고하게 뿌리내린 지위를 하사했다.

파사이는 인도양과 중국해를 바라봤다. 마자파히트는 자바해와 그 해안을 둘러싼 인도네시아 공동체들을 바라봤다. 파사이 경제는 서부 군도의 생산물을 중국과 인도에까지 이르는 해양 네트워크에 공급하는 데 맞춰져 있었다. 마자파히트 경제는 같은 네트워크를 위해 동부 군도의 생산물을 수집하는 데 맞춰져 있었다. 마자파히트는 또 파사이 같은 군도 항구에 기본 식료품을 수출했고, 그 덕분에 그 항구들은 도매와 분배에 집중할 수 있었다. 이 항구들에는 계절풍에 의해 정해진 경로를 따라서 온 다수의 계절 체류자들(아랍인, 인도인, 중국인 말레이인)이 있었다. 항구 주민들과 산악 내륙지대 사람들의 관계는 간헐적 교환과 약탈이라는 구조로 되어 있었다. 인구가 훨씬 많은 마자파히트의 경우 국제적 반(半)이주민 노동자들이 있는 항구도 있었지만, 주민 대부분은 농업이 주요 생업 수단인 마을에 정착해 있었다. 마자파히트 마을에서 일하는 공예가들은 농업 주기에 통합되어 있었고, 그들의 일은 특별한 생산물에 대한 궁정과 항구의 요구에 따라 조정되었다.

파사이는 아랍어와 말레이어 문헌을 통해 알려졌다. 마자파히트는 산스크리트어와 옛 자바어 문헌, 그리고 또 말레이어 문헌을 통해 알려졌다. 마자파히트의 유산들은 힌두 발리 역사의 창조와 무슬림 자바 역사의 창조에 똑같이 남아있다. 발리 역사에서, 마자파히트 귀족, 전사, 사제, 작가들이 이슬람군의 당도 전에 동부 자바에서 달아나면서 마자파히트 문화가 발리에서 재창조되었다. 자바 역사에서는, 마자파히트 왕들이 자바의 이슬람화를 예언하고 준비한다.

크르타라자사 왕은 1294년 오늘날 케디리 시와 수라바야 시의 중간 지대에 왕실의 수도를 세웠다. 고고학자 믹식(Miksic)은 조밀한 정착지, 현금 경제, 사치품 등을 보여주는 14세기의 증거를 통해서 마자파히트의 수도가 아마도 트라울란이었을 것이라 결론지었다. 발굴은 과거 영구 가옥들의 벽돌 바닥을, 그리고 저장용 항아리와 수조, 진흙관 등을 통해 도시 물 관리 체계의 흔적을 드러냈다. 다른 발굴품으로는 중국 구리 동전, 금 장신구, 신, 사람, 동물, 건물의 소형 테라코타 상이 있다. 트라울란 인근에서는 사원, 무덤, 목욕시설의 흔적과 더불어 많은 동판 비문이 발견되었다.

마자파히트는 이전 왕국들에게 필수적인 수로였던 브란타스강(Brantas River)의 경로를 따라 위치했다. 이전 왕국들과 마찬가지로, 마자파히트도 조선업자, 선원, 쌀 수출업자, 그리고 동부 인도네시아의 향료와 해산물 전문 수출업자들의 경제를 지탱하기 위해 농민들의 노동력을 활용했다. 마자파히트는 또 수도에 기반을 둔 행정 엘리트, 부속된 시장 도시를 가진 사원 중심지들에 흩어진 종교 엘리트를 지탱하기 위해서 농민들의 노동력을 활용했다. 이런 종교 - 경제 중심지들은 내륙 이동로를 따라 흩어져 있었다. 그들은 왕실이 있는 중심지를 위해 외지의 인구집단들을 통제했다.

마자파히트의 마을 주민들과 그 항구들을 통해 돌아다니던 사람들 또한 왕국의 육군, 해군을 위한 인력을 제공했다. 1300년대에 마자파히트 해군은 수마트라 동쪽 해안을 순찰하고 수마트라 항구들과 중국간의 조공무역을 독점했다. 1380년대와 1390년대에는 무장한 마자파히트 사람들이 팔렘방과 믈라유(Melayu) 같은 항구도시들을 공격했다. 1300년대 말에는 수마트라의 중부 산악지대의 모험가들이 미낭카바우인들을 지배하기 위해 아주 작은 규모의 마자파히트를 재창조했다. 마자파히트 해군은 동부 군도에 진출해서 무역 물품 교환 체제를 구축하기 위한 예비조치로 해안 정착지들을 습격했다. 1343년 마자파히트 군대가 발리를 공격했는데, 발리 전통에서는 발리 역사의 시작점을 이때로 잡는다. 1400년대에는 마자파히트 해군이 무슬림 권역을 탄생시켰던 해로들을 순찰했다. 그 상인들은 술탄국인 믈라카와 트르나테 사이를 항해했다.

창건 후 70년경이 지난 1365년에 쓰여진 마자파히트의 기록, 그리고 1613년에 엮어진 동부 자바 왕들의 연대기는 발리의 필사가들에 의해 보존되어 왔다. 이 두 문학 작품들은, 마자파히트가 부유한 엘리트들과 그들의 힌두, 불교 신들에 대한 종교 의식을 유지하기 위해 국제 무역과 농민들로부터 세수를 거뒀던 중요한 중심지였다는 고고학적 근거를 뒷받침한다. 그 목격담이 궁정의 불교 관련 업무 관리자였던 음푸 프라판차(Mpu Prapanca)에 의해 기록된 라자사나가라 왕(King Rajasanagara)의 영지 순행(巡幸)이다. 그것은 이븐 바투타가 파사이의 술탄 알 - 말릭 아즈 - 자히르(al - Malik az - Zahir)의 이슬람 신앙을 기록했던 것과 거의 같은 시기에 기록되었다. 『파라라톤』(*Pararaton*, 왕의 책)이라고 알려진 이 연대기는 마자파히트가 무슬림 군대에 의해 멸망한 뒤에 자바의 잃어버린 과거와 발리의 살아있는 현재의 기록으로서 작성되었다.

그 기록자에게는 자신의 고용자인 왕을 위해 특별한 계보를 만들어내고 마자파히트를 동부 자바 역사의 더 오랜 과거와 연결시키는 것이 중요했다. 그런 이유로, 『파라라톤』은 직전의 싱가사리 왕국 창건자의 기원과 선조들에 대한 긴 묘사로 시작한다. 힌두 신 시바가 그의 아버지이고, 힌두 신 브라마가 그를 입양했다. 그가 케디리의 왕을 살해한 후 1222년 싱가사리를 창건했을 때 켄 앙그록(Ken Angrok)이라는 호칭을 사용했는데, 그것은 "산의 주인"이라는 뜻이었다. 그는 살해된 군주의 미망인 켄 데데스(Ken Dhedhes)를 왕비로 선택했다. 이후 『파라라톤』은 켄 앙그록의 부인들과 각각의 자녀들로부터 후대로 내려가며 이름을 열거하면서 그의 후손들을 추적한다. 저자는 각각의 왕실 저명인사들에게 활동 시기, 그들의 왕국, 그들이 매장된 사원 이름을 배정한다. 왕국의 규모나 재배하는 곡물, 인구에 대한 묘사는 없다. 『파라라톤』에서 충격적인 점은 동부 자바 왕국들이 항시적으로 상호 전쟁 상태에 있었다는 증언이다. 때로 한 분대의 병력 수가 나오고 군 장교들 간의 대화가 재현된다. 어떤 귀족(아디파티, adipati)의 부인이 왕에게 다과를 제공하는 것 같은 지역의 상세한 상황도 있다. 왕은 전장의 사령관이다. 그들의 적은 종종 가까운 친척들이다.

연대기 2부는 싱가사리의 왕자로 켄 데데스에 대한 예언을 수행하는 라덴 위자야(Raden Wijaya)의 이야기를 들려준다. 그는 그녀와 켄 앙그록의 결합으로 인한 가계의 후손이었고, 다른 왕에게 승리함으로써 마자파히트의 창시자가 된다. 연대기 3부는 마자파히트가(하얌 우룩 Hayam Wuruk이라는 이름으로도 알려진) 라자사나가라 왕 치세에 부와 힘, 영향력이 절정에 달했던 시기의 마자파히트를 그린다. 『파라라톤』의 마지막 부분은 라자사나가라의 후손들의 목록이다.

『파라라톤』은 발리와 서부 롬복의 발리 식민지의 왕실에 고용된 필경사들이 수 세대에 걸쳐 론타르 잎에 다시 필사함으로써 살아남았다. 발리에서, 자바의 이슬람 이전 지배자들의 명부를 옮겨적는 것은 발리를 통치하는 완전히 새로운 집단의 통치권에 대한 주장을 정당화했다. 그러나 자바의 무슬림 왕들은 『파라라톤』을 보존하거나 거기에 뭔가를 더할 이유가 없었다.

『파라라톤』이 특히 강조하는 마자파히트 왕은 라자사나가라 왕(재위 1350~1389)이다. 그는 마자파히트 시기부터 살아남은 다른 문학적 기록의 저술자인 음푸 프라판차의 고용자였는데, 그 기록 역시 발리와 롬복의 필경사들의 노고로 살아남았다. 『파라라톤』의 이름과 날짜 목록 그리고 영웅들의 이야기 대신, 프라판차의 서사는 14세기 중반의 일상생활에 대한 기록을 제공해준다.

프라판차는 1364년 왕의 순행에 동행했다. 그는 이듬해 왕실의 존재를 선전하면서 이 순행 기록을 완성했다. 프라판차는 그의 서사를 『데사와르나나』(*Desawarnana*)라 불렀는데 그것은 "구역의 묘사"라는 뜻이었다. 이 구 자바어 문헌의 가장 최근 번역자는 프라판차의 제목을 사용하고 있다. 예전의 학술 출판들은 이것을 『나가라크르타가마』(Nagarakertagama, 덕이 풍부한 영역)라고 불렀다. 왕의 순행로는 마자파히트 전체에 흩어져 있는 종교 단체와 사당들의 상업적, 순례의 노선을 따랐다. 프라판차의 임무는 불교 사원과 승원의 보수 상태를 기록하는 것이었다. 그는 또 기부를 통해, 또 그들을 지원하기 위해 배속된 마을들로부터 나오는 그들의 수입을 점검해야 했다. 라자사나가라의 순행에는 왕자들, 공주들, 관리들, 군 장교들, 군대와 하인들, 거기에 더해서 코끼리, 우차, 말, 마부, 짐꾼 등 큰 무리가 동반했다.

마자파히트 왕의 종교적 특성은 지역 도시들에서 시바와 부처를 모신 사원들에 의해 홍보되었다. 왕의 방문들 사이사이에, 시골 사람들은 신으로 표상된 그의 조상들을 모신 다른 사원들을 통해 왕의 과시를 상기하게 되었다. 프라판차는 라자사나가라가 그의 조상들이 세운 모든 왕실의 성소를 복원했고, 그의 관리들은 기념 사당, 탑사, 링가를 도처에 세움으로써 그의 예를 따랐다고 기록한다. 라자사나가라는 이 모든 사원들에서 의례를 행했다. 그는 또 마술적 힘으로 충만한 장소에 있는 사당들을 방문하고 그곳을 돌보는 은둔자들에게 자문을 구했다. 프라판차는 라자사나가라와 왕족들의 덕을 칭송한다. 그는 왕실이 보통 사람들에게 스스로 모습을 드러낼 때 그것은 신이 현신한 것과 같다고 한다. 그것의 자동적인 결과는 땅의 풍요로움과 사람들의 안녕이었다.

『데사와르나나』 장편시의 많은 칸토들(cantos)을 보면 순행에 특정한 목적이 있었음이 명확하다. 왕은 순행에서 지역 관료들에게 의복, 음식, 금 등의 선물을 나눠주고, 작위를 하사하고, 왕실 연회에 참여하게 허용해줌으로써 그들의 충성을 획득할 기회를 얻었다. 순행은 왕이 그의 구역 수장들에게 가서 그들의 가장 중요한 임무는 세금을 걷고 농민들이 계속 바쁘게 경작하도록 하는 것이라는 점을 인지시킬 수 있게 했다. 탈세를 방지하기 위해 그는 수장들에게 매달 말 자신의 구역에 있는 가구의 수를 세도록 명령했다. 왕은 또한 순행을 세금을 걷는 데 이용했는데, 프라판차는 그것을 "선물"이라고 포장했다. 마자파히트의 세금은 짐꾼들이 바구니에 담아 옮기기 어려울 정도로 많은 수의 돼지, 개, 가금류의 형태로 납부되었다.

세수에 대한 기록에서, 프라판차는 동부 자바 왕의 영지에서 나오는 수입과, 수마트라, 말레이 반도, 칼리만탄, 그리고 티모르와 서뉴기니에 이르는 자바 동쪽의 섬들, 말루쿠 제도까지 이르는 자바 북동쪽의 섬들 해안의 징세 가능 영지로부터의 수입을 구분했다. 프라판차의 표현에 의하면, 이 지역들의 지배자들은 마자파히트의 "보호를 받고자 했다." 그들은 자신들의 신민들로부터 받아낼 수 있는 생산물을 매달 마자파히트에 "조공"했다. 왕을 거역하는 국가들은 "다양한, 훌륭한 해군 장교들의 소함대에 의해 공격받아서 완전히 소멸되었다"(프라판차, 1995, 칸토16, 5절). 이런 과정에 의해 마자파히트를 위해 생산된 세금용 물품들 덕분에 외국 상인들에게 그 항구들은 매력적인 장소가 되었다. 프라판차는 그들을 "친구"라 부르고 그들이 타이, 크메르, 참(Chams), 베트남 사람들의 왕국에서 왔다고 얘기한다.

동부 자바에서 왕의 영지는 왕의 친척들과 관료들에 의해 운영되었다. 더 서쪽 지역은 봉신들에 의해 지배되었다. 이 하위 지배자들은 정기적으로 왕궁에 오도록 요구되었다. 지배 가문의 부의 원천은 마을과 구역 수장들의 통제하에 있는 농민들의 쌀농사였다. 인구는 이런 환경의 작은 지역들에 집중되어 있었다. 경작되지 않은 땅이 엄청나게 많았기 때문에, 마을 사람들이 달아나지 않고 왕실 관료들에 의해 표시된 경계 내의 농지에서 경작하도록 하는 노력이 필요했다.

왕실의 부는 멀리 떨어진 봉신들, 그리고 사제, 은둔자, 여승, 필사가, 시인, 승원 원장, 학자 계층의 남성—그리고 극소수 여성—의 지원을 가져다주었다. 배움의 장소였던 종교 재단들은 다른 지역의 학생들을 끌어들였고, 사당들은 14세기판 관광객이었던 "방랑자들"에게 인기 있는 순례지가 되었다. 프라판차는, 신성한 문헌에 대한 전문가의 수와 사원의 급증 때문에, 자바가 그 정화력(purifying power)으로 유명했다고 얘기한다. 그는 라자사나가라가 해외에서 자바의 성지로 여행했던 많은 승려와 사제들에게 쉴 집을 제공해줬다고 칭송한다. 프라판차는 또 종교 재단들이 어떻게 왕실을 후원했는지를 보여준다. 그들은 왕과 그의 신을 위해 정기적으로 기도, 의례, 공양 행사를 열었고, 격투, 춤, 연극 등의 볼거리를 마련하기도 했다. 온갖 종류의 상인들이 방랑자들과 의례에 참석한 왕실 관료, 구역 수장, 보통 사람들을 위해 종교 재단 근처에 가판을 벌였다.

『데사와르나나』는 마자파히트의 이상화된 모습을 보여준다. 비할 데 없는 덕을 가진 군주들, 용감한 전사들, 행복한 납세자들, 왕실을 흠모하는 사람들. 그러나 『데사와르나나』는 신왕(god-kings)과 더불어 동화와 금화의 사용과 같은 디테일을 통해 14세기 자바 사회의 상황에 대한 신뢰할 만한 정보를 제시한다. 라자사나가라를 신성한 존재라고 아첨하는 것이 그가 세금이라는 세속적인 이슈에 초점을 맞추는 것을 방해하지는 않는다. 또 그런 아첨을 하느라 국가를 하나로 묶어야 했던 라자사나가라의 진짜 문제에 눈감지도 않는다. 그는 마을사람들이 그들의 시간과 재산에 대한 국가의 요구로부터 벗어나려는 것을 막기 위해 왕이 노력했음을 보여준다.

『데사와르나나』를 보면 일자리가 왕실의 임명과 총애의 결과였다는 것이 명확하다. 관료들의 수입은 농민들의 세금에서 일정 비율 혹은 "한 몫"을 얻는 것과 왕실의 선물에서 나왔다. 왕실의 총애가 사라지면, 그 일자리는 회수되고 수입도 고갈되었다. 수많은 왕실 인사들과 시종들, 군식구들을 수용하기 위해 막대한 시간과 생산물이 소모되었기 때문에, 왕실의 방문은 관리와 일반인들에게 똑같이 감당하기 어려운 일이었다. 일반인들에게는 보장되는 것이 거의 없었다. 왕실 칙령은 보증이 아니라 명령을 내렸다. 기댈 수 있는 성문화된 법이나 법체계가 없는 상황에서, 딸이 왕의 눈에 들게 하는 것은 보통 집안에게는 하사품이나 보호를 보증해주는 것이었다. 금속 세공사 같은 기술 있는 공예가들, 그리고 도선사나 짐꾼같이 특화된 직업을 가진 사람들은, 그들의 사업을 관리하고, 집단 내에서 그들의 기술의 독점을 유지하고, 상호 도움을 제공하고, 왕실의 대리인과의 중재를 위한 시스템을 안정시키기 위해 모여 조합을 만들었다.

자바 사회의 권력 개념이 독특하다고 시사하는 많은 연구가 있었지만, 자바 지배자들은 군도 전체의 국가들과 공유하는 점이 많았다. 인도네시아의 국가들은 지배자들이 신성한 장점을 공유했다고 주장하는 군주제로 조직되었다. 문서와 시각 이미지, 왕실 연대기의 낭송, 연극 공연을 통해 이 주장을 표현하는 것이 왕실 시인, 조각가, 건축가, 음악가, 무용가들의 일이었다. 왕실의 이런 자랑은 7세기 스리비자야의 수마트라 지배자들의 비문에서, (바타라 구루(Batara Guru) 신을 조상으로 생각하는) 15세기 부기스인 왕들의 계보에서, 그리고 시바 신이나 부처로 그려진 자바 왕들의 조각상의 얼굴에서 찾아볼 수 있다. 인도네시아 왕들은 이슬람으로 개종한 후에도 이런 주장을 포기하지 않았다. 그래서 그들은 자신들이 알라의 그림자라고 선언했다. 더 나아가, 남성성이 지배자의 본질적 특성이라는 개념은 자바가 군도의 다른 정치 단위와 공유하는 것이었다. 여성들은 이런 군주제의 개념들을 정교화하는 데 다양한 역할을 수행했다. 동부 자바 왕국들에서 모든 사회 계층의 여성들은 왕과 관련된 공적 영역에서 눈에 띄고 활발하게 활동했다.

여성, 공적 생활, 권력

『데사와르나나』에는 프라판차의 왕이 여성에게 매력적이라고 묘사되어 있다. 서술자에 따르면 왕실 행렬 속에 그가 지나갈 때 몇몇 마을 여성들이 왕을 보기 위해 너무 빨리 달려서 그들의 가슴 가리개가 떨어졌다고 한다. 다른 여성들은 더 잘 보기 위해 나무에 올라갔다. 심지어 숲속 은둔지에 있는 예쁘고 젊은 여승들도 라자사나가라 왕이 사랑의 신이 현신해서 자기들에게 왔다는 상상을 했고, 그가 떠날 때는 유혹되기를 갈망하는 상태가 되었다.

왕 자신도 여성들에게 끌렸다. 프라판차는 라자사나가라 왕이 사냥이나 사원 의례일이 끝날 무렵 여성들을 유혹하기를 즐겼다고 기록한다. 그의 군대가 발리를 짓밟았을 때, 발리 왕비가 그의 궁으로 끌려왔다; 그가 여행 중에 마주쳤는데 특히 마음에 들어 한 여성들은 그의 궁으로 끌려왔다. 다른 남성들의 부인들도 왕권을 보여주는 데 역할을 했다. 라자사나가라가 의례나 순방에 모습을 드러낼 때마다, 관료의 부인들도 왕실 수행단에 속해 있었다. 왕실 순회에서는 왕비가 청중에게 얼굴을 보였다. 프라판차는 일반인들은 남녀를 불문하고 왕족의 얼굴을 바라보는 행위에서 축복을 얻었다고 말한다.

왕의 할머니, 어머니, 고모와 이모, 여자형제들, 부인들은 동부 자바 왕국에서도 특별한 중요성을 지녔다. 라자사나가라의 여성 친척들은 국가 의례시 공식적으로 참석했고, 순행시 고유의 휘장이 있는 마차를 타고 왕과 동행했고, 국무에 대해 공식적으로 자문을 요청받았고, 공공 의례를 조직하기도 했다. 『데사와르나나』는 여성을 어머니나 왕실의 아이들로 표현하지 않고, 왕을 아버지로 묘사하지도 않는다. 평민 여성은 순간의 유희의 대상이다. 왕실 여성은 배우자이고, 부처와의 중개자이고, 조언자이다. 마자파히트의 행정 책임자 가자 마다(Gajah Mada)가 1364년에 집무실에서 죽었을 때, 그의 후임으로 누구를 선택해야 하는가에 대해 왕에게 조언을 한 사람들 중에는 왕의 어머니, 고모, 그리고 두 여동생이 포함되어 있었다.

수히타(Suhita) 여왕은 1429년에서 1447년까지 마자파히트의 지배자의 부인이 아니라 지배자로 비문에 기록되었다. 그녀는 아버지의 자리를 이어받아 남동생보다 먼저 지배자가 되었다. 수히타 여왕은 결혼에서 얻은 자녀가 없었다. 왕가의 통치권은 그 가족들 사이에 유지되었다. 여왕의 남편의 자매 하나가 수히타의 남동생과 결혼했고, 그가 크르타위자야(Kertawijaya) 왕(재위 1447~1451)으로서 왕위를 계승했다. 인도네시아 군도의 다른 지역과 마찬가지로 여성의 지배는 자바에서 예외적인 것이었다. 마을부터 왕국까지 정치 단위의 수장은 남성들이었다.

인도네시아인들의 관념에서, 왕족의 속성 중 하나는 하급자에 대한 관대함이었다. 다른 왕실과의 상호 교환 또한 지위의 상징이었다. 마자파히트 왕들은 한 지역에서 부를 얻어내는 과정에서 그들이 봉신으로 선택한 지배자들에게 선물을 주었다. 비문은 왕실 간 공여자와 수혜자의 네트워크를 기록한다. 예를 들어 싱가사리의 마지막 왕은 수마트라의 믈라유 왕에게 신과 공여자, 수혜자의 이름이 새겨진 불교 신상을 보냈다.

인도네시아 군도 전체에 걸쳐, 칼, 크리스, 그릇, 보석 등의 금속 물품은 왕권을 상징하는 품목이 되었다. 행렬에서 왕 앞에 대령된 이 물건들은 개인의 통치 권한을 상징했다. 단도와 장창(lances)의 경우, 소유 군주의 특성을 상징하고 전쟁의 성공을 가져온다고 여겨졌기 때문에, 개별적으로 이름과 칭호를 부여받았다. 왕족의 이런 측면에 있어서도, 프라판차의 왕은 군도의 기준에 따라 행동했다.

마자파히트 몰락 후에도 작품이 보존된 궁정 시인이 음푸 프라판차만 있는 것은 아니었다. 마자파히트 귀족들이 이슬람 개종자들에 의해 권력을 빼앗겼을 때 발리로 옮겨진 보물들 중에는 15세기 궁정 시인 음푸 타나쿤(Mpu Tanakun)의 문헌들이 있었다. 론타르, 돌, 동판에 남겨진 기록들이 모아져서, 알려지거나 짐작되지 않을 수도 있었던 자바 역사 초기의 일상생활에 대한 정보를 제공한다. 우리는 보통사람들이 마을에서 조직화되었음을 알게 된다. 자바에는 인구밀도가 매우 낮은 지역이 많다. 온갖 종류의 떠돌이들이 자바의 도로, 삼림 속의 길, 강을 따라 이동했다. 행상들, 짐꾼들, 그리고 부랑자들이 약탈을 일삼거나 군인으로서 돈벌이를 했다. 성인들, 학자들, 약사들, 사기꾼들, 모험가들도 있었다. 은둔지의 여승들이나 예언에서 사라지거나 갑자기 등장하는 공주들의 이야기는 여성들도 여행을 했음을 암시한다. 남성들과 마찬가지로, 이들 여성들은 가난, 모험, 왕의 침소에 들기 위한 일시적 이탈, 혹은 지적 욕구에 의해 가정과 마을의 의무에서 멀어졌다.

전염병으로부터 달아나기 위해, 과중한 과세를 피하기 위해, 혹은 소도

동부 자바 파나타란 사원 벽화 부조 일부

사원 주변을 걷는 방문자들은 신과 인간 남녀의 몸짓 언어 속에서 올바른 행실의 모범을 볼 수 있었다. 라이덴, 왕립 언어학 인류학 연구소, 사진 자료, No. 37981. 사진 제공: KITLV.

자바 숲 속 젱갈라의 공주

숲은 위험하지만 아름다운 장소로 그려진다. Serat Panji Jayakusuma 1840년 사본, 인도네시아 국립도서관 KBG 139. 사진 제공: 론타르 재단.

시나 수도에서의 일거리를 찾아 이동하는 마을 주민들도 있었다. 어떤 이들이 전쟁에 고용되어 돈을 벌고자 한 반면, 어떤 이들은 징집을 피해 달아났다. 자바의 많은 지역에서, 농민들은 같은 땅을 수 년간 경작한 후, 그 곳의 토양이 황폐해지거나 잡초가 경작물을 뒤엎게 되면 다른 땅을 개간하러 이동했다. 사람들은 한 해가 가기 전에도 이동했다. 예를 들어 농민들은 종종 농지에 작은 헛간을 짓고, 작물이 자라는 동안에는 일터에서 자고, 추수 후에 고향마을로 돌아왔다. 남성들은 장사를 하러 여행하거나 고기잡이를 나갔다. 소녀들은 귀족이나 군주들의 가정에 들어갔다. 게다가 남성들은 행정 기관의 건설 현장에서 일하기 위해 수도나 구역 도시로 보내지기도 했다. 느슨하게 구분된 영토에서 또 다른 형태의 이동 인구는 바다 사람들이었는데, 이들은 물길을 따라 생활하고, 해산물을 수확하고, 육지에 기반을 둔 지배자들에게 세금을 냈다. 생계를 위해, 세계를 경험하기 위해, 자바해 너머의 학교에 가기 위해 자바 밖으로 이동하는 남성들도 있었다. 왕들은 자신의 구역들을 순행하고, 침략 전쟁을 이끌고, 새로운 왕국을 공포할 때 수도를 옮기는 과정에서 이동을 했다. 이방인들은 현금, 책, 비단, 특별한 지식과 같은 낯선 품목들을 지니고 자바의 경관 속을 돌아다녔다.

자바의 경관은 정글, 산악, 위험한 동물 등의 자연 장애물을 보여준다. 그런 경관을 뚫고 지나가는 길은 또 톨게이트와 초소에 의해 막혀있었다. 그것이 국경 초소나 장벽으로 표시된 것은 아니었다. 왕국들의 권한이 미치는 가장 먼 지역들은 숲 속에서 사라지거나 이웃한 국가들의 외곽 구역들과 뒤섞이고는 했다. 왕은 핵심 지역을 통치하고, 사병을 보유하고, 왕실의 친척들과 자신이 총애하는 자들을 이용해서 자신의 지역들을 운영했다. 왕들은 자신의 지배를 널리 알리기 위해 사제, 시인, 건축가, 점성순사, 필경사, 조각가, 공연예술가 등의 직종을 후원했다. 때로 왕들은 봉신들에게 정기적으로 왕궁에 오고, 세금을 내고, 공공 사업과 군대를 위한 노동력을 만들어내도록 강제할 수 있었다. 그렇지 못한 때는 궁정 왕위 계승 전쟁, 질병, 흉작 등으로 그들을 강제하거나 설득할 수 있는 능력이 줄어들었다. 그럴 때 봉신들은 스스로 독립된 지배자가 되려 하거나, 경쟁 군주의 권역으로 들어갔다. 어떤 경우, 봉신들은 복수의 지배자에게 비용을 지불했다. 왕들은 자신의 영토를 수치상의 크기가 아니라 납세자의 수로 이해했다. 그들이 채택한 칭호—"우주의 손톱", "열정적인 부처", "(이슬람) 종교의 수호자"—는 지역색을 포함하지 않았다. 예컨대 그들은 동부 자바의 왕으로 자칭하지 않았다. 왕들은 영토의 소유를 왕궁의 이름과 사원 건설을 통해 표시했다.

아직 사람이 살지 않던 공간들, 즉 자바의 산, 숲, 강, 바다 등에는 정령, 괴물, 남녀 신들이 산다고 믿어졌다. 그들은 인간사에 개입했다. 악령은 전염병을 가져오고, 전쟁에서 정령 군대가 편을 선택하고, 신의 메시지는 지나가는 영웅들에게 몰래 미래에 대해 알려준다. 이로운 정령은 마을에 자리를 잡았다. 통상적으로 그들은 반얀 나무(banyan tree) 내부에 머물렀는데, 이것은 적어도 15세기 이래 자바 마을 고유의 특징이었다.

400여년에 걸쳐, 마을들은 비문에 종종 언급되었다. 이들은 목가적 조화 속에서 고위층과 권력층으로부터 유리된 작은 공화정이 아니었다. 오히려, 각 마을에는 처음에 와서 땅을 개간한 집안의 후손들이 뒤에 온 이들의 후손들보다 지위가 높은 위계질서가 있었다. 마을 거주자는 농민들, 그리고 조각가, 마스크 생산자, 도공 등 공예에 종사하는 집안들을 포함했다. 마을 사람들은 가구에 따른 집단으로 구분되었고, 왕실의 헌장에 의해 특정 관리들이 징세의 권리를 부여받았다. 14세기 비문들은 마을의 상인들과 장인들이 동전을 현금으로 사용하도록 요구한다. 마을은 축제, 국가 고위관리 환영 의례, 공연 여흥의 장이었다. 때로 마을들은 마술적, 영적 힘으로 알려진 이들의 신성한 동굴이나 샘이나 집에 가까이 있다는 이유로 순례지가 되기도 했다.

15세기 말 마자파히트 시인인 음푸 타나쿤은 동부 자바를 마을, 정원으로 이루어진 장소로 묘사했다. 그의 시는 주민 회관과 반얀 나무가 마을 생활의 일부였다는 중요한 정보를 포함한다. 룹다카(Lubdhaka)라는 사냥꾼은 야생동물을 찾아 이런 경관을 여행하다가 결국 깨달음에 이르는 길을 발견하게 된다.

그의 여행은 그를 북동쪽으로 이끌었는데, 거기에는 내려다보면 아름다운 협곡이 있었고,
정원, 집단 - 공동체, 피난처, 칩거지, 은둔처들이 그의 궁금증을 유발했다.
그들은 산기슭에, 많은 종류의 곡물이 비탈을 따라 자라는 큰 밭을 두었고,
언덕에서 큰 강이 흘러내려 그 흐름이 작물에 물을 대었다.
거기에는 역시 그가 위에서 내려다본, 계곡 속 산등성이 사이에 마을이 하나 있었다.
부속 건물의 랄란(*lalan*) 지붕은 이슬비 속에 가려져 있었지만, 그 건물들은 보기에 좋았다.
어두운 연기 줄기가 하늘 속에 잦아들면서 멀리 퍼져갔다.
그리고 반얀 나무 피신처에는, 언제나 숙의의 현장이 되는, 등심초 지붕이 덮인 방이 있었다.
논으로 덮인 이 산등성이 서쪽으로는, 급격하고 빠르게 흐르는 도랑이 있었다.
정원들은 가까이 붙어서 줄지어져 있었고, 많은 코코넛 야자가 옅은 안개에 가려져 있었다.(시와라트리칼파 *Siwaratrikalpa, canto 2, stanzas 4~9. Teeuw, 1969.*)

이렇게 볼 때, 마을은 불평등하게 위계화된 집안들의 집단이었다. 마을들은 천수담으로 둘러싸여 있었는데, 거기서 농민들은 매 해 한 번 쌀농사를 짓고 쌀농사 주기 사이에는 식물과 콩을 길렀다. 마을 엘리트들은 공공 건물에 모여 숙의를 했다. 그들은 구성원 중 하나를 수장으로 선출했다. 마을들은 촌장들과 납세 관리인을 통해 정부 고위층과 연결되었다. 그들은 상인, 장인, 대금업자, 종교 지도자, 학생과 같은 떠돌아다니는 사람들을 통해 다른 마을들과 시장들에 연결되었다. 새로 들어온 사람들이 기존 주민들과 혼인으로 연결되거나 비범한 능력의 징표를 보일 경우, 마을은 이들을 포용할 수 있었다. 금화, 은화, 동화는 마을들을 수도, 그리고 외부에서 온 사람들과 연결시켜주었다.

주화와 여행

인도네시아의 섬들에서는 섬유, 향료, 쇠도끼, 노예 등 다른 형태의 돈과 더불어 금속 막대와 주화가 통용되었다. 궁정의 귀한 옷감은 벽걸이, 의복 재료, 과시용 전시나 의례용 의미를 지닌 물품으로 사용되었을 뿐 아니라, 선물로, 다른 물건에 대한 대금으로, 그리고 저축으로 이용되면서 부유함의 한 형태를 나타냈다.

금속 통화는 중량의 기준과 생산의 질을 고정시킬 정부의 권한을 요하는 상징적 방식이었다. 그러므로 인도네시아 군도 공동체에서 주화의 역사는 강한 정부의 성장과 관계가 있다. 주화의 역사는 또한 금속과 그 지리적 위치, 생산의 역사뿐 아니라 초기 인도네시아와 주화 생산국들과의 접촉 및 주화의 국제적 유통을 포함한다. 주화는 지역과 언어, 종교의 경계를 넘나든다. 그것은 하나의 정보 체계이다. 주화는 또한 왕의 이름과 칭호를 보여주는 비문들을 포함할 때, 정부가 어떤 기록체계를 선택했는가를 보여주는 증거가 된다.

주화는 시공간을 넘어 여행을 한다. 예를 들어, 쌀을 경작하는 농민들이 현금으로 세금을 내도록 요구받았을 때, 그들은 브로커나 후견인으로부터 대출받은 현금을 지닌 구매자를 찾아야 했다. 주화는 지배자의 금고로 흘러 들어갔다가 그들의 대리인들이 군인을 고용할 때, 종교 기관에 기부할 때, 그리고 수입된 소모재를 구매할 때 다시 흘러 나온다.

약 500년간(8세기에서 13세기까지) 중부, 동부 자바에서 사원을 축조한 왕국들은 금화, 은화를 사용했다. 주화마다 꽃이 새겨져 있고 백단유 통화라 불렸던 그들의 통화는 발리, 수마트라, 태국 남부, 필리핀에서 발견된 주화들 속에 등장한다. 금화는 대개 정육면체 형태였다. 둥근 은화는 770년대에 등장한다. 한 면에는 꽃 형상이, 다른 면에는 인도 나가리 문지 알피벳이 새겨졌다. 9세기초부터 자바에서 생산된 주화에는, 이전 주화에 있던 산스크리트어 대신 구 자바어 문자가 새겨졌다. 항구에서 발견되는 저가의 주화는 자바의 무역 관계망을 증명하고 자바 상인들이 금속으로 가치가 계산되는 세계에서 활동했음을 보여준다. 14세기에는 중국에서 생산된 동화가 마자파히트 왕국에 의해 수입되었다.

중국 주화는 휴대성과 계산의 편의를 위해 고안되어서, 작고, 가볍고, 주화 가운데 사각의 구멍을 통해 끈으로 연결해 꾸러미를 만들 수 있었다. 자바 네트워크의 상인들이 다량으로 구매했고, 마자파히트에서 일상적인 지불 수단이 되었다. 또한 자바에서 중국 주화의 복제품이 생산되기도 했다. 1350년의 한 비문은 과거에 사용되던 은화를 대신한 동화의 사용에 대해 언급한다. 마자파히트 왕들이 반포한 헌장들은 벌금, 수수료, 세금을 동화로 추산했다. 정부는 마을과 개인에 부과된 세금을 주화의 수로 계산했다. 공동체 일부 구성원들은 선박 이용 등의 서비스에 현금을 지불했다. 마자파히트 헌장들은 뱃사공과 상인들이 동화로 세금을 냈음을 기록하고 있다.

인도네시아의 역사들 속에서 파사이와 마자파히트의 핵심 기능은 그들이 별개의 영토들과 분리된 과거들을 하나의 역사로 끌어들였다는 점이다. 예를 들어, 마자파히트는 서부 자바 순다인들의 역사에서 그들을 주류와 연결시키는 기능을 한다. 순다의 문학 유산은 마자파히트라는 명칭에 대한 설명을 제공하고, 파자자란의 왕자인 라덴 수수루(Raden Susuruh)의 이야기를 통해 왕국의 창시자가 서부 자바에서 기원했음을 주장한다. 그는 섬을 가로질러 여행하는 중 츠마라 퉁갈(Cemara Tunggal)이라는 이름의 여성 은둔자를 만난다. 그녀는 그에게 쓴(pahit) 열매를 가진 마자 나무(maja tree)을 찾아 그 자리에 왕국을 세우라고 얘기한다. 그 은둔자는 또 라덴 수수루가 자바 전체를 다스리게 될 것이라 예언한다. 그 후 그녀는 자신이 정령들의 지휘자이자 남양(Southern Ocean)의 여왕인 라투 로로 키둘(Ratu Loro Kidul)임을 드러낸다. 그녀는 자바의 모든 왕들과 결혼해서 그들에게 봉사하고 자신의 마술적 힘으로 그들을 후원할 것을 약속한다.

남부 수마트라의 파스마(Pasemah) 사람들도 자신들의 기원을 마자파히트에 둔다. 창건 설화에서, 아롱 붕수(Arong Bungsu)와 여동생 푸트리 센당 비둑(Putri Sendang Biduk)이 마자파히트에서 추종자들을 이끌고 도착했다. 오빠가 파스마와 르마탕(Lematang) 강이 만나는 구릉지 내륙 지대로 들어가 브누아 클링(Benua Kling) 마을을 세우는 동안, 푸트리 센당 비둑은 팔렘방에 정착하고 동남부의 강력한 여자 군주가 되었다. 이 마자파히트 남성은 거기서 후에 파스마의 4개 조상 집안의 시조가 되는 네 아들을 낳았다. 부퉁의 왕들도 마자파히트와의 연관성을 주장했다. 부퉁의 궁정 설화들은 부퉁의 첫 지배자였던 여성이 마자파히트 왕자를 배우자로 맞았다고 얘기한다. 그들의 아들이 후에 동부 자바 궁정을 방문해서 왕실의 선물을 가지고 돌아와서 부퉁의 남성 지배자가 되었다. 파사이, 믈라카, 반자르마신 지배자들은 마자파히트에서 부인을 맞이했고 공주들을 그 왕실에 보냈다.

마자파히트가 인도네시아 군도의 주요 왕국으로서의 위상을 가지게 된 데에는 또한 유럽 문헌학자들과 그들이 훈련시킨 자바 학자들의 노력이 있었다. 1902년에서 1916년 사이 『데사와르나나』와 『파라라톤』의 출간은, 대중들의 믿음 속에 있는 과거의 영광에 대한 모호한 주장을 대체할 상세한 지식을 만들어냈다.

마자파히트: 국가 통합의, 혹은 자바 제국주의의 상징?

프라판차와 타나쿤의 문헌의 모든 사본은 많은 전쟁 중에 분실되거나, 열성적인 무슬림들에 의해 소각되거나, 시간이 지나면서 해체되는 등 자바에서 사라졌다. 발리의 필경사들은 마자파히트 귀족의 후예로 자처한 발리 상류층을 위해서 몇몇 마자파히트 문헌의 필사를 계속했다. 1894년 네덜란드 군대가 롬복을 지배하던 발리인 왕조를 물리쳤을 때, 왕립 도서관에서 여러 문서들 중 『데사와르나나』 한 부를 발견했다. 이것은 1916년 네덜란드어로 번역되고 네덜란드와 인도네시아에서 알려졌다.

마자파히트가 100개국 이상을 지배했다는 프라판차의 주장이 인도네시아 도시의 새로운 중산층들에게 널리 알려졌다. 이제 자바인들은 마자파히트가 패배한, 이슬람에 의해 문화가 사라져 버린 왕국이라는 자신들이 원래 가진 인식을, 마자파히트가 강력한 제국이었다는 네덜란드인들의 개념으로 대체했다. 야민(Yamin) 같은 20세기 민족주의자들은 네덜란드의 해석 속에서 식민지배 이전 수 세기 동안 존재하던, 인도네시아 군도 전역에 걸쳐 존재하던 정치적, 문화적 통합성의 근거를 발견했다. 그들은 마자파히트에서 독립 캠페인을 위한 영감과, 새로운 국가를 마자파히트의 후계자로 상상할 정당성을 얻었다.

비 자바인을 지배하는 자바인 왕국은 모든 인도네시아인들에게 호소력 있는 비전이 아니었다. 많은 사람들은 마자파히트를 봉건적, 제국적이고 근대 국가에 아무 것도 줄 것이 없는 존재로 여기며 거부했다. 힌두-불교 국가를 무슬림 통합의 상징으로 삼는 것을 거부한 다른 사람들은 마자파히트를 승계한 국가인 데막을 지지했다. 데막은 자바의 이슬람화를 상징했고 그래서 거의 모든 인도네시아 사회에서 일어났던 주요 지적 변화를 나타낼 수 있었다.

프라판차에 따르면, 마자파히트 지배층은 다음 세 집단을 천한 태생으로 분류해서 왕궁에서 배제했다. 상인, 외국인, 혼혈. 1세기 후가 되면, 마자파히트 궁정의 일부 관료와 일부 인구집단이 무슬림이었다는 점에서, 왕들이 덜 까다로웠거나 이전의 좁은 시각을 버렸다고 할 수 있다. 파사이 설화는 그 왕국이 14세기 중반 마자파히트 군대에 의해 점령당했다고 말한다. 파사이의 주요 인사들과 공주 한 명이 전쟁 포로로 자바에 있는 수도에 끌려왔고, 거기서 그들이 무슬림 공동체의 핵심을 이루었다. 이 힌두 왕국에서 보존된 몇 안 되는 물건들 중에 아랍어 비문이 있고 이슬람 양식에 따라 만들어진 묘비들이 있다. 그것들은 15세기의 것으로 추정된다.

마자파히트는 인도네시아 문학 전통에서 중요하다. 자바 문화에서 마자파히트는 초인적 지배자, 현명한 관료, 정교한 예술, 세계적인 인정을 받은 영광스러운 왕국을 상징한다. 5세기의 타루마느가라(Tarumanegara)같은 다른 인도네시아 왕국들에 대한 지식은 19세기 서구 고고학 기술에 의해 재발견되기 전까지 사라진 채로 있었지만, 마자파히트에 대한 지식은 문헌으로 보존되어 있었기 때문에 마자파히트에 대한 민간 기억도 살아있었다. 이 문헌들은 자바와 발리의 마을, 소도시, 궁정에서 상연되던 그림자 연극과 춤극을 위한 이야기들을 제공해주었다. 마자파히트의 힌두 신과 왕들은, 그들이 이슬람의 선도자가 되는 새로운 이슬람 연대기에 잘 들어맞았다.

군도의 다른 지역에서, 마자파히트가 데막에게 점령당한 후 세워진 술탄국들에서 마자파히트에 대한 민간 기억이 창조되었다. 16세기와 17세기 무슬림 국가들에서, 그들의 기원을 설명하기 위해 쓰여진 역사는 종종 마자파히트와의 연결고리를 포함했다. 무슬림 술탄국 집단은 마자파히트를 포용했고, 이슬람의 시각에서 그것을 알렸다. 이런 대중적 역사들은 리듬감 있는 운문으로 쓰여지고 청중들에게 소리내어 낭송되었다. 아랍어로 표기한 말레이어로 쓰여진 이 역사들은 서부 군도의 말레이 문화의 생산물이었다.

정령 신앙

인도네시아 공동체들에서는 힌두교, 불교, 이슬람, 기독교가 현지 종교들과 나란히 발전했다. 시간이 지나면서 이 종교들이 지역의 신앙과 관행을 흡수했고, 공적 중요성에서 지역 종교 전문가를 대체했다. 토착 신앙체계와 마찬가지로, 새 종교들도 현세와 내세의 관계, (출생, 죽음, 결혼 등) 통과의례, 올바른 행실의 규정 등에 관심을 가졌다. 이들이 달랐던 점은 모든 장소에서, 언제나, 모든 사람에게 유효하다는 주장이었다. (흔히 정령 신앙(animism)이라 불리는) 토착 신앙체계는 한 지역이나 공동체에 특화된 것이었다. 그것들은 특정 장소 혹은 신령한 나무나 바위 같은 자연 현상 속에 깃들어 있다고 믿어지는 정령을 기리는 것이었다. 그 정령의 범위 내에 사는 사람들은, 자신의 지역 밖에서는 그 정령의 힘과 적합성을 주장하지 않았다. 인도네시아의 맥락에서, 정치적 경계, 지리, 문화에 의해 제한받지 않는 보편적 종교는, 그 이동성으로 인해 종종 고향의 정령에서 멀어지게 된 사람들에게 지속적인 신앙체계를 제공해주었다.

이슬람 점령 언어로서의 아랍어

이슬람과 아랍 언어, 문자는 불가분의 관계로 얽혀 있다. 무하마드 사후 수십 년간 정복 전쟁과 정착을 통한 이슬람의 확장은, 아랍어가 이집트어, 시리아어, 이라크어 등 비 아랍인의 언어에 승리를 거두는 결과를 가져왔다. 그러나 이슬람의 점령이 동쪽 페르시아로 넓혀졌을 때는, 개종과 아랍어를 일상어로 채택하는 것이 분리되었다. 페르시아인들은 자신들의 언어를 지켰지만, 표기 체계는 아랍 것으로 대체했다. 이와 유사하게, 이슬람 핵심 지역(아라비아, 이집트, 시리아, 이라크)의 지배자가 되었던 투르크인들도, 자신들 언어는 보존했지만 아랍어 문자를 사용했다(20세기 초 케말 아타튀르크(Kemal Ataturk)는 근대 터키어를 로마자로 쓰도록 지시했다).

인도네시아 군도 주민들이 이슬람으로 개종한 것은 아랍인의 거대한 팽창이 멈춘 뒤였다. 그런 이유로 인도네시아에서 아랍어는 성스러운 언어이자 종교적 학문의 언어였지만, 제국의 언어였던 적은 없었다. 말레이어 구전과 기록된 설화들은 말레이인의 정체성을 이슬람 신앙과 연계한다. 이 설화들은 마숙 믈라유(masuk Melayu, 믈라유로 들어가다)라는 오늘날의 관용구에 살아 있는데, 이것은 "이슬람으로의 개종"으로 번역된다. 문자 그대로 그 표현은 말레이 정체성을 가지는 것을 의미한다.

최초의 인도네시아 무슬림은 해안의 말레이인들이었다. 이슬람 개종 후에도 그들은 계속 말레이어를 사용했는데, 이 언어는 서부 군도에서 널리 사용되고 군도 항구들에서 사용되는 무역 언어였다. 말레이어는 무슬림의 언어로서 특별한 권위를 얻었다. 대량의 아랍어 어휘를 포함시켰다는 점에서, 그리고 필경사들이 아랍 문자만을 사용해서 말레이어를 쓰기 위해 인도 문자를 포기했다는 점에서, 말레이어는 무슬림 언어가 되었다. 말레이어의 (아랍어와) 다른 모음 소리를 처리하기 위해 아랍 문자가 약간 수정되었다. 자위(Jawi)라고 불리는 이 표기양식은 군도 전반에 걸쳐 이슬람에 대한 글쓰기의 수단이 되었다.

말레이어 어휘의 대략 15%가 아랍어에서 파생되었다. 어떤 단어들은 말레이인들이 무역을 통해 접촉한 비 아랍인들의 언어에 있던 것들인데, 이것들은 개인적 교류를 통해 채택되었다. 대부분의 단어들은 아랍어로 쓰여진 문헌에서 직접 차용되면서 영구적으로 말레이어에 들어왔다. 말레이 문화의 비 정주적 성격은 이슬람의 여러 측면이 빨리 확산되는 것을 촉진시켰다. 무슬림 상인, 교사, 설교자들은 아랍어에 기원을 둔 단어들을 여러 인도네시아 사람들의 언어에 소개했다. 전문 작가들과 공연예술가들이 새로운 술탄국들에 생겨난 일자리를 찾아 흩어져서 자위 표기 체계를 소개했다.

비마(Bima)의 경우에서 말레이어의 강력한 영향의 사례를 찾을 수 있다. 이 지역의 기존 언어는 음보조어(Mbojo)였는데, 지배층이 이슬람으로 개종하면서 음보조어가 아닌 말레이어가 모든 문학적 목적을 위해 사용되었다. 이런 전개는 이 섬의 두 번째 무슬림 왕 때문인데, 그는 1645년 아랍 문자가 신이 지정한 표기 체계이기 때문에 모든 문헌을 아랍 문자로 표기하도록 명령했다. 17세기 이후 비마 자체의 작품이나 수입된 책들 모두 아랍 문자를 사용한 말레이어로 표기되었다. 말레이어는 군도 공동체를 하나의 공통된 인도네시아 이슬람 문화로 끌어들이는 이야기, 사상, 언어, 도덕적 근거의 연결망을 창조했다.

말레이어는 법률 문서, 신학 에세이, 역사 저술의 언어로서, 이런 문화 연결망을 확산시켰다. 그것은 독자들에게 기호와 징후의 의미를, 행동과 의례를 위한 길일과 시간을 어떻게 결정할 것인지를, 꿈을 어떻게 해석할 것인지 설명해주는 얇은 책자나 낱장으로 된 전단지에 사용하는 언어였다. 알려져 있는 최초의 말레이어로 된 무슬림 저술들은 16세기 말부터 시작된다. 17세기 아체에서는, 아랍어 문자로 표기된 말레이어가 여권, 법, 계약, 서신, 관인에 사용되었다.

히카얏(hikayat)이라 불리는, 자위로 쓰여진 말레이어 서사는, 이슬람의 문학적 유산과 군도 사회들의 민간 전통에 박식한 사람들에 의해 궁정에서 창작되었다. 예를 들어 『히카얏 아미르 함자』(*Hikayat Amir Hamzah*, 아미르 함자 이야기)는 무하마드의 삼촌과 그가 이슬람을 위해 수행한 전쟁에 대한 아랍어, 페르시아어 문학작품에서 나온 민간 설화를 들려준다. 군도의 다른 언어를 사용하는 사람들은 말레이어 번역을 통해 아라비아와 페르시아로부터 온 대량의 이슬람 문학을 소개받았다. 히카얏은 또한 다른 인도네시아 언어로 된 이야기들을 말레이어로 번역하고, 그럼으로써 각지의 무슬림 성인들의 설화, 힌두 라마 이야기, 그 지역 출생 영웅들의 모험을 인도네시아 군도에 유통시켰다. 히카얏에 나오는 방랑하는 조상 영웅들은 그들이 거쳐간 지역의 이름을 지었고, 이 이야기들은 오늘날 영토에 대한 권리를 주장하고 다른 방언집단 간의 경계를 정하기 위해 인용된다.

히카얏은 또한 흔히 스자라(sejarah)라 불리는 역사를 포함한다. 많은 군도 사회에서 역사 기술은 지배층의 이슬람 개종 후에 시작되었다. 이 역사들의 중심이 되는 것은 어떻게 그 사회가 무슬림화되었는가에 대한 설명이다. 이슬람이 공동체의 종교로 채택되는 것을 설명하지 않는 이상, 비무슬림의 역사는 중요하지 않았다. 이슬람 이전의 과거는 혼돈의 시간으로 표현되었다. 과거 힌두 지배자들은 이슬람을 몰랐기 때문에 동정받아야 할 사람들이었거나, 이슬람으로 향하는 연대기 속에 놓여졌다.

새로운 술탄국들의 역사가들은 1612년경 쓰여진 『스자라 믈라유』(*Sejarah Melayu*, 말레이인의 역사)를 모범으로 여겼다. 그것은 믈라카 술탄의 기원을 스리비자야에 두고, 믈라카 최초의 술탄에까지 이르는 왕실 계보 속에서 스리비자야의 한 왕자와 그의 후손들이 했던 모험을 따라간다. 『말레이인의 역사』는 또한 그 왕가를 지역의 가장 중요한 왕족인 마자파히트 지배자들과 연결시킨다. 그에 따르면 술탄 만수르 샤(Mansur Syah, 재위 1459~1477)는 마자파히트 공주와 결혼했다.

『히카얏 반자르』(*Hikayat Banjar*, 반자르인의 역사)는 반자르마신 술탄국의 역사를 만들어내는데, 그곳에서는 해안 말레이인 지배계층이 1520년대쯤 개종했다. 이 역사에서는 마자파히트 영토 내에, 그리고 그 확장된 왕가에 이슬람의 씨앗을 심는 영광은 파사이에 돌아간다. 그것은 파사이 공주와 마자파히트 왕의 결혼 이야기를 들려주고, 마자파히트에 따라온 공주의 오빠가 암펠-가딩(Ampel-Gading)에 정착해서 지역 주민들을 이슬람으로 개종시키는 것을 왕으로부터 허가받았다고 얘기한다.

술탄국들의 창건 역사는 최초의 궁정 그리고 왕실의 계보를 확립하기 위한 그 의례들의 묘사라는, 최초의 왕실 개종 서사를 따른다. 지배층이 지역 신들의 후손임을 보여주기 위해 만들어진 부기스인들의 계보도는, 이 신들이 무하마드의 예언에 이르는 이슬람의 구도에 부합하도록 다시 쓰여졌다. 지역 역사들은 또 종종 왕이 어떻게 통치해야 하는가를 설명하는 교훈적 성격을 지닌다. 많은 역사들이 궁정의, 연회의, 무역을 통해 쌓은 부의 화려함을 공들여 설명한다. 어떤 것들은 세계사로서 쓰여졌다. 1640년경 쓰여진 누루딘 알-라니리(Nuruddin al-Raniri)의 아체 역사는, 천지창조부터 시작해서, 아체가 파라오 시기의 이집트로부터 아라비아, (말레이 반도의) 파항(Pahang), 믈라카를 거쳐 진화하는 신성한 운명의 길을 추적했다.

히카얏은 구전 설화와 더불어 존재했다. 말레이 문어는 군도 전반에 걸쳐 있는 시장 소도시들에서 말레이어를 말하는 방식에서 분화되었다. 작성된 원고들은 지역의 어휘들을 포함시켰지만, 문학적 언어와 문자의 형성은 먼 거리와 여러 세기에 걸쳐 유사하게 남았다. 군도 술탄국의 궁정 조신들과 전문 필경사들은, 사실과 디테일, 해석의 차이는 있지만 같은 이야기들을 서술했다. 그들의 서사는 모두 고정된 양상들을 지녔다. 그것들은 운율과 압운이 있는 운문 형태로 만들어졌고 그 이야기는 이슬람 전범들의 구조에 놓여있었다. 전문 작가 네트워크들은 믈라카로부터 아체, 파사이, 브루나이, 삼바스(Sambas), 반자르마신, 시악, 비마까지 뻗어 있었고, 그들은 서로 교류하고, 서로의 작품을 읽고, 표준화된 형태의 언어와 문자 형식을 재생산하기 위해 공부했다.

전문 필경사 계층은 에세이, 시, 역사, 계보, 조약, 외교 서신을 작성하고 꾸미는 기술을 선생들과 진범이 되는 작품들로부터 배웠다. 왕, 궁정 관료, 상업 책임자의 문서 업무를 수행했던 필경사들을 위해 서신 작성의 정확한 방식의 교본이 편찬되었다. 이 교본들은 자위로 쓰여진 말레이어로 되어 있었다. 이 교본들은 또한 의례에서의 발표와 서신을 크게 읽어야 할 책임을 맡은 사절들을 위한 절차를 간략하게 설명했다. 신민과 왕, 평민과 궁정 관료, 아이와 어머니 사이 등, 하급자와 상급자 간 서신 작성을 위한 교본도 있었다. 연인들 간 그리고 말레이인과 중국인 간 호칭의 표현법도 기록되어 있었다. 교본들은 위계 질서 내에서 개인들이 자신의 관계와 지위를 어떻게 인식했는가에 대한 근거를 제공해준다.

군도 술탄들은 꽃과 추상적 디자인과 테두리로 장식된, 말레이어를 아랍어로 표기한 서신을 보냈다. 그런 편지의 발송은 개인적이거나 친밀한 행위가 아니라, 왕족의 상징이었다. 반란 군주들이나 왕가의 후손임을 주장하는 사람들은 자신들의 권위의 상징이자 왕의 행위로서 서신들을 유통시켰다. 읽거나 쓸 수 없는 사람들은 그런 지식을 독점하는 사람들의 도움을 받기 위한 기금을 챙겨두었다. 왕의 편지의 언어는 사람들을 이슬람의 문화 세계에 위치시켰다. 이런 교본들은 어떻게 지식인들에 의해 이슬람의 특정한 양상이 포함되고 소유되고 지역의 지식 생활과 관행의 일부가 되었는가를 그려낸다.

종이, 이슬람, 문화, 상업

물결 모양의 아랍어 문자는, 말레이어를 인도 문자로 쓸 때 도구로 사용했던 론타르 잎, 죽간, 돌 등에 쓰기에 적합하지 않았다. 이슬람으로의 개종은 인도네시아에서 종이를 필기구로 사용하는 것과 여러 페이지를 묶어서 책 형태로 만드는 것을 촉진했다. 인도네시아 군도에서 코란 사본을 만들었던 전문 저술가들은 이슬람 문명의 특징적 성격들을 소개하고, 그들이 이슬람 핵심 국가의 학파의 관행에 정통함을 보여주었다.

종이는 인도네시아 군도의 불교 중심지에서는 전부터 이용되어왔다. 689년 중국인 학자 의정은 스리비자야에 있으면서 중국에 종이와 먹을 새로 공급해달라고 요청했다. 이슬람 세계에 종이가 소개된 것은 751년 일군의 중국인 제지업자들이 노예가 되어 사마르칸드(Samarkand, 근대 우즈베키스탄 내)에 보내진 때였다. 제지술은 거기에서 이슬람권으로 퍼져갔고, 거기서 책, 정부 기록, 상업활동을 위해 사용되었다. 계약서를 작성하는 것도 코란에 규정되어 있다.

종이의 체계적 사용, 그리고 필사본 책과 기록을 위한 종이의 생산은, 더 꼼꼼한 행정을 용이하게 했고, 거래 관계를 촉진했다. 이런 상황은 식자율을 향상시켰고, 인도네시아의 경관을 이슬람적으로 "보이게" 만들었다. 누군가 터번을 두른 채 책을 가지고 다니는 것은 그가 무슬림이라는 징표였다.

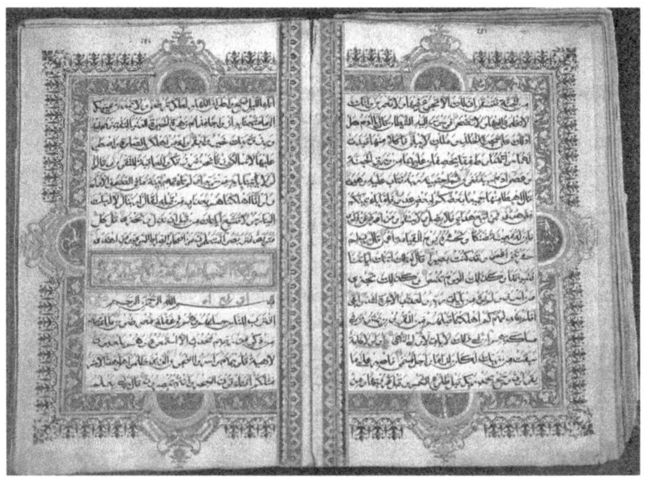

1797~1798년 사이 키 아트마파트위타(Ki Atmaparwita)에 의해 수라카르타 왕궁에서 필사된, 풍성하게 장식된 코란 텍스트
욕야카르타 왕궁의 위드야 부다야(Widya Budaya) 컬렉션, No. 1 131. 사진 제공: 론타르 재단.

성지순례라는 종교적 의무는 이동성에 대한 기대와 열망을 이슬람 문명의 일부로 만들었다. 이슬람 군주를 안내하기 위해 쓰여진 교본들은 관대함과 후원을 왕족의 특징으로 강조했다. 파사이와 다른 이슬람 왕국들은 이슬람 중심부에서 멀리 떨어져 있었지만, 이 지역 이슬람 중심지들을 종종 방문하고 수학을 위해 메카로 가던 사람들이 인도네시아 군도의 바닷길을 종횡했다. 여행자들, 특히 지식과 신앙심으로 명성이 높은 자들에 대한 환대와 관대함이라는 관습은 그들의 여행을 용이하게 했고 인도네시아 사회에서 환영받는 것을 보장했다. 매너, 복식, 서직, 언어, 모스크는 일상생활에 이슬람적 외양과 느낌을 더해주었다.

누루딘 알-라니리

이슬람 도시 구자라트에서 온 인도인 누루딘 알-라니리(Nuruddin al-Raniri, ?~1666)는 메카에서 공부했고, 이후 이슬람 세계를 여행했다. 1637년에서 1644년 사이 그는 아체에서 최선임 학자였는데, 거기서 자신의 후원자인 왕 술탄 이스칸다르 타니(Sultan Iskandar Thani, 재위 1637~1641)를 이슬람 왕답게 만들기 위해 노력했다. 그는 왕을 위해서 이슬람 군주제의 지침서인 『부스탄 알-살라틴』(*Bustan al-Salatin*, 왕의 정원)을 저술했고, 아체 학생들을 위해서 이슬람 법, 금식, 무슬림 식생활 규율, 희사의 의무, 성지순례, 성전 등에 대한 교본을 편찬했다. 그는 토라(Torah) 와 성경이 거짓이라고 주장하는, 유대교와 기독교에 적대적인 소책자를 집필했고, 자신이 잘못되었다고 생각한 현지화된 이슬람 풍습을 반대하는 운동을 벌였다. 공개적으로 책을 불태우고, 자신이 이단으로 규정한 사람들을 처형하기도 했다.

알-라니리는 후원자가 죽은 후 영향력을 잃었다. 이스칸다르 타니의 후계자는 그의 미망인이었다. 그녀는 독립된 지배자로서, 그리고 이슬람의 실행자이자 부양자로서의 지위를 확립하기 위해, 술탄의 여성형을 자신의 연호로 채택했다. 그녀는 알 술타나 사피아투딘(Al Sultanah Safiatuddin, 재위 1641~1675)으로서 아체화된 이슬람을 용인했고, 알-라니리는 이슬람 세계의 다른 곳에서 자신을 고용하고 후원해줄 사람을 찾아야했다. 종교 지배층이 남성 지배를 회복하기 전까지 아체에는 세 명의 여성 지배자가 더 나왔다. 오늘날 아체의 한 대학은 아체 여왕들의 이름이 아니라, 교조적 교리를 지지했던 알-라니리의 명칭을 따랐다.

자바에서 말레이어는 종교 학교에 필요한 기술이었고, 왕궁에서는 자바어가 사용되었다. 자바 왕실 도서관은 아랍어와 페르시아어 문헌의 말레이어 번역본을 소장했지만, 자바 왕족들은 말레이어를 존중하지 않았고 이해하지도 못했다. 아랍어 문자로 표기한 자바어가 종교적이고 신령한 문학에 선호되는 언어였다. 역사적 연대기와 서류, 궁중 설화, 마술과 기마술 같은 실용 기술, 와양 공연, 연애시, 군주들을 위한 영웅시 등에는 자바 문자로 기록한 자바어가 여전히 사용되었다. 자위로 표기된 말레이어는 히카얏에 마자파히트에 대한 지식을 보존했다. 자바어와 문자는 바바드(*babad*, 연대기)를 통해 마자파히트의 지식을 보존했다.

노래로 부르기 위해 만들어지는 바바드는 미리 정해진 음절 수를 따르는 스탠자(stanza, 각운시)로 구성되어 있다. 시작하는 스탠자는 보통 그 바바드가 언제 쓰여졌는지를, 작가가 알고 있는 모든 역법 체계—자바, 이슬람, 또 종종 기독교—를 사용해서 얘기했다. 이 스탠자들은 보통 작가에 대한 단서도 제공해준다. 바바드 읽기는 낭송 공연이다. 공개 공연 참석자에는 후원자뿐 아니라 요리사, 문지기, 재단사, 그리고 부유층 거주지를 넘어 멀리까지 "고급 문화"에 대한 지식을 전달하는, 하루의 끝에는 가족에게 돌아가기 위해 고용인의 업무 현장을 떠났던 전령들도 포함되었다. 여행하는 공연자들은 바바드를 시장이나 마을 중심지로 가지고 갔다. 바바드는 모험담, 연애담, 영웅담, 그리고 재치 있는 말장난과 숨은 의미가 있는 수수께끼 등 많은 층위에서 이해될 수 있었다.

바바드는 종이나 야자잎에 기록되었다. 어떤 바바드는 두루말이 형태로 제작되어서, 그 내용과 그림을 청중들에게 보여주도록 천천히 펼쳐질 수 있었다. 많은 바바드는 종이에 기록되어 책 형태로 엮였는데, 이것은 이슬람 문헌들이 군도에 소개한, 기록의 휴대가능한 형태였다. 바바드의 페이지들은 금색과 컬러 잉크로 빛난다. 서사에 나오는 장면들이 기록된 언어에 첨부되었고, 그 전체는 나뭇잎과 무늬가 있는 틀에 맞춰졌다. 책과 두루말이는 말레이어로 된 문학 생산물과 현저하게 달랐다. 자위 문자를 사용한 필경사들은 코란을 기준으로 삼았다. 히카얏은 왕, 동물, 새, 혹은 건축물 그림이 없는 꾸미지 않은 문장으로 작성되었다. 코란의 사본을 생산한 필경사들은 때로 검은 색으로 된 기록에서 알라의 이름을 빨간 잉크로 표시해서 생동감을 주거나 페이지에 추상적 무늬로 된 테두리를 넣었지만, 코란과 히카얏의 생산에서 초점은 글 자체에 있었다. 자바에서도 코란의 필사는 똑같이 엄격한 규칙을 따랐지만, 역사와 서사시의 경우, 무슬림 자바 문화는 희미하게 빛나는 색으로 원고를 쓰는 전통을 만들어냈다. 페이지들은 숲속의 호랑이와 멧돼지, 와양 인형들의 모습으로 표현된 군주들, 행군하는 군대, 정원의 꽃, 새, 공주 등으로 장식되었다.

종이와 야자잎은 썩는 재질이었다. 그 보존은 전문가에 의한 사본 재생산의 결과였다. 18세기부터 나온 것으로 추정되는 현존하는 자바의 가장 오래된 원고들은, 15, 16, 17세기에 일어난 일들을 다루고 있고, 무슬림 자바의 생산물이다. 이슬람 이전 시기의 바바드는 오직 자바 외부, 발리와 롬복에서만 필사를 통해 보존되었다. 바바드의 내용은 그 자체로 완결된 것으로 이해되지 않았고, 각 세대의 필사가들은 새로운 자료를 추가하고 신들과 지배자들의 핵심 이야기를 재조정했다. 같은 제목의 원고라도 같은 것이 아니었다. 이야기, 장면들, 인물들, 행위의 무대들은 재생산될 때마다 달라졌다.

바바드가 역사 자료인 것은 왕실 칙령, 조약, 날짜를 통해 마자파히트 역사를 제공하기 때문이 아니다. 종종 사람들의 행동이 신의 개입에 의해 설명된다. 그러나 바바드는 이슬람 문명이 자바 문화에서 엄청난 혁명을 만들어 낸 것을 기록한다. 일단 마자파히트가 신, 왕, 예언자, 전쟁 등에 할애된 긴 문구들을 통해 설명되고 나면, 바바드의 핵심은 자바의 지식인들에 의한 이슬람의 이해와 수행으로 전환되었다. 그들은 두 개의 별도의 집단으로부터 나왔다. 군주의 사람들이거나 방랑자들이었다. 군주의 사람들은 왕실의 후원을 받았고 이슬람 법정의 심판관이자 이슬람 사원의 수장, 교사였다. 이들은 왕에게 샤리아를 설명했고, 왕은 그것을 집행했다. 그들은 무슬림 왕에게 불복하거나 반란을 일으키는 것은 알라에 대항하는 행위라는 것을 자세히 설명했다. 왕은 그들에게 월급을 지불하고, 선물과 공적인 명예를 주었다.

방랑자들은 성인들로, 이슬람 역사의 핵심 등장인물의 자바식 변종이었다. 그들은 자바의 숲 속 개울과 산 정상을 명상의 장소로 선택했다. 그들은 초자연적 힘과 마술을 할 능력을 얻기 위해 음식과 잠, 성행위를 자제했다. 그리고 나서 그들은 자바를 여행하며 추종자들을 모았는데, 추종자들은 그들의 비밀스러운 지식에 입문한 긴밀하게 결합된 집단, 그리고 보다 큰 무리의 떠돌이들로 구성되었다. 그 추종자들은 왕과 그가 임명한 종교 관리들의 기관의 규칙과 요구를 벗어난 삶을 살았다. 그들은 왕궁과 사원을 기피했다. 이동하는 성인들은 예언의 재능이 있었다. 그들은 군주들의 친구가 아니었다.

바바드 이야기의 절정은 왕의 종교 전문가들이 행하는 이단 재판이었다. 방랑자는 검사, 판사와 신학에 대한 논쟁을 했다. 때로 그는 그들을 조롱했다. 방랑자들은 처형되었다. 왕의 사람들은 살아남았다. 때로는 방랑자가 왕의 사람들로부터 벗어나 천국으로 사라지기도 했고, 그의 훼손된 시신이 사라지기 전에 마술처럼 복원되기도 했다. 이 재판들에 나타난 주장들은 자바 사상가들이 보다 넓은 이슬람 세계에서의 신학적 논쟁과 논란에 대해 완전히 알고 있었음을 보여준다. 지리적 거리는 지적 거리를 반영하지 않았다. 무슬림이 된다는 것은 어떤 집단이 권력과 공적 명성을 얻게 해주었지만, 다른 집단은 퇴조해야 했다. 아체로부터 자바에 이르기까지, 서적과 사람들이 불에 타서 없어졌다. 어디에나 지식과 그에 대한 접근을 독점하기 위한 투쟁이 있었다.

바바드는 이전에 힌두교와 불교를 기반으로 했던 사회에서 이슬람 성장의 결과물로 등장한, 무슬림 자바의 관심사를 반영한다. 바바드는 이슬람 세계의 술탄들뿐 아니라 동부 자바의 신왕들(god-kings)과도 연결시키는 방식으로 자바 왕들을 묘사한다. 힌두, 불교, 무슬림 문헌에 공유되는 왕의 특성은 신성한 본질, 왕가의 혈통, 이웃 왕들과의 전쟁에서의 승리, 개인적 아름다움, 종교 기구와 학자들에 대한 후원 등이다. 바바드는 이슬람과 자바의 유산 모두를 참조할 때 이해되는 왕권에 대한 메시지를 포함한다. 왕들은 왕족의 특권을 보존해야 한다. 그들은 왕족에게 합당한 직업과 관습을 추구해야 한다. 그들은 군주제를 후원하는 종교의식을 장려해야 한다. 그들은 영적 지식과 마술적 힘을 얻기 위한 명상을 개발해야 한다. 그들은 다른 사람들이 마술적 힘을 배양하는 것을 억제해야 한다.

각각 구분되는 방식으로, 말레이와 자바의 무슬림 문화는 해안에서 내륙으로, 도시에서 마을로, 왕에게서 보통사람들에게로 퍼져나갔다. 그것들은 이동의 문화였기 때문에 서로 분리되거나 봉쇄된 것이 아니었다. 이슬람에는 비정주성이 장착되어 있다. 이슬람 무역 네트워크는 학자들에게 고속도로를 제공했다. 이슬람 지배자들과 독실한 신앙인들은 여행하는 학자들에게 편의를 제공할 것으로 기대되었다. 순례는 여행에 대한 열망과 기대를 만들어냈다. 이슬람의 이런 양상들은 인도네시아라는 배경에서 더 성장했다. 군도의 해상로는 이슬람 내지로, 내지로부터 학자들을 이동시켜주었다. 선박들은 책의 형태로 운반이 가능해진 이슬람의 메시지를 운반했다. 성인에 대한 숭배는 인도네시아 내부 성소에 대한 순례를 토착 이슬람의 한 양상으로 만들었다. 지배자들은 종교 브랜드를 장려함으로써 자신을 선전하는 세계에서 성장했다. 수 세기에 걸친 항해를 통해 발전된 쉽게 접촉하는 습관은 인도네시아 사람들이 확실하게 해외의 유행을 접하고 상호 간에 연락하게 해주었다. 하급자와 상급자 간의 정형화된 관계는 신에 대해 그리고 왕에 대해 자신을 설명하기 위한 새 어휘들을 창조했다. 자바의 왕족 집안과의 관계 같은, 자부심의 지역적 원천은, 인도네시아 공동체들 간의 연결고리를 만들었다.

마자파히트는 막 이슬람과 연결되기 시작한 군도에서 태어났다. 그것은 외부가 이슬람 국가들에 둘러싸이고 내부에서는 신민 집단들이 그 지배자들의 종교 의례를 거부했을 때 종말을 맞았다. 자바에서는 데막, 그리고 파장(Pajang)이 작은 이슬람 국가로서 뒤를 이었는데, 섬 양쪽에 파자자란과 발람방안이라는 힌두 왕국들이 이웃으로 남아 있었다. 자바 역사에서, 데막과 파장은 1600년경 가장 중요한 왕국인 이슬람 왕국 마타람의 건설을 가능하게 한다. 마타람은 무슬림과 중국인뿐 아니라 유럽 선박과 뱃사람들을 포함하는 해로를 가진 군도에서 발전했다. 마타람 왕들은 무슬림 술라웨시, 힌두 발리와 더불어 기독교 유럽에서 온 사람들을 용병으로 고용함으로써 권력을 구축했다. 힌두에 기반한 마자파히트는 무슬림 국가들의 영역이 되어가던 군도에서 입지를 굳혔다. 무슬림에 기반한 마타람은 술탄국들 사이에 기독교도 유럽인들이 지배하는 항구가 산재해 있는 군도에서 입지를 굳혔다.

• • • •

무슬림 세계의 새로운 참여자들: 유럽인의 인도네시아 역사 진입

인도네시아 선박과 뱃사람들은 장거리 항해의 역사를 가지고 있다. 그들은 육로로 며칠 걸릴 것을 몇 시간 내에 항해하는 기술을 완벽하게 가다듬었고, 도서간 노선에 특화되었다. 뱃사람들은 암초와 모래톱을 통과해서, 해안선을 따라서, 자바해와 같은 심해를 항해하기 위해서, 바람, 해류, 별, 해안의 주요 지형지물을 이용했다. 항구들 사이의 여행을 완수하는 데는 며칠 혹은 몇 주가 걸렸다. 인도네시아 군도의 항해사들은 여러 달에 걸쳐 광대한 대양을 건너는 여행을 하기 위한 원양 항해술은 개발하지 않았고, 그래서 유럽까지는 가지 않았다. 그들은 유럽 해안도시에 인도네시아인 무역 공동체를 건설하지 않았다.

유럽 선박들도 해안선에 붙어 다녔지만, 12세기경 유럽 뱃사람들은 곶과 주요 지형물의 시야에서 멀리 벗어난 대양을 건너 항해하게 해 줄 도구들을 이용해서 항해 실험에 나섰다. 유럽인의 항해술은 실제 경험과 문헌 학습의 결과로 발전되었다. 선장들은 나침반과 물시계 그리고 삼각법의 발전을 위치를 표시하는 데 적용했다. 15세기가 되면 그들은 또한 항해의 위치와 방향을 결정하기 위해 사분면과 천문의를 사용하고 있었다. 선박 디자인의 변화도 대양 간 항해에 도움이 되었다. 3세기 동안 북유럽의 바다와 아프리카 서부 해안에서 항해를 실험한 후, 유럽 선박들은 대서양을 건너 아메리카로 가거나, 아프리카 남부를 돌러 인도양을 건너 인도로 갔다.

1490년대 처음 아시아의 바다에 다다른 유럽 선박들은, 1430년대 중국에서 아덴까지 항해했던 정화 선단에 비하면 크기, 수, 선원 등에서 훨씬 작은 규모였지만, 동시대의 아시아 선박들보다는 컸다(1490년대가 되면 중국 정부는 돛이 2개가 넘는 선박의 축조를 금지했고, 인도네시아 군도의 선박들은 단거리 여행과 강을 건너는 데 적화되어 있었다). 중국인들처럼, 유럽 뱃사람들도 아랍의 항해 지식과 기술을 구입함으로써 아시아로 진입하는 루트를 확장할 수 있었다. 1498년 포르투갈 배가 인도 캘리컷에 정박했고, 1505년에는 인도네시아의 섬들로 향하는 해상로에 진입했다. 그들은 군도 항구들에 입항했고, 구매자와 판매자 사이에 새로운 종류의 사람들을 추가했다. 동시에, 아메리카의 스페인 항구를 출발한 선박들은 장거리 태평양 루트 항해를 실험했다. 1565년 스페인 상인들이 마닐라 술탄국에 그들의 본거지를 두었고, 그곳에서는 최대 규모의 중국인 정착이 이루어졌다.

경쟁 관계에 있는 기독교도 유럽인들의 네트워크 두 개가 기존의 무역로와 기항지에 편입되었다. 스페인인 투자자들과 그들의 중국인 사업 파트너들은, 아메리카의 스페인인 정착지들을 필리핀의 섬들과 중국, 그리고 술루(Sulu) 제도, 북 보르네오, 북 술라웨시, 트르나테 항구들과 연결시켰다. 포르투갈 투자자들과 그들의 힌두교도 사업 파트너들은 인도, 실론(지금의 스리랑카), 중국과 일본, 믈라카, 반텐, 마카사르, 트르나테, 암본, 플로레스, 티모르에 있는 포르투갈인 정착지들을 연결시켰다.

이 모든 일은 무슬림 권역이 형성되던 시대에 일어났다. 포르투갈인들이 믈라카 해협으로 항해해 왔던 1505년, 파사이에는 이미 200년간 이슬람 정부가 있었다. 1511년 포르투갈 선박들이 트르나테에 정박했을 때 그곳은 30년 정도 이슬람 정부가 장악하고 있었다. 16세기에 아체, 반자르마신과 부퉁, 그리고 자바 북쪽 해안을 따라서 반텐, 자야카르타(Jayakarta), 치레본, 그레식, 투반(Tuban), 자파라(Japara) 등, 포르투갈이 사업을 하던 모든 항구들에는 이슬람 정부가 들어서 있었다. 17세기 초 남부 술라웨시에 이슬람 정부가 들어섰을 때, 마카사르에는 무슬림 상인과 더불어 이미 상당한 규모의 포르투갈인 공동체가 존재했다.

포르투갈인 공동체들은 군도 여러 항구의 지배자들 아래서 번창했지만,

포르투갈 권력자들은 중국과 인도 사이 해상로를 여행하는 해상운송을 통제하던 믈라카에 대한 지배권을 장악하기로 마음먹었다. 포르투갈 선박들도 코라-코라처럼 무역과 약탈을 다 할 수 있었다. 1511년 믈라카를 겨냥한 대포와 무장 공격은 말레이 왕가가 그들의 근거지를 버리고 말레이 반도와 서부 군도의 다른 지역들로 옮겨가는 결과를 가져왔다. 이후 포르투갈인 지배층이 믈라카의 시장의 관리와 거래에 대한 징세 권리를 넘겨받았고, 포르투갈 선박들이 해협을 순찰했다. 포르투갈인들은 중국에서 온 구매자들이 인도에서 그리고 인도네시아 외딴 지역에서 온 판매자들과 만날 수 있는 중요한 거점으로서의 믈라카의 기능을 계속했다.

데 브리토의 인도네시아 여행

우리는 포르투갈인 미겔 로호 데 브리토(Miguel Roxo de Brito)가 남긴, 동부 군도에서의 15개월간의 무역과 노략질의 여행 기록을 통해 500년 전 인도네시아 도서부 세계를 생생하게 알 수 있다. 1581년 데 브리토는 할마헤라(Halmahera) 해안 남서부에 있는, 정향 생산지인 바칸(Bacan)섬에서 일군의 말레이 상인들과 합류했다. 그가 탄 코라-코라에는 200명의 노잡이와 승객이 승선했다. 선박들은 바다에 점점이 박힌, 사람이 사는 섬과 무인도에 모두 입항했다. 그들은 또 가능할 때마다 음식과 더 많은 노잡이, 거래할 상품을 실었다.

그들은 그 길을 따라 웨타르(Wetar), 알로르(Alor), 솔로르(Solor), 플로레스 섬으로, 다음에는 자바로, 그리고 동쪽으로 발리와 비마(Bima)로 가서 금과 옷을 구매했다. 선박들은 이후 남부 술라웨시에 갔고 거기서 상인들은 금, 옷과 마체테를 교환했다. 마체테는 뉴기니 해안의 북서부 끝자락으로 보내져서 마소이 껍질(massoy bark)과 교환되었다.

상인들은 또한 뉴기니에서 노예를 태워서 세람(Seram)에서 사고(sago) 덩어리를 얻기 위해 팔았다. 데 브리토의 동승자들은 자바 항구들에서, 반다에서 육두구와 메이스와 교환하기 위해 주식인 사고를 대량으로 필요로 하는 상인들에게 그 덩어리들을 팔았다. 여행의 마지막에, 마지막 화물은 뉴기니 노예들, 금괴, 보석, 향기나는 약초 성분 나무껍질, 진주조개로 구성되었다.

데 브리토가 관찰했던 군도 동쪽 끝 마을들은, 그들이 생선, 야채, 사고 공급을 위해 정박했을 때 방문자들에게 영주를 대하는 것처럼 경의를 표했고 그들의 물건 교환을 선물과 조공이라고 묘사했다. 데 브리토는 동부 인도네시아 마을의 보통 사람들은 거의 옷을 입지 않은 반면, 그들의 지배층은 마을 사람들이 노동을 들여 생산한 물품을 찾아서 온 외국 상인들에게 얻은, 금실이 달린 정교한 옷을 입고 있었다고 기록했다. 반다, 세람, 라자 암팟(Raja Ampat) 섬에서 데 브리토는 망루와 소총들이 배치된 돌벽으로 마을을 둘러싼 것을 봤는데, 그것은 전함들이 팔거나 노잡이로 쓰기 위해 사람들을 포획했기 때문이었다.

믈라카의 시장에 군도 생산물의 재고를 계속 확보하기 위해, 포르투갈 사절들은 후추 항구인 아체와 반텐의 술탄들에게, 그리고 향료 제도 항구들을 통제하던 트르나테 술탄에게 사업 허가권을 줄 것을 신청했다. 포르투갈 사절들은 또 동부 인도네시아 향료의 집적지인 북부 자바 항구들에 그들의 대리인들의 활동 허가를 구했다. 그들은 아직 이슬람 권역에 속하지 않은 지배자들과 협상했다. 그들은 플로레스와 티모르 군주들로부터 백단유를 구매하려고 신청했고, 남부 술라웨시 왕국 지배자들과는 쌀, 코코넛, 해산물 구매권을 협상했다.

항만 권력자들과의 협의의 결과로, 포르투갈인들은 인도인, 아랍인, 중국인, 말레이인, 자바인, 군도의 다른 인도네시아인들에 버금가는 무역망을 건설할 수 있었다. 그들은 항구들에서 숙소와 창고용 공간을 대여하고, 현지 중개인과 노동력을 고용하고, 교회를 건설했다. 다른 네트워크들처럼, 포르투갈인 네트워크도 현지 무역과 아시아 주요 항구들 간의 무역에 참여했다. 포르투갈인 네트워크는 또한 소량의 아시아 생산물을 유럽 시장에 운반했다. 16세기에 매년 약 2,400명이 포르투갈을 떠나 아메리카, 아프리카 해안을 따라 있는 포르투갈인 정착지들, 마카오(중국), 히라도(일본)에서 일했다. 그들 중 소수가 인도네시아 군도에서 포르투갈 행정기관이나 로마 가톨릭 교회의 시종으로, 사무역업자로 그리고 숙련된 기능 보유자로 일했다.

믈라카는 군도 네트워크를 정착시켰다. 포르투갈인 정착지의 위계질서에서, 믈라카는 포르투갈이 다스리는, 인도 서부 해안도시 고아(Goa)에 종속되어 있었다. 믈라카는 고아에서 직원과 물자, 선박, 특화된 서비스뿐 아니라 정부와 교회 고위층의 정책 지시도 받았다. 생 폴 대학(St. Paul's College)은 유럽인과 아시아인 남학생들에게 라틴어, 포르투갈어, 그리스어와 로마 고전에 대한 가르침을 제공했다. 고아 시의회가 아시아에서 석공, 목수, 조각가, 금속세공사, 포병으로 일자리를 찾으려는 남성들을 시험하고 등록했다. 인쇄소는 경전들, 기도, 에세이, 그리고 아시아의 언어와 자연환경에 대한 연구들을 펴냈다. 교회의 방랑하는 성인들(사제와 수도사들)이 고아로부터 아시아 왕국들로 퍼져갔고, 거기서 교회의 기준이 강제되었다. 고아에서는 사람과 서적이 불타올랐다.

포르투갈인 상인들, 필경사, 숙련 공예가들, 모험가들, 선원들, 군인들은 남성이었다. 아시아 상인들과 마찬가지로, 그들도 여성을 동반하지 않은 채 왔고, 자신들이 일하는 항구 노예 상인에게서 임시 부인을 대여했다. 사업 때문에 한 곳에 몇 달 이상 묶여있게 된 사람들은 현지 여성과 결혼했다. 군도 도시들에서는 이주자들, 그 부인들, 처가 식구들, 자녀들, 시종들로 구성된 소규모의 로마 가톨릭 공동체들이 발전했고, 그들은 교구 신부와 교회를 후원하거나, 그 네트워크가 여행하는 사제들의 간헐적 방문을 불러올 것으로 기대했다. 군도 해로에 있는 많은 포르투갈인들은 포르투갈에서 직접 온 게 아니라 고아와 같은 오랜 해외 포르투갈 공동체에서 왔다. 이들은 종종 아시아 여성과 결혼한 포르투갈 남성의 아들이거나, 포르투갈어를 할 줄 하는 아시아인 기독교 개종자였다.

포르투갈인들은 군도 항구에 새로운 외양과 소리를 더했다. 포르투갈 남성들은 셔츠와 재킷, 양복으로 몸을 가렸고, 신발과 모자를 착용했다. 그들은 담배 재배와 흡연 습관을 장려했다. 다수의 포르투갈어 단어가 말레이어와 다른 군도 언어들에 유입되었고, 포르투갈어는 말레이어와 더불어 구매자와 판매자가 사용하는 무역어가 되었다. 포르투갈인들은 인쇄기로 글(writing)을 생산하는 새로운 수단과 더불어, 로마 혹은 라틴 알파벳을 사용하는 새로운 표기 체계를 도입했다. 그들은 가톨릭 교도 거주 지역에 인쇄된 책을 유통시켰다. 포르투갈인 사절들과 사제들은 무슬림 권역에 참여하지 않은 군도 지배자들에게 책을 선물했다. 그들은 남부 술라웨시의 작은 왕국들의 비무슬림 지배자들과 기독교에 대해 토론하고 이슬람 신앙에 대해 논쟁했다. 그들은 술라웨시 지배자들에게 의술, 천문학, 지도 제작에 있어서의 유럽인의 발견을 소개했다. 포르투갈 사제들은 1544년에 수파(Suppa)와 시앙(Siang) 지배자들에게 이듬해에는 더 작은 국가 군주들에게 세례를 주었다. 그들은 몇몇 술라웨시 군주의 아들들을 정규 학교 교육을 위해 고아로 데려갔다.

군도의 무슬림들은 이슬람이 이전에 지녔던 다른 문명 지식에 대한 수용성을 상실한 역사적 시기에 이슬람으로 개종했다. 15, 16세기 유럽의 지식, 기술, 기계, 과학의 발전은 이슬람권의 지식인들과 신학자들에게 거의 영향을 주지 않았다. 이슬람 국가들로부터 군도로 전달된 서적들은 인쇄의 시대에 여전히 손으로 쓰여진 것이었고, 아메리카의 발견과 같은 시대의 커다란 발전을 담고 있지 않았다. 무슬림들은 자신의 종교를 완전한 지식이라고 생각했기 때문에, 기독교 유럽에서 파생된 정보들은 때로 부적절하거나 쓸모 없다고 여겨졌다. 이런 태도는 16세기에 그들 사회의 일부가 되어가던 유럽인들에 대한 군도의 지배자, 학자, 종교 사상가, 저술가들의 반응에 영향을 끼쳤다.

인도네시아의 무슬림 사상가들은 포르투갈인들을 카피르(*kafir*) 범주에 넣었다. 아랍어에서 인도네시아어로 들어온 이 단어는, (다른 종교를 믿는 사람보다는) 신앙심이 없는 사람을 의미하고 경멸적인 어감을 지닌다. 카피르 혐오는 성전(jihad)을 위해서 특정 집단, 특히 젊은 남성들 사이에 장려되었다. 비무슬림들이 무슬림들을 오염시키거나 종교 규율을 준수하는 삶을 방해한다는 인식의 결과는 무슬림 도시들의 디자인에 구체적으로 드러난다. 예를 들어 반텐과 자야카르타에서 중국인과 유럽인들은 이슬람으로 개종하지 않는 경우 성벽으로 둘러싼 도시 안에 사는 것이 허용되지 않았다. 비무슬림으로서 그들은 성벽 밖에 거주 공간을 배정받았다. 18세기 팔렘방에서 비무슬림 중국인들은 육지에 사는 것조차 허용되지 않았다. 그들은 강에 정박된 뗏목을 배정받았다.

기독교도들은 종교학교에서, 그리고 이슬람 세계의 서쪽 변방의 무슬림 봉신국으로서의 포르투갈과 스페인의 경험에서 형성된 무슬림에 대한 인상이 강했다. 921년부터 1031년까지 스페인은 칼리프가 다스리는 지역이었다. 아시아의 이슬람권으로의 항해는 포르투갈과 스페인 군대가 자국에서 마지막 무슬림 지배자들을 몰아내고 기독교로 개종하지 않은 무슬림들을 추방하고 나서 얼마 후에 진행되었다.

포르투갈인들은 몇몇 무슬림 지배자들에게 환영받지 못했다. 일례로 아체 술탄은 포르투갈인들이 자신의 항구에 무역 정착지를 세우는 것을 금지했다. 군도로 여행하는 무슬림 상인들은 믈라카 해협을 통해 진입하는 것을 주저하게 되었는데, 그것은 믈라카에서 포르투갈이 부과하는 요금을 내고 통행허가증을 구매해야 하기 때문이었다. 그들은 대신 수마트라와 자바 사이의 순다 해협을 통해 군도로 들어가기 위해 수마트라 서해를 따라 내려가기 시작했다. 이런 해상 교통의 분리는 서부 자바 항구들의 사업 증가를 가져왔다.

16세기 중반까지 군도에서 이슬람식 행정을 발생시킨 복합적인 조건들이 바로 반텐에 있었다. 생산물, 위치, 그리고 중국인 정착지. 생산물은 후추였다. 자바해 입구에 있는 반텐의 위치는 아랍 네트워크에 인도네시아 시장으로 가는 대안적 루트와 더 낮은 비용을 제시했다. 반텐에 있던 상당한 규모의 중국인 정착지는 중국 상인들을 끌어들였고 주요 기항지를 건설하는 데 필요한 도시의 서비스를 제공해주었다. 믈라카에서 포르투갈인 지배계층 형성이 가져온 결과의 하나는 서부 자바의 순다어 사용 지역의 이슬람 군주가 국제적 명성을 얻게 된 것이었다.

오늘날 인도네시아에서 순다어 사용자는 두 번째로 큰 종족집단을 형성한다. 순다인들의 고향은 자바해를 따라 이어진 좁은 해안과 프리앙안(Priangen) 산악지대가 결합되어 있다. 화산들, 가파른 지형, 울창한 숲, 산 속의 강, 비옥한 토양, 천연의 해양 항만들이 이 곳의 경관을 구성한다. 이 자바 서부 끝 지역에는 육지와 해상 무역로를 연결하고 순다인 수장들이 지역의 유행에 접하게 했던 돌도끼 생산업의 흔적이 있다. 타루마나가라(Tarumanagara)와 갈루(Galuh)라는 이름의 이 먼 과거 왕국들은 물질적 흔적을 거의 남기지 않았지만, 돌, 동판, 야자잎 등에 남겨진 기록은, 첫째로 국제적인 산스크리트 문화, 그리고 자바 문화의 영향을 보여준다. 5세기 타루마의 필경사들은 왕의 명령을 산스크리트어로 작성했다. 석공들은 그것을 남 인도의 팔라바 문자로 돌에 새겼다. 11세기가 되면 갈루의 필경사들은 동부 자바에서 발전한 카위 문자를 사용해서(지금은 구 순다어라 불리는) 구어로 왕의 명령을 기록하고 있었다.

구 순다어는 또한 힌두교와 불교의 종교 중심지에서 제작된 종교적 헌신과 가르침에 대한 작품을 위한 매개였다. 론타르 잎에 기록된 이 글쓰기 전통은 18세기까지 지속되었다. 전문 작가들에게는 여전히 힌두 신으로부터 내려온 혈통을 증명하는 가계를 만들기를 원하는 후원자가 있었다. 후원자들은 여행이나 결혼을 위한 상서로운 때를 계산하는 교본과, 관습, 신화, 마술적 금언 모음집을 원했다. 전문 작가들은 또한 여전히 론타르에 기록한 순다 왕들의 역사를 생산하고 있었다. 이것들은 파자자란의 마지막 흔적이다. 16세기 중반부터 자바어 사용자인 이슬람 왕들이 순다어 사용자들에 대한 동세를 확대했다. 그들은 무슬림 영웅들의 삶을 칭송하고 그 이야기들을 종이에 필사해서 책 형태로 만들었던 아랍어 저술가들을 후원했다. 16세기부터 이슬람 왕들은 자바 무슬림 문화를 순다 그리고 서쪽으로 순다 해협 너머 수마트라 지역까지 전파하는 작업을 했다.

순다 문학 전통은 서부 자바 왕실의 부유함의 기반이 한 자바 왕자 때문이라고 한다. 1156년 라덴 판차(Raden Panca)는 한 순다인 집단을 정복한 후 그들에게 논을 만들기 위해 벌목을 하고 주변 숲에서 야생 후추를 채집하도록 명했다. 파자자란 지배하에서 왕궁이 있는 수도와 그 승원 공동체 네트워크가 왕국 영토를 차지했다. 숲에 사는 반(半)유목 농민들은 세금을 후추로 내도록 요구받았다. 파자자란 지배자들은 파자자란의 항구인 순다 클라파(Sunda Kelapa)

에 정박한 중국인과 서아시아인 상인들을 통해 국제 후추 시장에 물건을 공급했다. 외국 상인들은 더 서쪽 치반턴 강(Cibanten River) 평야에 정착했다. 그들은 파자자란 지배자들에게 왕실 식사에 쓸 쌀, 운반에 사용할 수레용 말, 노예를 공급했다.

그들의 내륙과의 연계 그리고 힌두 신들에 초점이 맞춰진 왕실의 종교 의식을 고려할 때, 파자자란 엘리트들은 16세기에 서부 군도에서 발생하던 변화에 적응하기 좋은 상황에 있지 않았다. 계속해서 경작지를 옮기고 숲속의 덩굴에서 간헐적으로만 후추를 채집하는 농민들로부터 시장의 수요를 맞추기에 충분한 후추 공급량을 확보하는 것은 불가능했다. 왕실의 수입은 순다 클라파를 지킬 수 있는 해군을 지원할 수 없었다. 1527년 이 항구는 치레본의 무슬림 지배자 수난 구눙 자티 휘하의 군대에게 점령당했다.

강대한 세력이 되기 위해서, 파자자란 지배 계층은 야생에서 자라는 산물을 간헐적으로 채집하던 백성들을 영구 경작지에서 후추나무를 재배하도록 변모시켜야 했다. 정착된 농민들은 정부와 그 대리인들이 통제할 수 있었다. 16세기에 중국인, 아랍인, 포르투갈인 구매자들은, 충분한 양의 후추를 정기적으로 구할 수 있고, 그 지역 행정기관이 물건의 계량과 가격 책정, 치안, 안전에 있어 예측 가능한 기준을 집행하는 시장을 찾고 있었다.

파자자란의 힌두 엘리트를 대체해서 서부 자바의 무역을 장악한 상인들은 원래 자바 북쪽 해안의 도시 상업 공동체에서 왔다. 그들은 무슬림이고, 상업에 맞춰진 문화에 참여했고, 모스크와 시장 주변 거주지역에 정착했고, 아랍 세계와 군도의 이슬람 학습 중심지에서 온 학자들을 후원했다. 수난 구눙 자티는 그의 아들 하사누딘을 치반턴 평야의 상업 공동체 수장으로 임명했다. 1522년 하사누딘은 자신을 치레본과 파자자란에서 독립된 항구의 지배자로 선언했다. 그는 그곳을 반텐이라고 칭했다.

이 소도시는 치반턴 강의 두 지류에 의해 형성된 평야에 건설되었는데, 그 강의 수원은 남쪽으로 30km 정도 떨어진 산악지대에 있었다. 반텐은 많은 작은 섬들 덕분에 공해(公海)로부터 보호되는 깊은 항구를 보유했다. 하사누딘과 그 후계자들은 반텐을 왕족의 도시이자 순례지, 이슬람 학습의 중심지, 매력적인 시장, 선박의 보수와 물자 공급을 위한 장소로 탈바꿈함으로써 이 항구의 이점을 신장시켰다. 그들은 후추에 대한 접근을 늘리고 그 판매를 통제하기 위해 전쟁을 하기도 했다. 그들은 자신들의 항구 운영과 생산을 이익이 남는 사업으로 만들기 위해 중국인들을 고용했다. 이러한 방식으로 반텐 지배자들은 부를 창출하고, 반텐을 17세기의 중요한 인도네시아 술탄국으로 만들 기초를 만들어냈다.

제대로 된 외양을 갖추기 위해, 하사누딘은 자신의 수도를 자바 왕도 스타일로 디자인했다. 그의 왕궁은 벽으로 둘러싸인 단지 안에 일련의 건축물로 건설되었다. 그 앞에는 반얀 나무가 심어진 공공 광장이 있었다. 광장 주변에는 모스크, 시장, 쌀 창고 건물이 있었다. 도시 자체는 벽으로 둘러싸인, 도로들이 중심과 나침반 주요 방위의 입구들을 연결하는 사각형으로 디자인되었다. 이슬람 과학과 명상을 공부하는 것으로 명성이 높았던 하사누딘은, 반텐을 성지순례지로 발전시킴으로써 그 왕국 수도의 영예를 더 높였다. 그는 의도적으로 힌두교도들에게 신성한 장소를 수도로 선택했다. 그곳의 마술적 힘은 빛나는 바위덕분이었는데, 그것은 브타라 구루 잠팡(Betara Guru Jampang)이라는 힌두 성인이 명상을 하던 장소였다. 왕실 연대기인 『스자라 반텐』(*Sejarah Banten*, 반텐의 역사)에 따르면, 하사누딘이 그 지역 힌두 왕자의 군대를 물리친 후, 브타라 구루 잠팡은 이슬람으로 개종하고는 곧 사라졌다. 그가 명상을 하던 바위는 하사누딘에 의해 그와 후계자들의 왕좌로 전용되었다. 새 도시의 성벽 안쪽에는 곧 수많은 무슬림 성인들의 무덤이 생겼다. 반텐 왕들은 이 성인들에 대한 전설을 암송할 수 있는 사람들을 묘지 관리자로 임명했다. 그들의 명성이 퍼져가면서 그 무덤들은 성지순례와 명상의 장소가 되었고, 방랑하는 학자들과 많은 방문자들을 반텐 시장으로 끌어들였다.

반텐 지배자들은 또한 이슬람 세계를 여행하는 학자들에 대한 관용과 환대로 명성을 쌓았다. 그들은 외국인 이슬람 학자들을 사원의 수장과 판관으로 임명했고, 그들의 학습을 후원했다. 반텐 왕들은 딸들을 그들과 결혼시킴으로써 이슬람 학자들의 중요성과 명성을 선전했다. 아라비아와 다른 이슬람 지역에서 온 남성들이 반텐 왕실의 확대 가족이 되었다. 이런 이른 시기부터의 후원행위는 보상을 받았다. 1638년 메카에서 온 사절단은 반텐의 네 번째 지배자에게 술탄 칭호를 수여했다. 그는 술탄 압둘마파키르 무하마드 압둘카디르(Sultan Abdulmafakir Muhamad Abdulkadir)로서 1651년까지 통치했다.

후추 재배 지역에 대한 통제를 확대하기 위해 반텐 지배자들은 일련의 전쟁을 수행했다. 하사누딘은 우선 도시 남쪽의 파자자란 지역을 공격했다. 그는 힌두 왕국에 대한 자신의 군대의 공격을 성전으로 묘사했고, 새로 점령한 지역의 백성들에게 이슬람으로 개종하도록 명했다. 하사누딘의 아들인 몰라나 유수프(Molana Yusuf, 재위 1570~1580)는 1579년 파자자란의 수도와 그 농지들을 통제하에 넣는 등 반텐의 남진을 계속했다. 몰라나 유수프의 아들이자 후계자인 몰라나 무하마드는 바다 건너 남부 수마트라에서 전쟁을 수행했다. 전쟁에 패한 후 이슬람으로 개종하고 반텐 왕을 주군으로 인정한 수마트라 지배자들은, 반텐의 봉신이자 조공자로서의 지위를 가지고 자신의 영토를 계속 다스리는 게 허용되었다. 몰라나 무하마드는 1596년 수마트라에서 반텐의 지배를 확대하기 위한 전쟁 중 전사했다.

반텐 지배자들은 또 중요한 시장을 통제하는 술탄 집안에서 왕비를 선택함으로써 자신들의 영향력을 확대하고자 했다. 일례로, 하사누딘의 부인 중 한 명은 수마트라 서쪽 해안 기항지의 하나인 인드라푸라(Indrapura) 술탄의 딸이었다. 실레바르(Silebar)와 벵쿨루(Bengkulu)가 그 영향권에 있었는데, 이 두 항구는 반텐을 거쳐 군도로 들어가는 "무슬림 해상로"상의 위치로 인해 새로운 중요성을 띠고 있었다.

반텐의 새 엘리트는 순다인 백성들의 일상생활에 영향을 끼친 변화들을 가져왔다. 반텐 지배자들은 일단 파자자란 수도를 점령한 후 수도를 강 상류의 바탕 기랑(Batang Girang)으로 옮기지 않았다. 그들은 계속 평야에 뿌리를 두고, 인도네시아 군도의 무역과 사상 네트워크를 지향했다. 정부, 서신 교환, 칙령, 보고서의 언어로서 자바어가 순다어를 대체했다. 새로 고용된 필경사들은 아랍어를 쓸 수 있었기 때문에, 카위 문자로 순다어를 쓰는 지식은 거의 사라졌다. 순다어는 지적 담론에서 분리되었다. 이제 그것은 그저 백성들이 사용하는 구어였기 때문에 그 지위를 상실했다.

치반턴 강을 따라 농사를 짓는 가족들에게도 즉각적인 결과가 있었다. 그 강은 파자자란 수도를 위한 큰 물길로, 쌀과 삼림 생산물을 평야의 항구로 가져다주는 루트였다. 농민들은 논이 강의 간헐적 범람으로 물을 공급받을 수 있게 강둑을 따라 모내기를 했다. 반텐의 두 번째 왕은 농민들로 하여금 강물을 그 범람원 너머의 논에 보낼 수 있게 운하를 건설하고, 물을 가두는 댐을 건설하도록 명했다. 숲 속의 빈 터에 새로운 마을과 논이 만들어졌다. 농사를 짓는 가족들은 자신들을 위한 음식을 재배할 권리에 대한 대가로 그들의 경작지 끝자락에 후추나무와 생강을 심어야 했고, 그 산물을 왕의 납세 관리인에게 넘겨줘야 했다.

반텐 지배자들은 성전을 통해 지배권을 확대한 모든 곳에서 새로운 백성들에게 후추를 재배하도록 요구했다. 17세기 중반 술탄 압둘라 압둘 파타 아궁(Sultan Abdullah Abdul Fattah Agung, 또는 술탄 아젱 티르타자사 Sultan Ajeng Tirtajasa, 재위 1651~1682)은 자신의 핵심 영토 내의 모든 16세 이상 남성은 500그루의 후추 나무를 돌보도록 요구했다. 1663년 그는 이 요구를 그의 수마트라 영토의 모든 남성들에게로 확대했다. 후추 재배는 그들을 해외 시장을 위한 생산자로 전환시킴으로써 평민 남성들과 여성들의 삶을 변화시켰다. 그것은 그들이 정부 대리인의 감시하에 놓이게 했고, 한 가구가 일을 나누고 구성원들이 시간을 보내는 방식에 변화를 가져왔다. 또한 그것은 해안에서 온 새로운 소비재를 가정과 일터에 소개하는 수단이었다.

후추와 생활방식

후추는 기원전 600년경 남인도에서 자바와 수마트라로 유입되었다. 백후추는 익을 때까지 나무에 둔 더 큰 열매에서 나오는 반면, 흑후추는 덜 익은 열매를 따서 햇볕에 말려서 만든 것이다. 그러고 나서 외부의 껍질은 벗겨내고 열매는 말려야 한다. 후추는 그 덤불이 다른 작물들을 심은 경작지 끝자락에서 자라기 때문에 재배하기 적합할 수 있었다.

16, 17세기 인도네시아 군도의 공급자들은 후추 수요 압박이 증가한다고 느꼈다. 군도의 중국인 구매자 수가 늘어났다. 아랍인, 유럽인 상인들도, 중국인에게 팔 후추 공급을, 그리고 중동, 유럽 시장으로 전용할 다른 자원들을 찾아서 정기적으로 후추 항구들을 방문했다. 후추로 인해 발생하는 이익은 군도 공급자들이 판매를 위해 더 많은 후추를 일정한 양으로 생산하게 했다.

동남부 수마트라에서 생산을 늘리는 방법 중 하나는 농가들이 가족 구성원들 간 업무와 거기에 드는 시간 할당 방식에 변화를 주는 것이었다. 농사를 짓는 여성들은 후추의 대가로 옷을 주겠다는 제의를 받았을 때, 시간이 걸리고 지겨운 면직물 짜기를 포기하고 그로 인해 남는 시간을 더 많은 나무를 심고 후추를 생산하는 데 할애했다. 북부 수마트라 아체 왕들은 무역에 부과된 세금으로 후추 농장 설계를 위한 자금을 댔다. 그들의 무장집단이 북부 수마트라 내륙의 비무슬림 마을을 습격했고, 그들의 해군은 말레이 반도 서부 해안 마을들을 습격해서 일할 수 있는 나이의 남성을 포획한 후 그들을 북부 수마트라 해안을 따라 퍼진 후추농장에 보냈다. 반텐의 영토에서는 후추가 해외 시장을 위한 강제생산과 소비재의 증가를 유발했다. 아체에서는 후추로 인해 상업 대농장에서 노예에 의한 생산이 유발되었다.

반텐은 좋은 위치, 생산물, 구매자를 가졌다. 그 지배자들은 해외의 수요에 맞춰 생산물 공급을 늘릴 수 있도록 그의 백성들이 시간과 노동을 사용하는 방식을 바꾸게 강제할 의향이 있었다. 항구에서 멀리 떨어진 지역으로의 수출은 후추를 시장으로 가져오는 체계를 필요로 했다. 인도네시아의 인구는 흩어져 있었고, 수가 적었고, 육지와 해상에서 이동하고 있었다. 이런 이유로 군대는 노예를 얻기 위해 마을들을 습격했고, 칼리만탄, 술라웨시, 수마트라, 리아우 제도(Riau islands) 해안을 따라 근거를 두고 활동하는 해양 인도네시아인들은 노예무역을 전문으로 했다. 그들은 자신들 선단의 노잡이를 구하기 위해 마을들을 공격했다. 그들은 배로 사람들을 수송해서 군도 항구에서 농업 노동자, 짐꾼, 건설노동자, 공예가, 가사노동자 등으로 판매했다. 그러나 술루, 바자우(Bajau), 만다르(Mandar), 부기스인 노예상인들은 소규모로 사업을 운영했다. 그들은 수백 명의 일꾼이 필요할 때 십여 명의 노예를 생산했다.

시장 점포 임대료, 무역에 부과된 세금, 외국 상인들의 선물로부터 수입을 얻던 인도네시아 항구도시의 지배자들은 토착 산업에 투자하지 않았다. 그들은 자신들의 부를 정치 권력을 창조하는 데 이용했다. 그들은 왕권을 선전하기 위해 사치품을 수입했고, 노동력을 구매했다. 그들의 부는 자신들의 항구로 오는 바닷길을 도적으로부터 지키기 위한 함대, 그리고 영토를 확장하거나 포로를 획득하기 위한 약탈 군대를 위한 재원을 제공했다. 지배자들은 국제적 인맥, 재정과 조직의 기술, 그리고 숙련, 미숙련 노동자 네트워크를 가진 외부 사업가들을 수용하고자 했다.

아랍인과 유럽인 사업가들은 금융, 경영, 그리고 산업화 이전의 공예에 필요한 기술을 지녔지만, 그들의 근거지는 너무 멀었고, 인구가 너무 적었고, 그들이 육지와 선박에 대규모의 노동력을 제공하는 것은 비용이 너무 비쌌다. 중국 남부로부터 와서 활동하던 중국인 자본가들은 수출 중개인, 도매상, 점원, 목수, 금속공, 식물 재배자, 행상, 짐꾼을 공급할 수 있었다. 중개인들은 군도의 인도네시아인, 아랍인, 또 유럽인의 사업에 공급하기에 충분한 수의 사람들을 쓸 수 있었다. 중국인 중개인들은 군도 지배자에게 외국 상인들을 유인할 도시의 서비스들을 제공할 수 있었다. 그들은 내륙에서 수출용 생산물을 채집할 인력을 연달아 보낼 수 있었다. 그들은 판매와 교환을 위한 물건들의 공급을 위한 자금을 댈 수 있었다. 또 그들은 항구에 (물건을) 공급하고 징세 가능한 수출품을 제공할 농업과 광업 사업을 시작할 수 있었다.

아라비아와 유럽과 달리, 남중국과 동남아시아는 하나의 지역을 이룬다. 중국인 중개인들이 인도네시아 왕들과 관계를 형성했을 때, 군도는 남중국의 연안 생산지가 되었고, 인도네시아 지배자들의 영토에 거주하는 외국인 공동체의 증가를 촉진했다. 중국인의 사업은 다른 외국인들, 특히 유럽인들의 활동을 가능하게 하고, 인도네시아 술탄국들에서 수입품에 대한 의존을 늘렸다. 인도네시아 군도 지배자들은 외국인들이 지닌 기술을 자신의 백성들에게 장려하기보다는, 부를 축적하고 성인들과 종교 기구들을 후원했다.

군도 지배자가 그의 항구를 중국 상인들에게 개방할 때, 그는 항구의 늘어가는 인구를 먹여 살리기 위해 야채와 과일을 재배할 농장 부지를 다른 중국인들에게 임대했다. 그는 더 많은 땅을 사탕수수 재배와 가공을 준비하는 사람들에게 임대했다. 그는 숙련 공예가들이 작업장을 설립하게 허가해주었다. 항구 지배자들은 상점 주인들과 아편, 도박, 성산업 운영자들에게 허가증을 주었다. 그는 중국인들을 브로커, 검량인, 항만 관리자, 작가, 징세원으로 임명했다. 항구 지배자들은 또 중국인 무역 중개인이 사업을 관리할 노동력을 수입할 권한을 부여했다.

중국 사업가들은 노동력을 현지 공급원이나 노예시장에서 찾지 않았다. 노예 공급은 예측 불가능했고, 노예들의 관습과 언어는 중국인 감독관들에게 낯선 것이었다. 오히려, 사업가들은 남중국에서 그들이 사업을 하는 항구로 노동자들을 데리고 왔다. 그들은 중국인 사업가들에게 중국인이 제작한 물건을 공급했다. 중국인 행상들이 이 물건들을 가지고 마을로 가서 후추와 임산물과 교환하고, 그것들을 중국으로의 수출을 위한 집결지로 가지고 왔다. 군도 항구에서 멀리 떨어진 곳에 있는 인도네시아 사람들은 국제 시장을 위한 생산에 참여하고 해외에서 온 물품을 획득할 수 있었지만, 그들은 그들의 물건의 판매와 받는 가격에 있어 중국인이라는 하나의 판로에 의존했기 때문에 크게 성공하지 못했다.

중국인 노동자들의 정착지는 인도네시아 군도의 인구 밀도가 낮은 지역에서 빠르게 생겨났다. 17세기와 18세기에 중국인 공동체들은 칼리만탄에서 금을, 방카에서 주석을 캐냈다. 리아우(Riau)에서는 후추와 빈랑고(gambier), 반텐에서는 설탕을 재배했다. 이 자립적 정착지들은 인근 항구에서 중국인 상인들이 수출할 단일 품목을 생산했고, 일꾼들은 음식, 의복, 도구, 아편 등을 그 상인들에게 의존하고 있었다. 노동자들은 공통의 중국 방언과 원래의 종교,

형제의 맹세 의례에 의해, 그리고 이익 공유자로서 상호 간에 그리고 그들의 상사들과 연결되어 있었다. 그들은 군도의 군주가 권리를 주장하는 영토의 거주자였지만, 군주와는 오직 그의 중국인 중개인을 통한 상업적 관계로만 연결되어 있었다. 중국인 광업, 농업 공동체는 종종 지역 지배자의 촌락 인구보다 사람 수가 많았다.

중국인들은 또 사회의 전근대적 행정직들, 주로 징세원을 담당했다. 인도네시아 왕들은 시장 점포에 대한 세금, 도축세, 강을 건널 때의 통행세, 수출입 품목 관세의 권리를 팔았다. 중국인 징세원들은 지배자에게 지불한 돈을 충당하고, 비용을 보전하고, 이익을 남기기 위해, 다른 중국인들을 중개인, 경찰, 기록관리자로 고용했다.

인도네시아 역사 속의 왕과 중국인

인도네시아에서 가장 오래된 확인 가능한 중국인 영구 정착지는 수마트라 북동부의 파사이에 있었고 11세기 말부터 시작된 것으로 추정된다. 인도네시아 군도에서 중국인의 성공은 흔히 중국에서의 가난, 그리고 어려운 환경에서도 열심히 일하려는 중국인의 의지로 설명된다. 중국인의 성공은 또한 그들의 출신을 참고해서 이해되어야 한다. 중국인 이주자 중에는, 육체노동 종사자뿐 아니라, 중국의 오랜 제조업과 가공업의 산물인 숙련된 장인들도 있었다. 또 수출 작물 재배에 특화된 기술을 지닌 농민, 수리적인 능력과 상업 경험을 지닌 사람들도 있었다. 군도 지배자들에게 중국인의 가치 중 가장 중요한 것은, 인도네시아 사회에서 일하는 중국인들이 많은 지역의 시장 상황에 대한 폭넓은 지식을 가졌다는 점이었다. 그들은 중국의 남쪽에서 기후, 지형, 자원이 가장 유사한 지역에서 적용 가능한 특별한 기술을 보유한, 이동하는 사람들(mobile men)이었다.

20세기 전까지 인도네시아의 중국인 이주 노동자들은 남성이었다. 일 때문에 한 항구에 몇 달씩 머물러야 하는 사람들은 여성을 빌렸다. 정착한 사람들은 항구에서 여성과 결혼했고, 이주민 남성들, 현지인 부인, 자녀들, 인도네시아인 외가 친척, 그리고 중국에서 계속적으로 들어오는 새로운 사람들로 구성된 중국인 공동체로 이어졌다. 이런 공동체들은 중국과도 군도의 인도네시아 사회와도 연결되었다. 이들은 인도네시아의 많은 종족 집단 속에서 특색을 유지하는 새로운 사회적 분류단위로 등장했다.

이런 역사는 인도네시아 군도에 넓게 퍼진 여러 사회의 토착민들 사이에 중국계 주민들에 대한 공통적 태도를 만들어냈다. 현지인들은 중국인을 성공한 외부자로 보았고, 이것은 상당한 시기를 불러일으켰다. 은행이 생기기 전 중국인들의 현금 동원력은 그들이 대금업자라는 것을 의미했고 토착 사업가들이 그들과 경쟁하는 것을 어렵게 했다. 구애를 받았건 증오를 받았건, 중국인들은 인도네시아인들에게 필요한 존재였다. 인도네시아인들에게, "외래성(foreignness)"은 중국인의 사업을 비밀스럽게 보이게 만들었다. 확대 가족 구성원을 고용하는 관습은, 중국인의 사업이 현지인들에게 취업과 기술 확산의 원천이라기보다는 폐쇄적인 것임을 의미했다. 중국인들은 국제적 네트워크의 일부였기 때문에 공모하는 것으로 보였다.

그들의 외래성은 중국인들이 왕부터 아래로는 마을 수장들까지 전적으로 정치 엘리트들에게 의존하게 만들었다. 그들의 인맥은 그들에게 부를 늘릴 기회를 주었다. 기록 관리자로, 항만 관리자로, 중개인으로, 징세업자로, 그 외 다른 방식으로 권력자의 대리인으로서 봉사함으로써, 중국인들은 납세 인구를 희생해서 지배 엘리트들의 권력과 부를 증대시켰다. 왕이 주민들의 부를 착취하는 데 이용되었기 때문에, 중국인들은 오히려 지배자들보다 더 현지인들 다수를 박해하는 존재로 보였다.

반텐에는 중국인 상인, 행상, 공예가, 육체노동자, 그리고 작가, 회계사, 중개인, 번역가, 검량인 등의 전문직 종사자들이 있었다. 팀을 이룬 중국 노동자들이 목조와 석조 공공 건물, 담벼락, 다리, 집을 건설했다. 중국인들은 주요 모스크를 설계하고 건축했는데, 중국 스타일의 곡선 타일로 된 5단 지붕과 석조 기도탑 때문에 그것은 자바 모스크 건축에서 독특한 것이었다. 반텐 내륙에서는 중국인 도급업자들이 수출을 위한 설탕을 생산, 가공하기 위해 왕으로부터 토지를 임차했다. 그들의 노동자들은 사탕수수밭에 치반턴 강의 물을 끌어오기 위한 관개 공사를 했다. 중국인, 반텐인, 아랍인, 유럽인 상인들과 계약된, 팀을 이룬 중국인 짐꾼들이 마을 시장에 물건을 가지고 가서 임산물을 가지고 돌아왔다. 반텐의 중국인 수는 계속 증가했는데, 특히 17세기 술탄 아젱

치하에서 그랬다. 그의 재위 동안 중국인들은 항만 관리자와 세관, 검량의 책임자 등 핵심 직위에 임명되었다.

중국인의 영향은 지역의 성격에 따라 달랐다. 비무슬림으로서, 중국인들은 도시의 서쪽에, 무슬림 공동체를 둘러싼 성벽 밖에 살았다. 국제 시장도 치반턴 강의 서쪽 지류에 있었고, 거기서 중국인들은 상호 간에 또 인도네시아의 다른 지역과 중국, 인도, 아라비아, 유럽에서 온 상인들, 선원들과 사업을 했다. 이 국제 시장 지역이나 차이나타운에는 불교와 도교 사원이 있었고, 부유층의 석조 주택이 있었다. 대부분의 중국인들은 엉성한 목조 막사에 살았다. 관청에서는 중국인과 항구 여성의 가정에서 태어난 아이들은 중국인으로 간주했다. 반텐 시골 지역에서는 중국인들이 사탕수수 농장의 자급적 미혼자 공동체에서 살거나, 단기 체류자, 물건 배달원, 대금업자로서 반텐 마을들을 지나다녔다. 순다인들과 자바인들은 중국인들이 제공하는 서비스와 물건에 중독되었지만, 그들의 세계는 서로 만나지 않았고, 분리되고, 구별되었다. 반텐 왕도와 순다인 마을들에는 중국인 거주자가 없었다.

중국인의 기술은 인도네시아의 항구들과 수출 산업이 기능하게 했다. 그들의 성공은 외국 상인들을 매혹했고 그들이 계속 돌아오게 했고, 그래서 중국인들은 인도네시아 사회를 외부의 정보와 지적 유행에 개방시켰다. 인도네시아 역사에 결정적으로 중요한 것 중 하나는, 중국인들이 인도네시아 사회를 중국의 지식보다 이슬람의 지식에 노출시켰다는 것이다. 중국 문명에서 상인들은 사회 위계질서에서 가장 낮은 위치를 부여받았다. 해외 무역과 여행은 황제의 칙령으로 금지되었다. 중국을 떠나는 이주자들은 사회에서 버림받은 사람들이었다. 유학자들은 가르치기 위해 여행하지 않았다. 공적 여행자들은 황실의 사절단이었는데, 그들의 임무는 외국인들을 중국인으로 변화시키는 것이 아니라 그들과 그들의 생활방식에 대한 정보를 모으는 것이었다. 군도 공동체의 중국인 정착지에는 학인 계층이 부재했다. 차이나타운에서 가장 나이가 많고 존경받는 구성원은 중국 문학, 역사, 시, 그림의 전문가가 아니라 상인이었기 때문에, 중국적 위계질서가 뒤집혔다. 중국인 네트워크는 인도네시아 사회를 이슬람 네트워크에 노출시켰다. 이슬람은 학문과 상업을 모두 가치있게 여겼기 때문에, 이 네트워크는 상인과 학인을 다 포함했다.

이슬람으로 개종한 인도네시아 엘리트들은 예술과 과학에서의 비무슬림의 성취에 찬사를 보내는 데 익숙하지 않았다. 그들은 비무슬림으로부터 배우기를 원하지 않았다. 중국인들은 무슬림이 아니었기 때문에 포르투갈인들과 더불어 동정받거나 멸시받아야 할 카피르의 범주에 들어맞았다. 사람들은 중국인들과 물리적 거리를 두었다. 종종 중국인 가정의 소녀들을 왕실 하렘에 진상해야 할 의무가 있었음에도 불구하고, 중국인들은 왕실에 보내지지 않았다. 인도네시아 엘리트들에게 접근하기 위해서 중국인들은 그들의 외래성을 제거해야 했다. 술탄을 위해 고위직을 맡은 사람들은 임명의 조건으로 그리고 충성의 징표로 무슬림이 되었다. 개종은 중국인들이 왕실의 장에 진입하고 무슬림을 감독하는 자리에 임명될 수 있게 해주었다.

반텐에서 구매를 하던 포르투갈인들도 중국인의 서비스를 이용했다. 그들은 비무슬림 구역에서 집과 창고를 짓는 데 중국인 목수를 고용했다. 그들은 중국인 시장 점포에서 음식을 사고, 중국인 사창가에서 여성을 빌리고, 후추 공급을 얻기 위해 중국인 짐꾼과 계약했다. 그들은 후추를 마카오에 있는 그들의 정착지를 통해 중국에 팔았고, 산업화 이전 음식을 보존하고 맛을 내는 수단으로 후추의 수요가 있던 유럽에도 보냈다. 포르투갈인들은 유럽인의 부엌에서 음식 조리와 저장에 사용되던 다른 인도네시아 수목 생산물 시장에도 참여했다. 그들은 믈라카나 자바의 다른 항구에서 정향, 육두구, 메이스를 구매할 수 있었다. 그 가격은 향료들을 원 생산지에서 가져오는 거래의 수를 반영했다. 그래서 포르투갈 해운업자들은 마카사르처럼 생산지에서 가까운 항구에서 혹은 향료 생산지 자체에서 향료를 구매하는 데 관심이 있었다.

향료 제도: 인도네시아사 혹은 유럽사?

오래된 역사들은 16, 17세기에 스페인인, 포르투갈인, 네덜란드인이 육두구, 정향, 메이스를 위한 내수 시장을 찾아 당도한 때부터 인도네시아에 대한 이야기를 시작한다. 이런 역사들은 인도네시아 토착 작물을 거의 전적으로 유럽의 역사에 연결시킨다. 이런 식의 설명에서는, 십자군은 예루살렘, 트리폴리, 안티옥 등의 봉건국가의 군주로서의 짧은 역사를 통해 동방의 사치품에 대한 취향을 발전시켰다. 유럽에서는 상해가는 고기를 보존하기 위해 무슬림 시장에서 발견한 향료가 필요했다. 이슬람에 대한 증오는 유럽인들로 하여금 무역에서 아랍어 사용자 상인들을 물리치기 위해서 동쪽으로 바닷길을 찾도록 만들었다. 이런 역사에 의하면, 향료 제도의 "발견" 이후 향료의 생산과 판매에 대한 유럽인의 독점과 현지 경제의 황폐화가 뒤따랐다. 산업 시대가 되면서 유럽은 더 이상 향료가 필요 없게 되었고, 향료 제도는 완전히 잊혀져갔다.

향료 제도에 대한 인도네시아 중심의 서술은 매우 다른 주제들을 다룬다. 인도네시아인들의 향료 이용, 노동 통제 방식, 세습 군주들의 진화, 지배층의 이슬람으로의 개종, 트르나테 전투 함대의 발전, 유럽의 독점을 타파하기 위한 재배지의 이동과 판매방식의 변화. 인도네시아 중심의 서술은 뉴기니섬 북서부를 포함한 동부 군도를 인도네시아의 역사들과 통합시킨다. 향료 제도는 유럽과 교차하기는 하지만 거기에 매몰되지 않은 독립적 역사를 가지고 있다.

동부 군도에는 약 천 개의 섬과 도서군이 흩어져 있다. 이 섬들은 돛과 노로 움직이는 배가 근거지로부터 널리 여행하고 돌아올 수 있도록 해주는 해류와 몬순 계절풍에 의해 연결된다. (인도네시아인들에게는 말루쿠 Maluku로 알려지고 영어로는 몰루카 Moluccas인) 향료 제도는 트르나테, 티도레, 모티르(Motir), 마키안(Makian), 바칸을 포함하는데, 이들은 할마헤라 서해안에 원 모양을 형성한다. 정향은 이 섬들의 고유 산물이고, 육두구와 메이스는 반다 도서군의 고유 산물이다. 17세기에 네덜란드인들이 세람과 암본에 향료를 생산하는 나무를 옮겨 심었기 때문에, 유럽인들은 이들도 향료 제도라는 용어에 포함시켰다.

섬사람들은 덩이줄기와 과일을 채집하고 낚시를 함으로써 숲이 울창한 화산 정상과 높은 강우량이라는 자연환경에 적응했다. 생존에 가장 중요한 나무는 사고 야자(sago palm)였는데, 여기서 엘리트와 보통 사람들 모두의 주식이 되는 빵덩어리(loaves)를 구워내는 가루가 나왔다. 식용 사고 야자 종은 할마헤라, 세람, 부루(Buru), 아루, 바칸, 그리고 뉴기니 서부 반도의 삼림 늪지대에서 가장 풍성하게 자란다. 아주 작은 향료 도서의 주민들은 코코넛, 생선, 조개껍데기, 향료와 교환해서 사고 공급을 늘렸다. 식량 생산이 극히 적은, 멀리 떨어진 반다 제도에 살던 사람들은 저장고 구역이 있어 차별화된 배를 만들어서 생존 문제를 해결했다. 말루쿠 사람들 중에는 이들만이 바다에서 향료 운송업을 했다.

이 생산물 교환에서 가장 중요한 품목은 향료와 사고였다. 동부 군도의 우림에서 자라는 뿌리 작물들은 쉽게 상한다. 그러나 사고 덩어리는 보존기간이 매우 길다. 사고 덩어리는 항해시 생존을 위한 음식일 뿐 아니라 동부 군도의 많은 지역에서 수요가 있는 음식이었고, 상인들이 다른 물건을 살 수 있는 일종의 화폐이기도 했다. 그렇기 때문에 야자 전분을 가공해서 빵덩어리로 만드는 여성들의 작업은, 바다에서 생선과 진주층을 수확하고 원거리 무역을 하는 남성들의 작업과 긴밀히 연결되어 있었다.

육두구, 메이스, 정향은 쉽게 운반할 수 있는 무역 품목이었다. 육두구와 메이스는, 계속되는 비를 맞으며 반다 제도의 약한 화산 토양에서 더 큰 나무들의 그늘 속에서 자란 하나의 나무에서 생산되는, 두 개의 구별되는 향료이다. 그 열매는 간헐적으로 해가 나는 6월에서 12월 사이에 수확되었다. 그 가운데 있는 견과를 제거하고 그 검은 외피를 벗겨내서 말리면 메이스가 된다. 그 견과도 말리고 껍질을 벗겨 육두구를 만들 수 있었다. 정향은 연중 같은 시기에 할마헤라 인근의 아주 작은 섬들에서 채집되었다. 남성들이 아직 열리지 않은 꽃봉오리가 있는 잔가지와 잎들을 따오면, 가족들이 함께 정향, 즉 열리지 않은 꽃봉오리를 분리해내서 접시에 담아 햇볕에 말렸다. 향료 생산에는 팀을 이뤄 노동할 가족, 간단한 도구, 기본적인 가공 기술이 요구되었다.

야생에서 자라는 나무에서 채집하고 준비한 향료는 가족들이 음식을 사고 마을 수장에게 세금을 지불하기에 충분한 양이 생산되었다. 세금으로 징수된 향료는 촌장들에게 쇠도끼, 단도, 면직물, 구리, 은 등 군도 무역 네트워크에서 유통되는 물품들과 교환할 수 있는 생산물을 제공해주었다. 마을 엘리트들은 또 향료를 가지고 인도 비단 옷감, 자바의 금속 북, 중국 주화 등을 살 수 있었다. 시간이 지나면서 이국적인 물건들이 필수품이 되었다. 노동자들은 금속 도구의 우수성에 적응되어갔다. 엘리트들은 정교한 물품을 소유함으로써 보통 사람들과의 사회적 격차를 벌려갔다.

멀리 떨어진 지역에서의 아주 오랜, 생존을 위한 소규모의 생산물 교환이 보다 넓은 항해권과 시장에 연결되었다. 자바인과 말레이인 항해사들이 향료를 찾아 동부 인도네시아로 여행을 했고, 그 향료는 최종적으로 중국, 이슬람 세계, 유럽에서 판매되었다. 그들은 군도의 많은 지역에서도 향료에 대한 수요를 창출했다. 인도네시아 사람들은 향료를 그들의 종교 생활, 요리, 약재, 예술에 포함시켰다. 19세기부터 향료는 음식 가공과 냉장에 의해, 화학 염료, 수입 약재, 현금에 의해 대체되었지만, 인도네시아인들은 여전히 공산품 담배에 정향을 사용한다.

시장은 더 많은 양의 향료를 요구했을 뿐 아니라 그것을 생산할 수단도 공급했다. 여성들은 나무껍질 천 생산을 포기하고 면직물과 교환하기 위한 향료의 수확과 제조에 노력을 돌림으로써 그런 기회에 대응했다. 마을 촌장들은 숲에서 나무 위치를 파악하는 시간을 줄이고 생산을 늘리기 위해 향료 농장을 조직했다. 세람의 사고 생산자들은 그들이 통제할 수 있는 노동자의 수를 늘리기 위해 뉴기니에서 노예를 수입했다. 그들은 보다 많은 바다 여행을 위한 보급과 더 많은 소비재 구매를 위해 사고 농장을 발전시켰다. 14세기까지 반다의 항해사들은 트르나테, 세람, 카이, 아루, 서뉴기니, 자바, 믈라카 사이의 넓은 원을 항해하면서 인도네시아 생산물들을 국제 시장에 편입시키고 외국 제품을 수입했다.

항해사들은 그들의 서쪽에 있는 섬들의 유행을 동부 군도 공동체에 전했다. 지역 유력자들과 거래하던 외국 상인들은 그들에게 무역세와 면허료를 지불했고, 군도 다른 항구의 지도자들에게는 합당한 존경을 표했다. 그들은 왕족을 위한 언어를 사용했다. 대부분의 소규모 도서부 공동체들은, 유력 가문으로 올라가는 위계질서 속에서 마을 촌장들의 지배를 받았다. 이 촌장들은 선박이나 선박으로 보낼 물건을 소유함으로써 마을의 통치방식, 징세, 국제관계, 무역을 통제했다. 트르나테, 티도레, 마키안, 바칸, (서부 할마헤라의) 자일롤로(Jailolo)에서 지도권은 한 사람에게 집중되었고 그의 사후 한 남성 친척에게 계승되었다. 마자파히트 궁정 내부에서 이 지배자들은 자바 왕의 봉신으로 이해되었다. 1480년대와 1490년대 트르나테와 티도레의 지배 가문은 이슬람으로 개종했다. 몇 년이 지나지 않아 자일롤로와 바칸의 지배 가문도 이슬람으로 개종하고 술탄 칭호를 얻었다.

동부 인도네시아 군도는 자바와 뉴기니 사이 중간지대를 형성한다. 트르나테, 티도레, 마키안, 할마헤라에서 사용되는 언어는 북서부 뉴기니 사람들과 티모르의 일부 종족집단들이 사용하는 파푸아 어족에 속한다. 바칸 사람들은 아마도 북동부 칼리만탄의 말레이어 방언과 연결된 오스트로네시안 언어를 사용한다. 아마도 바칸 거주민들은 이 무역로상의 언어를 받아들였고, 그것은 멀리 떨어진 그들의 섬에서 독특하게 발전했을 것이다.

동부 인도네시아 사회의 기원 설화들은 긴 접촉의 역사, 넓은 지리적 지식, 그리고 무역로를 따라 여행하는 문화 메시지에 대한 수용성을 보여준다. 일례로, 바칸의 한 연대기는 국제적인 산스크리트어 칭호인 스리 마하라자(Srī Maharaja)를 댁한 왕에 대해 얘기한다. 그에게는 강한 폭풍으로 인해 바나에 흩어진 일곱 명의 아들이 있었다. 그들은 결국 와이게오(Waigeo)섬과 미술(Misool)섬, (북동부 할마헤라의) 방가이(Banggai)와 롤로다(Loloda), 세람, 세키(Seki)의 지배자가 되었고, 한 명은 바칸에서 아버지의 뒤를 이었다. 세계에 대한 확장된 지식을 보여주는 또 다른 기원 설화는 일곱 정령들 중 하나인 누르시파(Nur Sifa)와 결혼한 자파르 사덱(Jafar Sadek)이라는 중동 출신 외국인에 대해 얘기했다. 외국인 무슬림과 인도네시아의 천상의 정령 간의 이 결혼으로 아들 셋과 딸 하나가 태어났다. 이 아이들은 트르나테, 티도레, 바칸, 자일롤로의 지배자가 되었다.

16세기까지 부기스인 항해사들은 동부 인도네시아 시장의 단골 소비자였다. 중국 선박은 이 지역으로 진입하지 않았고 중국인들의 교본에는 술라웨시 동쪽으로의 항해에 대한 지침이 없었다. 트르나테와 티도레는 관할 영토를 확장함으로써 무역을 통해 부를 축적할 기회에 호응했다. 향료 판매는 전투 선단을 구축할 재원을 주었다. 한 해상 기반 제국의 왕은 해군을 이용해서 멀리 떨어진 영역에 습격을 감행했고, 봉신을 임명하거나 그 지역 지배자에게 칭호, 그리고 왕실의 서신, 깃발, 의상 같은 명예로운 표식을 수여했다. 왕과 봉신 가정 사이에는 여성의 교환이 있었다. 때로 트르나테는 무슬림을 봉신으로 세우기 위해 지역 분쟁에 개입하거나 지역 지배자를 전복시켰다. 해상에서의 힘을 통해 트르나테는 서부 할마헤라, 동부 술라웨시 해안지역, 북쪽의 민다나오, 솔로르, 반다, 세람 일부, 암본을 포함한 72개 조공국으로부터 세금을 걷었다. 티도레의 주요 봉신들과 세입 제공자들은 세람의 북동부 해안, 세람과 뉴기니 사이의 섬들, 그리고 뉴기니의 북동부 해안 구역들이었다.

믈라카에서 향료 제도를 향해 갔던 포르투갈인들은, 무슬림 상인들과 교사들을 받아들이는 지대의 가장 끝머리에 위치한, 조그만 섬들, 해상 기반 왕국들, 해상 순회로로 연결된 공동체들로 구성된 세계를 발견했다. 포르투갈인들은 처음에는 새로운 고객으로 환영받았다. 그들은 티모르, 플로레스, 술라웨시 같은 인도네시아 섬들, 반텐과 믈라카의 일부 장소들, 그리고 더 멀리는 중국, 일본, 실론, 인도와 아프리카 항구들, 남아메리카, 유럽을 아우르는 네트워크로 진입하게 해주었다. 현지 중개인들과의 사업과 숙소 건설을 허가받고서, 포르투갈인들은 왕실의 수집품에 시계, 거울, 지도 같은 물건들을 더해주었다. 그들은 해군 제국을 확장시킬 수 있는 총과 대포를 판매했다. 그들은 옥수수와 고구마를 소개했다. 그들은 기독교 문화를 홍보했다. 사제, 인쇄된 책, 표기 체계, 그리고 철학, 종교 전통, 정부 형태, 예술, 건축, 문학, 상업을 제공한다는 점에서 이슬람과 유사한 세계관이 포르투갈인들과 함께 여행했다.

포르투갈 기독교는 또한 왕족을 소중히 여겼다. 포르투갈인들은 이슬람의 대안 체계를 제공하는 것처럼 보였다. 그들은 막 이슬람이 제공하는 것을 배우는 과정에 있던 세계의 일부에서 비슷한 장점을 가진 경쟁자였다. 일부 지배자들은 흔들렸다. 몇몇은 기독교를 실험하고 그래서 포르투갈이 통제하는 아시아와 유럽의 상업적 지적 중심지들과의 관계를 형성하기로 결정했다. 예를 들어, 1577년 바칸을 다스리던 왕은 그해 로마 가톨릭으로 개종하고, 주앙(Joao)이라는 새 이름과 돈(Dom, 영주)이라는 칭호를 얻었다. 그는 아들에게 돔 엔리케(Dom Henrique)라는 세례명을 주었다. 그러나 인도네시아 바다에서 포르투갈 네트워크는 너무 비중이 적었다. 남부 술라웨시와 동부 군도의 외딴 구석 지역 지배자들의 수요를 감당할 만큼 사제의 수가 충분하지 않았다. 기독교를 실험해 본 대부분의 지배자들은 다시 이슬람으로 개종하거나 아니면 이미 지역과 국제 이슬람 네트워크의 일부가 된 더 강력한 왕들에 의해 왕위에서 쫓겨났다. 돈 주앙은 1577년 트르나테의 술탄 바불라(Baabullah)가 이끄는 부대와의 전투에서 죽임을 당했다. 북동부 술라웨시, 암본, 플로레스, 로티, 티모르의 일부 정착지에서만 개종이 인도네시아에서의 유럽 식민지배보다 오래 지속된다. 이 지역 지배자들의 후손들과 그 추종자들은 오늘날 무슬림 인도네시아에서 기독교인의 공간과 권리를 위해 싸운다.

포르투갈인들은 인도네시아 역사의 기록자들이었다. 사절들, 사제들, 여행자들은 일기를 쓰고 자신들의 인상을 보존한 회고록을 작성했고, 유럽의 지식인 써클에 인도네시아 군도를 소개했고, 다른 기록들이 전혀 없는 인도네시아인들의 삶의 순간들을 기록했다. 이 기록들을 보면, 중요한 국가들로부터 멀리 떨어진 작은 공동체들의 인도네시아인 남성, 여성, 아이들이 살아간다. 그런 예의 하나가 냐칠리 보키 라자(Nyacili Boki Raja)로, 그녀는 1530년대에 트르나테에서 무슬림 여왕으로서 통치하고자 했고 자신의 아들들을 위해 왕실의 특권을 보존하고자 시도했다.

냐칠리 보키 라자: 무슬림 여왕이 되고자 한 기독교 개종자

냐칠리 보키 라자는 포르투갈 문헌에 니아칠레 포카라가(Niachile Pokaraga) 라는 이름으로 등장한다. 냐칠리(Nyacili)는 향료 지역의 왕족들이 쓰던 카이칠리(kaicili)라는 호칭의 여성형이다. 티도레 지배자의 딸이었던 그녀는 1512년 트르나테 술탄과 결혼함으로써 경쟁 관계에 있던 티도레와 트르나테를 연합시켰다. 그녀의 왕족 남편은 일찍이 이슬람으로 개종한 것을 드러내기 위해 아불라이스(Abulais)라는 이름을 채택했다. 이미 많은 자녀가 있던 아불라이스는 본처인 냐칠리 보키와의 사이에 3남 1녀를 두었다.

술탄 아불라이스는 포르투갈의 대리인들이 트르나테에 정착하는 것을 허락함으로써 수입원을 확대했다. 포르투갈의 대리인의 책임자는 왕위를 삼촌, 조카, 혹은 가장 사랑하는 아들에게 계승하는 관습을 뒤집으라고 그를 설득했다. 아불라이스는 왕위를 냐칠리 보키와의 사이에 낳은 장자 아부 하얏(Abu Hayat)에게 물려줬는데, 그는 아불라이스가 사망했을 때 8세 정도였다. 냐칠리 보키는 아부 하얏의 섭정을 맡았고, 자기 자식들을 다른 경쟁자들로부터 보호하기 위해서 그들을 1522년 건설된 석조 요새에 보내서 포르투갈인들의 관리하에 두었다.

1526년 냐칠리 보키의 아버지인 티도레 술탄이 사망했다. 이 때 그녀는 혈연 집단의 수장들로 구성된 트르나테 원로원에 의지했다. 1530년까지 그녀는 자신의 지배권을 방어하고 왕위 경쟁자들로부터 자식들을 보호하기 위해 이슬람을 이용했다. 그녀는 비무슬림에 대한 성전을 선포하고 주변 국가들과 봉신국들에 포르투갈인들을 봉쇄해줄 것을 요구했는데, 그들은 그녀의 아들들을 여전히 보호 관리하에 혹은 인질로 잡아두고 있었다. 전쟁기간 중 아부 하얏은 독살당했고, 살아남은 형제 하나는 티도레로 도주했다. 그러자 냐칠리 보키는 트르나테의 최고 권력자인 파티 세랑(Pati Serang)과 결혼했고, 그는 살아남은 아들들 중 막내인 타바리자(Tabarija)를 대신하여 섭정으로서 지배하려 시도했다. 계속되는 전쟁의 와중에 1534년 포르투갈인 관련 문제의 새 책임자는 트르나테의 지배 세력을 붙잡았고, 모후와 타바리자, 파티 세랑, 다른 관료들을 포박해서 고아로 보냈다.

타바리자는 트르나테에서 포르투갈인들에 의해 양육되었었다. 이 퇴위한 지배자는 고아에서 포르투갈 왕을 자신의 종주로 인정했고, 그것을 표현하기 위해 종주의 종교로 개종하고 돔 마누엘(Dom Manuel)이라는 이름을 얻었다.

1542년 타바리자-돔 마누엘이 21살이 되었을 때 그는 고아 총독의 명에 따라 무리를 이끌고 트르나테를 통치하기 위해 돌아갔다. 새 왕은 곧 독살되었다. 그가 죽자, 지역의 포르투갈인 공동체는 냐칠리 보키를 트르나테의 여왕이자 포르투갈의 봉신으로 인정했다. 아불라이스와 다른 여성 사이의 아들 하나가 군대를 이끌고 냐칠리 보키를 폐위하고 전 재산을 몰수했다. 그녀는 트르나테의 포르투갈인 공동체로 피신했고, 거기서 1547년에 프란시스 하비에르(Francis Xavier)에게 세례를 받았다. 그녀는 도나 이사벨(Dona Isabel)이라는 이름으로, 고아로부터 돈을 받는 왕족 연금 수급자가 되었다. 기독교로 개종하기 전 포르투갈에 맞서는 성전을 주창했던 무슬림 여왕은 트르나테의 역사 전통에서 삭제되었다. 그녀의 이력은 왕실이 현지, 지역 세력들과 맺은 동맹관계, 결혼과 개종의 이용, 그리고 기록지로서의 외부자들의 역할을 잘 묘사한다. 그녀의 삶은 인도네시아 공동체들에서 왕족들, 그리고 지배자가 되고자 했던 사람들에게 열려 있던 많은 가능성을 보여준다.

오래된 문헌에서는, 포르투갈인들은 주로 유럽사의 맥락에서 고려된다. 유럽인의 아시아 여행을 촉발한 동기들, 포르투갈 제국의 창조, 다른 유럽 상인들과의 경쟁, 인도네시아 역사에서 네덜란드인들이 그들을 대체한 것. 이런 문헌들에서 인도네시아인들은 수동적 관찰자, 희생자, 혹은 개종자로서 배경 속으로 사라져간다. 포르투갈인들의 여행과 선교가 중요한 결과를 초래했기 때문에, 포르투갈인들은 인도네시아 역사의 맥락에서도 고려되어야 한다. 예를 들면 포르투갈인들은 동부 군도에서 다른 외국 상인들과 더불어 향료에 대한 수요를 만들어냈고, 지배자들은 인도네시아 노동자들이 경작 방식을 바꾸고, 더 열심히 일하고, 더 많은 세금을 내고, 더 많은 물건을 원하도록 만들었다. 정향과 육두구 재배가 새로운 지역으로 확대되었고 음식 공급에 대한 수요가 늘어났다. 세람의 지주들은 향료에 집중하는 지주들에게 팔기 위한 사고 빵덩어리 생산을 촉진하기 위해 뉴기니에서 더 많은 노예를 수입했다. 더 많은 뉴기니 수장들이 쇠도끼와 옷감을 귀하게 여기기 시작했고 수입품을 늘리기 위해 더 많은 백성들을 인도네시아 노예시장에 내놓았다. 추가 공급은 인도네시아 상인들의 활동을 증가시켰다. 암본은 자바와 말루쿠 사이를 여행하는 배들이 선호하는 급수지였다. 암본에는 포르투갈인 상인들의 정착지가 있었지만, 그곳은 또 히투(Hitu)의 무슬림 정착지가 정치적 중심이자 인도네시아 정향 무역 시장의 중심으로 발전한 곳이기도 했다.

포르투갈인들은 자신들이 가진 아시아 제품(자기, 옷감, 철물)의 일부를 향료 생산자들에게 팔았고, 수입품이 필수품이 되도록 거들었다. 그들은 또 인도네시아 군도 시장에 유럽 생산품의 공급을 더했다. 기계 시계와 인쇄된 서적은 일부 인도네시아인들을 새로운 지식 체계로 소개했다. 화기, 탄약, 대포는 몇몇 인도네시아 지배자들이 함대에 무기를 갖추고 자신이 관할하는 납세 지역을 확장하는 데 유용했다.

항구에 거주하고 바다에서 일하는 인도네시아인들만이 포르투갈인들에 대해서 알고 있었다. 해상로에서조차 포르투갈인들은 늘 소수였다. 16세기 군도 동쪽에서 대부분의 현지, 도서간 무역은 반다인들이 수행했다. 대부분의 장거리 무역은 자바인들이나 말레이인들이 수행했다. 서부 군도에서는 포르투갈인의 세금을 피하기 위해서 무슬림 사업가들이 그들의 사업을 반텐으로 이동시켰고 그곳의 새로운 무슬림 엘리트의 경제 안정에 도움을 주었다. 군도 연안 부근에서의 무슬림 지배 확대, 그리고 항구와 육로에서, 생산에 있어 성장하는 중국인 사업 네트워크가 16세기 인도네시아의 주요 국면이었다. 포르투갈인들은 그 세기의 기록자로서의 역할이 가장 중요하다.

네덜란드 선박은 1595년에 처음으로 인도네시아의 후추 항구에 도달했다. 정박, 사업, 건축 허가를 얻기 위해, 네덜란드인 사절들은 항구와 왕궁의 인도네시아 관료들과 협상해야 했다. 인도네시아의 바다를 항해하면서 네덜란드인 선장들은 인도네시아인들의 기술, 항해 지식, 주요 장소들을 잘 알게 되었다. 물건의 매매를 통해 그들은 다양한 종족으로 구성된 항구 거주자들을 접하게 되었다. 포르투갈인들과 마찬가지로, 네덜란드인들도 인도네시아인들의 삶을 기록했고, 그들의 다양한 경험의 기록은 유럽에서 인쇄되고, 유통되고, 보존되었다. 인도네시아의 왕들의 비문, 세금 칙령, 서사시, 인도네시아 사상가들의 종교적 생산물과 더불어, 일상생활에 대한 네덜란드인들의 기록이 있다. 16세기 마지막 몇 년 반텐과 아체의 후추 항구들은 네덜란드인들의 그림과 대화를 통해 생생하게 전달된다.

포르투갈인 데 브리토는 인도네시아 선원들과 인도네시아 바다를 항해하는 모습을 묘사하고 물건들이 어떻게 서로 맞물린 바닷길 순회로들을 이동하는지 설명했다. 네덜란드인들은 술탄과 관리들, 외국 상인들, 현지 상인들, 노예들이 있는 왕국의 항구도시들을 묘사했다. 일례로 1598년 운영되던 반텐의 국제시장을 그린 네덜란드 그림은 물건들이 어떻게 전시되고 각 종족 집단이 어떤 물건을 팔았는가를 설명한다. 그 그림은 또 남성과 여성 상인들의 활동 범위의 차이를 이해할 수 있게 해준다. 시장은 무슬림 도시 성벽 밖에 있었고, 작은 배들을 대고 남성 선원들이 직접 고객에게 물건을 팔 수 있게 강둑에 위치했다. 여성들이 탁 트인 공간이나 나무 아래에서 튜브 모양의 바구니에 담은 멜론, 콩, 오이, 섬유를 파는 모습이 보인다. 남성 상인들은 지붕 없는 점포에서 설탕, 꿀, 대나무, 고기, 생선, 채소, 쌀, 향료, 후추, 무기 등을 판매한다. 중국 상인들은 지붕이 덮인 점포에서 대규모로 활동했고, 화가가 구자라트인(Gujeratis)과 벵갈인이라고 표시한 사람들은 쇠와 도구들을 판매한다. 이 시기의 시장을 그린 또 다른 네덜란드 그림은 이슬람의 상업 및 문화 생활을 인도네시아적 맥락 속에서 보여준다. 상인은 터번을 쓰고 예복으로 전신을 두르고 신발을 신은 무슬림 남성이다. 항구에서 그가 얻은 노예들이 그의 물건들을 운반한다. 이 남녀 노예들은 옷을 거의 입지 않았고, 맨발에 모자도 쓰지 않았다.

또 다른 네덜란드인 프레데릭 데 하우트만(Frederik de Houtman)은 1599년 아체에 도달했고, 그의 경험을 기록했다. 이 기록을 보면 무슬림 지배층이 모든 외국인들을 종교에 따라 분류했고, 그것이 방문자의 거주지, 기회, 운명을 결정했음이 명확하다. 데 하우트만과 그의 선원들은 나포되지마자, 이슬람으로 개종할 경우 아체에서 자유와 거주지를 제공받고 아니면 죽을 것이라는 제안을 들었다. 무리 중 5명은 종교를 바꿨고, 부인을 하사받고, 그 항구의 혼혈 인구 속으로 섞여서 사라져갔다. 술탄 알라우딘 리아얏 샤 알-무카밀(Alau'ddin Ri'ayat Syah al-Mukammil, 재위 1589~1604)은 데 하우트만에게, 그가 개종함으로써 고용주에 대한 충성을 입증할 경우 그에게 모든 네덜란드 상인들과 협상할 왕의 대리인의 자리를 주겠다고 제안했다. 술탄은 포르투갈어에 능통한 왕실의 통역에게 의존하는 대신, 이 새 유럽인들과 직접 협상할 수 있는 중개인을 원했다. 데 하우트만은 거부하고 18개월을 감옥에서 보냈다.

데 하우트만은 간수들과 함께 그의 말레이어 실용 지식을 향상시키면서 투옥 기간을 잘 활용했다. 그는 말레이어 단어, 용법과 그 네덜란드어 번역을 담은 긴 목록을 만들고 사람들 간의 12개의 대화들을 기록함으로써 그들이 가르쳐준 것을 보존했다. 첫 번째 대화에서는, 네덜란드인 선장이 그의 선원들과 함께 도착하고, 코끼리를 통해 술탄에게 서신을 보내고, 술탄을 직접 찾아가 만나고, 선물, 선적 화물, 그리고 무기 판매에 대한 질문에 대답한다. 두 번째 대화는 외국 선박이 어디서 오는가, 그리고 그 선적 화물, 경로, 선장의 신선한 음식과 물에 대한 필요 등을 설명하기 위해 불가결한 모든 것을 다룬다. 다른 대화들은 시장에서의 흥정, 아픈 선원을 위한 육지에서의 치료 주선, 내륙으로의 여행을 위한 방향 문의, 빚의 변제, 사기 행각, 시장 가격, 일반적인 저녁 식사 대화 등을 담고 있다. 그 대화들은 지배자들의 무역에의 직접 개입, 외부 세계에 대한 소식과 정보에 대한 외국인 방문자들에의 의존, 그리고 궁정과 항구 사회의 이슬람적 분위기를 드러내준다. 예를 들어 아체인들은 모든 대화를 아랍어 인사로 시작하고 끝맺었고, 이에 상응하는 네덜란드어가 첨부되었다. 데 하우트만의 대화들과 단어 목록은 네덜란드에서 1603년에 출간되었다.

네덜란드인들은 이슬람화되어가던 군도에 포르투갈인들이 자신의 네트워크를 세우기 시작한 지 100년 후에야 인도네시아 역사 속으로 항해해 들어왔다. 네덜란드인들은 무슬림 정부들이 성숙해갈 때 도착했다. 그들의 첫 기항지인 아체는 거의 100년간 이슬람 기구, 가치, 세계관을 발전시켰다. 두 번째인 반텐은 50년간 이슬람화되어 있었다. 군도의 동쪽 끝에서는 향료 생산 지역들 그리고 믈라카에서 이어지는 길의 주요 정박지에 무슬림 지배자들이 자리잡았다. 네덜란드인들은 군도에서의 사업권을 위해 인도네시아 지배자들과 협상하기를, 아시아 지역간 무역에서 유럽인 경쟁자들을 몰아내기를 원했다. 그들은 향료제도에 이르는 노선을 따라 있는 일련의 정착지들에서 포르투갈인들을 넘어서는 네덜란드 네트워크를 구축하기 시작했다. 1605년에 그들은 암본에서 포르투갈인들을 물리치고 그들의 요새와 거주지를 장악했다.

같은 해 루우(Luwu)와 마카사르의 왕들은 이슬람으로 개종한 후 성전을 개시했고, 그 결과로 술라웨시 남부의 모든 국가들과 비마, 부퉁, 슬라야르에 이슬람 지배자가 들어섰다. 1600년경 중부 자바의 쌀 생산 촌락들을 이슬람 지배층이 장악했고 그들은 그 국가를 마타람이라고 불렀다. 네덜란드인들이 자바해를 항해하는 것을 배우고 있던 기간 동안, 마타람 지배자들은 자신들의 지배 영토를 확장하기 위해 기습 공격조를 파견했다. 그 군대들은 곧 자바 북쪽 해안 항구도시들을 공격했다. 15년 이상 그들은 북부 해안 술탄국들을 에워싸고, 지배자를 교체하고, 봉신국을 세웠고, 1628년과 1629년에는 반텐과 네덜란드 상인 거주지를 진압하기 위해 서부 자바에서 전쟁을 일으켰다.

17세기와 18세기 내내, 네덜란드인들은 강력한 술탄국의 주변부에서 활동했다. 그들은 인도네시아 바다 사람들 가운데 하나가 되어 군도의 고속도로를 항해하고, 무역을 하고, 기습공격을 하고, 라이벌을 물리치려는 인도네시아 왕들이 활용할 수 있는 육군과 해군을 배치했다. 그들은 협상 혹은 점령에 의한 군도 군주들과의 동맹을 통해 인도네시아의 바다와 삼림 생산물 국제 무역의 일부를 통제하는 것을 목표로 했다. 네덜란드인들은 대규모 아시아 무역에 적응했다. 그들은 네덜란드인의 선박으로 운송할 물건을 공급하는 것을, 네덜란드 수입품들을 군도의 작은 마을 시장에서 다시 팔기 위해 작은 배송품들로 나누는 것을 아시아의 뱃사람들과 상인들에게 의존했다.

인도네시아 군도의 네덜란드인들은 상인, 회계 담당자, 검사관, 장인, 과학자, 종교지도자, 화가, 사절, 군인이었다. 그들은 아시아 여성들의 파트너 혹은 남편이었고, 인도네시아에서 태어난 아이들의 아버지였다. 무슬림 왕에게 그들은 기독교 유럽을 대표했다. 인도네시아의 군 사령관, 항해사, 장인, 농민들에게, 네덜란드인들은 화약, 선박 설계, 지도 제작, 금속공예, 농업 등에서의 혁신의 전달자였다. 네덜란드인들은 왕궁에서의 협상에서, 일터에서, 종교 의례에서, 그리고 장부에서 인도네시아인들과 소통할 때 자신들의 언어나 포르투갈어보다 말레이어 사용을 선호했다. 그 전문 작가들은 아랍 표기 체계와의 경쟁 속에서 로마자를 말레이어 표기를 위한 알파벳으로 도입했다. 17세기와 18세기에 인도네시아 세계에서 네덜란드인들은 동맹이자 카피르였고, 친구이면서 적이었다.

• • • •

인도네시아 술탄국들 안에서: 네덜란드 봉신국, 동맹, 기록자, 적, 이교도

17세기에 인도네시아 술탄들은 권력을 확대하기 위해 노력했다. 국제항의 지배자들은 공격과 봉신 책봉을 통해 내륙에도 권력을 확대했다. 그들은 이슬람 개종을 백성들의 생각을 형성하고 지배자와 피지배자 간의 유대를 공고히 하는 수단으로 생각했고, 그래서 도심과 시골에 이슬람 기구들을 홍보했다. 이슬람 네트워크의 고속도로를 여행하는 주변부 학자들은 그들의 수도에서 환영받았다. 술탄들은 백성들에게 무상 노동과 생산물로 세금을 내도록 요구함으로써 그들의 시간을 통제했고, 그렇게 해서 자신들이 수출과 수입에 세금을 걷는 시장으로 물건이 흘러 들어오도록 유도했다. 지배자들은 중국인 네트워크 수장들에게 채굴, 농사, 징세 허가권을 판매함으로써 자신들이 수입을 늘렸다. 술탄들은 노예제, 습격, 결혼 동맹이라는 검증된 방법으로 권력을 확대했고, 여기에 새로운 방법을 더했다. 그들은 네덜란드인들을 고용하고 그들과 동맹을 맺었다.

트르나테와 티도레 술탄들은 네덜란드와 향료 판매에 대한 독점 협약을 체결했고, 늘어난 수입을 전쟁용 선단을 구축하고 이웃 도서들의 해안 지역에까지 납세 지역을 확장하는 데 사용했다. 남부 술라웨시에서는, 무슬림 왕자인 아룽 팔라카(Arung Palakka)가 화약과 전투 인력에 대해 네덜란드인들과 협약을 맺었고, 이것은 그가 그 반도 모든 왕국들 위의 종주가 되고 또 네덜란드인들이 그의 경쟁자를 대체해서 마카사르 항구의 수장이 되는 결과를 가져왔

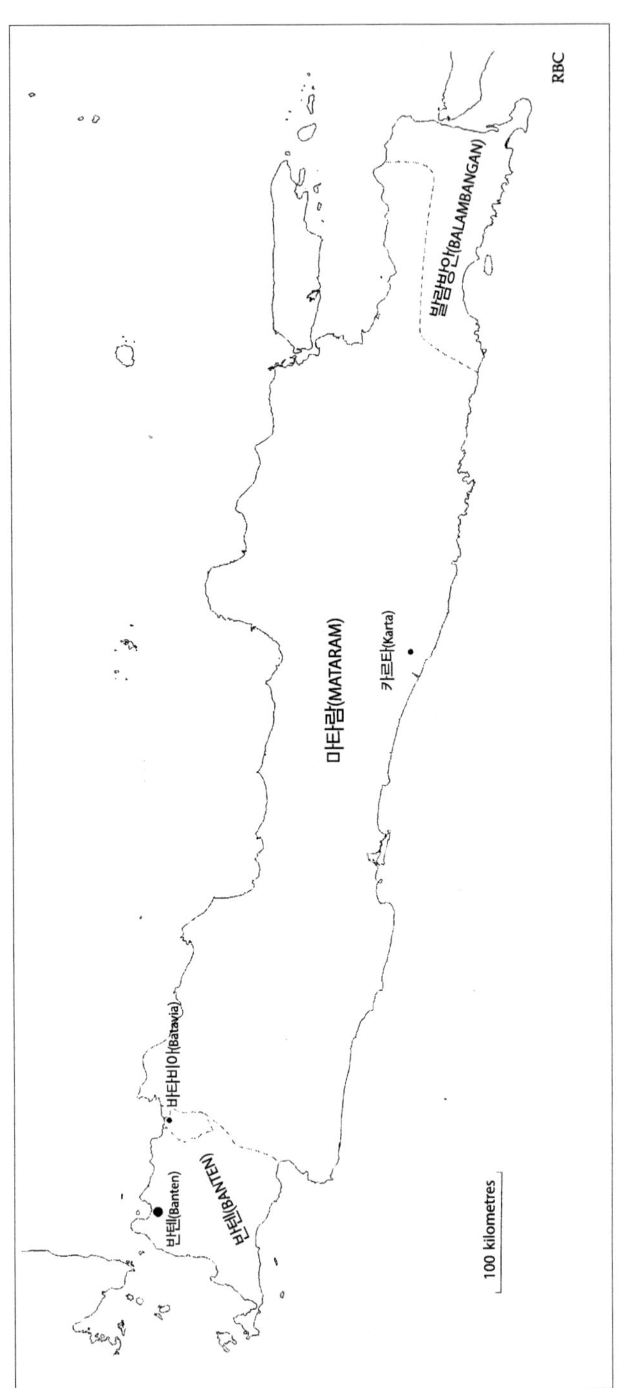
RBC
발람방안(BALAMBANGAN)
마타람(MATARAM)
카르타(Karta)
바타비아(Batavia)
반텐(Banten)
반텐(BANTEN)
100 kilometres

자바, 17세기 초

다. 자바에서는 마타람 왕들이 경쟁자들로부터 왕좌를 수호하기 위해 네덜란드 군인들을 고용했다. 아망쿠랏(Amangkurat) 1세는 자바의 항구들을 폐쇄하고, 자바인 조선공들에게 대규모의 원양용 선박 축조를 금지시키고, 네덜란드인들에게 그의 선원이 될 자격을 주었다. 부통 지배자들은 마카사르 술탄의 지배로부터 그들을 풀어주는 협약을 네덜란드인들과 체결했다. 1680년대 마타람 왕의 봉신들은 자신의 구역에서의 간섭 없는 점유권에 대한 약속과 네덜란드인들의 새로운 작물 재배 실험에서 나오는 이익에 이끌려서, 네덜란드인 편으로 돌아섰다.

반텐과 마타람에서 왕들은 네덜란드인의 선물을 받아들였고 네덜란드 수석 행정관을 "형님"이라 칭했다. 네덜란드인 봉신들이 너무 강력해지고 요구조건이 많아졌을 때, 인도네시아 왕족들은 다른 용병들에게 눈을 돌렸다. 그들은 네덜란드인들을 이교도라 선언하고 그들에 대한 성전을 주창한 무슬림 교사들을 후원했다. 술탄들은 네덜란드의 무기와 제조 기술의 획득을 수하들과 경쟁자들에게 맡겼두었다. 네덜란드인들이 인도네시아인들의 정부 운영 방식, 사회적 관습, 언어들에 광범위한 조사를 했던 반면, 인도네시아의 전문 작가들과 사상가들은 네덜란드인들에 대한 글을 거의 쓰지 않았고 그들의 생활방식에 대한 호기심도 거의 없었다. 네덜란드인들은 그런 지식을 이용해서 정치적 상황을 반전시켰다. 19세기가 되면 그들이 종주이고 인도네시아 술탄들이 봉신이었다.

제국주의 역사와 인도네시아인들에 의한 역사에서, 1595년 5척의 작은 네덜란드 선박의 도착은 인도네시아에서의 350년간의 네덜란드 지배의 시작을 뜻한다. 제국주의 역사는 네덜란드인들을 중시한다. 인도네시아인들이 쓴 역사에서도 네덜란드인들은 서사의 중심에 있다. 군주들, 설교자들, 보통 사람들은 1945~1949년의 통합된 독립 전쟁으로 네덜란드가 쫓겨날 때까지 저항한다. 이런 역사 서술 방식은 제국주의와 민족주의의 요구에 호응하고 그들을 만족시키지만 인도네시아 사회들의 역사들(histories)의 흔적을 없앤다. 민족주의적 시각으로 보면, 인도네시아 왕들은 외국인을 고용하고 자기 백성들을 새로운 지식과 사회적 역할로부터 배제함으로써 부를 얻고 권력을 보존하려 했던 사람들이라기보다, 네덜란드에 저항했던 영광스럽지만 불운했던 사람들로 그려진다. 민족주의적 시각은 인도네시아 사람들을 (인도네시아인과 네덜란드인) 지배층의 희생자가 아니라 외국인(네덜란드인)의 희생자로 설정한다. 제국주의적 시각은 인도네시아인들을 경제에 있어 원시적인, 수동적인 백성 혹은 광적이고 완고한 저항자로 치부한다. 두 시각은, 새로운 상황의 이점을 포착하고, 새로운 기술을 배우고, 기차 여행에서 공식 교육과 정치 참여에 이르기까지 근대성의 도전에 맞섰던 보통의 농민과 노동자의 역사들을 무시한다.

민족주의적 시각은 문화적 지적 교환의 역사를 생략한다, 예를 들어, 초등학교 어린이를 위한 인도네시아 역사책은 네덜란드 군인들과 싸우는, 창과 크리스로 무장한 인도네시아 남성들을 보여준다. 이 그림들은 인도네시아 전쟁 사령관들이 기꺼이 유럽의 장총과 대포를 사용하려 했던 점보다, 또는 그들이 금속공들에게 대장간에서 유럽 수입품의 복제품을 생산하게 하고 또 중국인과 유럽인 상인들로부터 탄약을 구매했다는 기록보다, 영웅주의를 강조한다.

네덜란드인들은 17세기와 18세기에 인도네시아 역사들 속에서 많은 역할을 수행했다. 전체적으로 볼 때 그들은 일부 계층들과 지역들의 삶에 관련되었고, 다른 지역들의 경우 영향을 조금만 주거나 거의 주지 않았다. 동맹으로서 또 적으로서 그들은 인도네시아인들이 주연인 인도네시아의 맥락에서 살고, 일하고, 결혼했다.

군도에서 바자우인, 부기스인, 부통인, 말레이인 같은 바다 사람들은 다약인, 바탁인, 미낭카바우인, 토라자인, 티모르인, 발리인 같은 삼림 고지대 공동체들에게 외부 세계와의 연결을 제공해주는 것을 전문으로 했다. 바다 사람들은 그 지역 소식과 물건을 가지고 다녔다. 그들은 종종 보다 강력한 국가들의 정치적 의지를 강요했다. 인도네시아 바다 사람들은 자신들이 특정 해안을 따라 근거지를 둔 언어 혹은 종족 집단의 구성원이라는 인식이 있었다. 그들은 자기 배의 노잡이 확보를 위해 많은 지역들을 공격했다. 그들은 군도 전역을 항해했다. 그들의 작업 습관과 장소는 인도네시아의 바다, 하늘, 바람에 대한 지식에 의해서, 군도의 자원에 대한 그들의 지식에 의해서, 그리고 술탄과 그 대리인들과의 고객 관계에 의해 결정되었다. 그들의 활동의 규모는 선박 하나가 팔아야 하는 물품의 양에 의해 결정되었다.

17세기에 인도네시아 바다 사람들은 네덜란드인이라는 경쟁자를 만났다. 스페인에 의한 지배 그리고 종교적 자유와 자치를 위한 투쟁이라는 자신들의 역사로부터, 네덜란드인들은 출신 지방과 마을의 차이보다 중요한 민족적 종교적 정체성을 획득해왔다. 그들의 삶을 통제한 것은 왕이 아니라 네덜란드 도시들의 행정을 통제하던 상인들이었다. 네덜란드 선박들은 북쪽 바다와 대서양을 항해했고, 16세기 말부터는 인도양, 중국해, 인도네시아의 바다를 여행했다. 네덜란드인들의 작업 습관과 장소는 네덜란드 해안 소도시들에 위치한 상사들의 이사진에 의해 결정되었다. 1602년 이 회사들은 연합 동인도회사(The United East Indies Company), 즉 (네덜란드어 이름 Vereenigde Oost-Indische Compagnie의 앞글자를 딴) VOC로 통합되었다. 17세기와 18세기에 VOC는 인도네시아 군도에서 유럽인과 아시아인의 가장 큰 고용주였다. 인도네시아 섬들에서 네덜란드는 국제적 시각과 지구적 활동이라는 면에서 부기스인이나 바자우인보다 중국인과 유사했다. 그들은 튼튼한 자본과 대규모 경영 기술을 보유했다.

초창기에 네덜란드 선박들은 인도네시아의 후추, 향료 중심시들에 입항했다. 그 사절들은 항만 관리들과 지역 지배자들에게 선물을 제공했고, 사업 허가를 받고자 했다. 무슬림 지배자들은 그들에게 중국인들과 더불어 도시 성벽 밖에 구역을 배정했다. 네덜란드인들은 인도네시아 지배자들에게 자신들을 다른 유럽 상인들의 적으로 소개했고 후추와 향료 판매의 가장 큰 몫을 얻기 위해 치열하게 경쟁했다. 그들은 다른 유럽인들을 시장에서 배제시키면 은이나 인도산 직물 같은 인기 물품으로 바로 대가를 지불하겠다고 제안했다. 네덜란드인들은 현지 권력이 약한 곳에서는 유럽인 경쟁자들을 공격해서 몰아냈다. 현지 지배자가 강한 곳에서는 세금, 비용, 사업권 지속 여부의 예측 불가능성과 씨름했다. 머지 않아 그들은 선적, 판매, 외교를 조정하고, 물품을 비축하고, 선박을 수리하고, 육지와 해상의 군사력을 집결시키기 위해 자신들의 본부를 건설하기로 결정했다. 그 본부는 인도네시아 술탄들로부터 자유로운, 네덜란드 통제하에 있는 항구에 있어야 했다.

VOC의 본부가 된 곳은 자야카르타(Jayakarta)라는 이름의 작은 항구였다. 1600년에 그곳의 순다인과 중국인 인구는 약 2천 명이었고, 반텐의 봉신인 그 곳의 지배자는 자신을 술탄이라 칭하고 자바어를 행정어로 사용했다. 1618년 반텐의 술탄 압둘마파키르(Abdulmafakir)는 자야카르타 성벽 밖에 있는 네덜란드인 기지를 파괴하기 위해 무장 집단을 보냈다. 그곳의 주둔군은 1619년 5월 VOC 선박이 와서 반텐 세력을 해산시키고 봉쇄를 풀 때까지 5개월 간 공격을 물리쳤다. 네덜란드군은 곧 자야카르타 술탄을 폐위하고 그의 황궁과 사원을 불태웠다. 유럽인의 기독교식 행정이 자바인의 무슬림 지배를 대신했고 항구 이름을 바타비아로 바꿨다. 새 정부는 네덜란드 개혁교파(Dutch Reformed Church)를 바타비아 지배층의 종교로 홍보하고, 무슬림 달력을 기독교 달력으로 대체하고, 기독교 문화 고양을 위해 학교, 교회, 법정을 세웠다.

소유 형태로서의 작명

순다 클라파(Sunda Kelapa)는 네덜란드가 인도네시아 군도 본부로 선호하던 지역의 원래 명칭이다. 그것은 1527년까지 파자자란 왕국의 항구였는데, 그 해 치레본 술탄이 후원하는 무장세력이 순다 클라파를 점령하고 "위대한 승리"라는 뜻의 자야카르타로 개명했다. 그 이름을 로마자로 표기하려던 네덜란드인 필경사들이 자카트라(Jacatra) 라고 썼다. 1619년 VOC 세력은 자야카르타를 점령한 후, 네덜란드인들이 자신들의 조상이라 여기는 게르만 종족을 기리기 위해 이곳에 바타비아(Batavia)라는 이름을 붙였다. 이후 바타비아는 인도네시아 군도를 일본, 대만, 말라야, 남아

프리카 항구들과 연결하는 해상 네트워크의 중심이 되었다. 인도네시아의 지배자들에게 바타비아는 군도에서 핵심적인 네덜란드인 거주지였고, 그곳의 총독은 왕으로 인식되었다.

수십 년간 바타비아는 자바에서 가장 작은 국가였다. 1800년 VOC가 해체되고 네덜란드 왕실이 VOC가 장악한 인도네시아 항구들을 넘겨받은 후에도 바타비아는 네덜란드의 행정 수도로 존속했다. 1850년에서 1940년 사이 네덜란드 세력은 전체 인도네시아 군도를 집어삼켰고, 바타비아는 네덜란드령 동인도라는 네덜란드 식민지의 수도가 되었다.

1942년 일본이 네덜란드령 동인도를 점령하고 이 곳을 세 개의 점령지로 분리했다. 일본 육군 16부대가 바타비아를 본부로 삼고서 자카르타(Djakarta)라고 명명했다. 자카르타는 더 이상 군도를 아우르는 국가의 수도가 아니었다. 그것은 그저 자바의 주요 도시가 되었다.

일본이 연합군에 항복을 선언하고 이틀 뒤인 1945년 8월 17일, 수카르노가 자카르타에서 인도네시아인의 독립을 선언했다. 네덜란드 군대가 1946년에 이 도시를 탈환하고 바타비아라는 이름을 부활시켰다. 1949년 12월 인도네시아의 독립이 국제적으로 공인되었을 때, 새로 탄생한 인도네시아연방공화국(federal Republic of Indonesia)의 수도는 자카르타(Djakarta)라고 선언되었다. 이 도시는 계속 수도로 남아있지만, 인도네시아어 철자 개정에 따라 1972년부터 자카르타(Jakarta)라고 알려지게 되었다. 이 이름은 새로운 국가인 인도네시아에서 식민지기와 그보다 오래된 순다인들의 과거를 대체한 자바 무슬림 문화의 확산을 상징한다.

네덜란드 행정가들은 바타비아를 국제적인 시장으로 발전시키기 위해 인도네시아 지배자들의 정책을 모방했다. 그들은 내륙에 대한 바타비아의 통제를 확대했다. 그들은 바타비아에 중국 상인들이 입항하고 중국 장인들이 정착하도록 장려했다. 그들은 중국인들이 수출 작물을 재배하고 주변 촌락에서 상업 활동을 하는 것을 허가했다. 그들은 중국인들에게 징세 허가증을 판매했다. 바타비아 행정부는 또 아시아 바다에서의 네덜란드 해운을 조정하고, 인도네시아 왕들에게 사절을 보내고, 아시아 시장에서의 분배를 위해 선적 화물을 비축했다. 매년 바타비아 지배자들은 네덜란드로부터 온 선박들을 받아들였고, 사람들과 화물은 아시아의 네덜란드인 네트워크의 다양한 지부들에 배정되었다. 그들은 또 매년 아시아로부터의 선적 화물, 아시아 식물들의 견본, 사업과 발견의 기록들, 간혹 있는 아시아인 학자와 학생을 운반해서 유럽으로 돌아가는 장거리 여행을 할 선단을 조직했다.

바닷길을 경영하고 해안 소도시에 살던 인도네시아인들이 네덜란드인들과 처음 마주쳤다. 그들은 네덜란드 선박에 대해서 인도네시아 선박과 비교해서 크다는 첫인상을 가졌다. 유럽과 아시아를 오가며 여행하던 네덜란드 선박은 평균적으로 길이 55m에 세 개의 닻, 예닐곱 개의 갑판, 백여 명의 선원을 갖추고 있었다. 그것들은 보통 28개의 대포, 8개의 선회포, 많은 소총으로 무장되었다(군도 항해를 위해 제작된 네덜란드 선박은 더 작아서, 28~37m 길이에 2개의 닻과 1~2개의 갑판이 있었다). 대조적으로 같은 시기 자바인, 중국인, 말레이인, 부기스인 선장인 선박들은 보통 길이는 7~11m였고, 5~8명의 선원이 있었고, 두 개의 대포와 장총, 화약으로 무장되었다.

규모가 더 컸기 때문에, 네덜란드 선박들은 수심이 더 깊은 연안에 정박해야 했다. 인도네시아인들과 네덜란드인들의 삶은 처음부터 서로 얽혔다. 군도 사람들이 소유하고 운행했던 현지 선박들이 네덜란드 선박들을 만나러 나갔다. 현지 선원들은 음식과 깨끗한 물을 가져다주면서 처음으로 그 외국인들과 접촉했고, 항구로부터 그리고 항구로 사람들과 화물을 운반했다. 현지 상인들은 VOC 물건의 작은 일부를 인근 시장에 가져갔다.

현지의 물품들을 모으고 네덜란드 선박에 싣는 작업은 4개월까지도 걸릴 수 있었다. 이런 큰 사업은, 아시아 물품들을 안전하게 VOC의 배에 집어넣고 200명이 넘는 선원들에게 음식과 여흥을 제공하기 위해 많은 인도네시아인들의 서비스를 필요로 했다. 항구 거주자들은 네덜란드인들에게 닭고기, 염장 생선, 레몬, 달걀, 그리고 배의 램프에 필요한 기름을 팔았다. 현지 사업가들은 VOC 선원들을 해변에 있는 집창촌으로 데려갔다. 현지 항해사들은 네덜란드 배에 승선해서 그들이 작은 섬들과 사주, 강 입구를 보호하는 모래톱 등을 해치고 항해할 수 있게 이끌었다. 군도 항구에 사는 인도네시아인들은 사람들과 물건들을 아시아로 향하게 하고, 항해, 과학, 제조업에 대한 최신 지식에 의존하는 거대한 산업체의 존재를 눈치챘다.

VOC 선박들은 암스테르담에 있는 회사 조선소에서 네덜란드인 죄수들과 자유 노동자들에 의해 제작되었다. 밧줄, 돛, 총열, 닻, 못 등은 모두 VOC가 정한 규격 기준으로 현장에서 제작되었다. 회사 본부에는 소와 돼지를 잡기 위한 도살장과 고기를 보존하기 위한 훈연실이 있었다. 긴 항해 중 신선한 고기를 공급하기 위해 살아있는 동물들을 배에 태우기도 했다.

VOC: 회사

네덜란드 의회로부터 나온 연합 동인도회사(The United East Indies Company)의 헌장은 이 회사를 아시아에서 네덜란드의 무역을 담당하는 유일한 대행자로 지정했다. 모든 네덜란드 사업가들은 동인도회사를 구성하는 6개의 회사들 중 하나에 소속되어야 한다. 회사에 고용된 사람만이 아시아의 VOC 사업에 참여할 수 있다. 회사의 모든 화물과 사람은 회사 선박을 통해서 이동해야 한다. 17명의 회사 이사들이 암스테르담에서 만나서 그곳에서 총독과 고위 관료들, 상인, 점원, 장인, 학자, 목사를 지명하고, 선박에 필요한 물품을 준비하는 것과 선원, 군인의 채용을 관장한다. VOC 이사들은 네덜란드인 중개인들을 통해 선박 축조와 화물 조합을 위한 주문을 넣었다. 그들은 또 아시아에서의 수입품을 위한 경매를 관장하고, 도선사들을 위한 기준을 정하고, 새로운 발명을 장려하고, 네덜란드와 아시아에서의 연구와 출판을 재정적으로 후원했다.

VOC 이사들은 방대한 양의 회사 문서보관소에 소장된 성문 지침에 따라 사업을 운영했다. 이런 지면 기록은 때로 VOC 고용자들이 아시아 사회들의 작은 틈새를 메웠다는 사실을 인지하기 어렵게 했다. 그들은 아시아 사회들을 압도하지 않았다. 네덜란드인 조직이 훨씬 더 잘 알려져 있기는 했지만, 네덜란드인들이 온 이후에도 중국인, 아랍인, 인도인 네트워크는 그들의 활동을 계속했다.

VOC 선박들은 최신 항해 장비를 탑재했다. 선장들은 지도와 나침반, 그리고 해도에 위치를 표시하기 위한 양각기, 거리 계산을 위한 평면도, 천문 위치 파악을 위한 도구들, 그리고 해저면 표본 추출과 대양의 깊이 측정을 위한 수심측정용 줄 등을 받았다. 회사의 급여를 받는 사람들이 항해 교본을 만들었다. VOC는 또 해도와 선장들을 위한 경로를 생산하는 자체 수계 지리학 부서를 보유하고 있었다. 회사는 선박을 위해 소방 장비의 개발을 장려했고 새로운 소화 펌프를 아시아 도시에 수출했다. VOC 외과의사들은 톱, 부젓가락, 바늘, 주사기, 송곳, 그리고 약초, 꿀 설사약, 분말, 석고, 로션, 화학약품 등을 담은 구급상자를 가지고 승선했다.

네덜란드인들이 인도네시아의 바다에서 지배적일 수 있게 해 준 항해술은 실전 경험과 도구, 문해력이 결합된 것이었다. VOC 선박의 1등, 2등 항해사는 글을 읽고 쓸 수 있어야 했고, 17세기부터 그들은 VOC에 고용된 특별 시험관들에게 그들의 실용적 이론적 지식을 입증해야 했다. 선박의 선장들은 그들의 항해 기록을 보관하고 검사를 위해 제출하도록 요구되었다. 18세기에 VOC는 로테르담과 암스테르담에 간부들을 훈련하는 학교를 설립했고, 1743년과 1755년 사이에는 바타비아에 현지 소년들을 훈련시키는 해양 학교를 실험했다.

1602년부터 1795년까지, 5천 척의 선박이 네덜란드에서 아시아로 항해했고 100만 명을 이동시켰다. 이런 대이동은 인구가 150만에서 200만에 불과했던 네덜란드만으로는 일어날 수 없는 일이었다. 다른 유럽 소도시들과 국가들이 VOC 선박의 군인 대부분을 공급했다. 네덜란드인 남성들이 배를 운항하고 회사의 사무직을 담당했다. 3천 명 중 한 명만이 네덜란드로 돌아갔다. 절대 다수는 아시아에서 일하고 사망했다. 이주자 중 여성은 거의 없었고, 그래서 인도네시아 항구에서 가정을 꾸린 네덜란드인 남성들의 배우자들은 아시아인이었다.

VOC는 보관용 단지와 바구니, 깔개 제작을 아시아 장인들의 기술에 의존했다. 회사는 군도의 강을 거슬러 항해할 수 있는 작은 배를 만들기 위해 자바인과 중국인 조선공들을 고용했다. VOC는 디자인과 항해에 대한 유럽식 원칙들, 특히 돛대와 삭구(rigging), 쇠못, 닻, 돛 제작을 위한 면과 마의 사용 등을 군도의 조선공들 사이에 전파했다. 군도 항해사들은 유럽식 항해 도구를 받아들이지는 않았지만, 그들은 자신들의 배를 대포와 회선포로 무장시켰고 선원들에게는 장총과 창을 갖추게 했다. 유럽인들은 군도 항해사들로부터 현지의 해안선, 바람의 패턴, 별, 해류에 대해 배웠다. 그들은 인도네시아 사람들의 지식을 지도, 해도, 지도책에 포함시키고 보존했다.

VOC 선박들은 인도네시아 바다 사람들과 항구 노동자들을 네덜란드인들의 발명, 생산품, 작업 방식으로 안내했다. 네덜란드인 통제에 놓인 항구들—암본(1605), 바타비아(1619), 반다(1621), 카이와 아루(1623), 믈라카(1641), 타님바르(Tanimbar, 1646), 티도레와 쿠팡(1657), 마카사르(1669), 미나하사(1679), 그리고 1680년 이후 트갈(Tegal), 스마랑, 자파라, 름방, 수라바야—은 인도네시아 내륙 주민들이 네덜란드식 도시 설계, 시 행정, 생활방식을 접하게 했다.

인도네시아의 지식과 유럽의 지도

말레이 반도는 프톨레마이오스(톨레미 Ptolemy, 87~150)가 그린 지도에 등장하는데, 그는 알렉산드리아(Alexandria)에서 동방(eastern lands)에 대한 여행자들의 이야기들을 합리화하려고 노력했다. 그러나 인도네시아 군도 지리학자들은 알려진 사람이 없다. 대신 16세기와 17세기 유럽 지도 제작자들은 그들이 그린 지도에 인도네시아 선원들, 선장들, 상인들, 순례자들, 탐험가들의 지식을 보존했고, 점차 정확도가 높아졌다. 예를 들어, 포르투갈인 지도 제작자인 프란시스코 로드리게스가 그린 26개의 지도 작품집은 부분적으로 그가 1511년에 믈라카에서 자바, 발리, 숨바와, 티모르, 반다, 세람, 플로레스로 했던 여행에 기초했다. 그 지도들은 또한 브루나이와 향료제도도 포함하는데, 로드리게스는 이곳들을 방문하지는 않았지만 인도네시아 선원들을 통해 알고 있었다.

많은 유럽 지도 제작자들은 자신들이 형상화하려는 땅을 직접 본 적도 없었다. 선장들, 상인들, 자연학자들, 탐험가들, 선교사들이 그들을 찾았고, 철학자들과 과

학자들은 정보를 분석하고, 사실과 허구를 구분하고, 세계에 대한 그들의 생각 속의 비어 있는 공간을 채우기 위해서 베니스, 앤트워프, 암스테르담에 있는 그들의 작업실에서 만났다. 처음에 지도 제작자들은 스리랑카와 수마트라섬, 자바와 말루쿠 제도의 상대적 크기, 뉴기니와 호주 대륙의 관계를 혼동했다. 1550년대가 되면 지도 제작이 탐험을 위한 항해와 보조를 맞추기 시작했지만, 발견과 출판 사이에는 항상 시간차가 있었다.

VOC는 유럽 최고의 지도 제작자들을 고용했다. 17세기 네덜란드인들의 바다와 육지 지도책은 네덜란드에서 멀리 떨어진 세계에 대한 지식이 지속적으로 축적되었음을 보여준다. 지도 제작은 유럽인들이 멀리 떨어진 공간을 따라가고 소유할 수 있게 해주었다. 지도는 장소들에 대한 많은 유럽인들, 아시아인들의 특정한 지식을 요약해준다. 지도는 세계를 인식하는 새로운 방식을 만들어냈다. 지도 제작자들은 사람들이 스스로를 지리적, 정치적 관계 속에서 볼 수 있게 해주었다.

인도네시아 군도에서 항상 네덜란드인의 핵심 도시였던 바타비아는 바다, 네덜란드 함대, 그리고 바타비아를 아시아, 유럽과 연결하는 해상로를 지향했다. 항구와 정박된 선박, 정착지를 보호하기 위해 바다 끝자락에 바타비아 성이 설계되었다. 그것은 사무실, 그리고 회사의 주요 대표자들과 상인, 점원, 회계사, 창고지기, 종교 지도자, 예술가, 외과의사, 판사, 군인들의 주거 구역을 갖추고 있었다. 성 안에는 창고들, 교회와 회관이 하나씩 있었다. 초기에 모든 VOC 직원들은 성 안에 있어야 해서 도개교는 해질녘에 들어올려졌다. 성의 대포 아래에는 칠리웅 강(Ciliwung River) 어귀 너머까지 장벽이 펼쳐졌다. 상선들은 도심의 시장과 창고로 물건을 가지고 오기 전에 관세를 지불해야 했다.

성 주위로 성장해간, 이 성벽으로 둘러싸인 도시는 각 종족 집단의 구역을 나누고 각 구역마다 VOC에게 각 지역을 대표할 수장을 배정했다는 점에서 군도 항구들과 유사했다. 유럽인 구역은 시청, 광장, 교회가 있는 독특한 네덜란드식 특징을 지녔다. 유럽인 남성들은 시의원으로서 또 바타비아의 빈민 구제원, 고아원, 병원 등의 자선기관의 감독자로서 직책을 맡았다. 그들은 도시 방어를 위해 민병대로, 공공 의식에 의장대로 편성되었다.

당시 인도네시아 도시들은 귀족들의 주거지를 둘러싼 촌락들의 집합이었다. 주택들은 나무들 사이에 흩어져 있었고, 여행은 오솔길이나 강을 따라 이루어졌다. 이와 대조적으로, 네덜란드인들은 나무를 베고, 사각으로 구획된 곳에 집을 배치하고, 교통은 길과 운하를 따라 이루어졌다. 바타비아의 도개교, 덧문이 달린 집들, 바퀴 달린 교통수단, 좁은 길들을 그린 당시 그림들은 라이덴(Leiden)과 같은 네덜란드 도시들을 연상시킨다.

종교를 지배층에 대한 충성의 표현으로 봤다는 점에서 바타비아 행정가들은 군도 왕들과 유사했다. 아시아에 있는 이 회사의 도시들에서 고위직에 오르고자 하는 남성들은 네덜란드인이면서 개혁교파(Reformed Church) 구성원이어야 했다. VOC관할 도시로 이주한 포르투갈인, 유라시안(Eurasian), 아시아인들은 가톨릭 신자일 경우 개신교로 개종해야 했다. 1740년까지 기독교의 어떤 다른 종파도 바타비아에서 기도회나 종교 교육을 하는 것이 허용되지 않았다.

개종에 대한 네덜란드인의 규율은 이슬람, 힌두교, 불교, 혹은 다른 토착 종교 신자들에게는 적용되지 않았다. 이런 면제는 네덜란드인들이 "무어인의", "이단의", "비종교적"이라고 한 신앙들에 대한 존중에서 나온 것이 아니라, 국적과 종교를 나란히 맞추는 네덜란드의 역사적 경험의 산물이었다. 네덜란드인들에게 유럽인들은 기독교인이었다. 아시아인들은 자신의 고유 종교를 가지고 있었다. 그런 이유로, VOC는 바타비아에 모스크와 사원 건축을 허용했고, 모스크 관리를 임명하고 봉급을 주었고, 코란에 대한 맹세를 용인했다. VOC의 태도는 인도네시아 역사에서 결정적인 것이었다. 대부분의 군도 공동체들은 여전히 그들의 지배자들이 권장하는 종교에 매여있었다. 군도의 대부분의 선교사들은 여전히 무슬림이었다. 그 결과, 극소수의 핵심 네덜란드인 직원들, 그 부인들, 자식들, 가까운 동료들만이 기독교 신자인, 네덜란드인이 지배하는 도시 내부와 주변에 무슬림 인구가 살고 있었다.

바타비아 성벽을 둘러싼 땅은 채소밭과 쌀, 설탕을 위해 영구적으로 개간되었다. VOC는 중국의 자신들 근거지에서 노동력을 수입한 중국인 사업가들에게 토지를 임대했다. 이 농사 사업은 도시가 확장되면서 계속해서 성벽에서 먼 곳으로 밀려갔다. 교외는 소규모로 쌀 거래, 수공업, 여관업을 하는 이주자들의 근거지였다. 이들 대부분은 과거 인도와 인도네시아 군도의 포르투갈 소도시의 거주자들이었다. 그들은 보통 아시아계 혼혈이고, 포르투갈어를 구사하고, 이전에 로마 가톨릭 신자였다. 다른 거주자들은 회사와의 계약기간을 채운 후 아시아에 영구 정착하기로 선택한 전직 VOC 직원들이었다. 18세기에 바타비아의 주요 네덜란드인 거주자들은 도시 내에 집을 가지고 있었고, 현지 순다인들이나 발리에서 수입된 노예들이 작업하는 성벽 밖의 과수원과 논 사이에 별장을 지었다.

1619년 VOC 군대가 자야카르타를 점령했을 때, 네덜란드는 반텐 술탄국과 치레본 사이 해안가에 길게 뻗은 대지에 대한 권리를 주장했고, 이 지역의 순다인과 자바인 공무원들은 이제 네덜란드인들에게 충성을 맹세했다. 코코넛, 소두구(cardamom), 후추가 바타비아로 흘러 들어갔고, 그 곳에서는 이제 술탄이 아닌 네덜란드인 지배자들이 시장에서 수입을 얻고 이 물건들에 대해 수출세를 걷었다. VOC 행정 조직도에서, 바타비아의 내륙을 이루는 구역들은 치안 위원회의 감독하에 있었다. 마을 사람들의 일상생활은 다양한 방식으로 규제되었다. 어떤 땅은 네덜란드인들과 중국인들에게 판매되어 이들이 사적 영지처럼 지배했고, 어떤 땅은 VOC 군대 지휘관인 자바인이나 발리인들에게 분배되었고, 또 어떤 땅은 순다인 귀족들이 통제했다.

바타비아는 네덜란드 지배하의 작은 도시였다. 1624년 그 인구는 8천 명이었다. 그러나 1670년 바타비아 인구는 13만 명이었고, 그것은 17세기 중반 아체(4만 8천 명)보다 많았고, 스마랑(1654년 110만 명), 자파라(1654년 10만 명), 반텐(1696년 12만 5천 명)과 비교될 만 했다. 바타비아는 주민들의 종족적 다양성, 자유민과 노예의 구분에 있어 이 도시들과 닮았다. 네덜란드인들은 유럽에서는 노예 노동력을 고용하지 않았지만, 인도네시아의 상황에 적응해서 노예를 소유하고 사용했다. 1819년 네덜란드 행정부가 노예제를 폐지할 때까지, 대부분의 바타비아 주민들이 노예였다.

바타비아는 또한 국제 상인들에게 도시의 서비스를 제공하고 상품을 시장으로 이동시킨, 성장하는 중국인 공동체가 있었다는 점에서 군도의 항구들과 유사했다. VOC는 네덜란드인들이 통제하는 도시들로부터 도보 2시간 거리까지로 중국인들의 활동을 제한하는 통행증을 발급함으로써 중국인들을 통제하려 했다. 그러나 중국인 상인들은 촌락민들, 상인들과 거래하는 데 있어 네덜란드인들의 이익을 대변하는 존재였다. 그들은 선금을 지불했고, 물건을 공급했고, 어떤 네덜란드인들도 들어간 적이 없는 촌락들에서 세금을 징수했다. 중국인 소매상들, 통행세 징수원들, 짐꾼들은 인도네시아인들의 작업 생활을 네덜란드 동인도회사의 이익에 맞게 짜넣었다.

중국인들에게, 바타비아는 설탕, 임산물과 해산물의 생산에 있어 남중국 연안 지역의 중심이었다. 이 항구는, 금광과 주석광 그리고 후추와 빈랑고 재배에 중국인 노동자들을 투자한, 지역 전체로 퍼져가던 중국인 네트워크들의 중심지였다.

비록 바타비아가 중국인들에게 중국인 도시였고 네덜란드인들에게는 세계적 사업의 본부였지만, 그것은 항구들로 구성된 군도 세계 내에 존재했다. 바타비아는 자바의 가장 큰 국가인 마타람 술탄국의 주변부에 있는 작은 도시였다. 그것은 마타람 왕이 자바섬 전체로 지배권을 확대하려고 시도하던 시기에 자바 역사에 편입되었다.

마타람은 8세기와 9세기에 있었던 사원 건축 왕조들 이후에도 한참 지속된 중남부 자바 지역의 옛 이름이었고, 이 지역은 마자파히트 시기에는 벽지가 되었다. 이 이름은 16세기 말에 다시 유명해졌다. 자바 역사 전통에 따르면, 마자파히트는 1478년에 무슬림 국가 데막에게 패했다. 데막은 이슬람을 해안 지역의 종교로 확립했다. 파장이라 불리는 후계 국가는 이슬람을 데막 남쪽에 있는 국가에 소개했다. 1581년 파장 지배자는 그의 군 지휘관 중 한 명에게 포상으로 옛 마타람 땅의 촌락들을 맡겼다. 새 영주는 자신의 영지 이름을 키 아겡 마타람(Ki Ageng Mataram, 마타람의 영광된 자)이라는 자기 칭호에 넣었다.

데막과 파장에 대해 기록한 당시의 비문은 남아있지 않다. 역사적 기억과 바바드는 마자파히트와 마타람이라는 기록이 남아 있는 왕조들을 연결시킨다. 마자파히트의 힌두교도 왕들의 후손들이 데막과 파장을 지배하고 자신들의 왕실 혈통을 마타람 왕들에게 물려주었다고 한다. 수세기 후 마타람의 기원이 다시 이야기될 때, 그들이 그런 칭호를 사용했었다는 근거가 전혀 없음에도 불구하고, 데막과 파장 지배자들에게 술탄 칭호가 부여되었다. 그 두 국가는 자바의 이슬람화를 발전시키는 임무를 다한 후 자바의 기록에서 사라져갔다.

마타람의 두 번째 지배자인 파늠바한 세노파티 잉갈라가(Panembahan Senopati Ingalaga, 재위 1587~1601)는 군사 작전을 통해 왕족의 영지에 영토와 자원을 더했다. 자바의 많은 과거들을 무슬림 문화에 끌어들였다는 영예로 인해, 민간 기억과 바바드에서 세노파티의 위상은 확고해진다. 설화는 그를 자바 자연의 강력한 마술적 힘에 대한 통제력을 획득한 성인이라고 한다. 세노파티는 힌두 신들과 자바의 자연 성령들을 정복하거나 제거하지 않고, 그들에게 무슬림의 체계 안에서 특별한 위치를 부여했다. 힌두 군주들의 후손이자 전사 군주로서 그는 남해의 여왕인 라투 로로 키둘이 마자파히트가 무너질 때 했던 예언, 즉 바다 아래 자신의 왕궁으로 여행해서 자신과 결혼 초야를 보내는 왕족 남성이 이슬람 자바의 정당한 군주가 될 것이라는 예언을 수행한다. 그 대가로 로로 키둘은 자신이 가진 영적 힘을 세노파티가 사용할 수 있게 해주었고, 매년 그녀를 방문하는 의례를 수행할 경우 그의 후손들에게도 그렇게 해주기로 약속했다. 오늘날 중부 자바의 왕실과 무슬림 귀족들은 자신들이 세노파티의 후손이라 여긴다. 매년 욕야카르타의 현직 술탄은 그의 영적 신부와 교감하기 위해 남부 해안에 있는 파랑 트레테스(Parang Tretes)를 공식적으로 방문한다. 코타 게데(Kota Gede)에 있는 세노파티의 묘지는 성소로 숭배된다.

마타람의 네 번째 지배자 아궁(Agung, 재위 1613~1646)도 신성한 왕으로 숭배된다. 그의 치세는 이슬람 상징들의 확산, 그리고 이슬람 성소들을 자바의 풍경 속에 재배치한 마술적 위업과 밀접하게 관련되었다. 아궁은 그의 힌두 조상들이 가졌던 날 수 있는 능력을 지녔다고 전해진다. 매주 금요일 그는 공동 기도를 위해 메카로 날아갔다. 그는 무하마드의 무덤에서 명상을 했다. 그리고 갈 때마다 그는 자신의 묘지 바닥에 쓰기 위해 흙을 조금씩 떠서 자바로 가지고 돌아왔다. 예루살렘이 자바에서는 쿠두스(Kudus, 아랍어 al-Quds에서 유래)로 재창조되었다. 1633년 아궁은 또 하나의 성지인 왈리 수난 바얏(Wali Sunan Bayat)의 장지에 세워진 종교학교 틈바얏(Tembayat)을 방문했다. 거기서 그는 무슬림 선교사의 정령으로부터 마술적 지식에 대한 교육을 받았다. 그는 분리된 입구를 세움으로써 성인의 무덤을 위엄 있어 보이게 했고, 거기에 자바의 태양력을 버리고 자바에서 일어나는 일들을 이슬람의 시간과 역법에 따라 정리하겠다는 결정을 새겨넣었다. 아궁은 이슬람 법정과 판관들을 두었고, 그의 영토 내의 모든 남성들은 이슬람 개종의 증표로서 할례를 받도록 명령하고 그렇지 않을 경우 사형에 처했다. 그는 일부 촌락과 논을 종교 지도자들을 돕기 위해 챙겨두었다. 매주 금요 기도회 전날 밤에 왕궁에서 모스크 지도자들이 코란과 기도를 낭송하게 하는 관습을 도입함으로써 그는 이슬람을 왕실의 종교로 내세웠다.

1624년 아궁은 수난(Sunan)이라는 칭호를 채택했는데, 그것은 그를 자바에 이슬람을 들여온 성인들과 동일시하게 했다. 1641년 그는 메카가 사신에게 술탄 칭호를 수여했다고 선언했고, 그것으로 자바 설화에서 알려져 있다. 후손들은 파늠바한(panembahan, 영예로운 군주)과 수난이라는 그의 칭호를 사용했고, 이 전통은 수라카르타 왕실에 의해 계속되었다. 다른 어떤 마타람 왕도 1749년 욕야카르타 왕실 창건자가 그것을 부활시키기 전까지 스스로 술탄이라 칭하지 않았다. 욕야카르타 왕족들은 이모기리(Imogiri)에 있는 술탄 아궁의 묘 주변에 매장된다. 이 장소는 성소로서 명성을 유지하고 있지만, 그 관리인들은 이슬람의 근대적 이해를 따르게 되었고 더 이상 이모기리 방문이 메카로의 성지순례와 동급이라고 주장하지 않는다.

오늘날, 순례자들은 자바의 신성한 왕들을 기념하기 위해 근대 세계를 벗어난다. 세노파티와 아궁의 매장지로 들어가기 위해서 그들은 세속 시간을 따라가는 시계를 벗고, 카메라를 치우고, 무슬림 혹은 서양식 의복 대신 자바의 압디 달름(abdi dalem, 왕궁의 가신들, 직역하면 내궁의 노예들)의 의상을 입어야 한다. 거기서 헌화와 이슬람 기도가 함께 진행되고 순례자들은 흐릿한, 향으로 가득한 공기 속에 무덤 앞에 엎드린다.

술탄 아궁은 대중적 신앙, 민속 이슬람, 관광의 생산물이다. 네덜란드인들이 처음 만난 왕은 겨우 20대가 되었고 바타비아 건설보다 겨우 6년 전에 마타람을 계승했다. 네덜란드인들에게 깊은 인상을 준 것은 그의 신실한 노력이 아니라, 향료 제도로 가는 해상로에 있는 자바 항구들에 대한 그의 군사 공격이었다. 마타람의 부는 솔로 강과 스마랑으로 가는 길에 대한 통제, 그리고 백성들로 하여금 수출용 농작물을 생산하게 하는 지배자의 능력에 달려있었다. 쌀, 설탕, 티크목이 강 아래로, 그리고 수출을 위해 짐꾼들에 의해 북부 항구로 운송되었다. 왕실 수입에 항구의 세금을 더하고자 하는, 그리고 중국인들이 총과 대포를 생산하던 그레식의 금속 공예 같은 북부 해안의 산업을 장악하고자 하는 야심은, 아궁으로 하여금 군대를 양성해서 그 항구들을 공격하게 했다. 자바 사료들은 군대 규모를 8만 명으로 기록한다.

아궁은 1616년에 라셈(Lasem)과 파수루안(Pasuruan)에 있는 티크와 설탕 중심지들을 공격하면서 작전을 시작했다. 1619년 그는 투반(Tuban)을 점령했다. 그의 해군은 1622년 (칼리만탄 남서부의) 수카다나(Sukadana)에, 1624년에는 마두라에 그의 종주권을 확립했다. 어떤 지역은 그가 쉽게 점령했지만, 수라바야는 1625년 그 지배자가 항복할 때까지 5년의 포위를 견뎌냈다. 그레식은 파괴되어야 했다. 지역들이 점령당한 뒤에도 반란이 일어났고, 그래서 아궁의 군 지휘관들은 계속적으로 전쟁 상태에 있었다. 1636년 아궁의 군인들은 모든 오랜 독립적 술탄국들의 성을 파괴했다. 이제는 마타람의 봉신이 된 그 지배자들은, 매년 중부 자바의 카르타(Karta)에 있는 아궁의 성에 와야 했다. 북부 해안 사람들의 관심을 바다에서 멀어지게 하는 과정이 시작되었다.

아궁은 왕실 재정에 자원을 늘리기 위해서 군사 공격을 이용했을 뿐 아니라, 그의 수도에서 일할 숙련공들을 포획했다. 욕야카르타에서 오랫동안 독립적 정체성을 유지해온 칼랑(Kalang)이라는 집단은, 1635년 침입하는 발리인들에 맞선 아궁의 군사 작전 후 발람방안에서 잡혀온 전쟁 포로들의 후손이다. 그들은 금속공으로, 가죽 세공인으로, 목수로, 빗자루 제작자로, 짐꾼으로 고용되었다. 펑기르(Pinggir) 역시 아궁에 의해 유입된 발리 노예들의 후손이다. 펑기르 남성들은 군대의 짐꾼, 마부, 동물 관리사였다. 펑기르 여성들은 왕궁의 유모와 청소부였다.

군사 작전 중 아궁은 서쪽으로 방향을 틀었다. 치레본 왕실은 봉신으로서 명맥을 유지했고, 오직 바타비아와 반텐만이 마타람으로부터 독립을 유지했다. 1628년 아궁은 9년 된 바타비아를 공격할 군대를 보냈다. 4개월에 걸쳐 5백 km에 달하는 강, 산, 숲을 건너는 군대에 보급을 늘리기 위해 선발대가 논을 만들었다. 농민 - 짐꾼들(peasant - porters)은 칠리웅 강을 댐으로 막고, 바타비아를 주변의 땅, 음식 공급, 무역품으로부터 봉쇄했다. 그러나 군도의 바다 사람들과 마찬가지로, 네덜란드인들도 육지뿐 아니라 바다에서도 살았다. 네덜란드 선박들이 바다를 통한 바타비아 접근을 통제했고, 바타비아 안에서 포위된 수백 명의 네덜란드인들은 질병과 탈영으로 마타람 군인의 수가 대폭 줄어들 때까지 버텨낼 수 있었다. 아궁은 그들의 불명예의 장소에서 그의 장군들의 처형을 명했다. 그가 이듬해 육로로 다시 군대를 보냈을 때, VOC 선박들은 트갈과 치레본에 비축된 쌀과 운송선을 파괴했다. 왕실의 다른 배들은 폭풍으로 실종되었다. 보급이 끊기면서, 육상 부대들은 퇴각했다.

바타비아와 반텐은 중부 자바에서 오는 군대의 위협으로부터 자유로웠지만, 자바 문화의 확산은 막을 수 없었다. 불명예나 또 다른 참전을 피하기 위해 마타람으로 돌아가지 않기를 택했던 일부 군 지휘관들은, 자신에게 생존을 의지하는 추종자 무리와 함께 서부 자바에서 자신의 영지를 가진 수장으로서 독립했다. 많은 추종자들은 농민으로, 그들은 중부 자바의 농업 기술을 순다의 비옥한 토양에 적용하고, 자신들에게 보호를 제공하는 지휘관과 그의 군인들을 지원하기 위해 노동을 제공했다. 그들의 영주들은 파자자란 땅에서 중부 자바의 무슬림 궁정 문화의 전달자로 자신을 내세웠다. 그들은 그 지역 가문과 혼인관계를 맺었고 추종자들에게 나눠주기 위해 그 지역 소녀들을 획득했다.

시바, 아리프 무하마드, 인도네시아 관광청

서부 자바 가룻(Garut) 근방에서, 순례자들은 마을을 통과하는 길을 따라가고, 뗏목을 타고 호수를 건너고, 산악지대 중간에 있는 언덕을 올라간다. 그 정상에는 시바 신을 모시는, 8세기 갈루 왕국의 것으로 추정되는 창쿠안(Cangkuan) 사원이 있다. 사원 곁에는 양끝이 아라베스크 모양으로 조각된 비석이 세워진 이슬람식 묘지가 있다. 무덤에는 아무 비문도 없지만, 로마자로 된 인도네시아어로 된 안내판에는 이 묘지가 에양 음바 달름 아리프 무하마드(Eyang Embah Dalem Arif Muhammad)의 것이라는 정보가 있다. 자바식 칭호가 이슬람 이름을 가진 사람을 마타람 왕궁과 연결시킨다. 팜플렛들은 아리프 무하마드가 바타비아에서 패한 후 추종자들과 함께 가룻 지역으로 온 전사였다고 설명한다. 그의 일곱 명의 자녀의 후손들은 아직도 묘지에서 몇 m 떨어진 작은 단지에 살고 있다.

이 장소는 정부 관광청의 보호하에 있다. 1966년까지 시바의 사원은 토대와 돌무더기뿐이었고, 조각들은 사라진 상태였고, 건축용 돌덩어리들은 아리프 무하마드와 그 주변에 묻힌 사람들의 무덤 축조를 위해 옮겨졌다. 그 해 고고학자들의 지도하에 이곳에서 발굴이 시작되었고, 아리프 무하마드의 묘를 둘러싼 묘들은 더 멀리 떨어진 공동묘지로 이장되었다. 그렇게 정돈된 장소는 담장으로 둘러싸였고, 매표소, 피크닉용 식탁, 박물관, 큐레이터를 제공받았다. 박물관에 있는 17세기 서적 컬렉션은 코란, 이슬람 법전, 문법책, 주해서로 구성되었고, 이들은 모두 아랍어 문자로 검은 잉크로 쓰여졌다.

힌두교의 신과 농업 선구자가 된 무슬림 전사가 산 정상을 공유하고 있다. 이 장소는 관광 경로에 포함되어 있다. 방문자들 중 일부는 이 곳에 와서 기도하고 철야를 하기도 한다. 어떤 이들은 신체적, 정신적 치유 사례를 전한다. 정부는, 자바에서 공산주의와 공산주의자들을 박멸한 뒤, 고지대, 힌두 유적과 신성함의 연계를 유지하는, 그리고 여전히 자바 왕족에게 좌우되는 무슬림 신앙을 견학 여행으로 포장해냈다. 그것은 근대 공화국 시민들에게 과거를 관리해서 재현한 것이다. 이 특수한 자바 무슬림 문화는, 자바의 과거가 아니라 오늘날의 이란, 이집트, 아프가니스탄의 과거에 영감을 받은 인도네시아 이슬람의 각성에 의해 도전받고 있다.

아궁의 후계자인 아망쿠랏 1세(Amangkurat I, 재위 1646~1677)는 영지들의 복합체를 물려받았다. 아궁은 독립적인 지배자들에게 군대를 파견했고, 측근들을 행정직에 배치하고 그들을 혼인 동맹에 끌어들임으로써 멀리 있는 영지들이 반드시 정기적으로 수입을 제공하도록 하려고 노력했다. 아망쿠랏이 그의 유산을 점검했을 때 그는 자신의 권위를 주장하는 데 있어 모든 종류의 장애물이 있음을 발견했다. 산들과 깊은 삼림으로 형성된 자바의 자연환경, 인구의 분산된 집중, 극소수의 도로와 항해 가능한 강. 군대를 지원하기 위해 많은 사람들을 농지에서 빼오면서 동시에 농업 생산을 통한 수입의 증가를 원하는 모순. 자신의 아버지가 종교지도자들의 지원을 얻기 위해 그들에게 비옥한 토지와 노동력을 주고 세금을 면해준 결과로 생긴, 왕도 손댈 수 없는 지역들과 사업들. 아궁의 확대가족 내 아망쿠랏의 왕위계승에 대한 반대. 아궁이 점령하는데 실패한 바타비아와의 무역과 시장을 둘러싼 경쟁.

재위 초기에 아망쿠랏은 네덜란드인들과 평화조약을 체결하고 VOC 사절이 그의 수도에 들어오는 것을 허용했다. 그 결과로, 그는 자바인 저술가들에게 요구되는 과장된 칭찬보다 비판적 평가의 대상이 된 첫 번째 자바 왕이다. 네덜란드인들은, 인도네시아 군도 국가들에 대한 상세한 묘사를 요구한 자신들의 고용자인 VOC 이사들을 위해서 군도의 왕들에 대한 평가를 적었다. 멀리 떨어진 네덜란드에서, 그들은 서면 보고서는 국가들의 정부 체계, 지역 경제, 주요 작물, 군사력에 대한 정보를 포함해야 한다고 규정했다. 자바의 연대기는 계보, 왕족의 임명, 궁정 정치를 기록했다. 네덜란드 보고서들은 다른 종류의 정보를 전달했다. 마타람에 대한 외부의 평가를 제공한 최초의 네덜란드인들 중 한 명은 레이클로프 판 훈스(Rijklof van Goens 1609~1682)로, 그는 VOC의 마타람 방문 사절단을 이끌면서 1648년에서 1653년 사이 바타비아에서 중부 자바로 5차례의 여행을 했다.

레이클로프 판 훈스: 네덜란드 남성, 아시아의 경력

1628년 부모와 함께 네덜란드를 떠나 자바에 왔던 레이클로프 판 훈스는, 10살 소년이던 1629년 마타람의 바타비아 장기 포위작전을 경험했다. 일찍이 고아가 된 그는 인도의 VOC 관리 가정에서 키워졌고 회사 내에서 자신의 경력을 준비했다. 그는 여러 직책, 아시아 언어들에의 능통함, 가족관계 등을 통해서 아시아 각지에 대한 광범위한 지식을 얻었다. 그는 세 명의 아내와 사별했는데, 그들 모두 네덜란드인 아버지와 아시아인 어머니 사이에서 태어났고 아시아에서 자랐다. 9살 이후, 판 훈스는 12달만 유럽에서 지냈다. 그는 1678~1681년 바타비아에서 VOC 총독으로서 그의 직업 경력을 마무리했다.

판 훈스는 아시아 사회에 대해 호기심이 많았고 자신을 둘러싼 미묘한 차이들에 민감했다. 그는 자바 경관의 아름다움에 호응했지만, 그렇다고 술탄국들이 네덜란드인에게 일하기 어려운 곳이라는 그의 평가에는 변함이 없었다. 그는 자바인들이 빠르게 공격적이 되고 예측하기 어려운 사업 파트너라고 판단했다. 그는 무역 물품을 획득하기 위해 인도네시아 지배자들의 호의에 의존하는 대신 토지를 획득하고 농업과 노동을 직접 통제하는 정책을 회사 이사들에게 촉구하던 자바 VOC 관리들과 입장을 같이했다. 판 훈스는 비록 63년의 생애 중 52년을 아시아에서 살았지만, 왕을 거부하고, 신에 대한 숭배를 유지하고, 서로 동등하다고 생각되는 남성들 간 올바른 예법으로 악수를 소개한 17세기 네덜란드 문화의 산물이었다. 이런 배경이 판 훈스가 1655년 VOC를 위해 쓴 서사를 만들어냈다.

개인적 관찰과 자바인 정보제공자들은 판 훈스로 하여금 아망쿠랏이 어떻게 그의 제국에서 자신의 의지를 강제하는지를 이해하게 해주었다. 마타람의 영토로 들어가는 그리고 그 내부에서의 이동은 톨게이트에서 감시되었는데, 거기서 납세 관리인들은 상인들 바구니 속의 내용물을 검사했고 무장 보초들은 여행자들의 출신지와 목적지에 대해 심문했다. 왕은 각 구역에 자신에게 직접 보고하는, 매년 순환 배치되는 관리들을 임명했다. 주(州)의 수장으로 임명된 사람들은 궁에 남겨졌다. 그의 수하들이 지방에 배치되었다. 판 훈스에 의하면 왕은 또한 적어도 4천 명에 이르는 첩자 네트워크를 운영했다. 지역군 지휘관들은 자신들이 전투를 위해 징병한 남성의 수와 무기 보유량을 서면 보고서로 제출해야 했다. 귀족들은 궁에 살면서 부인, 종복, 추종자들, 말로 구성된 경비가 많이 드는 일행을 유지해야 했다. 매주 그들은 마상 창 시합을 위해, 혹은 야생 동물들 간의 싸움이나 비무장 상태로 호랑이와 싸우도록 던져진 사형수를 구경하기 위해 아망쿠랏과 공공 광장에 모였다. 저녁이면 귀족들은 여성 무희를 동반한 호화로운 파티를 열어야 했다.

왕궁에서 아망쿠랏은 왕족으로서 과시와 거리두기를 실천했다. 그는 공식 석상에 등장할 때 항상 경호원들에 둘러싸여 있었다. 왕이 참석할 때면, 창으로, 일부는 장총으로 무장된 2만 명의 남성들이 사각형 대형으로 마상 창 시합과 동물들의 싸움을 둘러쌌다. 그의 내궁 경호원은 여성이었다. 그는 왕가의 왕자들과 나이든 군 지휘관들과 함께 식사를 했고 궁의 다른 남성들을 차례로 참석하도록 초청했다. 궁의 에티켓은 판 훈스가 "맹종"이라고 충격을 받을 정도로 왕에 대한 정교한 예의범절을 요구했다. 아망쿠랏은 또 일부다처제를 정치적 통제의 도구로 사용했다. 그는 여성들의 분배를 통해 사회 전반에 관계와 의무의 망을 펼쳤다. 마을과 도시, 왕도 간 여성들의 순환은 그들의 남성 친척들을 재위 중인 왕과 결속시키고 왕궁과 시골을 서로 얽히게 만드는 데 기여했다.

일부다처제와 정치: 여성 노리개와 너무 많은 아들들

코란은 부인을 얻기 위해 결혼과 지참금에 대한 계약서를 쓰도록 요구하고, 부인의 수를 네 명으로 정하고, 부인들 간의 평등한 지위와 공동의 남편에 의한 평등한 처우를 규정한다. 이슬람에서는 남성이 가정 내에 소유할 수 있는 여성 노예의 수에 제한을 두지 않는다. 코란은 많은 처녀들의 시중을 받는 것을 남성이 천국에서 받는 보상으로 묘사하고 있다. 인도네시아 무슬림 왕들은 여성들로 가득찬 가정을 유지함으로써 이런 시각을 재생산했다. 유럽 여행가들은 17세기 군도 왕가 여성의 엄청난 수를 보여준다. 아체의 술탄 이스칸다르 무다(Iskandar Mudah)의 왕궁에 3천 명, 반텐 왕궁에 1천 2백 명, 티도레 왕의 소유가 4백 명, 마타람의 아망쿠랏 1세의 궁에 1만 명.

자바의 왕들은 부인들 간의 평등이 쟁점이었던 이슬람의 규율을 따르지 않았다. 본처들은 왕비이자 정식 배우자의 지위를 받았고, 징벌로서 혹은 더 총애받는 신참에게 자리를 내주기 위해 강등될 수 있었다. 배우자 아래 지위의 여성을 지칭하는 자바어 단어들은 그들의 굴종의 정도를 표현한다. 프리얀툰-달름(priyantun-dalem)은 궁에 거주하는 여성들로 임신 중에 왕과 결혼하고 출산 후 이혼을 당했는데, 그렇게 함으로써 그 아이는 적출로 인정받고 법적 부인의 수가 한번에 4명을 넘지 않게 했다. 를랑엔-달름(lelangen-dalem)은 "왕족의 장난감"으로 번역된다. 이들은 무희와 같은 궁정 여성들로 왕과 결혼하지 않았지만, 그들이 왕에 의해 가지게 된 아이들은 왕에게 인정받고 양육되었다. "어두운 암소"를 뜻하는 름부 페텡(lembu peteng)은 왕이 순행 중에 짧게 관계를 가졌던 여성들에 적용되는 단어였다. 그런 짧은 만남에서 태어난 아이들은 왕족으로 인정받지도 양육되지도 못했다.

궁의 내실은 여성들의 도시였다. 부인들과 후궁 외에도, 개인 시종들과 여성 관리들이 왕의 음식을 준비하고 맛보는 것과 왕의 상징물의 운반을 담당했다. 아망쿠랏 1세의 궁정 여성 중 4천 명은 직물공이었다. 아체 술탄들은 여성들로 구성된 가정을 지키기 위해 소년들을 거세해서 궁정 환관으로 고용했다. 자바 왕궁에서는 창과 장총으로 무장한 여성들이 집안을 지키고 왕을 암살 위험에서 보호했다. 왕이 위험을 무릅쓰고 공식 석상에 나설 때 그들은 왕 주변에 사람의 벽을 만들었다. 경호원들은 종종 임시 부인이 되었다.

왕족의 일부다처제는 왕이 동맹을 얻는 방식이었다. 그는 왕자들, 귀족들, 군 사령관들, 패배한 군주들, 촌장들, 종교 교사들, 장인들 등 모든 계층 남성의 딸들을 그의 집안에 끌어들였다. 왕이 혼외 관계로 얻은 딸들은 다른 사람들에게 분배될 수 있었다. 공주들은 왕족 봉신들과 군 사령관들과 결혼했다. 평민 어머니를 둔 딸들은 촌장들이나 중국 상인들에게 주어졌다. 왕에게서 부인을 하사받은 남성들은 왕실의 총애를 받는다고 과시할 수 있었다.

왕궁과 시골에는 항상 복잡하게 얽힌 관계망이 있었다. 충성을 맹세하도록 궁에 호출된 남성들은 왕에게 예비된 많은 여성들의 임석하에 있었다. 여성들은 자신들의 힘을 이용해서 왕의 주목을 확보하고, 그를 다른 여성들과 그 친족들로부터 떼어내고, 자신의 후원자 파벌을 만들려 했다. 그들은 자기 아들들과 친척들의 운명을 성공시키기 위해 경쟁했다.

왕족의 일부다처제의 직접적인 결과는 왕의 아들들과 형제들 사이에 많은 왕위 계승 후보자를 만들어냈다는 것이다. 장수하는 지배자 주변을 이미 아버지 혹은 할아버지가 된 왕자들, 그리고 동시에 아직 어린 아이인 왕자들이 둘러쌀 수 있었기 때문에, 일부다처제는 왕가에 다세대적(multigenerational) 차원을 주입했다. 성인인 아들들은 나이 차이가 불과 몇 주밖에 나지 않는 배다른 형제일 수 있었다. 왕위는 자동적으로 아버지에게서 연장자에게 승계된 것이 아니라, 어머니를 통해 가장 높은 지위를 보여줄 수 있는 아들에게 주어졌다. 왕후에게 아들이 없을 경우, 가장 높은 왕위 계승 후보자는 형제, 삼촌, 혹은 조카가 될 수 있었다. 계승 문제에서 아이에게 밀린 성인 남성은 반란 지도자가 될 가능성이 있었다.

출신이 알려지지 않은 남성들은 선뜻 아버지가 왕족임을 주장했다. 바바드 문학은 궁에 나타나서 왕의 자식임을 주장하는 젊은이들의 이야기를 담고 있다. 그들의 제멋대로인 행동, 그리고 버림받은 여성에게 길러진 남성을 위한 규범에 순응하지 못하는 점이 그들이 왕족의 자식이라는 근거로 간주되었다.

권력에 대한 학술 문헌에서, 자바 왕족은 내면적 고요함과 영적 힘에 사로잡힌 것으로 표현된다. 실제로는 이복형제들은 그들 무리 중 하나가 왕으로 올라가는 것을 승인할 수 없었다. 80년간, 마타람 왕족들은 왕위 경쟁을 위해 군대를 양성했다. 그들은 왕권을 강화하거나 경쟁자를 공격하기 위해 부기스인, 발리인, 그리고 네덜란드인 용병을 고용했다. 자바 왕들은 자신의 백성들의 충성과 애정을 거의 얻을 수 없었고, 그래서 형제들의 공격에 노출되어 있었다. 왕실의 일부다처제는 마타람을 약화시켰고 네덜란드인들이 자바의 지배자가 될 수 있는 조건들을 만들어냈다.

판 훈스는 아망쿠랏의 자의적 임명과 해고 정책을 권위 유지를 위한 왕족의 전략으로 묘사했다. 아망쿠랏은 모든 범죄에 사형을 내렸다. 피고는 기름으로 불태워지거나, 왕 앞에 끌려오면 왕이 그들을 직접 찔렀다. 판 훈스에 의하면, 아망쿠랏은 아궁을 승계하기를 기다리는 동안 감정을 숨기는 방법을 배웠다. 아궁이 그의 치세를 전쟁으로 시작하고 이슬람을 후원함으로써 권력을 공고히 했던 반면, 아망쿠랏은 자기 아버지가 가장 신뢰하던 조언자들, 자신의 이복형제들, 종교 재단의 정치적 울라마들을 향한 테러와 함께 자신의 치세를 시작했다. 1646년에 왕은 이복형제 한 명, 선임 군 지휘관 한 명, 그리고 약 2천 명의 종교 지도자들을 처형했다. 그는 희생자들의 부인, 아이들, 추종자들을 모아서 공개적으로 학살함으로써 잠재적 복수자들을 제거했다. 1647년까지 최소 6천 명이 죽었다. 적들이 제거되고 공포 문화가 정착되면서, 아망쿠랏은 지배 유지를 위해 왕궁 볼모, 첩자, 일부다처제 정치로 이루어진 시스템을 적용했다.

부는 권력을 살 수 있다. 아망쿠랏은 쌀농사를 확대함으로써 왕실 수입을 늘리려 했다. 그는 왕국의 서쪽 경계에 새로운 농업 정착지를 개척할 사람들을 임명했다. 왕궁 헌장들에는 위라 프라방사(Wira Prabangsa)의 지휘하에 1,100명이 오늘날 크라왕(Krawang)이라고 알려진 지역에 정글을 개간하고 논을 설계하기 위해 보내졌다는 기록이 있다. 위라 사보(Wira Sabo)의 지휘하에 600명이 탄중 푸라(Tanjung Pura)로, 위라 타누(Wira Tanu)의 지휘하에 200명이 치안주르(Cianjur)로 보내졌다(위라Wira는 관리자 혹은 감독관을 의미하는 칭호이다). 그 임무를 맡은 사람들은 잉여 쌀 수확을 거둬서 그것을 플레레드(Plered)에 있는 아망쿠랏의 수도로 보내야 했다. 이 임명의 장기적 효과는 순다인의 영역에 자바어 사용자들을, 힌두교의 땅인 파자자란에 자바 무슬림 문화를 이식한 것이었다. 순다 설화는 영구적 논은 자바인으로 인한 것이라고 한다. 마타람 술탄국은 중앙의 핵심, 그리고 반텐이나 바타비아의 주민들 사이에 산재된 일군의 납세자들로 이루어지게 되었다.

아궁이 점령한 북부 해안 지역은 수천의 농민들이 쌀을 재배하고 납세 의무를 다하기 위해 아주 적은 잉여를 그들의 구역 수장에게 넘겨줬던, 비옥한 평야였다. 시장으로 흘러 들어가는 쌀은 거의 없었다. 구역 수장들과 항구 행정관들이 군대를 조직하고 마타람의 지배에서 떨어져나갈 수 있는 부의 원천을 가지고 있다는 것을 깨닫고서, 아망쿠랏은 모든 수출 무역을 왕실 통제에 두기 위해 조치를 취했다. 1651년 그는 자바인이 자바를 떠나는 것을 금지하고 자바 사업가들과 목수들이 대형 무역선을 제조하는 것을 금지함으로써 사적인 도서간 무역을 종식시키려 시도했다. 1652년 그는 쌀과 목재의 수출을 금지했고, 1655년부터 1661년까지 VOC 상인들의 북부 해안 항구 진입을 막았다.

물품의 유통과 판매에 대한 독점은 인도네시아 왕들과 네덜란드 동인도회사 모두의 핵심 목표였다. 왕실과 회사의 이런 상업적 지향은 확실히 그들이 함께 사업을 하고자 하도록 만들었다. VOC의 대리인들은 후추나 주석 같은 물품 구매 독점권을 요청하며 술탄들에게 접근했다. 술탄들은 아시아인이건 네덜란드인이건 모든 개인 사업가들을 독점 체제하의 상품 분배에서 배제하는 것에 동의했다. 그 대가로, 인도네시아 지배자는 미리 협상되고 은으로 지급이 보장된 금액으로 그의 저장품을 정기적으로 살 구매자를 확보했다. 그는 또 무역의 특정 분야에서 그의 백성들이 부유해질 능력을 제한했다. VOC는 도매와 원거리 무역을 운영했다. 그것은 해상로의 통제권을 장악하고 아시아 바다의 선장들에게 허가권과 통행권을 주는 시스템을 강요함으로써 모든 경쟁자들을 내치는 것을 목표로 했다. 그것은 군도 군주들에게 회사와 대규모 수출품에 대한 독점 계약을 체결하도록 압박했고, 약하기나 비협조적인 정부들에게는 무력을 사용했다. VOC는 반다 군도를 형성하는 조그만 도서군에서 이 정책을 극단적이고 잔인할 정도로 수행했다.

반다: 왕 없는 독점

반다 군(group)을 형성하는 열 개의 섬은 반다 해에서 외진 곳에 있지만, 오직 론토르(Lontor), 네이라(Neira), 아이(Ai), 루인(Ruin), 로센가인(Rosengain) 섬에서만 자라는 육두구 나무 때문에 뱃사람들의 목표가 되었다. 네덜란드인들이 처음 반다 제도를 방문했을 때, 그들은 전체 현지 인구 15,000여 명과 자바, 믈라카에서 온 상인 1,500명이 있다고 파악했다. 이 소군도에는 군주제가 발전하지 않았다. 네덜란드인들은 국제 무역상들에게서 오랑 카야(orang kaya, 부자)라는 말을 빌려서 유력 집안의 가장들에게 붙였는데, 이들은 육두구 무역을 통해서 부를 쌓았다. VOC의 네덜란드인 대리인들은 네이라에 무역 거점을 건설했다. 육두구 무역을 둘러싼 심한 경쟁에서 살아남기 위해서, 그들은 그곳에 요새를 만들었다. 1609년 축조된 나사우(Nassau) 성은 인도네시아의 첫 번째 네덜란드인 요새였다.

중앙 권력이 부족했고 그 선박이 해전이 아닌 무역에 특화되었기 때문에, 반다는 외국 상인들을 통제할 수 없었다. VOC 정책 결정자들은 가격을 높게 유지하기 위해 육두구 생산 통제권을 장악하고 나무 수를 제한하기로 결정했다. 10년간의 전쟁 후, 얀 피터스존 쿤(Jan Peiterszoon Coen)은 유럽인 군인들과 자바인, 일본인 용병들로 구성된 새 선단을 동부 군도에 투입했다. 그들은 다시 반다 마을들을 공격하고, 외국 상인들을 몰아내고, 반다의 유력 집안을 유배보내고, 이번에는 생존한 일반인들을 노예로 만들었다. 그리고서 VOC는 육두구 나무 숲을 네덜란드인들에게 임대했고, 이들은 자바, 이리안, 타님바르(Tanimbar), 발리, 남부 술라웨시, 부퉁에서 노동력을 들여왔다. 암본인 감독관이 대농장 노동자들을 감독했다.

1824년까지 계속된 육두구와 메이스에 대한 네덜란드인들의 독점은 반다의 완전한 변모를 가져왔다. 다종족 노예 노동력이 단일 작물을 재배했다. 거주자들은 외부 물건의 공급을 네덜란드인들에 의존하게 되었다. 새로운 지배 계층인 네덜란드인들과 암본인들이 노동자들의 삶을 통제했다. 그 대농장 작물이 산업화 이전의 용도에 맞춰졌기 때문에, 반다는 결국 식민지 경제에서 점차 중요성을 잃었다.

많은 역사 문헌에서 독점 체제는 유럽 무역회사와의 관계 속에서만 논의되고, 아시아인 파트너들과 무역망은 무시된다. VOC 선박들이 아시아 선박들을 도서간 무역에서 밀어내기는 했지만, 그들은 아직도 군도 바다 무역의 40%만을 차지했다. 네덜란드인 항구 관리들이 보존한 선적 등록(shipping registers)은 모든 무역의 다수가 아시아인이 소유하거나 운행하는 선박에서 아시아인에 의해 수행되었음을 우리에게 상기시켜준다. "독점"이라는 용어는 VOC가 아시아 무역의 수행에 있어 아시아인 파트너들에게 의존했다는 사실, 그리고 독점 체제가 아시아 항구들에서 판매되던 많은 물품들 중 일부에만 적용되었다는 사실을 알기 어렵게 한다. 예를 들어 소금과 제비집같이 이익이 많이 남는 무역도 절대 VOC 독점 품목이 아니었다.

역사학자 레이노트 포스(Reinout Vos)는 독점 대신 "국가 무역"이라는 용어를, 그리고 독점 협약에 포함되지 않은 품목의 무역을 지칭하는 "병행 무역"이라는 용어를 고안해냈다. 술탄들과 VOC는 자신의 관할권 내의 지역에서 민간 무역업자들에게 허가증을 발급했다. VOC는 유럽인 민간 무역업자들을 "시민(burghers)"이라고 불렀다. 군도 항구와 시장에서 일하는 수천 명의 자바인, 중국인, 말레이인, 부기스인들과 대조적으로 그들의 수는 절대 수백 명을 넘지 않았다. VOC의 전문 용어로는, 허가받지 않은 유럽 상인들은 밀수업자였고, 허가받지 않은 아시아 상인들은 해적이었다.

전체적으로, VOC가 군도의 생산과 무역에 끼친 지속적인 영향은 이익의 가장 큰 몫을 자신들이 확보한 것이었다. VOC 선박들은 더 컸고, 따라서 더 많은 물품을 운반할 수 있었다. VOC는 자본이 더 많았고, 따라서 더 많은 시장에서의 활동을 동시에 재정적으로 지원할 수 있었다. 무역은 상호 보완적이었지만, 아시아인 뱃사람들과 사업가들은 소규모 사업에 집중되어 있었다. 그들은 작은 항구에서 물건을 전매해서 그것을 VOC 상인들에게 팔기 위해 주요 항구들로 옮기도록 떠밀렸다. VOC 선박은 목재, 금속, 쌀, 섬유, 향료를 아시아와 유럽에 판매하기 위해 운반했다. 군도 선박들은 코코넛, 타마린드, 과일, 쌀을 지역 항구에 판매하기 위해 운반했다. 인도네시아 사업가들은 VOC에 대한 대규모 공급자가 되는 데 있어 중국인 네트워크와 경쟁이 되지 않았다. 인도네시아 지배자들은 종종 VOC의 조건을 거부할 수 없었다. 군도에서 네덜란드들인 영토는 작고, 흩어지고, 고립되어 있었지만, 거기서 일하는 네덜란드인 사업가들은 농민 생산자들로부터 이익을 얻었다. 네덜란드인들은 군사 지원을 통해 인도네시아 지배층이 계속 권력을 유지하도록 했는데, 그것은 이 계층이 인도네시아 노동자들이 계속 일하게 하는 기제였기 때문이다.

아룽 팔라카(Arung Palakka)는 보네(Bone) 왕국의 부기스인 왕자로, 그는 남부 술라웨시에서 경력을 새로 시작하기 위해 네덜란드 군대를 고용했다. 17세기 처음 10년간 루우와 고와-탈로 왕국 수장들은 이슬람으로 개종하고 인근 국가들에 이슬람 정부를 세우기 위해 공격을 단행했다. 보네가 봉신으로 격하되었을 때 아룽 팔라카는 11살 무렵이었다. 그의 가족은 마카사르의 고와(Gowa) 수도에 볼모로 끌려왔다. 성인이 되면서 팔라카는 일군의 추종자들을 이끌고 술탄 하사누딘(Hasanuddin, 재위 1653~1669)에 맞서 봉기를 일으켰으나 실패했다. 이후 그는 방랑하는, 제멋대로인 망명 왕자의 삶을 계속했다. 팔라카는 그의 민병대와 선단과 함께 부퉁에 자리를 잡으려 노력했고, 이어 비마, 숨바, 발리, 반타엥(Bantaeng)에서 일어나는 사건들에 민병대를 개입시켰다. 1663년 그는 자기 사람들과 함께 바타비아에 도착했다. VOC는 처음에 아룽 팔라카와 그의 추종자들을 쌀농사 지대에 정착시킴으로써 바타비아 사회에 더해진 이 잠재적 위험을 처리하고자 했다. 그들은 수마트라 동부 해안 술탄국들에 있는 VOC의 무역 경쟁자들에 대한 공격에서 네덜란드인 군대 옆에 자신들의 부대를 갖춰 싸워서, 자신들이 용병으로서 유용함을 입증했다.

1666년 VOC 군대는 마카사르에 대한 합동 공격에서 아룽 팔라카와 그의 사람들과 함께했다. 마카사르는 팔라카의 적의 수도였고, 외국 상인들에게 쌀, 동부 인도네시아의 향료, 노예를 공급하는 번창하는 항구였다. 아망쿠랏이 자바 항구에서의 무역과 조선을 제한했을 때 자바 상인들이 그곳으로 이주했었다. VOC에게 마카사르는 해로들과 향료의 이동을 통제하는 데 중요한 연결고리였고, 그곳에는 독점 협약을 위한 VOC의 모든 요구를 거부했던 술탄이 지배자로 있었다. 3년간의 전투의 결과는 아룽 팔라카를 남부 술라웨시 최고 지역 수장으로 변모시켰다. 그는 그의 친척들을 그 반도의 모든 왕국에 임명했다. 마카사르는 VOC의 영토가 되었고, 1669년부터 그 중계무역은 VOC의 지침과 독점 규약하에 놓여졌다.

마카사르와 앤티 머캐서

마카사르의 다른 이름은 우중 판당(Ujung Pandang)으로, 그것은 판다누스 곶(Pandanus Cape)을 뜻하고, 거기서 자라는 풍성한 판다누스 야자에서 비롯되었다. 마카사르어로는 줌판당(Jumpandang)이고, 고와 왕의 요새 이름이었다. 1669년 하사누딘 술탄에게 승리를 거둔 네덜란드인들은 이 요새를 로테르담(Rotterdam) 성채라고 개명했고, 요새 주변의 도시를 마카사르라고 불렀다. 마카사르어 사용자들에게는 줌판당이 그 도시 이름으로 남았고, 1972년 탈식민지화의 상징으로서, 인도네시아어의 형태로 도시의 공식 명칭이 되었다. 마카사르라는 이름은 영어 어휘에서 앤티 머캐서(anti–macassar)라는 단어에 잠시 존재했는데, 이것은 남부 술라웨시 야자기름으로 만든 두발관리 제품로부터 안락의자를 보호하는 천을 의미했다.

아룽 팔라카는 군대 수장의 지위를 유지했다. 그는 정기적으로 VOC 부대와 함께 싸울 군인들을 보냈다. 자바 왕들과 VOC 총독처럼 그는 전사 집단의 수장이었고, 정치적 목적 달성을 위해 외교 동맹과 전투를 이용했다. 그는 VOC 군인들을 고용함으로써, 장총과 칼로 무장하고 요새와 바다로부터의 보급품으로 뒷받침되는 유럽인과 아시아인 전문 전사들을 얻으려 했다.

마카사르 설화에서는 그 보네 왕자가 아버지인 고와 왕에 의해 망명을 떠나도록 강요받는 마카사르 왕자로 변모되었다. 아룽 팔라카는 아버지를 물리치고 남부 술라웨시 지배자로서의 자신의 정당한 위치를 장악함으로써 자신의 사명을 다한다. 인도네시아 공식 역사에서는 네덜란드인들 옆에 서서 다른 군도 지배자들에 대항해 싸운 인도네시아 지배자들에 대한 모든 기록된 사례들이 아룽 팔라카로 축약되었다. 그는 자신의 정치적 목적을 위해 외국인들을 고용했던 지배층의 대표라기보다, 악당으로 그려진다.

라덴 하지(Raden Haji)는 바타비아의 무장 집단에서 기회를 찾은 또 다른 군도 왕자였다. 반텐의 술탄 압둘마파키르의 아들인 그는, 아버지의 후계자인 술탄 아젱(Sultan Ageng)이 그를 두 번이나 메카에 보내 궁정 정치에서 배제해

온 덕분에 하지 라는 칭호를 얻었다. 라덴 하지는 1669년에서 1671년, 1674년에서 1676년 사이 반텐에 없었다. 1680년, 이제는 왕세자가 된 라덴 하지는 현 군주에 대한 공격을 단행했다. 1682년 그의 군대는 VOC의 정규군과 용병들을 포함하고 있었다. VOC 관리들은 처음에, 라덴 하지가 반텐의 직업 강도 무리들을 제거하고, 바타비아의 범죄자와 도망간 노예들에게 은신처 제공을 거부하고, 치레본에 대한 반텐의 권리 주장을 포기하고, 마타람에서의 정치 공작을 멈출 경우, 권력을 잡기 위한 그의 노력을 지원하고자 했다.

술탄 아젱은 여전히 그에게 충성하는 왕자들과 함께 남쪽 해안으로 달아났다. 그는 1683년 VOC 군대에게 잡혀 바타비아에 유배된 채 죽었다. 1684년이 되면 라덴 하지의 용병들이 변절하거나 그를 저버렸다. 이제는 술탄 하지(Sultan Haji, 재위 1682~1687)가 된 그는 네덜란드인들의 호의에 의존했다. 이전에 술탄 아젱은 많은 국가와 지배자들이 있는 군도 세계에서 독립된 왕으로서 활동했다. 그러나 반텐의 궁정 정치는 공격적인 이웃 국가가 그 이점을 확고히 하도록 해주었다. 과거 반텐을 유명하게 만들어준 요소들—후추, 열린 시장, 중국인 정착지—은 바타비아에서 재현되었다. 1684년에 술탄 하지가 VOC와 맺은 조약은 그의 후추 시장을 VOC 대리인들을 제외한 모두에게 봉쇄했다. 중국인 공동체의 대부분이 활동부대를 바타비아로 옮겼다. 후추 상인들은 공급을 VOC 국가로 더 많이 이동시켰다. 1663년 VOC 군대가 술탄 아젱의 가장 중요한 무슬림 지도자인 샤이크 유수프(Shaikh Yusuf)를 붙잡아 유배보냈을 때, 반텐이 스스로를 중요한 이슬람 중심지로 선전할 수 있는 능력도 줄어들었다. 반텐 술탄국은 바타비아의 쇠약한 이웃이 되었다.

샤이크 유수프, 서구라는 타자의 고발자

샤이크 유수프(c. 1624~1699)는 고와 왕가의 일원이었는데, 1645년에 공부를 위해 아체로 보내졌다. 그는 거기서 예멘, 그리고 다음에 메카에 가서 33년에 걸친 학습 경력을 이어갔다. 1678년에는 지도자라는 뜻의 아랍어 샤이크라는 칭호를 가지고 마카사르에 다시 들어갔다. 마카사르는 달라져 있었다. 하사누딘 술탄의 줌판당 요새는 이제 로테르담 성이었다. 마카사르 무역을 네덜란드인들이 통제했다. 그리고 유수프는 이슬람 공동체 내에 비난받을 요소를 많이 발견했다. 투계, 도박, 아편 흡연이 대중적 여흥이었다. 술탄과 종교 재판관들은 이슬람 이전 마카사르에서 신성하게 여겨지던 왕궁의 의례와 공양이 계속되는 것을 용인했다. 스스로 지도적 위치를 확립하기 어려운 상태에서, 샤이크 유수프는 군도의 이슬람권에서 보다 수용적인 장소를 물색했다. 그는 반텐이 그런 곳임을 알았다. 술탄 아젱은 그의 학식을 존경했고, 그를 자신의 영적 조언자로 임명했고, 자기 딸을 부인으로 주어 그를 예우했다.

그의 학식과 신성함에 대한 명성은 반텐의 정치에서 위력적인 무기가 되었다. 그는 군도의 비무슬림 정부를 폄하했다. 1683년 그는 수장으로서 2천 명을 이끌고 네덜란드인에 대한 성전을 시작했다. 그는 VOC 군대에게 사로잡혀서 처음에는 실론으로 유배되었고, 이후 남아프리카로 보내져서 그곳에서 1699년에 사망했다. 1705년 고와 술탄 압둘 잘릴(Abdul Jalil)은 VOC 에게 왕족에 걸맞는 매장을 위해 샤이크의 유해를 돌려주기를 요청했다. VOC가 여기 응했고, 마카사르에 있는 유수프의 무덤은 순례지가 되었다.

샤이크 유수프는 다른 역사적 기억들에도 보존되어 있다. 오늘날 케이프타운(Capetown)의 말레이인 무슬림 공동체에게, 샤이크 유수프는 VOC의 인도네시아 영토에서 이송된 죄수들과 유배자들에게 이슬람을 전해준 성인(wali)이다. 그의 유배지에서 장지 한 곳이 그 지도자(shaikh)와 연결되고 신성한 곳으로 여겨진다. 1995년 수하르토 대통령이 남아프리카를 방문했을 때 이 곳을 방문했다. 샤이크 유수프의 이름은 많은 인도네시아 공동체에서 명성을 유지했다. 마두라의 울라마들은 그의 후손이라 주장한다.

샤이크 유수프의 후원자인 술탄 아궁은 한 네덜란드 바바드의 영웅이 되었다. 1763년, 대략 술탄 아젱과 반란을 일으킨 왕자 이야기에 기반한, 프랑스어로 쓰여진 운율을 갖춘 역사 비극이 네덜란드에서 출간되었다. "술탄 아곤(Sultal Agon)"은 신앙이 깊고, 현명하고, 은퇴해서 두 아들에게 왕국을 나눠줄 준비를 하는, 모범적인 왕으로 그려진다. 그의 궁에는, 16년 전 VOC 총독 코르넬리스 스펠만(Cornelis Speelman)에 의해 밀려난 마카사르와 보네 왕의 딸 파티마(Fatimah)가 있다. 그녀는 남동생과 결혼을 약속했고, 그와 연합해서 "기독교인들"에 대항한다. 그녀의 오빠가 반텐에 있는 유럽인 변절자를 통해 바타비아와 비밀 동맹을 맺고, 극은 아곤의 장엄한 연설 이후 모든 주인공들이 죽게 되는 전투에서 절정에 이른다.

『아곤, 반텐의 술탄』(*Agon, Sultan of Banten*)이 상연된 기록은 없다. 그 중요성은 일부 네덜란드인들이 사건들을 인도네시아인의 시각에서 고려하려 하고, 인도네시안들에게서 인간 행동의 다양성을 보려 하고, 군도에서의 VOC의 행동을 비판적으로 평가하고자 한 시도에 있다.

이 극의 유럽인 음모자, 배신자 장-뤽 드 스텐비치(Jean-Luc de Stenvic)는, 네덜란드인들이 인도네시아 술탄국들에서 살고, 일하고, 결혼하고, 예배를 드렸다는 사실에 주목하게 만든다. VOC는 통제적인 고용자였다. 월급은 적고, 요구사항은 많았고, 회사는 생활의 모든 세세한 부분을 통제했다. 회사 직원도 자영업을 하는 바타비아 주민도 허가 없이 결혼하거나 고용 조건을 바꿀 수 없었다. 또 그들은 허가받지 않은 무역 사업으로 돈을 벌 수 없었는데, VOC가 그것이 밀수이고 투옥이나 추방의 벌칙을 가할 수 있다고 해석했기 때문이다. 그러나 군도에서 VOC는 유럽인을 고용할 수 있는 고용주들 중 하나에 불과했다. 자신의 인력에 마부, 말 사육사, 그리고 언어, 상업, 공예, 음악, 전쟁, 시장 운영 기술을 가진 사람을 추가하고자 하는 군도 왕들은 도처에 있었다. 무슬림 지배자들은 왕에게 접근이 가능하고 무슬림 노동자들을 감독하는 위치에 이교도들을 올리려 하지 않았다. 그들은 능력있는 외국인들이 개종할 경우 그들에게 고위직을 주었다. 술탄 아정의 궁에는 이슬람으로 개종하고, 순다식 이름과 칭호를 받고, 요직을 담당한 중국인 남성들이 있었다. 아정의 무슬림 외국인 그룹에는 팡에란 위라구나(Pangeran Wiraguna)라는 인물이 있었는데, 그는 네덜란드에서 네덜란드 소년으로 삶을 시작했었다.

헨드릭 루카스존 카르델, 혹은 팡에란 위라구나

헨드릭 루카스존 카르델(Hendrik Lukaszoon Cardeel)은 네덜란드에서 태어나서 기독교인으로 성장했고, VOC에 석공으로 고용되었고, 1670년경 바타비아에 파견되었다. 1675년 카르델은 무슬림이었고 반텐의 술탄 아젱에게 고용되어 최신 유럽 디자인을 따른, 요새화한 새 왕궁의 축조를 담당했다. 그의 이슬람 개종은 할례, 인도네시아 이름, 무슬림식 결혼을 통해 나타난다. 카르델은 라덴, 후에 팡에란 위라구라라는 이름으로, 아젱의 후궁들 중 하나인 닐라 와티(Nila Wati)의 남편이 되었다.

유럽인이 인도네시아 역사에 등장하는 것은 그들이 자신의 기술을 살 인도네시아인 고용주를 찾았을 때였다. 그들은 현지 여성과 가정을 꾸리고 대개 VOC 기록에서 사라졌다. 그러나 1682년 VOC 세력이 반텐에서 싸우고 있을 때 그가 기독교로 개종하려 했고, 바타비아, 실론, 또는 네덜란드에서의 새 삶을 도모했기 때문에, 위라구나는 그런 사람들과 구별된다. 1684년 진행된 VOC의 한 조사는 카르델을 실업자이자 "영악한" 여인의 남편인 "완전한 자바인"으로 묘사했다. 결국 VOC는 위라구나가 네덜란드인들 사이에서 카르델로서 다시 자리잡는 것을 허용했다. 그는 1695년 VOC 기록에 VOC와 원목 공급 계약을 맺은 제재소 주인이자 운영자인, 바타비아의 자영업자 거주민으로 나온다. 1697년 그는 닐라 와티와 이혼했다. 40년 후 그는 바타비아의 노예 여성 막달레나(Magdalena)에게 태어난 소년을 그의 후계자로 지명했다. 1704년 반텐 왕실은 카르델이 술탄 아젱에게 결혼 선물로 받은 여덟 명의 남녀 노예를 반환할 것을 요구했다. 그 해 VOC 기록은 카르델이—이번에는 기독교식으로—안나 스트라팅(Anna Stratingh)과 결혼했음을 보여준다. VOC 기록에서 카르델에 대한 마지막 언급이 나오는 것은 1706년인데, 이 때 그는 회사에 숯을 공급했다.

자바에서 카르델의 역사는 고용주의 요구를 만족시키기 위해 적응했던 네덜란드인 프리랜서 혹은 사업가를 대표한다. 중국 남성들과 마찬가지로, 유럽 남성들도 자신의 출신이 결정한 것처럼 보이는 집단에서 벗어나서 인도네시아 역사들의 일부가 되었다.

샤이크 유수프는 네덜란드인에 대해 불쾌한 점을 표현했다. 그들은 서구의 타자(Occidental Other)이고, 외부인이고, 비무슬림이고, (어떤 곳에서는) 무슬럼들의 지배자였다. 그는 오늘날까지도 남아 있는 서구인들에 대한 시각을 정립했다. 네덜란드인들을 인도네시아 사회를 공격한 존재로 다루면 가장 쉽다. VOC와 연합을 맺은 군도 군주들에게 주목하면 네덜란드인들을 인도네시아 역사들 속에 편입시키게 된다. 몇몇 네덜란드인들은 최후의 여행을 하고 인도네시아인이 되었다. 대부분의 네덜란드인들은 그렇지 않았지만, 인도네시아라는 배경 속에서 그들은 노동의 통제, 세금 징수 방법, 가정 내의 관계에 있어 인도네시아인들처럼 되어갔다. 술탄들과 총독들은 연합과 경쟁 관계를 통해 큰 격변을 일으켰다. 그들의 행위는 사람들이 용병 부대로서, 이주자로서, 정착자로서 군도 전반에 재배치되도록 만들었다. 술탄들과 그 네덜란드인 동맹자들은, 예언자들, 선지자들, 그리고 민간 무장 폭력배들이 군도 국가들의 사건에 자신들의 목소리를 내고, 왕국들을 무너뜨리고 새 왕국을 창조한 반란에 자신의 추종자들을 투입할 수 있게 한 상황들을 만들어냈다.

• • • •

새로운 국가들과 오래된 국가들: 프리랜서, 예언자, 고삐 풀린 민병대

술탄들과 네덜란드인들의 동맹과 경쟁관계는 군도 사람들을 계속 이동하게 만들었다. 새로운 지배 계층에 의해 쫓겨난 사람들은 카리스마 있는 지도자 아래 고용된 민병대로 다시 모였다. 부기스인, 발리인, 마두라인, 중국인, 네덜란드인 용병들이 육지와 바다에서 떠돌아다니는 도적떼들과 전쟁과 전리품의 지분을 두고 격렬하게 다투었다. 야심가들은 기존 왕들에게 도전해 보기 위해 이들을 고용했다. 술탄들과 VOC 간의 독점 조약은 허가증이나 통행증 없이 출입금지 구역에서 활동하는 상인 계급을 만들어냈다. 그들이 작은 만(bays)이나 강 상류에 싣고 온 물품들—화기, 화약, 아편, 노예—은 정치적 변화를 촉진시켰고 촌락들에 큰 혼란을 가져왔다. 자신의 터전에서 단절된 보통 사람들은 낯선 도시와 새로운 일터로, 달아나거나 혹은 잡혀오고 유배되었다. 술탄이나 VOC의 정책으로 인해 자신이 활동하던 항구의 사업에서 떠밀려난 상인들은 자신들의 사업과 가족을 군도의 다른 중심지로 이동시켰다. 온 가족이 지도자들에게 의탁해서 그들을 따라 도서 세계의 다른 지역과 다른 공동체로 갔다. 그들의 지도자들은 결혼 동맹, 행정직, 전쟁 등을 통해 지역 지배 가문의 일에 관여했다.

중국인 무리들은 이 역동적인 사회에서 통제가 어려운 또 다른 요소였다. 남중국 사업가들은 군도에서 그들 사업의 범위와 수를 확대했다. 여성이 없는 대규모 중국인 남성 공동체들이 현지 집단들과 더불어 활동했고, 자원의 통제권을 놓고 그들과 타협하거나 경쟁했다. 그들의 수는 지역 권력자들—인도네시아인, 네덜란드인, 그리고 중국인—을 당황시켰다.

격변은 (VOC와 술탄에게 고용되지 않은) 프리랜서들에게 기회를 만들어주었다. 잘 알려지지 않았던 예언자들과 폭력배들이 물리적 혹은 영적 여행에서 나타났다. 그들은 홀연히 왕궁과 수도에 나타나서 술탄, 중국인, 혹은 네덜란드인을 비난하고, 혼돈을 예언하고 황금기로 향하는 길을 약속했다. 17세기와 18세기를 특징짓는, 육지에서 또 바다를 건너서 이루어진 사람들의 이동은 보다 많은 공동체들을 역사적 시야에 들어오게 했다. 인도네시아라는 근대 국가는 19세기에 네덜란드인들의 군사적, 경제적, 행정적 식민주의의 힘에 의해 형성된 단일 국가의 계승자라고 할 수 있을 것이다. 그 힘은 자바인들과 네덜란드인들이 외부 도서(outer islands)라고 인식했던 지역들을 에워쌌다. 식민지배는 멀리 떨어진 사회들을 자바에 연결시켰고 그 결과를 하나의 국가로 묶어냈다. 아체와 파푸아의 그룹들은 지금 그 국가를 무효화하고, 그 공동체들과 운명을 분리시키고, 상호 연결의 역사를 부정하기 위한 운동을 벌인다. 17세기와 18세기 프리랜서들은 한때 구별되는 종족 집단들의 유일한 영역이었던 지역들로 사람들을 밀어넣었고, 군도의 역사들을 함께 묶었다.

인도네시아의 섬들은 인구 밀도가 낮다. 산악, 협곡, 숲에서는 빠르고 원활한 통신이 어려웠고, 이런 지형은 프리랜서들이 중앙 정부를 피하고, 추종자들을 모으고, 스스로 독립할 수 있게 해주었다. 자바의 경관은 숲으로 덮여 있다. 숲은 마을, 시장 도시, 종교 재단, 항구, 왕도, 논의 경계를 나눴고, 반(半)유목적 농민들과 성지 주변에 형성된 공동체들에게 삶의 터전이 되었다. 왕의 대리인들과 첩자들, 행상과 짐꾼들, 직업 학생들과 성인들이 이 숲으로 덮인 경관을 지나갔다. 대중을 보호하는 어떤 직업적 세력도 없었다. 그들의 공간에 자고(jagos)라 불리는 지도자들 아래 숲을 기반으로 활동하는 무장한 방랑자 집단이 등장했다.

자고: 약탈자 혹은 지역 영웅?

자바어 자고(jago)는 싸움닭이라는 뜻이지만, 남성 무리의 지도자라는 의미도 있다. 자고는 강인한 성격에 의존하고, 가정 생활에 제한받지 않고, 사회 주변부에서 정탐을 하고, 정보를 팔고, 자기 사람을 자경단으로 대여해주면서 사는 사람이었다. 자고는 거친 매너와 외모로 구분되었다. 그들은 긴 머리를 두건으로 묶지 않고 길게 늘어뜨렸다. 의례적 규범을 개의치 않았다. 주술적 지식을 지녔다고 자처했다. 그들은 부적과 서약을 이용해서 사람들을 자신을 위해 일하게 속박했다. 그들은 물소를 훔치고 가옥을 파괴하는, 시골 공동체들의 공포의 대상이거나, 징세원과 대금업자를 공격하고 약탈하는 지역 영웅이었다. 그들은 왕이나 반란세력에게 고용되기도 했다. 전장에서 그들은 종종 편을 바꿨다. 중국인 보스들은 아편 사업 순찰을 위해 자고를 고용했다. 자바인, 네덜란드인 관리들은 그들을 정보원으로, 또 노동자들을 통제하기 위해 고용했다.

20세기 도시의 맥락에서 자고는 공장에 인력을 보내고, 산업 질서를 지키고, 사창가와 도박장을 통제하고, 정치인들을 위해 시위대를 길거리에 내보내고, 또는 방화와 약탈을 조직하는, 소규모 정치 보스들이다. 이들은 민족 독립을 위한 인도네시아의 투쟁에서 프리랜서였다. 동티모르에서 자고는 인도네시아로부터의 분리를 위한 티모르인들의 운동에 대한 보복으로 대량 학살, 노략질, 방화를 자행했다. 오늘날 자고는 지하드라는 용어를 사용해서, 무슬림의 공간을 확대하고 중앙 정부를 붕괴시키기 위해 민병대를 결집시킨다.

바바드 문학과 네덜란드 행정가들의 보고서는 자고들이 활보하는 모습을 보여준다. 바바드는 구역 관리들을 우려하게 했던, 무법적이고, 무분별한 폭력을 휘두르고 지역 권력에 도전했던 범죄자들을 신흥 왕조로 칭송했다. 숲속 근거지에서 튀어나온 거친 남성들은 남녀 추종자들을 끌어들이는 개인적 아름다움과 매력이 있다고 얘기되었다. 모호하고 신비한 출신은 왕실 혈통의 증거였다. 전투에서의 성공은 자고가 소유한 마술적 무기, 혹은 스스로를 보이지 않게 하고 또 날 수 있는 그의 능력 덕분이었다. 그런 남성들은 반텐, 치레본, 마타람 술탄국들과 바타비아의 VOC 공화국을 포함한 자바라는 곳에서 그들의 재능을 펼칠 기회와 다수의 잠재적 후원자를 발견했다. 몇몇은 왕궁의 혼란 속에서 왕실의 계승과 정책을 결정할 기회를 발견했다. 어떤 이들은 인구밀도가 낮은 자바의 지역들을 자신이 왕으로서 독립할 수 있는 장소로 보았다. 그런 자고들은 자바의 환경에서 또 다른 반(半)자치적 기구였던 프산트렌(pesantren)의 영적 인적 자원에 의존했다.

프산트렌은 이슬람 학교였다. 문헌 학습과 비전 지식으로 명성이 높은 한 인물이 산트리(santri, 종교 학자)라 불리는 추종자들을 끌어들였는데, 그들은 그를 영적 조언자로 존경하고, 그의 존재로 그들이 축복받았다 여기고, 그에 대한 존경의 증표로 그의 손에 입맞췄다. 마을 사람들은 몇몇 기도문과 코란 일부를 암송하는 것을 배우기 위해 아들들을 프산트렌에 보냈다. 전문 학생들은 다른 선생들이 가진 특정한 지식을 찾아 프산트렌들 사이를 옮겨 다님으로써 지식을 축적했다. 한 프산트렌 수장이 전해줘야 할 모든 것을 배우고 나면, 그들은 그들의 선생, 그리고 왈리들 혹은 무하마드까지 거슬러 내려가는 일련의 선생들 이름이 적힌 추천서를 받았다.

프산트렌은 이슬람 마드라사(madrasah, 학교), 그리고 종교 재단에 세금을 내는 자바 마을이라는 두 개의 전통에서 유래했다. 프산트렌 공동체들은 종교적 명상을 위해 세상을 차단하지 않았다. 그들은 자신들의 면세 지위를 통해 번창하는 사업을 운영했다. 학생들은 선생의 논에서 경작을 하거나 그의 사업을 위해 일하는 것으로 등록금을 지불했다. 프산트렌은 독신자 혹은 수도승 공동체가 아니었다. 종교 학자들, 그들의 추종자들과 마을 사람들은 가정생활을 했다. 프산트렌 수장은 결혼 관계를 통해 그의 개인적 영향력을 확대했다. 그는 그의 아들들이나 사위들 중 후계자를 지명했다. 그의 종교적 아우라가 그를 도전으로부터 보호했다.

프산트렌들은 군도의 이슬람 전통과 연결되었다. 자바 학자들은 아랍어로 표기된 말레이어로 종교적 주석을 썼다. 그들은 또 자바어로 도덕에 대한 글과 사랑 이야기를 지어서, 자바의 시 전통을 살아있게 했다. 궁정의 모든 위대한 시인들은 프산트렌 교육을 받았다. 궁정 문학은 시골의 이슬람 교육 중심지들에서 성장했다.

프산트렌은 자바 왕실과 모호한 관계를 가졌다. 그들은 왕족으로부터 혜택을 받았고, 종종 혼인을 통해 자바 왕실과 연결되었다. 무슬림 왕은 무하마드의 대리인이고 왕실에 대한 반대는 신에 대한 배신이라는 것을 이슬람의 교리로 가르칠 때 그들은 왕실을 옹호했다. 동시에, 프산트렌은 왕국 내에서 소국가(mini - states) 혹은 자치 지구와 같았기 때문에, 그들은 왕실의 권위에 대한 잠재적 위협이었다. 그들은 낙담하거나 왕실에서 원하지 않는 왕족들에게 피난처를 제공했다. 자신의 예지력에 이끌려 왕을 비난했던 프산트렌 수장은 반란 군주에게 강력한 지원을 제공할 수 있었다. 그는 자신이 관할하는 마을 남성들을 군사적 의무를 위해 징발할 수 있었다. 자바 역사에서, 프산트렌 수장들은 자고의 영적 조언자로서 그의 편에 참여함으로써 종교 공동체를 넘어 그들의 정치적 영향력을 확대할 수 있었다. 그들은 예언을 선전하고, 자고 전사들에게 부적을 주고, 자기 사람들을 자신이 성전으로 선언한 전쟁으로 유도함으로써 자고들의 명분에 도움을 주었다.

아망쿠랏 1세 시기의 혼란은 인맥이 좋은 자고에게 기회를 열어주었다. 온갖 종류의 사람들이 왕에 대한 증오를 품었다. 점령과 왕실의 편애가 지역 왕조들을 쫓아냈다. VOC 상인들과 중국인 사업가들이 자바 상인들보다 선호되었다. 왕실이 임명한 자들 중 3년 넘게 자리를 유지하는 자가 거의 없었다. 재직 기록이 있는 사람들은 왕궁에 소환되어 살해당했다. 1646년에는 수백 명의 종교 학자들이 학살당했다. 남성 가장이 왕실의 심기를 건드렸을 경우 전 가족이 몰살당했다. 아망쿠랏의 첩자들은 어디에서나 불안과 불확실성을 만들어냈다. 트루나자야(Trunajaya, 1649~1680)는 1670년 아망쿠랏을 폐위시키려 시도한 왕세자를 지원하면서 자바 역사에 등장한다. 트루나자야의 안에는 반란의 두 중심이 합쳐졌다. 그는 신비한 왕족 배경과, 매력적인 성격과, 마술적 재능을 가진 자고였다. 그는 카조란(Kajoran) 종교 공동체 수장의 사위로서 프산트렌 소국가들에 연결되어 있었다.

트루나자야의 왕족 배경은 마두라에 뿌리를 두었다. 인도네시아 역사들은 흔히 마두라를 자바의 주변 지역으로, (인도네시아의 세 번째로 큰 종족 집단인) 그 사람들을 자바인의 더 억세고 더 거친 버전으로 취급한다. 마두라 지배자들은 자바 왕들의 봉신이었고 자바 왕가와 혼인관계를 맺었다. 그 섬의 부족한 천연자원, 메마른 토양, 섬 남성들의 살인자로서의 명성은 그곳이 자바의 수도작 농민들에게 식민화되는 것을 막아주었다. 대신 마두라 가족들은 농사지을 땅을 찾아 좁은 해협을 건너 자바로 갔다. 마두라는 자바 왕궁의 궁정으로부터 반란자들을 숨겨주었고, 본토 왕국들에 용병을 수출했다.

트루나자야의 이슬람 인맥은 카조란으로부터 왔는데, 이것은 중부 자바의 중요한 종교 단체로 농업, 수공업 촌락들과 학자 네트워크를 관장하고 있었다. 그 수장인 라덴 카조란(Raden Kajoran)은 수난 바얏의 후손이었다. 트루나자야는 자신이 마두라의 왕자이자 그것을 통해 마자파히트 왕들의 후손이 된다고 주장했다. 그는 일군의 무장한 남성들을 이끌고 자바로 들어갔고, 카조란 수장의 딸과 결혼했다. 그 장인은 트루나자야의 무리에 자기 사람들을 더했고, 기꺼이 마타람이 무너질 것이라는 예언을 유포했다.

트루나자야는 자바의 다른 지배자들에게도 도움을 구했다. 전통적으로 마타람의 적이었던 반텐에서는, 술탄 아젱이 트루나자야에게 두 벌의 신성한 옷을 보냈다. 트루나자야는 바타비아로부터 도움을 얻는 데 실패했다. 네덜란드인들은 공화주의자였지만, 인도네시아에서는 군주제의 편에 섰다. 그래서 VOC는 트루나자야가 소형 무기와 대포, 탄약을 사기 위해 한 대출 신청을 거부했다. 회사는 재위 중인 왕의 편에 섰고 트루나자야의 반란을 자기 위치를 강화하는 데 이용했다. VOC 군인들은 쌀과 티크목의 무상 위탁을 대가로 아망쿠랏의 왕좌를 지키기 위해 싸웠다.

트루나자야는 최대한 넓은 범위의 추종자들을 끌어들이려 노력했다. 그는 아망쿠랏이 이슬람 법을 유지하는 데 실패했다고 비난하고, 메카로부터 성전에 대한 허가를 받았다고 주장하면서 이슬람적 권위로 자신을 포장했다. 트루나자야는 또한 마자파히트 왕가 후손으로서의 영광스러운 혈통을 주장했고,

트루나자야를 찌르는 수수후난 아망쿠랏 2세

이 중요한 그림은 역사적 군주를 양식화된 형태로 보여준다. 이것은 또 17세기 말까지 권신이 되기 위한, 그리고 종교 관리들과 무장한 네덜란드인들 군인들을 길들이기 위한 마타람 왕들의 권력기반을 보여준다. 1680년 추정(c. 1680) 무명의 자바 예술가의 수채화. 사진 자료, 왕립 언어/인류학 연구소 사진 컬렉션, No. 1029. 사진 제공: KITLV

자신을 전사-영웅들과 연결된 마술적 전통 안에 위치시켰다. 1677년에 그가 자신을 보이지 않게 해서 네덜란드 장군 코르넬리스 스펠만이 이끄는 VOC 선박으로 날아갔다고 주장했을 때, 그것은 40배럴의 화약과 백 개의 대포알을 훔치기 위한 근대적 목적을 위해서였다.

1만 4천 명이 그에게 호응했다. 자바인, 마두라인, 부기스인, 발리인들이 마자파히트의 복원이라는 트루나자야의 비전을 환영했다. 1677년 트루나자야는 마타람의 수도를 공격하고 왕궁을 파괴했다. 아망쿠랏 1세와 수가 줄어든 그의 부인들, 아이들, 가신들, 군인들은 달아났다. 왕은 북부 해안에서 도피처를 찾다가 사망했다. 트루나자야는 이제 아망쿠랏 2세가 된 왕세자에게 수도를 마자파히트의 지역에 세울 것과, 비무슬림, 특히 네덜란드인들과의 거래를 피할 것을 강권했다. 아망쿠랏 2세(재위 1677~1703)는 잠재적 봉신들과 동맹들 중에서 까다롭게 고르는 데 있어 뛰어난 정치 감각을 보였다. 왕세자로서 그는 자기 아버지를 왕좌에서 끌어내리는 데 자고인 트루나자야를 이용했다. 왕으로서 그는 VOC를 동맹으로 선택했고 트루나자야를 추적했다. 트루나자야는 마타람 궁의 재산을 가지고 급히 도망가서 고대 동부 자바 왕국들의 장소인 케디리에 자신의 수도를 세우고, 술탄 칭호를 사용했다. 1680년경 그는 그의 과거 후원자의 사람들에게 붙잡혀 처형당했다.

수라파티(Surapati)는 바바드들이 왕계 출신이라고 한 또 다른 자고이다. 그들은 그가 마자파히트 왕자들과 발리의 한 귀족의 후손이라고 선언한다. 그는 일군의 용병을 이끄는 발리인으로 1678년 VOC 공식 기록에 등장한다. 그해 그는 그의 사람들을 VOC 육군 내의 한 중대로 만들겠다는 충성의 맹세를 했다. 그의 출신들은 약탈과 노예제의 혼돈 속에서 나온 것으로 보인다. 발리 군주들은 발리 왕국들 간 전쟁과 동부 자바에서의 군사작전을 위한 재원 마련을 위해 백성들을 인도네시아인, 네덜란드인 노예상인에게 팔아넘겼다. 바타비아에서 발리 노예들은 카스트 세계와 발리의 힌두교 신앙체계에서 떨어져 나갔다. 그들은 그들의 기독교인 소유주의 종교를 받아들이거나 그 도시의 무슬림 인구에 합류했다. 발리인들은 자신들만의 모스크와 주거 구역이 있는, 바타비아 무슬림들 속에서 구별되는 부분으로 남았다. 수라파티는 이 발리인 무슬림 공동체로부터 등장한다. 그가 VOC에 충성을 맹세했을 때, VOC 서기는 그가 맹세를 위해 코란을 그의 머리 위로 들어 올린 이슬람 관리의 입회하에 그렇게 했다고 기록했다.

수라파티의 사람들은 라덴 하지가 반텐의 술탄 아젱을 무너뜨리려는 노력의 일환으로 고용했던 VOC 파견대의 일부였다. 수라파티는 1684년 탈영했다. 한동안 그와 그의 사람들, 그리고 그들이 모은 여성들은 반텐의 구릉지에서 농사를 지었다. VOC가 그를 잡기 위해 포상금을 걸었을 때, 수라파티는 무리를 이끌고 중부 자바로 들어갔다. 그는 1685년에 80명의 군인, 20명의 환자와 장애인, 60명의 여성과 아이들, 몇몇 죄수들과 함께 마타람의 수도로 들어갔다. 아망쿠랏 2세는 그들에게 논과 여성들을 배정하고 수라파티를 마타람의 발리인 공동체의 수장으로 삼았다.

네덜란드인들은 아망쿠랏 2세가 트루나자야를 잡고 그의 왕좌를 공고히 하는 것을 도왔다. 그 대가로 그들은 매년 일정량의 수출용 쌀과 티크목, 그리고 북부 해안 항구들에 대한 통제권을 받았다. 이제 아망쿠랏 2세는 너무 강하게 성장해 버린 봉신의 힘을 줄이기 위해 수라파티에 의존했다. 1686년 수라파티의 군대가 마타람 왕궁을 지키던 VOC 요새를 공격하고 대부분의 네덜란드인을 살상했다. 생존자들은 이슬람으로의 개종과 죽음 사이의 선택을 강요받았다. 이후 왕은 그의 발리인 용병들에게 떠나라는 압력을 줬다. 수라파티와 그 추종자들은 동부 자바를 향해 갔고, 그는 거기서 파수루안(Pasuruan)에 요새화된 본부를 설치하고 라덴 아리아 위라느가라(Raden Arya Wiranegara)라는 칭호를 택했다. 그의 추종자들은 발리인, 말레이인, 마두라인, 부기스인들의 합류로 증가했다. 수라파티는 그들에게 비옥한 북부 해안 평야에 있는 논을 주었다.

이 무렵 동부 자바에는 발리의 불렐렝(Buleleng) 왕국에 의존하던 발람방안 왕국의 권역 안에 힌두 농민들이 낮은 인구 밀도로 퍼져 있었다. 발리의 영향권 내에서 무슬림인 수라파티는 마을 사람들의 이동을 통제하고 무역세를 받기 위해 검문소를 설치했다. 그는 중국 상인들을 끌어들이고 화기를 구매하기 위해서 남부 해안 촌락들로부터 제비집으로 세금을 받았다. 그는 또 딸 하나를 발람방안의 지배자에게 주는 방법으로 그의 공간을 보호하기 위해 결혼외교를 이용했다.

바바드들은 수라파티를 왕족 전사로 칭송한다. 그가 유럽의 전투 기술을 그의 전투 계획에 편입했기 때문에, 네덜란드인 군 지휘관들은 그를 엄청난 적으로 보았다. 그는 유럽 화기를 구매하고, 자기 군사들을 훈련시키고, 그의 노동자들에게 유럽의 요새 축조를 본떠서 흙으로 방어용 둑을 건설하게 했다. 마타람의 새 왕은 수라파티를, 주변 마을들을 약탈하고 그의 왕국의 동쪽 변방에 있는 경쟁 왕족들에게 피난처를 제공하는 성가신 자고로 보았다. 1706년 왕은 VOC 부대를 고용해서 파수루안 공격에 참여시키고, 마타람 정치에 대한 수라파티의 간섭을 종식시켰다.

마타람의 새 왕은 파쿠부워노 1세(Pakubuwono I, 재위 1704~1719)로, 아망쿠랏 1세의 아들이자 아망쿠랏 2세의 이복형제였다. 1686년에 아망쿠랏 2세가 수라파티를 이용해 네덜란드인들을 공격했을 때, 그의 이복형제는 자신이 대신 왕위에 오르는 것을 돕도록 VOC를 설득하는 공작을 시작했다. 아망쿠랏 2세의 아들이 1703년 아망쿠랏 3세로서 그를 계승했지만, 그의 라인은 VOC의 지원을 상실했다. 그의 삼촌이 네덜란드인들을 등에 업고 1704년 자신이 마타람의 왕임을 선언했다. 1705년 그의 군대가 아망쿠랏 3세의 왕궁을 뒤집어 엎고 그를 수도에서 내쫓았다. 아망쿠랏 3세는 추종자들과 함께 수라파티에게로 달아났다. 1706년 파쿠부워노 1세와 VOC는 수라파티를 추적했고, 그는 1706년 11월 부상으로 사망했다. 아망쿠랏 3세와 수라파티의 아들들은 1708년까지 마타람에 대한 기습공격을 계속하다가, 그 해 이 피난 군주는 네덜란드에 항복했다. 네덜란드인들은 그를 실론으로 유배보냄으로써 파쿠부워노 1세를 도왔다.

수라파티의 후손들은 자고로서의 경력을 계속 유지했다. 그들은 18세기 중엽까지 마타람 왕자들 간의 많은 전투에 전투 부대로 등장했다. 배다른 여섯 아들들이 파쿠부워노1세에 대항하는 반란에 함께 싸웠다. 수라파티의 후손임을 주장하는 사람들이 1741년 VOC 요새에 대한 중국인 무리의 공격에 합류하기도 했다. 그들은 마두라의 차크라닝그랏(Cakraningrat) 4세가 파쿠부워노 2세의 수도를 약탈하는 데 합류했고, 1755년에 팡에란 싱가사리(Pangeran Singasari)가 자신의 조카인 파쿠부워노 3세를 왕좌에서 끌어내리려 한 시도를 도왔다.

서로 경쟁하는 국가들과 영향권들로 인해, 자바는 수라파티가 부상할 수 있는 조건을 제공했다. 그는 각각 다른 시기에 VOC, 반텐의 한 왕자, 그리고 마타람의 두 왕 아망쿠랏 1세와 2세에 의해 고용되었다. 결혼 정치를 통해 그는 발람방안 왕의 장인이 되었다. 그는 자바의 한쪽 끝에서 다른 쪽 끝으로 이동하며 경력을 쌓았다. 모든 왕국들과 바타비아에서 수라파티는 무역상으로서, 군인으로서, 외교관으로서, 개혁가로서, 남편으로서의 네덜란드인들의 모습을 발견했다(그의 후원자였다가 적이 된 아망쿠랏 2세가 코르넬리스 스펠만의 아들이라는 소문이 있었다). 용병으로서 수라파티의 개인적 경험은 그에게 소수의 네덜란드 군인들이 훨씬 큰 규모의 인도네시아 왕의 군대를 물리칠 수 있다는 것을 알려주었다. 왕들이 VOC의 군사적 도움에 대해 지불한 대가는 자바 노동자들의 막대한 조세 부담과 자바 왕들의 주권 축소라는 결과를 가져왔다. 이 모든 것은 수라파티로 하여금, 비록 그가 힌두 발리인 용병들을 그의 부대에 받아들이기는 했지만, 코란으로부터 그리고 동시대인들인 트루나자야와 샤이크 유수프에게서 빌려온 언어로 자바의 네덜란드인들에 대한 반대를 꾸준히 외치도록 만들었다. 비무슬림 타자인 네덜란드인들에 대한 수라파티의 반대는 그에게 이슬람의 수호자이자 인도네시아공화국의 영웅이라는 공식 지위를 가져다주었다.

수라파티의 유산: 동부 자바의 개종

1743년 파쿠부워노 2세(재위 1726~1749)는 수라파티의 예전 토지를 네덜란드인들에게 양도함으로써 마타람 동부 지방의 문제를 없앴다. 반군 부대는 동부 자바를 도피처로 이용했다. 발리 군주들은 여전히 이 지역을 발리 왕국의 조공 영토로 여겼다. VOC는 인도네시아인 군대는 물리칠 수 있었지만, 바타비아 본거지에서 멀리 떨어진 영토는 직접 행정적으로 관리할 수 없었다. 그들의 방법은 현지인 관리들과 중국인 네트워크를 이용해서 생산과 무역이 돌아가게 하는 것이었다. 동부 자바 최대 지주가 되었을 때, VOC는 수라파티의 행정 시스템을 계속 유지했다. 무슬림만을 관료로 임명했고, 그들에게 힌두교 인구의 개종을 우선적 임무로 부과했다. 두 번째 전략은 마두라와 중부 자바로부터의 농민 가정 이주를 장려하는 것이었다. 이 방식으로 VOC는 수라파티의 목표를 달성했다. 발리의 영향이 줄었고, 숲의 반군 무리의 도피처가 줄어들었고, 상업작물을 재배하는 농민들에 의해 경관이 영구적으로 안정되었다. 시간이 흐르면서 무슬림 이민자들이 다수가 되었다. 동부 자바는 발리의 권역에서 멀어져서, 네덜란드인들의 기독교적 지배하에 놓인 무슬림 자바의 역사에 편입되었다.

자바의 직업 군인들은 왕실의 중혼, 이합집산하는 당파들, 궁정의 합종연횡의 복잡한 망으로 연결된 왕자들의 경호원이었다. 1500년경부터 군인들은 창, 장창, 단검, 전투용 도끼뿐 아니라 장총과 대포도 가지고 있었다. 그들은 기병으로서, 코끼리 부대로, 보병으로서 싸웠다. 그들은 두꺼운 나무껍질이나 면 충전재로 강화된, 지역의 식물 줄기와 조개껍데기 판으로 제작된 보호구를 입었다. 대장장이들은 자기 대장간에서 금속 갑옷과 투구를 생산하기 위해 유럽 모델을 복제했다. 군인들은 또 전투에서 살아남기 위해 영적인 수단을 이용했다. 그들은 성인들로부터 받은 부적을 가지고 다녔고 코란의 문구가 새겨진 깃발 아래서 행진했다. 일부는 방어력을 높이기 위해 명상을 하거나, 마력이 있다고 믿어지는 무기를 소유하려 애썼다.

모든 남성은 크리스를 지녔다. 크리스는 대장장이의 금속 가공과 의례 지식의 생산물이었고, 대장간의 불꽃에서 영적인 힘을 얻었다. 완성된 물건에는 이름이 붙여졌고, 그 곡선의 수는 그것의 특별한 속성과 관련이 있다. 칼자루와 칼집에는 소유자의 부에 따라 무늬가 새겨졌다. 일종의 의례처럼 매년 남성들은 기도를 낭송하며 그의 크리스를 씻고, 기름, 향수, 향으로 관리했다. 크리스는 이슬람 의례에 접목되었다. 청년은 무슬림 성인 남성이 되는 할례 의식을 경험한 후 첫 크리스를 받았다.

자바 군대는 대규모였다. 트루나자야는 아망쿠랏 1세를 무너뜨리는 임무에 1만 4천 명을 이끌었다. 파쿠부워노 1세는 수라파티에 대항해서 1만 명의 자바인을 보냈다. 이들 중 대부분은 싸우지 않았다. 이들은 왕이 지역 영주들을 전장으로 보낼 때 봉사를 위해 징집한 짐꾼과 종복들이었다. 군 지휘관들은 널리 퍼져 있는 적의 군대를 위협하고 흩어지게 하기 위해 대포를 사용했다. 실제 전투는 지휘관들과 그들에게 개인적으로 충성하는 부대들의 일이었다. 술라웨시, 발리, 마두라에서 온 용병들은 각자의 지휘관과 깃발 아래 별개의 분대로서 싸웠다.

VOC 군대들은 유럽인 군인들, 바타비아의 아시아인으로 구성된 예비부대들, 그리고 자바인, 발리인, 마두라인, 티모르인, 암본인, 부기스인, 말레이인의 용병 분대들로 구성되어 있었다. 파쿠부워노 1세의 1만 명의 자바인 부대를 동반했던 VOC 부대는 930명의 네덜란드인들과 2,500명의 인도네시아인들로 구성되었다. 자바 군대의 수와 비교할 때 늘 그 수가 보잘것없이 적었던, 자바에서 싸웠던 유럽인들은 네덜란드 동인도회사의 기업 권력의 산물이었다. 네덜란드에서 가장 큰 고용자이자 구매자로서 VOC는 무기를 지속적으로 주문했다. 회사는 그 군인들에게 작은 휴대용 무기와 칼, 탄약통, 운반용 가방, 허리띠, 연막탄, 수류탄 등을 갖춰주었다. VOC는 그 선박에 회선포와 기관포를 장착했고, 아시아의 네덜란드인 정착지를 지키기 위해 대포를 수출했다. 유럽 무기의 발전은 요새도 파괴할 수 있는 대포를 생산해 냈다. 그것들은 땅으로 끌고 다닐 수 있을 만큼 가벼웠지만, 인도네시아 섬들의 산악 지형에서는 큰 소용이 없었다. 네덜란드인들은 선상에서 해안 요새들을 파괴하는데 대포를 가장 효율적으로 사용했다. 육상에서 네덜란드인들은 훈련, 화기, 칼에 의존했다.

VOC 군인들은 대규모 인도네시아 군대와 더불어 싸울 때 성공적이었다. 자바 군대의 다수를 차지하는 징병된 농민들은 적의 요새의 벽에 이르는 땅굴을 파고 그 기반을 붕괴시켰다. 하나의 부대로서 싸우도록 훈련받은 유럽 군인들은, 줄을 지어 전진하는 자바 군인들 가운데 자리를 잡았다. 그들이 적들의 영역에 들어서면 첫 줄의 군인들이 발포하고, 그러고 나서 다음 줄이 발포를 하는 동안 무릎을 꿇고 재장전을 했다. 백인 남성들은 자바 촌락들 속에 섞일 수 없었기 때문에, 전투에서 달아날 수 없었다. 싸우는 것의 유일한 대안은 반대편으로의 탈영을 통한 불확실한 미래였다. 고립된 요새들은 취약했다. VOC 군인들은 보급이 끊길 수도 있었다. 인도네시아인 예비군들은 때로 그들을 버리고 달아났다. 용병들은 편을 바꿀 수 있었다. VOC 부대는 매복에는 당할 수 있었지만, 야전에서는 VOC 전투 부대가 효율적이었다.

자바 왕들은 강해졌다고 느꼈을 때 VOC에게서 벗어나려는 계획을 세웠지만, 네덜란드인들에 대한 의존을 포기할 수 없었다. 예언자들의 경고와 울라마들의 저주에도 불구하고, 그리고 VOC가 그 서비스에 대해 요구하는 비싼 대가에도 불구하고, 자바 왕들은 왕좌를 지키기 위해서는 항상 VOC 에게 의존했다. 1677년에서 1749년 사이 VOC 부대들은 이복형제 왕자들이 마타람 백성들에게 초래한 모든 왕실 전투에 고용되었다. 예를 들어, 1717년 반란에서 왕국이 무너졌을 때 VOC 부대는 파쿠부워노 1세를 위해 싸웠다. 그들은 1710년 파쿠부워노의 아들이 아망쿠랏 4세로서 그의 후계자가 되고 두 명의 이복형제에게 도전을 받았을 때 그를 지원했다. VOC 부대는 1740년에서 1745년까지 5년간의 전쟁에서 아망쿠랏 4세의 후계자 파쿠부워노 2세를 지원했다. 1750년에는 VOC 부대가 세 명의 삼촌으로부터 파쿠부워노 3세의 왕좌를 보호했다.

1666년 남부 술라웨시 점령을 위해 아룽 팔라카와 VOC 사이에 맺어진 동맹은 군도 전반에 중요한 영향을 끼쳤다. 1669년 팔라카-VOC 연합의 승리는 술라웨시에서 부기스인들의 탈출을 촉진시켰다. 부기스인 군인들은 자바, 수마트라, 말레이 반도에서 고용 가능한 직업 용병이 되었다. 다른 부기스인들은 군도 전반에 산개해서, "비어 있는" 지역의 농지를 차지하고, 군도 소도시들에서 작은 소매업과 제조업 사업을 정착시켰다. 부기스인 군주들은 말레이 왕가와 혼인관계를 맺었다. 1718년 부기스인들은 리아우 군도의 지배 왕조로부터 정부 관직을 맡고 그것을 세습 특권으로 후손들에게 물려줄 권리를 얻어냈다. 부기스인들은 또 무기와 해산물, 노예의 운송을 전문으로 하는 주요 바다 사람들로서 자신의 위상을 확고히 했다. 부기스인 용병들은 마타람을 약화시킨 왕조 전쟁을 연장시켰다. 그들은 현 왕과 네덜란드인 연합에 맞서 반군과 함께 싸웠다. 다른 부기스인들은 VOC 군대에 속해 반란을 일으킨 왕자들에 대항해서 싸웠다.

부기스인들에게는 17세기 말에 VOC 지배로부터의 도피로 시작되었던 것이 계속적인 이주라는 문화적 패턴으로 귀결되었다. 인도네시아공화국에서 부기스인들의 이주는 이리안과 동티모르라는 새 영토로의 정부 권력의 확대를 발전시켰다. 노예제는 법으로 금지되었다. 부기스인들은 이제 난민들과 중국, 중동에서 오는 불법 이주자들을 인도네시아와 호주 사이에 있는 고립된 해변이나 섬들로 운반하는 일을 전문으로 한다.

무산된 여행: 마레게에서 호주까지

호주 북쪽 해안은 술라웨시 출신 항해사들에게는 인도네시아 바다의 남쪽 경계였다. 그곳은 중국 시장에서 수요가 있는 해삼을 잡으려는 마카사르인과 부기스인들에게 사냥터이자 일터였다. 이들은 지역 수장들에게 칭호와 깃발을 수여하고 담배, 금속 도끼 같은 선물을 제공함으로써 호주 토착민(Aboriginal) 공동체로부터 사용권을 확보했다. 이들은 자신들의 작업 지역을 카유 푸티(Kayu Putih, 오늘날의 Kimberley)와 마레게(Marege, 현재 Arnhem Land)라고 불렀다. 17세기에 시작되는 이 역사에서 해삼 채집자들은 계절에 따른 방문자였다. 호주 원주민들이 바닷길에서 팔 수 있는 물건을 수집하거나 만들지 않았기 때문에, 해삼 채집자들은 대리인을 호주 해안에 두지도 영구 거주지를 만들지도 않았다. 그들은 현지인들을 일꾼으로 고용하지도, 노예를 얻으려고 그들의 땅을 습격하지도 않았다.

유럽인의 탐험과 정착의 시기에 호주 해안은 술라웨시인의 작업장이었다. 19세기 중반부터 북부 해안은 대륙 남쪽에서 만들어진 호주 역사에 끌려들어갔다. 1906년이 되면 호주 정부 당국은 인도네시아 해삼 채집자들의 어업권을 부정했다. 부기스인들과 마카사르인들은 호주 북부의 해안 주변부를 최초로 정기적으로 방문했지만, 뿌리를 내리지도, 영구 정착지를 건설하지도, 여행하던 이슬람 교사들을 끌어들이지도, 혹은 호주 원주민 사회에 자신들의 문명을 재생하지도 않았다. 거명된 호주 지명들은 한번도 인도네시아 국가의 일부가 되지 않았다.

술탄들과 VOC 행정가들의 정책은 또 다른 일군의 프리랜서들에게 기회를 만들어주었다. 18세기 중반까지 중국인들의 사업이 군도의 여러 구석까지 확대되었고, 중국인 이주자들은 많은 관할권들 사이의 공간들에서 또 다른 격동의 요소가 되고 있었다. 반텐, 바타비아, 스마랑, 그레식, 수라바야, 마카사르와 같은 국제항에는 잘 자리 잡힌 중국인 공동체들이 중국인 거주 지역이나 특별히 지정된 교외에 집중되어 있었다. 인도네시아와 VOC 지배자들은 가장 부유한 상인들을 중국인 공동체의 대표로 임명했다. 네덜란드인들은 그들에게 명예 군사 직위와 소령, 대위, 중위 같은 계급을 주었다. 인도네시아 지배자들은 그들을 자신들 고유의 이름과 칭호 체제에 편입시켰다. 그런 중국인 대표들은 대사로 활동하였다. 그들은 축제일에 인도네시아와 네덜란드 지배자들에게 존경을 표하기 위해 선물을 주고 연설을 했고, 중국인 공동체 내에 나눠주기 위한 계약과 허가를 얻기 위해 협상했다. 도시 행정가들은 중국인 공동체를 위한 기준 마련, 결혼과 상속 문제의 감독, 중국인이 연루된 범죄 문제의 처리를 이들에게 맡겼다. 그들은 중국인 가정 내의 부인과 아이들을, 비록 부인이 현지 여성이고 아이들이 현지에서 태어났더라도, 중국인으로 여겼다. 이슬람으로 개종하고 부인, 아이들과 자바어로 대화했던 중국인들은 자바식 이름을 택했다. 그들의 삶은 중국인 모스크를 중심으로 돌아갔다. 그들은 자바 예술의 후원자였고, 예의 바른 자바인 사회의 주변부에 받아들여졌다. 인도네시아 도시들의 중국인 거주 교외에 있는 사원, 모스크, 묘지들은 중국인들의 동화와 뿌리내림의 정도를 보여준다.

중국인 사원, 무덤, 공동묘지

자카르타의 중국인 사원은 1650년경부터 있던 것으로 추정된다. 대부분 벽으로 둘러싸인 경내에 직각의, 중층형 건물들이 조합을 이루었다. 사원은 주 제단과 성화, 그리고 부수적 신들을 위한 별관들을 포함했다. 한자로 새겨진 벽판에는 사원의 신의 이름, 그리고 기부자의 이름과 날짜가 보존되어 있다. 일부 사원은 전체 중국인 공동체에 개방되었다. 다른 사원들은 씨족 집단 구성원들, 중국의 같은 지역에서 온 이주자들, 혹은 미곡 판매상과 선원 같은 직종 집단을 위한 것이었다. 사원들은 부처 혹은 도교의 신들을 기렸다. 토착 정령들을 위한 사원은 자바인들이 신성시하는 지역 근처에 건축되었다. 중국인 신자들을 위한 모스크는, 프라나칸(Peranakan)이라 불리는 중국계 무슬림 거주 구역의 중심이었다.

중국에서 효자는 아버지를 위해 석조 기념물을 세웠다. 그는 조상들의 무덤을 돌보고, 정기적으로 공양을 했다. 중국인 남성이 중국 밖에서 죽었을 때, 그 아들들은 전통적으로 공개 추도식을 거행했다. 인도네시아 도시에 있는 오랜 중국인 공동묘지들은, 해외에서의 중국 관습의 보존과 몇몇 이주자들이 이룬 번영에 대한 기록을 가지고 있다. 그것들은 또 중국 밖으로 진출한 석공과 중국문자를 새긴 사람의 기술을 보여준다.

오늘날 인도네시아에서 중국인 공동체들은 더 이상 이런 전통을 지속하지 않는다. 도시의 땅은 장지를 사기에 너무 비싸고, 중국 전통을 지키는 것을 공개적으로 드러내는 것도 많은 인도네시아인들에게 받아들여지기 어렵다. 종종 매장을 대신하는 화장은, 동남아시아 불교의 장례 형태라는 점에서 중국인 동화의 긴 여정을 보여주는 또 다른 징표이다.

자바의 많은 성스러운 묏자리들은 팡에란 하디리르(Pangeran Hadirir) 같은 중국계 무슬림 남성들의 것으로 보인다. 지역 설화에 따르면, 그는 북부 자바 해안에서 난파한 배의 선장으로 라투(Ratu, 여왕) 칼리냐맛(Kalinyamat)과 결혼하고, 항구도시 자파라를 건설했다.

바타비아의 중국인 소령들과 대위들은 계속 밀려오는 중국인 이주자들 중에서 행상과 계약노동자, 심복, 첩자, 폭력배, 경찰을 고용했다. 그들은 도시와 외곽 구역의 중국인들에 대해 VOC에 보고할 의무가 있었지만, 그들의 개인 경찰력은 바타비아 성벽 밖에서는 완전히 비효율적이었다. 노동력 수입 업자들은 바타비아 항구 당국의 힘이 닿지 않는 해변과 좁은 물줄기들을 따라 새 채용자들을 내려놓았다. 이 불법 이주자들은 중국의 농장과 도시에서 살던 일종의 거친 남성들이었다. 바타비아 지역의 설탕 농장에서 그들은 씨족 우두머리들에 의해 상호 보호를 위한 조직으로 묶였고 다른 어느 권력에게도 충성하지 않았다. 이 남성들은 제당소의 쇠로 된 기계를 무기로 만드는 방법을 알았다. 1740년 10월 그들은 자신들을 추방해서 그 수를 줄이려는 VOC의 결심에, 그리고 진짜 계획은 추방된 자들을 바다로 데려가서 배 밖으로 던져버리는 것이라는 루머에 민첩하게 대응했다. 무장한 무리들이 바타비아로 행진해갔다. 그들은 VOC 순찰관들을 손쉽게 제거하고 대포로 도시를 기습하기 시작했다.

그 전 해 VOC 관리들은 인구 계수를 시도했었다. 바타비아 성벽 안의 자유민은 7,233명이었고, 중국인 4,199명, 유럽인 1,276명, 마르다이커(Mardijkers, 과거 노예였다가 자유민이 된 인도 출신들) 1,038명, 유라시안 421명, 기타 299명으로 구성되었다. 바타비아 주변 구역들에는 3만 5천 명의 자바인과 10,574명의 중국인이 있었다. 중국인들은 개별 네덜란드인들이 별장을 소유한 인근 내륙 지역에서 가장 빠르게 성장하는 집단이면서, 도시 내에서도 네덜란드인보다 세 배나 수가 많았다. 중국인 민병대가 기습 공격을 단행했을 때, 바타비아 사람들은 패닉 상태에 빠졌다. 성벽 안에서 네덜란드인들과 자바인들이 중국인들을 공격했다. 3일 동안 그들은 중국인 남성들과 그 (인도네시아인) 부인들, 아이들을 찾아내서 죽였다. 중국인 민병대를 흩어지게 만들고 도시 외곽 구역들을 진압한 최초의 공격 후 VOC 부대는 반등했다.

중국인들의 바타비아 공격에 대한 자바 연대기의 설명은 그 지도자를 자고(jago)로 묘사한다. 그는 칙 스판장(Cik Sepanjang, Mr. Tall)이라는 말레이 칭호와 이름으로 알려져 있다. 그는 마술과 주술의 전문가이고 그의 사람들을 공격받지 않게 가려준다. 네덜란드 기록에는 탄 신코(Tan Sinko)라는 중국 이름으로 알려진 칙 스판장은, 바바드에 의하면 VOC의 부당한 대우 때문에 봉기를 일으키게 되었다. 그것은 인구 조사에 의한 바타비아 중국인의 수의 두 배에 달하는 9,000명의 중국인들이 학살당했다고 얘기한다. 네덜란드인 목격자들은 학살된 사람의 수가 1천 명에서 1만 명 사이라고 말한다. 중국인들의 두려움은 지속되었고, 생존자들은 그 성곽 도시를 떠나야 했다. 그러나 중국인들이 없어지자 바타비아는 운영이 불가능해졌다. 채소와 고기 시장이 사라졌고, 무역은 심각하게 타격을 받았고, 도시의 번영이 위협을 받았다. 1년간 업무 시간에 한해 중국인들이 성내에 들어오도록 허용되었고, 이후 통제가 느슨해지고 VOC 관리들은 새로운 중국인 이주를 장려했다.

바타비아를 공격하고 학살을 목격했던 중국인 무리들은 숲으로 물러났다. 1741년까지 그들은 마타람 영토에 있었는데, 거기서 그들은 수 년간 계속된 마타람 왕과 네덜란드인들 간의 조약 때문에 사회가 격변 속에 있음을 발견했다. VOC 요새들이 해안 도시들을 장악했다. VOC 관리들이 무역을 통제했고, 자바인 관리들을 배제하고 관세를 뜯어냈다. 매년 증가하는, 회사를 위한 쌀과 목재의 할당량을 맞추기 위해 농민들에 대한 세금이 꾸준히 증가했다. 독립된 쌀 무역상들은 쌀 수출량의 거의 반을 무상으로 받는 기업과 경쟁할 수 없었다. 그들은 자기 선박들의 선적이 다 찰 때까지 다른 선적을 방해하기 위해 선박을 이용해서 강 입구와 항만을 봉쇄하는 회사와 경쟁할 수도 없었다. 지역 관리들에게 무급 노동의 형태로 세금을 빚지고 있던 사람들은 그 관리들에 의해 VOC에게 임대되었다. 그들은 VOC의 건설 현장이나 부두에서 일하도록 배속되었지만, 그들의 노동을 빌리기 위해 VOC가 지불한 돈을 거의 혹은 전혀 받지 못했다. VOC는 또 직접 노동자를 고용하기도 했는데, 이것은 자바 관리들이 수입을 짜낼 수단을 빼앗고 또 노동자들이 귀족들에 대한 관습적 의무에서 풀려나게 했기 때문에 자바인 관리들을 분노하게 했다.

부기스인, 마두라인, 발리인 용병 집단들은 군인, 자경단, 경찰로 고용될 기회를 찾아 마타람 지역을 종횡했다. 과거에 일에 대한 대가로 마을과 농지를 받았던 그 지휘관들은, 징세를 약탈 공격처럼 수행했다. 방랑하는 성인들은 불만 많고 일자리가 없는 남성들이 사회에 대한 자신들의 비난을 귀담아듣고, 자신들이 제안한 해결책, 즉 반란에 그리고 —자바인이건, 중국인이건, 네덜란드인이건— 지역 권력자의 살해에 가담하는 것을 알게 되었다. 중국인 지구와 기업에서는 분노한 사람들이 그들의 보스에게 계약으로 속박되었다. 시골의 중국인 장인들과 그 가족들은 시골을 유랑하는 도적떼를 피하려 도시로 달아났다. 왕도인 카르타수라(Kartasura)에서는 VOC 수비대가 재위 중인 왕을 보호하고 있었고 왕궁에 그 비용을 청구했다. 많은 조신들은 네덜란드 상인들이 자바인의 자주권을 침해하도록 허용한 것에 대해 왕에게 비판적이었다. 자신이 네덜란드인의 군사적 지원을 받는 것을 알고 있던 왕은, 왕궁의 지원이 필요 없다고 느꼈다. 그는 자기 마음대로 관리를 임명하고, 해고하고, 심지어 죽이기까지 했다. 보통의 왕실 이복형제들이 승계를 뒤집기 위해 모의했고, 1741년이 되면 왕은 네덜란드인들의 과시와 힘을 약화시킬 수 있는 민병대를 찾아다녔다.

서부 자바에서 온 중국인 무리들이 기회를 잡았다. 그들은 중국인 제당소와 제재소를 뒤집어 엎고, 그 소유자와 관리자를 살해하고, 노동자들에게 죽음과 자신들에게 합류하는 것 중 선택하도록 했다. 그들은 자바인 무리와 힘을 합해서 VOC 요새의 벽 밖에 거주하는 유럽인들을 공격해서 죽이고 재산을 파괴했다. 1741년 말이 되면 중국인과 자바인 동맹 세력이 VOC 요새들을 공격했다. 어떤 경우 그들은 폭주해서, 항구 도시들에서 모든 거주자들을 죽이고 모든 인종—자바인, 중국인, 네덜란드인— 부자들을 학살했다. VOC 관리들은 스마랑이 3천 명의 중국인과 4만 명에서 5만 명의 자바인들에게 공격받았다고 추정했다. 오랜 포위 공격 동안 50대의 대포가 VOC 성을 겨냥해 늘어섰다. 공격자들은 바타비아로부터 바다를 통해 보급품과 지원군이 도착했을 때에야 격퇴되었다.

파쿠부워노 2세는 포위된 VOC 요새에서 온 군사 원조 요청을 거절했다. 그는 네덜란드들에게 대가를 요구했고, VOC 아래서 싸운 인도네시아인 군인들로 하여금 네덜란드인들 버리고 그들을 공격하도록 유인하고사 시도했다. 그러나 중국인과 자바인 무리들은 자바의 왕에게도 등을 돌렸다. 1742년 그들은 왕도를 짓밟았다. 파쿠부워노는 소수의 일행과 한 명의 VOC 경호원과 함께 카르타수라를 떠났다. 중국인들은 중국인을 자바 왕으로 세우려 하지 않았다. 대신 그들은(1704년 파쿠부워노 1세와 VOC가 왕위에서 몰아냈던) 아망쿠랏 3세의 젊은 손자를 지원했다. 중국인과 자바인 반군은 이 소년을 수난 마스(Sunan Mas, Golden Sunan)라 칭했다. 영적, 대중적 지원을 모으기 위해, 그는 중국인 천 명, 자바인 천 명, 부기스인 3백 명의 무장 경호를 받으며 데막에 있는 이슬람 성인들의 묘지를 향한, 널리 알려진 순례를 떠났다.

전투는 또 다른 군대에 기회를 제공했다. 서부 마두라의 세습 지배자이자 마타람의 봉신이었던 차크라닝그랏 4세가 이끄는 마두라 군인들이 해협을 건너서 중부 자바로 진입했다. 차크라닝그랏 4세는 마타람의 봉신 지위에서 벗어나려는 오랜 계획을 가지고 있었다. 1729년부터 그는 자바 왕에게 경의를 표하기 위해 카르타수라 궁에 직접 가는 것을 거부해왔다. 그는 그때까지 VOC가 자신을 봉신으로 받아들이고 마타람에 세금을 낼 의무로부터 보호하도록 하는데 실패했었다. 이제 차크라닝그랏은 파쿠부워노 2세에 대항해 군대를 이끌었다. 왕의 이복형제들이 자기 사병들과 함께 차크라닝그랏에게 합류했다. 1742년 11월, 마두라인, 자바인, 중국인 민병대들이 파쿠부워노 2세의 궁정에 침입해서 약탈했고, 왕이 도망가면서 버려진 여성들을 겁탈했다.

자바 군 지휘관들은 삼림 구릉지의 은신처로부터 네덜란드인들에게 예상치 못한 공격을 감행했다. 이런 게릴라전에서 그들은 상대를 놀라게 하고, 익숙한 지형에서 움직이고, 자바 촌락들로 숨어들 수 있는 이점을 지녔다. 자바인들과 외모가 달랐기 때문에, 중국인 민병대들은 민간인들 사이에 숨을 수 없었다. 그들의 전략은 포위와 맹공격이었다. VOC 군 지휘관들은 자신과 싸우는 부대들을 분열시키기 위해 종교적, 직업적 차이와 지역 감정을 이용했고, 중국인 반군들에게 등을 돌리는 자바인들에게는 보상을 보장했다.

자바에서의 경력: 슬라멧 이야기

슬라멧(Slamet)의 여행은 노예제에서 시작되었다. 발리 노예상인에 의해 스마랑에 보내진 그는, 거기서 고참 VOC 상인인 빌렘 두벨드콥(Willem Dubbeldekop)에게 고용되었다. 이 북부 자바 항구도시에서, 그 힌두-발리인은 이슬람으로 개종하고 무슬림식 자바 이름인 슬라멧으로 개명했다. 두벨드콥이 그를 해방시킨 후, 슬라멧은 스스로 무역업을 시작했다. 그는 VOC와의 관계를 이용해서 주와나(Juwana)의 말레이 상인 대표로 임명되었다. 1740년대의 전쟁들 속에서, 슬라멧은 중국인 반란 지도자를 함정에 빠뜨리고, 죽이고, 그의 수급과 부적을 주와나 요새의 네덜란드인 지휘관에게 보냈다. 그에 대한 보상으로 네덜란드는 그를 름방(Rembang) 인근에 있는 25개 자바인 가정으로 된 촌락 수장으로 임명하고 거주자의 물건과 노동에 대해 세금을 부과할 수 있는 독점권을 부여했다.

1741-1745년의 혼돈기에 네덜란드인들은 중부 자바 최고의 자고가 되었다. 많은 집단들이 그들에게 보호를 의존했다. 파쿠부워노 2세는 다시 편을 바꿨고 VOC 군대가 그의 왕좌를 지켜줬다. 많은 자바 관리들이 자신들을 마타람의 통제로부터 풀어주고 봉신으로 받아줄 것을 VOC에게 요청했다. 일반 대중에게서 물자와 서비스를 쥐어짜는 데 협력하는 대가로, 네덜란드인들은 그들에게 자치적 지배와 세습 승계 권리를 제공했다. 전반적인 사회 혼란 동안 자바인 패거리들에게 공격받았던 중국인 상인들, 장인들, 톨게이트 직원들, 노동자들은 VOC의 통제 하의 중심지들로 달아났다. 그들의 대표들은 VOC에게 자신들을 자바 군주들의 백성이라는 상태에서 풀어주고 회사의 백성으로 받아줄 것을 촉구했다.

VOC 군대가 민병대들에 대해 성공을 거두기 시작했을 때, 자바의 왕자들은 일시적으로 왕좌에 대한 도전을 중단했다. 그들은 정치 철학이나 국가 운영 방안이 아니라, 인력과 자원의 통제권을 놓고 경쟁하고 있었다. 일부는 네덜란드인들이 유배를 보냈다. 군대는 쇠퇴해갔다. 네덜란드인들은 파쿠부워노 2세와 새로운 조약을 맺었고, 그것을 통해 그들은 북부 해안을 따라 이어진 수심 2km의 연안 지대와 바다로 흘러 들어가는 모든 강들의 제방에 대한 통제권을 얻었다. 그들은 또 동부 자바, 그리고 모든 왕실의 임명에 대한 거부권을 얻었다. 파쿠부워노 2세는 중국인들에 대한 징세권, 그리고 그에게 매년 현금 수입과 친족들을 위한 생활비를 가져다주던 톨게이트의 판매권을 네덜란드인들에게 넘겨주었다.

중국인과 마두라인 군대가 그의 왕궁의 신성함을 파괴했기 때문에, 파쿠부워노 2세는 새로운 수도를 구하려 했다. 1746년, 네덜란드인 자고들을 포함한 거대한 행렬이 파쿠부워노 2세를 수라카르타에 있는 그의 새 왕궁으로 보위했다. 그는 오직 초기 마타람 왕들의 석조 왕좌만을 카르타수라에서 가져왔다. 그는 영토, 노동력, 봉신들을 상실했다. 구역 관리들은 더 이상 그에게 경의를 표하기 위해 궁으로 오지 않았고, 그곳은 한갓진 곳이 되었다. 뭔가를 얻기 위해 그에게 아첨해야 하는 사람도 거의 없었다. 대신 그들은 네덜란드 총독에게 아첨했다. G. W. 판 임호프(G. W. van Imhoff) 남작이 총독으로서는 처음으로 마타람 궁을 방문했을 때, 파쿠부워노 2세는 판 임호프를 맞이해서 궁으로 호위하기 위해 스마랑까지 긴 여행을 함으로써 더 이상 그가 세계의 중심이 아님을 공개적으로 인정했다. 많은 왕족 남성들이 이미 영구적으로 왕궁을 떠났는데, 이는 그들이 더 이상 파쿠부워노나 그의 후계자에 대한 충성을 인정하지 않음을 의미했다.

파쿠부워노 2세가 왕위에 있을 때 궁정 정치와 중국인에 대한 멸시로 인해 궁 밖의 세계를 보는 그의 시야가 흐려졌다. 그는 VOC를 약한 봉신으로 생각해 왔었다. 그는 그의 왕국에 있던 십수 명의 네덜란드인들이 거대한 기업의 후원을 받는다는 것을 파악하지 못했다. 그는 자신이 경멸했던 중국인들이 VOC 요새들을 짓밟을 수 있었던 것에 놀라서, 스스로 네덜란드인들을 제거하려 했었다. 그는 결국 생존을 위해 네덜란드인 자고에게 전적으로 의존하는, 쪼그라든 영토의 군주가 되고 말았다. 파쿠부워노 2세는 1749년 임종시에 마타람을 VOC에 넘겼다.

파쿠부워노 2세에게 마타람을 할양받은 네덜란드인 관리는 그 양도가 마타람이 바타비아 총독의 지배를 받는 종속적 영토가 됨을 의미한다는 것을 이해하지 못했다. 그에게 할양이란 이제 네덜란드가 궁정의 당파들 사이에서 책략을 발휘해 마타람 왕좌의 계승을 결정하게 되었음을 의미했다. 네덜란드인들은 보통 지위가 높은 어머니의 장자의 주장을 편들었다. 그들은 이복형제나 삼촌, 조카를 후원하지 않았다. 그래서 1749년 VOC는 성인 경쟁자들이 아니라 16세 소년을 지원했는데, 그가 왕비 태생으로 살아남은 유일한 아들이었기 때문이다. 파쿠부워노 2세의 이복형제들은 파쿠부워노 3세라는 연호를 택한 그의 조카에 대항해서, 또 서로 간에 적대해서 싸웠다.

1754년 경쟁자 중 한 명이 자바의 전설과 역사에 기대어 해결책을 찾아서, 마타람 왕국을 조카와 삼촌이 나눠가지고 VOC가 두 왕실 모두의 신하이자 동맹이 될 것을 제안했다. 1755년 VOC가 중재한 이 협상에 의해, 파쿠부워노 3세는 수라카르타라 명명된 왕국의 수장이 되었다. 그의 삼촌은 욕야카르타라 명명된 왕국의 지배자가 되었다. VOC는 북부 해안의 통제권을 유지했고, 파쿠부워노 3세에게 현금을 지급했고, 왕위를 노리는 경쟁자들에 대항해 욕야카르타의 새 지배자를 지원할 부대를 제공했다. 1756년 욕야카르타 왕자가 하멩쿠부워노(Hamengkubuwono)라는 연호와 술탄의 칭호를 채택했다.

VOC가 기얀티 조약(Treaty of Gyanti)이라 알려진 이 합의를 중재한 것은 종종 자바를 분할하기 위한 제국주의적 행위로 묘사된다. 그 당시에는, 그 조약은 경쟁하던 후계자들이 왕국을 분할했던 선례를 자바의 과거에서 빌려온, 자바인들의 결정이자 해결책으로 이해되었다. 이러한 자바 세계에서 네덜란드인들은 자신들 선박으로의 끊임없는 상품 운송을 확보하기 위한 행동을 취했다. 자바 왕족들은 조약을 일시적인 것으로 생각했다. 1755년에, 그리고 오랫동안 파쿠부워노 3세에게는 아들이 없었다. 하멩쿠부워노는 자신이나 자신의 후계자가 수라카르타를 계승해서 그것을 욕야카르타와 연합해서 마타람을 재창조할 것이라고 기대했다.

그의 긴 생애 동안 하멩쿠부워노에게는 30명 이상의 인정받은 자식이 있었고, 그 중 16명이 아들이었다. 그는 1756년 장자를 후계자로 지명했지만, 1758년 그가 독살되자 셋째 아들을 후계자로 지명했다. 이후 하멩쿠부워노는 두 왕국의 통일을 위한 그의 계획을 확정짓기 위해 이 새 왕세자와 파쿠부워노 3세의 딸을 결혼시키기 위한 협상을 시작했다. 그러나 1760년 말 파쿠부워노 3세는 궁 밖으로의 여행 중 바쳐진 마을 처녀에게서 아들을 얻었다. 그녀는 왕의 배우자로 지위가 격상되었고 그 아들은 1788년 아버지가 사망했을 때 파쿠부워노 4세로서 수라카르타의 왕좌를 차지했다.

수라카르타와 욕야카르타를 재통합하려는 하멩쿠부워노의 계획은 또한 그의 이복형제 마스 사이드(Mas Said)에 의해 좌절되었다. 그는 기얀티 조약의 편안한 조정을 받아들이기보다 그의 권리를 인정받기 위해 계속 싸웠다. VOC는 파쿠부워노 3세로 하여금 수라카르타 영토 안의 4천 가구를 마스 사이드에게 할당하도록 강제함으로써 자바에서의 계속된 전쟁을 끝냈다. 마스 사이드는 망쿠나가라(Mangkunagara)라는 칭호를 택하고 그의 납세 가족 복합체를 망쿠나가란(Mangkunagaran)이라 불렀다. 이것은 영토를 소유한 별도의 왕국이 아니었다. 왕자의 수도와 수행단은 수라카르타 수도 내에 있었다.

망쿠나가라는 자신의 아들을 파쿠부워노 3세의 딸과 결혼시킴으로써 욕야카르타에 있는 그의 이복형제의 야망을 틀어지게 했다. 파쿠부워노 3세가 아들을 낳은 후, 망쿠나가라는 자신의 아들이 망쿠나가라 2세로서 그를 계승하도록 정치공작을 했다. 1792년 VOC는 이 계획들을 후원했다. 수라카르타, 욕야카르타, 망쿠나가란의 수장들은 결혼 동맹과 종교지도자들과의 모의를 통해 상대방의 왕국을 장악하려는 음모를 계속했다. 그들은 공개적으로 다른 왕족 중심지들의 존재를 무시했다. 그들은 고집스럽게 서로를 주적으로 여기고 네덜란드를 동맹으로 여겼다. 자바 왕실의 수장들은 20세기 전까지 실제로 서로 만나지 않았다.

자바의 그림자 연극(wayang) 공연의 도입부에는 이상적인 지도자는 남성, 왕족 혈통, 전사이고, 통제하는 법을 배워야 하는 강력한 내면의 힘을 가진 사람으로 묘사된다. 명상을 통해 얻어지는 왕의 자제력은 백성들을 위한 정의와 번영을 증진시키고, 그들의 봉사와 절대 복종을 이끌어낸다. 궁정 시인들은 그들의 왕에게 신성한 빛이 흘러나온다고 묘사했다. 17세기 말 자바의 현실은 내전, 영토의 축소, 다수의 비생산적인 상류층을 지원하기 위해 촌락들에서 수입을 짜내야 하는 부담의 증가, 그리고 자바를 외국인에게 팔아넘기는 것 등이었다. 내부적으로도, 왕실 지배하의 자바는 마타람이 분리되었을 때 축소되었다. 마타람의 영구적 분할은 왕가가 정치적 동의를 만들어낼 능력이 없음을 입증했다.

이런 정치적 조정은 자바의 보통사람들에게 영향을 끼쳤다. 그들의 촌락들은 이제 세 지배 가문 사이에서 분열되었다. 어떤 촌락들은 수라카르타의 파쿠부워노 3세에게, 어떤 촌락들은 욕야카르타의 하멩쿠부워노 1세에게, 또 다른 촌락들은 마스 사이드에게 세금을 냈다. 주민들이 수라카르타, 망쿠나가란, 혹은 욕야카르타에 세금을 내면서 마을들은 심지어 내부적으로도 분열되었다. 이런 특수한 상황은 관할권을 둘러싸고 많은 충돌이 있었다는 것, 그리고 자신의 왕의 세금 징수원이나 경찰을 피하려는 사람들의 마을 간 이동이 많았다는 것을 의미했다. 그것은 또한, 백성들 인구는 그대로인데 왕족만 증가했기 때문에 증식한 왕가들이 세금을 위해 백성들을 더 심하게 쥐어짰다는 것을 의미했다.

마타람의 분열의 또 다른 주된 효과는 전쟁의 종식이었다. 자바의 보통 사람들은 더 이상 보급 의무를 위해 호출되지 않았고, 시장으로 물건을 옮기려는 남녀들에게 도로가 안전해졌다. 18세기 후반에 그들은 자신들의 작물을 재배하고, 팔고, 교환할 수 있게 되었다. 중국인들은 네덜란드인과 자바인 지배자들을 위한 사업을 계속했고 활동범위를 자바 전역의 촌락들과 도시들로 확대했다. 지배자나 평민들 사이에 그들의 경제가 기능하게 해주는 사람들에 대한 공감은 생겨나지 않았다. 지배 계층에게는 그들이 필요로 하는 기술을 가진 사람들을 경멸하고 중국인 공동체를 구별되도록 두는 것이 편리했다. 인도네시아라는 환경에서 중국인들은 큰 이익을 얻을 수 있었지만, 그들은 항상 경멸의 대상이었고 위기 때 공격받기 쉬웠다. 중국인들과 지역 갱들은 종종 자원 통제권을 놓고 싸웠다.

자바 군주들은 호화로운 생활 방식을 지탱하기 위한 현금을 받고 평민들의 노동력을 중국인, 유라시안, 유럽인들에게 팔았다. 백성들의 삶의 조건에 대한 규정을 마련하기 위해서는 아무 것도 하지 않았다. 가난이, 그리고 그와 더불어 외국인에 대한 증오가 널리 퍼져 있었다. 중국인과 유럽인 사업체에 속박된 노동자들은 왕이나 자바의 어떤 기구의 보호도 받지 못했다. 이런 상황에서 종교 지도자들이 추종자들을 끌어모았고, 조만간 군주들이 몰락할 것이라거나 중국인들과 네덜란드인들이 격퇴될 것이라는 예언들이 유통되고 열망되었다. 이런 상황들은 왕족의 최고 자고(jago)로서의 네덜란드인들의 역할을 유지시켰다.

마타람 왕들은 자바의 북부 해안 항구들에 대한 공격, 조선과 도서간 무역의 금지, VOC에의 할양 등을 통해 개인의 부를 파괴했다. 네덜란드 군 지휘관들은 1666년에서 1669년까지 전쟁을 통해 마카사르의 무역 공동체를 파괴했다. 선주들, 조선공들, 도선사들, 상인들, 사업가들은 자신들의 고정 직업을 빼앗겼다. 데막, 트갈, 자파라, 그레식, 수라바야, 마카사르에서 탈출한 사람들은 아직 그들의 활동의 여지가 있는 군도의 다른 항구들로 옮겨갔다. 마타람 왕들과 VOC의 약탈은 군도 전반으로의 기술 전파, 항구의 수와 중요성의 증가, 도시 이슬람 문화의 확산, 그리고 그들의 근거지 밖에서 자바인과 마카사르인 공동체의 발전 등의 결과를 가져왔다. 이 공동체들은 추가적인 이주를 유인했다. 이주자들의 수가 늘어나면서 사업이 다양화되어 소규모 산업, 쌀농사, 상업 작물 재배를 포함하게 되었다. 외부인들의 유입은 현지 지배 가문들에게 도전을 가져왔고 토착 공동체들의 체질을 변화시켰다.

고향을 떠나게 된 많은 자바인들은 그들의 본거지를 자바해 건너 칼리만탄 남부 해안에 위치한 반자르마신(Banjarmasin) 술탄국으로 옮겼다. 반자르마신은 이미 자바와 많은 연결고리가 있었다. 자바의 북부 해안을 따라서 그리고 스리비자야의 수마트라 항구들에 기반을 둔 뱃사람들은 수 세기 동안 쌀, 소금, 쇠, 섬유를 칼리만탄의 강변 도시들로 가져가서 금, 다이아몬드, 밀랍, 나무 생산물들과 교환했다. 그들은 우림의 주변부에, 그리고 강둑과 해안, 내륙 호숫가를 따라서 살던 칼리만탄 사람들에게 산스크리트어에서 온 단어들, 개념들, 힌두교와 불교의 의례용 물품들을 소개했다. 강 입구에 위치한 도시들은 현지 종족 집단들과 함께 자바인과 말레이인을 포함하는 혼합된 인구 집단을 발전시켰다. 마자파히트의 해군과 사절단이 삼림 생산물로 조공을 부과하기 위해 정기적으로 입항했다. 반자르마신 지배층은 동부 자바 왕국의 궁과 궁정 문화를 모델로 삼았다.

반자르마신의 역사 전통은 무슬림 정부의 기원을 설명하는 데 자바와의 관계를 계속 얘기한다. 데막에서 온 사절들이 그 항구에 이슬람을 가지고 왔다. 1530년경 지역의 문화 영웅 팡에란 사무드라(Pangeran Samudra, 바다의 전사 왕자)는 이슬람으로 개종하고 술탄 수리안샤(Sultan Suriansyah)라는 연호를 택했다. 마타람이 지역에서 가장 강력한 국가로서 성공했을 때 자바는 반자르마신 지배층에 대한 정치적 압력을 계속 행사했다. 반자르마신은 매년 경의를 표하는 사절단과 칼리만탄의 생산물을 마타람 수도로 보내야 했다. 이후 자바 북부 해안에 대한 마타람의 공격 이후, 자바 상인들이 반자르마신으로 쏟아져 들어왔다.

VOC의 독점 정책은 반자르마신에게 자바 왕들에 대한 복종에서 벗어날 방법을 제공했다. 1635년 반자르마신 지배자들은 자신들의 후추를 VOC에게만 독점적으로 판매하는 데 동의했다. 1641년이 되면 그들은 마타람에 비싼 조공 사절단을 보내는 것을 그만둘 수 있다고 느꼈다. VOC의 마카사르 점령은 상인들의 또 다른 유입을 초래했는데, 아시아 해상 운송의 유동적 네트워크가 반자르마신으로 옮겨갔기 때문이었다. 그것은 중요한 수출입항이자 조선과 선박 판매의 중심지가 되었다. 경쟁하는 파벌들이 쿠데타와 암살을 통해 그 술탄국의 권력을 놓고 싸웠다.

이슬람으로의 개종은 칼리만탄 해안에 말레이 스타일을 가져왔다. 이 환경에서는 아랍인이 아니라 말레이인이 이슬람을 대표했다. 개종한 칼리만탄 사람들은 말레이어를 무슬림과 무슬림 정부의 언어로 인식해서 그것을 채택했다. 개종자들은 말레이식 의상과 식생활, 주택 양식, 그리고 말레이인들과 연결된 직업을 받아들였다. 그들은 멧돼지 사냥과 집돼지 사육을 낚시, 무역, 소규모 산업, 정부로 대체했다. 개종자들은 개종하지 않은 칼리만탄 주민들과 자신들을 차별화하기 위해 말레이인으로 자칭했다.

자바에서 온 이주자들은 말레이 도시들 안에 자바 무슬림 거주 지역을 만들었다. 이주자들은 또 중부 자바의 농업 기술을 반자르마신 내륙에 적용했다. 그들은 우림에 살던 칼리만탄 사람들의 습관을 침식해 들어갔다. 그들은 토착민들의 이주와 칼리만탄 환경에의 새로운 적응을 활성화시켰다. 이주자들이 정부 권력과 자원을 독점했고 토착민들을 내륙에 사는 원시인의 상태로 격하시켰다. 학술 문헌에서, 칼리만탄의 비무슬림 인구는 다약(Dayak)이라는 총칭으로 불린다.

다약인들의 여행

다약이라는 단어는 칼리만탄에 있는 많은 개별 언어 집단을 포함한다. 오늘날 그것은 해안으로부터 떨어져 사는 사람을 뜻하고, 유목 집단, 이동 경작자들, 정착한 사람들을 포함한다. 그 단어는 부족 전쟁, 남성 풍요신 숭배, 문신, 머리 사냥, 몇 가족이 같이 사는 공동 주택 등과 연결된다. 다약은 '멀리 떨어짐'이라는 어감을 내포한다. 인도네시아공화국에서는 비무슬림 소수집단을 지칭한다.

칼리만탄의 짙은 우림은 20세기 이전 인간이 정착하는 데 강력한 장벽이었다. 고고학적 증거들은 해안과 강바닥을 따라 거주가 이루어졌음을 보여준다. 사냥과 숲 속 빈터에서의 임시 농경 같은 유목 생활방식은, 지난 400년간 항구의 성장과 해안의 이슬람 문화의 망에 의해 더 깊은 숲으로 밀려가게 된 다약인들이 적응해 간 결과이다. 칼리만탄 내륙을 통한 다약인 이주는 결국 정착으로 이어졌다. 다약인들은 중국인 광업 공동체를 위해 노동력을 제공하고 식재료를 재배했다. 그들은 숲의 빈터에서 후추 덤불을 재배해서 강의 말레이 수장들에게 세금을 냈다. 이런 관계를 통해서 그들은 외부 세계와 간헐적으로 교류할 수 있었다.

19세기에 다약인들은 칼리만탄의 탐험가들과 민족지 학자들의 목표였다. 식민지 행정부는 부족 간 전쟁과 머리 사냥을 없애기 위해 요새를 짓고 정기적으로 경비대를 보냈다. 현대 인도네시아 행정부는 "개발"을 위해 다약인들을 목표로 했는데, 그것은 소규모 농지에 영구적인 단일 가족 주거형태의 정착, 임금 노동, 벌목 회사에 의한 다약인의 삼림 경관의 체계적 제거를 의미한다. 자바와 마두라의 농민 가정들이 그들 고향의 인구 과밀 해소를 위해 "비어 있는" 칼리만탄 땅에 정착하게 되었다. 그들의 농업적 정착은 군도의 지표면 전반에 걸쳐 정부 통제를 확대하는 수단이자 무슬림 문화와 자바인, 마두라인을 퍼뜨리기 위한 수단이나.

군도 무슬림들과의 접촉의 결과로 다약인들은 두 종류의 여행을 했다. 영적 여행은 이슬람에 이르는 것이었다. 다약인들은 거기서 말레이인으로 등장했다. 다른 이들은 칼리만탄 내륙으로 실제 여행을 했다. 이들의 이주는 자원의 안정적인 추출을 가능하게 했다. 이들 다약인 중 다수는 또한 기독교로의 영적 여행을 했다. 독립 인도네시아에서 기독교도와 정령 신앙을 지닌 다약인들은 자신들의 공간이 줄어들고 외부인들에 의해 자신들 거주지의 경제 자원을 빼앗기고 있다고 생각한다. 1967년 서부 칼리만탄에서 다약인들은 중국인 농민들을 그들의 농토와 집에서 몰아냈다. 1997년부터 다약인들은 마두라인 이민자들을 폭력적으로 공격해 왔다. 신질서 붕괴 이후, 일부는 인도네시아로의 흡수라는 오랜 과정을 뒤집으려고 시도한다.

부통 왕실 또한 더 강력한 인도네시아 왕국의 압력에서 벗어나기 위해 VOC를 이용했다. 부퉁은 술라웨시 동남부에 있는 작은 섬들의 집합체이다. 이곳은 동부 인도네시아-자바 권역에서 뱃사람들이 잠시 들리는 장소였다. 이 지역 자체는 수요가 있는 상품을 많이 생산하지 않았다. 농민들은 양파, 코코넛, 닭, 바나나, 사탕수수, 무급 노동 형태로 부과된 세금을 통해 왕실과 귀족 지배층을 지원했다. 사업가들은 선박 제작을 재정적으로 후원하고 선박에 무역을 위해 필요한 장비를 갖췄다. 그들은 노예를 얻기 위해 해로와 자신들의 내륙 고지대를 약탈하고, 현지 금속 노동자들이 생산한 무거운 절삭도와 검을 동부 인도네시아에 수출했다. 그들은 의류, 동전, 총, 아편, 사고, 나무껍질을 수입했다.

부퉁 왕실은 1540년에 이슬람으로 개종했다. 이슬람 이전의 과거에 여왕들은 방랑하던 자바 왕자들을 남편으로 데려오고 그 아들들을 훈련을 위해 마자파히트로 보냄으로써 마자파히트 왕국과 관계를 맺어왔는데, 이슬람은 이런 과거에 남성 지배를 강제했다. 개종은 오늘날 지역의 가장 강력한 술탄국들인 트르나테, 다음에는 마카사르의 봉신이 되는 결과를 가져왔다. 부퉁의 지배자들은 독립된 지위를 회복하기 위해 VOC에 의존했다. 그들은 VOC와 외교 관계를 지속했고, 부기스인들의 무장 함대와 동부 인도네시아의 다른 노예-공격자(slave-raiders)로부터 자신의 해안 마을들을 보호하기 위해 네덜란드 해상 경비대에 의존했다.

인도네시아 군도 항구들에서 네덜란드 선박과 상인들의 존재는 군도 군주들에게 지속적인 유혹이었다. 그들은 VOC에게서 인도네시아 내의 자신의 구역에서 야망을 이루기 위해 이용할 수 있는 무력과 재력을 보았다. 예를 들어, 방카섬의 주석 그리고 VOC와의 연합은 1724년 왕의 동생이 팔렘방의 왕좌를 찬탈할 수 있게 해주었다. 팡에란 자야위크라마(Pangeran Jayawikrama)는 술탄 라투 아놈(Sultan Ratu Anom)을 타도하는 것을 도와준 군대에 대한 보상으로 VOC에게 40만 릭스 달러(rixdollars. 옛 네덜란드-독일 등지에서 사용된 은화. 역자)와 80명의 노예를 주었다. VOC는 호응했다. 술탄 마흐무드 바다르 알-딘(Sultan Mahmud Badar al-Din, 재위 1724~1757)이라는 연호를 채택한 자야위크라마는 그의 네덜란드인 동맹에게 팔람방에서의 무역 기지 건설을 인가했고, 매년 바타비아로 운반할 주석의 정가를 협상했다.

팔렘방의 주석은 방카섬에서 왔다. 주석 추출은 방카 농민들의 부업으로, 그들은 광석이 자갈과 흙의 입자로부터 떨어져나갈 때까지 강둑의 흙을 평평한 그릇 안에서 씻었다. 그들은 잔여물을 세금으로 팔렘방 군주에게 넘겼다. 산업화되어 가던 서구에서 식량 저장을 위해 그리고 무게가 가볍고 유연성 있는 건축 자재로서 주석의 이용 가치를 발견하기 전에는, 주석은 중국에서 아주 다른 용도로 수요가 있었다. 주석은 두들겨져서 얇은 포장지로 만들어진 후 종교 의례에서 불태워지는 종이의 안감으로 사용되었다. 1740년경 술탄 마흐무드는 파트타임으로 일하는 방카의 채금자들을 채굴 전문가들로 대체함으로써 자신의 시장으로 유입되는 주석의 양을 늘리기로 결정했다. 그는 자기 궁정의 무슬림 중국인으로 하여금 남중국에서 인력을 수입하고 채굴업을 노동과 생산물이 엄격하게 통제되는 산업으로서 운영하게 했다.

술탄 마흐무드의 다른 고객들은 의류, 화약, 무기, 아편, 도자기를 주고 팔렘방의 주석을 구매했다. VOC의 가격은 술탄의 대리인들이 자유 시장에서 얻을 수 있는 것보다 낮았지만, 회사는 대금을 은으로 신속하게 지불했다. 술탄의 연간 수입 중 일부는 이제 예측 가능하고 보장되었다. VOC 선박들은 그를 이웃 잠비(Jambi)의 술탄국 같은 경쟁자들로부터 보호했다. 그리고 해협을 돌아다니던 대규모 해적 선단을 해산시킬 수 있었다. 마흐무드의 시각에서 보면, 그는 영리한 상업 군주였다. VOC와 많은 역사가들의 시각에서는, 네덜란드인들이 술탄에게 시장가보다 싸게 주석을 판매하는 계약을 강요했다.

네덜란드인 남성들은 회사 고용 여부와 관계없이 요란스럽게 군도를 돌아다녔다. 몇몇은 인도네시아 왕국들에서 마부, 음악가, 포병으로서의 그들의 기술의 사용처를 발견했다. 다른 이들은 인도네시아에서 자신들의 과학적 관심을 위한 실험실을 발견했다. 그들은 식물 견본들을 얻고 그것들의 이름과 특성을 배우기 위해 인도네시아인 조수들과 함께 숲속으로 들어갔다. 인도네시아인 조수들과 함께 그들은 조개껍데기와 해양 생물들, 광물질과 암석을 수집했다. 인도네시아인 동료들과의 대화를 통해 그들은 인도네시아 언어들의 어휘를 수집했고, 인도네시아어 문장들의 구조를 이해하려고 노력했다. 일부는 매일의 여행 기록을 남겼고 그들이 방문한 사람들과 장소들의 스케치를 그렸다. 일부 네덜란드 남성들은 군도의 민속 설화, 관습, 전설, 역사들을 수집했다.

가끔씩 네덜란드의 기록에 아시아 전문가의 이름이 그들이 전달한 지식과 함께 보존되어 있다. 예를 들어 바타비아의 중국인 의사인 초우 메이-예(Chou Mei-Yeh)는 자신의 환자들 중 VOC 선임 관리들과 그 가족들에게 번호를 붙였다. 1710년 그는 은퇴하는 총독 요안 판 호른(Joan van Hoorn)이 네덜란드로 돌아갔을 때 그의 개인 주치의로서 동반했다. 암스테르담에서의 짧은 체류 동안 초우는 자신의 진단법을 설명하고, 인삼의 치유력에 대한 강연을 하고, 그의 후원자들에게 인체 해부도를 맡겨놓았다. 대부분의 경우 인도네시아 학자들이나 조수들의 이름은 알려지지 않았다. 그들의 지식은 네덜란드에서의 출판을 통해 기록으로 보존되었다. 휴대용 인쇄기를 사용하던 네덜란드인 프리랜서들은, 바타비아의 네덜란드인 연구자들의 결과물을 출간함으로써 군도의 과학 정보 축적에 기여했다. 그들은 인도네시아의 언어들과 문자들을 금속 활자로 조판하는 것과 인도네시아인들의 필사된 문헌과 더불어 새로운 형태의 책을 추가하는 것을 실험했다.

인쇄술과 생각하기

인쇄술은 오래 전 중국에서 발명되었다. 유럽인들은 26글자로 된 알파벳의 이점과 일부 서유럽 도시에서의 어느 정도의 자유를 통해 인쇄기를 지적 생활의 주요 도구로 삼았다. 1455년 마인츠(Mainz)에서 구텐베르크 성경이 인쇄된 지 40년이 채 안 된 1492년, 스페인에서 쫓겨난 유대인들에 의해 인쇄술이 이슬람권에 소개되었다. 오토만 투르크(Ottoman Turks)는 아랍어 타이핑을 금지했고, 그래서 아랍 세계 최초의 무슬림 인쇄기는 1822년까지 만들어지지 못했다. 그 결과, 19세기 중반 이전 이슬람 중심지로부터 인도네시아 군도로 전해진 책들은 필사본이었고, 소량이었고, 비쌌다.

인도네시아에 인쇄된 책이 전해진 것은 네덜란드들인을 통해서였다. 1617년부터 네덜란드에 있는 출판사들이 인도네시아 군도 공동체들을 대상으로 네덜란드어와 말레이어로 된 책과 팜플렛을 출간했다. 유럽에서는 아랍어가 1530년부터 인쇄되었기 때문에, 네덜란드인들은 말레이어를 아랍어 문자로 표기할 수 있었다. 성경, 기도문, 교리문답 같은 종교적 문헌들이 로마자와 아랍어 문자로 표기된 말레이어로 인쇄되었고, 아시아의 VOC 정착지로 수출되었다. 최초의 인쇄기는 1624년 네덜란드로부터 운송되었다.

인쇄기들은 휴대 가능했다. 그것은 나무로 된 뼈대와 식자판으로 구성되었고, 돌아가는 손잡이로 조종되었다. 종이 제도공과 종이 용품, 인쇄기 잉크, 요드 용기, 연판 교정쇄는 네덜란드에서 들여와야 했다. 규정들과 고시들은 바타비아 인쇄소에서 인쇄된 반면, 매일의 기록은 손으로 기록되었다. 유럽에서와 마찬가지로, 인도네시아의 인쇄업자들은 학문적 흥미와 장인적 기술을 상업과 결합시켰다. 출판사를 운영하는 네덜란드인들은 인도네시아인 장인들을 고용했고, 인도네시아인과 네덜란드인 독자를 겨냥한 책을 출판했다. 예를 들어, 람베르투스 로데루스(Lambertus Loderus)는 18세기 초반에 바타비아에서 정부 인쇄업자 허가증을 지녔다. 그는 계약된 공식 문서들을 인쇄했고 또 책을 출판하고 판매했다. 그는 네덜란드어-말레이어 사전을 연구하고 저술해서 1707년에 출간했다. 또 다른 출판업자 하르마누스 물더(Harmanus Mulder)는 1746년 아랍어 활자로 된 말레이어 교리문답을 내놓았다.

인쇄된 책에 가장 영향을 받은 인도네시아인들은 기독교도들과 VOC 사무실에서 사무원과 조수로 일하는 사람들이었다. 대부분의 인도네시아 학자들은, 이슬람 국가들에서 기계를 이용한 책의 생산이 허용되기 전까지 인쇄기를 거부했다. 수마트라와 자바 인쇄업자들은 필사본과 거의 유사한 책을 만들기 위해 아랍어를 식자하는, 인도의 출판사들이 발전시킨 기술을 빌려왔다. 19세기 중반부터 인도네시아 출판업자들은 종교 학교와 모스크의 고객을 위해 이슬람 관련 주제에 대한 책을 인쇄했고, 여행하는 학자와 카탈로그를 광고와 배급의 네트워크로 사용했다. 인쇄된 책에의 접근성을 다루는 이런 다른 역사는 기독교도 인도네시아인들이 대부분의 무슬림 인도네시아인들보다 200년 앞서 서구 지식에 노출되었음을 의미한다. 네덜란드인이건 인도네시아인이건 모든 출판업자들은 정부의 감시하에 일했다.

1778년 과학과 문학에 흥미를 가진 네덜란드인들이 모여 바타비아 예술과학학회(the Batavian Academy of Arts and Sciences)를 결성했다. 대부분 VOC 고위 구성원이었던 이들은 자신들 주변의 아시아 세계에 대한 관심을 추구하고 유럽의 최신 과학 발전을 접하기 위해 만났다. 그들은 학회의 인쇄기를 이용해서 자신들의 연구 결과를 유통시켰고, 개인 소장품들을 모아 인도네시아 최초의 박물관을 만들었다. 학회는 또 회원들이 네덜란드어로 대화하는 배타적인 클럽의 기능을 했다. 자바인들은 그저 관리인과 하인 역할만 하지 않았다. 19세기에 몇몇 자바인이 회원이 되었고 학회의 출판물에 투고했다.

천연두와 노예제: 프리랜서 지식인의 명분

빌렘 판 호헨도르프(Willem van Hogendorp)는 바타비아 예술과학학회의 창립회원이자, 선임 VOC 관리이자, 성공한 사업가였다. 그는 1774년에서 1784년까지 자바에 있었다. 학회는 그가 자신의 지적 관심을 추구할 이유와 그것을 그 잡지를 통해 전파할 수단을 주었다. 그는 바타비아의 아카이브에 의존해서 이슬람 왕국인 자야카르타와 자바의 VOC의 역사를 썼다. 판 호헨도르프는 또한 유럽 과학 발전의 주창자이자 홍보자였다. 그는 천연두 예방 접종에 대한 대중적 지지를 얻기 위해 1779년 연극과 에세이를 출판했고, 예방 접종에 대한 우수 수필에 대해 상금을 걸기도 했다.

판 호헨도르프의 원칙은 그가 노예제에 비판적인 태도를 취하게 했다. 그는 정부의 허가를 받은 인쇄업자인 로드베익 도미니쿠스(Lodewyk Dominicus)가 자신의 항의 의사를 연극 형태로 출판할 의사가 있음을 알았다. 『가혹한 타격, 혹은 노예제』(*Harsh Blows, or Slavery*)는 바타비아에서 "포르투갈인"이라 불리는 집단, 즉 유라시안이나 아시아인 기독교인의 노예에 대한 처우를 비판했다(네덜란드인이나 인도네시아인 노예 소유주는 다루지 않았다). 이 연극에서, 유라시안 여성이나 그녀의 인도네시아인 감독관의 가노에 대한 잔악한 처우는 결국 그 집안 희생자들의 폭력적인 봉기로 이어진다.

다른 네덜란드인들의 지적 상업적 관심은 식물로 향했다. 인도네시아의 경관은 커피와 같은 수입 식물의 실험을 위한 배경을, 인도네시아인 노동자들은 그를 위한 수단을 제공해주었다.

18세기에는 인쇄술이나 농업 같은 사업에서 네덜란드인 프리랜서의 영향은 경미했다. 극소수의 인도네시아인들만이 네덜란드어를 알거나 그들의 활동을 개인적으로 경험했다. 아마도 수백 명의 인도네시아인들은 인쇄된 책의 부분을 골라서 읽었다. 다른 수천 명은 자신의 논 모서리에 커피 관목을 재배하거나 커피 플랜테이션에서 임금 노동을 하기 위해 프리앙안(Priangen) 언덕으로 걸어 들어갔다. 그들 중 누구도 커피 한 잔 마셔보지 않았다. 18세기 몇몇 네덜란드인 개인들의 고립된 활동들이 19세기에 수백만의 인도네시아인 노동자들의 삶과 생각에 급진적인 영향을 끼치게 되었다.

자바 한 잔: 커피와 그 결과

에티오피아(Ethopia)가 원산지인 커피나무는 14세기경 아라비아 반도 남서부 산악지대에 소개되었다. 커피 덤불과 커피를 마시는 습관이 인도네시아에 소개된 것은 1696년, 아랍인이 아니라 VOC에 의해서였다. 식물학과 농업에 개인적 관심이 있고 바타비아 부근에 토지를 소유하고 있던 네덜란드인들이 현지 인력을 동원해서 묘목을 기르고 번식시키는 실험을 했다. VOC 관리들은 순다 귀족들과의 개인적 인맥을 이용해서 서부 자바 고지대에 커피 산업을 정착시켰다. 순다인 구역 수장들에게 묘목을 주면 그들이 농민들에게 수확된 커피콩을 세금으로 내도록 지시했다. 첫 수확은 1718년이었다. VOC는 구역 수장들에게 현금과 옷감을 지불했다. VOC는 창고에서 커피 사업을 넘겨받았는데, 거기서 커피콩이 포장되고, 유럽으로 운송될 수 있을 때까지 보관되었다.

처음에 VOC는 커피값을 비싸게 쳐줬고, 이것은 농민들이 VOC 대리인에게 팔기 위해 세금 할당보다 많은 커피를 재배하게 하는 장려책이 되었다. 그 기회는 이 지역으로 이주자들을 유인했다. 1725년까지 3백만 파운드가 수확되었고, 구역 수장들은 이익 배당을 통해 부유해졌다. 암스테르담 시장에 다른 지역에서 구입 가능한 커피에 자바 커피의 공급이 더해지면서, 유럽에서 이 사치품의 가격이 하락하기 시작했다. 여기에 대한 VOC의 해결책은 커피 소비자 수를 늘리는 게 아니라, 서부 자바 농민에게 지불하는 가격을 낮추고, 일부 커피 덤불을 뽑아버리고 개인 도매업자에게 커피를 판매하는 것을 금지함으로써 커피 재배를 줄이는 것이었다. 이런 조치는, 물소를 소유한 순다인 가정의 수가 증가한 것에서 나타나듯 이제 막 높은 생활수준을 누리기 시작한 공동체들에게 경제적 손실을 가져왔다.

커피 생산에 대한 이런 실험은 인도네시아 사회에 VOC가 보다 직접적으로 개입해야 한다고 주장하는 관리들에 의해 실행되었다. 그들은 인도네시아 군주들과 왕궁 파벌들을 건너뛰고, 촌락 수장들과 자고들의 네트워크를 장악한 지방 귀족들과 직접 일하고자 했다.

군도에서 일하던 몇몇 네덜란드인들은, 말레이어나 포르투갈어, 혹은 두 개를 혼합해 일상어로 사용하던 가정에 남편으로서 아버지로서 뿌리를 내렸다. 그들은 공주나 귀족 출신 여성과 결혼하지 않았다. 부유한 인도네시아인 가정들은 외국인의 경우 오직 이슬람으로 개종한 사람만을 사위로 받아들였다. 네덜란드인들은 노예 시장에서 여성들을 신부로 샀다. 일부는 동료들의 유라시안 딸과 결혼했다. 다른 이들은 촌락들과 도시의 주거지역에 의존했다. 지나가던 자바 왕족들을 접대했던 여성들과 같은 계층이 네덜란드인 남성들에게 파트너와 부인을 제공했다.

많은 VOC 남성들의 가정은 이동이 잦았다. 믈라카에서 시작된 경력이 암본, 마카사르, 팔렘방을 거쳐 바타비아에서 절정에 이를 수도 있었다. 남성들의 VOC 경력은 여성들도 이동하게 만들었다. 발리에서 온 노예 소녀들이 종내는 바타비아의 유럽인 가정에 머물게 될 수도 있었다. 바타비아에서 태어난 유라시안 소녀가 남편의 근무지를 따라 실론, 벵갈, 스마랑으로 갔다. 네덜란드에서 온 몇몇 여성들도 VOC 네트워크를 여행했다.

네덜란드인 가정은 인도네시아 사회의 주변부에서 온 일부 여성들에게 이동성을 제공했다. 노예 소녀가 결혼 배우자로 구매되면, VOC 규정하에서 장래의 남편은 그녀를 해방시키고 교회로 데려가 기독교 이름으로 세례를 받도록 해야 했다. 결혼식 날 그녀는 새 이름으로 그 도시의 유럽인 주민 등록부에 이름이 기록되었다. 일부 여성들은 노예에서 많은 가내 종복을 거느린 지배층의 여성 수장이 되었다. 그들은 여성의 신분이 남편의 지위와 재산에 의해 결정되던 인도네시아 항구의 혼종적인 네덜란드인 사회에서 공적 역할을 얻었다. 혼외로 유럽인 남성에게서 태어난 아이들도 여행을 했다. 아버지에게 인정을 받으면 그들도 기독교 이름으로 세례를 받고 VOC 등록부에 유럽인으로 기록되었다. 인정받지 못할 경우, 아이들은 어머니의 운명을 함께했다. 어머니가 노예였다면, 아이들도 그 지위를 물려받았다. 어머니가 자유민이었다면, 그들은 도시의 인도네시아인 구역에서 살아갔다. 회사는 정기적으로 이 동네를 수색해서, 밝은 피부의 아이들을 데려가 자선 단체나 빈민 구제소에 위탁했다.

여성 프리랜서들의 삶은 그 남성 소유자와 친척들의 행동을 통해서만, 그리고 VOC의 출생, 결혼, 사망 기록부에 기입된 내용으로부터만 알 수 있다. 여성들이 보이는 여정은 사회적 일탈자에서 가정 생활의 곤경까지였다. 남성들의 여정은 더 넓은 공간을 건넜고 더 많은 문헌이 그들을 기록한다. 피터 에르버펠트(Pieter Erberveld)의 기독교인 유라시안으로서의 정체성은 바타비아 교회 회의의 세례 기록부에 보존되어 있다. 소송을 일삼는 지주로서의 그의 성격은 VOC의 송사 기록에 밝혀져 있다. 명망 있는 왕족 출신 자바인 자고의 수행단의 무슬림 종교 예언자가 된 그의 행로는 두 차례의 고문에서 진술된 것이고, 그것은 1722년 VOC에 의한 그의 형사 재판과 처형으로 이어졌다.

수산나, 막달레나, 헬레나: VOC 세계의 여성 프리랜서들

벵갈에서 온 노예, 네덜란드에서 온 여성, 그리고 술라웨시에서 온 노예의 삶이 바타비아에서 뒤얽혔다. 벵갈 소녀는 17세기 말에 태어났고, VOC의 벵갈 사업 책임자인 마르텐 하우스만(Marten Huysman)의 집에서 일했다. 하우스만은 그녀를 수산나라 부르고, 바타비아로 전근갈 때 그녀를 데려갔다. 거기서 그는 오빠와 함께 자바에 정착하려고 네덜란드에서 먼 항해를 해서 온 막달레나 차스텔레인(Magdalena Chasteleyn)과 결혼했다.

하우스만은 두 가정을 별도로 유지했고, 수잔나와 사이에 낳은 두 아이를 인정했다. 아들은 유아기 때 죽었지만, 딸인 레아(Lea)는 벵갈의 VOC 소장과 이후에는 반다(Banda)의 VOC 지사와의 결혼에서 부인, 가정의 여성 수장, 그리고 퍼스트 레이디의 지위를 획득함으로써 어머니를 능가했다. 하우스만의 부인 막달레나도 1남 1녀를 두었다. 둘 다 성인이 되어 VOC에서 중요한 위치를 가진 집안과 결혼했다. 막달레나의 손녀인 카타리나 하우스만(Catharina Huysman)은 총독(Governor-General)인 바론 판 임호프(Baron van Imhoff , 재직 1743~1750)와 결혼했다.

이 총독은 보네(Bone)의 부기스인(Bugis) 왕국의 여성 지배자에게서 노예 소녀를 선물로 받았다. 판 임호프도 두 조합의 자식이 있었다. 결혼에서 얻은 아들은 유아기 때 죽었다. 그는 부기스인 노예와의 사이에 얻은 아들과 두 딸을 인정하고, 세례를 주고, 네덜란드로 보냈다. 인도네시아인 혼혈인 그 아들이 그의 칭호를 물려받고 네덜란드 귀족 집안으로 장가를 들었다. 바타비아에서 판 임호프는 노예 어머니를 해방시키고 헬레나 피터스(Helena Pieters)라는 이름으로 세례를 주었다. 죽기 전 그는 그녀를 바타비아의 VOC 관리와 혼인시킬 준비를 하고 그녀에게 막대한 부동산을 남겼다.

에르버펠트(Erberveld, 일부 기록에는 엘베르펠트 Elberveld라고 표기된)는 수라파티와 동시대인으로 그 발리인 자고가 처음 VOC와 계약을 했을 때 바타비아 주민이었다. 그는 1660년경 아유타야의 시암 왕국에서 태어났다. 그의 아버지는 독일인 가죽 무두장이였고, 그의 특기가 그를 이동하는 사람(mobile man)으로 만들었다. 시암에서 아버지 에르버펠트는 시암 왕실의 수입원이었던 사창가에서 산 여성과 가정을 꾸렸다. 1668년 그는 가정과 사업을 바타비아로 옮겼다. 거기서 에르버펠트는 그의 가정 생활을 그 도시의 기독교, 유럽인 정부의 기준에 맞췄다. 그는 1671년 11월 4일, 그의 부인과 아이들이 세례를 받게 했다. 세례, 합법 결혼, 유럽식 이름은 예전 시암의 노예를 엘리자베스 에르버펠트(Elisabeth Erberveld)라는 유럽 여성으로 변모시켰다. 시암 혼혈인 아이들은 사라(Sara), 요하네스(Johanes), 피터(Pieter)라는 이름으로 바타비아의 유럽인 명부에 포함되었다. 아버지는 바타비아에서 성공했다. 그의 아이들은 유복하게 자랐지만 네덜란드에서의 출생과 회사에서의 높은 지위에 기반한 상류 사회에서는 배제되었다. 1670년대 바타비아에는 현지의 소년들 중에서 유럽 학자를 생산할 수 있는 기관이 거의 없었다. VOC 선임 관리들은 교육을 위해 아들을 네덜란드로 보냈다. 그러나 바타비아의 이슬람 사원과 서부 자바 시골의 종교학교들은 지식에 이르는 또 다른 길을 제공해 주었다.

1721년 12월, 이슬람 교사의 흰 예복을 입은 피터 에르버펠트가 바타비아의 집에서 다른 이슬람 교사들, 자바 귀족들, 부인들, 아이들, 노예들과 함께 체포되었다. 재판에서 에르버펠트는 그가 이슬람을 공부했고, 아랍어 단어가 쓰여진 부적을 배포했고, 자바인 공모자들과 무장한 1만 7천 명의 예언자였다는 혐의를 부인했다. 그는 자신이 VOC 정부를 전복하고 모든 기독교인들 몰살시키려 했다는 것을 부인했다. 그는 자신이 바타비아의 왕으로 등극하고 바타비아 내륙의 지배권을 자신의 군대 수장 라덴 카르타드리아(Raden Kartadria)에게 넘겨주려 한다는 야심을 부인했다. 에르버펠트와 카르타드리나, 세 명의 여성, 14명의 남성 추종자의 처형과 그들의 재산의 몰수와 함께 진실은 묻혔다. 그의 두개골은 창에 걸려서 그의 집이 있던 곳에 전시되었다. 네덜란드어, 라틴어, 말레이어로 쓰여진 명판은 그를 배신자로 비난했다. 그의 두개골은 아직도 시온 교회(Gereja Sion, Zion Church) 근처에서 볼 수 있다.

VOC 저술가들은 피터 에르버펠트에 대한 자신들만의 바바드를 만들었다. 자바의 장르에서 익숙한 특징들이 두드러진다. 입증 불가능한 출신을 가진 남성들이 어둠 속에서 나타나 그들의 지배 권리를 주장한다. 그들의 영적 지도자는 비무슬림에 의한 무슬림 지배를 비난하고, 네덜란드의 몰락을 예언하고, 신성한 땅 자바에서 기독교인들을 박멸하자고 촉구한다. 그 영적 지도자는 그의 자고의 마술적 힘에 대한 이야기를 유포시키고, 추종자들에게 부적을 나눠준다. 자바 버전에서는, 에르버펠트의 시암인 어머니가 "현지인(native)"으로 변모한다. 그녀를 통해 아들이 무슬림이 된다. 에르버펠트는 자신의 고향 땅에 대한 VOC 지배의 부당함을 느끼고 자바에서 네덜란드인들을 몰아내려는 자바 귀족들과 합류한다. 이런 서사는 네덜란드인들에 대한 무슬림들의, 그리고 자바인의 또 다른 "타고난(natural)" 지도자인 귀족들의 중단 없는 저항의 기록을 입증한다. 중국인 작가가 쓴 말레이어 버전에서는, 에르버펠트는 사악하고, 세속적 권력을 열망하는 광신도이고, 자바의 모든 유럽인과 기독교인을 죽이려는 강한 충동을 가진 인물로 묘사된다. 그의 이슬람 개종은 그의 유럽인 혐오의 결과로 설명되고, 그는 기독교인을 저주하며 죽는다.

VOC 공동체의 주변부에 놓여 있던 일부 네덜란드인들은 마음의 여행, 정치로의 여행, 악몽으로의 여행을 했다. 군도 전반에 걸쳐 개인들과 공동체들은 강력한 왕국들의 조치를 피해서, 새로운 모험을 시작하면서, 새 국가를 세우면서 여행을 했다. 기존 범주에 속하지 않는 개인들이 더 많았다. 더 많은 유라시안들, 더 많은 중국계 무슬림과 중국계 인도네시아인들. 보다 많은 사람들이 자신의 종족 공동체의 본거지에서 밖으로 쏟아져 나왔고, 이슬람 문화가 도시에서 지속적으로 확산하고 시골로 유입되었다. 개인들은 장기적인 해외 체류나 숨겨진 과거로 인해 알려지지 않은 상태에서 고향 공동체들로 쏟아져 들어간 것처럼 보였다. 18세기 말이 되면 네덜란드인 남성들은 군도의 모든 물길을 여행하고 있었다. 그들은 이동, 경쟁, 경쟁 관계, 전투, 혼돈의 세계의 일부였다. 그들은 군도 여기저기의 몇몇 지점에 뿌리를 내렸다.

18세기 중반부터 몇몇 네덜란드인 남성들은 자바 내륙으로 여행을 감행

피터 에르버펠트 표지물

라이덴, 왕립 언어학 인류학 연구소, 사진 자료, No. 51475. 사진 제공: KITLV.

했다. 일부는 숲을 개간하고, 주민으로서, 노동자로서, 친족으로서 인도네시아 사회에 참여함으로써 인도네시아의 경관을 변모시키기 시작했다. 다른 이들은 축소된 버전의 네덜란드 도시를 창조했다. 소수의 군도 주민들이 역방향으로 여행했다. 그들은 네덜란드 남성들의 아시아계 혼혈 자녀로서 네덜란드 도시들에 흡수되거나, 라이덴 대학 학생으로서 잠시 머물렀다. 몇몇은 기독교와 유럽인 정체성을 향한 여행을 했다. 일부는 유럽 서적을 접했다. 인도네시아인들과 네덜란드인들은 사절로서, 상인으로서, 군인으로서, 항해사로서, 숙련 노동자로서 나란히 일했다.

아직 하나의 정치 단위로서의 인도네시아라는 개념은 없었다. 자바인들과 네덜란드인들은 해적들, 제멋대로인 중국인들, 그리고 무리 속에서 가족과 성인들과 함께한 이주하는 용병 무리가 살고 있는 거친 공간인 군도를 마주보고 있었다. 군도 술탄국들은 자바를 그들의 왕의 영광의 원천으로, 그리고 일하는 사람들에게 지장을 주고 부속된 공동체들을 제압하겠다고 위협하는 정치의 원천으로 보았다. VOC는 군도 왕들의 자바에 대한 통제를 느슨하게 할 수 있었지만, 자바의 이슬람 문화는 군도 도시들로 퍼졌고, 자바에서 이주한 수도작 농민들은 체계적으로 숲을 밀어내고 숲에 살던 사람들을 새로 온 사람들의 문명화의 영향으로 특징지워진 사람들로 변화시켰다.

18세기 말에 영국 장교들이 이끄는 인도 군인들이 군도의 해로들과 거친 공간들의 새로운 요소가 되었다. 1811년이 되면 그들은 자바에서 VOC와 미낭카바우인 군대를 물리쳤다. 영국 제국주의의 자고들(jagos)은 1816년이 되면 퇴각했지만, 그들은 인도네시아 역사에 장기적인 영향을 끼쳤다. 영국과 네덜란드는 지도에 아시아에서 그들의 영역을 결정하는 선을 그었다. 이 영역들이 말레이시아와 인도네시아라는 근대 국가가 되었다. 네덜란드인 기독교도들과 자바인 무슬림들은 유럽인들이 네덜란드의 것이라 구획지은 공간으로 이동했다. 그들의 행위들이 합쳐져서 자바해 주변의 서로 연결된 공동체들로 구성된 하나의 국가의 기반을 만들어냈다.

• • • •

지도와 심성: 인도네시아 세계 안의 유럽식 경계들

수마트라, 말레이 반도, 칼리만탄 해안, 리아우 제도로 이루어진 서부 군도는 그 주민들에게 하나의 세계로 기능해왔다. 외부인들에게 이 지역은 질서를 유지하는 거대한 단일 세력이 없는, 바다 사람들의 그리고 맹그로브 습지와 산맥의 모서리에 자리잡은 하구의 사회들의, 움직이는 세계였다. 외부인들에게 서부 군도의 중요성은 그것이 인도, 아랍 세계, 유럽을 중국이라는 거대한 시장과 연결하는 바닷길을 가로지른다는 점이었다. 말레이인, 부기스인, 중국인, 인도인, 아랍인, 영국인, 네덜란드인들이, 술탄들과 총독들의 법령을 회피하고 섬유, 총, 아편을 유통시키면서 그 해로들과 강의 시장들을 가득 메웠다. 19세기에 고속 증기선을 보유한 강력한 외부자들은 한편으로는 이 지역의 질서를 해체하면서 다른 한편 질서를 강요했다. 유럽에서 만난 영국과 네덜란드 외교관들은 서부 군도를 자신들을 중심으로 결정된 두 개의 활동 지역으로 나눴다. 그 주민들에게, 서부 군도는 이슬람, 말레이 문화, 항해, 이주민들, 왕실의 결혼, 자바와의 역사적 연결 등에 의해 통합된 단일한 사상 세계로 남아있었다.

VOC는 1800년 1월 1일 네덜란드의 국가 최고 회의에 의해 해체되었고, 아시아에 있는 그 영토는 네덜란드 왕실에게 넘어갔다. VOC 구성원들은 변화하는 상업 파트너십과 왕실의 음모라는 인도네시아 세계에 속해 있었다. 그들은 가족의 유대와 장기 거주를 통해 VOC의 아시아 집단 거주지에 뿌리를 내리고 있었다. 회사가 능력 이상의 일들을 하고 적절하지 않게 관리되어 파산에 이르는 동안, 개별 간부들은 부를 얻었다. VOC는 근대화 되어가는 유럽의 선두에 있어왔다. 그것은 도시에 기반을 두었다. 그것은 실용적, 기술적, 과학적 교육을 후원했다. 그것은 산업을 표준화하고 생산을 조정했다. 그것은 시험과 검수를 활용했다. VOC는 인도네시아 사회에 물건, 기술, 기업 조직을 소개한 중개인이었지만, 어디에서건 인도네시아 사상가들에게는 거의 영향을 끼치지 않았다. VOC의 간부들, 학자들, 피고용인들은 집단 거주지에 살았다. 네덜란드 사람들은 인도네시아의 신분 체계에서 하위에 있었다. 기독교 서구의 생산물을 기꺼이 칭찬한 인도네시아인은 거의 없었다. 그 결과 VOC는 군도 사회에 어떤 지적 혁명도 가져오지 않았다. 대신 VOC는 유럽에서는 버려지고 있던 가치들(전제 정치, 위계와 예의에 대한 강조, 세습적 권리)을 자신이 활동하는 사회들로부터 빌려왔다. 총독들은 군도 왕족들처럼 행동했는데, 그들의 집단 거주지를 떠나는 일도 거의 없었고, 자신들의 이름으로 인도네시아인 관리들이 통제하는 영토를 보기 위해 여행하는 일도 없었다. 그들은 인도네시아인 노동력 장악을 위해 경쟁했지만, 인도네시아인 왕들과 마찬가지로, 그 노동으로부터 생산물을 만들어내는 것은 세습 귀족과 중국인 중개인에게 맡겼다.

이 지역의 분할은 프랑스 혁명, 나폴레옹, 시민법에 지배되는 유럽에서 성장한 새로운 사람들의 작품이었다. 그들은 유라시안, 노예제, 그리고 나무껍질과 향료와 같은 낡은 사업을 경멸의 눈으로 보았다. 그들의 계획은 생산물과 임금 노동을 통제하고, 인도네시아 왕들을 유럽 기업의 활동을 위한 부품으로 만드는 데까지 이르렀다. 그들은 이 군도를, 네덜란드의 지배를 받는 하나의 자바가 인도네시아인의 운명을 통제하는, 하나의 경계지워진 장소로 생각했다.

수마트라라는 이름은 사무드라-파사이(Samudra-Pasai)에서 나왔다. 그곳에 입항한 초기 유럽 여행자들은 사무드라라는 이름을 섬 전체에 적용했고, 유럽인들의 인식을 이어받은 근대 인도네시아인들도 그렇게 했다. 그곳의 거주자들은 수마트라섬에 단일한 이름을 부여하지 않았다. 지역의 명칭들은 각각 다른 역사적 경험을 반영했다. 수마트라 내륙에서는, 명칭들은 산의 계곡에서 농사를 짓거나 화전민으로서 숲속 경관을 여행하는 지배적 종족 집단을 반영했다. 해안을 따라가면, 사람들과 지역들은 왕의 수도에 의해 명칭이 주어졌다. 어떤 왕국도 수마트라를 단일한 정치단위로 만든 적이 없었다. 산들, 숲들, 강들, 사람들은 오직 근대 기술과 이념의 힘에 의해서 단일한 국가 안에 결합될 수 있었다.

수마트라의 가장 북쪽 지역은 아체인들의 중심지이다. 아체는 반다 아체(Banda Aceh) 항구 주변으로 형성되었는데, 그곳은 말레이 반도, 칼리만탄, 인도, 아라비아로부터의 해로들이 만나는 곳이었다. 왕실 수도인 아체 다루살람(Darus-Salam)이 하구를 통제했다. 후추, 이슬람, 그리고 포르투갈의 믈라카 점령이 아체를 유명하게 만들었다. 1511년 다수의 믈라카 상인들이 그들의 본거지를 아체로 옮겼다. 아체 지배자들은 16세기 초부터 술탄 칭호를 택했다. 술탄 알리 무그하얏 샤(Ali Mughayat Syah, 재위 1514~1530)는 믈라카와 조호르 술탄국을 공격하고 해협의 양쪽 항구들에 종주권을 강요함으로써 아체인의 국가를 형성하기 시작했다. 1524년 그가 파사이를 함락시켰을 때, 아체는 인도네시아의 가장 오래된 술탄국의 후계자가 되었다. 후계자들은 말레이 반도와 아체의 내륙에서 인구를 확보하기 위한 기습 공격을 했다. 사로잡힌 사람들은 수출을 위한 후추 생산에 특화된 농지로 보내지거나, 도시의 육체노동자, 시장의 일꾼, 가사노동자로 활용되었다.

17세기 초까지 그 왕궁은 석조 성벽, 해자, 대포로 보호되었고, 관리, 군대, 궁의 여성들, 환관으로 구성된 거대한 지배층을 수용했다. 일련의 작은 요새들이 습지 평야를 통제했다. 주변을 둘러싼 도시에는 다수의 국제 상인, 시장, 장인들의 지구를 위한 별도의 구역이 있었다. 수도는 정규 무장 순찰대를 통해 외곽 구역들을 통제하려 했다. 왕들은 촌락군들을 이끌 무슬림 지도자들을 임명하고 시골 종교 지도자들을 경제적으로 후원했다. 그들은 정복한 영토에 무슬림 봉신을 임명하고, 말레이 반도의 파항, 페락, 조호르 왕가, 그리고 수마트라의 파리아만(Pariaman)과 인드라푸라(Indrapura)와 혼인 관계를 맺었다.

아체는 이슬람을 통해서 서부 군도의 인도네시아 역사에 결합되었다. 그 군대는 서쪽과 동쪽으로 아체의 지배를 확장했다. 그 종교학자들은 군도의 바닷길을 따라 여행했다. 그 법정은 이슬람 정부의 모델로 자처했다. 아체를 방문한 아랍인들과 유럽인들은 시 정부의 이슬람적 태도에 대해 언급했다. 이슬람적 판결과 형벌이 공적 영역을 통제했다. 이슬람 법에 따라 유죄를 받은 도둑은 손이나 발이 잘렸고, 팔다리가 잘린 사람을 일상적으로 볼 수 있었다. 공적 생활은 1614년 술탄 이스칸다르 무다(Iskandar Muda)에 의해 건축된 바이투르라흐만 대모스크(Great Mosque Bait ur - Rahman) 주변을 중심으로 이루어졌다. 왕실의 호위와 직위를 받으려면 개종이 요구되었다. 왕들은 때때로 비무슬림 중국 상인들과 장인들을 아체 영토에서 내쫓았다. 포르투갈인들과 그들의 아시아인 개종자들은 박해를 받았다. 아체 해군은 포르투갈 선박들, 그리고 1511년 믈라카에서 무슬림 정부를 몰아냈던 포르투갈 행정부를 정기적으로 공격했다.

마자파히트 해군이 멀리 북쪽까지 진출하지 않았기 때문에, 아체는 자바 왕에게 세금을 내는 봉신이었던 적이 없었다. 아체 사람들과 이야기꾼들은 상징들, 왕실의 조상, 혹은 궁정 문화의 모델을 자바에서 찾지 않았다. 자바어가 왕궁의 언어나 높은 지위의 상징이 된 적도 없었다. 아체 언어는 대륙부 동남아시아의 참족이 사용하는 언어와 관계가 있다. 인도 문자를 사용한 4세기의 참어(Cham language) 돌비문들이 남아있지만, 그 지배층이 이슬람으로 개종하기 전에 아체인들이 표기 체계를 가지고 있었는지는 알려지지 않았다. 아랍어 문자로 표기된 말레이어가 왕실과 공식 문헌, 역사, 시, 낭만소설, 종교 저작의 언어가 되었다. 아체어는 일상 언어로, 그리고 북과 관악기, 현악기 반주가 동반된 사냑(sanjak)이라는 압운시를 위한 언어로 남았다. 아체는 자바 왕족의 역사나 자바 무슬림 문화와 얽히지 않았다. 무슬림 문화는 말레이 상징들을 통해 표현되었고, 이슬람 세계의 주요 종교 학파들과의 접촉을 통해 유지되었다. 내부 갈등, 특히 왕실 지배의 성격을 결정하는 데 있어 아체 종교지도자들이 지침을 찾고자 했던 곳은 자바가 아니라 아라비아였다.

여성의 지배, 이슬람, 아체

1641년부터 1699년까지 아체의 지배자들은 여성이었다. 술탄 이스칸다르 무다(Iskandar Muda, 재위 1607~1636)는 군도 서쪽에 아체 제국을 건설했고, 설화에서는 그가 문학, 종교 연구, 예술에서 황금기를 열었다고 여겨진다. 후임자인 그의 사위 이스칸다르 타니(Iskandar Thani)는 아체 종교 생활에서 신비주의 문헌과 그 저자들을 탄압한, 교조적 이슬람의 후원자로 기억된다. 1641년 이스칸다르 타니의 본처(이스칸다르 무다의 장녀)가 술타나 타지 울-알람 사피아투딘 샤(Sultanah Taj ul-Alam Safiatuddin Syah)라는 이름으로 타니를 계승하면서 여성의 통치가 시작되었다.

서구 역사 서술에서는 보통 17세기 후반 아체를 지배한 네 명의 여성을 군주와 후추 재배 구역 및 징세를 장악한 집안들 사이의 권력 갈등이라는 관점에서 설명한다. 아체 군주들은 왕위 계승에 발언권을 가진 중요한 가문들을 무역에서 배제함으로써 절대 권력을 획득하고 있었다. 이런 해석에 의하면, 후추를 가진 집안들은 여성 지배자가 상대적으로 약할 것으로 기대해서 여성 계승 후보를 후원했다는 것이다. 이것은 1685년 페르시아의 샤(shah)가 아체와 시암에 보낸 사절단을 수행한 기록원이었던 이븐 무하마드 이브라힘(Ibn Muhamad Ibrahim)의 기록에 나타난 시각이기도 하다.

아체 여왕들은 촌락 수장들, 군사령관들, 종교 지도자들에게 도전받았다. 여왕이 죽고 후계자가 지명되는 동안의 휴지기에는 수도에 대한 공격이 있었다. 여왕에 대한 반대는 이슬람적 수사로 표현되었다. 아라비아와 페르시아에서 온 군주 교본은 남성이라는 성별, 개인적 아름다움, 전장에서의 용기와 기술, 통합성, 관대함, 금요일 모스크에서 열리는 공개 기도회를 이끄는 지도력 등을 지배의 핵심요소로 꼽았다. 이슬람 법을 지키지 못한 지배자는 상인들을 왕국으로 끌어들이지 못했고, 경제의 쇠퇴와 공공 도덕의 붕괴를 초래했다. 그래서 군주에 대한 말레이 교본은, 적합한 남성 후보자가 없을 경우, 신심 없는 남성의 지배로 인한 더 큰 해악을 피하기 위해 신심 깊은 여성이 계승하는 것을 허용했다.

여성 지배자는 공적 영역을 차지할 수 없었다. 아체 왕궁의 규율은 커튼을 쳐서 여왕이 남성들과 직접 대화하지 못하도록 했다. 그래서 관료들, 상인들, 군사령관들, 사신들은 조약이나 청원을 궁정 환관들에게 제출해야 했다. 결정은 왕실 인장이 찍힌 종이를 통해 알려졌다. 여성들이 군주와 왕국의 남성 권력자들을 연결시켜 주었기 때문에, 군도의 남성 왕들처럼 아체 여왕들도 많은 여성들을 집안에 유지했다. 여왕은 공개 기도회를 주재할 남성 대리자를 고용했고, 이슬람 단체에 기부함으로써 이슬람 지도자들의 지원을 획득하려 노력했다. 또한 주요 외국 상인집단들과 반다 아체의 비무슬림 소수자들 사이에 지지기반을 확대하기 위해 노력했다. 프란체스코 교단 사제들은 여성 지도자들이 있을 때 기독교인을 괴롭히는 것이 크게 줄었다고 보고했다. 사피아투딘(재위 1641~1675)은 가능하면 선임 VOC 관리와의 결혼을 통해 네덜란드인의 지지를 획득하고자 시도했다. 이 얘기를 처음 전한 네덜란드 상인 요한 뉘호프(Johan Nieuhof)는 바타비아의 인디스 통치 위원회(ruling council of the Indies)가 이 제안을 거부했다고 주장했다.

다른 여왕들은 정략 결혼을 통해 지지를 얻으려 했다. 마지막 여왕은 하드라미 아랍인(Hadrami Arab)을 배우자로 선택했다. 그는 사이드(sayyid)라는 칭호를 가졌는데, 그가 무하마드의 후손임을 주장했음을 의미한다. 1699년에 종교 파벌이 여성 지배를 후원하는 후추 상인들과의 경쟁에서 승리할 수 있었고, 여왕을 강제로 퇴위시키고 왕위를 남편에게 넘기도록 했다. 그가 술탄 바드르 알-알람 샤리프 하심 자말 알-딘 발라위 알-후사이니(Badr al-Alam Sharif Hashim Jamal al-din Ba'Alawi al-Husaini)라는 이름으로 승계했을 때, 아체의 종교 파벌은 그 술탄국을 이슬람 중심부와 그곳의 남성 지배 전통을 통해 재편성했다. 이들은 아체를 인도네시아 군도 식의 이슬람 비전 그리고 네덜란드와의 연합을 선호하는 파벌들로부터 돌아서게 했다.

이슬람 군주제의 성격을 둘러싼 갈등은 아체 사회 내 두 개의 경쟁하는 파벌들을 보여주었다. 종교 학교 수장들이 이끄는 파벌은 울라마 네트워크를 장악하고 이슬람 중심부와 연결되었다. 다른 파벌은 후추 사업을 장악하고 당시 군도의 지배적 세력과 연합한 유력 가문들이 주도했다. 수십 년간 그 세력은 네덜란드인이었다. 아체 사회의 분열은 자카르타를 중심으로 한 인도네시아공화국 정부가 네덜란드인들을 계승했을 때도 계속되었다. 오늘날 자유 아체 운동(Free Aceh Movement)은 이슬람식 저항의 언어, 종교와 군사 지도자들의 연합, 자바 무슬림 문화의 거부, 그리고 인도네시아로의 편입보다는 세계 이슬람 공동체와의 연계에 대한 선호 등으로 특징지워진다.

아체와 달리, 대부분의 인도네시아 지역들은 자바와의 관계라는 맥락 속에서 발전했다. 잠비와 팔렘방 강들의 하류 유역을 따라 있는 수마트라 동부 해안 정착지들은 말레이 반도, 리아우 제도, 칼리만탄이라는 아체의 세계뿐 아니라 자바와도 연결되어 있었다. 잠비와 팔렘방 왕실은 마자파히트를 그들의 문명의 모델로 삼았다. 자바어는 상류층의 언어였다. 해협 너머 믈라카 술탄국의 형성은 잠비와 팔렘방을 말레이 이슬람 문화 속으로 끌어들였다. 그 지배자들은 서부 군도의 무슬림 왕조들과 혼인관계를 맺었다. 말레이어가 글쓰기를 위한 언어가 되었고 아랍어가 표기 체계가 되었다. 자바어가 팔렘방 궁정에서 계속 사용되기는 했지만, 아체, 조호르, 마카사르, 반텐, 치레본 왕실과의 지적 종교적 연대가 있었다. 17세기 중반 VOC가 보다 직접적인 지역 세력으로 자리잡기 전까지, 지정학적 조건은 잠비와 팔렘방의 술탄들이 마타람의 지배권을 인정하게 만들었다.

수마트라 내륙 지역은 구별되는 말레이 방언을 사용하는 매우 다양한 사람들의 근거지였고, 가족 연합과 무역을 통해 해안 평야지대의 말레이어 사용자들과 느슨하게 연결되어 있었다. 미낭카바우인 같은 일부 집단들은 고지대의 비옥한 계곡의 요새화된 마을에 살았다. 바탁(Batak) 씨족들 같은 다른 집단들은 숲을 개간해서 농사를 지었다. 수마트라 내륙 사람들은 정치적으로 친족 가계에 의해 조직되었다. 각 집단의 창건 신화는 신성한 출생 배경을 지녔거나 자바에서 온 왕자였던 먼 조상의 혈통을 주장했다. 그 조상의 방랑이 그 집단이 영토를 확립했다. 내륙 사람들은 쌀과 삼림 생산물을 해안 사람들의 소금, 섬유, 철과 교환했다. 그들은 수출을 위해 후추 덩불을 재배하고 금을 캐기도 했다.

고지대 계곡들은 육지와 하구 선박에 흩어져 있는 사람들보다 더 많은 인구를 부양했다. 고지대 사람들은 미낭카바우어로 고향 마을을 떠나 여행한다는 뜻을 지닌 란타우를 통해 시장에 물품을 보냈다. 남성 상인들은 내륙의 시장 중심지들을 오가며 현지화된 경제를 위한 분배자로 활동했다. 다른 이들은 해안까지 여행하는 모험을 감행했다. 란타우를 가기 위한 준비에는 부적을 갖추는 것과 공양과 기도를 올리는 것이 포함되었다. 해안까지 혹은 그 너머로 가는 상인들은 상업 활동을 허가해주고 숙소를 제공해줄 연줄을 만들어야 했다. 해결책은 현지 여성과의 결혼으로, 이것은 예전에 모르던 남성들 사이에 장인-사위이자 사업 동반자 관계를 만들어주었고, 가사 노동자가 딸린 주거지를 갖춰주었다. 일부다처제는 정기적으로 몇몇 도시들에서 일하던 상인들이 복수의 가정과 사업 파트너 관계를 형성할 기회를 주었다. 몇몇 상인들은 해안 도시들에 영구 정착했고 이후 고지대로부터 간헐적으로 여행하는 다른 이들을 위한 중개인으로 활동했다.

미낭카바우인들은 혈통을 모계에 따라 추적하고 전형적으로 가족의 주택과 친족의 토지를 여성의 통제하에 두는 친족 집단에 속한다. 여성들은 그들의 남성 형제들과 더불어 가족 소유의 땅에서 농사를 지었다. 그들은 음식이나 거처를 남편에게 의존하지 않았다. 남성은 여성의 친족이 소유한 집에 있는 그의 부인과 아이들에 대한 방문권을 가졌다. 부인이 여럿인 남편들은 마을 내의 가정들과 그들이 무역 기지에 세운 가정들 사이를 차례로 돌아다녔다. 내륙 지역의 부인들은 농업과 가족 생계 부양의 책임을 맡았다. 그들은 남성들이 주변 숲에서 획득한 물품들을 제조했고, 영구적으로 하류에 정착한 남편이 와달라고 요청하지 않을 경우 내륙에 남았다.

란타우는 내륙 남성들을 서부 군도의 세계와, 그리고 이슬람의 중심부와 연결해주었다. 수마트라 항구들에서 상인 수의 증가는, 시장으로 그리고 인도네시아 역사 속으로 여행하는 내륙 출신 남성들의 수를 늘렸다. 란타우를 간 남성들은 종교 지도자들을 다시 불러왔다. 일부 미낭카바우인들은 반텐, 아체, 조호르의 이슬람 학습 중심지에서 공부하기 위해 내륙을 떠났다. 돌아왔을 때 그들은 종교 지도자들이 그들의 원래 문화와 관습에 새로운 기준을 적용하는 것을 지지했다. 이슬람의 이름으로 그들은 가정과 논의 관리자로서의 여성의 역할을 반대했다.

외국 상인들에게 판매하기 위한 안정적인 물자의 공급을 확보하기 위해 내륙으로 권위를 확대하려 노력한 해안지대의 왕들은 일종의 역방향 란타우를 정착시켰다. 왕들은 중국인 사업가들이 행상인 짐꾼(peddler - porters)을 끌어들이는 것을 허가했다. 유럽인 상인들 역시 미낭카바우의 금과 후추를 얻기 위해 중국인 네트워크를 이용했다. 경쟁하는 구매자들은 가격 상승을 유발하고 수마트라 왕들을 부유하게 만들었다. 왕자들과 귀족들은 그들의 자금을 투자 대신 추종자를 끌어들이고 무기를 구매하는 데 사용했다. 보통 사람들에게 중요한 결과의 하나는 세금 증가와 폭력 수준의 상승이었다. 부는 왕족들이 군도 사회들, 메카, 바타비아와 보다 넓게 접촉할 수 있게 해주었다. 지배자들은 여행하는 종교 학자들을 수용하고 성스러운 이슬람 왕권에 대한 말레이식 개념을 함양하면서도, 유럽의 사치품을 수입하고, 무기와 조력을 위해서 기꺼이 네럴란드인에게 의지했다.

란타우는 미낭카바우인들이 인도네시아의 이슬람 역사들과 더 가까이 접하게 만들었다. 19세기 전까지, 인도네시아의 이슬람 역사들은 말레이 반도 남쪽 끝에 수도가 있는 조호르 술탄국을 포함했다. 믈라카의 마지막 술탄인 마흐무드 샤(Mahmud Syah)가 믈라카에서 포르투갈인들에 의해 밀려난 이후 1518년 그의 왕조를 조호르에 다시 세웠기 때문에, 조호르 왕실은 말레이 이슬람에서의 리더십을 주장했다. 그 해군은 믈라카 해협 양측 해안 지대에 조호르의 권리를 강제했다. 예를 들어, 조호르 왕자들은 해협의 수마트라 쪽에 위치한 하구 정착지이자 수목, 등나무, 송진의 산지인 시악에 봉신들을 임명했다. VOC가 그 배의 돛대를 위해 시악에서 수목을 구매하기를 원했을 때, 회사는 대리인을 조호르로 보냈다. 1685년부터 시작된 조호르와의 조약들은 시악 사람들이 조호르에서 온 대리인의 감독하에 VOC 구매자를 위해 벌목을 하도록 규정했다. 이 사업에서 VOC는 매달리는 입장에 있었다. 조호르 왕자가 VOC에 보낸 편지에는 "3세기 반의 네덜란드인 지배"라는 개념이 조금도 없다. "나는 시악 해안에서 네덜란드 선박이 항해하는 것을 멈추기를 원한다. 그 배들은 오직 물과 목재, 시리(sirih), 피낭(pinang)을 위해 정박하는 것만 허용될 것이다"(Andaya, 1975: 143에서 인용).

시악을 이끌던 가문들은 VOC에게서 현금과 무역 상품의 원천, 그리고 지역에서 조호르의 힘이 약해졌을 때 직접 거래할 수 있는 동맹을 발견했다. 1699년 조호르의 술탄 마흐무드가 살해당한 후 그들에게 기회가 왔다. 남성 후계자가 없는 가운데, 궁정 반대파의 수장이 왕으로 자처하고 말레이 세계의 지도권을 넘겨받으려고 시도했다. 1718년 미낭카바우인들과 바다 사람들로부터 채용된 한 사병 집단의 수뇌부에서, 살해당한 술탄의 아들이라 주장하며 라자 크칠(Raja Kecil, "젊은 군주", "추정 후계자")라는 칭호를 사용하는 남성이 등장했고, 조호르를 공격했다. 라자 크칠은 왕위에 오르는 데 실패하자 배를 타고 시악으로 갔고, 거기서 조호르의 관리들을 몰아내고 술탄 칭호를 가진 독립적인 지배자가 되었다. 그는 네덜란드인들에게 정기적인 목재 공급을 대가로 보장함으로써 VOC로부터 조호르와 그 동맹인 부기스인들로부터의 보호를 구했다.

시악과 캄파르(Kampar) 하천계는 해안에서 온 중개인들이 후추, 빈랑고, 커피, 금을 구매할 물건을 가지고 미낭카바우와 바탁 영토로 여행할 수 있게 해주었다. 시악 상인들은 이 생산품들을 VOC, 중국인, 아랍인, 부기스인, 말레이인 상인들, 그리고 영국인과 덴마크인들에게 팔았다. 상인들은 또 노예가 필요해서 시악에 정박했다. 노예들은 시악 상인들을 위해 배를 만들었고 노잡이로 일했다. 그들은 바투 바라(Batu Bara)에서 비단을 짰고 그것을 시악 상인들이 수마트라 전역에 수출했다.

서부 군도에서 동맹관계는 계속 변화했다. 1740년에 계승권을 놓고 싸우던 라자 크칠의 두 아들 사이에 내전이 발발했다. 한 아들이 곤통(Gontong) 섬에 있는 VOC의 시악 기지에서 VOC 직원들의 살해를 주도한 뒤, 네덜란드인들은 다른 형제가 왕좌를 장악하도록 도와주었다. 1799년시악의 통제권이 반대파에게 넘어가자 VOC는 새 술탄과 거래를 했고, 그의 군대는 인근 리아우-링가(Riau-Lingga) 제도에서 부기스인들을 공격하는 회사의 파견대에 합류했다. VOC는 시악 군대의 수장을 말레이 반도의 셀랑고르(Selangor)의 지배자로 삼아서 그에게 보상했다. 시악은 하나의 제국, 혹은 반도에 자신들에게 의존하는 국가들을 발전시키지 않았다. 그 군주들은 셀랑고르를 약탈하고,

무역과 다른 선박을 공격하면서 해협을 항해하는 것에 만족했다.

조호르의 수도는 말레이 반도 남부와 리아우 사이에서 이동했는데, 이곳은 싱가포르를 포함하는 작은 섬들의 집합이었다. 그 섬들은 많은 바닷길에 걸쳐 말레이 반도 남쪽 끝에서 조금 떨어져 있다. 『스자라 믈라유』(말레이인의 역사)는 이 지역을 무슬림 군주들, 말레이 모험가들, 선원들의 단일한 세계로 묘사한다. 이 군도 사업의 중심지는 VOC의 통행증 체제 밖에서 운영되었고 중국의 연안 생산을 위한 공간을 제공했다. 18세기 말까지 그곳에는 만여 명의 중국인들이 후추과 빈랑고 덤불을 재배했다.

1669년 이후 리아우 군도의 정착자 인구에는 남부 술라웨시로부터 유입된 부기스인들이 있었다. 이중적 행정 체계가 발전했다. 리아우 지사는 부기스인 이민자들의 후손으로 자신의 부기스인 스태프를 갖추고 있었던 반면, 조호르의 술탄은 언제나 말레이인 하인들을 거느린 말레이 왕족의 구성원이었다. 그 차이는 심하지 않았다. 부기스인 1세대 남성들은 말레이인 여성들과 혼인을 했고, 복수의 부인을 둔 관리들 사이에는 많은 말레이인-부기스인 결합이 있었다. 말레이어가 부기스어를 대체해 리아우의 부기스인들의 언어가 되었다. 부기스어로 된 주요 문헌은 술라웨시에 존재하지만, 리아우에서 나온 부기스인 문헌은 말레이어로 되어 있다. 이 지역은 스스로를 서부 군도 전역에 걸쳐 이슬람과 말레이 이슬람 문화의 주창자로 여겼다.

삼바스(Sambas) 술탄국은 서부 군도의 또 다른 말레이인 하천-평야(river-delta) 술탄국이었다. 그 수도는 오늘날 말레이시아 영토인 사라왁 국경 바로 아래에 있는, 서부 칼리만탄의 해안으로 들어가는 삼바스 크칠 강(Sambas Kecil River)에 있었다. 그 위치는 이 지역을 말레이 반도, 수마트라, 인도, 중국에서 오는 상인들이 잠시 정박하는 장소로 만들었다. 이 지역에는 14세기부터 말레이어 사용자들이 있었다. 17세기까지 삼바스의 말레이인 지배층은 무역과 선적을 독점하고 지역의 생산자들로부터 국제 무역을 위한 물품을 뜯어냈다. 생산자 계층은 수도의 내륙 촌락에 흩어져 사는 다약인들이었는데, 거기서 그들은 숲속 빈터에서 뿌리 작물을 재배하고 하류의 지배자들에게 삼림 생산물로 세금을 냈다. 그 물품들은 술탄국이 담배, 아편, 소금을 수입할 재원이 되었다.

18세기 중반, 당시 술탄인 우마르 아카무딘(Umar Akhamuddin)은 내륙의 금을 캐기 위해 푸젠(Fujian)과 광동(Guangdong) 출신 중국인들을 고용했다. 채광업은 중국인 콩시(kongsi, 때로 비밀 결사라 불리는, 씨족 혹은 방언 연합)에 의해 조직되었다. 그들은 중국에서 남성 노동자를 고용할 재원을 대고 감독관을 공급했다. 광부들은 도랑과 운하를 건설하고, 금을 깨끗하게 씻고, 그것을 강 하류의 중국인 중개인들에게 보냈다. 삼바스 술탄들은 그들의 해군이 바다에 이르는 강의 교통을 통제하기만 하면 이 과정에서 이익을 얻었다. 내륙에는 직접적인 말레이인 행정 기구가 없었다. 중국인 채광업자들은 힘이 미치지 않는 곳에 있었다. 술탄들은 중국인들이 농사를 짓거나 총을 소유하는 것을 막는 금지령을 강제할 수 없었다. 중국인 채광업자들은 광석 매장량이 풍부한 땅, 그리고 식용 작물과 광구에서 노동력을 공급하는 다약 촌락민들의 서비스를 두고 서로 경쟁했다. 중국인 남성들은 다약 여성들과 결혼했다. 그들은 보다 많은 농지를 개척했고 다약 생산물을 삼바스 해군 순찰의 통제를 받지 않는 하류로 보냈다. 그들은 또 다약 공동체로 물건을 실어 보내면서 술탄의 징세 대리인을 피했다.

서부 군도 내에서 VOC는 무역, 항해, 약탈을 하는 많은 바다 사람들 중 하나로서 활동했다. VOC 직원들은 군주들과 동맹을 맺고 또 깨뜨렸다. 그들은 아랍어 문자로 쓰여진 말레이어로 지역 권력자들과 소통했다. 그들은 대규모 무역을 위해 경쟁했다. VOC 시기 네덜란드인들은 서부 군도를 연결된 해안들과 공통의 언어, 종교, 생활방식을 가진 하나의 자연스러운 지역으로 보았다. 이런 환경에서 그들은 육지에서보다 바다 위에서 많이 살고 일했다. 그들의 육상의 정착지는 보통 강의 평야와 만(bays)에 위치한 작은 섬들에 만들어졌다. 본토의 왕실 수도와의 공간적 분리는 비무슬림으로서의 네덜란드인들을 특징지웠다. (1641년 이후의) 믈라카를 제외하면, 네덜란드인들은 어떤 도시 정부도 통제하지 않았다. 어디서도 그들은 소네덜란드(mini - Holland)를 만들지 않았다. 왕실 승계에 대한 논쟁이 벌어지는 궁정에서 네덜란드인들의 의견은 영향력이 없었다. 팔렘방의 연대기들에서 그 황금기는 정확히 그 술탄들과 VOC 관리들이 긴밀하게 협력하던 시기였다. 시간이 흐르면서 VOC는 그 장면의 일부가 되어갔다.

국제 해로들은 인도네시아의 섬들을 가로질렀고, 그렇게 때문에 외부인들의 정책들과 행위들은 항상 인도네시아 역사에 영향을 끼쳐왔다. 아랍, 페르시아, 인도, 이집트, 그리고 이제 이란과 아프간 형식의 이슬람을 가져온 사람들이 가장 깊고 장기적인 영향을 끼쳤다. 중요한 결과의 하나는 말레이 이슬람의 문화적 통일성 안에 이동하는 술탄국들(mobile sultanates)의 권역과 소제국들(mini - empires)의 형성이었다. 19세기에 영국인과 네덜란드인이라는 외부자들이 믈라카 해협 양쪽에 펼쳐진 소제국들을 분할하고 지역 술탄국들을 말레이 이슬람에 기준점을 두지 않는 두 개의 정치 단위로 분할했다.

이런 변화들은 군도 전체에 영향을 끼쳤다. 변화들은 영국과 네덜란드 해군의 전투, 나폴레옹의 부상, 영국에 대한 그의 적대감, 1795년 네덜란드의 나폴레옹 제국으로의 병합, 그리고 1806년 그가 동생을 네덜란드 왕으로 세운 것과 함께 시작되었다. 나폴레옹이 영국과 전쟁을 시작하자, 영국은 프랑스 제국에 병합된 네덜란드의 해외 영토를 공격했다. 1795년 영국은 수마트라 서부 해안의 파당(Padang)과 믈라카를 공격, 장악했다. 1796년에는 암본을 획득했다. VOC의 옛 네트워크는 케이프 타운과 실론을 포함했었는데, 거기에는 죄수 유형지와 자바에서 쫓겨난 군주들과 예언자들의 추종자들로부터 형성된 인도네시아인 공동체가 있었다. 이 영토들은 1806년에 점령당했다. 1811년 영국군이 자바에 상륙해서 네덜란드인과 자바인 군대를 물리쳤다.

나폴레옹이 영국에 패한 후 네덜란드는 다시 독립을 얻었고, 새 네덜란드 군주의 이름으로 이전 영토를 수복하기 위해 영국과 협상을 개시했다. 1815년 런던과 헤이그(Hague)에서 내려진 결정은 인도네시아 공동체들에게 영구적으로 영향을 끼쳤다. 그 때부터 인도네시아 역사들이 펼쳐질 공간이 결정되었다. 영국은 남아프리카나 실론을 네덜란드에게 돌려주지 않았고, 그 결과 이 지역들의 인도네시아인 공동체들은 아프리카와 스리랑카 역사들의 일부가 되었다. 영국은 믈라카도 반환하지 않았다. 그곳의 인도네시아인 거주자들도 영국이 기록한 역사 속으로 들어갔다. 영국 행정기구들은 수마트라 동부 해안에 걸친 지역들, 바타비아, 스마랑, 마카사르, 그리고 동부 군도의 이전 네덜란드 정착지에서는 물러났다. 1824년 영국과 네덜란드 간의 조약은 그들의 상호 경쟁적인 상업적 정치적 이익을 위해 서부 군도에서 영역을 분할했다. 말레이 반도, 싱가포르, 보르네오 북쪽 해안은 영국의 영향권으로 선언되었고, 수마트라는 네덜란드의 영역이 되었다. 이 조약은 아체의 술탄국이 두 유럽 세력으로부터 독립되어 존재할 수 있게 보장해주었다. 1871년 수마트라 조약(the Treaty of Sumatra)은 이 분할을 확인했지만 아체를 네덜란드에 배정했다.

외부인들의 이런 정책들은 궁극적으로 두 개의 식민지 그리고 두 지역 사람들을 묘사하는 두 개의 명칭을 만들어냈다. 말레이인과 현지인(Native). 영국은 1786년 케다(Kedah) 술탄으로부터 해협 북쪽 진입로에 위치한 페낭(Penang)섬을 구매했었다. 1819년에는 조호르 술탄으로부터 싱가포르를 임차했다. 1874년에서 1896년 사이 영국은 협상을 통해서 페락, 셀랑고르, 파항, 느그리 슴빌란(Negri Sembilan)의 술탄국들을, 말레이 왕가들의 재위를 공식적으로 인정하면서 한편으로 실제 정책과 징세 권리를 영국 권리들에게 이전한 연방(federation)에 편입시켰다. 1909년 영국은 시암의 왕과 시암 제국 내의 4개 주(케다, 클란탄 Kelanten, 트렝가누 Trengganu, 페를리스 Perlis)의 이양을 협상했다. 1914년 조호르 술탄국이 포함되면서 영국령 말라야의 최종 형태가 만들어졌다.

1816년부터 네덜란드의 모든 아시아 영토는 인도네시아 군도 내에 위치했다. 네덜란드인들은 이제 수마트라 해안을 따라서, 칼리만탄의 서부, 남부, 동부 해안에서, 술라웨시 해안에서, 자바에서, 그리고 동부 군도의 몇몇 섬에서 활동했다. 네덜란드인들은 협상, 상업적 팽창, 전쟁을 통해서 술탄국들을 식민지에 편입시켰다. 1914년에 네덜란드령 동인도의 경계가 확립되었다.

그 결과, 영국의 기독교도 왕과 여왕을 수장으로 하는 영국령 말라야는 말레이 반도에 있는 과거 아체의 조공국들과, 서부 군도에서 모든 술탄국들에 대해 도덕적 지도자를 자임했던 조호르 술탄국을 포함했다. 네덜란드의 기독교도 왕족들이 이끄는 네덜란드령 동인도는 수마트라에 있는 조호르의 조공국들을 병합했다. 그것은 수마트라, 칼리만탄, 술라웨시의 하구(河口)의 말레이 술탄국들을 조호르의 지도력에서 분리시켜 자바에 부속시켰다. 네덜란드인들은 한 때 자바 왕들의 조공국이던 지역들과 자바와의 관계를 되살렸다. 자바에 기반을 둔 네덜란드 식민정부는 군도 항구들에 있는 자바인 공동체들을 자바인의 핵심부와 다시 연결시켰고, 군도 전체에 걸쳐 지속적인 자바인 이주를 장려했다. 네덜란드의 식민정책은 말레이 전통에 대한 자바 이슬람의 지배를 장려했다.

근대 국가인 말레이시아와 인도네시아 정부들은 서부 군도의 분할을 유지해왔고 정교함을 더했다. 오늘날 오직 브루나이와 싱가포르만이 그들 밖에 존재한다. 브루나이는 여전히 술탄국을 유지하는 유일한 독립국이다. 한때 조호르 술탄들의 소유지였던 싱가포르는 이제 남중국 연안 노동자들의 후손들이 장악한 공화국이다.

이런 변화들은 극적이고, 명확하고, 결정적인 것처럼 보인다. 그러나 유럽의 수도들에서의 협상 과정에서 합의된 문서에 있는 문구들이 군도 공동체들을 자동적으로 지침이나 영감을 얻기 위해 런던이나 헤이그를 바라보는 식민지 백성으로 만들지는 않았다. 1815년과 1824년의 합의 이후로 수십 년간, 서부 군도 주민들은 영향을 받지 않았다. 예를 들어, 네덜란드인들이 칼리만탄 서부와 남부 해안지역 술탄들과 맺은 조약들은 다른 유럽인들에게 경고하기 위해 붙인, 네덜란드의 잠재적 미래 이익의 공고였다. 칼리만탄의 말레이인들에게 그것은 소규모의, 간헐적인 무역을 의미했지만, 그들의 사상 세계나 생활 방식을 바꾼 것은 아니었다.

서류상으로 시악 술탄국은 말레이 반도로부터 떨어져 나왔지만, 시악은 여전히 말레이 무슬림 왕국이었다. 그곳의 경제와 사람들의 일상 직업은 여전히 해협과 그 해상 교통에 맞춰져 있었다. 그 종교 지도자들과 학생들은 여전히 서부 군도와 중동의 이슬람 중심지들에서 학습했다. 시악의 왕실은 여전히 정치적 경제적 특권을 보유하고 있었다. 시악이 공식적으로 네덜란드 식민 국가의 공국이 된 것은 1858년으로, 이 때 재위 중이던 술탄은 시악의 외교 관계에 대한 통제권과 국방의 책임을 네덜란드령 동인도에 넘기는 계약을 바타비아와 맺었다. 19세기 시악은 네덜란드인들에 대한 경제적 중요성을 상실했다. 선박 제작이 쇠와 강철로 전환되면서, 네덜란드인들은 시악의 목재 수출에 대한 VOC의 독점을 부활시키지 않았다. 시악 왕실은 계속해서 중국 기업을 통한 목재 수출로부터 부를 얻었다. 19세기 후반에 시악 지배자들은 고무, 코코넛, 커피, 담배, 육두구 재배를 위한 대농장을 건설하고 생산물을 페낭과 싱가포르로 수출했다.

시악 왕족들은 식민지의 고위층과 권력자들—다른 술탄 방문자들과 고위 네덜란드인 관리들—과 어울리기 위해 바타비아를 방문했다. 그들은 식민 정부로부터 월급을 받고, 식민지의 도로와 철도망, 이주 노동자, 현금세를 통해 새로 만들어진 경관 속을 여행했다. 시악 북쪽의 수마트라를 변모시킨 식민지배의 격자판은 시악으로 침투하지 않았다. 1940년 인도네시아 혁명에 의해 발생한 큰 사회적 동요 이전까지, 시악 사람들은 전통, 관습, 명령, 그리고 세습 귀족 집안에 노동으로 지불하는 세금에 속박된 채로 있었다.

자바에서는 나폴레옹이 임명한 총독 마샬 W. H. 다엔델스(Marshal W. H. Daendels, 재임 1808~1811)가 바타비아 성과 성벽을 허물고 자유 노동의 존엄을 선전함으로써 해방의 새 시대를 선언했다. 그는 빠르게 현지의 현실에 적응했다. 자바 북부 해안을 따라서 바타비아와 수라바야를 잇는 다엔델스의 우편물 수송로를 건설하기 위해 자바인 가족들이 자신들의 구역 수장들에 의해 임대되었다. 고속도로를 따라 건설된 톨게이트와 휴게소들은 이동과 세금의 통제라는 오랜 목적을 수행했다. 외국인들의 통신을 개선하고 정부가 군인들을 영국군이 상륙할 것으로 예상되는 지점까지 이동시킬 수 있게 하기 위해, 자바인 노동자들은 마체테, 곡괭이, 삽을 이용해서 정글 사이로 길을 내고, 힘겹게 산비탈을 오르고, 해안 평야의 뜨거운 열기 속에서 힘들게 일했다. 도로 건설 노동자들에게 다엔델스는 계몽된 사람이라기보다 잔인한 사람이었다. 그들의 고난에 대한 보고들이 다엔델스가 자바에서 빨리 물러나게 되는 데 기여했다.

다엔델스의 후임인 얀센스(J. W. Janssens)는 VOC의 군사 관행을 답습했다. 중부 자바에서 온 망쿠나가란 군인들이 네덜란드인 군대와 함께 영국에 대항해서 싸웠다. 온전히 절반이 인도인인 영국 군대는 인도네시아인들에게 VOC 군대처럼 보였음에 틀림없다. 벵갈에서 고용된 4천 명이 자신들 장교 휘하에 5개 부대로 구성되어 싸웠다.

1811~16년 짧은 영국 관리 기간 동안 유럽인들은 즉각적으로 바타비아의 변화를 느꼈다. 이 시기를 지칭하는 영국 공위 기간(British Interregnum)이라는 단어에서 나타나는 것처럼, 부총독 스탬포드 래플스(Stamford Raffles, 1781~1826) 아래 영국인들은 급진적 변화를 그 행정의 특징으로 내세웠다. 래플스와 그의 측근들은 네덜란드인들이 인도네시아의 환경에 적응한 방식을 존중하지 않았다. 그들은 자바 의상의 변형인 여성 의상을 경멸했다. 그들은 유럽인들이 네덜란드어를 거의 사용하지 않고 말레이어를 훨씬 더 사용하는 것에 놀랐다. 영국인들은 또 서구식 교과 과정을 가르치는 학교가 거의 없음을 개탄했다. 그들은 바타비아의 노예시장을 폐쇄하고, 노예 반대 연합을 만들고, 영국 연극을 공연할 극장을 열고, 정부의 소식, 규율과 더불어 평론, 시, 개인 칼럼을 포함한 신문을 창간했다. 그들은 바타비아 예술과학아카데미(Batavian Academy of Arts and Sciences)를 부활시켰고, 자바와 수마트라의 먼 과거에 대한 정보를 열정적으로 수집하고 정리하기 시작했다. 그들은 농민들의 토지 보유를 측량하고 또 작물이나 노동이 아닌 현금 납부에 기반하게 될 새로운 세제를 계산하기 위해, 자바 시골을 탐험했다. 그들은 힌두교와 불교 사원 지역을 탐사했고 밀림에 덮인 곳을 제거하기 위해 현지 촌락민들의 팀을 조직했다.

래플스는 지식을 강해하고, 원고들을 모으고, 비문을 복사하고, 자바 공예품의 샘플을 조합할 자바 예술 전문가들을 모았다. 그와 그의 수행원들은 자바와 수마트라에 대한 방대한, 삽화를 넣은 개요서(compendium)에 자신들의 자료를 함께 모았다. 래플스, 크로퍼드(Crawfurd), 마스덴(Marseden)이 모아 낸 자바, "인도 군도(Indian Archipelago)", 수마트라의 위대한 역사들에 더해, 영국 행정부에 고용된 개인들이 자신들의 그림, 편지, 일기, 체계적 연구에 19세기 시작 무렵의 일상생활에 대한 많은 기록을 생산했다. 영국인들은 무슬림 인도네시아에 대해서는 거의 접근하지 못했다. 울라마들은 영국인들과 언어, 시, 모스크 건축을 토론하려 달려들지 않았다. 어떤 영국인 집단들도 무슬림 성소를 탐방하지 않았고, 그래서 군도 공동체의 살아있는 이슬람 전통을 논한 영국 문헌은 거의 없었다.

영국 공위 기간 동안 인도네시아인들의 삶

인도에서 영국인과 인도인 부모 사이에 태어난 존 뉴먼(John Newman, 1795~1818)은 제도공으로서 지도와 측량 준비라는 업무를 맡아 영국군을 따라 자바에 왔다. 1811부터 1813년까지 자바에 있으면서 그는 일상생활을 소재로 한 많은 그림을 그렸다. 그의 그림을 통해서 우리는 자바의 창병들은 정장처럼 재봉된 바틱 옷을 입었고, 여성들은 시장에서 장사를 했고, 남성들은 음식 가판을 열고 막대에 음식을 끼워 이웃에 들고 다녔다는 것을 알게 되었다. 상인들은 조랑말 무리에 큰 바구니를 싣고 물건을 운반했고, 남성들이 어린 아이들을 돌보는 데 동참했다. 뉴먼의 수채화 한 점은 한 자바 농부가 살이 없고 튼튼한 바퀴가 달린 나무수레에 구속된 두 마리의 거세한 수송아지와 함께 있는 모습을 보여준다.

영국인 관리들은 네덜란드인의 성곽과 도시 행정을 책임지게 되면서 지역 상황, 거주자 수, 일상 직업에 대한 통계를 요구했다. 네덜란드인 요한 크놉스(Johan Knops)는 1812년의 스마랑에 대해 그림처럼 생생한 서술을 남겼다. 그의 기록은 이 도시의 엄청난 다양성을 보여준다. 스마랑 인구 중에는 유럽에서 태어난 사람들과 아시아인/유럽인 혼혈 인구, 힌두 발리 여성들과 결혼한 중국인 이주자들, 자바 여성들과 결혼한 무슬림 중국인들, 포르투갈 남성들과 인도 여성들 사이에서 태어난 인구 등이 포함되어 있었다. 부기스인, 무어인(Moors, 인도인 무슬림), 아랍인, 말레이인도 있었다. 1900명의 말레이인 중 30명이 상인이자 울라마로 등록되어 있었고, 9명은 기도소에서 학교를 운영했다. 100명의 소년들이 그 종교 학교에 다녔다.

래플스 수행단의 영국인들은 주로 도입된 변화의 속도와 선전된 열정에서 네덜란드인들과 달랐다. 네덜란드인 애호가들(amateurs)과 전문가들은 군도의 자연 환경, 언어, 의학 지식을 탐험하는 데 있어 늘 인도네시아인들과 함께 일했다. 노예제와 전제 군주 지배에 반대하고, 네덜란드인의 행태를 비판적으로 판단하는 몇몇 네덜란드인들은 항상 있었다. 래플스는 유라시안의 후진성과 대비되는 영국식 개혁의 공적 이미지를 계획했고, 그것은 네덜란드인들이 1816년 영국으로부터 권한을 넘겨받고 자신들을 새로운 인간(new men)으로서 VOC 유형과 대비시키는 데 적합했다. 네덜란드인 사가들은 4년이라는 짧은 기간 동안 전면적인 세제 개혁이 있었다는 영국의 주장을 공격했지만, 영국 행정부가 변화를 도입했다는 점은 인정했다.

노예 시장의 폐쇄와 노예제 반대 운동은 인도네시아들인의 삶에 영향을 주었다. 노예들과 노예 매매 사업을 하던 이들은 새로운 직업을 찾아야 했다. 그러나 그 변화는 실제보다 과장된 것이었다. 래플스 수행단의 일부 남성들도 노예를 소유하고 있었고, 영국인들과 그들을 계승한 네덜란드인들 모두 인도네시아의 고용자들과 노예들에게 자유 노동에 대한 그들의 선호를 강제할 수 있는 자원이 없었다. 네덜란드인들은 자신들이 통제하는 도시들에서만 노예제를 종식시켰고, 고무와 같은 새로운 산업 작물을 위해 (또 다른 강제적 방법인) 대농장에서의 계약 노동으로 전환했다. 1860년 네덜란드의 군사력이 자바를 벗어나 술탄들의 영토로 확장해 갔을 때, 네덜란드인들은 그들의 새로운 인도네시아인 백성들에게 노예 매매와 노예제를 폐지하도록 명했다. 1890년대가 되면 네덜란드 해군 순찰함이 노예 획득을 위한 약탈과, 군도 시장과 일터로의 노예의 이동을 거의 멈추게 했다. 이 때가 되면 식민 정부 당국은 급속도로 증가하는, 식민지의 일터에서 임금 고용을 원하도록 훈련받은 인구를 위해 충분한 일자리를 생산하는 것이 큰 문제라는 것을 인지했다.

자바의 보통 사람들과 왕족들에게 직접적으로 영향을 끼친 변화의 가장 가시적인 예는 래플스가 자바 왕의 봉신 역할을 거부한 것이었다. 네덜란드인 전임자들과 마찬가지로 래플스도 그의 행정과 군사력을 자바 궁정 정치에 관련시켰지만, 이전과 그 정도가 달랐다. 그는 그 어떤 VOC 관리도 한 적 없는 일을 했다. 1812년 그는 유럽인 군인들에게 자바 왕의 궁을 공격하도록 지시했다. 자바인들은 왕궁을 성스러운 곳으로 여겼다. 욕야카르타의 술탄 하멩쿠부워노 2세의 왕궁을 기습한 것은 그곳을 오염시킨 것을 의미했다. 영국 군대는 1,200명의 인도인, 일곱 명의 영국인 장교, 그리고 수라카르타 내의 하위 국가인 망쿠나가라에서 온 400명의 자바인으로 구성되었다. 하멩쿠부워노 2세의 이복형제 중 하나가 다른 자바인 군대를 지휘했다. 래플스는 파쿠알람(Pakualam)이라는 칭호를 수여하고 이전에 욕야카르타 지배자에게 세금을 내던 4천 가구를 배당함으로써 그 이복형제에게 상을 주었다. 이런 방식으로, 자바의 계승 체계에서 수용되기에는 너무 강력한 왕자를 만족시키기 위해 욕야카르타 내에 파쿠알라만(Pakualaman)이라는 하위 국가가 탄생했다.

영국의 총포가 왕궁 벽을 무너뜨린 후, 왕세자와 왕이 붙잡혔다. 래플스는 하멩쿠부워노 2세를 폐위하고 그의 이복동생을 그 자리에 앉혔고, 그는 하멩쿠부워노 3세라는 이름을 채택했다(재위 1812~1814). 공식 즉위식 행사에서, 래플스는 자바에서 유럽인의 새로운 위치를 강조했다. 왕궁 구성원들은, 새 술탄의 발에 입맞추는 의식을 거행한 후, 래플스의 현지 유럽인 대표에게 같은 복종의 표현을 하도록 지시받았다.

공공 장소에서의 입맞춤

자바 예법에 따르면 아랫사람이 윗사람에게 다가갈 때는 무릎 걸음으로 가서 대화 앞

뒤에 슴바(sembah)를 해야 한다(슴바는 양손을 모은 채 머리를 숙이면서 가볍게 숨을 들이마시는 동작이다). 존경과 복종을 표하고 축복을 부탁하는 의례의 경우, 아이들 및 결혼하는 남녀는 무릎으로 기어가서 부모의 무릎이나 발에 입을 맞춰야 한다. 신하들은 술탄의 무릎이나 발에 입맞춘다. 신앙과 종교 지식으로 존경받는 사람의 손에 입맞추는 이슬람 관습은 인도네시아 도처에서 행해졌다.

이렇게 공공연히 존경을 표하는 것은 특정한 상하 관계에 국한되었고 일년 중 정해진 시기에만 행해졌다. 정해진 위계질서 밖에 있는 사람에게 그런 존경을 표하는 것은 경악과 분노, 원성을 초래했다. 자바인들은 유럽인의 발에 입맞춰야 했을 때 자신들의 존경과 축복의 법칙이 침해되었다고 느꼈다. 인도네시아인들은 1998년 초에 하비비 부통령이 수하르토 대통령의 손에 입맞추는 사진이 텔레비전과 신문을 통해 퍼졌을 때 충격을 받았다. 당시 많은 사람들에게 전제적이고 부패했다고 비난받던 수하르토에게 신성함을 확인하는 동작으로 예를 표한 것은 당시 인도네시아 공적 생활의 또 다른 도덕적 붕괴로 여겨졌다. 와히드 대통령(Abdurrachman Wahid, 재임 1999~2001)의 손에 입맞춘 사람들은, 무슬림과 비무슬림을 포함한 모든 인도네시아인의 지도자라는 그의 세속적 지위보다 존경받는 종교 지도자로서의 그에 대한 그들의 인식을 강조하는 것을 선택했다.

영국의 욕야카르타 왕궁 공격에 대한 자바인의 설명은, 욕야카르타 첫 술탄의 여러 아들 중 하나인 팡에란 아리야 파눌라르(Pangeran Arya Panular, 1772~1826)의 일기에 있다. 파눌라르의 일기는 왕궁이 포격을 받고 있을 때부터 시작된다. 그는 공격의 두려움 속에서 왕자들, 관리들, 그리고 사람들이 어떻게 왕과 왕세자를 버리고 시골에서 안전을 찾으려 했는가를 기록했다. 부인들, 첩들, 하인들도 아기, 보석, 운반 가능한 재물을 가지고 달아났다. 남겨진 것은 어린 아이들, 그들의 유모들, 왕궁의 여성 경호원들, 술탄과 그의 후계자였다. 파눌라르, 14명의 그의 가신, 왕세자의 비 중 하나인 그의 딸은 공격 속에서 그와 함께 남았고 또 포로가 되었다. 파눌라르의 관찰에 의하면, 영국인과 인도인 군대는 규율을 갖추고, 용감하고, 죽기를 두려워하지 않았다. 그에게 그들은 성은을 보여주는 빛을 가진 것처럼 보였다. 대조적으로 자바인들은 그들의 낡은 무기, 낮은 급료, 훈련의 부족 등으로 인해 형편없는 포병이었다. 파눌라르는 그들의 지휘관들이 믿을 수 없는 겁쟁이들이라고 말하고, 충성과 용기의 모범을 세우지 못한 것에 대해 종교 지도자들과 왕자들을 비난한다.

파눌라르는 그의 글을 『바바드 베다 잉 응아욕야카르타』(*Babad Bedhah ing Ngayogyakarta*, 욕야카르타 공격의 역사)라 이름지었다. 그의 바바드는 식민 지배의 시작이라는 근대적 사건을 자바 전통의 운율시로 기록한다. 왕족의 행위를 비판적으로 분석하고 왕을 미화하는 전통적 구절들을 생략했기 때문에, 왕궁에 대한 그 공격은 어떤 면에서 파눌라르를 새로운 인간으로 만들었다. 이 기록은 여전히 왕궁의 일원이자, 욕야카르타 왕들의 아들이자 삼촌, 조카, 장인인 한 사람의 작품이다. 우리는 군주에게 봉사했다는 왕실 일원의 자부심과, 충성이 보답받지 못했을 때 그에 대한 공격을 본다. 파눌라르는 빈들과 비들이 있는 왕실 하렘의 서열에서 그의 딸이 왕세자에 대한 충성의 보상으로 승급하기를 원했다. 이 바바드는 인도네시아 역사의 틀을 만든 사건을 서술하면서 과거의 세계를 기록한다.

역사 기록에는 왕궁의 여성들에 대해서는 그들의 호칭, 지위, 아이들 이상의 정보가 거의 없지만, 우리는 1812년에서 1814년까지의 일기로부터 파눌라르의 어머니와 딸에 대해 알게 된다. 그의 어머니는 발람방안 출신이고, VOC 관리인 니콜라우스 하르팅(Nicolaus Hartingh)에게 비공식 부인으로 보내졌을 때는 아마도 그녀의 남성 친척들에게 보상을 얻어주기 위한 수단이었을 것이다. 그는 1754년부터 1761년까지 자바 북부 해안의 VOC 지사였고 마타람을 두 개로 분할한 협상에서 활약했다. 미래의 술탄 하멩쿠부워노 1세는 자기 가정의 여성을 줌으로써 하르팅에게 개인적 감사를 표했다. 하르팅은 발람방안에서 온 그의 동반자로 상대방에게 그에 보답했고, 그녀는 마스 아유 톤다사리(Mas Ayu Tondhasari)라는 이름으로 새로운 욕야카르타 왕궁으로 들여보내졌다. 약 23년 후 톤다사리는 파눌라르를 출산했다. 왕족인 아버지는 이 아들을 그의 공식 부인들 중 하나인 벤도로 라덴 아유 스렝가나(Bendoro

Raden Ayu Srenggana)에게 돌보게 했다.

아들이 그녀의 지체 낮은 친척들로부터 멀어지고 그의 미래가 궁의 왕족 모사꾼들 사이에서 확고해지면서, 톤다사리는 그의 서사에서 사라진다. 1792년 하멩쿠부워노 1세가 사망한 후, 그를 계승한 아들은 이복형제인 파눌라르를 왕자의 지위로 격상시키고 그에게 세금과 노동력을 징발할 수 있는 촌락민들을 배정해 주었다. 다른 자바 왕자들과 마찬가지로 파눌라르는 왕궁 단지 내 자신만의 거주지에 살았고 자신에게 부를 생산해주는 지역을 방문한 적이 없었다. 그의 촌락민들이 비옥한 땅을 경작했는지에 대한 호기심을 제외하면, 그는 바바드에서 그들에게 거의 관심을 보이지 않는다. 촌락과 보통사람으로 이어지는 모계 조상에 대한 자부심의 흔적도 없다. 촌락민들은 단지 세금과 여자를 제공하기 위해 왕궁의 세계에 편입된다.

유럽인들의 욕야카르타 공격은 자바의 무슬림 군주들에게 선택을 강요했다. 그들은 유럽의 지식과 문화에 흥미를 가질 수도 있었고, 유럽의 사상과 기술에 도전할 영감과 자원을 위해 이슬람 문화와 이슬람 지도자들에게 의존할 수도 있었고, 혹은 유럽인의 총과 가식에 의해 흔들리는 세상에서 균형을 잡기 위해 그들의 자바 유산에 다시 매달릴 수도 있었다. 파눌라르의 일기는 그의 남성 친척들에 대한 묘사를 통해 그런 전략들을 기록한다. 그의 한 이복형제는 서구를 택하고 파쿠알람 1세로서 래플스의 사람이 되었다. 그와 그의 아들들은 유럽식 옷을 입고, 유럽인의 매너를 흉내내고, 그들의 군대를 유럽식으로 훈련시키고, 래플스와 함께 역사, 문학, 언어를 논하고, 영국에 대한 그들의 효용성 덕분에 지위와 부를 얻었다. 파눌라르의 친형제 중 하나는 네덜란드어를 배웠다. 한 조카는 터키 의상을 전투복으로 택하고, 자바 무슬림으로 자처하고, 자바어를 선호해서 말레이어나 유럽 언어 사용을 거부했다. 그는 전투에서 사로잡힌 유럽인들에게 자바식의 가신이 되도록 강요했다.

영국 공위 기간은 자바인의 정체성에 다른 방식으로도 도전했다. 인도인들의 존재는 자바의 오랜 과거에 대한 거의 부적절한 관심을 부채질했다. 자바의 무슬림 군주들은 힌두교 신의 후손임을 주장했다. 영국군의 많은 하급장교들과 하사관들은 부유한 지주 집안 출신의 상위 카스트 힌두교도였다. 인도인 장교들에게, 자바인들은 쉽게 알아볼 수 있는 힌두 과거의 유물이었다. 수라카르타와 욕야카르타 왕자들 거처로의 진입이 허용되자 이 인도인 장교들은 힌두 철학과 전통에 대한 흥미를 되찾았고, 기꺼이 힌두 의례를 수행했다. 수라카르타의 파쿠부워노 4세는 왕궁 군중들과 공개적으로, 그리고 익명으로, 거기에 참여했다.

자바의 이슬람 이전 과거에 대한 새로운 흥미는 또한 영국인들에 의해 키워지고 미화되었는데, 그들은 부지런히 힌두 사원들을 발굴하고 그렸고 인도 서사시의 자바 버전을 수집했다. 영국인 애호가들은 인도화된 자바가 자바인들의 진짜 문화라고 주장했고, 그것이 이슬람이라는 외래 종교에 의해 멸종될 위기에 있다고 여겼다. 19세기 네덜란드 학자들도 자바의 인도식 과거에 집중했다. 자바의 힌두-불교 과거에 대한 유럽인들의 매료는 몇몇 엘리트 자바인 집단들 사이에 독실한 이슬람 신앙의 일상적 표현에 대한 경멸을 조장했다. 유럽인들에 의해 상상된 진짜 과거는 사회적 특별함과 정치 권력에 대한 이 자바인들의 주장을 지원했다.

보통의 자바인들도 인도의 영향을 느꼈다. 몇몇 사람은 고대의 성지를 발굴하는 데 참여했다. 흙더미, 덤불들, 나무들을 벗겨내면서, 그들은 사원들, 조각들, 오래된 제단들, 고대의 마술적 상징물들을 그들의 19세기 세상에 소개했다. 사원 하단을 파헤칠 때 그들은 신과 괴물들이 있는 이슬람 이전 세계의 이야기를 들려주는 프리즈(friezes)를 보이게 했다. 성스러움과 과거와의 희미한 연결을 보존해왔던 장소들이 이제 무슬림 시골 지역에서 그들의 차이를 부각시켰다. 게다가, 왕궁 공격을 피해 달아났던 왕자들이 그들의 어머니가 태어나고 이제 그들이 친척임을 주장하는 마을에 도피처를 찾았다. 인도인 장교들과 수라카르타의 파쿠부워노 4세 사이에 유럽인들을 자바에서 몰아내기 위한 공모가 있다는 소문이 있었다. 인도인 17명이 처형되었고 53명은 결박된 채 인도로 돌려보내졌다. 인도인 탈영병들은 촌락들로 도피해서 지역 처녀들과 결혼했다. 몇몇 인도인들은 영국군이 물러난 이후에도 남았다. 그들은 코끼리 관리사로서 그리고 자바 왕의 경호원으로서 특별한 기술을 제공했다. 몇몇 장교들은 엘리트 집안에 장가를 갔다. 크두(Kedu)에 정착한 인도인들은 인도인들의 식이요법에 맞추기 위한 유제품 사업을 시작했다. 백 명의 벵갈인 창기병이 남아서 돌아온 네덜란드인들의 기마 경찰대로 일했다. 직업 군인들은 어디든 고객이 있는 곳에 서비스를 제공했다. 1825년, 디포느고로(Diponegoro) 왕자가 그의 조카인 술탄 하멩쿠부워노 5세와 그 조카의 네덜란드인 후견인들에 맞서 진격했을 때, 그에게는 자신이 고용한 인도인 용병들 그리고 벵갈 출신의 의사이자 약재상 한 명이 있었다.

강력한 외부인들은 현지인들에게 기회를 만들어주었다. 네덜란드와 영국은 자신들의 목적을 이루기 위해 지도에 선을 그었지만, 그들의 행동은 지역적 맥락에서 행해졌다. 런던과 헤이그에서 작성된 조약은 유럽인 경쟁자들을 배제하려는 것이었지만, 크고 작은 국가들로 이루어진 군도 세계에서 조약이라는 방식은, 인도네시아 군주가 존경과 조공에 대한 이웃 왕의 요구를 무시했을 때 그를 지원해줄 유럽인 동맹을 제공해줄 수 있었다. 많은 인도네시아의 왕궁에서 영국 군대의 도래와 네덜란드 도시와 요새의 점령은 네덜란드와의 관계를 다시 계산할 기회, 즉 새로운 동맹을 맺고, 네덜란드의 원조에 대한 왕실의 중독을 끊어내고, 무슬림 영토에서 네덜란드 기독교인들을 없앨 자유를 제시했다. 유럽에서 나폴레옹이 패퇴했을 때, 네덜란드인들에게는 군도의 요새와 항구의 반환을 위해 영국과 협상하는 것이 당연한 것이었다. 인도네시아 지배층에게는 네덜란드인들이 예전의 역할로 돌아와야 한다는 것이 똑같이 명시적이지 않았다. 암본, 남부 술라웨시, 팔렘방에서는 지역 군주들이 돌아오는 네덜란드 행정가들과 군대에 대한 공격을 주도하거나, 무역과 정치적 영향력에 있어서의 예전의 특권을 되돌려 받기 위해 항해해오는 네덜란드 선박에 포격을 가했다.

자바인들은 유럽인들 간 경쟁의 수동적 관찰자가 아니었다. 그들의 세계는 영국의 행위로 인해 극심하게 흔들렸다. 영국이 자바에 있던 5년간, 네 명의 술탄이 욕야카르타의 왕좌에 있었다. 모든 즉위와 퇴위에 있어 유럽인들과 그들이 후원하는 궁정의 일파가 결정권을 가졌다. 불만을 가진 왕자들은 이런 혼란기에 자바의 킹메이커로서 재진입할 기회를 찾았다. 자바에서 비무슬림을 축출할 것을 호소하고 술탄을 자처한 디포느고로 왕자의 서신에 대응해서, 그들은 추종자들을 무장시키고 사병단 복합체에 합류했다.

디포느고로(1785~1855)는 욕야카르타의 첫 술탄의 손자였는데, 그 술탄은 네덜란드인들의 군사적 외교적 개입 덕분에 그의 지위와 왕국을 얻을 수 있었다. 디포느고로는 1810년 다엔델스가 밀어내고 1812년 래플스가 강제로 퇴위시켰던 하멩쿠부워노 2세의 조카였다. 그는 래플스가 선택해 하멩쿠부워노 3세(재위 1812~1814)가 된 왕자의 장자였다. 디포느고로는 또한 래플스가 이어서 하멩쿠부워노 4세(재위 1814~1822)로 옹립한 10세 소년의 이복형이었다. 1822년 네덜란드인들은 디포느고로의 5살짜리 조카를 왕좌에 앉혔고, 디포느고로를 이 다섯 번째 하멩쿠부워노 왕의 세 명의 조언자 중 하나로 임명했다. 1826년 네덜란드인들이 디포느고로의 삼촌을 유배에서 다시 데려왔지만, 하멩쿠부워노 2세는 1828년 최종적으로 퇴위당했다. 하멩쿠부워노 5세가 다시 왕좌에 올라 1855년 사망할 때까지 술탄으로 있었다. 술탄이 되려는 디포느고로의 열망은 유럽인들에 의해 좌설되었다.

디포느고로의 야망은 또한 자바의 계승 원칙에 의해 좌절되었다. 그의 계승권 주장은 그의 아버지와 할아버지에 기반했지만, 어머니 쪽에서는 도움을 줄 왕족 가계나 지위가 없었다. 그녀는 하멩쿠부워노의 별로 중요하지 않은, 임시 부인에 불과했다. 디포느고로는 하멩쿠부워노 1세 사후 궁에서 중요하지 않게 된 한 왕비의 돌봄을 받게 되었다. 그녀는 궁을 떠나 트갈레자(Tegalreja)의 프산트렌에 가는 것을 허가받았을 때 디포느고로를 데리고 갔는데, 그곳은 순례지이자 자바 이슬람 문학 학습의 중심지였다.

디포느고로는 징세 가능한 자신의 땅에서 수입을 얻는 왕자로 자랐지만 그것은 왕궁 밖에 있었다. 왕국의 수도에 대한 그의 생각과 그 정치에 대한 그의 이해는 한 이슬람 소국가(mini - state) 속에서 형성되었는데, 그곳에는 장인들의 공방, 무역, 그리고 왕실의 톨게이트와 왕의 세금을 걷는 중국인 임차인들이 없는 농경지로 이루어진 번영하는 환경이 있었다. 그의 어린 시절은 욕야카르타 농민들의 부가 늘어나던 시기였다. 1755년에서 1812년 사이 경작되는 땅에 대한 왕실의 조사가 행해진 적이 없었고, 많은 농민들은 세금을 내지 않으면서 자유롭게 판매를 위한 쌀, 담배, 인디고, 땅콩, 면화를 재배할 수 있었다. 수도를 떠난 적이 없는 그의 왕족 친척들과 달리 자신의 땅을 방문했기 때문에, 디포느고로는 농민들이 가진 문제와 그들의 시각에 익숙해졌다. 그는 또 프산트렌에서 그리고 중부 자바의 성소 순례를 통해서 추종자 층을 형성했다.

디포느고로는 여행을 통해 변화하는 정치적 경제적 조건과 보통사람들이 어떻게 그것을 인식하는지를 배울 수 있었다. 그는 그의 삼촌 재위기의 유해한 영향들, 그의 건설 계획을 위한 농민들과 장인들에 대한 과중한 수탈, 1812년의 증세, 그리고 중국 사업가들과의 광범위한 거래들을 목격했다. 디포느고로는 1816년에서 1824년 사이 톨게이트의 급증, 그리고 약탈을 일삼는 폭력배들의 증가를 보았다. 욕야카르타 왕들은 수출 작물 재배를 위해 일할 사람들을 조직하던 중국인들과 유럽인들에게 토지와 노동력을 임대했다. 그는 자바의 신성한 왕위가 비무슬림들에 의해 통제되는 것을 보았다. 그는 영국인, 이후에는 네덜란드인 관리들이 자바의 더 큰 부분들을 직접 통제하면서 왕실의 영토가 줄어드는 것을 보았다. 줄어든 납세자 층이 증가하는 왕의 가신들, 관리들, 충신들, 친척들을 지원해야 했다. 1820년대가 되면서 부유하던 농민 사회가 궁핍해지고 있었다.

그 프산트렌 왕자는 도처에서 부도덕함과 타락을 보았다. 하멩쿠부워노 4세가 래플스에 의해 왕좌에 올려지고 가정을 꾸렸을 때, 그는 아버지, 삼촌, 할아버지의 첩이었던 네 여인을 파트너로 선택했다. 왕의 그 선택은 여성들의 친척들, 종교 지도자들, 왕궁의 파벌들을 당황하게 만들었다. 아버지의 부인과의 혼인이 코란에는 명시적으로 금지되어 있었던 반면, 자바의 관습에서는 친족 간 그리고 세대 간 여성의 순환에 대해 왕의 치세에 불행을 가져올 것처럼 눈살을 찌푸릴 뿐이었다. 디포느고로에게 왕궁의 도덕적 전염병의 또 다른 근거는 하멩쿠부워노 4세와 그의 왕비 중 하나의 결혼식이었다. 신랑인 왕이 욕야카르타 궁정에 파견된 영국 대표이자 비무슬림인 존 크로퍼드(John Crawfurd)의 팔을 잡고 모스크에 들어갔다. 왕실의 남성 친척들, 선임 모스크 관리와 그의 직원들, 울라마들, 메카에서 돌아온 순례자들이 이들을 수행하고 이 무슬림 공간의 침범을 묵인하고 있었다.

디포느고로가 보기에, 욕야카르타 술탄들은 너무 많은 중국인들을 편애하고 그들을 자바인들보다 중요한, 권력이 있는 위치에 올렸다. 그는 특히 1803년에서 1814년까지 욕야카르타 중국인 공동체의 수장이었던 남성을 경멸했다. 그의 출생 시 이름은 탄 진 셍(Tan Jin Seng, ?~1831)으로 자바 중부 태생이었고, 자바어, 말레이어, 중국어의 호키엔 방언 사용자로서 몇 개의 세계에서 활동하는 사람이었다. 그는 1793년부터 1803년까지 크두(Kedu)의 중국인 공동체의 선임 대표로서 자바 궁정 관리들의 주목을 끌었다. 욕야카르타에서 탄은 대금업자로서 그리고 미곡상으로서 왕자들과 영국인들에게 쓸모가 있었다. 하멩쿠부워노 3세는 그를 구역 수장으로 임명함으로써 상을 주었고, 그에게 바글렌(Bagelen)의 1천 가구의 수입을 배당해주고, 자바식 호칭과 이름을 하사했다. 새롭게 라덴 투멩궁 스차디닝그랏(Raden Tumenggung Secadiningrat)이 된 그는 이슬람으로 개종함으로써 자신의 승격을 축하했다. 그는 땋은 머리를 자르고, 자바식 의상을 택하고, 왕실 여성을 공식 부인으로 맞으려 함으로써, 자신의 공개된 중국인 정체성을 자바 무슬림 귀족의 정체성 아래 감췄다.

라덴 아유 무르티닝그랏: 트로피 신부

그녀는 욕야카르타의 술탄 하멩쿠부워노 2세의 여성 경호부대 사령관이자 임시 부인으로 역사에 등장한다. 전임 군주의 여성들은 보통 부인으로서의 지위를 잃고 모든 왕실 업무에서 밀려나거나, 어린 여성들의 교육과 같은 다른 임무를 위해 궁에 남겨졌다. 그러나 하멩쿠부워노 3세는 자신의 이복형의 전임 경호원을 자기 부인의 하나로 간택해서 라덴 아유(Raden Ayu)라는 칭호를 내리고 무르티닝그랏(Murtiningrat)이라는 이름을 지어주었다. 그녀는 딸 하나를 낳았다. 후에 하멩쿠부워노 4세가 그녀를 부인으로 취했고, 그들 사이에도 딸이 있었다.

새로운 라덴 투멩궁 스차디닝그랏(탄 진 셍)은 라덴 아유를 자기 본처로 주기를 청했다. 그의 힘은 거기까지 닿지 않았다. 개종한 중국인은 자바 왕의 임시 부인을 하사받을 수 없었다. 1816년 네덜란드인들이 전 술탄이던 하멩쿠부워노 2세를 암본에 유배시켰을 때, 하멩쿠부워노 4세는 무르티닝그랏에게 첫 왕실 남편인 그를 따라가도록 허락했다. 무르티닝그랏은 이전 왕을 따라 암본으로 가지 않았다. 그녀는 1817년 역사기록에서 사라진다.

디포느고로는 40세이던 1825년 자신의 영지에서 떨쳐 나와 하멩쿠부워노 5세와 그의 자바인, 네덜란드인 후원자들에 대항해 반란을 일으켰다. 반란 군주의 저항의 변은 새로운 빈곤층에게, 종교적으로 신실한 이들에게, 그리고 왕실 파벌들에게 호소력이 있었다. 농민들은 1821년부터 1825년까지 가뭄과 흉작에 직면했다. 물품을 운반하는 사람들은 왕실의 세금이 그들의 이익을 좀먹는다고 보았다. 디포느고로는 의로운 지배와 조세 정의를 약속했다. 그는 종교 집단들에게는 비무슬림인 징세자, 지주, 정부 대리인에 대한 무슬림의 복종을 맹비난했다. 그는 비무슬림들이 사바의 술탄을 폐위시키고 승위시키도록 허용한 왕실 분파를 조롱했다. 그는 이슬람을 수용하기를 거부한 것에 대해, 무슬림들에게 세금을 걷고 아편을 팔아서 얻은 부에 대해, 그들의 이질적인 옷과 식생활, 관습에 대해 유럽인들과 중국인들에 대한 증오를 설파했다. 그는 신자들에게 자바가 완전히 무슬림의 땅이 될 것이라고 약속했다. 불만을 품은 왕궁 관리들에게는 자신을 술탄으로 추천했다. 그러나 그는 전혀 혁명적이지 않았다. 그는 군주제와 세습 특권을 상징했다. 그는 자바 이슬람 신비주의 전통 밖의 다른 사상에 대한 지적 흥미가 없었다.

욕야카르타의 29명의 왕자들 중 15명과 88명의 선임 궁정 관리들 중 41명이 처음에 디포느고로에게 합류했다. 그들은 무장 경호원들과 가신들을 데리고 왔다. 궁의 종교지도자들, 마타람과 파장 지역의 면세 촌락 주민들과 종교 학교들도 집결했다. 108명의 키아이(kiais), 31명의 하지(hajis), 15명의 울라마, 12명의 종교 관리, 네 명의 선생의 무리가 단창, 장창, 크리스로 무장한 사람들을 데리고 왔다. 경제인으로서 그들도 통행료와 가뭄의 영향으로 고생하고 있었고, 디포느고로의 편에 섬으로써 새 술탄의 조언자이자 임명직 관리로서 자신들의 정치적 힘을 증대시킬 것이라고 계산했다. 봉기는 남중부 자바의 디포느고로의 고향 지역이 중심이었고, 트갈, 름방, 마디운에서 파치탄(Pacitan)에 걸친 지역들에서 일어난 봉기들을 연결시켰다.

하멩쿠부워노에 대항하는 디포느고로의 전략은 시골 지역으로부터의 수입 징수를 불가능하게 하는 것이었다. 그의 목적에 동참한 무장한 패거리들은 왕궁이 아니라 유럽인과 중국인의 거주지와 일터를 공격했다. 도끼, 칼, 창을 사용한 학살의 생존자들은 시골을 벗어나 읍내와 도시로 달아났다. 디포느고로는 수도의 세수(revenue) 유입과 식량 공급을 끊으려 했다. 그는 농민들에게 욕야카르타에서 그들의 생산물 판매를 거부하도록 압박했다. 그와 그의 조언자들은 대개 마타람의 오랜 중심부에 머물렀고, 중부와 북부 자바의 다른 반란 수장들과 편지로 소통했다. 전쟁은 디포느고로에 의해 느슨하게 조정되고 통제된 일련의 지방 봉기들이었다. 사람들은 전황에 따라 그리고 디포느고로의 개인적 지도력에 따라 합류하기도 하고 탈영하기도 했다.

디포느고로는 자신의 전쟁을 성전(jihad)이라 칭함으로써 자기 야망의 이슬람적 성격을 강조했다. 그는 군도 술탄들 너머 이슬람 세계의 수장인 오토만 황제에게 도움을 기대했다. 그는 자바에서 터키 복식으로 여겨지는 의상—정장, 재킷, 터번—을 입고 전투에 임했다. 그의 봉신들이 다스리는 지역에서 디포느고로는 이슬람식 행정 체계를 세우려 했다. 대리인들에게 샤리아에 의거해 세금을 걷도록 지시했다. 전리품으로 얻은 물건들과 사람들은 코란에 정해진 대로 분배하도록 했다. 전쟁 포로에게는 개종과 죽음 중 선택하도록 제시했다. 개종을 택한 포로들에게는 이질적인 행동과 관습의 흔적이 자바에 남지 않도록 자바인처럼 입고, 말하고, 생활할 의무가 주어졌다.

다른 모든 자바 왕들처럼 디포느고로도 여러 연호를 취했는데, 거기에는 이슬람적인 왕의 호칭인 첫 번째 신자(First Among Belivers), 신앙의 군주(Lord of the Faith), 자바의 신앙을 규제하는 자(Regulator of the Faith in Java), 술탄, 신의 예언자의 칼리프(Caliph of the Prophet of God) 등이 포함되었다. 그는 왕궁의 생산물이자 자바 왕실의 계승자였다. 그는 왕권 자체를 반대하는 무슬림 학자들을 싫어했고, 이슬람 공동체는 왕이 아니라 이슬람 법의 판관과 교사들에 의해 통치되어야 한다고 주장했다. 트루나자야와 수라파티처럼, 디포느고로도 산의 숲 속 은거지에서 그의 비전과 명상의 시간을 선전했다. 그는 자신과 자바 왕들의 영적 신부인 라투 로로 키둘이 교감한다는 내용을 퍼뜨렸다. 그의 전임자들처럼, 디포느고로도 "신흥 부처(Emergent Buddha)"라는 뜻의 에루차크라(Erucakra)라는 오래된 칭호를 택했다.

반란의 최초 2년간 디포느고로의 군대는 성공을 거두었다. 그는 땅 없이 떠돌아다니는 사람들을 군인으로, 짐꾼으로, 그리고 산속 요새의 보초로 이용했다. 그는 농민들에게 열을 지어 이동하는 네덜란드인과 자바인 부대들을 공격하도록 선동할 수 있었다. 그러나 1827년이 되면 그의 사람들은 전투에서 패하기 시작했다. 디포느고로의 추종자들이 중부 자바 전역의 소도시들에서 무슬림 중국인을 포함한 중국인 가족들을 학살한 후, 중국인 공급자들은 반군에게 무기를 판매하기를 거부했다. 네덜란드인들은 그들의 선략을 디포느고로의 게릴라들에 맞춰서, 시골 지역 곳곳에 요새를 설치하고, 마을과 논을 순찰하기 위해 기동대를 파견했다. 농민들은 자신의 땅으로 돌아갔다. 요새들 근처에 시장이 열렸다. 상인들은 안전한 시장 중심지로 돌아왔다. 화기의 부족과 시골에서의 지원 감소는 디포느고로의 전략과 그의 전사들의 효율성을 감소시켰다. 사람들을 모집하고 촌락민들의 지지를 얻는 데 있어 중요한 차질은 1827년 중요한 무슬림 지도자들이 디포느고로의 목적에 대한 그들의 지지를 철회했을 때 생겼다. 디포느고로가 자신을 이슬람적 삶의 규제자인 이맘으로 자처하고 자신을 이슬람 학자들 위에 두었을 때, 그들은 자기 무리를 해산시켜 집으로 돌려보내거나, 자신의 용사들과 함께 네덜란드인들에게 넘어갔다. 1829년 디포느고로의 선임 종교 고문이 체포되었다. 네덜란드가 시골 지역의 통제권을 장악해가면서 왕자들은 신속히 입장을 바꿨다. 1829년이 되면 디포느고로의 대부분의 군 지휘관들이 그를 떠났다. 1830년 1월에는 그의 삼촌들과 형제들이 하멩쿠부워노 5세와 그의 네덜란드인 후원자들에게 공개적으로 항복할 것을 요청했다. 1830년 3월 28일 그가 결국 꼬임에 빠져 은신처에서 나와 체포되었을 때, 그를 따르는 사람은 가신들, 노예 여성들, 첩들, 시종들 2~3백 명으로 줄어들어 있었다.

대부분의 서구 기록은 1825~1830년의 물리적 충돌을 자바 전쟁이라 이름붙이고 그것을 자바인들이 네덜란드인들에 대항한 전쟁으로 설명한다. 인도네시아의 공식 역사들은 이것은 디포느고로 전쟁이라 부르고 인도네시아인들을 식민지배에서 해방시키려 한 많은 투쟁들 중 하나로 규정한다. 그러나 디포느고로가 싸웠던 것은 자바의 정치적, 경제적, 문화적 삶에 대한 네덜란드인과 중국인의 영향을 없애기 위해서이기도 했지만, 자바 왕을 몰아내기 위해서이기도 했다. 모든 자바인들이 그의 승리를 원한 것이 아니었다. 일부 자바 관리들은 그들의 직업과 전망이 자바 왕족 치하에서보다 네덜란드 고용주들 아래에서 더 안전하다고 판단했다. 마두라인 용병들은 디포느고로에 대항해 싸웠던 네덜란드 군대를 더 크게 만들었다. 그리고 모든 무슬림 지도자들이 디포느고로가 술탄이 되는 것을 반겼던 것이 아니다. 네덜란드인 관리들 휘하에서 싸운 인도네시아인 군대에 울라마들이 합류했고, 아랍 출신 사이드들(Arab sayyids)이 디포느고로측 대표들과의 협상에서 네덜란드인을 대표했다. 수라카르타 궁정은 공식적으로 충돌에서 발을 빼고 있었다. 그 왕자들 중에는 디포느고로 지지자도 있었고 네덜란드인 지지자도 있었다.

디포느고로는 오늘날 자바의, 이슬람의, 그리고 민족주의 투쟁의 영웅으로 숭배된다. 블리타르(Blitar)의 수카르노 박물관에는 그의 초상이 인도네시아 초대 대통령의 사진 옆에 전시되어 있다. 그 당시에 디포느고로를 평가하는 데 있어 자바 지배층은 더 양가적이었다. 파쿠부워노 6세(재위 1823~1830)의 수라카르타 궁정에서 쓰여진 『바바드 디파나가라』(*Babad Dipanagara*)는 그 왕자의 프산트렌 수행단과 그 세계관을 개탄했다. 그 저자는 디포느고로를 자신의 타고난 배경인 왕궁을 멀리하고 왕족들보다 울라마 집단을 더 선호해서 체면을 떨어뜨린 왕자로 보았다. 19세기 말 욕야카르타의 한 작가가 쓴 바바드에서, 디포느고로는 그저 전장에 나간 많은 왕자들 중 하나이다. 유배 중에 디포느고로는 스스로의 해석을 만들어냈다. 그의 반란은 자바를 무슬림의 땅으로 만드는 역사 속에 쓰여진다. 그 바바드는 마자파히트가 이슬람 군대에 의해 몰락하는 것에서 시작해서, 마타람의 역사와 왕국의 분할을 서술하고, 이어 디포느고로의 삶의 환경과 궁에서 네덜란드인의 존재로 인해 그가 감내했던 모욕과 상처를 전달한다.

네덜란드인들은 당시 디포느고로의 체포를 자바 역사의 중요한 사건으로 생각했다. 네덜란드 군대를 이끌었고 디포느고로의 체포를 기획했던 드 콕(H. M. de Kock) 장군은 화가 니콜라스 피네만(Nicolaas Pieneman 1809~1860)에게 디포느고로의 최악의 순간을 큰 화폭에 담을 것을 주문했다. 디포느고로는 마글랑(Magelang)에서의 드 콕과의 협상에서 자신을 자바 왕실의 후계자가 아니라 이슬람 왕자로 내세웠었다. 그림에서는 자바 남성 추종자들이 자신들의 이맘을 둘러싸고 여성들은 무릎을 꿇고 있다. 네덜란드 군인들이 네덜란드 대표의 집에서 나온다. 네덜란드 국기가 그 위에 나부낀다. 디포느고로의 가신들이 버린 장창들이 전경에 놓여 있다. 계단 꼭대기에는 디포느고로를 유배지로 데려갈 마차를 지목하는 드 콕이 서 있다.

디포느고로의 패배로 추종자들이 왕실의 경쟁에 대해 네덜란드가 강요한 해결책이나 자바에서의 네덜란드의 견고한 존재를 즉시 받아들인 것은 아니었다. 일부 충신들은 가족을 이끌고 동부 자바로 갔고 거기서 논을 개간했다. 일부는 촌락들과 산업들의 핵이 되는, 종교 학습을 위한 학교를 개설했다. 일부는 술라웨시의 유배지로 디포느고로를 따라갔다. 그는 처음에 마나도에, 그리고 이후 1833년 7월부터 마카사르의 로테르담 요새 내의 방에 수용되었다. 그의 장지는 순례지로 남아있다. 그의 추종자들과 유배된 다른 왕자들을 시중들던 이들이 술라웨시라는 배경 속에 자바인 거주 지구를 만들었다. 마나도에서는, 19세기 후반에 기독교화 되어가던 구역에서 후손들이 이슬람 촌락들을 만들었다.

일부 네덜란드인 집단들은 디포느고로를 둘러싼 신비로움에 영향을 받았다. 후일의 네덜란드의 빌리암 2세(William II)의 16세 아들인 헨리(Henry) 왕자는 1837년 로테르담 요새 감옥으로 그를 방문했다. 헨리는 개인적으로 아버지에게 보낸 편지에서, 비참하고 더운 숙소에서 코란을 필사하고 그림을 그리며 시간을 보내고, 유쾌한 척하며 그를 만난 한 남자를 묘사했다. "그는 매우 냉담하고, 처음에 말레이어도 하지 않으려 했어요." 라고 왕자는 기록했다. "그는 상냥한 외모를 가졌고 여전히 열정을 가지고 있는 걸 느낄 수 있습니다"(Wassing - Visser, 1995: 246에서 인용). 인도네시아를 방문한 최초의 네덜란드 왕실 구성원인 그는 자바의 영웅을 구속한 것이 네덜란드의 명예에 오점이 된다고 생각했다. 헨리 왕자는 그의 아버지에게 이런 대우는 미래의 갈등에서 다른 모든 인도네시아 왕자들을 적진에 보내게 될 것이라고 주의를 주었다. 성인으로서의 그의 명성도 그가 젊은 헨리 왕자에게 준 인상도 실권자들이 그를 작은 방에서 석방하거나 더 편하게 해주도록 설득하지 못했다. 디포느고로는 죽을 때까지 로테르담 요새에 남아있었다.

디포느고로는 생전에 중국인들이 무역과 제조업을 다시 장악하는 것을, 자바 귀족들과 네덜란드인들이 강력한 연합을 결성해서 자바 농민들에게 세금을 걷는 것을 볼 수 있을 만큼 충분히 오래 살았다. 네덜란드인 덕분에 자리를 얻은 자바의 구역 관리들은 자기 아들들에게 직업을 물려줄 수 있게 만드는 데 에너지를 집중시켰다. 그들은 자신들이 원래부터 자바인들의 지도자였고, 신성한 연결고리가 그들을 사람들과 묶고 있고, 네덜란드인들은 그들을 통해서만 통치할 수 있다는 생각을 선전했다. 특권을 유지하기 위해 그들은 네덜란드인들을 부유하고, 강하고, 창의적으로 만든 것이 무엇인지 배우도록 아들들을 독려했다. 1855년 디포느고로가 사망했을 때 자바에는 보다 많은 비무슬림이 있었고, 비무슬림의 정부는 이전 어느 때보다 군도의 많은 지역으로 확산되었다.

왕자들, 유럽인 토지 임대인들, 그리고 도급업자들은 네덜란드 식민지 안에서 작은 공국의 지위로 격하된 욕야카르타와 수라카르타에 있는 프리메이슨 집회소와 클럽에서 그들의 호혜적 관계를 위한 축배를 들었다. 한 구역의 주요 이슬람 관리들은 네덜란드인들을 위해 그곳을 지배하는 가문과 혼인 관계를 맺었다. 하위 울라마들은 다른 경력을 개발했다. 그들은 프산트렌과 성소들 사이를 여행하거나, 마을에 정착해서 남학생들을 기숙생으로 들였다. 그들에게 스스로의 이미지는 협조적인 귀족이 아니라 자바의 정당한 지도자였다. 사회적 상황이 악화되었을 때, 몇몇은 이슬람 공동체에서 식민지 세계로 터져 나와서 기독교인들과 그들의 인도네시아인 동맹들로 구성된 정부를 비난했고, 식민지 경찰력의 총과 칼에 대항해 부적과 기도로 무장된 소수의 추종자들을 이끌었다.

디포느고로 전쟁에서 많은 자바인들이 기아와 질병으로 목숨을 잃었다. 직접 전쟁으로 사망한 것은 극소수였다. 농민 가족들은 땅이 작물을 심을 수 없게 되거나, 해충에 의해 피폐해지거나, 기근으로 말라버리거나, 군인들에 의해 파괴되는 어려운 시기를 헤쳐갈 자원이 부족했다. 디포느고로 전쟁은 왕자들과 울라마들뿐 아니라 보통 사람들도 그들의 경관을 돌아다니고 그들의 삶을 통제하는 이방인들을 증오했음을 보여주었다. 자바 농민들에게 오래 지속된 변화는 자바인 뒤에 있는 유럽인 보스라기보다, 이동 농업을 할 공간의 축소, 정착 농업의 진행, 그리고 피할 수 없는 정부 관리들의 감독이었다. 일자리의 급증은 사람들이 경작지를 떠나 그들의 노동을 군도 다른 지역에서 중국인, 유라시안, 인도네시아인의 감독에 종속시키게 만들었다. 이제 고향 마을에서 도망침으로써 조세 부담을 회피하는 것이 불가능해졌다. 19세기 자바에 정부가 관리하지 않는 빈 농지나 영토는 더 이상 존재하지 않았다. 자바의 보통 사람들의 삶은 더욱 현금 경제에 묶이고 세계 시장에 의존하게 되었다.

군도의 서부와 동부 끝에 살던 사람들은 디포느고로 전쟁에 뒤따르는 자바에서의 변화의 영향을 차후에 느꼈다. 자바 농민들이 네덜란드인들을 위해 생산한 부는 식민지 확대를 위한 재원을 마련해주었다. 자바 지배의 경험은 네덜란드인들에게 어떻게 토착 엘리트들 주변에서 혹은 그들을 통해서 일할 수 있는지 보여주었다. 네덜란드인들은 인도네시아 노동자들에게서 적응력, 새로운 작물을 받아들일 준비가 된 자세, 새로운 농작 기술을 배우고 새 직업에 도전하려는 의지를 발견했다. 승리는 네덜란드인들 안에 명령하는 습관을 키웠다. 다른 외부자들의 경제적 정치적 야망은, 네덜란드인들이 인도네시아의 역사들을 한 공간에 묶고, 마자파히트 해군보다 더 멀리 진출하고, 군도 전체의 자원과 세금이 자바로 향하게 하려던 자바 왕들의 꿈을 실현하도록 부추겼다.

• • • •

많은 왕국들, 하나의 식민지: 인도네시아 역사들 통합하기

19세기 동안 인도네시아인들의 삶은 네덜란드령 동인도에 용해되어갔다. 군도의 많은 공동체들이 전체적으로 공통된 경험을 하게 되었다. 전에 없이 많은 사람들이 군도에서 살고 일하는 유럽인들을 인지하게 되었고, 보다 많은 사람들이 네덜란드의 정치적, 군사적 통제하게 놓이게 되었다. 훨씬 더 많은 수의 인도네시아인들이 외래 관습, 새로운 근무 체계, 일상생활을 조직하는 새로운 방식을 가진 사람들에게 영향을 받는 공간에 거주하게 되었다. 도시가 급속히 증가했다. 자바에 그리고 군도 전역에 걸쳐 자바인이 더 늘어났다. 더 많은 중국인들과 인도네시아인들이 돌아다녔다. 수마트라에는 중국인 계약 노동자들이, 발리에는 부기스인 상인들이, 아체에는 자바인 군인들이, 바타비아에는 바탁인 사무원들이 있었다. 철도, 증기선 연결, 그리고 군도 전역에 걸쳐 우체국, 학교, 은행, 보건소, 연구소, 정부 관청들이 일상생활의 많은 측면에 유사성을 가져왔다. 군도 엘리트의 아들들은 옛 왕속의 도시들을 떠나 식민지 도시들로 이동했다. 평민 여성들이 재봉틀을 돌리고 고무 가공을 준비하는 일을 한 반면, 평민 남성들은 도시에, 그리고 증기 기관을 돌리는 방법과 기계 수리를 배울 수 있는 공장에 이끌렸다. 술탄들은 네덜란드의 연금을 받았고, 사원 관리들은 정부 보조금으로 생계를 유지했다.

1850년에서 1914년 사이 자바에 권력 중심을 두고 형성된 식민지는 결코 단일 국가가 아니었다. 그 경계 내부에는 네덜란드 행정가들이 이끄는 영토와 더불어 인도네시아 왕들이 이끄는 많은 술탄국들이 존재했다. 차이는 보존되었다. 네덜란드인, 인도네시아인 학자들은 차이를 탐구하고 그것을 출간했다. 그들은 옛 관습들을 모색했고, 인도네시아 공동체들 간의 많은 변형들을 강조하는 구전 설화들을 부활시켰다. 현지어들이 글쓰기에 사용되었고, 지역적 종족적 자긍심 고양을 위해 학교 교육에도 도입되었다. 네덜란드인, 인도네시아인 학자들은 종족들의 과거를 연구, 보존하고 또 근대적 경험을 종족적 특수성을 통해 전달하기 위한 학회에서 만났다. 과거 해안의 무슬림들이 노예를 얻기 위해 약탈하던 영역들에 기독교인 공동체들이 생겨났다. 일과 공부를 네덜란드어로 하는 인도네시아인들이, 언어, 문화, 지향, 야심, 특권에서 대부분의 동년배들과 구분되는 새로운 계층을 형성했다. 새 인도네시아 계층들은 권력을 종족적 열망의 목소리로 여겼다. 종교와 더불어 인종이 차이를 추정하는 기준이 되면서, 불평등에 대한 인식도 확산되었다. 네덜란드인들과 인도네시아인들은 한 식민지에서 서로를 경멸하면서 경쟁했다.

식민 지배는 근대 유럽의 발명품들을 인도네시아 사회에 소개했다. 개인들의 삶을 바꾼 기계들은 영원히 그 경관의 일부가 되었다. 새로운 곡물들과 직업들은 노동의 새로운 방식과 노동의 감독을 도입했다. 전쟁은 지역 엘리트들의 경력을 정의하고 결정했고, 보통사람들의 삶과 집을 파괴했다. 전쟁은 기계화된 교통 수단을 도입하고, 정복된 땅에 상업 대농장을 만들어 넣고, 내부 갈등에 대한 네덜란드식 해결책을 강제했다. 네덜란드인들이 기획한 철도, 트램(tram), 도로가 바닷길을 보완했다. 여성 여행자들 중에는 언제나처럼 성산업 종사자, 부인들, 상인들도 있었지만, 이제는 여성 계약 노동자들과 임금노동자들, 그리고 전문직에 대한 야망을 가진 몇몇 여학생들도 있었다.

인도네시아인들은 전기, 빠른 여행, 대량 생산된 물품에 빠르게 대응했다. 때로 그들은 이슬람 세계를 통해 중개되었을 때만 서구의 발명을 수용했다. 인쇄된 책은 인도나 이집트의 출판사에서 올 때만 허용되었다. 부검은 파트와(fatwah)가 그것이 어떻게 합법적이 될 수 있는지 결정했을 때만 받아들여졌다. 봉급을 받는 교사와 계획된, 성적을 매기는 교과과정은, 사설 무슬림 조직에서 운영할 때 바람직한 것이 되었다. 다른 인도네시아인들은 자신들의 꿈을 이루게 해주었기 때문에 네덜란드인들의 발명품들을 환영했다. 네덜란드의 증기선은 그들을 2주 안에 메카에 데려다줬고, 네덜란드 객차는 여성들은 도보 거리 밖에 있는 시장에 보내주었다.

군사 작전, 상업적 팽창, 학문적 조사, 고상한 클럽들은, 네덜란드인들이 식민지를 하나의 "현지인(Natives)"으로 통합되는 매우 다양한 사람들이 살고 있는 "우리 땅"이라고 생각하도록 해주었다. 술탄들과 고위 인도네시아 행정가들은 의존과 협력의 행태를 그만두지 않았다. 식민정부의 보조금 덕분에 그들의 자식들은 네덜란드식 학교에서 공부할 수 있었지만, 이 특권을 받은 청년 세대 중 일부는 현지인의 모욕적인 균일화를 거부했다. 20세기 초기 수 년간 그들은 자바인 혹은 수마트라인이 무엇인가에 대한 근대적 생각에 매달렸다. 그들은 유럽인의 기독교적 인식들이 결혼에서부터 사자에 대한 존경, 법, 세제까지 모든 것에 영향을 끼치던 근대 식민지에서 어떻게 살 것인가를 토론하기 위해 모임을 결성했다. 제일 눈에 띄는 인물들이 "현지인"을 인도네시아인으로 변모시키는 여행을 시작했다. 더 많은 사람들이 "현지인"을 무슬림 정부하의 무슬림으로 만들기를 원했다. 대부분 인도네시아인의 무슬림 정부라는 차원에서 생각했다. 몇몇에게는 이슬람이 우선이었다. 그들은 민족주의에서 이슬람 정체성을 질식사시키려는 유럽인의 음모를 보았다. 비무슬림 기원을 가진 한 정치 단위의 경험을 통해서, 그리고 그것이 자바에 중심을 두고 있었기 때문에, 모든 인도네시아인들의 삶이 영원히 변화되었다.

1830년 디포느고로 왕자의 패배 이후 바타비아는 자바에서 가장 강력한 국가였다. 전쟁으로 인한 파괴 이후 경제를 재건하는 것이 그 지배자들의 임무가 되었다. 그들은 자바 농민들이 수출을 위한 작물을 더 많이 재배하도록 자극하기 위해 정부가 운영하는 경작제도를 고안했다. 농민들은 정해진 양의 설탕, 커피, 차 담배, 혹은 인디고를 세금으로 내야 했고, 경작한 것 중 여분은 모두 고정된 가격에 정부에 팔아야 했다. 바타비아의 목표는 싼 작물, 유럽에서의 판매를 통한 이익, 그리고 근면하고 부유한 자바의 농민이었다. 1830년부터, 네덜란드의 직접 통치하에 있는 지역의 자바인 관리들은 농민들에게 나눠줄 묘목을 받았다. 식목, 수확, 가공을 감독하기 위해 네덜란드인 감독관들이 시골 지역에 파견되었다.

자바 역사의 관점에서 보면, 강제경작제도(cultivation system)는 개혁이 아니라 낡은 세제를 연장시킨 것이었다. 자바 농민들은 항상 곡물로 세금을 지불해왔고 그 곡물은 이후 왕실 독점을 통해 수출되었다. 네덜란드는 값싼 노동력에서 이익을 얻는 같은 방법을 더 효율적으로 만들었다. 강제경작제도는 디포느고로 전쟁 이후 바타비아 정부에 의해 임명되고 지위를 보장받은 자바인 관료 계층에 의해 운영되었다. 그 정점인 1860년, 강제경작제도 운영에 관여하는 네덜란드인은 190명에 불과했다. 90명의 곡물 조사관과 백 명의 감독관이 자바 관리들과 함께, 자바 토지의 5% 정도의 땅에서 일하는 2백만 명의 노동자를 지도했다.

19세기 동안 수출량이 계속적으로 증가했기 때문에, 강제경작제도는 인디스(Indies, 네덜란드령 인도. 역자) 정부에게 성공적인 것으로 판명되었다. 이윤은 네덜란드에서 투자되었다. 유럽인들의 과학과 자바인들의 노동력이 생산 증대를 만들어냈다. 유럽 연구자들은 토양과 식물 과학에서 발전을 이뤘다. 유럽 기술자들은 공장 설비와 가공 기술을 향상시켰다. 자바인 근로자들은 네덜란드인들의 이익 산출을 위해 새로운 기술을 배우고 근로 시간을 늘렸다.

이미 1840년대에 식민정부는 수출용 작물 경작 사업에서 발을 빼고 그것을 유럽 사업가, 기업들에 넘기기로 결정했다. 정부는 농업 연구를 재정적으로 지원하고, 도로와 증기선 운영을 확대하고, 항구 시설을 개선하고, 노동조건과 임금에 저항하는 노동자들의 봉기를 진압하는 등의 조치를 통해서, 개인 투자자들에게 매력적인 환경을 만드는 쪽으로 정책 방향을 재조정했다. 1845년에서 1864년 사이 정부는 차, 담배, 인디고 산업에서 물러났다. 설탕 산업은 1891년까지, 커피 생산은 1915년까지 계속 운영했다. 정부의 통제가 공식적으로 종결되기 전에도, 계약을 맺고 일하는 개인 사업가들이 많은 곡물을 재배했다. 1850년부터 모든 제당소들이 개인 소유자에 의해 운영되었다.

할당된 세금보다 더 많은 곡물을 수확한 자바인들은 그것을 현금을 받고 정부 대리인들에게 판매했다. 대농장 노동자들, 그리고 강제경작제도에 사용되는 도로와 철도 망을 건설한 노동자들도 현금으로 대가를 받았다. 현금을 가진 노동자들은 예전에 농지나 텃밭에서 일하느라 바쁘지 않을 때 만들었던 물건들을 시장에서 구매했다. 그들은 도구, 옷, 코코넛과 야자 설탕, 조리된 음식, 냄비와 요리 도구, 깔개, 바구니 등을 구매했다. 형편이 좋을 때는 보석, 장식된 크리스, 가죽 제품을 샀다. 그들은 아편을 구매했고, 유럽에서 제조된 물건이 아니라 자바인들이 만든 품목들을 구입했다. 강제경작제도가 도입된 1830년까지 네덜란드는 여전히 농업 국가였다. 그 산업화는 1890년에서 1914년 사이에 일어났다. 자바의 가내 수공업은 자바인 노동자들을 위한 물건을 생산했다. 그들은 20세기 전까지는 네덜란드 공산품에 추월당하지 않았다. 강제경작제도가 자바인들에게 끼친 중요한 영향의 하나는 일부 장인들과 공예가들이 파트타임에서 전일제 생산으로 옮겨갔다는 점이다. 일부 농민들은 대두, 땅콩, 옥수수를 전문으로 하는 다른 농민들에게 팔기 위해 기본 식재료인 쌀 생산을 전문으로 했다. 19세기 시장과 시장 좌판 수의 증가는 경제의 특정 분야에 집중하는 노동자들로 인한 결과였다.

강제경작제도 자체도 많은 직종 노동자들의 서비스를 필요로 했다. 1830년 이전, 자바 전역에 걸쳐 목수, 달구지 제작자와 운전자, 수레바퀴 제작자, 조선업자, 타일과 벽돌 제조자, 석회 가마 운영자, 도예공, 대장장이 등이 있었다. 여성들은 방적공, 방직공, 의복 장식사로서 의류 산업을 장악했다. 이 모든 개인들은 작은 공방에서 파트타임으로 활동했다. 상업작물의 재배는 이들로 하여금, 창고, 공장, 다리, 도로 등의 건설과 물건의 보관 및 운송에 전일제로 참여하게 만들었다. 대장장이는 이제 공장 기계를 수리했고, 도예공은 설탕 시럽을 끓이는 데 필요한 용기를 공급했고, 깔개 제작자는 찻잎을 말리는 데 쓸 깔개를 만들었고, 또 다른 이들은 설탕 운송을 위해 밀짚 가방을 만들었다.

강제경작제도의 경험은 어디에 살고 어떤 작물을 재배했는가에 따라 개별 자바인들마다 달랐다. 고도 300m 이상 지역에 사는 가족들은 커피를 재배해야 했다. 커피는 식용작물과 같이 재배될 수 있었기 때문에 작은 밭에 적합했다. 그것은 4년 이내에 수확할 수 있고 6~7년간 생산물을 낸다. 농민들은 때로 커피 콩을 수확하고, 가공하고, 수송하는 일을 노동자 집단을 이끄는 사람들에게 돈을 받고 넘겼다. 그렇지 않은 경우 경작하는 가족들이 커피 생산에 관계된 모든 일을 했다. 농민들은 세금을 내고 현금 수익을 얻기 위해 한편에서 커피를 재배하면서 자신의 곡물 재배도 계속할 수 있었다.

커피는 대농장에서도 재배되었다. 서부 자바 커피 농장은 정부가 "비어 있는" 땅이라고 여긴, 이동하는 농민들이 때때로 식용 작물 재배를 위해 이용한 산비탈에 만들어졌다. 대농장은 산비탈에서 삼림을 제거하기 위한, 그리고 커피를 심고, 재배하고, 따고, 가공하고, 운반하기 위한 노동력에 대한 수요를 창출했다. 그것은 자바 다른 지역에서의 이주자를 끌어들였다. 대농장 노동자들은 임금 노동자였다. 그들은 쌀, 야채, 조리 식품, 세탁, 성(sex)을 지역 농민들에게서 현금으로 구매했다. 일부 가족들은 세금을 커피 농장에서의 노동으로 지불했는데, 일터가 그들의 마을에서 멀리 떨어진 경우 부담이 되었다. 모든 대농장 노동자들은 관리자, 십장, 집단 감독관으로 구성된 특화된 스태프하에 새로운, 엄격한 방식의 근로를 경험했다.

설탕은 농민들이 쌀을 경작하는 평평한, 물이 풍부한 땅에서 가장 잘 자랐기 때문에, 강제경작제도는 설탕을 재배하는 자바인들에게는 달랐다. 사탕수수의 성장 주기는 15~18개월이다. 처음 6개월 동안 수수는 물을 댄 고랑에서 재배되고, 이후 수수가 여무는 동안 고랑의 물을 빼줘야 한다. 수확된 이후 수수는 설탕 공장으로 보내져야 했고, 뿌리 줄기는 바닥에서 캐서 모아 불태워야 했다. 설탕산업은 1년 중 특정한 시기에 막대한 노동력을 필요로 했다. 강제경작제도하에서 쌀농사를 짓는 가구는 세금을 내기 위해서 파트타임으로 설탕 밭이나 공장에서 일을 해야 했다. 여성과 아이들은 제초를 하고 베어진 수수를 손질했다. 남성들은 땅을 일구고, 수확하고, 수수를 제당소로 운반했다. 종종 마을에서 충분한 임시 노동자를 구할 수 없었기 때문에, 설탕 회사들은 십장 밑에서 집단으로 일하고 현금으로 대가를 받는 노동자들을 고용했다. 계절 노동자들은 숙소와 음식에 대한 수요를 창출했고, 그렇게 해서 마을에 수입을 얻을 기회를 만들어줬다. 예비된 여성과 아동 근로자는 모든 임금을 낮게 유지했다.

사탕수수는 베어지고 나면 빠르게 당도가 사라지기 때문에, 즉각적 가공을 위해 공장으로 옮겨져야 했다. 설탕 공장들은 생산지에서 근거리에 지어졌고, 그래서 역사적으로 볼 때 자바 일부에서 시골 생활과 공장 노동 사이에는 밀접한 관련이 있었다. 19세기 초 설탕액 추출을 위해 수수를 나무나 돌로 만든 굴림대로 으깼다. 이 굴림대는 물소, 풍차, 혹은 수차를 이용해 돌렸다. 수수에서 나온 즙은 투명하게 만들기 위해 석회와 섞어졌고 이후 농축을 위해 열린 냄비나 큰 통에 넣고 끓여졌다. 이렇게 해서 나온 시럽은, 설탕만 남기고 당밀이 아래로 떨어져 나오도록, 진흙으로 된 원뿔형 용기에 남겨졌다. 설탕 가공은 물소 달구지 주인과 운전자, 석회 가마 운영자, 도예공 등에게 일자리를 제공했다.

19세기 동안 유럽인들은 수차와 물소를 증기 엔진으로 대체했고, 진흙 냄비 대신 쇠로 된 보일러를 설치했다. 인도네시아인들은 새 기계를 작동하도록, 그리고 실험실의 기술자, 노동 감독관, 유럽인들의 경영을 위한 고용 사무원이 되도록 훈련받았다. 1930년까지 설탕은 북부 자바 해안을 따라 재배되는, 가장 중요한 수출 작물이었다. 전형적인 설탕 공장은 1천 헥타르의 땅에서 수수를 가져오고, 20명의 유럽인 기술자와 300명의 전일세, 4~5천 명의 파트타임 자바인 노동자를 필요로 했다. 자바 땅의 20만 헥타르에 설탕이 재배되었는데, 보통 9만 명, 5월부터 시작되는 6개월 간의 수확 및 가공 기간에는 약 1백만 명의 노동자가 동원되었다.

설탕 산업은 지역의 물 공급, 그리고 늘어나는 인구가 쌀농사를 위해 개간할 수 있었던 땅을 침식했다. 주변에 개간될 숲지가 많았던 과거와 비교할 때, 정리된 농지에서 더 많은 쌀이 재배되어야 했다. 쌀 산출량의 증가는 더 많은 제초와 더 집중적인 경작에 의해서만 가능했다. 쌀농사를 짓는 농민들은, 잠재적 일꾼들을 농지에서 데려가 버리는 공장의 경쟁적 수요를 증오했다. 더 바빠진 자바 가족들의 노동 세계에 사회적 문제들이 등장했다. 임노동은 청년 남성들과 일부 여성들을 부모의 감시로부터 해방시켰다. 그것은 직업이 없고 고립된 사람들을 계절 노동자로 유인했는데, 이들은 확장되어가는 도박, 아편, 성 산업의 잠재적 고객이었다. 설탕은 설탕 노동자들에게 한동안 부를 가져다줬지만 노동자들을 세계 설탕 가격에 의존하게 만들었는데, 설탕 가격은 1926년에 급격하게 떨어졌고 대공황 시기에는 폭락했다. 자바 농민들은 그들의 모든 문제를 설탕 탓으로 돌렸다. 설탕공장은 식민지배의 상징이자 공격대상이 되었다.

쌀농사를 짓는 농민들의 노동 공간과 일정에 편입될 수 있었던 또 다른 식물은 인디고였다. 그것은 무덥고 습한 조건과 엄청난 양의 물을 필요로 했다. 심은 후 5개월 뒤에, 그 이후로는 3개월에 한번씩 잎을 딸 수 있었다. 인디고 가공은 지저분하고 설탕의 경우처럼 시간이 많이 드는 일이었기 때문에, 강제경작제도가 농민들에게 그 재배와 가공을 의무화한 것은 강력한 반감을 초래했다. 잎은 발효 용기에 8시간을 담궈 놓고, 이후 물에서 염료를 분리하기 위해 때려야 했다. 그 액체 염료는 냄비에서 반죽으로 만든 후 케이크로 압축하고, 선반에 놓고 말려야 했다. 인디고는 자바에서 보통 사람들이 의복 재료로 사용하는, 현지에서 자라는 거친 면을 염색하는 데 널리 사용되었다. 이것은 파트타임 가내 공업이었다. 유럽인들은 물에서 염료를 분리하기 위해 수력 가공시설을 도입했고 합성섬유가 인디고를 대체할 때까지 수출을 위한 생산을 증가시켰다.

작물이나 위치만큼이나 개인의 계층도 강제경작제도 경험에 영향을 끼쳤다. 예를 들어, 사탕수수 재배를 위해 정부나 사기업에 땅을 임대한 토지소유자들은 현금을 일시불로 받았다. 어떤 사람들은 그래서 동료 주민들에게 땅을 싸게 임차해서 그것을 설탕 회사에 훨씬 높은 가격으로 임대했다. 정부와 사기업들은 또한 촌장들이나 지역 공동체를 장악하는 핵심 집안들에게서 마을 공유지를 임차했다. 강제경작제도는 측량사와 감정가들을 마을에 유입시켰고, 토지 보유자들에게 이익을 가져다주었다. 이 농민들은 마을에서 대금업자가 되었고 지역 정부에 대한 그들의 통제력을 탄탄하게 했다.

1850년 식민정부는 톨게이트와 시장에 대한 세금을 폐지했다. 그것들은 할당된 세금을 다 낸 후 산출량을 늘려 판매하기를 원했던 농민들에게 주요한 걸림돌이었다. 시장들은 평균적으로 5km씩 떨어져 있었고, 돌아가며 5일에 한번씩 열렸고, 부수적인 톨게이트가 종종 마을 입구에 세워졌다. 농민들은 구역과 지역 시장에서, 현지와 해외 소비자들에게 공급하기 위해 사려는 새로운 구매자들을 신속하게 찾아냈다.

생활 수준과 수입을 향상시킨 촌락 주민들은 석조 가옥을 짓고, 와양 공연을 후원하고, 메카로 성지순례를 갔다. 부와 신앙심이 그들 집단 내의 지위를 만들었다. 부유해진 사람은 납세자가 되었다. 모든 사업가들과 마찬가지로, 부유해진 농민들도 세금 내는 것을 싫어했다. 종교 지도자들은 이슬람의 언어로 반대의사를 표했다. 세금은 비(非)신자들의 정부가 강요한 것이었고 코란에서 인정하는 방식도 아니었다. 항세 봉기가 있었을 때, 대부분의 참여자들은 임금이 너무 낮아 납세자가 될 수 없는 임노동자 부대가 아니었다. 이슬람 봉기의 호출에 따른 것은 소규모 사업가들이었다.

시골 수공업자들은 가족 구성원과 피부양자들이 업무를 맡은 가내 사업을 운영했다. 규모 있는 사업으로 발전시키기 위해서는 자본이 필요했다. 20세기 전까지 정부가 은행이나 소규모 사업가를 위한 신용조합을 만들지 않았기 때문에, 그들은 고정된 저리로 대출받을 수 없었다. 현금의 유일한 원천은 지역의 자바인 관리, 지주, 혹은 중국인 점주들로부터의 규제받지 않는 대출이었다. 소규모 사업자는 높은 이자율에 대한 보호수단이 없었다. 저리 대출을 받을 수 없었기 때문에 자바인 상인들은 무역에서 큰 이익을 산출하는 분야인 도매업과 유통업에 진출할 수 없었고, 이것은 중국인들이 독점하는 영역으로 남았다. 시골 사업가들은 자신의 생활 수준을 개선시킬 수 있었지만, 저축을 늘리거나 사업에 투자하고 그것을 확장할 정도로 충분한 수입을 얻을 수 없었다.

강제경작제도가 처음 도입되었을 때, 실패한 실험들, 열악한 재배 조건,

부적절한 공급망 등으로 인해 기근이 발생했다. 가장 큰 피해를 입은 것은 치레본의 가난한 마을 주민들이었다. 유럽 시장에서의 판매에 중점을 둔 이 시스템을 운영한 것은 농민들이 가져온 작물의 일부를 착복한 네덜란드인과 자바인 관리들이었다. 그들은 견제나 외부의 심사 없이 자신들만의 정직함의 기준을 세웠다. 취직을 위해서 시골을 돌아다니던 이주자들은 종종 일도 없고 먹을 것도 없는 상황에 처했다. 쌀 도정은 상업화되었다. 정부는 정미소 건설과 운영의 독점적 권리를 자신이 아끼는 사람들에게 팔았고, 그들은 그 독점권을 이용해서 농민들에게 쌀을 싸게 사고 도정된 제품을 다른 시장에 판매했다. 강제경작제도 운영에 있어서의 많은 정치적 스캔들 중에서, 친척들이 고위 정부 관료들로부터 수출 작물 생산 계약을 얻어낸 경우가 있었다. 이들은 자바인 관리들을 양성해서 "문제없는" 노동력을 확보할 수 있었다. 노동자들은 불만사항을 시정할 기제가 없는, 규율 없는 현장에서 낮은 임금을 받고 긴 시간을 일했다.

새로운, 빨라진 우편 배달로를 통해 자바에서의 수확 실패, 기근, 자의적 징수의 소식이 전해짐과 동시에, 네덜란드에서는 강제경작제도의 타당성에 대한 의구심이 생겨났다. 당시의 네덜란드인들, 그리고 홍크레입(Gonggrijp), 데이(Day), 콜렌브란더(Colenbrander), 스타펠(Stapel) 등 후대의 네덜란드 사가들은, 강제경작제도가 착취적이고 농촌의 가난의 원인이 되었다고 비난했다. 비판자들은 지나친 노동 수요 때문에 자바 농민들이 자급을 위한 자신들의 농지를 방치할 수밖에 없었다고 주장했다. 농민들은 농업 실험으로 타격을 받았다. 그들은 부패한 검사자와 관리들로부터 보호장치가 없었다. 그들은 낮은 가격의 희생자였다. 강제경작제도에 대한 반감은 네덜란드에서 식민주의에 대한 반대를 초래했고, 식민 정책이 공적 토론의 일부가 되게 했다.

강제경작제도는 많이 연구되었고 학술 문헌에서 거의 보편적으로 비난의 대상이 되어왔다. 그러나 1980년대에 봄하트(Boomgaard), 엘슨(Elson), 파쉐어(Fasseur), 페르난도(Fernando), 나잇(Knight), 반 닐(Van Niel) 등은 증거의 재검토를 통해서 농민들이 가난해졌다는 것이 실제 통계에 기반한 것이 아니라고 결론지었다. 강제경작제도의 비판자들은 1830년 이전 부유한 농민의 존재를 가정했다. 그들은 농민들이 자바 관리들에게 지불한 것은 "조공"이라고 부른 반면, 그들이 똑같이 식민지 관료에게 지불한 것은 "강요된 전달"이라고 불렀는데, 둘 다 세금이었다. 강제경작제도가 억압적이었다는 것은 현재 학계에서 동의가 이루어졌지만, 그것은 가능한 직업의 수와 종류를 급증시켰고 일부 농민들에게는 물질적 부를 획득할 수 있는 가능성을 제공했다. 이런 연구는 자바인들을 수동적 희생자로 보는 대신 그들의 역동적 대응을 강조한다. 농민 가구들이 보유한 물소와 농기구 수의 증가, 구매의 증가, 그리고 수출 작물의 전일제 생산을 도입하거나 벽돌 제조와 운송 사업을 시작했던 농민 수의 증가에 대한 당시 정부 보고서들은 이런 결론을 뒷받침한다.

강제경작제도는 자바에서 그것이 시행되던 지역을 훨씬 넘어서 복합적 영향을 끼쳤다. 인도네시아 농민들이 도입된 작물이 이익을 가져다주는 것을 목도한 곳 어디서나, 그들은 그것을 어떻게 재배하고 판매하는 지 배웠다. 예를 들어 군도에는 커피 재배에 적합한 많은 구릉 지대가 있었다. 군도 농민들이 필요로 했던 것은 그저 커피 묘목을 얻을 방법과, 자신들이 재배하는 작물에 커피 덤불을 추가하기 위해 커피 콩을 판매할 네트워크였다. 이들은 커피 재배자가 되기 위해 네덜란드인들의 지배가 확대되는 것을 기다리지 않았다. 19세기 말 토라자인들(Torajans)이 높은 언덕 지대에서 농사를 짓던 중부 술라웨시에서 필요한 조건이 갖춰졌다. 부기스인과 아랍인 상인들은 토라자인 수장들이 원하는 물건을 가지고 토라자인의 중심부로 들어갔다. 그들은 수장들에게 송속된 노동자들이 재배한 커피를 총, 무기와 교환했다. 부기스인 뱃사람들은 네덜란드 증기선들이 정박한 항구로 커피를 운송했다. 거기서 커피는 승선한 상인들에게 판매되었고 그들은 그것을 지역 시장이나 바타비아에서 판매했다.

강제경작제도는 자바에서 생산된 수출작물에 기반했다. 이 제도는 누가 토지를 소유했는가 그리고 어떻게 네덜란드가 토지 사용을 장악할 수 있었는가 하는 질문을 던져주었다. 네덜란드인들도 알고 있듯이, 토지는 자바 왕들의 소유였고 그들은 농민들에게 땅을 점유하는 대신 세금을 내게 했다. 토지(land)란 땅(soil)과 거기 사는 사람들을 더한 것이었다. 왕들은 토지를 팔거나 넘겨주지 않았다. 그들이 팔거나 넘긴 것은 특정한 지역에서 사람들의 노동을 이용할 권리였다. 바타비아 정부가 자바 왕들과의 조약에 의거해 군사 지원에 대한 대가를 토지로 획득했을 때, 그들도 영토를 그 거주자들과 함께 유럽인과 중국인 사업가들에게 임대함으로써 자바인의 관행을 따랐다. 바타비아 정부는 숲을 비어 있거나 쓸모 없는 땅으로 여겼고, 숲 속에서 여기저기 임시 농지들을 옮겨다니는 인도네시아인들을 무시했다. 바타비아 정부들은 "비어 있는" 토지를 구획지어 전면적으로 유럽인과 중국인에게 팔아버렸다. 바타비아 주변처럼 점령을 통해 토지를 획득한 경우 그들은 네덜란드식 소유권 개념을 적용하고, 경계를 설정하고, 소유권 증서를 만들고, 구역을 만들어 매각했다.

자바의 역사에서, 영구적으로 경작된 농지들이 숲과의 경계를 점점 밀고 들어갔다. 자바 왕들은 논을 개간할 집단을 이끌 관리들을 임명함으로써 자신의 영역을 확대했다. 숲을 고르는 일을 한 노동자들은 집, 정원, 쌀농사를 위한 땅을 분배받았고 촌락의 설립자로 기억되었다. 네덜란드인들은 촌락의 행정에 참여한 사람들이 설립자들의 후손으로 여겨짐을 알게 되었다. 그들은 큰 자산을 보유했고 실제 경작을 위해 친척들과 소작인들을 고용했다. 한 남성의 삶의 과정에서, 그는 타인의 땅을 경작하다가 때때로 다른 사람에게 경작을 시킬 권리를 물려받을 수 있었다. 여성들은 집 마당에서 채소를 길렀다. 이들은 농지에서 모종 심기, 제초, 추수 등의 작업을 했다. 여성들과 토지의 관계는 남성 친척들의 지위에 의해 결정되었다. 어떤 이들은 마을의 토지를 사용할 권리를 물려받았지만 결혼이나 취업 때문에 다른 마을에 살기도 했다. 도시로 이주한 남성들은 자신이 태어난 마을의 논을 계속 보유하기도 했다.

한 개인의 직업은 농사만이 아니었다. 어떤 농부는 그의 일년 중 일부를 커피 덤불 관리, 설탕 제당소 노동, 달구지 운전 등의 고용 노동을 하며 보냈을 것이다. 다른 농부는 발판이나 옷을 짜서 팔고, 건축 현장에 흙을 실어나르고, 시장에서 물건을 팔고, 간식거리를 만들어 파는 등의 일에 일년 중 일부를 할애했을 것이다. 자바에서 "농민" 과 "농부"라는 단어는 시골의 남녀 노동자를 의미하고, 광범위한 방식으로 토지에 접근한 다양한 노동자들을 지칭한다.

강제경작제도를 운영하던 1830년에서 1850년 사이, 인디스 정부는 수출 작물을 위한 토지를 확보하기 위해 지역 귀족과 촌장들과 협상해야 했다. 하나의 정부 관료 집단이 토지의 작은 일부를 잠시 사용하기 위해 수백의 가정과 협상할 수는 없었다. 식민정부는 모든 마을 주민이 동등하게 소유하는 촌락 토지(village land)라는 개념을 홍보했다. "마을 코뮌(village commune)"이라는 개념은 상업 작물 재배의 급속한 확산을 촉진시켰는데, 그 이익은 네덜란드로 흘러 들어간 반면 토지 소유의 집중을 통한 부유한 농민 계층의 등장을 막는 결과를 가져왔다. 1870년 농업법(Agrarian Law)에서, 인디스 정부는 토착 농민들이 자신들이 경작하는 땅에 대한 소유권이 있다고 선언했다(토착 거주권 native tenure). 외국인들은 땅을 소유할 수 없었다. 외국인들은 개간되지 않은 땅은 장기로 빌릴 수 있었지만, 개간된 땅은 마을로부터 3년 동안만 빌릴 수 있었다. 그 결과, 중국계 유럽계 인도네시아인들은 농촌에 토지를 소유할 수 없었다.

1830년 디포느고로 전쟁 승리 후, 네덜란드 고위 관료들은 자바 왕실을 수라카르타와 욕야카르타 지배자들의 핵심 영역으로 축소시키고 또 이전에 왕자들과 봉신들에게 분배되던 영토를 직접 통제함으로써, 불만을 가진 자바 왕자들이 더 이상 전쟁을 일으키는 것을 방지했다. 강제경작제도는 이 두 왕국에서 분리된 지역들에 도입되었다. 수라카르타의 수수후난과 욕야카르타의 술탄이 잃어버린 영토와 수입을 보전해주기 위해서, 네덜란드 정부는 그들에게 연봉을 지급했다. 1831년 그 금액은 수수후난에게 754,987길더(guilders), 술탄에게 465,000길더였다. 왕들은 이제 보장된 수입을 얻었지만, 이것은 왕실 친척과 관료들 사이에 분배되어야 했고, 마을에 세금을 부과하는 권리도 더 축소된 영토에서 나눠져야 했다. 현금은 두 왕국에서 새로운 소비 습관과 사치품에의 의존을 키우고 싶어하는 상인들을 불러들였다. 사치스러운 삶은 왕, 왕자들, 궁정 관리들이 항상 수입을 늘리기를 갈망하게 만들었다.

강제경작제도는 "독립" 왕국들의 경계에서 멈췄지만, 유럽인들과 중국인들이 왕족들에게서 토지를 임차하는 것을 막는 네덜란드 법은 없었고, 왕국들은 촌락과 톨게이트를 중국인들과 유라시안들에게 임대하는 오랜 전통을 가지고 있었다. 이제, 대규모 수출 농업의 시기에 들어서, 유럽인들은 통일된 방식과 주기로 단일 작물을 재배하고 자신들이 직접 사업을 관리할 대토지를 원했다. 왕실이 임명한 사람들에게 가구들을 분배하는 자바의 방식은 유럽인들이 하나의 큰 사유지를 만들기 위해서는 여러 임차지들을 결합시켜야 함을 의미했다. 그 사유지 내에, 20명 혹은 30명의 자바인 관리들이 한 명의 유럽인 사업가에게 그 사용권을 판매한 가구들이 있었다. 이 관리들은 그들의 땅을 본 일이 없거나, 그들의 농민들을 단지 멀리서 부를 제공하는 존재로만 알고 있었다. 대조적으로 땅을 임차한 유럽인은 그의 영토를 여행하고, "그의" 사람들을 알고, 통일된 사업 계획에 맞추기 위해 그들의 시간과 노력을 조정하고자 했다.

유럽인이 일단 여러 조각을 맞춰 큰 사유지 하나를 만들고 나면, 이제 농민들을 다루는 것이 문제였다. 재배하려는 작물이 산기슭에 경작되어야 하면, 그는 일하는 주의 일부를 집에서 떨어져 보낼 수 있는 노동력을 획득해야 했다. 만약 그 작물이 농민들의 작물과 같은 농지와 물을 필요로 했다면, 이 유럽인은 농민들과 더불어 그 땅을 경작하는 모두가 관련된, 작물들을 순환시키는 체계를 마련해야 했다. 유럽인 임차인은 대개 촌락의 주요 인사들과 이 조정 작업을 했다. 자바의 왕족들은 통제권이 없었다. 그들은 자신의 백성들을, 처우의 정의로움과 노동자의 임금에 대한 어떤 기준에도 얽매이지 않은 외국인들에게 팔아넘겼다. 사람들이 자신을 비무슬림들을 위한 이익을 생산하는 노동기계에 불과하다고 여기게 되면서, 외국인에 대한 증오가 자라났다.

J. 데젠티에: 중부 자바의 유럽 혼혈 왕자

J. 데젠티에(J. Dezentje)는 자바 왕실 영지에서 가장 부유한 임차인 가운데 하나였다.

1836년에 38,717명의 자바인이 그를 위해 커피를 생산했다. 그는 유라시안이었고, 그의 자바어와, 매너, 부유함, 그리고 왕실에의 유용함 등으로 인해 파쿠부워노 6세의 여러 딸 중 하나와 결혼하게 되었다. 데젠티에는 그녀에게 아버지의 왕궁을 본뜬 집을 지어주었다. 그녀는 자바 귀족의 본처에게 주어지는 라덴 아유라는 호칭으로 불렸다. 군주들에게 데젠티에는 일년에 두 번, 무하마드의 생일과 라마단의 끝에 임대료를 지불하는 봉신이었다. 그들은 사냥을 하고, 여자를 교환하고, 클럽에서 어울리는 등 부유함이 주는 즐거움에 함께 탐닉했다. 군주들과 유라시안은 둘 다 자바인 노동자들을 자신들의 수입을 늘리기 위해 더 세게 쥐어짜야 할 대상으로 여겼다. 그들은 바타비아 정부를, 그 지역 대표자들을 자신들의 재정적, 성적 네트워크에 엮음으로서 이용해야 할 귀찮은 존재로 생각했다.

강제경작제도는 자바의 경관을 영구히 변화시켰다. 저지대와 산악 지대의 숲들이 농지로 바뀌었다. 이미 VOC 시기에 자바의 티크목 숲은 사라졌었다. 작물을 위한 광범위한 벌목과 개간은 보다 많은 흙을 강으로 흘려보냈다. 건기에 배가 다니기 어려울 정도로 수심은 얕아지고, 하구엔 토사가 쌓이고, 자바 북쪽 해안을 따라 있는 항구들에는 모래톱이 만들어졌다. 1777년 VOC는 삼림 보호를 위해서 름방, 파잔쿵안(Pajankungan), 팔로(Palo)에서 마을 주민들이 가옥 건축 자재나 연료를 위해 벌목하러 숲에 들어가는 것을 금지했고, 개인의 배의 크기를 제한했다. 인디스 정부는 1850년대부터 네덜란드인, 인도네시아인 임노동자들을 고용해서 삼림개발 사업을 시작했는데, 그들의 일은 숲으로 덮인 지역들의 지도를 작성하고, 마을 사람들이 사용할 수 없는 임분(林分)을 지정하고, 이 숲들을 지키고, 벌목된 곳에 다시 나무를 심고, 보호된 임분들을 관리하는 것을 포함했다.

삼림 보호는 네덜란드인들의 공익 개념 때문에 생필품을 빼앗긴 마을 주민들의 일상생활에 정부가 추가로 개입하는 것을 의미했다. 마을 사람들의 분노는 때로 삼림 관리자들이나 허가받은 벌목자들에게 공격으로 이어졌다. 과거에 숲은 정부, 군대, 세금, 전염병으로부터의 도피처였다. 숲은 비전을 가진 반체제 인사들과 평야지대에서 지배적인 이슬람으로 개종하지 않은 사람들을 위한 장소였다. 이곳은 저항의 지도자가 권력을 향한 행진을 시작하는 곳이었다. 숲이 줄어들면서, 정부의 권력이 확대되었다.

수라카르타와 욕야카르타 영토에서 농업을 위해 사유지들이 통합된 것은 마을의 경계와 표지가 사라지고 지역 정체성이 상실됨을 의미했다. 네덜란드가 직접 지배하는 영역에서는 가꿔진 경관(gardened landscape)이 계속 확대되었다. 1810년에서 1910년 사이 인디스 정부는 농사를 위해 1백 50만 헥타르의 숲을 개간하는 것을 재정적으로 지원했고, 개인 농장주들은 상업작물의 재배를 위해 또 다른 40만 헥타르를 임차했다. 새로운 경제로 땅콩, 옥수수, 야자유, 대두, 쌀을 재배하는 농민들이 현금 수입을 얻게 되면서, 자바 농민들 스스로 땅을 개간하기도 했다. 1850년 인디스 정부는 영구적 농경지에 쓸 관개 시설 고안을 위해 유럽인 수자원 전문가를 고용했다. 관개 시설은 1885년에 갖춰졌고, 1940년이 되면 자바 논의 1백 30만 헥타르에 물이 공급되었다.

사람들은 새로운 도로와 철로 망을 이용해서 자바의 개척된 경관을 여행했다. 유럽은 1860년에서 1914년 사이 그 식민지들에 기차 레일을 수출했다. 운송비를 절감하고 사람과 물품을 시장과 항구로 신속하게 옮겨주었기 때문에, 철로는 즉각 지역 경제에서 중요한 요소가 되었다. 철로 건설은 은행 융자, 기술자들, 주철 공장들, 기계 공장들, 토지 확보, 대지 확보, 이동 가능한 노동력 등에 의존했다. 1867년 자바에 기차 레일이 처음 놓아졌을 때, 철도 시스템은 또한 열차 기사, 기계공, 화부(火夫)를 위한 기술 교육과 도제 프로그램을 들여왔다. 그것은 역장, 매표원, 경비, 짐꾼 등의 새로운 직업을 창출했다.

인도네시아에서 철로 건설은 사진의 시대에 발생했다. 시각 기록은 남성, 여성, 아동 노동자들이 조를 짜서 일했음을 보여준다. 여성과 아이들은 남성들이 파낸 흙을 퍼날랐다. 한 근무조에 편성된 가족들은 배치된 자리에 맞춰 철로선을 따라갔다. 산, 강, 협곡으로 된 인도네시아의 자연은 기술자들에게 어렵고 비용이 많이 드는 문제를 가져다주었다. 철로 건설은 힘든 노동이었지만, 농장 일꾼들이 받는 돈보다 임금이 훨씬 높았다. 가장 활성화되었을 때 철로 건설에 하루에 약 9천 명의 노동자가 고용되었다. 흙을 옮기고, 목재 침대차를 만들고, 터널의 돌벽과 다리를 건설하기 위해서는 더 많은 노동자가 필요했다. 사기업들은 철로를 놓고, 항구를 준설하고 항만 시설을 확장하기 위해 중국인 노동자들을 고용했다.

사무원과 경찰, 식민지배의 대리인

라이덴, 왕립 언어학 인류학 연구소, 사진 자료, No. 4964.
사진 제공: KITLV.

자바에서 기차 타기

보통의 자바인들은 자신들이 근대적 발명을 거부하는 전통에 얽매인 보수주의자도 아니고, 식민지배의 건설 계획의 수동적 관찰자도 아니었음을 증명했다. 자바에 놓인 철로가 35km에 불과했던 1869년 49,569명의 자바인이 기차에 탑승했다. 1876년이 되면 거의 1백만 명의 자바인이 기차로 여행을 했는데, 그들 대부분은 편도 표를 구매했다. 자바인들에게 철로는 마을로부터 새로운 삶과 직업으로 탈출하는 수단이었다. 티켓 판매 상황은 그 기회가 평균적으로 집에서 25km 떨어진 곳에 있었음을 보여준다.

1890년대가 되면 철도 노선들이 자바의 대부분의 큰 도시들을 연결했다. 기차는 자바인들을 제당소와 섬유 공장으로 또 순례지로 데려다주었다. 기차의 창을 통해 보통사람들은 자신들의 땅이 근대적 사업이 있는 지역임을 알게 되고, 고대의 영웅들의 고향이자 무슬림 성인들이 거닐던 곳이라는 자바의 이미지에 그런 이미지를 추가했다. 기차 역에 붙은 지도와 도표는 사람들이 그런 새로운 개념들을 생산하는 것을 도왔고, 자신의 고향 마을을 지역 수도와 연결지어 볼 수 있게 해주었다. 객차의 좌석 배치는 식민지배의 위계질서를 보여준다. 유럽인들과 자바인 귀족들은 일등칸을, 유라시안들과 중국인들은 2등칸을, 보통 인도네시아인들은 3등칸을 타고 여행했다.

1930년까지 정부와 사기업 모두 군도 전역에 걸쳐 철로를 건설했다. 철로는 공업과 농업 사업을 소도시들에 연결시켰고, 그곳들이 상업 중심지로 발전했다. 기차는 편지, 소식, 정부 관리, 군인 등을 데리고 왔다. 시골 경관을 가로질러 여행하는 열차들은 시골 사람들을 수입된 기술에 직면하게 했다. 철로는 군도 사람들을 또 다른 방식으로 연결시켰다. 기차 선로는 동부 자바의 설탕 경작지들을 공장들과 연결시켰다. 기계가 아닌 사람이 수수로 가득찬 트럭을 밀어서 선로를 따라 제당소로 이동시켰다. 1890년대 아체에서는 순찰을 도는 네덜란드인, 자바인, 암본인 군인들을 빠르게 이동시키기 위해 2인용 자전거를 철도선에 맞춰 사용했다.

자바의 기차 여행자들은 점점 인구밀도가 높아지는 풍광을 통과했다. 강제경작제도가 도입된 1830년 자바 인구는 7백만 명에서 1천만 명 사이였다. 1870년 그 인구는 1천 620만 명이 되었다. 1890년 기차들은 2천 360만 명이 사는 전원 지대를 종횡했다. 19세기말이 되면 거의 3천만 명이 자바에 살았다. 19세기 자바 인구의 급속한 증가를 설명하기 위해 학자들이 많은 이유를 제시했다. 자바인들에게 인구의 증가는 나무보다 사람으로 가득찬 환경, 보다 많은 노동력이 한 마을에서의 토지 소유와 영구 정착에서 멀어지는 현상, 유동성의 증가, 귀족들과의 연계의 약화, 그리고 젊은 인구층의 증가 등을 의미했다. 이동하는 사람들(mobile people)은 다른 지역에서 온 사람들과 더 빈번히 접촉하게 되었다. 그들은 개별 유럽인들을 더 많이 인지하게 되었고, 네덜란드인들이 더 많은 지역에 들어가서 공적 생활의 많은 영역을 통제하는 것을 목도했다.

자바 인구는 왜 증가했을까?

인구 증가는 대개 질병의 퇴치, 깨끗한 물과 충분한 음식의 제공, 대중 교육으로 인한 유아 사망률 감소와 개인의 수명 연장을 통해 설명된다. 자바에서는 이런 요소들이 20세기의 중요한 성취였다. 이런 것들은 19세기의 특징인 인구 증가를 설명할 수 없다.

리클립스(1986)는 자바의 인구 폭발이 시작된 북-중부 해안을 따라 있는 구역들을 지목하고, 그 시기를 18세기 후반이라고 바로잡는다. 19세기에 인구가 꾸준히 증가했다는 것은 모든 학자들이 동의한다. 어떤 이들은 식민지배 자체를 그 원인으로 지목한다. 네덜란드인들은 내전을 종식시키고, 쌀농사를 짓는 농지의 양을 늘리고, 쌀을 살 수 없는 인구가 버틸 수 있게 해준 카사바와 옥수수 같은 식용 식물들을 도입했다. 다른 이들은 인구 증가가 강제경작제도의 지속적인 결과라고 여긴다. 그들은 일하는 가족들에게 부과된 세금의 증가와 직업의 확대를 지적한다. 이 주장에 따르면, 일하는 가족들은 아이들이 많을수록 가정에 잠재적 소득원이 많다는 것을 깨달았고, 그래서 세금을 내고 소비재를 사기 위해 부부들이 아이를 더 많이 낳았다.

이런 설명들은 때로 자바 사회의 친족 형태, 직업 배분, 여성의 지위 등 민족학적 맥락 속에 놓여진다. 학자들은 아들에 대한 절대적 선호가 없다는 점, 그리고 자바의 쌀농사가 여성들과 남녀 아동의 노동에 의존하고 있음을 지적한다. 어떤 학자들은 아이들의 새로운 벌이 능력이 부부가 더 큰 규모의 가족을 원하도록 장려했다고 주장한다. 다른 학자들은 19세기 동안 초혼 연령이 내려갔다는 점을 지적한다. 이 설명 역시, 농업 외의 직업 수를 늘려서 가처분 소득이 있는 남녀가 일찍 결혼할 수 있게 해준 강제경작제도와 연결된다. 12세에 결혼한 소녀들은 가임기를 늘렸다.

150년 전 자바의 부부가 가족 규모에 대해 어떤 생각을 했는지는 알 수 없다. 규명할 수 있는 것은 19세기 후반에 자바에서 지속되던 기근을 없앤 다음과 같은 요소들이다. 도로와 철로의 망, 소 달구지를 대체한 트럭과 기차, 전신 시스템, 그리고 정보와 수송 시스템이 갖춰졌을 때 기근 지역으로 물자를 보낸 식민 정부의 노력. 19세기의 주요 기근들은 1840년대에 발생했는데, 이 때는 아직 철로가 놓이지 않았고 전신이 내륙을 수도와 연결하기 이전이었다. 일본 점령기 전까지 심각한 기근은 발생하지 않았는데, 이 때 일본의 정책은 자율 경제 지역을 만들고 기근 지역으로 쌀을 보내는 것을 금지하는 것이었다.

1803년 미낭카바우 촌락들에서 중요한 소식은 유럽의 수도들이나 군도에서 네덜란드가 지배하는 도시들에서 나오는 게 아니라 아라비아에서 나왔다. 성지순례를 갔던 미낭카바우인들은, 메카를 장악하고 아랍인 공동체의 행실과 개인의 삶에 코란의 엄격한 적용을 강제한 와하비(Wahhabi)라는 종교 개혁가들의 이야기를 가지고 돌아왔다. 미낭카바우인 공동체에서, 모스크의 공적 위계와 공직 임명, 후원에서 제외되어 살던 종교 교사들은 즉각 와하비의 메시지를 수용했다. 그들은 마을 소년들을 가르치고 뛰어난 학생들을 기숙 학생으로 받아들였다. 그들의 근거지는 촌락들, 그리고 수출용 커피, 후추, 빈랑고를 재배하는 농장들이었다. 그들은 다른 시골 학교들, 바닷길과 육로로 이슬람 세계를 여행하는 사람들, 중심부의 이슬람 중심지들과 연결되어 있었다.

미낭카바우 개혁가들은 남성들의 특정 행실을 고발하는 것부터 시작했다. 투계, 아편, 술, 도박 등이 비이슬람적인 것으로 선언되었다. 지참금, 결혼, 모계 중심 거주를 둘러싼 미낭카바우의 관습들도 유사하게 비난받았다. 개혁가들은 남성들에게 자신의 가정을 확립하고 지배하고, 코란의 규율에 따라 지참금을 지불하고, 신부를 자신의 집에 데리고 와서 삶으로써 미낭카바우 관행과 결별하기를 종용했다. 그들은 추종자들에게 금욕적 습관을 받아들이고, 독실한 이슬람 신앙의 모범을 세우고, 눈에 띄는 외모를 통해 미낭카바우 사회에 그들의 존재를 알릴 것을 촉구했다. 추종자들은 금술과 은술로 장식된 미낭카바우 디자인으로 짜여진 천 대신 몸매를 가리는 흰색이나 푸른색 단색 옷을 입었다. 남성들은 테두리 없는 모자를 쓰고 턱수염을 길렀다. 여성들은 눈과 코만 드러낸 채 거의 전신을 가렸다.

미낭카바우 개혁가들은 파드리(Padris)라 불렸다. 이 단어는 그들의 메카와의 관계를 강조했다. 파드리는 아체에서 아라비아로 떠나는 주요 항구인 페디르(Pedir)를 통해 여행하는 남성을 의미했다. 그 이름은 또 그들의 권위의 원천이 미낭카바우 사회 밖에 있음을 암시했다. 파드리는 자신들이 소외된 미낭카바우 권력의 중심을 겨냥했다. 그들은 비이슬람적 행위를 옹호하는 모스크 관리들, 친족 가계의 상위층들, 마을 정부를 통제하는 사람들을 맹렬히 비난했다. 그들은 도박과 아편 사업가들을 규탄했다. 무엇보다, 그들은 미낭카바우 군주제, 그 왕들이 지상에서 신의 그림자라는 주장, 왕실의 신성성에 대한 숭배를 공격했다. 개혁가들은 코란이나 초기 무슬림 전통에서 왕실을 위한 정당한 이유를 발견하지 못했고, 무슬림은 이슬람 법의 지배를 받아야 한다고 주장했다. 그들은 샤리아를 해석하고 공동체를 다스릴 자격이 있는 사람은 이슬람 학자들, 즉 자신들이라고 설파했다.

10년 이내에 파드리 운동은 "올바른" 이슬람 관습을 세우고 미낭카바우 사회의 권력 중심을 비난하는 것으로부터 적에 대한 무장공격 개시로 나아갔다. 종교 학자들은 개인적으로 무장 집단을 이끌었다. 그들의 최고 지도자는 투안쿠 이맘 본졸(Tuanku Imam Bonjol, 1772~1864)이었는데, 그는 요새화된 그의 도시 본졸(Bonjol)로부터 전쟁을 통해 미낭카바우 공동체들로 들어갔다. 그의 작전은 공동체들이 항복하고 그가 주창하는 방식의 이슬람을 따르기로 동의하면 생명과 재산을 보호해주는 것이었다. 점령을 통해 진압된 영토에서는 죄수들과 전리품을 획득했다. 이맘 본졸은 친족 수장의 지배를 없애고, 종교 법, 교육, 수행, 그리고 징세를 담당하는 네 명의 관리로 구성된 이슬람 행정부로 대체했다. 전승되는 특권과 자격을 가진 자바 가계를 지닌 구체제 옹호자들은 왕족 소유지의 금광 구역에 결집하는 경향이 있었다. 작물을 기르고 수출해서 생활하는 사람들에게는 힌두교 불교 과거의 유산은 아무런 소용이 없었다. 그들은 파드리를 지지했다. 1818년 영국 대표인 T. S. 래플스가 파드리가 지배 세력인 미낭카바우인 구역들을 여행할 때, 그는 옛 자바어 비문이 쓰여진 돌들이 뒤집어지거나, 무시되거나, 경멸받는 것을 보고 충격을 받았다.

미낭카바우인 여성들이 그들의 공동체를 휩쓴 내전을 어떻게 바라봤는지는 알 수 없다. 많은 남성들은 그들의 여성 조상들이 아니라, 자신의 노력에 근거해 새로운 사회적 지위를 준다는 점에서 파드리의 메시지에 매료되었다. 남편의 집에서 살고 남편의 수입에 의존하는 파드리 여성들은 아마도 무하마드의 가르침을 보다 엄밀하게 반영하는 삶을 사는 것에 만족을 느꼈다. 그들은 이혼 시 그들에게 가옥과 논을 주는 마을 전통의 지속에 의존했다.

1815년 파드리들은 미낭카바우 왕가를 살해했다. 그들은 이제 문벌 수장들과 권력을 놓고 경쟁했다. 전쟁이 발발할 당시 이 지역의 중요한 세력은 아체였다. 영국-네덜란드 경쟁 관계는 수마트라 국가들에게 기회를 제공했다. 아체 지배자들은 수마트라 내륙으로 남진해서 세력을 확대했고, 가요(Gayo)나 알라스(Alas) 같은 종족집단에 이슬람을 강제했다. 파드리 지도자들은 비이슬람 바탁인(Bataks) 산악 공동체를 목표로 북쪽으로 군대를 보내기 시작했다. 1819년, 네덜란드인들은 미낭카바우 왕족들 및 서부 해안 항구에서 금과 후추 수출을 장악하던 촌락과 문벌 수장들과의 접촉을 재개하기 위해 돌아왔다. 1821년, 여전히 촌락들과 씨족 집단들을 장악하고 미낭카바우 왕실 전통을 지키던 파드리의 적들은 주권을 네덜란드에 넘기는 조약에 서명했다.

얼마 되지 않는 네덜란드 세력이 당장 파드리를 물리칠 수는 없었다. 가파른 산악, 숲, 좁은 길로 된 미낭카바우의 지형은 열로 늘어선 부대들을 매복에 취약하게 했다. 파드리 전투병들은 요새화된 도시와 시골 학교에 머물렀다. 네덜란드 군인들의 장총과 화약은 습기가 많은 날씨에 불확실한 무기였다. 1830년대에 네덜란드인들은 수마트라 양쪽의 미낭카바우 항구들을 봉쇄하고 1837년에는 파드리의 권력을 분쇄했다. 네덜란드인들이 이맘 본졸을 체포해서 유배보낸 후 전투조들은 흩어져버렸다. 1837년 이후 씨족과 문벌 수장들이 네덜란드를 위해 미낭카바우 공동체들을 운영했다.

자바에서 디포느고로 전쟁의 종식은 모든 곳에서 인도네시아인들에게 영향을 끼쳤다. 네덜란드 군대, 선박, 보급품은 이제 다른 지역의 전투에 사용 가능하게 되었다. 내전에 들어간 인도네시아 세력들은 이런 이동 가능한 병력을 고용할 수 있었다. 직업 전투원들이 다른 유럽세력에게 점령될 것처럼 보이는 약한 인도네시아 국가들에 들어갔다. 1840년대에 네덜란드인들은 발리와 플로레스에 군사 원정을 시작했다. 그들은 1850년대에는 잠비와 반자르마신에 군대를 보냈다. 1860년대에는 네덜란드 상업 세력이 수마트라 정글 공략을 시작하고 말레이인과 바탁인 지역들에 대농장을 도입했다. 19세기 말부터 선교사들이 외딴 산악 계곡에 기독교를 전파했다. 그들은 이슬람 선교사들이 토라자와 바탁 땅으로 들어서는 것을 막고, 북부 술라웨시의 역사적인 술탄국들의 중심에 기독교인 마을을 이식하고, 로티(Roti)와 뉴기니에 기독교인 마을을 세워서 네덜란드 권력이 미치는 최극단 경계를 상징했다.

이 모든 지역들의 정부는 바타비아에서 결정되는 네덜란드의 조사와 관례하에 놓였다. 자바는 네덜란드인들이 식민지배자가 되는 방법을 익힌 곳이었다. 거기서 그들은 자바 군주들을 그 기술의 장식용 후원자들로 변모시켰다. 네덜란드는 국가 연금을 통해서 여자, 소년, 아편에 대한 왕족들의 집착을 재정적으로 후원했다. 자바 귀족들은 식민지 행정의 현지인(Native) 부서를 이끄는 봉급 관료가 되었다. 또 거기서 네덜란드인들은 어떻게 무슬림 지배층과 함께 일하는지, 어떻게 적들을 "종교적 광신자"로 고립시키는지, 어떻게 남성, 여성, 아이들을, 북부, 서부, 동부 자바에서 네덜란드 세력의 확대를 위한 재정을 마련할 노동자로 변모시키는지를 배웠다.

식민지 군대가 내부 분쟁에 외부인의 해결책을 강제했던 어디에서나 네덜란드인들은 이 모델을 적용했다. 그들은 토지와 노동력을 네덜란드 기업을 위해 기꺼이 넘겨준 술탄들에게 높은 연봉을 제공했다. 네덜란드인들은 술탄들에게 서훈을 주고, 새 왕궁과 경주마 같은 귀한 물품을 위한 재정지원을 했다. 말을 듣지 않는 술탄들은 폐위되었고, 그들의 술탄국은 사라졌고, 버림받은 왕족들은 군도 섬들에 흩어져 서부 자바, 암본, 마나도 등에서 유배 중 생을 마감했다. 다른 왕족들은 식민지 급여 대상에 포함되었지만, 식민지 관료들은 그들의 지위를 자바의 구역 수장들과 동급으로 격하시켰다. 모든 곳에서 식민 관리들은 토착 권위 사슬을 파악하고, 씨족, 문벌, 촌락 수장들을 행정 계급으로 편입시켰다. 그들은 구역 정부보다 하위의 업무에는 네덜란드인을 고용하지 않았다. 유럽인들은 열대 기후에 바로 적응하지 못했다. 네덜란드령 인도에서 네덜란드인을 채용하고, 훈련하고, 유지하는 것은 비용이 많이 들었다. 식민지 사업에서는 현지인 관리들의 지분이 컸다. 봉급, 직업, 일정 비율의 이익이라는 명백한 보상이 있었다. 식민지의 행정직은 인도네시아 다투(datus, 수장), 아룽(arungs, 영주), 라자(rajas, 군주)를 식민지적 태도, 학교, 영예, 언어의 세계로 안내했다. 고귀한 것은 서구적인 것이거나 서구인들이 존중하는 것이었다. 이 식민지 세계는 다투들과 라자들이 다스리는 토착 세계들과 병행하며 공존했는데, 거기서 그들은 존경 혹은 경멸의 대상이었다.

네덜란드인들은 1823년 팔렘방의 술탄제를 폐지시켰다. 반자르마신에서는 1859년에서 1863년까지 식민지 군대를 개입시킨 전쟁 후 술탄제를 폐지하고 직접지배를 강제했다. 1850년대 네덜란드 군대는 잠비에서 전투를 벌였다. 그들은 1899년까지 군주제가 유지되도록 허용했다. 식민 세력과 식민지적 협약들이 자바 동쪽의 섬들로 퍼져갔다. 1840년대 발리 군주들과의 조약은 그들의 해상에서의 권리를 축소시켰다. 1843년 롬복의 발리인 지배자는 네덜란드의 통치권을 수용하면서, 자신의 영역 내의 무슬림 촌락들에 대한 징세권을 보존했다. 1855년과 1856년 발리 왕국들인 불렐렝(Buleleng)과 즘브라나(Jembrana)에는 식민 국가의 대표자들이 배치되었다. 20세기 초 모든 발리 왕국들은 군사 작전을 통해 식민 국가에 편입되었다. 바둥(Badung)과 클룽쿵(Klungkung)의 왕족 지도부는 식민 권력에 항복하는 대신 가족과 가신들을 죽이고 자결했지만, 집안의 소장 구성원들이 군주로서 지위를 이어받아 식민 국가를 위해 통치했다. 1838년에서 1846년까지의 군사 작전들은 플로레스를 네덜란드령 인도에 편입시켰다. 1881년에는 아루(Aru)와 타님바르(Tanimbar)가, 1907년에는 숨바와 숨바와가 추가되었다. 20세기 첫 10년간 남부 술라웨시에서도 네덜란드 지배가 확립되었다. 또 다른 중요한 공략인 서쪽의 아체로의 진출(1873~1903)에서, 식민 세력은 1907년 술탄제를 폐지하고 식민지 백성들의 일상생활 운영을 위해 세습적 구역 수장인 울레발랑(uleebalang)에 의존했다.

이 모든 작전에서, 식민 정부의 관점에서 보면 아룽, 다투, 울레발랑, 라자 모두 식민지 시스템의 일부가 되었다. 보통사람들은 이들을 통해 세금을 내고, 그들의 "전통적" 수장들에 의해 식민 국가의 건설 프로젝트, 공장, 대농장에 휩쓸려 들어갔다. 그들의 수장들을 통해서 일반인들은 식민 국가의 일꾼, 백성, 관객이 되었다. 그와 동시에, 군주들과 울레발랑들은 계속 자신들의 세계에서 "전통적" 수장으로서의 특권을 유지했다. 그들은 자신들이 사람들과 성스러운 유산의 고리로 묶인 타고난 지도자라고 포장했고, 계속해서 자신들의 집과 땅에서 보통사람들에게 무급 노동을 요구했다.

이슬람 관리들도 그 침략적인 식민 국가에 들어왔다. 네덜란드인들이 인도네시아 국가들을 네덜란드령 인도로 편입시켰을 때, 그들은 이슬람에 대한

아체의 바이투르라흐만 모스크, 1897

이 모스크는 아체 전쟁 중 주요 모스크가 파괴된 것에 대해 아체인들을 위무하기 위해 이태리인 건축가의 설계로 식민정부의 기금으로 건축되었다. 라이덴, 왕립 언어학 인류학 연구소, 사진 자료, No. 27024. 사진 제공: KITLV.

후원을 포함한 무슬림 왕들의 많은 의무와 관습을 이어받았다. 예를 들어 네덜란드인들은 종교 관리들을 임명하고 봉급을 주었다. VOC는 성지순례를 가는 왕족 대표단에게 실론까지의 무료 통행권을 제공했다. 식민 국가는 1890년대에 바타비아와 아덴 사이에 증기선을 정기적으로 운영함으로써 보다 많은 사람이 성지순례를 갈 수 있게 했다. 식민 정부는 1882년에 사안들을 해결하고 무슬림 가족법에 대한 합의를 이루기 위해 성직자 위원회를 설치했다. 이 위원회는 무슬림 종교 교사들이 운영하는 학교들이 아랍어, 신학과 더불어 산수, 말레이어 같은 세속 과목들을 포함할 경우 정부 지원금을 지급했다. 식민 정부가 맡은 무슬림 왕의 또 다른 의무는 사원 건설 후원이었다. 예를 들어 1933년에 정부는 메단의 주요 모스크에 새 석조 첨탑(minaret)의 비용을 기부했다. 식민 정부는 이슬람 관리들의 지도력과 식민지 백성들이 그들의 행동에 부여한 책임을 인정하고, 모스크 관리들을 식민 국가의 사업에 끌어들였다. 예를 들어 그들은 천연두가 퍼졌을 때 접종자로 훈련받았고, 임금을 받고 정부의 관개 사업과 대농장의 노동을 감독했다. 식민 정부는 또 기독교 선교사들이 무슬림 공동체에서 가르치거나 학교와 병원을 설립하는 것을 금지함으로써 이슬람을 보호했다. 이 금지령은 수라카르타와 욕야카르타 술탄 영지에서 1912년까지 유지되었다. 식민 정부는 기독교 선교사들이 중부 술라웨시, 북부 수마트라, 칼리만탄 내륙, 서뉴기니처럼 현지 주민들이 이슬람을 받아들이지 않은 지역으로 가도록 지도했다. 식민 관료들 또한 무슬림 관리들의 감정을 상하게 할 수 있는 상황을 피하려 했다. 예를 들어, 네덜란드인들은 군도 전체에 통합된 단일 시간대를 강제하지 않았는데, 이것은 무슬림의 하루를 표시하고 또 인도네시아 전역에 걸친 수천 개의 기도소에서 모스크 관리들에 의해 정해지는 기도 시간을 변경하지 않기 위해서였다.

비무슬림 정부는 현지인과종교문제국(Office of Native and Religious Affairs)을 통해서 이슬람 지도자들과 타협했다. 이 부서는 성지순례자들에게 출국 허가증을 발급했고, 허가받은 무슬림 학교를 감독했고, 때로 경합하는 세력들로부터 이슬람 관습 문제에 대한 판결을 내려달라는 요청을 받았다. 예를 들어, 1932년 하드라미 공동체 분파들이 식민 정부에게 사이드(sayyid)의 위상과 그 칭호 사용에 관한 분쟁을 해결해 달라고 요청했다. 사이드들은 무하마드의 후손으로서 그 칭호는 물론 손에 입맞추는 것 같은 공개적 감사에 대한 배타적 권리를 주장했다. 다른 하드라미들은 근대 세계에서 사이드는 존경받는 사람 누구나 사용할 수 있고 말레이어 투안(tuan, Mister)에 상응하는 것이라고 주장했다. 양측은 코란과 하디스에 근거해서 자신들의 주장을 뒷받침했다. 군도 전역의 공동체들의 이슬람적 삶의 수행을 책임지고 있는 무슬림 관리들은 식민 정부와의 접촉이라는 공통의 경험을 지녔다. 이 후원 체계 밖에 있는 무슬림 지도자들이 식민 정부에 도전했을 때, 그들은 자신들의 성토 대상에 식민 정부에 협조하는 무슬림 관리들도 포함시켰고, 기독교인의 국가와 더불어 "길들여진" 종교 관리들도 박멸될 것이라 예언했고, 왕도 총독도 부역자도 없는 진정한 이슬람 사회의 창조를 약속했다.

광신도 대 정부의 친구들

이슬람 사회에서, 한 종교 지식인 집단은 종교 법정, 사원, 학교, 재단에서 정부의 봉급 관료로 일하는 것을 수용하려는 경향이 있었던 반면, 종종 공동체에서 더 신심이 깊다고 여겨지는 다른 집단은 그렇지 않았다. 후자의 집단은 상업이나 토지 소유에서 나오는 수입, 그리고 기부를 통해 생계를 유지했다. 인도네시아 역사 속에서 독립적 울라마들은 술탄, 식민 관료, 인도네시아공화국에 대항해 반란을 일으켰다.

인도네시아 이슬람에 대한 문헌들은 보통 이슬람 지도자와 귀족들의 대립을 가정하지만, 보통 두 집단 사이에는 밀접한 결혼, 사업 관계가 존재했다. 고귀한 울라마 왕조의 딸들이 자바 왕자들과 결혼했다. 부기스인 지배자들은 그들의 친척들을 이슬람 법정의 재판관으로 임명했다.

인도네시아를 연구하는 서구 학자들의 또 다른 공통된 가정은 아닷(adat, 관습법)과 샤리아(이슬람 법)의 대립이다. 19세기 네덜란드인 연구자들은 많은 종족 집단의 구전 지식을 수집해서 지역 전통을 샤리아와 비교했다. 그들은 차이점들, 특히 재산 상속과 결혼한 남녀의 주거에 관한 가족 문제에서의 차이점들을 발견했다. 그러나 아닷은 인도네시아의 종족 집단들이 자신들의 전통에 적용한 아랍어 단어이다. 그들은 이슬람의 구조에 반대하는 게 아니라 그 안에서 현지에 맞게 사용했다. 이슬람 교사들은 아닷과 샤리아 모두에 대한 지식으로 유명해질 수 있었다.

그 연구를 통해 식민정부는 정치적 교훈을 얻었다. 인도네시아의 국가들을 네덜란드령 인도에 편입시키면서, 식민지 관리들은 관습법 전문가로 여겨지는 사람들을 행정가로 임명했다. 식민 정부는 서구와 이슬람이라는 외부의 침입에 대항해 토착 관습을 보호하는 존재로 자처했다. 식민지 관리들은 술탄과 네덜란드인에 저항하는 반란이 대개 왕자들이나 공식 종교 고위층에 의해서가 아니라, 후원 체계 밖에 있는 울라마들에 의한 것임을 발견했다. 식민 정책은 울라마들 사이의 분열을 유지하려 했다. 그것은 협조적인 울라마들에게 공개적인 존경, 직책, 아들들을 위한 직업, 그들의 명분에 맞는 선물로 보상했고, 독립적 울라마들은 감시하에 두는 한편 부적절한 존재로 취급하거나 광신도로 조롱함으로써 고립시키려 했다.

모든 인도네시아 정부는 종교 지도자들을 길들이려 시도했다. 일본의 점령군(1942–1945)은 시골 울라마들을 대도시로 데려왔고, 그들을 포함하는 연합을 결성했고, 그들의 청년층 추종자들을 위해 "신의 군대"를 결성했다. 수하르토 대통령의 정부도 공식적인 울라마 조직을 만들었고, 도시 주거 지역에 미리 제작된 모스크 키트를 나눠주고, 울라마들의 견해를 가족법 제정에 결합시키고, 이슬람 대학을 후원하고, 국영 방송에서 이슬람 축제 기념식을 방송했다.

인도네시아인들에게, 식민국가는 상업과 노동에 있어 큰 영향을 끼쳤다. 19세기 후반 수마트라 동부 해안을 따라 술탄국들에 건설된 대농장들은 네덜란드의 정치적, 상업적, 경찰 권력을 해안 말레이인들의 삶으로 확장시켰다. 그것들은 바탁인 공동체의 경제를 변모시키고 바탁인들의 해안 도시로의 이주를 촉진시켰다. 대농장은 수마트라라는 공간에 중국인들과 자바인들을 유입시켰고, 서구의 사업이 있는 지역에서는 그 지역을 자바와 네덜란드와 연결시키는 근대적 교통과 통신 체계를 발생시켰다. 담배가 최초의 대농장 작물이었고, 이후 고무, 커피, 사이잘(sisal)이 뒤를 이었지만, 담배는 대농장 경제에서 현저히 중요한 작물로 남았다. 인도네시아인들의 생활의 일부가 되었고 오늘날 주요 사인이라는 점에서, 담배는 네덜란드로 흘러 들어간 이익보다 훨씬 큰 중요성을 지녔다.

사악한 잡초

담배 나무는 북아메리카에서 유래했다. 담배와 흡연 습관이 군도에 소개된 것은, 유럽과 아메리카, 아프리카, 아시아를 연결시킨 16세기 스페인인들과 포르투갈인들의 해상 여행의 결과였다. 인도네시아인들은 빠르게 흡연 습관을 발전시켜서, 이것은 환대 의례의 일부가 되었고, 노동자들이 즐기는 가벼운 마약이자 원기 회복제였다. 여성들은 이것을 뭉쳐서 씹거나, 잘게 썰어서 구장나무(betel) 주머니에 첨가했다. 남성들은 담배를 말아서 아편에 적셔서 피웠다.

담배는 또한 VOC를 통해 군도 공동체들에 들어왔다. 아메리카에서 암스테르담으로 수입된 담배의 일부가 인도네시아 섬들에 재수출되어 판매되었다. 담배는 종종 VOC 대리인이 군도 왕들에게 바치는 선물에 포함되었다. VOC는 이것을 선원들, 짐꾼들, 건설 노동자들에게 배급의 일부로 분배했다. 네덜란드인들은 또 파이프로 담배를 피우는 습관도 퍼뜨렸는데, VOC가 구다(Gouda)의 공장에서 진흙으로 만든 담뱃대를 구매해서 군도 시장에 보냈기 때문이었다. 담배는 또 말아서 운반되기도 했다. 담배를 마는 것은 네덜란드에서 여성들의 일이었다. 여성들은 담뱃잎을 따서 탁자에 펼치고, 잎을 말기 위해 돌아가는 바퀴에 잎들을 통과시켰다.

인도네시아인들은 정향과 담배를 섞은, 크레텍(kretek)이라 불리는 독특한 담배를 만들었다. 담배 제조업은 가내 수공업으로 시작되었다. 그것은 무슬림 혹은 토착민으로 자처하는 사람들과 그들이 중국인 혹은 외국인이라 칭하는 사람들 사이에 경쟁과 갈등의 장이 되었다. 1950년대 이래로 담배 산업은 중국인 공장주들과 배급업자들이 장악했다. 지역에서 만든 담배들은 정부의 건강 경고 없이 유통된다. 흡연자들은 공공 장소에서 흡연을 한다. 니코틴은 콜레라, 천연두, 이질을 제치고 건강의 최대 위협이 되었다.

담배가 잘 자라려면 고온다습한 환경이 필요하다. 이것은 빠른 속도로 농민들의 작물 품목에 포함되었다. 네덜란드 기업들이 대농장을 시작하기 한

참 전부터, 크두(Kedu), 바글란(Bagelen), 바뉴마스(Banyumas)에서 자바 농민들은 식용 작물과 더불어 담배를 재배해서 지역 시장에 판매했다. 북부 수마트라에서는 숲속 빈터에서 혼합 경작을 하던 바탁 농민들이 마이즈, 쌀, 후추, 빈랑고 등과 담배를 같이 재배했다. 이들은 주변 숲에서 등나무를 채집했고, 강바닥을 따라 사금을 걸러냈다. 그들은 잉여 물품들을 해안 말레이인들의 섬유, 소금, 아편, 연장, 가재도구와 교환했다. 그 기회들은 바탁인들이 언덕의 근거지를 떠나 동쪽 해안 항구로 이주하도록 유도했고, 1820년이 되면 그 지역에서 바탁인이 다수 종족 집단이 되었다. 예를 들어, 세르당(Serdang)에는 3천 명의 말레이인과 8천 명의 바탁인이 있었다. 랑캇(Langkat)의 인구는 7천 명의 말레이인과 1만 3천 명의 바탁인이었다. 항구에서 이슬람으로 개종한 바탁인들은 아랍 역사와 전통에서 나온 이름으로 개명하고 말레이인으로 자처했다. 이렇게 해서 이들은 술탄이 비무슬림에게 부과하던 차별적 세금과 비무슬림에 대한 사회적 맹비난을 피해갔다. 그들은 또 문해력을 위한 도구를 얻었다. 바탁어가 아랍어 철자로 쓰여졌고, 부유한 개종자들의 아들들은 그들과 연결된 고산족들 너머의 사상과 발명의 세계를 발견했다.

담배 수출을 늘리기 위해서 해안지대의 술탄들은 자신들의 권한을 바탁인의 언덕 지대로 확장시키려 했다. 그들은 생산을 늘리기 위한 자본과 기술 투입, 조직을 식민 정부에 의존했다. 1860년 라부안(Labuan) 술탄은 네덜란드 상사들(trading houses)이 담배 투자에 관심을 가지게 하기 위해 바타비아에 사절을 파견했다. 그는 야코부스 닌하우스(Jacobus Nienhuys)에게 정글 개간지에서 담배를 재배하도록 바탁인들에게 선투자하는 것을 허가했다. 농민들은 닌하우스에게만 판매해야 했고, 그는 가공된 담배를 술탄이 장악한 항구를 통해서만 수출했다. 닌하우스는 바탁 농민들이 다른 작물 재배를 줄이고 오직 담배만 재배하도록 유도할 수 없었다. 그래서 그는 술탄에게 토지를 임차했고 말레이인들과 바탁인들을 임노동자로 고용하려 했다. 충분한 수의 노동력을 채용할 수 없게 되자, 닌하우스는 대리인을 페낭에 보내서 자체 지도자들 아래서 팀을 이뤄 일하는 120명의 중국인을 고용했다. 그는 각 지도자를 자신이 임차한 토지 내 하위 단위에 배치하고, 묘목을 분배하고, 그들과 수확물의 독점적 구매 계약을 맺었다.

그 공동 벤처 사업을 위한 계획이 수마트라 술탄에게서 나오기는 했지만, 식민국가는 이 사업들을 법령, 발명, 성장에서 빠른 속도로 집어삼켰다. 유럽 자본과 유럽식 규율들이 바탁 농민들의 수출 부업과 개인 농장주의 사업을 압도했다. 1870년경 중국인 팀장은 팀의 일꾼들을 현장에 투입하는 독립 계약자라기보다는 회사 관리자들의 지시하에 일하는 감독관이 되었다. 이제 관리자들이 식목 방식과 제초, 수확 일정을 결정하고, 하위 관리자들이 명령을 감독관들에게 전달하고, 일꾼들은 개별 노동자로 고용되었다.

유럽인들은 이제 담배가 동부 수마트라에 접목되는 방식을 좌우했다. 단일 작물로 재배되는 담배는 빠른 속도로 토양에서 양분을 빼앗아간다. 130년 전의 해결책은, 한 농지에 한 철만 담배를 심고, 이후 그 땅은 다른 작물의 활동으로 토질을 회복해서 다시 담배를 재배할 수 있을 때까지 8~10년간 두는 것이었다. 그러므로 담배 농장은 엄청난 경작지를 필요로 했다. 유럽 회사들은 내륙 지역 통치권을 주장하는 말레이 술탄에게서 토지를 임차했다. 수입된 노동자들이 삽, 도끼, 곡괭이를 이용해서 나무와 무성한 초목을 영구히 제거해 광활한 대지를 개간했다. 개간된 땅에 담배를 심었고, 수확 때는 나무 전체를 뽑아냈다. 그러고 나면 토착민들은 이 땅에서 쌀과 옥수수, 땅콩을 재배하는 것이 허용되었다. 토양의 생산성이 회복되면, 농장 기업은 바탁인들에게 담배를 재배했던 다른 땅으로 옮겨 자신들의 식용 작물을 재배하도록 요구했고, 담배를 심기 위해 다시 수입된 노동력을 불러들였다.

이런 체제하에서, 중국, 말라야, 자바에서 수입된 노동자들은 농장의 막사에서 살았다. 그들은 땅을 개간하고, 담배를 재배하고, 수확하고, 건조 창고로 옮기고, 그것을 담배 종이로 싸는 일을 했다. 이전에 담배를 재배했던 빈터에서 쌀과 마이즈를 재배했던 바탁인들은 스스로 담배를 경작하는 것이 금지되었고, 숲에서 나무와 등나무를 베는 것도 허용되지 않았다. 대농장 회사에 고용된 것은 아니었지만, 바탁인들은 그들의 지배하에 살았다. 대농장 회사들은 바탁인들을 농민들에게 판매할 작물을 재배하는 사업가에서 지역 소비만을 위한 작물을 경작하는 농민으로 격하시켰다. 바탁인들은 또 경찰 그리고 도망간 노동자들의 추적자로서 농장과 관련된 일자리를 채웠다. 바탁인들 사이에 수입된 노동자들에 대한 아주 작은 동정도 생기지 않게 하기 위해, 모든 붙잡혀온 노동자들에 대해 포상금이 주어졌다. 1881년부터 바탁인 수장들은 농장주들이 말레이 술탄에게 지급하는 임대료 중 일부를 받았다.

술탄들은 임대료로 거액의 현금을 획득했다. 그들은 유럽식 왕궁을 건축하고, 여성 가신들의 수를 늘리고, 중국인과 유럽인 사업가들을 화려하게 접대하고, 말레이 반도에 유흥 여행을 가서 영국 경마장에서 돈을 썼다. 임대 이익을 얻기 전까지 술탄들은 소박한 목조 주상가옥에 살았었다. 그들은 쉽게 접근할 수 있는 중개자이자 거간꾼이었다. 정기적인 현금 수입은 그들을 평범한 사람들에게서 멀리 떨어진 수준에서 사는 고위층으로 만들었다. 1946년 인도네시아 전역에서 성난 폭도들이 지배 계층에 등을 돌렸을 때, 동부 해안의 술탄들과 가족들이 살해되었고 술탄제가 폐지되었다.

담배는 유럽인들에게 큰 이익을 가져다주는 투자였다. 1873년 동부 수마트라에는 13개의 담배 농장이 있었다. 1876년이 되면 40개로 늘어났고, 각 농장은 약 200명의 일꾼을 고용했다. 최초의 농장들은 단일 농장주가 운영했지만, 얼마 지나지 않아 은행과 긴밀히 연결되고 이익 극대화에 관심을 가진 회사들이 말레이 술탄들에게서 땅을 임차했다. 노동자들은 그들의 상사에 대해 협상력이 없었고 임금이나 조건을 개선할 수단도 없었다. 식민지기의 전설들, 역사들, 소설들에서, 수마트라 동부 해안은 상업의 손길이 닿지 않은 군도의 외딴, 빈 구석에 있는 새로운 개척지였고, 거기서 반항적인 노동자를 거의 통제할 수 없었던 극소수의 백인들이 정글을 베어내고 땅을 개척했다. 수마트라인들의 경험은 대규모 이동 경작의 한 예로 이해하는 게 더 정확할 것이다. 27만 헥타르의 땅이 계속해서 개간되었다.

최초의 대농장들은, 준비된 담배들을 배로 해안으로 이동시키고 음식물을 가져올 수 있도록 강의 물길을 따라서 있었다. 1873년 동부 해안의 주요 항구인 델리(Deli)는 왕립 네덜란드 증기선회사(Royal Dutch Steamship Company)의 정기 항로에 포함되었다. 1886년 노동자들이 최초의 철로를 건설하기 시작했다. 전화와 전신 서비스가 유럽인 농장 직원들을 델리에 있는 그들의 관리자들과, 그리고 이들을 네덜란드에 있는 그들의 이사들과 연결해주었다. 델리 주변에 발달한 유럽식 도시 메단(Medan)에는 식민지 우체국의 지부가 개설되었고, 이어 바타비아 은행들의 지점들도 개설되었다. 이 지역은 1887년 메단을 수도로 하는 동부해안주(East Coast Residency)로 네덜란드령 인도에 행정적으로 편입되었다. 1908년에는 네덜란드령 인도의 공식 통화인 네덜란드 길더(Dutch guilder)가 영국령 해협 달러(British Straits dollar)를 대체했다. 인디스 정부가 대농장 산물 수출 기지로서 싱가포르와 페낭을 대체하기 위해 블라완(Belawan)을 국제 항구로 개항하면서, 이 지역의 페낭에 대한 지향은 더 줄어들었다.

고무 농장들이 담배의 뒤를 이었고 인도네시아인들을 식민 국가에 결합시키는데 기여했다. 1888년에 공기 타이어가 발명되었다. 자전거를 위한, 그리고 1905년 이후에는 자동차 산업을 위한 고무 수요가 급증했다. 고무는 고무나무 껍질을 깎을 때 흘러나오는 끈적한 물질에서 제조된 생산물이었다. 전세계 고무는 중남미, 말라야, 적도 아프리카에서 야생으로 자라는 나무에서 나왔다. 그 사용은 말레이인들에게 오래전부터 알려져서 이들은 농업의 부업으로 라텍스를 추출했다. 대농장에서의 고무 재배는, 종자의 선택, 나무들의 간격, 땅 덮기, 수액 받기, 라텍스를 얇은 고무판으로 가공하는 등의 기술을 발전시킨 유럽 연구기관들의 생산물이었다.

유럽 회사들은 1880년대말부에 수마트라 동부해안을 따라 벌목된 지 얼마 되지 않은 숲속의 땅에 따라 고무나무를 심기 시작했다. 그들은 정글을 베어내고 고무나무를 직렬로 심기 위해 중국인과 자바인 노동자들을 수입했다. 그들은 나무 수액을 받고 고무 가공 공장에서 일할 자바 여성들을 수입했다. 고무 농장은 이들과 더불어 공장을 항구와 이어주고 고무 지역들을 세계와 연결시킬 도로와 철로를 건설할 노동자 무리들을 데려왔다.

고무는 비싼 값에 팔렸다. 수마트라 농가들은 자신들 농지 경계를 따라 고무나무를 심었다. 그들에게는 나무를 돌보고 수액을 받아서 라텍스를 가공할 노동력과 기술이 있었다. 20세기 초가 되면 인도네시아인 소규모 자작농들이 수마트라에서 수출되는 고무의 다량을 생산했고, 이것은 식민국가 내에서 창출된 기회에 대한 인도네시아인의 대응의 한 예였다. 토착 경작자들은 신속하게 고무 연구 기관들의 연구 결과를 적용했는데, 그것은 유럽인들에게 재정적 후원과 지도를 받았다. 그들은 보수적이거나 비현실적인 농민들이 아니라, 근대 과학에서 배우고 근대적 시장을 위해 생산한 사업가들이었다.

수마트라의 대농장 노동자들은 쿨리(coolies)라고 불렸는데, 이것은 부정적 어감을 지닌 단어였다. 이 단어는 집과 여성 사회로부터 떨어진 남성 노동자라는 이미지를 떠올리게 했지만, 인도네시아 역사들에서는 여성 노동자를 지칭하기도 한다. 1905년 동부해안주에 있는 자바인 쿨리 6만 2천 명 중 5천 명이 여성이었다. 그렇지만 대농장 인구는 대부분 남성이고 성인이었다. 주변의 바탁인 말레이인 공동체들만이 통상적인 남성, 여성, 아동의 비율을 가졌다. 자바인 쿨리는 상업적 농업과 제국주의적 자본주의에 의해 창조된 사람이 아니었다. 그(녀)는 이미 (자신의) 땅에서 떨어져 있었다. 인력 모집업자들은 일당을 위해서 물건을 나르거나, 공사현장에서 일하거나, 제초를 하거나, 성매매를 하는 노동자들을 찾아냈다. 그들은 대로에서, 강의 교차로에서, 시장에서, 항구에서, 순례지에서 발견될 수 있었다. 이들은 이동하는 노동자들이었는데, 수마트라 대농장에서 정해진 햇수 동안 일하기로 계약을 맺을 때만 이동이 불가능하게 되었다. 많은 이들은 결국 수마트라에 영구 정착했다. 토지 없이 자바인 마을에 돌아온 사람들은 임금 노동 고용 기회를 찾아 떠도는 과거 쿨리의 행태를 답습했다.

(일출에서 일몰까지의) 고정된 근로시간, 다른 인도네시아 종족 집단이나 중국인 십장에 의한 감독, 유럽인 관리자에 대한 궁극적인 복종을 수반했기 때문에, 대농장에서의 노동체제는 쿨리들에게 낯선 것이었다. 일부 쿨리들은 유럽인들에게 개인적 서비스를 제공했다. 남성 쿨리들은 종복이나 배달부로

일했다. 여성 쿨리들은 유럽인 가정에서 요리사, 세탁부, 섹스 상대로 일했다. 많은 기혼 남녀들이 쿨리로 고용되었지만, 쿨리들은 미혼자처럼 여겨졌다. 대농장 막사에서 그들은 가정생활의 도덕률로부터 단절되었다. 소수의 여성을 둘러싼 남성 쿨리들 간, 그리고 그들 상관들과의 경쟁은 대농장에서 일어난 대부분의 살인의 원인이었다.

고용자들은 여성들이 막사 내의 남성들에게 매춘을 하고 가사 노동을 제공해서 부수입을 올릴 수 있다고 가정해서 여성의 낮은 임금을 정당화했다. 여성 쿨리들은 일을 하지 않을 수 없었기 때문에, 아이를 낳는 경우는 거의 없었다. 수마트라 대농장의 쿨리 노동은, 근로자들이 가족 단위로 고용되고 남성, 여성, 아동들에게 특정한 임무가 주어졌던 자바의 설탕 대농장이나 철도 근로 팀의 노동과 달랐다. 많은 노동자들이 집에 거주하면서 자신의 텃밭과 수입을 얻는 다른 일자리를 유지했기 때문에, 일 년 중 그들의 노동 강도는 요동쳤다.

수마트라 역사에서 쿨리 노동은 또한 중국인 남성들을 고용했던 시기와 결부된다. 1863년부터, 인력 채용자들은 페낭에서 중국 노동자들을 찾으려 했고 직접 중국 시골에 가기도 했다. 1900년이 되면 수마트라 담배 농장에 10만 명의 중국인 쿨리가 있었다. 근로 계약이 끝난 직후 중국으로 돌아간 사람은 거의 없었다. 일부는 인력 채용자 혹은 자유 노동자나 십장으로 농장주에게 고용되었다. 다른 이들은 대농장에 딸린 사업들로 뛰어들었다. 그들은 돼지를 기르거나, 채소를 재배하거나, 상점, 도박장, 혹은 아편굴을 운영했다. 다른 이들은 메단과 같은 새 도시들로 옮겨서 임노동자나 점주로서 역할을 수행했다. 중국인이 노동력의 다수였던 것은 담배 재배가 유럽인 주도의 사업이 되어가던 초창기뿐이었다. 농장 관리자들은 자바인들이 중국인들보다 고분고분하다고 여겨서 그들을 선호했다.

대농장은 폐쇄적인 사회였다. 쿨리는 폭력에 의해 지배되었다. 언어 폭력, 구타, 매질, 형편없는 식사, 과도한 노동, 인구 과밀 등이 쿨리 대부분의 운명이었다. 1880년의 쿨리 조례(The Coolie Ordinance)는 피고용자의 권리와 의무를 규정하려는 식민 정부의 시도를 보여주지만, 저임금 노동력을 그대로 유지함으로써 대농장 회사들의 이익에 기여했다. 조례의 중심적인 사항은 지방 정부에 등록된, 모든 쿨리를 위한 계약서 작성이었다. 계약은 3년의 기간 동안 하루 10시간의 노동을 적시했다. 계약은 고용자가 정기적으로 임금을 지급하고, 의료 혜택, 숙소, 식수와 씻을 물을 제공하도록 요구했다. 쿨리가 원할 경우, 고용주는 계약 종료와 함께 그를 처음 채용했던 곳으로 돌려보내야 했다. 조례는 또 달아나거나, 일을 거부하거나, 난동을 부리거나, 싸움을 하는 쿨리에 대한 처벌을 규정했다. 식민지 경찰은 달아난 피고용자를 체포해서 고용자에게 돌려보냈다. 메단에서는 1905년 노동 조사단(Labor Inspectorate)이 결성되어 쿨리들이 학대에 대한 불만을 접수할 수 있었는데, 고용자들이 여전히 노동자들이 일터에서 떠나는 것을 막을 수 있었기 때문에 별다른 효과가 없었다.

유럽인 대농장의 조건들이 워낙 좋지 않아서, 1886년 중국은 중국인 공동체 지도자들과 상인들, 쿨리들을 면접하기 위해 사절단을 파견했다. 사절단의 조사 결과는 중국이 이전에 쓰레기나 배신자로 여기던 사람들을 보호하기 위해 난양에 영사관 설치를 시도하게 했다. 1912년 바타비아의 중국 영사관을 승인하기 전까지, 인디스 정부는 그 식민지에서 일하는 중국인들을 대표하려는 중국의 노력을 거부했다.

중국으로부터의 이주는 1931년에 끝났다. 세계 대공황은 대농장 사업에도 영향을 끼쳤다. 이 때가 되면 대농장 노동력은 거의 전적으로 자바인이었고, 관리자들은 관련 없는 사람들보다 가족의 고용을 선호했다. 대농장에는 도박장, 아편 시설, 매춘 업소 대신 가족 숙소, 보건소, 학교가 들어섰다. 1920년 대농장 학교 교사 중 한 명이 탄 말라카(1897~1949)였다. 그는 또한 코민테른의 유급 직원이었고, 작가이자 이상주의자였으며, 인도네시아의 "봉건주의"와 식민주의의 반대자였다. 독립을 위한 투쟁의 시기에 탄 말라카는 협상과 타협이라는 공화국 정부의 전략에 반대했다. 1949년, 그 쿨리들의 친구는 새로운 인도네시아 국군(National Army)에 의해 처형되었다.

기독교 선교사들도 인도네시아인들을 식민국가로 끌어들였다. 선교 대상지들은 바타비아의 정책결정자들이 네덜란드의 영역이라고 생각한 곳 가운데 가장 먼 구석에 정해졌다. 식민지배자의 종교를 가짐으로써 인도네시아의 기독교도들은 의식적인 경계 설정자가 되었고, 그들이 네덜란드인과 공유하는 것들—교육, 훈련, 지향, 공감—은 그들을 인디스라는 공간에서 유동적인 존재로 만들었다.

최초의 개종은 1729년 로티(Roti)로 거슬러 올라가는데, 이 때 몇몇 정치 지도자들이 기독교도가 되었다. 로티섬은 인도네시아 군도의 동남쪽 끝에 위치한다. 그 경제는 야자나무, 야채, 쌀, 어업, 돼지 사육 등에 기반을 두었다. 그 자연적인 해상 연결망은 이 섬을 은다오(Ndao), 사우(Sawu), 솔로르(Solor) 제도, 부퉁, 남부 술라웨시, 그리고 호주의 북쪽 해안과 도서 등의 역사와 연결시켰다. 로티의 구전 역사들은 불과 집짓기의 기원, 식물과 동물 길들이기, 하늘과 땅이 만나는 중의 로티 사람들의 탄생 등을 얘기한다. 정교한 계보가 사람들을 조상들과 자신의 고향 지역에 연결해주었다. 1660년대에 처음 배를 타고 로티로 갔을 때 네덜란드인들은 거래를 할 단일한 왕을 찾을 수 없었다. 그들은 명망가로 보이는 사람들과 조약을 협상했다. 이방인(네덜란드인) 상인들의 인정을 받은 것은 이 지역 지도자들의 지위를 확인해주었고 그들의 권력을 공식화했다. 18개의 영역들, 그리고 네덜란드인들과 협상했던 유력 가문들이 1662년 이 섬의 정치 구조로 굳어졌다. 그것들은 1960년대 말 인도네시아 공화국에 의해 폐지될 때까지 지속되었다.

19세기 중반이 되면 로티 지배 가문의 대부분은 기독교도였고, 20세기 중반이 되면 대부분의 보통 로티인들도 기독교도였다. 기독교와 접촉했을 때, 로티인들은 자신의 언어로 영구적인 기록을 남길 문자를 고안하거나 빌려오지 않은 상태였다. 로티인들은 네덜란드인에게서 로마자를 받아들여 글을 익혔다. 1735년 로티 최초의 학교가 개교했다. 교회와 학교는 로티어나 네덜란드어가 아니라 말레이어를 사용했고, 그것은 로티 사람들을 군도의 보다 넓은 역사 속에 위치시켰다. 그들의 말레이어는 로마자로 쓰여졌고, 그래서 이 가장 변방의 사람들은 메카가 아니라 유럽에 연결되었다. 교회와 학교는 로티를 네덜란드인의 국가와 바타비아에 있는 그 중심지를 포함한 기독교 공간으로 편입시켰다. 궁극적으로 네덜란식드 학교는 독립 인도네시아에서 로티인들에게 시민권의 개념을 주었다.

술라웨시의 북동쪽 반도에 있는 미나하사는 트르나테 술탄국의 주변부 영토였다. 이 지역은 네덜란드인들과의 연계와 기독교 개종을 통해서 독자적인 존재를 형성했다. 이 지역은 구전 설화를 통해 그 조상들과 느슨하게 결정된 구역들이 연결된 많은 종족 집단들의 고향이었다. 남성들은 잔치를 베풀고 사람의 머리를 잘라옴으로써 지위를 획득했다. 1679년으로 거슬러 올라가는 부족 지도자들과 네덜란드인 간의 가장 오래된 조약은, 동서로 육상 국경을 규정하고 부족들을 트르나테 술탄에 대한 세금 의무에서 해방시키는 것이었다. 이 지역에 대한 VOC의 관심은 쌀이었는데, 회사는 쌀을 말루쿠의 사고(sago) 지역으로 실어보냈다. 1796년 VOC는 족장들에게 커피나무를 나눠주고 그들에게 산비탈에서의 커피 재배와 대리인에게로의 배송을 감독해 달라고 요구했다.

회사는 소규모 종족 집단들이 미나하사 사람들로 성장할 수 있는 영토를 만들었다. 식민정부는 기독교를 소개했고, 그것은 그들의 공통의 정체성을 만들어 냈다. 최초의 개신교 선교사는 1831년에 도착했다. 15년 이내에, 당시 9만 3천 명 정도의 인구 중 1,100명이 개종을 했다. 1880년이 되면 인구의 3/4이 세례를 받았다. 국가와 교회는 부족간 전쟁과 머리 사냥을 종식시켰다. 그들은 산 자에게 미래의 신성한 조상으로서의 지위를 약속하는 만찬 베풀기를 대신해 정부에서의 일자리와 교회에서의 리더십으로 사람들에게 지위를 부여했다. 국가와 교회는 사람들의 삶의 방식에 대해 네덜란드식의 질서 감각을 가져왔다. 관습법(adat)이 수집되어 그 지리적 공간이 배정되었다. 마을들은 직선으로 늘어선 도로와 집들로 재건되었다. 남편이 가구의 수장이 되었고, 집안 간의 연계로 여겨지던 과거의 결혼에 대한 이해는 두 개인의 결합이라는 기독교 개념으로 대체되었다. 선교사 학교는 말레이어로 교육을 했다. 그들은 부족 신화들을 공통 역사에 혼합시켰고, 교실에서 네덜란드인이 그린 지도를 통해 미나하사에 대한 감각을 만들어냈다. 우리 – 그들이라는 사고방식이 기독교인과 무슬림을 구분지었다. 선교사들은 토착민들이 목회자와 교사가 되도록 훈련했고, 19세기 말이 되면 그들의 일에 대한 통제권을 독립된 인디스 개혁 교회(Indies Reformed Church)에 이양했다.

미나하사인들은 쌀, 코코넛, 커피, 육두구의 생산자이자 수출자로서 식민지 경제에 편입되었다. 1850년에서 1895년 사이 그 인구는 두 배가 되었다. 반도 삼림의 2/3은 영구적으로 개간된 농지가 되었다. 바타비아가 말레이어와 네덜란드어로 일련의 교육을 제공하는 정부 학교 체계를 확립했을 때, 미나하사인 부모들은 아들 딸을 등록시켰다. 군도의 모든 정부 학교의 10% 이상이 작은 미나하사 영토에 위치했다. 미나하사인들은 군인, 행정가, 사무원, 전문직 종사자로서 식민지 공간의 나머지 지역에 뛰어들 준비가 되어 있었다. 그들은 식민 국가의 위계질서에서 치안을 유지하고, 교육하고, 무슬림의 일상생활을 조직하는 계층들을 쉽게 제쳤다.

미나하사인들은 식민지 지배 계층과 교육, 종교, 언어를 공유함으로써 자신들을 시골 사람이나 관습법 공동체 이상으로 볼 수 있었다. 그들은 자신들을 발전되고 개화된 미나하사인(bangsa Minahasa)으로 여겼다. 이것은 네덜란드인들도 공유한 시각이었다. 미나하사인들은 식민지 영토의 지배에 참여한 최초의 현지인이었다. 1919년 연소득 300길더 이상의 성인 남성들이 인도네시아 최초의 선출 의회인 미나하사 위원회(Minahasa Council)의 36명의 구성원을 선출했다. 미나하사인들은 인민위원회(People's Council)에 보낼 대표도 선출했는데, 이것은 1916년 네덜란드가 식민 정책 토론을 위해서 만든, 네덜란드령 인도의 모든 지역과 인구 집단으로부터 온, 일부는 선출되고 일부는 정부가 임명한 남성들의 의회였다. 미나하사인들은 또한 어떻게 네덜란드 식민지를 자치 국가로 바꿀 것인가에 대한 민족주의자들의 토론에도 참여했다. 그들은 네덜란드령 인도로 묶인 국가들의 연방 내에서의 지역 자치를 주창했다.

인도네시아 술탄의 백성들은 유럽 증기선을 통해 식민 국가에 진입했다. 증기를 이용한 상선은 유럽의 바다에서는 1830년대에 운항되고 있었다. 1860년대부터 군도에서도 증기선이 정기적으로 운항되었다. 19세기 말이 되면, 해군 증기선이 군도 전역의 해로에 걸쳐 네덜란드의 지배권을 확립했고, 지역 지도자들을 위협하고, "해적"을 진압하고, 허가 받은 무역선들에 안전을 제공하고, 도서간 노예 사냥과 무역의 종식을 도왔다.

이제 네덜란드인들이 강제할 수 있는 통제가 강화된 것은 네덜란드인들과 인도네시아인들의 삶에 근본적으로 영향을 끼쳤다. 증기선이 편지, 신문, 잡지, 오페라 극단, 여행자들을 데려오면서, 군도의 네덜란드인 주민들은 유럽과의 개인적, 지적 접촉을 유지할 수 있었다. 매달 증기선이 바타비아로 데리고 오는 네덜란드인 관리들, 사업가들, 모험가들, 부인들, 일하는 여성들의 수가 급속히 증가하고 이들과 어울리게 되면서, 네덜란드인 주민들에게 인도네시아 문화에 참여하는 것은 덜 중요해졌다. 그 결과로, 군도 도시들에는 유럽인들이 거주하는 교외(suburb)가 개발되었다. 이런 집단 거주지들은 피부색과 종교로 인해 배제된 사람들에게는 불쾌한 것이 되었다. 이런 방식으로 증기선은 자치를 위한 운동의 성장에 기여했다.

1825년 수라바야에서 인도네시아인 노동력에 의해 축조된 최초의 증기선은 자바와 다른 섬들 사이의 우편물 전달에 이용되었다. 정해진 시간에 운영되는 증기선 서비스는, 정해진 운송료와 예측 가능한 출도착 시간을 갖춘, 적당한 가격의 교통수단을 가져옴으로써, 인도네시아 군도 내의 모든 섬들을 연결했다. 사람들의 삶은 더 이상 풍향이나 해상로로부터의 거리에 좌우되지 않았다. 농사를 짓는 남녀는 생산물의 새로운 판매처를 찾을 수 있었다. 그들의 아들들은 멀리 떨어진 마을이나 섬에서의 수학 기간을 통해 새로운 직업을 찾아 떠날 수 있었다. 메카나 헤이그로 가는 항로는 왕립 네덜란드 증기선 회사의 기항지로의 복합 운송 서비스를 시작했다. 여행 서비스의 확대는 더 이상 촌락이나 구역 도시에 매이지 않는 정체성을 만들어내는 데 기여했다. 다른 섬에서 온 사람들과 생산물들의 접촉은 어떤 이들을 하나의 정치적 문화적 단위로서의 인도네시아라는 개념으로 향하는 길로 나가게 했다.

조선소를 위한 대규모의 영구적 노동력, 선원들과 다른 방문자들을 위한 전문적 서비스, 세관 검사 사무소의 인력 등이 필요했기 때문에, 증기선 항로에 있는 항구들은 새롭게 변모했다. 너무 작아 증기선을 수용할 수 없는 항구들로부터 인도네시아의 소형 보트가 화물을 가져왔다. 철도 노선이 생산 중심지들을 항구들에 연결했고, 시내 트램 노선은 사람들과 우편물을 항구들로 이동시켰다. 작업이 연중 계속되었기 때문에 노동자들은 가족과 함께 항구에 정착했고, 빈곤 노동자들의 거주 구역이 확장되었다. 1920년대 항구의 열악한 환경 속에서 중요한 항만, 철도 노동조합들이 결성되었다.

증기선은 식민 국가 확장에 있어 핵심적 역할을 했다. 그것은 우편뿐 아니라 군대도 수송했고, 정기적인 증기선의 도착은 조직화되는 중심의 가시적 상징이었다. 증기선 루트는 사람들과 정보의 흐름을 바타비아로 향하게 했다. 1866년부터 1890년까지, 네덜란드령 인도 증기선 회사(Netherlands Indies Steamship Company)가 노선, 항구, 일정을 개발했다. 그것은 영국령 인도 증기항해 회사(British India Steam Navigation Company)가 소유하고 자금을 대고 운영했는데, 그 회사는 싱가포르를 그리고 영국의 관계망을 통해서 인디스의 우편, 생산물, 승객을 군도에서 바깥 세상으로 향하게 했다. 1891년부터 모든 정부 사업은 사기업인 왕립 네덜란드 증기선 회사에게 주어졌다. 그 회사의 업무는 항로를 바타비아로 향하게 해서 유럽과 아라비아로 가는 수출품, 사람, 우편물이 싱가포르가 아니라 네덜란드령 인도의 수도로부터 출발하도록 하는 것이었다. 이런 방식으로, 일개 사기업이 식민지 경계를 재강화했고, 군도 서쪽 끝의 영국 식민지와 구별되는 군도 연합(archipelago union)이라는 인식의 성장에 기여했다.

증기선은 네덜란드에 본부를 두고 국제 자본의 지원을 받는 조직의 일부로서 운영되었다. 그것은 군도 전체에 걸쳐 관리와 중개인을 두고, 항구들과 노동력, 석탄과 음식 보급, 화물 분배 시스템을 관리했다. 인도네시아인 숙련, 반(半)숙련 직원들과 육체노동자들은 근대 세계와 긴밀하게 접촉하게 되었다.

몇몇 인도네시아인들은 새로운 기계 공장과 기술 교육을 이수한 사람들이었다. 그들은 모두 현금으로 급여를 받았고, 포장된 음식과 공산품 의상을 구매했고, 도시의 서비스를 이용했고, 신문, 학교, 성인 글읽기 프로그램, 노동조합의 잠재적 고객이었다.

증기선은 군도의 보통의 독실한 대중들과 이슬람의 관계를 변모시켰다. 네덜란드 증기선 노선들은 군도와 싱가포르, 유럽의 항구들은 물론 아라비아까지 이르렀다. 이제 배로 2주면 가능한 성지순례는 저축이 있는 보통 사람들에게도 가능하게 되었다. 1920년대가 되면 매년 5만 명의 남성이 길을 떠났다. 메카와 메디나는 인도네시아인들의 생각 속 상상의 공간이 아닌 현실의 공간이 되었다. 그들은 이모기리로의 여행 그리고 한때 울라마들이 메카에 가는 것과 동등하다고 말했던, 경전 읽기 같은 다른 행위들을 대체했다. 네덜란드 증기선은 또 다른 조합의 사람들과 또 다른 종류의 정치와의 연결고리를 만들어냈다.

군도 왕들은 재빨리 증기선의 영향을 인지했다. 부유한 자들은 이 최신 발명품을 자신을 위해 확보하려 했다. 아체 술탄 알라우딘 무하마드 다우드 샤(Alauddin Muhammad Daud Syah)는 영국으로부터 증기선을 구매하기 위해 중개인을 보냈다. 이 행동은 1873년 인디스 정부가 그의 왕국을 침략하게 만든 원인들 중 하나를 제공했다.

식민지 공간은 점령에 의해 창조되었다. 반 세기 이상, 군사 작전들이 자바에서 준비되어 아체에서 발리까지 군도 전역에 걸쳐 전개되었다. 유럽과 아메리카에서의 전쟁을 위해 발전된 근대적 총기가 신속하게 아시아에서의 전쟁에 활용되었다. 대량 생산은 네덜란드인들이 장비와 부품을 보유했음을 의미했다. 그들은 쾌속선, 전신을 이용한 통신, 그리고 그들이 군대에 물자를 다시 보급하기 위해 얕은 강을 항해할 수 있게 해주는 바닥이 평평한 포함을 보유했다. 그러나 1890년에서 1914년까지 군도에서 네덜란드인들이 수행한 식민지 전쟁에서 승리를 결정한 것은 서양의 최신 무기가 아니었다. 근대적 총기는 야전을 위해 고안되었다. 인도네시아의 전쟁터는 울창한 덤불로 뒤덮이고, 호랑이, 멧돼지, 뱀, 거머리, 흡혈 곤충이 사는 산악 지대였다. 네덜란드인들의 전쟁을 수행하고 승리하게 한 것은 대개 인도네시아인 부대였다. 서양식으로 훈련받은 자바인, 티모르인, 암본인, 부기스인, 미나하사인 군인들은 칼과 소총으로 무장했다. 그들은 소규모 기동대로 활동했고 일련의 요새들로 진격해서 그 주변 영역을 정찰함으로써 지역들을 장악했다.

1890년대가 되면 군도 군대는 더 이상 네덜란드의 장애물이 아니었다. 네덜란드의 식민지 상비군과 인도네시아인 부대들은 아체 전사라는 강력한 적을 맞이했는데, 그들은 접근이 불가능한 산악 은신처에서 기습 공격을 감행했다. 부기스인들의 쾌속 보트가 감춰진 만에서 갑자기 빠져나오거나 발리인들이 무리를 지어 자살 공격 감행과 같은 예상치 못한 방식으로 행동했을 때, 식민지 군대는 격퇴될 수 있었다. 그러나 지역 군대들은, 정규 훈련, 또는 무기를 제작하고 무한정으로 공급해줄 수 있을 것 같은, 버팀목이 되는 기술 문화가 아니라, 열정으로 뭉쳐 있었다. 왕에게 징집되거나 카리스마 있는 지도자에 의해 성전에서 순교하도록 현혹된 인도네시아 군인이 물리칠 수 있는 적이었던 반면, 네덜란드인을 위해 일하던 인도네시아 군인은 물리칠 수 없는 상

1890년대 아체를 순찰하는 네덜란드인과 인도네시아인 군인들

점령은 최신 기술, 여기서는 강철 철로와 자전거로 움직이는 교통을 도입했다. 라이덴 왕립 언어학 인류학 연구소, 사진 자료, No. 10219. 사진 제공: KITLV.

대였다.

그들의 삶이나 젠더의 중심적 초점으로 인해, 자신만의 세계에 빠진 채 식민지의 경관을 통과했던 사람들에게, 네덜란드에 의해 재탄생한 국가는 그야말로 자신과 무관한 것이었다. 그런 사람들은 식민 정책, 철도, 대농장 등 19세기의 역사들에서 강력하게 눈에 띄는 것들이 다수 인구의 사고를 지배하지 않았다는 점을 상기시킨다. 많은 자바인들이 설탕 공장의 임금 노동자이고 포장된 식품의 구매자였겠지만, 그들의 삶은 그들의 종교 지도자인 키아이(kiai)를 중심으로 돌아갔다. 그들은 그의 가르침에 귀 기울이고, 그의 평안을 위해 봉사하고, 여가 시간에는 그의 물리적 실재의 은총을 느끼기 위해 그에게 가까이 갔다.

식민지 시간의 여행자들: 마스 라흐맛과 아드리아나 드 스튜어스-드 콕

자바의 한 키아이의 일기는 식민지 공간 내의 다른 세계를 엿보게 해준다. 마스 라흐맛(Mas Rahmat)은 상인으로, 바뉴마스에 부인이 관리하는 대토지를 소유했다. 그는 프산트렌에서 아랍어 문헌과 자바 문학에 대한 광범위한 교육을 받았다. 1883년에서 1886년 사이에 그는 중부 자바와 마두라를 주유하면서 프산트렌들을 방문하고, 동굴에서 명상하고, 예언을 하고, 설교를 했다. 그는 자신이 받은 환대, 음식과 의복 선물, 자신이 얘기하는 동안 와서 앉은 사람과 그의 손에 입맞춘 사람의 수로 추정해서 누가 그의 학식과 신비로운 통찰을 받아들였는지 기록했다. 그의 여행은 그가 벌목, 영구 경작지, 철도선, 전신주, 대농장, 공장, 그리고 자바인 사무원과 경찰, 말을 탄 네덜란드인 감독관으로 가득찬 도시 등에 의해 달라진 자바를 통과하게 했다. 마스 라흐맛이 그 왕실 인척이라 자처했던 욕야카르타에는 네덜란드인 클럽, 음악 모임, 그리고 요새가 들어섰다. 자바인 노동자들은 전에 없이 긴 시간을 일하게 되었고, 그것은 네덜란드인들의 아체와 발리 침공, 그리고 식민정부가 교육, 농업, 산림, 관개, 공공 건강을 위한 부서를 확대하는 것을 재정적으로 도왔다. 이런 내용은 일기에 전혀 기록되지 않았다. 아랍어 문자로 표기된 이 자바어 문헌에는 식민지 세계가 존재하지 않는다.

1836년에서 40년 사이에 쓰여진 아드리아나 드 스튜어스-드 콕(Adriana de Studers-de Kock)의 편지들은 식민지의 또 다른 세계를 보여준다. 그녀의 아버지는 디포느고로 군대와 싸웠던 네덜란드 파견대들을 이끌었었고, 남편은 그 패배한 왕자가 유배지로의 여정을 시작한 1830년에 그를 마글랑에서 바타비아로 호송했다. 아드리아나는 자바 정치에 대한 개인적 기록은 전혀 남기지 않았다. 여성의 삶이 기록되는 것은 교육에 달려 있었다. 아드리아나는 네덜란드령 인도에서 네덜란드로 돌아간 그녀의 아버지에게 보낸 편지를 통해 알려져 있다.

아드리아나는 1809년 수라바야에서 태어나서 바타비아에서 자랐고, 1828년 아버지의 부관과 결혼했다. 1837년 그녀의 남편은 말루쿠 지사로 임명되었는데, 이 때 네덜란드인들은 반란에 직면해 있었다. 새 지사와 가족, 승객, 선원 등 140명을 실은 배는 산호초에 좌초했고, 거기서 그들은 4주간 오도가도 못하고 있었다. 당시 다섯 번째 아이를 가진 아드리아나는, 네덜란드 엘리트다운 정식의 프랑스어로, 인도네시아인과 네덜란드인들이 산호초에 매달려 죽기를 기다리는 몇 주를 묘사하는, 아버지에게 보내는 편지를 썼다. 난파선 사람들은 결국 구조되어 암본으로 보내졌고, 거기서 아드리아나는 아이들을 더 낳고 아버지와 서신 교환을 계속했다.

아드리아나의 편지는 네덜란드령 인도의 네덜란드인 여성들이 자신들을 가족 구성원의 핵심으로 여기면서, 가족들의 건강과 육아, 가깝고 먼 친척들에 대한 사랑 등에 끊임없는 관심을 가졌음을 보여준다. 편지들은 또한 어떻게 문해력이 여성들을 유럽지향적으로 만들었는지 보여준다. 그녀는 은퇴한 군사령관에게 식민지 정치, 인종, 혹은 말루쿠 역사에서 긴박한 시기에 그녀 남편의 경력에 대해서 전혀 할 말이 없다. 그녀의 세계는 마스 라흐맛의 것과 마찬가지로 식민지에서 분리되어 있다. 프산트렌 교육은 마스 라흐맛의 관찰이 아랍어 문자로 된 자바어로 보존될 수 있게 했고 그를 네덜란드인들과의 접촉으로부터 봉쇄했다. 유럽 언어교육은 아드리아나를 인도네시아 세계로부터 봉쇄했다.

투안쿠 이맘 본졸 같은 몇몇 인도네시아인들은 식민지 세계를 잘 알고 있었고 그것에 전적으로 반대하는 입장에 있었다. 다른 사람들은 유럽 문화에 유혹되었다. 그들의 기질과 재능은 그들을 두 세계의, 그러나 어느 쪽에서도 완전히 받아들여지지 않는 사람들로 만들었다. 그런 인물의 하나가 그 생애가

19세기에 걸쳐 있는 라덴 살레(Raden Saleh)였다. 그는 욕야카르타 귀족과 아랍 이주자들의 후손이었다. 그의 삼촌들은 왕자이고 하지(hajis)였다. 그의 친척들 중 일부는 구역 정부 수장과 주요 종교 지도자로서 네덜란드인들에게 고용되었다. 다른 이들은 네덜란드인들과 그 자바인 친구들에 대한 디포느고로의 전쟁에 동참했다. 이 전쟁은 식민 지배자들이 주요 자바 가문을 그들과 밀착시키기를 원하게 만들었다. 소년 시절 살레는 식민지 공무원 후보자로 바타비아로 보내졌고, 네덜란드 언어, 회화, 제도 기술을 포함한 교육을 받았다. 1829년 그는 네덜란드로 가는 네덜란드인 관리를 수행하고 장거리 여행 동안 그에게 자바어와 말레이어를 가르치는 직무를 부여받았다.

라덴 살레의 여행은 유럽에서의 23년으로 연장되었다. 네덜란드 정부는 그의 회화 공부를 지원했고, 그는 부유층의 초상화를 그리고 받는 수수료로 수입을 보충했다. 그는 몸에 꼭 맞는, 정교하게 수놓인 검은색 비단 상의를 입고, 화려한 바틱 장식 허리띠, 자바 식 모자, 금, 다이아몬드를 걸치고, 자신을 "동방의 왕자"로 소개했다. 그는 유럽 왕실들의 손님이었다. 그는 대형 캔버스에 야생 동물, 말, 자연의 격렬한 모습을 그렸다. 그의 그림들은 유럽 전역에 걸쳐 공공 미술관들과 전시회에 걸렸다. 공직 세계와의 연줄은 그가 전직 총독의 화가가 되게 해주었는데, 그 중에는 강제경작제도의 창시자인 요하네스 판 덴 보슈(Johannes van den Bosch), 그리고 네덜란드에서 자바 연구(Javanese studies)의 창시자인 바우드(J. C. Baud)가 있었고, 그는 라덴 살레가 자신의 양부로 예우하는 인물이었다.

1853년 살레는 자바로 돌아와 바타비아에 거처를 정하고 거기서 유럽인과 자바인 예술가들에게 유럽 회화의 최신 취향과 기술을 소개하려 시도했다. 그는 엘리트 집단, 즉 그 식민지 수도에서는 유럽인들과 유라시안들과 어울렸다. 그는 바타비아의 치키니(Cikini) 지역에서 대규모 자산의 상속자인 유라시안 여성과 결혼함으로써 재정적 지위를 확보했다. 식민지 혹은 자바인들의 기록에서는 이 인종 간 결합이 바타비아와 욕야카르타에서 어떻게 받아들여졌는지, 혹은 결혼식이 이슬람식이었는지 기독교식이었는지 명확하지 않다.

이 새신랑은 자신의 소유지에 오래된 사진첩에 나올 법한 고딕적 환상(Gothic fantasy)을 구현한 집을 지었고, 자바 지배자들을 본떠서 자기 땅에 동물을 수집했는데, 이것은 이후 자카르타 동물원의 핵심이 되었다.

라덴 살레가 1853년에 자바로 돌아왔을 때는 인디스 정부가 정부 교육에 대한 인도네시아인들의 권리를 막 입법시킨 후였다. 1850년 빌리암 3세의 궁정 화가로 임명되었던 바 있는 살레는, 식민 정부의 예술 수집품 큐레이터로 임명되었다. 그의 임무의 하나는 VOC시기 총독의 그림들을 복원하는 것이었다. 그는 유럽의 왕실 후원자들을 위해 계속 그림을 그렸다. 1857년 그는 네덜란드 왕을 위해서 자바의 복속을 상징하는 그림을 완성했다. 그는 디포느고로 왕자의 체포장면을 그렸다. 그는 또 자바의 교양 있는 유럽인들의 과학적 흥미에 탐닉해서, 바바드와 화석을 모으고 인도네시아인으로서는 처음으로 바타비아 예술과학아카데미(Batavian Academy of Arts and Sciences)에 가입했다.

1866년 살레는 유라시안 부인과 이혼하고 욕야카르타 왕실 인척인 여성과 결혼했다. 그는 욕야카르타 왕가 사람들과 자신의 가까운 친척들의 초상화를 그렸다. 그가 그린 사람들은 인디스 정부에서 받는 봉급이나 연금을 수입으로 하는 사람들과, 식민 세계와의 인접성으로 인해 재현 미술에 대한 이슬람의 금기를 무시하게 된 사람들이었다. 이들 중에는 치안주르(Cianjur)의 최고 관리인 라덴 쿠수모닝그랏(Raden A. A. Koesoemoningrat), 그의 할아버지이자 마잘렝카(Majalengka)의 최고 관리인 키아이 부스탐 크르토디닝그랏(Kiai Bustam Kertodiningrat), 그리고 술탄 하멩쿠부워노 6세 등이 있었다. 그는 1880년 보고르에서 죽었고, 그곳에 있는 총독의 언덕 궁전 부지에 묻혔다.

민족주의 역사는 라덴 살레 같은 사람들에 대해 거의 언급하지 않는다. 유럽인과 인도네시아인 사이의 계속적인 대립으로 표현되는 과거에서 그가 있을 자리는 없다. 계급이라는 분석틀이 도입되면서, 어떻게 서로 다른 인종과 종교를 가진 사람들이 공동의 지적 흥미와 취미를 공유했고 떠돌아다니는 쿨리들과 소작농들과 거리감을 느꼈는지 인식하는 것은 어렵지 않다. 라덴 살레는 자바를 지배한 엘리트에 속했다. 그는 "광신도들"이 네덜란드인들과 자바 귀족의 연합에 반대하던 시기를 살았다.

한 세대 후, 특권 계급의 자손들은 네덜란드인들에 의해 창조된 국가를 통치하기 위한 다른 조합의 연합을 고안하기 시작했다. 어떤 이들은 자바 문화와 고대 영토 범위의 부활을 추구했다. 어떤 이들은 다투와 라자의 아들들과 연합하고, 식민지 공간에 넘쳐나는 많은 종족 집단에서 하나의 인도네시아인 정체성을 만들어낼 것을 생각했다. 다른 사람들은, 이슬람적 언어와 무슬림 연대에 대한 호소로 포장되어 수용 가능해진 새로운 종속 개념으로, 울라마를 이용해서 추종자들에게 "전통" 지배층에게 종속된 독립 국가의 비전을 전해주는 것을 생각했다. 식민 통치의 말년에 그들은 근대성의 관행들을 계급 그리고 통치의 생득권에 대한 주장과 혼합했다. 식민주의, 제국주의, 비무슬림 정부를 비난하기 위해 높여진 많은 남성들의 목소리가, 일부일처제, 건강, 교육에 대한 여성의 권리를 포함하는 근대성을 이해하는 극소수 여성의 목소리를 거의 질식시켰다. 이 새로운 여성들은, 보통의 인도네시아인들은 세습적 특권과 서구식 학교 교육을 결합한 지배 계층에 의해 통제되고 안내되어야 한다는 데에 같은 계층의 남성들과 의견을 같이했다.

• • • •

외세에 대한 의존 탈피

20세기의 첫 50년간, 인도네시아 지배 계층은 그 구성이나 시각에서 다양화되면서 새로운 연합을 실험했다. 술탄들은 유럽과 중동에서 학교를 막 졸업한 청년들의 문화 동호회들과 정치 조직들을 후원함으로써 조심스럽게 재등장을 시도했다. 그들은 네덜란드인들과 동업자 관계를 맺는 척 하면서 네덜란드인들이 "말썽꾼들"로 인식한 집단을 은밀하게 후원했다. 젊은 개혁가들은 관습법(adat) 수장들과 술탄들이 자신들의 앞길을 막는다고 생각했다. 네덜란드 남성들처럼, 보호받는 지배자들이 최상위의 명예와 지위를 독점했다. 새로운 학교 졸업생들은 네덜란드식 혹은 아랍식 이름이 그들의 교육 배경을 반영한 단체들을 만들었다. 그들은 교육, 종족, 혹은 원래의 종교를 공유하는 남성들의 연합을 시도했다. 그들은 연합들을 합쳐서 연방(federations)을 만드는 방안을 실험했고, 정치 이데올로기나 종교적 헌신을 연합의 기반으로 삼았다. 이런 단체들은 네덜란드 식민주의자들과 인도네시아 왕족들의 연합에 도전했다. 인도네시아인 엘리트 중 젊은 여성들은 아내로서, 딸로서, 어머니로서의 그들의 남성들과의 관계에 기반을 둔 단체들을 결성했다. 새로운 집단들과 과거의 소수자들은 연합을 재협상했다. 기독교인 암본인들은, 그들의 군인들이 네덜란드 군사력이 군도 전역으로 확장되고 강화되는 것을 도왔기 때문에, 네덜란드인들과의 협력자 관계를 요구했다. 중국계 인도네시아인들은 그들의 조상의 고향과 자신들이 태어난 땅과 자신들의 관계를 재고하기 시작했다. 네덜란드인 지배층도 다양화되었다. 현지에서 태어난 네덜란드인 남성들은 네덜란

바타비아의 파쿠부워노 10세

이 사진은 세 가지를 말해준다. 식민지기 왕의 부와 특권, 근대성의 상징들의 대중적 이미지로의 편입, 왕실 특권의 보존. 라이덴, 왕립 언어학 인류학 연구소, 사진 자료, No. 13,368. 사진 제공: KITLV.

드로부터 권력을 빼앗아오기 위해 자바인 귀족, 유라시안, 중국인들과 제휴하고자 했다. 일부 유라시안들은 네덜란드인들과의 협력 관계를 끝내고 식민지 내에 자신들의 국가를 만들기를 원했다.

네덜란드령 인도는 여전히 네덜란드 회사들에게 수익을 가져다주었다. 식민지의 하층 노동자들은 네덜란드의 새로운 공장 노동자들과 연결되었다. 자바인, 미낭카바우인, 바탁인, 토라자인 농민들은 커피, 차, 설탕, 담배를 재배했고 그것은 네덜란드 노동자들이 굶주림을 면하게 해주었다. 중국인 쿨리들과 인도네시아인 소규모 자작농들은 네덜란드 노동자들을 일터와 상점에 데려다주는 자전거 타이어를 위한 고무를 생산했다. 네덜란드 공장 노동자들은 값싼 옷, 성냥, 석유 램프, 재봉용 바늘을 생산했고 인도네시아 대농장 노동자들은 그것을 그들의 월급으로 구매했다. 이 연합은 빈곤한 노동자들이 깰

수 있는 것이 아니었다.

식민 국가 내에는 권력을 둘러싼 엄청난 경쟁과 다툼이 있었다. 사회주의 사상을 접하게 된 서구식 학교의 졸업생들은 그들의 윗 세대를 "봉건적"이라고, 네덜란드인들을 "제국주의자"로 비난했다. 일부는 "일반 대중"을 낭만화했고, 클럽에서 어떻게 그들의 생활과 문화의 수준을 끌어올릴 것인가를 토론했다. 육체 노동을 해본 적 없는 남성들이 남성 노동자들을 위한 (그러나 여성 노동자들을 위한 것은 아닌) 조합을 결성했다. 그들은 식민주의가 낮은 임금과 규제받지 않는 일터의 원인이라고 규정함으로써 노동자들에게 반 식민 투쟁을 권했지만, 특권을 나누려고 하지는 않았다. 새로운 무슬림 지도자들은 그들을 따르는 사람들에 대한 구식 키아이(kiais)의 장악력을 떨쳐내려고 했다. 그들은 치유, 부적, 무덤에서의 철야 기도 대신 근대적 학교, 진료소, 연구 모임을 제공했다. 이 연합의 암묵적 동반자들인 남녀 노동자들은 외국인 소수자를 미워하고, 유럽인과 중국인 상사의 "악한 자본주의"를 비난하고, 무슬림 지주들과 공장주들의 토착 자본주의를 수용하도록 독려되었다. 약속의 땅을 기다리는 데 지친 보통 사람들은 때로 방화, 무차별적 살인, 항세 봉기, 반란을 위한 모임으로 고통을 즉시 완화하려 했다.

식민 정부는 시 단위, 지역 단위, 전국 단위의 위원회를 만들고 감시함으로써 공개 토론을 허용했다. 언론은 검열되었다. 정치 집회나 조직은 허가를 받아야 했다. 정부는 협력하고자 하는 이들에게 일자리를 주고 영향력을 행사함으로써 새로운 집단을 자기 조직에 추가하려 했다. 정부는 변화를 허용했지만 토론의 범위와 개혁 일정표를 통제했다.

1942년 일본군이 뒤를 이었다. 모든 종류의 인도네시아 지배층은 신속하게 새 외국인 지배자와 타협했다. 그들은, 비록 인도네시아인과 네덜란드인 군인들이 인도네시아인 전사들을 물리치고 질서를 유지할 수 있었지만 그들에게 일본 군인들을 물리칠 만한 인원, 물자, 훈련이 없음을 깨달았다. 네덜란드는 이미 독일 제국의 통치하에 놓였다. 네덜란드령 인도는 일본의 아시아 제국의 통치하에 들어갔다. 일본인들은 쌀, 고무, 주석, 석유 등 인도네시아의 자원과 인도네시아 빈곤층의 무상 노동력을 원했다. 그들은, 원하는 것을 얻기 위해 일본 남성들을 투입할 수 없었기 때문에, 네덜란드인들과 마찬가지로 인도네시아 지배층과 협력관계를 맺었다. 인도네시아 엘리트들은 일본인들에게 남성, 여성, 생산물을 공급했다. 일본인들은 인도네시아에서 네덜란드인들을 몰아냈다.

20세기 전반 늘어난 네덜란드인 이주는 군도의 모든 사회와 계층에 영향을 끼쳤다. VOC는 네덜란드로부터의 이주를 제한했었다. 1870년경, 법, 통신 기술, 의학에서의 변화가 겹쳐지면서 인도네시아 사회에서 네덜란드인의 수와 종류가 급격히 증가했다. 1870년의 농업법은 인디스를 개인 기업가들에 개방시켰다. 새롭게 뚫린 수에즈 운하를 통과한 증기선은 네덜란드를 떠나서 4주 내에 바타비아에 도착했다. 1871년이 되면 해저 케이블이 자바를 유럽과 이어줬고, 유럽의 본부들과 인디스 사업체들을, 네덜란드의 가족들과 군도에 흩어진 친척들을 연결해주었다. 1854년에는 세계 최초의 기나피나무(cinchona) 농장이 서부 자바에 계획되었고, 1870년대가 되면 기나피 껍질에서 키니네가 생산되었고, 일상적 복용이 이주자들을 말라리아로부터 보호했다. 19세기 후반 인도네시아 도시들의 교외의 유럽인 거주지에는 하수 처리와 깨끗한 물 공급이 갖춰졌다. 이런 변화들은, 많은 네덜란드인들의 마음 속에서 인도네시아 군도를 독신 남성, 부적응자, 극빈자, 무모한 사람들에게만 맞는, 열병, 야생, 급사의 땅에서, 네덜란드의 이미지 안에서 재구성된 경관으로 변모시켰다. 인도네시아는 네덜란드인 남성, 여성, 아이들이 막간의 시간을 보내며 네덜란드식 삶을 살 수 있는 장소가 되었다. 1870년에서 1880년 사이, 1만 명이 네덜란드에서 이주해왔다. 그때까지 유럽인으로 계산되는 사람의 수는 (아시아인 배우자를 포함해서) 대략 4만 3천 명이었다. 1930년이 되면 22만 5천 명이 유럽인 신분을 가졌다. 그 중 6만 명은 이주자였다.

거리의 단축은 군도에 오래 거주하던 이주자들에게 네덜란드인의 정체성을 재활성화시켰고, 유라시안들 사이에 네덜란드인 정체성에 대한 지식을 만들어냈다. 새로 온 사람들은 집에서 가져온 서적, 음악, 친구들이 있었기 때문에 인도네시아 문화에 관심을 덜 가졌다. 여성들의 이주는 더 많은 가정이 네덜란드식 중심을 가졌음을 의미했다. 예전에는 정책 결정에 신중했고 VOC 시절에는 인도네시아 궁정과 상인 엘리트들의 영향을 받았던 식민지 관리들은, 식민지부 장관(minister of colonies)으로부터 온 전신 지령을 무시할 수 없었다. 인디스에서 온 책과 잡지들은 네덜란드 대중에게 식민지 문제에 대한 지식을 주었고, 정치인들과 언론인들의 정밀한 검토를 유도했다.

1870년 이후 군도에 산재한 네덜란드인 공동체들은 변화했다. 사기업에 고용되거나 자기 사업을 하는 남성들이 정부 피고용인과 군인들보다 많아졌다. 예전에 비해 여성의 수가 늘어났고, 배우자들이 혼인 상태인 가구가 늘어났다. 새로 온 사람들의 증가는 인도네시아 맥락에 적응하는 데 대한 더 다양한 의견과 방식을 의미했다. 이주자들이 떠나온 네덜란드는 반(半)산업화된 국가로 변모하고 있었는데, 거기서는 경쟁하는 계급들의 권리가 논의되고 있었고 식민지 문제가 공적 토론과 정치 공세의 주제가 되었다. 19세기 말까지 네덜란드 의회를 통제한 정당들은 도덕적 책무를 "우리의 인디스" 운영의 지도 원칙으로 삼았다.

명예 부채와 윤리정책

바틱 슬롯(batig slot)과 바틱 살도(batig saldo)는 예금 잔고를 의미하는 네덜란드어다. 식민지 역사에서 이 단어들은 19세기 중반 자바의 정부 대농장에서 획득되어 네덜란드 예산으로 전환된 이익을 의미한다. 1840년대부터 몇몇 네덜란드인들은 자바 농민들이 산출한 이익은 네덜란드의 도로와 철도가 아니라 자바에서의 공공 사업을 위해 사용되어야 한다고 주장했다. 식민정부가 자바에서 나온 이익을 네덜란드로 보내는 것은 1875년에 중단되었다. 1899년 국회의원이자 자바의 설탕 농장주이던 콘라드 판 데벤터(Conrad van Deventer, 1857~1915)는 네덜란드인 납세자들이 명예 부채(debt of honor)를 떠안고, 매년 자바에 75만 길더를 보내서 자바 노동자들에게 변제하자고 제안했다. 윤리정책(Ethical Policy)은 식민정부의 이런 새로운 방향을 특징짓는 단어였다. 이 단어는 1877년부터 1904년까지 자바에서 언론인으로 활동하던 피터 브로쇼프트(Pieter Brooshooft)가 쓴 「식민 정책의 윤리적 과정(The Ethical Course in Colonial Policy)」이라는 선전물에서 나온 것이다.

에티치(Ethici)라 불린 윤리정책 옹호자들 중에는 자바의 작가들, 언론인들, 변호사들, 정부 관리들이 포함되어 있었다. 그들은 인도네시아 세계와 친교를 가지고 거기에 애정을 가지고 있던 네덜란드의 새로운 중산층을 대표했다. 언론인이자 변호사인 코헨-스튜아트(J. W. Th. Cohen-Stuart)는 어머니가 자바인이었다. 이슬람 학자이자 성지순례자이고 정부의 자문이었던 스노우크 후르혼여(Snouck Hurgronje)는 울라마의 딸들과 결혼했다. 언론인 판 케스테렌(C. E. van Kesteren)은 데막의 자바인 수장 아이들의 입주 가정교사로 일하기도 했다. 변호사이자 정부 관리였던 아벤다논(J. H. Abendanon)은 인도네시아 학생의 네덜란드 유학을 위한 기금을 마련하고, 자바에 여성 학교 건설 기금 마련을 위한 재단을 설립했다. 이들은 네덜란드어와 지역 언어들을 통해 인도네시아인들에게 서구식 교육을 확대하는 것을 옹호했다. 그들은 자바로의 아편 수입을 근절하고, 무임 노동력 제공을 철폐하고, 현지의 공예와 산업을 발전시키고, 공공 의료 서비스를 확대하는 등의 활동을 전개했다. 이들은 네덜란드로 돌아와서는 대학에 자리잡거나 정치를 하면서, 식민지배가 현지인을 "향상시킬" 특별한 의무가 있다는 인식을 위한 홍보를 계속했다.

1901년 윤리정책이 정부의 공식 방침으로 선언되었다. 자바에서 먼지 시작된 공공 서비스 망은, 농민과 노동자 자녀를 위한 3년 과정의 현지어 학교, 더 많은 땅을 경작해서 산출을 늘리기 위한 공공 관개 시설, 그리고 소규모 사업가에게 정보와 대출을 주기 위한 시골 은행들과 협동조합들을 만들어냈다.

개혁가들은 인도네시아인들이 윤리 정부의 궁극적 목적, 즉 네덜란드 제국(Great Netherlands) 내에 자치권을 지닌 한 주가 되는 것을 성취하기 위해서는 네덜란드인의 지도력이 필요하다고 인식했다. 그들은 군도 사람들에게 세습 지배자들의 착취와 울라마들의 "광신주의"에서 벗어날 것을 촉구했다. 개혁가들은 미망인 화형과 머리 사냥을을 종식시키기 위해 네덜란드 권력을 군도 전반에 확대하는 군사 작전을 열성적으로 후원했다. 이들은 인도네시아인의 지도력과 인도네시아식 해결책을 통한 향상, 복지, 자치를 원하는 인도네시인들과 공감하지 못했다.

네덜란드 여성들은 공적 담론이 선교와 교화의 의무를 논하던 시기에 이주해왔다. 인디스로 온 미혼 여성들은 자신들의 기술을 네덜란드인, 인도네시아인 엘리트들에게 팔 수 있었다. 피아노 선생이나 웅변 교사, 양품점 주인, 객실 관리자, 재봉사 등은 식민지의 신문에 자신들이 제공하는 서비스를 광고했다. 몇몇 여성들은 20세기 초에 급증하던 네덜란드어 학교에서 인도네시아인과 중국인 아이들을 가르쳤다. 다른 여성들은 무슬림 주민들의 번잡한 중심지에서 멀리 떨어진 지역의 기독교 선교에서 역할을 찾았다. 대부분의 여성들은 남편과 함께 들어오거나 함께 있기 위해 왔다.

네덜란드인 부인들은 많은 인종, 종교 배경을 가진 사람들이 근거리에 사는 도시에 주거지를 택했다. 새로 온 사람들에게, 인디스는 성적으로 방탕한 분위기가 있었다. 부유한 인도네시아인들은 부인을 여럿 두었고, 가난한 이들은 이혼하고 재혼을 했고, 네덜란드인 남성들은 결혼하지 않은 인도네시아 여성과 같이 살고 그들을 자주 교체했다. 네덜란드 여성들은 못마땅한 시선으로, 혼외로 태어난 혼혈 아이들이 유럽인 출생 기록의 가장 큰 비중을 차지하고, 모든 지위의 아이들을 하인들이 돌본다고 기록했다. 식민지 개혁가들의 부인들은 네덜란드의 문명화의 의무(civilizing mission)에서 나름의 기여를 했다. 그들은 일부일처제에서의 공식 부인이라는 여성상을 제시했다. 그들은 어머니라는 것을 상근의 의무이자 직업으로 칭송했다. 그들은 식민지의 현지인들을 대신해 자선단체에 참여했다. 많은 이들이 엘리트 인도네시아 여성들과 형식적 관계를 맺었는데 그것은 때로 친밀한 우정으로 발전하기도 했다. 네덜란드 여성들은 현지인 소녀들과 여성들의 교육과 의료 조치에 대한 권리를 식민지의 공적 담론에 포함시켰고, 매춘을 종식시키기 위한 선전 활동을 했다.

여성들이 식민지로 이주해 오던 때, 네덜란드에서는 모든 사회계층을 위한 그리고 소년들뿐 아니라 소녀들을 위한 교육이 정부의 의무로 여겨졌고, 여성의 투표권이 뜨거운 논쟁거리였다. 아이를 낳자마자 이 새로운 여성 이주자들은 인디스 정부에 네덜란드어로 가르치고 네덜란드 학교와 똑같은 교과

과정을 제공하는 남녀공학 학교를 열 것을 요구했다. 네덜란드령 인도의 서구 교육에 대한 역사들은 보통 윤리정책의 이상과 급증하는 정부 부서에서 일할 값싼 노동력에 대한 수요를 통해 새로운 식민지 학교를 설명한다. 그러나 식민지의 유럽식 초등 중등 학교들은 네덜란드 여성들이 도착한 후 개설되었다. 경제적인 이유로, 처음부터 유럽인을 위한 학교들은 상류층 인도네시아인 아이들도 받아들였다. 근대 인도네시아에 대한 네덜란드 여성 이주의 유산은 세속, 남녀공학 공립학교 체계의 성립이다.

네덜란드 학교와 식민 지배

학술 문헌에서 네덜란드인들이 세운 학교는 두 가지 방식으로 논의된다. 첫째로, 서구식 학교는 교사, 의사, 수의사 등 이후 식민 지배를 종식할 민족주의 운동을 이끌게 될 근대 엘리트를 생산해냈다고 얘기된다. 둘째로, 학교 수가 계산되고, 인도네시아인의 6%(4천 8백만 명 인구 중 25만 명)만이 식자층이었음을 보여주기 위해 1930년의 인구 조사가 이용된다. 식민 지배는 보편 의무교육을 도입하는 데 실패했다는 점에서 수치스러운 것으로 여겨졌지만, 동시에 식민 정부가 서구 교육을 확산함으로써 스스로를 붕괴시켰다는 주장도 있다.

이런 접근은 한 종류의 학교에 초점을 맞춘다. 그것은 서구식 학교 졸업생들만을 민족주의 지도자로 인정하고, 문해력에 대한 그 정의도 애매하다. 1930년의 인구 조사자들은 아랍어나 말레이어, 네덜란드어를 쓸 줄은 모르지만 읽을 수는 있는 인도네시아들을 계산에 넣도록 훈련받지 않았다. 바탁어, 자바어, 중국어, 혹은 아랍어 문자를 쓸 수 있는 인도네시아인들도 포함하지 않았다. 1930년 인구 조사는 스스로 로마자를 사용한 언어로 편지나 문서를 직접 작성할 수 있다고 자신하는 인도네시아인들의 수를 기록했다.

네덜란드 학교들은 특별히 건축된 건물을 차지했다. 학생들은 규격화되고 평가받는 교육 과정을 거쳐 진급했다. 그리고 학위를 가진, 봉급을 받는 선생들에게 교육을 받았다. 이 학교들은 남학생들이 선생의 집 바닥에 모여 앉아서 외운 것을 낭송하거나 책 하나를 공유하던 무슬림 학교와 차별화되었다. 네덜란드인들은 새로운 종류의 학교를 소개했다. 그들은 기존의 학교들을 대체한 것이 아니었다.

네덜란드 학교는 복합적인 영향을 끼쳤다. 졸업생들은, 기독교 선교사, 신지학 협회, 인도네시아 문화 단체들이 한 것처럼, 네덜란드 정부 학교를 모델로 한 사립 학교를 열었다. 새로운 이슬람식 학교들도 서구 모델을 따랐고, 종교뿐 아니라 세속 과목들도 제공했다.

학교들은 종교, 계급, 혹은 인종에 기반했다. 가장 명망 있는 정부 학교들은 계급에 기반을 두었다. 그것들은 네덜란드인 그리고 상류층 인도네시아인 아이들을 받아들였다. 두 번째 등급의 정부 학교는 인종에 기반했다. 인도네시아인, 아랍인, 중국인 학교들이 각각 네덜란드어로 네덜란드 교과과정을 가르쳤다. 보통 인도네시아인을 위한 정부 학교는 로마자로 된 말레이어로 수업을 했고, "연계(link)" 학교들은 말레이어 반에서 뛰어난 학생들을 네덜란드어 학교 입학을 위해 준비시켰다. 1922년 키 하자르 데완토로(Ki Hajar Dewantoro)에 의해 설립된 타만 시스와(Taman Siswa) 학교들은 "토착민"이라 규정된 교사와 학생만을 받아들였다. 공인된 교육 과정을 제공하는 기독교와 무슬림 학교들은 교사 봉급과 시설을 위해 식민정부에서 기금을 받았다. 기독교 학교들은 기독교도뿐 아니라 무슬림과 정령 신앙을 가진 아이들도 받아들였지만, 기독교도들이 새로운 무슬림 학교에 가려는 경우는 거의 없었다.

식민지 학교에 관한 근본적인 논란은 이 질문이다. 누가 학교에 가야 하는가? 인도네시아 사회들에서 읽고 쓰는 능력은 소수의 이동하는 사람들(mobile men)에 한정된 것이었다. VOC 학교들은 로마자로 쓰여진 말레이어를 교육을 위한 언어로 사용했었고, 기독교도 아이들에게 해군, 육군, 무역에서의 직업을 위한 기본과 더불어 교회 신앙과 관행을 가르치는 것에 목표를 두었었다. 소년들을 위한 특수 학교들은 학문적 교육에 라틴어를 포함시켰고, 젊은 여성들을 위한 학교들도 있었다. 19세기 초부터, 인디스 정부는 직업 훈련 프로그램을 설립했다. 1854년 식민지 헌법은 정부가 (일부) 현지인들(Natives)에게 학교를 제공할 의무가 있다고 규정했다.

인도네시아의 1945년 헌법은 학교 교육이 모든 시민의 권리임을 확인한다. 1984년 남녀를 불문하고 모든 아이들에게 초등학교가 의무임이 선언되었다. 1993년에는 이 의무가 중학교로 확대되었다. 인도네시아 정부 학교도 식민 정부 학교와 마찬가지로 복합적 효과를 가져왔다. 오늘날, 정부의 세속, 종교 교육의 편성과 더불어, 종교 기관들과 개인 사업가들이 개별 학교들과 학제를 운영한다.

인디스 정부는 사무원, 백신 접종의, 삼림 감독관 등에 대한 특정한 수요가 생기면서 학교와 훈련 프로그램을 설치했는데, 이것은 현지인들(Natives)만을 위한 것이었다. 중국인들과 아랍인들은 자녀 교육을 자신들의 모국과 그 정부에 의존해야 한다는 것이 식민지 관리들의 시각이었다. 19세기에 설립된 직업학교와 윤리 프로그램의 일부로 개설된 초등학교들은 모두 식민정부가 "외국 동양인(Foreign Orientals)"이라 지정한 사람들을 받아주지 않았다. 그렇게 해서 정부는 토착민들과 외국계 주민들 간의 이질감을 영속화시켰다.

학교를 설립한 식민 관리들은 확장되어가는 식민 국가에 채용된 사람들이었다. 과거 그들에게 인디스란 자바만을 의미했던 반면, 그들은 그것을 자바와 외부도서(Outer Islands)가 더해진 것으로 개념화하기 시작했다. 이제 그들은 식민지를 네덜란드인들과 현지인들이 정부의 일을 하면서 순환하는 단일한 작업 공간으로 생각해야 했다. 1870년 이전에는, 모든 정부 학교와 훈련 프로그램들이 말레이어 과목을 포함해서, 졸업생들이 자바 외의 다른 지역에서 온 집단들과 소통할 수 있었다. 이제 현지인 교육을 담당하는 부서는 수백의 언어 집단을 포함하는 군도 국가에 교사 훈련과 교과서를 도입해야 했다. 정부 관리들은 한 식민지에 한 언어라는 원칙을 정했고, "표준 말레이어"가 무엇인가를 결정했다. 1908년 식민정부는 발라이 푸스타카(Balai Pustaka)라는 출판사를 설립해서 공식적으로 승인된 말레이어 버전으로 된 문법책, 교과서, 소설 등을 출간했다.

20세기 교실의 지도, 지도책, 지구본은 학생들에게 군도를 아체 인근 최북단에 있는 사방(Sabang)으로부터 동-서 뉴기니를 가르는 경계에 있는 마을인 므라우케(Merauke)까지 뻗은 단일 국가로 보는 새로운 네덜란드의 시각을 제공했다. "사방에서 므라우케까지"는 독립을 위한 캠페인에서 수카르노의 구호가 되었다. 아이들은 식민지 학교에 입학하기도 전에 식민지 공간에 들어섰다. 그들의 부모들은 종교 지도자들이 이단(kafirs)이라 경멸하는 사람들과 섞이는 것을 허락했다. 그들은 교실에 남녀가 함께 있는 것을 용인했다. 그들은 네덜란드인과 유라시안 여성 교사를 받아들였다. 그들은 아들들이 육체 노동을 피하고 식민지의 경력을 시작하는데 도움이 되는 훈련을 허용했다. 촌장으로서, 대농장의 십장으로서, 군인으로서, 가사 노동자로서 네덜란드인을 위해 일한 사람들이 가장 먼저 그 자식들을 정부의 말레이어 학교에 보냈다. 그들에게는 프산트렌보다는 식민지 학교가 자식들에게 유급 고용을 약속해주었다.

1860년대부터 식민지 관리 고용을 위한 훈련은 두 갈래로 나뉘어 조직되었다. 고위직에는 5년제 대학 학위와 네덜란드에서의 자격 시험이 요구되었다. 하위직은 중등 교육과 인디스에서의 시험을 이수한 사람들로 채워질 수 있었다. 실제로 고위직은 네덜란드인 이주자들이 차지했고, 하위직은 식민지에서 태어난 사람들이 차지했다. 구역 관리들이 서열화된 관료제의 유급 직원이 되면서 직업에 따른 요구 조건들이 표준화되었다. 네덜란드를 위해 식민지 행정을 담당하던 자바인들은 과거에는 그들이 걷는 세금과 독점 작물의 일정 비율을 착복해서 대가를 받았다. 그들은 또한 자신의 구역 주민들의 무상 노동에 의존했다. 1867년 이후, 식민 정부는 이런 "비공식적" 수단을 통한 수입을 억제하려 했고, 자바인 피고용인들을 그 경력과 수입을 바타비아에 의존하는 전문 인력으로 거듭나게 하려 했다.

많은 새로운 정부 학교들이 멀리 떨어진 암본 도서군(암본, 하루쿠 Haruku, 사파루아 Saparua, 누사 틍가라)에 개설되었다. 세람과 부루의 남부와 서부 해안지대와 더불어, 그 섬들은 암본 문화 권역을 형성했다. 암본의 인구는 크게 무슬림과 기독교도로 분리되었고, 그들은 세습 군주들(rajas)과 기독교도 혹은 무슬림 교사들이 통치하는 촌락들에 분리되어 살았다. 1863년 네덜란드인들은 향료의 생산과 판매에 대한 그들의 독점권을 포기했다. 몇 년간 암본인들은 자유 시장 판매를 통해 이익을 얻었지만, 세계 시장 가격이 하락했을 때 그들은 그들의 어업과 사고(sago) 경제에 편입시킬 대안 작물이 없었다. 같은 시기, 식민 정부는 그 부서, 영토, 기능을 확장하고 있었고 인도네시아인 직원을 채용할 필요를 인정하고 있었다. 암본의 기독교 마을에서, 식민 정부는 말레이어 사용 졸업생과 네덜란드어 사용 졸업생을 배출할 두 편제의 학교를 도입했다. 네덜란드어 학교가 기독교도 라자(rajas)와 교사, 도시 주민의 아들들을 공무원으로 만든 반면, 말레이어 학교는 과거 농업 노동자였던 사람들에게 군인으로서의 경력을 제공했다.

항료 재배는 암본인들을 장거리 무역로의 먼 종착역에 위치한 작은 섬들에 안주하게 했었다. 1890년대부터, 식민지 교육은 기독교도 암본인들을 암본에서 끌어냈다. 식민정부는 식민지 공간을 확장하고 관리하는 데 있어 그들을 협력자로 삼았다. 암본에 남았건 식민지 공간을 여행했건 기독교도 암본인들은 그들이 네덜란드 군주와 특별한 관계에 있다고 믿었다. 식민지 교육은 그들을 민족주의자로 만들지 않았다. 오히려, 그것은 자신들과 무슬림 암본인들과의 차이에 대한 그들의 자각을 강화시켰고 그들에게 군도의 무슬림 공동체에 대한 우월감을 주었다.

지배층들은 육체노동을 피하기 위해 식민지 교육을 필요로 하지 않았지만, 네덜란드어를 통한 교육은 식민지의 주지사들과 그들의 연합을 공고히 했다. 네덜란드 개혁가들과 네덜란드 학교 졸업생들이 모두 너무나 신속하게 귀족들을 봉건적이고 구시대적이라 치부했기 때문에, 라자와 다투들은 영민한 청년들이 교육을 통해서 부상하고 네덜란드 고등학교 졸업장이 귀족의 특권을 유지하는 데에도 필요하게 될 것이라는 것을 깨달았다. 귀족들은 자진해서 자식들을 유럽인을 위한 학교에 보냈다. 경제적으로 감당할 능력이 있는 도시 거주자들은 아들들을 현지인을 위한 네덜란드어 학교로 보냈다. 1914년부터 또한 네덜란드령 인도에서 대학 수준의 교육에 대한 광범위한 수요가 있었다. 1940년까지 법, 의학, 공학, 농업을 위한 대학들과 교사 양성 기관들이 세워졌다. 유럽인과 현지인 학교들은 등록금이 있었지만, 의학과 교육에서의 고등교육은 전적으로 식민정부의 재정지원을 받았다.

19세기 마지막 수십 년부터 네덜란드 정부와 긴밀한 관계를 맺은 몇몇 지배층 집안은 딸들을 유럽인 초등학교에 보냈지만, 고등 교육은 인도네시아인 여학생들에게는 허용되지 않았다. 졸업생들이 아체나 롬복의 부대에 군의관으로 보내질 수 있었기 때문에, 바타비아와 수라바야의 의대는 여성 지원자를 받지 않았다. 1941년 보고르(Bogor)에 농업 학부(Agricultural Faculty)가 열렸을 때, 대부분의 인도네시아 여성들이 전업 혹은 파트타임 농민이었지만 여학생은 받아들여지지 않았다. 식민지 관료들은 거의 모든 농촌 공동체가 여성을 농업 지도원이나 낚시못의 감독관으로 받아들이지 않을 것으로 판단했다. 직업을 원하는 소녀들은 유치원 교사, 산파, 공중 위생 관련 직업으로 인도되었다.

네덜란드 학교 교육은 보통의 인도네시아인들의 일상 경험 밖에 있었지만, 점점 더, 식민지배는 질병에 대처하는 데 있어 이들을 새로운 공적 사적 행동 양식으로 구속했다. 윤리정책의 건강 프로그램은 식민지의 모든 사람들에게 미치는 것을 목표로 했다. 정부의 건강 서비스는 의료 직원이 군사의학국(Military Medical Service)에 고용되었던 19세기 초반 수십 년에 시작되었다. 1804년 경부터, 바타비아 사람들은 천연두 백신 접종을 받았다. 인디스 정부는 그 통제하에 있는 지역에서 5세 이하 아동의 집단 백신 접종을 도입했다. 군도 전체가 식민 국가에 편입된 1920년대 후반까지 다른 지역은 천연두의 공격을 받았지만, 1870년이 되면 천연두는 자바에서 더 이상 중요한 사인이 아니었다.

인도네시아인들은 접종의로 훈련받았다. 자신의 상사에게 자신들이 접종한 사람들의 명단을 제출해야 했기 때문에, 그들은 글을 읽을 수 있어야 했다. 네덜란드 기록에는 이 새로운 직업 기회에 호응했던 사람들 중 "무슬림 지도자들"에 대한 묘사와 여성들의 이름이 포함되어 있다. 1840년에서 1900년 사이, 377명의 접종의와 의료보조원들이 바타비아의 한 병원에서 훈련을 받았다. 천연두 백신 접종 훈련은 1851년 공공 보건에서 훈련받은 "자바 의사"를 생산한 더 넓은 프로그램의 핵심이었다. 자바(Java)는 학생들의 종족이 아니라 학교의 위치를 지칭했다. 학생들 중에는 자바인뿐 아니라 수마트라인과 암본인도 있었다. 졸업생들이 군도 어디에서나 일할 수 있게 하기 위해 학교 교과과정에 말레이어가 포함되어 있었다. 20세기에 의료 보조원 훈련이 정규 의학 학위로 상향되었다. 장기간의 의학 교육은 식민 정부가 비용을 지불했기 때문에, 의학 관련 직업은 서구식 교육을 원하는 남성들에게 매력적이었다. 인도네시아의 최초 정치 지도자 중 다수가 졸업생이었다.

공동체의 건강관리 인력을 훈련하고, 사람들에게 위생, 청결, 응급 처치에 대한 교육을 하고, 콜레라와 유행성 감기, 전염병 발발에 대한 싸움을 조율하기 위해 1925년 공중보건국(Public Health Service)이 설립되었다. 1936년 보건국은 316명의 인도네시아인 내과 의사, 177명의 유럽인 의사, 1,210명의 인도네시아인 간호사, 150명의 유럽인 간호사를 고용했다. 또 (교육을 위한) 156명의 공중 보건 전문가, 435명의 접종의, 415명의 감염병 전문 인력이 있었다. 이들 직원들과 더불어 무함마디야와 같은 사설 기관, 기독교 선교사, 대농장 기업에 고용된 의료, 의료 보조 인력이 있었다. 1933년에는 위생 전문가 양성을 위한 2년제 학교가 개설되었다. 1935년에서 1939년 사이, 인도네시아인 접종자들은 290만 명을 접종했고, 약 5천만 명 인구 중 6백 50만 명에 대한 추가 접종을 관리했다.

서구 의약품: 신체의 식민화?

아메리카 대륙과 호주의 토착민들과 달리, 16세기 인도네시아인들은 유럽인들에게 노출된 것으로 인해 죽지 않았다. 수 세기에 걸친 인도, 중국과의 접촉을 통해서, 인도네시아인들은 유라시아 대륙군의 질병에 대해 어느 정도의 면역력을 가지고 있었다. 질병의 영향은 반대로 작용했다: 유럽인들이 인도네시아의 열병으로 인해 사망했다.

네덜란드 기록에서 전염병은 19세기와 20세기 초의 현상으로 보이는데, 이 시기 교통 체계가 콜레라 같은 새로운 질병들을 군도에 들이고 이미 알려진 천연두 같은 질병의 확산을 가속화시켰다. 1918년 유럽에서 발생한 유행성 독감은 그 해 네덜란드령 동인도에도 이르렀고, 1백만 명에서 2백만 명 사이의 사망자가 나왔다.

식민 정부는 1910년에서 1940년 사이 자바에서 전염병이 창궐하던 지역에 극단적인 조처를 취했다. 감염된 사람들은 수용소에 격리되었고, 가옥은 소각되었고, 사인이 규명되지 않은 경우 부검이 실시되었다. 1915년 설립된 전염병관리국

(the Plague Service)은 이런 조치들을 강제화하고, 물을 끓여 마시고 위생법을 강제하는 캠페인을 진행했다. 2백 5십만 채의 집을 재건축한 정부의 조치에도 불구하고, 반 전염병 조치는 대중들의 적대감을 불러일으켰다. 해부를 무슬림의 신체에 대한 기독교인의 모독으로 여긴 공동체들에서는 부검이 폭동을 유발했다. 친척들은 부검을 피하기 위해 때로 시체를 몰래 매장하기도 했다.

서구 의술을 유럽 제국주의의 하나의 무기로 보는 견해는 특정한 현실들을 간과한다. 서구식 병원, 진료소, 훈련된 직원이 거의 없었다. 예를 들어 1930년 자바에는 서구식 훈련을 받은 의사가 인구 62,500명당 한 명밖에 없었다. 군도 주민들은 토착, 중국, 서구의 것을 가리지 않고 모든 종류의 의약품에 의존했고, 모든 집단이 심신의 치유를 위해 성소를 방문했다. 유라시안 여성들은 자바의 약초 요법에 대해 말레이어와 네덜란드어로 책을 썼다. 유럽인 의사들이 토착 의료 행위를 점점 무시하게 되고 토착 의약품을 인류학자의 연구 영역으로 남기게 된 것은 19세기 후반 유럽의 의학 혁명 이후였다.

유럽의 의학 발전이 군도의 식민지화를 돕기는 했지만, 인도네시아인들은 백신처럼 자식의 생명을 구할 수 있는 서구식 의료 조치를 외면하지 않았다. 윤리정책의 건강 프로그램 시기에 군도의 인구가 두 배로 증가한 것은, 인도네시아인들이 서구 의약품에 대한 인도네시아 전문가를 받아들였음을 암시한다.

독립 인도네시아의 의과대학은 외과 수술을 포함한 서구 의약품과 의료행위를 가르쳤다. 공동체 건강 프로그램은 자립과 예방에 목표를 두었다. 수하르토 정부 아래서 공공 의약품은 식민지기와 마찬가지로 권위주의 정부의 통제하에 있었다. 빈민을 겨냥한 정부 후원의 가족계획 단체들이 특히 억압적이었다.

인도네시아인들은 또한 기술 훈련 이전의 중개인으로서 식민주의를 경험했다. 군도에서 유럽인들의 경제 활동은, 현지 공예가들과 여성들의 서비스에 대한 수요를 증가시킴으로써, 이미 그들이 연마해온 기술들을 장려했다. 정부가 세운 초등학교와 종교 학교들은 종종 산업화 이전의 기술을 가르쳤고, 참석한 소년들과 극소수의 소녀들을 위한 윤작, 축산업, 쟁기질, 바느질, 응급조치에 대한 가르침을 포함했다. 그러나 식민 정부는 또한 무역 학교, 그리고 측량, 제도, 조판, 전신, 기계 수리와 같은 근대적 중위(middle-level) 직업을 위한 수련생 프로그램을 만들었다. 1900년에는 기계 수리공, 기술자, 광부를 양성하기 위해 바타비아에 빌헬미나 여왕 고등학교(Queen Wilhelmina High School)가 개교했다. 수업이 네덜란드어로 이루어졌기 때문에 말레이어로 된 과학 기술 용어의 발전은 지연되었고, 많은 학생들은 부유층 가정 출신이었다. 지위를 물려받는 사람들이 선호하던 법과 의학의 학문적 교육과 더불어 기술 교육은 그들에게 사회적 지위 향상의 길을 제공해주었다.

인디스 정부는 북부 수마트라, 마나도, 암본에 교사 양성기관을 열었지만, 더 높은 수준의 학교는 대부분 자바에 있었다. 1860년에서 1914년 사이에 인디스에 편입된 영토에서 온 사람들은 고등 교육을 란타우의 목적으로 여기게 되었다. 농민과 상인의 아들들이 연중 수 개월 간 상업적 모험에 나서는 동안, 구역 수장과 문벌 수장의 아들들은 바타비아, 반둥, 혹은 수라바야에서 수년간 공부했다. 그들은 란타우 네트워크를 통해 이미 자리를 잡은 친척들 혹은 하숙생을 받는 네덜란드인과 유라시안 가족들과 함께 거주했다. 자바에서 그들은 오래된 식민 지배의 존재와 권력의 가시적 상징들을 마주했다. 그들은 또 자바인의 수, 자바 문화, 자바인의 야심의 위력을 경험했다.

수마트라와 술라웨시에서 온 사람들은 곧 자바인들이 자바 전통에 근대적 형태와 근대적 주장을 제공해주는, 부디 우토모(Budi Utomo), 무함마디야(Muhammadiyah), 사레캇 이슬람(Sarekat Islam), 나다툴 울라마(Nahdatul Ulama) 같은 조직을 만들고 있음을 알게 되었다. 영광스러운 영혼 혹은 노력이라는 뜻의 부디 우토모는 자바의 힌두-불교적 과거의 철학적 유산을 칭송했다. 그것은 귀족 칭호가 있으면서 네덜란드식 교육을 받았으며, 군주제를 부활시키고, 자바 문화를 20세기에 맞게 재생하고, 보통의 자바인들의 "수준을 끌어올리기"를 원했던 사람들에 의해 1908년에 창설되었다. 무함마디야는 1912년 욕야카르타의 오랜 종교 지구에서 술탄 하멩쿠부워노 7세의 후원과 함께 시작되었다. 그것은 선교사를 양성하고 그들을 지역 모스크에 파견함으로써 남성들이 일상생활에서 무하마드를 본받는 것을 돕고자 했다. 그것은 자바인들이 기독교인 직원의 말에 복종해야 할 필요 없이 근대적 교육, 의료 지원, 원조를 받을 수 있게 하기 위해 식민정부의 기구들과 유사한 학교, 치료소, 자선 단체를 세웠다. 무함마디야는 수마트라와 다른 곳의 이슬람 개혁에 자바인의 지도력을 제공하기 위해 식민 국가의 보다 넓은 지역에 지부를 세웠다. 1938년이 되면 무함마디야는 군도 전역에 걸쳐 25만 명의 회원, 모스크, 학교, 치료소, 도서관의 네트워크, 그리고 7,630명의 선교사가 있다고 주장했다.

무함마디야 학교들은 교사의 고용과 급여를 조직에서 담당하는 별개의 기구로 설립되었다. 학생들은 종교적 주제보다는 수학, 지리학, 과학에 주안점을 둔 교육 과정을 이수했다. 1925년이 되면 이 조직은 총 4천 명의 학생이 있는 55개의 학교를 운영하고 있었다. 학교는 남녀 학생을 분리시켰고 여학생들 용으로 몸을 감싸고 머리와 목을 덮는 의상을 도입했다. 고급 아랍어 수업은 뛰어난 학생들이 이집트에서 공부할 수 있게 준비시켰다. 부유한 무함마디야 학부형들은 여성을 위한 이집트 학교들이 공부하기에 안전한 곳이라고 여겼다. 그 학교들은 상류층 여성들이 초급 수준 이상의 공부를 계속할 때 그들을 세간의 시선으로부터 가려준 식민지의 수녀원 기숙 학교들과 유사했다.

부디 우토모와 무함마디야는 남성 조직이었다. 무함마디야는 공적 생활에서 여성들을 남성들로부터 분리시키는 것을 옹호했지만, 또한 여성들을 새롭게 무슬림으로 만드는 것도 원했다. 그 해결책은 여성을 위한 별도의 조직을 만들고, 여성 교사와 설교자가 운영하는 학교와 연구회를 세우는 것이었다. 그 여성 조직은 무하마드가 사랑하던 아내인 아이샤(Aisyah)라는 이름을 사용했다. 그녀는 자바 이슬람에서 찾을 수 없는 모범적인 이슬람적 행동 양식을 제시했다. 1929년까지 아이샤 조직은 47개의 지부와 5천 명의 회원을 보유했고, 32개의 여학교를 운영하고 75명의 여교사를 고용했다. 부디 우토모 또한 별도의 조직을 통해 여성 회원 문제를 해결했다. 1912년 부디 우토모는 독립적인 젊은 여성이라는 뜻의 푸트리 마르디카(Puteri Mardika)라는 조직의 설립을 도왔다. 이 조직을 통해, 부디 우토모 남성들의, 네덜란드 교육을 받은 여성 형제들은 현지인 여성(Native women)의 향상을 위한 고상한 토론을 해나갈 수 있었다. 그들은 자바의 과거보다는 그 현재에 더 관심을 가졌고, 자바 대중을 얽매고 있는 무지, 더러움, 질병, 미신을 일소해야 한다는 의무감을 느꼈다. 부디 우토모와 푸트리 마르디카 모두 새롭게 획득된 인디스 영토의 식민지화를 시도하지 않았다. 그들은 자바 상류층을 위한 조직이었지만, 대중을 위한 복지 증대를 압박하기 위해 1927년 인도네시아 인민정치협회협약(Agreement of Indonesian People's Political Associations), 1935년 대인도네시아당(Party of Great Indonesia) 등의 연합 조직에도 참여했고, 스스로 지도적 역할을 늘렸다.

이슬람 연합(Union)을 의미하는 사레캇 이슬람은 1912년에 창설되었다. 그것은 1909년 아랍인과 자바인 상인들에 의해 설립된 이슬람 상업 협회(Islamic Trading Association)에서 성장했지만 1913년 오직 토착 무슬림만 참여할 수 있다고 선언했다. 그래서 일부 학자들은 사레캇 이슬람을 종교적이라기보다 민족주의적인 조직으로 여겼지만, 이런 해석에는 전제 조건이 필요하다. 이슬람 상업 연합의 아랍계는 자바에서 태어났다. 그들의 어머니는 자바인이었다. 정치 지도자들(그리고 인도네시아 연구자들)의 관점에서 보면, 사레캇 이슬람의 결정은 정체성과 소속이 오직 아버지로부터 온다는 것을 보여준다. 부인과 어머니는 국적을 물려주지 않는다. 사레캇 이슬람은 남성을 위한 것이었다.

이슬람 연합은 공장과 대농장의 감독관, 자작농, 은행원, 사무원, 식민지 군대의 무슬림 군인, 음식 행상, 무역업자, 수공업자인 회원들의 생활 수준을 향상시키기 위해 노력했다. 그 지도자들은 따르는 사람들이 실현할 수 있는 경제적 목표를 위해 일했다. 그들은 시멘트로 만든 주택을 약속했고, 기독교도 정부에 의해 부과되는 세금에 반대했고, 섬유와 담배 생산에서 중국인의 장악력을 무너뜨릴 것을 촉구했다. 그들은 무슬림들에게 무슬림 동지들에게서만 구매하도록 독려하고 중국인 사업 불매운동을 조직했다. 연합은 가난한 회원들이 이슬람식 장례 비용을 지불할 수 있게 도왔다. 모스크 모임을 조직했다. 그 청년 조직은 식민지 법정, 경찰, 자선단체를 통해 공동체 분쟁을 해결하기보다, 중국인 갱들과 맞붙고 "거리의 정의"를 강제했다. 그것은 자신이 모든 외국인을 자바에서 몰아내고 수라카르타의 파쿠부워노 10세를 자바 황제이자 칼리프로 등극시킬 것이라는 소문을 퍼뜨렸다. 사레캇 이슬람은 본질적으로 자바인 조직이었지만, 군도 전역에 걸쳐 기독교도 정부를 종식시키기를 원했다. 이 단체는 1929년 그 이름을 인도네시아 이슬람연합정당(Party of the Islamic Union of Indonesia, Partai Sarekat Islam of Indonesia)으로 변경함으로써 넓어진 시각을 표명했고, 네덜란드령 인도의 몰락을 앞당기기 위해 인도네시아 인민정치협회협약에 일시적으로 합류하기도 했다.

나다툴 울라마(Nahdatul Ulama, 혹은 Nahdlatul Ulama)는 (이슬람) 교사들의 약진이라는 뜻으로, 1926년 동부 자바에서 키아이 하지 하심 아샤리(Kiai Haji Hasyim Asy'ari)의 프산트렌에서 결성되었다. 그 회원들은 동부 자바 출신이라는 공통점을 지닌 자작농들, 도시 기반 상인들, 법률 보조원들, 성지순례 조직자들, 노동 브로커들이었다. 그들의 이슬람은 무함마디야 선교사들에 의해 상상된, 재창조된 17세기 무슬림 공동체보다는, 동부 자바에서 키아이들이 이끄는 무슬림 공동체의 중론에 뿌리를 두고 있었다. 나다툴 울라마 회원들은 네덜란드 기차를 타고 네덜란드 증기선에 올라 메카에 갔다. 그들은 그들의 프산트렌과 병원, 식민 의회 내에서의 정치 공작과 공식적으로 함께 존재하는 기독교 모델을 모방했지만, 그들에게 식민 국가는 부적절한 것이었다. 동부 자바는 그들의 세계와 조직의 경계였다. 그들은 고론탈로(Gorontalo)나 드르나테로 키아이를 보내지 않았다. 회원들은 동부 자바에 그리고 남부 칼리만탄의 동부 자바 출신 이주자 공동체에 살았다. 나다툴 울라마 지도자들은 네덜란드, 일본, 이후에는 공화국 지도자들과 정치적 타협을 이룸으로써 그들의 활동을 위한 공간을 확보했다.

공부를 위해 자바의 주요 도시에 온 수마트라인들과 다른 사람들은 자바 왕실, 근대 이슬람, 프산트렌 중심 이슬람, 그리고 비무슬림에 대한 옛스러운 혐오에 맞닥뜨렸다. 동시에, 그들이 떠난 곳에 남은 사람들은 이주 농민으로서, 식민지 군대의 군인으로서, 정부 직원으로서, 개혁운동 지도자로서, 탐험가로서 자신들의 땅으로 옮겨온 자바인들을 맞닥뜨렸다. 아체나 마카사르 출신으로 거기서 이슬람 개혁 운동 영향을 받았던 학생들은 자바에서 여성들이 공적 생활에서 질밥을 쓰지 않기를 원하는 개혁가들과, 이슬람에 적극 반대하거나 그것을 무시하는 자바 문화의 부활을 추구하는 전문직 종사자들과 정치인들과 마주쳤다. 페미니스트 라덴 아젱 카르티니(Raden Ajeng Kartini), 유럽인 신지론자 더크 판 힌로펜 라베르톤(Dirk van Hinloopen Labberton), 교육가 키 하자르 데완토로(Ki Hajar Dewantoro)는 그들에게 이슬람이 부적절하다고 하는 "근대적" 태도의 전형이었다.

라덴 아젱 카르티니(1879~1904)는 북중부 자바에서 식민지 행정 관련 직업을 독점하던 콘드로느고로(Condronegoro) 집안 사람이었다. 그들은 자녀들을 위해 네덜란드인 남녀 입주 교사를 고용했고, 딸들과 아들들을 유럽식 초등학교에 진학시켰고, 아들들은 네덜란드식 고등학교에 보내고 그 중 하나는 네덜란드의 대학에 보냈다. 그들은 네덜란드어 잡지의 독자이자 투고자였고, 에티치(ethici)들과 연락을 주고받았다. 카르티니와 그 자매들인 루크미니(Rukmini)와 카르디나(Kardinah)는 유럽식 초등학교에서의 경험과 네덜란드 여성들과의 친밀한 우정을 통해, 개인적 자유의 모범, 여성이 교육, 직업, 일부일처 혼인에 대한 권리를 가져야 한다는 확신, 그리고 현지인 여성들(Native women)을 "향상시켜야" 하는 의무감을 이끌어냈다. "클로버 잎(Cloverleaf)"이라는 필명을 사용했지만 그들의 정체는 쉽게 드러났고 그들은 이슬람과 자바 문화를 방기했다고 비난받았다. 카르티니는 가족의 반대로 인해 네덜란드나 바타비아에서 공부할 수 있도록 주어진 네덜란드 정부 장학금을 받아들일 수 없었지만, 이 자매들이 식민지의 중요한 네덜란드 인사들의 부인들과 맺은 친교는 야심 있는 자바인 관리들이 그녀들의 악명에도 불구하고 그녀들과 결혼하기를 원하게 만들었다. 자바 엘리트 남성들과 여성들은, 문명에 대한 자바인의 기준을 끌어올리고 식민지와 네덜란드에서 네덜란드인들 사이에 자바인에 대한 존중을 불러일으키기 위해 네덜란드인과 자바인의 협력을 통해 통치되는 인디스라는 비전을 공유했다.

판 힌로펜 라베르톤은 20세기 초에 프로볼링고(Probolinggo)의 설탕 공장에서 일하기 위해 자바에 온 네덜란드인이었는데, 곧 공직으로 옮겨갔다. 그는 네덜란드에서 신지학 협회에 가입했었고, 자바에서는 그 보고르(Bogor)와 바타비아 지부에 가입했고, 신비주의에 매료되고 동방의 지혜와 고대 귀족의 상상적 과거에 빠져든, 불교도이자 채식주의자인 네덜란드 남녀 집단의 지도적 회원이 되었다. 보편적 형제애, 그리고 차별의 종식을 위해 힘쓰던 신지학 협회는 자바인, 중국인, 유라시안, 네덜란드인, 그리고 남녀 구분 없이 문호를 개방했고, 그 집회소는 자바인과 유럽인이 사회적으로 동등한 입장에서 만나는 몇 안되는 장소 중 하나를 제공했다.

판 힌로펜은 여러 경로를 통해 그의 생각을 유통시켰다. 그는 대중 문학 진흥을 위한 정부 위원회 회원이었고, 고등학교 교사였고, 잡지 편집인이었고, 산스크리트어 교본의 저자였고, 1922년에는 문맹 퇴치 운동(Movement to Combat Illiteracy)의 창설자였다. 그는 부디 우토모의 바타비아 지부의 시작에 도움을 주었고 자바의 언어와 문화 연구를 위한 자바 협회(Java Institute)의 활동을 확장했다.

카르티니: 민족의 영웅 혹은 네덜란드의 창조물?

카르티니의 네덜란드인 친구들은 그녀의 편지를 보존, 출판하고, 자바에 여성을 위한 학교 개설을 위한 기금을 마련함으로써, 그녀가 확실히 인도네시아 역사에 남도록 했다. 수카르노 대통령은 1964년 그녀를 어머니 카르티니(Ibu Kartini)라는 국가 영웅으로 격상시켰다. 네덜란드인들의 존경과 카르티니의 자바 중심주의로 인해 독립 인도네시아의 영웅으로서 그녀는 논란의 여지가 있는 선택임이 확실했다. 그녀를 폄하하는 사람들은 그녀가 식민주의의 옹호자였고, 자바 봉건주의에 대한 그녀의 봉기가 군도 다른 곳에서는 의미 없는 것이라고 주장했다. 그들은 여성 행실의 보다 적합한 모델로 미낭카바우인 라흐마 엘-유누시아(Rahma El-Yunusiah) 같이 알려지지 않은 여성들을 제안했는데, 그녀는 흰 옷을 입은 여성들에게 아랍어와 코란을 가르쳤고, 1933년 인도네시아 이슬람 여성 교사 연합을 창설했고, 식민주의를 거부했고, 네덜란드 사람들과의 접촉을 개인적 모욕으로 간주했다. 라흐마 엘-유누시아의 비전은 보존되지 않았고, 그래서 여성들을 인도네시아 역사에 기록한 것은, 1899년 네덜란드 펜팔 여성 친구에게 보낸 편지 첫머리에 여성들을 개인적 자유와 서구 교육을 갈망하는 개인으로 묘사한 자바의 카르티니이다. "나는 오랫동안 '근대적 여성(modern girl)', 즉 내가 너무 존경하는 자랑스런 독립적 여성을 알게 되기를 갈망했어요."

비록 판 힌로펜의 주된 관심이 상상된 힌두 자바에 있기는 했지만, 그는 인디스의 자치를 위한 운동을 발전시키는 데 뜻을 함께 했다. 그는 자신의 문화의 뿌리에 관심이 있는 자바 남성들 사이에, 이슬람은 외부에서 강요된 것이고 자바인들은 자치 회복을 위한 기반으로서 자신들의 고대 문화에 대한 지식을 되살려야 한다는 자신의 생각이 자라나게 했다. 그는 말레이어를 학술 담론, 공적 토론, 그리고 식민지 전체의 일반 언어로 홍보했다. 인디스 정부는 판 힌로펜을 공적 위험으로 판단해서, 1923년 그의 문맹 퇴치 프로그램을 폐쇄하고 그의 인디스 경력을 종식시켰다. 비록 그가 인도네시아인들이 거부하려던 다인종 사회를 옹호했지만, 판 힌로펜과 그의 자바인, 네덜란드인 동료 신지학자들은 그들의 교육적 노력의 복합적 효과를 통해 인도네시아 근대사에 장기적 영향을 끼쳤다. 신지학 협회 학교 졸업생들은 민족 정체성을 홍보하기 위해 세워진 새 학교의 교사가 되었다. 자바인 신지학자들이 장학금, 학교, 서적, 공부 모임을 위해 조성한 기금은, 네덜란드의 지원 없이 활동하고, 계속되는 네덜란드의 지배와 연합에 대항해서 나라를 이끈 지도자 세대를 준비시켰다. 인도네시아의 초대 부통령인 모하마드 하타(Mohammad Hatta, 1902~1980) 같은 사람이 신지학 협회 장학금으로 네덜란드에서 공부하고 정치활동을 했다.

키 하자르 데완토로(1889~1959)는 이슬람보다 자바를 중시한 식민사회의 또 다른 명망 있는 구성원이었다. 그는 욕야카르타 술탄국 내 파쿠알라만(Pakualaman) 왕실에 속했다. 파쿠알라만 왕자들은 유럽 문화에 대한 관심, 네덜란드인들과의 친분 강화, 네덜란드식 교육 추구로 알려져 있었다. 데완토로의 최초의 정치적 지향은 그가 인디스당(Indies Party)에 있을 때 형성되었는데, 그 때 그는 아직 수와르디 수리야닝그랏(Suwardi Suryaningrat)이라는 이름으로 알려져 있었다. 인디스당은 부디 우토모, 무함마디야, 사레캇 이슬람과 비슷한 시기에 창설되었는데, 자바가 아니라 식민 국가를 준거의 틀로 택했고, 네덜란드로부터의 독립을 위한 캠페인을 벌였고, 식민지에서 태어나 네덜란드어 교육을 받은 남성이 지도자가 되어야 한다고 제안했다. 유라시안과 자바인 남성들이 최초로 세속 민족국가를 제안했고 또 최초로 식민 정부에 의해 해산되는 인디스당에 이끌렸다. 그 지도자들은 일시적으로 식민지에서 쫓겨나 네덜란드로 보내졌다.

수와르디는 1913년에서 1919년까지 네덜란드에서 지냈다. 자바로 돌아왔을 때 그는 키 하자르 데완토로라는 새 이름과 새 비전을 지녔다. 그는 통치의 자격 요건을 인디스 태생에서 자바 귀족과 문화로 대체했다. 자바에 기반을 둔 민족주의가, 그가 자바와 외부도서(Outer Islands)의 합이라고 여긴 국가의 기반을 형성했다. 그는 민족 통합의 기반으로 이슬람을 거부하고 이슬람을 흡수한 토착 문화를 선호했다. 그는 1922년 최초의 타만 시스와 학교를 세웠는데, 이것은 수 년간의 네덜란드식 학교 교육이 유사 유럽인들을 만들어낼 것을 두려워하던, 그리고 자바 문화에 대한 광적인 적대감의 중심지라는 이유로 이슬람 학교를 경원하던 학부모들에게 즉시 인기를 끌었다. 1932년이 되면 타만 시스와는 166개의 학교에 11,000명의 학생을 보유했다. 그것은 중등 학교와 교사 양성 기관도 설립했다. 타만 시스와는 다른 지역 학교들의 모델이 되었는데 그곳에서는 지역의 역사, 언어, 예술이 자바 것을 대체했다.

인디스의 다른 종족집단에서는 자바 중심 개혁가들의 것에 비견될만한 사례가 없었다. 예컨대 누구도 스리비자야의 불교 유산에 기반한, 팔렘방을 중심으로 통치하는 군도 국가를 제안하지 않았다. 1918년 바타비아에서 결성된 수마트라인연합(Sumatran Union), 1921년 바타비아에서 결성된 티모르인 연맹(Timorese Alliance), 1914년 창설된 순다인 조직 파순단(Pasundan)의 회원들은 특정 종족 집단이 지배하지 않는 군도 전체에 걸친 연합에 그들의 미래가 있다고 보았다. 그들은 약한 중앙 정부가 세계에 인도네시아인을 대표하면서 각 지역이 그 고유의 정체성을 보존하고 그 구성원의 이익을 위해 경제를 개발하도록 허용하는, 종족적 중심들에 기반한 연방 국가에 찬성하는 운동을 벌였다. 심지어 네덜란드인들과 가까운 동류라고 느꼈던 식민지의 기독교인들 중에도 자신들의 미래를 네덜란드 왕국보다는 연방 인도네시아에서 찾는 지도자들이 있었다. 1920년부터, (바타비아와 수라바야에 주요 지부를 둔) 암본인연합(Union of Ambonese) 같은 집단들은 무슬림과 기독교도 암본인의 단합을, 그리고 합쳐져서 식민 국가를 계승할 말레이어 사용자들의 인도네시아 연방에 암본의 운명을 걸 것을 홍보했다. 자바의 개혁가들과 정치인들은 자바만 생각해도 되었다. 다른 모든 이들은 미래에 대한 계산에 자바를 포함해야 했다.

인도네시아의 미래를 위한 두 수마트라인의 건의안: 무하마드 야민과 함카

두 명의 서부 수마트라 지식인이 미래를 향한 대안적 길을 제시했다. 무하마드 야민(Muhammad Yamin, 1903~1964)은 미낭카바우의 파드리 전쟁에서 네덜란드에 협력함으로써 식민 국가 행정가가 되고, 직업과 지위, 수입과 서구 교육을 확보했던 계층 출신이다. 야민의 란타우(rantau)는 그를 신지학 협회의 장학금을 통해 수마트라에서 바타비아의 새 로스쿨로 보냈다. 식민지의 수도에서, 야민은 자신의 고향이 수마트라섬 구석의 미낭카바우인 모서리가 아니라 수마트라라고 규정하기 시작했다. 1928년이 되면 그는 식민 국가 자체를 고향이라고 했고, 이것이 뒤에 인도네시아로 재구성되었다. 그는 하나의 국가(인도네시아), 하나의 민족, 하나의 언어(인도네시아어라 불리게 되는 말레이어)를 요구한 1928년 청년의 서(Youth Oath) 작성자 중 한 명이다. 그는 1938년 식민지의 인민위원회(People's council)에서 미낭카바우를 대표했고, 1945년 독립 헌법의 주요 저자였다.

야민은 자바를 인도 문명이 화려하게 재생된 지역으로 만들어낸, 당시 유행하던 네덜란드인, 자바인의 군도 역사를 수용했다. 위대한 문화 보고들은 힌두 서사시에서 영감을 받은 것이었고, 걸출한 제국은 마자파히트였다. 야민은 군도의 나머지 지역을 자바라는 중심의 외부 도서(outer islands)로 보았다. 그는 자바가 외부 도서들과 6천 년에 걸쳐 문화, 관습, 정신을 공유했고, 이 통합이 군도의 많은 왕들을 인정하는 네덜란드인들의 전략과 지역 언어들에 대한 흥미의 부활에 의해 붕괴되어 왔다고 주장했다. 이 상상된 과거를 회복하는 것은 근대 정치의 사업이었다. 야민은 군주제를 부활하기를 원하지 않았다. 그는 한 때 마자파히트에게 속했던 모든 지역으로 구성된 단일 국가를 원했다. 야민의 인도네시아는 동티모르, 오늘날의 말레이시아 전역, 그리고 태국 남부까지 포함했다. 공유된 문화, 자바의 점령이라는 공통된 역사, 그리고 말레이어가 그 기둥이 될 것이었다.

함카(Hamka, 1908~1989)도 미낭카바우인이었지만, 그는 네덜란드인과 그들의 미낭카바우 연합 세력에 반대했던 계급에 속했다. 그의 부계는 5세대 전 이슬람을 통한 차별화를 도모했다. 야민이 오랜 시간에 걸쳐 자바와 수마트라에서 네덜란드어로 교육을 받았던 반면, 함카의 공식 교육은 짧았고, 현지에서 말레이어와 아랍어로 이루어졌다. 그는 바타비아가 아니라 메카로 여행을 했다. 함카는 무함마디야에 가입했고, 1930년이 되면 민족주의자로 자처했다. 성지순례와 정치는 그가 네덜란드가 지배하는 군도 국가의 통합성을 발견하게 했지만, 그 통합의 기본은 자바의 힌두 과거가 아니라 이슬람이었다. 함카의 견해에 따르면, 그의 동시대인들은 이슬람으로의 개종의 역사, 무슬림으로서의 삶의 경험, 그리고 이슬람 핵심부와의 연결의 산물이었다. 이슬람 이전의 과거는 새로운 국가를 만드는 데 기여할 것이 없었다. 그의 영웅들은 가자 마다 같은 자바의 힌두 정복자들이 아니라, 이슬람을 위해 힌두 세계를 점령했던 반텐의 술탄 하사누딘 같은 남성들이었다.

처음에는 야민의 시각이 우세했다. 그는 생전에 인도네시아가, 마자파히트의 영역이라 생각되는 지역을 모두 채우지는 못했지만, 자바와 자바인들이 장악한 독립 공화국이 되는 것을 목도했다. 자바가 아니라 이슬람이 인도네시아 통합의 기반이라는 함카의 주장은 21세기 벽두에 인도네시아 국가를 격렬하게 흔들고 있다.

군도 전역에 걸쳐 민족 혹은 조국이라는 개념이 이슬람적이지 못하다고 판단한 무슬림 지도자들이 있었다. 그들에게 정체성이란 종교에만 기반을 두어야 했고, 정치적 충성은 오직 이슬람의 이름으로 다스리는 사람에게만 속한 것이다. 일부는 다룰 이슬람(Darul Islam, 이슬람의 집)을 건설하기 위해 네덜란드인의 식민지 공간과 민족주의 정치에서 물러남으로써 자신의 믿음의 논리를 수행했다. 그들에게는 인도네시아 국민당(Nationalist Party of Indonesia, 1927년 창당), 인도네시아당(Indonesia Party, 1930년 창당), 혹은 인도네시아 사회당(Socialist Party of Indonesia, 1948년 창당) 같은 정당들이 네덜란드인 기독교도를 인도네시아 무슬림으로 교체하고 네덜란드령 인도를 인도네시아공화국으로 대체하는 것으로는 불충분했다. 공화국과 인도네시아인 정치가들에 의한 통치는 이슬람법으로 통치되고 이슬람 종교 전문가가 인도하는 사회를 건설한다는 목표에 부합하지 않는 것이었다. 다룰 이슬람의 신봉자들은 식민지 관료와 민족주의 정치가들에게 똑같이 등을 돌렸다. 독립 전쟁 시기에, 서부 자바에서 신의 이슬람 군대(Islamic Armies of God)는 네덜란드 식민 군대의 군인들뿐 아니라 인도네시아의 인민군(People's Army) 군인들에게도 대적해 싸웠다. 인도네시아가 민족주의 정당들의 정치인들에 의해 통치되는 독립 세속 국가로 국제적으로 인정받은 후, 신의 이슬람 군대는 서부 자바, 아체, 남부 술라웨시에서(개명된) 인도네시아 국군에 맞서 싸웠다.

인디스의 네덜란드인들도 조직화했다. 고국모임(Faterlands Club)은 유라시안, 네덜란드 남성의 인도네시아인, 중국인 배우자, 법원에서 합법적으로 유럽인으로 선언된 아시아인 등으로 구성된 더 큰 유럽인 공동체 내의 6만 명의 네덜란드인 이민자를 대표하기 위해 1928년에 창립되었다. 회원들은 자신들의 이익이 공산주의자, 민족주의자, 그리고 정부의 복지 혜택을 받아 사는 보통의 인도네시아인들에게 위협받는다고 인식했다. 그 절정에 달했던 1930년, 고국모임은 네덜란드 성인 남성 이민자의 30%가 회원이라고 주장했다.

카르토수위르요와 다룰 이슬람: 금단의 꿈

카르토수위르요는 1905년 그에게 네덜란드어 교육을 시킬 여유가 있던 집안에 태어났다. 젊은 시절 그는 인도네시아 이슬람연합정당에 가입했으나 1939년 식민지 기구들과의 협력을 규탄했다는 이유로 쫓겨났다. 그는 순다인 지역인 가룻(Garut)에 있는 부인의 마을에 정착해서, 거기서 무슬림들이 식민 국가와의 접촉으로부터 벗어나야 한다고 가르치기 시작했다.

1940년 카르토수위르요는 농업 공동체로서 수파 협회(Suffah Institute)를 설립했다. 그는 그의 이슬람 공동체를 대리인을 통해 운영하고 자신을 추종자들로부터 감췄고, 그 결과 소문이 돌기 시작했다. 사람들은 카르토수위르요가 명상과 금욕 생활을 통해 비범한 힘을 얻었다고 얘기했다. 그는 자신을 보이지 않게 만들 수 있었다. 그가 고안한 부적을 가지면 총알에도 끄떡없었다. 그들은 이슬람 공동체(House of Islam) 확산에 걸림돌이 되는 모두를 공격했다. 카르토수위르요의 지도력을 인정하지 않는 울라마와 마을 사람들, 네덜란드 군대, 그리고 수카르노 정부 대표자들. 1948년 그는 이맘(Imam) 칭호를 택하고 인도네시아 이슬람국가(Islamic State of Indonesia)를 선포했다. 네덜란드인들이 떠난 후에도 카르토수위르요는 인도네시아에 대항해서 투쟁을 계속했다. 그는 비무슬림을 무슬림보다 큰 권위를 지닌 지위에 임명했다는 이유로 수카르노를 적으로 지목했다. 카르토수위르요의 무장 집단은 국군에서 쫓겨난 사람들과, 혁명의 유산인 약탈적 민병대의 구성원들을 환영했다. 그들은 지역의 적대자들의 사원과 집을 불태웠고, 무차별적 살해와 효수를 통해 서부 자바를 공포에 빠뜨렸다.

카르토수위르요의 경우, 지도력과 정부의 분리가 완전했다. 그의 학식과 신성함은 지역에서만 알려졌을 뿐이다. 샤리아로 훈련받은 관리들은 지도자의 주술적 능력을 강조하는 카르토수위르요 특유의 이슬람을 폄하했다. 그들은 변변찮은 그의 공식 이슬람 교육을 지적하고, 그가 부유함과 도시 국제주의자들과의 연계를 거부하는 것을 조롱했다.

많은 인도네시아인들에게 동료 무슬림과 인도네시아 정부에 대한 공격은 합리화될 수 없는 것이었다. 다룰 이슬람 분리주의 운동은 1950년대 지역주의의 열망이 자카르타의 자바인 권력자들과 충돌했을 때 다시 강력하게 대두되었다. 지역에 국한되었기 때문에, 다룰 이슬람 군인들은 네덜란드 지배의 분쇄자라는 국민적 호감을 수반한 군사 기구에 경쟁이 되지 않았다. 서부 자바의 다룰 이슬람 운동은 카르토수위르요가 인도네시아 군대에 의해 잡혀 총살된 1962년 몰락했다.

1930년대 중반 고국모임은 인종보다 네덜란드인의 특성과 전통의 유지를 강조했다. 그것은 인디스에서의 대학 설립과 자격을 갖춘 인도네시아인들을 고위직에 올리는 것을 지지했다. 인도네시아인의 배제라는 기조는 네덜란드 나치당의 인디스 지부인 국가사회연맹(National Socialist League)에 넘어갔다. 고국 모임은 네덜란드 왕국 내에 자치권을 가진 네덜란드령 인도를 위해 선전을 벌였다. 이 모임은 서뉴기니를 유라시안을 위한 별개의 고향으로 제안해서 유라시안들을 회원으로 끌어들였다. 또 인민위원회(People's Council)에서 일본에 대한 방어 체계를 구축하자는 선전을 벌였는데, 거기서 그들은 인도네시아인 민족주의자들에게도 비슷한 요구를 했다. 고국모임은 윤리정책에 반대함으로써 그 정계 활동을 시작했지만, 결국 인도네시아인들과의 궁극적인 권력 공유를 포함해서 윤리정책의 이상 가운데 많은 것을 지지하는 결과를 가져왔다.

1920년대와 1930년대에는 모든 종류의 조직이 결성되었다. 인도네시아 공산당(The Communist Party of Indonesia)은 1920년에 결성되었다. 1926년 말 바타비아, 반텐, 프리앙안 지부는 식민국가를 무너뜨릴 때가 무르익었다고 생각했다. 서부 수마트라 공산주의자들이 1927년 1월 봉기를 일으켰고, 1만 3천 명의 공산주의자가 체포되었다. 네덜란드인들은 4,500명을 투옥하고 1,308명을 서뉴기니의 정치범 수용소로 보냈다. 1930년 반둥에서 결성된 경계하는부인들(Alert Wives)은 여성의 동등한 권리를 요구했다. 1938년 인도네시아 여성회의(Indonesian Women's Congress)는 경계하는부인들로부터 여성의 투표권과 공직 출마권을 요구하라는 압박을 받았다. 1930년 수르요디닝그랏(Suryodiningrat) 왕자가 결성한 욕야카르타 신민연합(Association of the Subjects of Yogyakarta)은, 황금 시대를 가져다줄 정의로운 왕(just king)에 대한 중부 자바 농민들의 열망에 불을 붙였다. 그것은 인도네시아에 중점을 둔 것이 전혀 아니었고, 개혁을 위한 프로그램도 없었고, 수마트라인들을 위한 얘기도 없었지만, 1939년에 26만 명의 회원을 가진 식민국가 최대의 정치 조직이었다.

수카르노(1901~1970)는 시대에 맞는 적절한 혼합 방식을 발견했다. 그는 식민지의 국경까지 확대되고 보통사람들의 소유가 될 국가를 위해 선전 활동을 벌였다. 그가 상상한 과거는 힌두나 이슬람 군주제가 아니라, 모든 사람이 어느 정도 동등한 마을 공화국(village republics)이었다. 그는 네덜란드인들이 350년간 인도네시아 역사를 지배했고, 인도네시아인들은 어디서나 자치를 실행할 힘과 공동의 문화를 이해할 능력을 잃었다고 주장했다. 수카르노는 민중 속의 가난한 자로 자처했지만, 사실 그의 아버지는 아들을 블리타르(Blitar)의 저택에서 키우고 공대에서의 네덜란드어 교육을 위한 비싼 비용을 낼 능력이 있는 정부 학교 교사였다. 수카르노는 이슬람 신앙을 구식이라 여겼고, 자신이 공공 장소에서 성별을 분리하는 이슬람식 에티켓을 짓밟아버렸다고 자랑했고, 인도네시아의 근대적 외양은 서구 정장과 신발을 착용한 남성이라고 선언했다. 자치가 자동적으로 모든 사회적 경제적 문제들을 해결할 것이었다. 그는 여성 정당들이 대표하는, 민족주의 운동 내부에 시민권을 위한 흐름을 "가정주부 문제"라며 거부했다. 그는 샤리아에 기반한 국가에 대한 울라마들의 요구를 거부했다.

수카르노는 서구식 의복을 입고, 네덜란드 학교를 졸업하고, 선출된 의회가 있는 세속 공화국을 원하는 청년들을 주변에 두었다. 그는 지역, 종족, 종교에 기반을 둔 정부형태 모델들이 경쟁하던 1910년대에 정치활동을 시작했다. 수카르노는 그들 모두를 거부했다. 그의 목표는 인도네시아를 종교의 국가가 아니라 신자들의 국가로 만드는 것이었다. 그는 인도네시아가 자연스럽게 자바로부터 조직되고 자바에 지향을 둔 국가, 네덜란드 육군과 해군이 닿는 범위에 기반을 둔 국가를 의미하는 것으로 이해했다. 그는 자신의 메시지를 열정적인 연설에 담아냈고, 경쟁자들을 위압했고, 강한 성격으로 다른 이들이 겁먹게 만들었고, 동료 정치인들에게 자신이 대중의 대변인이라고 설득했다. 그는 므르데카(merdeka, 독립)라는 단어를 정치적 슬로건, 인사말, 구호, 열망으로서 인도네시아의 담론에 집어넣었다.

므르데카: 수카르노를 위한 단어

근대 인도네시아어에서 강력하게 감정을 자극하는 단어인 므르데카는 자유롭다, 독립적이다라는 뜻이다. 수카르노는 1920년대에 민족을 창조하기 위한 행동을 촉구하려고 이 단어를 사용했다. 그의 딸 메가와티 수카르노푸트리(Megawati Sukarnoputri)는 과거 식민 국가의 공간을 장악한 국가를 유지하기 위해 이것을 1999년 대통령 선거 유세에서 사용했다. 인도네시아 민족 독립을 위한 전쟁 초 수개월 간, "므르데카"는 일상적 인사말이 되었다.

므르데카라는 단어는 1920년대에 근대적 형태로 민족주의 담론에 등장했지만, 이것은 인도네시아 언어들에서 긴 역사를 지녔다. 뛰어난, 지혜로운, 부유한, 학식 있는 사람을 뜻하는 산스크리트어 마하르디카(maharddika)는 10세기 자바어 문헌에 등장했다. 말레이어로 된 가장 오랜 글인 7세기 스리비자야의 돌 비문은, 신민 혹은 종속인(bondspeople) 집단의 지도자를 의미하는 파생어 무르다카(murdhaka)를 포함한다. 이 단어는 칼리만탄과 술라웨시의 언어들에서 노예와 지배자 사이에 있는 중간 사회 계층을 지칭한다. 프레데릭 데 하우트만은 그가 만든 1603년의 말레이어-네덜란드어 단어 목록에 마르데카(mardeka)를 포함하고, 이것을 "자유로운 남성"으로 번역했다. 네덜란드어 파생어인 마르다이커(mardijker)는 해방된 노예를 지칭했고 VOC 도시들에서 인도인, 포르투갈인 부모를 가진 사람들을 지칭하기 위해 사용되었다. 18세기 자바어 문헌은 나이든, 현명한 사람을 의미하는, 산스크리트어 단어에서 나온 다른 파생어들을 사용했다.

산스크리트어 마하르디카는 또한 세금이 면제된 마을을 뜻하는 자바어 프라디칸(pradikan)의 어원이다. 웡 마르디카(Wong mardika)는 왕에게 내는 세금이 면제된 사람이었다. 자유로운 사람이란 다른 사람의 노동력을 관장하는, 윗사람을 인정할 필요 없는 부유한 남성이었다. 그는 민주주의자가 아니었다. 1914년 북부 자바에서 일어난 사민(Samin) 운동은 조세를 포함한 식민 정부와의 모든 관계에 반대했고, 그런 입장을 므르데카라고 정의했다.

므르데카는 개인적 그리고 정치적 자유를 포함하려는 시인들과 정치인들의 저작 속에서 그 의미를 확장해갔다. 남성 시인들은 그것을 사회에 대한 책임에서의 해방을 의미하려 사용했다. 최초의 근대적 여성 협회는 그것을 푸트리 마르디카(Puteri Mardika)라는 그 이름에 사용했다. 회원들은 그것이 사회에 대한 의무를 통해 실현되는, 개인적 발전을 위한 자유를 의미하는 것으로 이해했다.

수카르노는 1920년대와 30년대에, 그의 지역 경쟁자들이나 이웃 식민지 민족주의자들과 구별되는 민족주의를 주창했다. 베트남, 버마, 말라야에서는 다수 종족 집단들이 식민국가의 계승을 주장하고, 참족, 크메르족, 여(Yeo)족, 카렌족, 카친족, 테미아르(Temiar)족 같은 소수 종족들이 지배적인 베트남인, 버마인, 말레이인에게 동화될 것을 요구했다. 1945년 수카르노는 자바인이 인도네시아를 장악해야 한다고 선언하지 않았고, 숨바와인(Sumbawans), 마나도인, 사부인(Savu)에게 자바인이 되라고 명하지도 않았다. 그가 인도네시아 민족주의의 종족적 기반으로 설정한 것은 토착민(indigene)이었는데, 그는 그것을 (부계) 조상이 군도 태생인 모든 사람들로 정의했다. 그의 인도네시아에 대한 정의는 힌두 발리인, 기독교 바탁인, 무슬림 사삭인(Sasak), 정령신앙을 가진 다약인을 포괄했다. 수카르노는 인도네시아인과 네덜란드인 사이에 분계선을 그었다. 1950년대에 그는 근대성에 매혹되었고, 자신의 민족주의적 수사에 중독되었고, 인도네시아를 위한 공산주의의 비전에 혹했고, 키아이들(kiais) 때문에 당혹했고, 무슬림 개혁가들을 의심했고, 자바에 있는 수도에 종속되지 않으려는 지역 지도자들에 대해 분노했다. 수카르노의 낭만주의적 인식과 자신의 지도력에 대한 확신은, 자신이 좌와 우, 세속과 무슬림을 화해시킬 수 있고, 인도네시아에 대한 사랑에 초점을 둔 민족주의를 통해 인도네시아인들의 차이점들의 영구한 통합을 성취할 수 있다고 믿게 만들었다.

바타비아에 기반한 엘리트 정치가들은 자신들이 평범한 사람, 신실한 무슬림, 사무원, 과도한 부담을 진 어머니, 공장 노동자, 토라자인(Torajan)을 대표한다고 확신했다. 네덜란드인 에티치(ethici)들은 보통사람들을 가장 힘들게 하는 게 무엇인지 자신들이 알고 있다고 생각했다. 식민정부는 곧 자바나 발리에는 공간이 없게 될 것을 두려워했고, 수마트라, 술라웨시, 칼리만탄, 서뉴기니에 농민 정착지들을 건설하기 시작했다. 네덜란드 언론은 일반인들이 식민 지배에 대해 가진 반감에 대해 보고했는데, 그것들은 군도 전역에 걸쳐 방화, 조세 저항, 무장한 사람들의 갑작스러운 결집, 고립된 유럽인들의 살해 등의 방식으로 표현되었다.

보통의 인도네시아인들이 특권층 바타비아 정치가들이나 네덜란드인 공상적 박애주의자들이 자신들을 대표하거나 자신들의 문제를 해결할 수 있다고 믿었는지는 의문이다. 확실한 것은 인도네시아 남성들과 일부 여성들이, 소규모로 지역 영웅들 뒤에 결집해서, 당면한 걱정거리들에 대해 활발하게 항의했다는 것이다. 분노가 칼과 죽창이라는 방식으로 터져나왔다. 많은 인도네시아 공동체에서, 억울해 하는 보통사람들이 단체로 술탄이나 구역 수장에게 가서 그 윗사람들의 거주지 밖 바닥에 앉아 불만을 접수하고 답을 듣기를 기다리는 것은 정착된 관행이었다. 종종 한 명의 네덜란드인 관리와 2~3인의 인도네시아인 조수가 마체테와 부적으로 무장한 50명에서 100명의 사람들과 맞닥뜨렸는데, 이들은 권력자가 공개적으로 등장한 후에도 해산하지 않았다. 이런 집단들은 권총과 장총을 쏴서 해산시켰다. 시위는 그 지도자들이 체포되었을 때 그리고 투옥되거나 유배되었을 때 무너졌다. 바타비아에 있는 정치인들은 무계획적인 지역적 저항들을 섬 단위 혹은 군도 전체의 지속적인 반란으로 조직하지 않았다. 그들은 네덜란드인들의 권력 장악이 확고부동하다고 여겼고, 스스로 선택한 지도자를 따르는 무장한, 성난 보통사람들을 두려워했다.

이맘 마흐디라고도 알려진 키아이 카산 무크민

1903년 키아이 카산 무크민(Kasan Mukmin)의 사도들은 그가 10세기 이맘 마흐디(Mahdi)의 현신이라고 선언했다. 무크민은 자신의 추종자들에게 그의 근거지인 동부 자바에 사는 모든 유럽인을 죽이라고 촉구하면서, 그곳이 신자들에게 코란에 승인된 세금만이 부과되고, 샤리아의 준수가 자동적으로 평화와 번영을 가져오는 무슬림의 땅이 될 것이라고 했다. 키아이 무크민은 식민 정부에서 봉급을 받는 모스크 관리가 아니었고, 상업 활동을 하면서 성지순례자, 프산트렌과 접촉하며 이슬람 지식을 얻었기 때문에, 이슬람의 기준에서 볼 때 학식이 높은 사람도 아니었다. 그는 크리안(Krian) 구역에 정착해서 그곳 여성과 결혼했고, (무하마드가 첫 계시를 받은 나이인) 40세 무렵에 교육과 치유를 시작했다.

무크민이 여행한 구역들은 식민지 설탕산업의 중심이었다. 대농장을 운영하는 기업들은 더 많은 토지를 원했고, 자바 농민이나 사업가들이 지불할 수 있는 것보다 비싼 임금으로 노동력을 고용했다. 무크민을 따라 전투를 벌인 124명은 토지 보유자, 양어장 주인, 수공업자, 상인 등이었다. 그들 중 다수는 성지순례를 다녀왔다. 무크민이 처음 한 행동은 자바인 관리들에게 편지를 보내어 유럽인에 대한 성전을 알리고, 지하드가 건설할 마흐디의 치세를 공표하는 것이었다. 이후 무크민과 그 추종자들은 유럽인 관리자가 유라시안과 자바인 직원들을 이끄는 제당 공장을 목표로 진군했다. 대농장의 임금 노동자들과 인근 소농들이 동참하지 않았기 때문에 식민지 군대는 별 어려움 없이 반란을 진압했다. 그 키아이는 전쟁 중 사망했고, 아주 소수만이 투옥되었다. 반란은 종식되었다.

일부 귀족, 도시 기술자, 시골의 예언자들은 식민지기에 유배를 경험했다. 유배는 연설, 시위, 공부 모임에서의 강력한 신념으로 살아가던 사람을 침묵시킬 수 있었기 때문에, 식민 정부가 지도자를 추종자들과 분리시키는데 즐겨 쓰는 방법이었다. 방카나 반다 네이라(Banda Neira)로 유배된 사람들은 개인적인 이동의 자유가 있었다. 그들은 식민 정부로부터 다달이 연금을 받아서 부인과 아이들에게 보낼 수 있었고, 직업을 가질 수 있었고, 지역 교회나 모스크에 갈 수도 있었고, 공개 회합에 참석할 수 있었지만, 공식적 불인정의 무게는 종종 현지 주민들이 그들과 접촉하는 것을 막았다. 정치적으로 유배된 사람들은 종종 불신을 샀다. 그들은 낯선 종족 집단 사이에서 불편함을 느꼈다. 일례로 암본인 기독교도 민족주의자인 파티(A. J. Patty)는 1926년 팔렘방의 무슬림 공동체로 유배되었다. 그는 거기서 공직을 얻고 수카르노의 인도네시아 국민당 지역 지부에 가입했지만, 네덜란드 관리들과 피식민지배 공동체에게 똑같이 의심을 받았다. 유배 기간을 네덜란드에서 보내기로 선택한 사람들은, 자신들을 동료 인도네시아인들과 멀어지게 하는 네덜란드의 사회적 대의에 참여했다. 예를 들어, 식민지에서는 대부분의 울라마들이 회중들에게 공산주의는 이슬람의 적이라고 가르치고 무슬림들에게 유럽인 조직에 참가하지 말도록 권고했던 반면, 탄 말라카는 네덜란드 공산당에 가입하고 네덜란드 국회의원이 되기 위한 선거운동을 했다. 유배자들이 수용 공동체로부터 늘 기피되었던 것은 아니다. 사회주의 성향의 샤흐리르는 반다 네이라에서의 유배 기간(1936~1942) 동안 두 아이를 입양했고 풀려날 때 그들을 자바로 데려왔다. 수카르노는 방카 유배 동안에 그의 연이은 결혼 이력을 쌓았다.

서뉴기니 내륙의 울창한 삼림 지대 속 보벤 디굴 강(Boven Digul River)위에 위치한 두 수용소는 인도네시아의 식민지배기 역사에서 특별한 위치를 점한다. 그곳들은 1925년에 네덜란드 지배를 무너뜨릴 때가 무르익었다고 생각했던 자작농들, 이슬람 종교 지도자들, 공산당 간부들의 수용지로 1927년에 문을 열었다. 1935년 중반이 되면 정글의 질병으로 인한 사망과 석방으로 정치범의 수는 442명으로 줄었다. 당시 죄수들 중에는 민족주의, 사회주의, 이슬람 정당의 간부들이 포함되어 있었다. 정부는 이 정글 유배를 농업 노동이 수감자들의 에너지와 야심을 다른 곳으로 돌릴 수 있는 재교육의 장으로 묘사했다. 다종족 주민들과 식민 사회의 계층화가 그랬던 것처럼, 학교, 병원, 극장, 스포츠가 그 식민지 소도시를 재창조했다. 네덜란드식 교육을 받은, 네덜란드어를 하는 지식인들은 정부로부터 보조금을 받았다. 그들은 자신의 서가가 딸린 상위 계층 가옥을 배정받았다. 그들은 인도네시아어와 네덜란드어 잡지에 기고했다. 네덜란드어를 모르는 소상인들, 성지순례자들, 키아이 등의 하층 계급은 단기간만 정부 연금을 받았다. 그들은 정글을 경작지로 개간하고, 자신이 먹을 곡식을 재배하고, 살 집을 스스로 지어서 자신의 유배생활을 감당해야 했다.

1940년이 되면, 정치적으로 활동적인 도시 인도네시아인들은, 자치를 얻기 위해 식민 기구들을 통해 일하는 사람들과 인디스 정부와의 협력을 거부하는 사람들의 두 진영으로 나뉘었다. 여전히 직선 의회(parliament)는 없었고, 겉으로 보여주기 위한 위원회(council)만 있었다. 국방을 위해 훈련받은 군대는 없었고, 시민들을 통제하는 데 맞춰진 군대만 있었다. 인디스 정부는 자신의 계획을 밀어붙였다. 예를 들어, 인민위원회의 모든 종족집단의 남성들이 여성의 투표권과 공직 입후보권을 거부하는 데 표를 던지고 인도네시아 정당들 다수가 여성을 자신들의 공개 회의에 받아들이기를 거부했음에도 불구하고, 1935년 정부는 인민위원회에 최초로 여성을 임명했다. 극소수의 최소 규모 정당들만이 선출된 의회와 모든 시민의 평등이 보장된 세속 공화국을 원했다. 최대 정당들, 무함마디야, 그리고 종족적 기반을 가진 정당들은, 국민의 삶에서 매우 다른 방향을 지지했다. 대부분의 인도네시아인들은 정치적 소속이 없었다. 술탄과 라자 같은 과거의 지배층은 여전히 네덜란드와 연합 관계에 있었고, 그들은 잃어버린 그들의 권한의 일부를 되찾기 위해 노력하면서도, 지배를 위한 네덜란드의 청사진에서 자신들의 몫을 지키려 했다.

1942년 1월 일본군이 암본에 상륙했다. 식민지 군대와 연합군은 일본을 물리치기 위해 티모르, 암본, 보르네오와 자바해에서 전투를 했다. 3월에 일본 제25군(25th Army)이 수마트라를 침공했고, 제16군(16th Army)은 자바로 진격해갔다. 식민 국가는 더 이상 존재하지 않게 되었다. 그 정부는 호주로 망명했고, 6만 5천 명의 군인들이 전쟁 포로가 되었다. 1942년 5월부터 일본인들이 유럽인들을 인도네시아인들의 삶에서 몰아냈다. 네덜란드인 민간인들은 모든 주요 도시의 수용소로 보내졌다. 인도네시아인 군인들은 식민지 군대에서 분리되어 집으로 보내졌다. 네덜란드인 군인들과 민간인 남성들은 인도네시아,

대륙부 동남아시아, 일본의 강제 노동 수용소로 이송되었다. 1945년 연합군이 일본을 물리쳤을 때, 그 남성들의 40%만이 살아있었다. 3년 반 동안 식민 국가는 일본 육군과 해군의 지배하에 세 개의 개별 지역으로 갈라졌다. 네덜란드인들이 허용했던 모든 정당들이 일본인들에 의해 금지되었다. 이슬람 국가 혹은 민주 국가를 얻기 위한 정치 조직화, 혹은 여성의 투표권은 이제 금지된 행위가 되었다. 극소수의 네덜란드 지배층, 그 아래 인도네시아인 엘리트층, 그 아래 유라시안과 기독교도 인도네시아인, 그 아래 중국인과 아랍인, 그리고 바닥의 인도네시아 사업가와 노동 계층으로 구성된 식민지 피라미드는 재조정되었다. 이제 일본인이 정점에 있고, 그 다음에 인도네시아인 엘리트, 그리고 바닥에 인도네시아인들이 있었다. 네덜란드인들과 유라시안들은 시야에서 제거되었다. 기독교도 인도네시아인들은 첩자라고 공격받았다. 중국인들은 박해받았다. 일본 점령하에서도 인종, 종교, 계급이 여전히 정부 정책을 결정했다. 일본의 군사 지배를 환영했던 인도네시아 정치인들은 아시아 전쟁이 네덜란드와의 연합을 완전히 박살낼 것으로 믿었고 일본이 자신들에게 군도 공동체와 그 자원의 통제권을 줄 것으로 기대했다.

• • • •

지도와 생각의 재편: 인도네시아 역사 속의 일본과 공화국

인도네시아 정치인들은 1920년대와 1930년대 대륙부 아시아 전반에서의 일본의 완승을 복합적인 심정으로 바라보았다. 그들은 일본의 자립, 근대화, 군사력을 칭찬했고, 일본이 아시아에서의 서구 식민 지배 타도를 촉진할 수 있을지 궁금해했다. 인도네시아에 살고 있는 네덜란드인들과 중국인들은 일본의 팽창을 경계의 눈으로 보았다. 침략은 급작스럽게 이루어졌고 완전했다. 1942년 3월이 되면 식민 국가는 사라졌다. 발리처럼 1942년에 네덜란드 군인들이 주둔하지 않고 있던 곳에서는 전투가 없었다. 식민지 방어를 위한 가장 격렬한 전투는 암본과 티모르 같은 기독교화된 주변부 내, 칼리만탄 내, 자바해 위의 침략 지점들에서 발생했다. 식민 국가의 몰락과 일본군 도착 사이의 몇 주 동안, 지역에서 물리적 충돌들이 터졌다. 중국인들과 네덜란드인들의 재산은 약탈당하고 불태워졌다. 인도네시아인 경쟁 그룹들 간 학살이 있었다. 사람들이 숨거나 사라졌다.

인디스에 일본인 소매상들, 정원사들, 진주 채취자들이 군복을 입고 등장했다. 일본군은 신속하게 정부 건물들, 라디오 방송국들, 철도 종점들, 우편과 전신 체계, 항구들, 도서간 선박 운행을 장악했다. 점령군은 네덜란드인들이 금지했던 민족적 상징들의 전시를 허용했고, 일본군은 자신들이 붉은 색/흰 색으로 된 깃발을 나눠준, 환호하는 군중들이 늘어선 거리들을 따라 행진했다. 식민정부의 네덜란드인 고위 관리들은 자바 점령에 앞서 정치범들, 가족, 개인 수행원들을 데리고 호주로 망명했다. 식민 정부는 중요한 죄수들에게 점령을 눈앞에 둔 국가로의 석방이나 망명지의 이전이라는 선택권을 주었다. 수카르노, 하타, 샤흐리르는 남기를 선택하고 자바로 갔고, 거기서 일본 점령이 독립 인도네시아를 위한 그들의 계획에 어떻게 들어맞을 수 있을지 계산했다.

인디스 점령을 이끈 일본 장교들과 도쿄의 육군성의 기획자들에게, 인도네시아의 섬들은 아시아에 대한 더 큰 계획의 일부였다. 그들은 인도네시아의 지배층과 정치인들의 협력 제의를 환영했다. 그들은 지역 엘리트들을 자리에 계속 두고 그들을 통해 일본인의 사업과 군대에 보급을 했다. 인도네시아인들의 협력은 일본이 군도의 물길과 하늘을 순찰하는 것에 그리고 인도네시아 섬들을 연합군의 공격과 침략에서 일본을 보호하는 전초 기지로 건설하는 것에 집중할 수 있음을 의미했다. 점령기 내내, 일본인들은 정보와 모든 취재원을 통제했다. 일본 통신사들은 일본의 승리, 아시아의 정체성, 아시아의 운명에 대한 아시아의 장악, 그리고 서구인들과 서구 문화에 대한 폄하 등의 수사를 쏟아부었다. 희생에 대한 요구, 일황에 대한 충성 표현, 군사 문화의 강조, 민간 정부에 대한 조롱 등이 사회 일부 집단에 대한 테러와 더불어 공포 분위기를 조성했지만, 또한, 특히 젊은 인도네시아 남성들에게, 흥분과 가능성을 불러일으키기도 했다.

일본 점령하에서, 식민 국가는 일본이 일정 정도 독립의 준비가 되었다고 여긴 유일한 섬인 자바(Java)로 축소되었다. 수마트라, 칼리만탄, 동부 인도네시아는 단지 그 농업과 광물의 잠재력만이 중요했다. 군도 정치인들이 일본 조직으로 보내져서 집회를 열도록 허용된 곳이 자바였다. 자바에 기반을 둔 정치인들은 일본의 제국 공간에 편입되었고 일본, 싱가포르, 사이공으로 보내졌다. 1945년 6월 그들이 일본의 명령에 따라 인디스 전체의 공통된 미래를 논하기 위해 모인 것도 자바였다.

인도네시아인들의 일본 지배 경험은 지역, 종족, 계층, 성별에 따라 다양했지만, 군도의 모든 주민들은 인도네시아의 풍광에서 유럽인의 축출이라는 하나의 경험을 공유했다. 새로운 지배층에 대처해 가면서, 군도 주민들 중 그들이 사라진 것을 안타까워하는 사람은 거의 없었다. 네덜란드를 물리칠 때만큼이나 갑작스럽게 일본의 패배가 다가왔을 때, 네덜란드인들이 돌아오리라고 생각한 사람은 거의 없었다. 칼리만탄, 모로타이(Morotai), 암본, 티모르, 서뉴기니 등 주변부 지역들에서는 다시 무력 충돌이 발생했다. 자바에서는 일본의 패망이 가시화되지 않았다. 자바와 수마트라에는 여전히 무장한 일본군이 남아 있었다. 그들은 중국인 상점들이 불탔을 때, 이웃 마을들이 서로 대립했을 때, 민병대들이 무기와 땅을 얻기 위해 경쟁했을 때, 무뢰배들이 "혁명적 정의"를 강요했을 때, 한쪽으로 물러나 있었다. 수카르노와 그와 연합한 민병대들은 신속하게 자바의 방송을 장악했고, 대부분의 군도 주민들이 전쟁이 끝난 것을 알기도 전에 그곳에서 인도네시아가 선포되었다. 새 국가는 자바-수마트라의 구조로 제시되었는데, 수마트라가 외부도서(Outer Islands)를 대표했고, 수마트라 출신 하타가 자바의 수카르노 다음에 위치했다.

네덜란드인들이 "그들의 인디스"를 되찾으려 했을 때 주요 독립 투쟁 전투는 공화국의 수도가 있고 공화국 유지를 위한 협상이 이루어졌던 자바에서 벌어졌다. 다른 곳에서는, 종족적 이해를 확고하게 하고 또 자바가 지배하는 단일 국가에 대한 대안을 부각시키기 위해, 현지 지배층과 네덜란드인의 오랜 연합이 네덜란드가 후원하는 국가들의 형태로 부활되었다. 자바라는 중심부를 둘러싸고 있는 것은, 의회, 내각, 정부 부처들을 갖추고, 인도네시아인들이 네덜란드인 군사, 민간 고문들과 함께 지역적 야심을 추구했던 순다, 수마트라, 칼리만탄, 동부 인도네시아에 있는 국가들이었다. 네덜란드인 관료가 없었던 공화국은 중부 자바로 축소되었다. 공화국 정치인들은 정당, 위원회, 의회를 만들고, 국회를 열고, 산악 은신처에서 나와 활동하는 무장 집단에 대한 통제를 두고 군인들과 경쟁했다. 수카르노는 나중에 그가 자처하게 되는 혁명의 대변인, 민족의 상징이 되는 것에 집중했다.

20세기에 세계에서의 자기 위치를 다시 자리매김하는 일본에게 인도네시아의 풍부한 석유, 주석, 고무, 쌀, 인력은 중요한 것이었다. 19세기 마지막 몇 년간 일본은 자신의 근대적 육군과 해군, 근대적 교육 체계, 새로운 산업들 때문에 스스로를 자연스럽게 서구 국가들과 같은 수준으로 여겨왔다. 일본은 다른 아시아 국가들을 문화와 발전수준에서 열등하게 보았다. 제국주의적 팽창은 일본이 서구 식민 세력들과 충돌하게 만들었다. 이제 일본은, 서구 국가들을 몰아내고 과거 서구 식민지의 땅에 유럽, 미국과 경쟁할 수 있는, 일본이 지배하는 정치적, 경제적 권역을 만들도록 운명지워진, 당연한 아시아의 지도자로 자처했다. 아시아의 자원들은 일본 산업을 위해 이전되고, 아시아 국가들은 일본이 생산한 물건을 구매하고 일본 문화와 일본 식의 근대성을 수입할 것이었다.

일본의 경계는 아시아에서 확장되어 갔다. 대만은 1895년, 한국(조선)은 1910년, 만주는 1931년에 식민지가 되었다. 일본의 중국 진출은 1937년에 시작되었다. 뒤이어 동남아시아로의 진격이 진행되었다. 인도차이나는 1940년, 말라야와 싱가포르는 1941년, 필리핀, 인도네시아, 버마(미얀마)는 1942년. 350년에 걸쳐 조금씩 나눠져 진행되었던 서구의 팽창과 정복이 일본의 경우 5년이 걸렸다. 이런 제국주의적 팽창의 속도는 일본이 서구 과학과 기술을 물려받고 그 경영과 조직화 방식을 적용한 직접적 결과였다.

중국과 중국의 영향을 받은 아시아(한국, 대만, 베트남)의 대표가 되기 위한 일본의 활동은 수 세기에 걸친 산물이었다. 일본은 미국과의 전쟁 준비를 위해, 일본어로 "외부 야만인들(outer barbarians)"이라 지칭하는 동남아시아 국가들을 점령했다. 1940년까지 미국은 일본의 석유의 60%를 공급하고 있었다. 동남아시아 점령은 일본에게 연료와 음식의 새로운 공급원을 가져다주었다. 1942년 초 일본군은 수마트라의 유전들을 장악했다. 이 지역의 새로운 제국주의 세력으로서, 일본은 태국, 캄보디아, 말레이시아, 네덜란드령 인도의 경계선을 새로 그렸다.

일본이 해외 전쟁을 수행하는 동안 새로운 아시아(the new Asia)가 고안되었다. 그것은 1942년 중반부터 일본군이 중요한 패배를 겪고 일본 본토가 전쟁의 목표물이 되는 동안 시행되었다. 1943년 11월 중국, 만주국(일본에게 점령된 만주), 태국, 필리핀, 버마, 인도 대표들이 도쿄의 대동아공영권 회의에 참석했다. 최종 공동 성명은 이 권역이 서구 지배로부터의 독립, 인종 차별(아시아인에 대한 유럽의 인종 정책을 의미하는 것으로 이해됨) 철폐, 번영하는 공존을 이루어낼 것을 약속했다. 인도네시아, 말라야, 베트남, 한국, 대만 대표들은 초청받지 못했다. 그들은 아시아 정책 결정과 무관했다.

처음에 일본인들은 네덜란드인들을 몰아내고 자리를 차지할 의도가 없었다. 그들은 식민 정부에 새로운 연합을 제안했다. 일본의 전시 산업과 군대를 공급하고, 그 대가로 인도네시아의 땅과 사람에 대한 통제권을 유지하는 것이었다. 네덜란드인들은 이 거래를 거부했다. 내각은 망명했고, 총독은 남아서 체포되고 투옥되었다. 인디스 괴뢰 정부로부터 인도네시아의 자원과 인력을 안정적으로 넘겨받는 대신, 일본의 전쟁 기획자들은 군도를 통치할 그들만의 수단을 고안했다. 1940년까지, 네덜란드 식민지는 민정 하의 단일 국가로서 운영되었는데, 거기에는 소규모의 군대와 경찰력이 있었고, "질서와 안정"이 강조되었고, 공적 생활이 철저하게 감시되었고, 간접 선거를 통한 의회가 점진적으로 도입되었고, 정확한 일정은 정해지지 않았지만 멀지 않은 미래에 네덜란드 연합(Netherlands union) 내의 반(半)자치적 지위를 향해 이동하는 점진적인 권력의 탈중앙화가 있었다. 정치적 생활이 서구식 정당을 거쳐 전달될 때, 종교가 정치로부터 분리될 때, 사람들의 외모와 습관이 서구화되었을 때 그 식민지는 "발전될" 것이었다. 식민 정책은 네덜란드에서 결정되었고, 자신들이 인도네시아인들을 위해서 지배한다 여기고, 네덜란드와 인디스 대학의 배은망덕한 인도네시아인 졸업생들의 퇴짜를 견디고, 광신도들의 음모를 늘 경계하던, 수 세대에 걸친 "인디스 권력자들"의 산물이었다.

네덜란드의 선출된 납세자들에 호응했던 네덜란드 의회를 통한 느슨한 정책 형성 대신, 오직 천황에게만 책임을 지던 일본의 육군성은 식민지를 어떻게 운영할지, 석유와 고무 할당량을 어떻게 채울지, 그리고 해방의 수사와 군사적 수탈이라는 현실 사이의 긴장을 어떻게 해소할지 신속하게 결정해야 했다. 수 주 안에, 새 지배자들은 깃발과 국가 같은 인도네시아 민족 통합의 상징들을 금지시켰다. 전쟁이 시작될 때 네덜란드인들에 의해 정지되었던 식민지의 정당들은, 일본인들에 의해 해산되었다. 일본 전시 행정가들은 식민국가를 세 개의 구분되는 행정부하에 각각의 수도가 있는 세 부분으로 분할했다. 수마트라는 제25군 관할하에 놓여졌고, 말라야와 싱가포르와 함께 싱가포르를 수도로 하는 단일 행정 단위에 속하게 되었다. 자바는 제16군의 행정적 통제를 받았다. 자카르타로 개명된 바타비아는 중요성이 줄어들었고 자바의 수도로 기능했다. 일본 해군의 제2남방함대는 칼리만탄과 동부 인도네시아의 행정을 장악하고 마카사르에 본부를 두었다. 군도를 연결하고 바타비아로 향하던 우편, 전신, 선박 운행의 격자판이 깨졌다. 네덜란드와 연결된, 군도 전체를 아우르는 단일 국가 대신, 지역들은 서로 봉쇄되었고 개별적으로 일본에 연결되었다. 음식, 물자, 서비스는 각 지역 내에서만 유통되었고 지역을 벗어날 경우 일본으로만 향했다. 모든 도서간 무역이 공식적으로 종결되었다.

1943년 제25군 사령부는 서부 군도에서의 새로운 국가라는 개념을 버리고 수마트라를 말라야로부터 분리했다. 그들은 수마트라를 풍족한 자원 공급자로 여겼고, 수마트라의 울라마, 다투, 술탄들로부터는 지극히 제한된 조언만을 용인했다. 해군은 동부 인도네시아에서 어떤 형태의 자치 정부도 반대했다. 그들은 그곳의 기독교인 공동체들을 네덜란드 지지자이자 잠재적 스파이로 보았고, 기독교인 행정가들을 무슬림 인도네시아인들로 대체했다. 1943년, 서뉴기니는 해군의 인도네시아 행정부에서 분리되었고 제4남견함대 아래에 편입되었다. 해군의 관할 지역 어디서도 인도네시아인들의 정부 참여는 거의 없었다.

제16군은 자바를 쌀과 노동력의 원천으로, 그리고 위험스럽게 통제가 어려운 사람들의 본거지로 보았다. 그들은 처음에 자바의 인적 자원을 일본의 대중 조직에 편입시키고 그들을 집중적인 일본 전쟁 원칙 교육을 통해 통제하려 노력했다. 패배가 예상되던 1944년 말이 되면, 일본 장교들은 자바에 대해 세 갈래의 정책을 결정했다. 그들은 연합군의 첫 번째 공격의 물결에 맞서고 일본군을 보호하기 위해 민병대를 창설하려 했다. 그들은 연합군이 자신들의 행정 기구를 세울 여지가 없도록 자바에 인도네시아인의 국가를 세우고자 했다. 그들은 이미 불안정한 사람들을 뒤흔들어 서구인들에 반대해 광분하게 해서 네덜란드인들이 과거의 특권과 권력을 되찾지 못하게 하려 했다.

일본인 점령자들은 육군과 해군 사령부, 도쿄와 현장, 선임과 소장 장교들 사이에, 그리고 인도네시아인들의 열망에 대한 공감의 정도에 따라 나뉘었다. 그러나 모든 군도 거주자들에게는 시간, 언어, 정보가 균일하게 통제되었다. 천황의 연호에 따라 연도를 세는 일본력이 기독교, 무슬림, 힌두 달력을 대신해서 공식 역법이 되었다. 아체부터 티모르까지, 인도네시아는 단일 시간대(도쿄 시간)가 되었고, 무슬림 시간이나 네덜란드식 밤낮의 구분보다 일본식 시간이 노동자들의 삶을 지배했다. 공식 언어는 일본어였다. 네덜란드어를 말하고 가르치는 것은 금지되었다. 일본어는 지배자들의 언어였고, 말레이－인도네시아어는 대중 집회, 선전 팸플릿, 신문, 영화, 공적 발표문의 언어였다. 일본 선박들이 인도네시아 군도를 그 이웃들로부터 봉쇄했다. 뉴스의 모든 독립적 출처에 대한 억압은, 일본인들이 군도 거주자들이 알기를 원하는 세계로 그들을 감쌌다. 현실에 대한 일본인들의 견해에 도전할 수 있는 사람들은 헌병이 추적했다. 그들은 라디오 수리점들을 장악했고 라디오 소유자들에게 일본 기지국의 주파수에만 맞춰지게 개조되도록 라디오를 내놓을 것을 요구했다. 단파 라디오의 소유는 사형에 처해질 수 있었다. 헌병은 스파이를 찾기 위해 가옥들을 습격했고, 인도네시아인 공산주의자, 사회주의자, 기독교도, 중국인 중에서 발견한 배신자들의 재판과 사형을 집행했다.

일본 점령에 대한 대부분의 문헌들은 일본인들이 어떻게 통치했는가 그리고 보통의 인도네시아인들이 태평양 전쟁을 어떻게 경험했는가보다는 일본 지배의 장기적 결과들에 초점을 맞춘다. 그 문헌들에서 일본의 역할은 네덜란드의 지배를 끝내고, 군사적 가치를 기르고, 그리고 민병대를 만들고 그들에게 영광, 희생, 비타협, 민간인의 명령에 대한 불복종 등의 개념을 채워줌으로써 독립을 위한 상황을 조성한 것이다. 일본의 점령에 대한 인도네시아 1세대 지도자들의 회고록은 학교, 직업들, 일본의 승인을 받은 조직들 내에서의 정치 공작, 일본으로의 유학 장학금, 일본 지배가 짧고 이타적일 것이라는 긍정적 예언을 들려준다. 전시에 그들이 당면했던 문제는 의례용 음식과 섬유의 공급이 부족한 상황에서 어떻게 제대로 된 결혼 축하 행사를 성사시킬 것인가 하는 것이었다. 일본 점령에 대한 일본과 서구 학자들에 의한 최근 연구들은 봉쇄된 지역들 내에서의 경제의 조직, 노동력과 미곡의 징발, 지역의 기근들, 산개된 농민 집단들에 의한 봉기들, 대륙부 아시아와 일본의 노동 수용소로의 20만 명에서 50만 명 사이 자바인의 수출, 소녀들의 위안소 징발, 식량과 기본 의복의 극심한 부족에 초점을 두어왔다. 인도네시아인들에게 일본군에 대한 보급을 위해 진력할 것을 촉구하기 위한 순회 연설에 일본인들에 의해 차출된 정치인들은 다수가 겪는 전쟁의 고통과 무관했다. 첫 직업과 장학금을 얻은 젊은 남성들에게는 전시가 신나는 시기였다. 그들은 서구를 비난하는 기획된 시위, 군복의 화려함, 제국의 노래를 즐겼다. 자신들 계층의 소녀들이 안전할 수 있었기 때문에, 그들은 일본인들이 시골 소녀들을 위안부로 투입한 것을 기뻐했다.

일본인들이 금지시킨 민족주의 정당들의 인도네시아인 구성원들은 예전 네덜란드 식민지와 같은 영토를 가진 독립 국가에 대한 꿈을 이어가기 위해 분투했다. 네덜란드 식민지 공간에서 지부들을 설치했던 자바 조직들은 그들과 멀어지게 되었고, 지역들의 상황, 전개 과정, 정서에 대해 알지 못했다. 전쟁에 의해 자바에 묶이게 된 지역 집단의 지도자들이 일본의 목적을 지원하기 위한 대중 조직들에 차출되었던 반면, 그들의 고향 지역의 추종자들은 지시와 격려 없이 남겨졌고, 인도네시아의 미래를 자바가 이끄는 단일 국가보다 분리된 지역들의 차원에서 보기 시작했다.

전쟁 전의 예습은 일본 전쟁 기획자들에게 인도네시아인 도시 엘리트들이 이미 배웠었던 교훈을 가르쳐주었다. 보통의 인도네시아인들에게 닿는 길은 그들의 노동 집단 보스들, 촌락 수장들, 울라마들을 통하는 것이었다. 인도네시아 도시들의 노동자 계층 부분을 통제했던 노동 집단 보스들은 급료를 주고 노동자들을 고용했고, 채용과 숙소 비용을 노동자들에게 청구했고, 보상에 따라 작업장의 질서를 유지하거나 문제를 일으켰다. 노동 집단 보스들이 정당이나 노조에 가입하면 그들이 맡은 노동자들도 가입했다. 시골 사람들은 마을의 정치와 토지를 장악한 지도적 가문들이 모스크 지도자와 교사인 공동체에서 살았다. 만약 이들 마을 문지기들이 전국적 조직의 지부에 가입하면, 자신의 소작인들, 피부양자들, 조수들, 장인들, 학생들, 혹은 회중들을 회원으로 함께 데려갔다.

대중의 지지를 열망하는 정치인들에게 과제는 자신의 메시지를 지역의 지식, 이익, 관심에 맞게 표현함으로써 목표로 하는 도시와 시골 공동체들의 구성원들을 끌어들이는 것이었다. 예를 들어 인도네시아 공산당 중앙 지도부는 시골 종교 지도자들에게 호소하기 위해 기독교도 정부에 의해 부과된 세금에 반대하는 캠페인을 벌여왔었다. 그것은 마르크스주의 변증법을 설교하지도 않았고, 사유제를 반대하지도 않았고, 신을 무시하지도 않았다. 1910년대의 짧은 기간 동안, 서부 자바의 사레캇 이슬람 지부는 공산당원을 받아들였고, 키아이들에 의해 “이슬람 공산주의”가 교육되었다. 1927년 네덜란드인들은 공산주의 반란을 이끈 혐의로 하지들과 울라마들을 보벤 디굴(Boven Digul)에 유배 보냈다. 수카르노의 인도네시아 국민당은 자바 시골 지역으로 확장해 가는 데 있어 제국주의에 대한 분석을 벽돌 집, 논, 물소에 대한 약속으로 대체했다.

치안을 맡은 일본 장교들은 계속 도시 엘리트들을 바쁘게 했고 직접 노동 집단 보스들과 공동체 지도자들과 상대했다. 그들은 국가적 명성이 있는 사람들을 장악하고 억누르기 위해 그들을 일본이 후원하는 조직들에 몰아넣었다. 수카르노는 자바에서 일본 제국 내의 인도네시아인 국가를 홍보하는 연설을 하도록 허용되었다. 일본 당국자들은 자바 전역에 명성을 가진 무슬림 지도자들의 환심을 사려 했고 1942년 (이슬람) 종교문제국(Office of(Islamic) Religious Affairs)을 개설했다. 무슬림 지도자들은 1943년 10월 나다툴 울라마의 창시자를 수장으로 해서 마슈미(Masyumi, 인도네시아 무슬림 자문 위원회의 약어)로 조직화되었다. 1944년부터 그의 아들이 종교문제국을 이끌었다. 일본 치안부는 이 무슬림 지도자들에게 일본의 전쟁을 지하드로 선언하도록 압력을 가했지만 성공하지 못했다. 인도네시아 이슬람을 홍보하는 것 자체로 충분했기 때문에, 그들은 이슬람 학교에서의 아랍어 금지를 지지했고 1945년 6월 코란의 인도네시아어 번역본을 출간했다. 1945년 7월 그들은 자카르타에 최초의 이슬람 대학을 설립했다.

치안 장교들은 이미 일본에서 시행중이던 인구 통제, 감시, 교화의 방식을 지역 수준에 똑같이 적용했다. 도시 거주 지역과 촌락의 수장들은 거주자들을 등록하고, 방문자를 기록하고, 일본 감독관들을 위해 목록을 업데이트하고, 세 블록씩 담당하는 이웃 조직들을 만들고 감독해야 했다. 수장들은 노동자와 물자 할당량을 채우는 것과 일본의 포스터, 현수막, 깃발을 그들의 지역에 전시하는 것을 책임졌다. 그들은 일본이 해석한 뉴스와 권고들이 공공 장소를 채울 수 있도록 거기에 라디오를 설치해야 했다. 치안 장교들은 또 상당한 추종자들을 보유한 시골 종교 지도자들을 목표로 했다. 자바의 1천 명의 울라마가 한 달 간의 훈련 과정을 위해 자카르타로 보내졌는데 거기서는 일본의 전쟁이 이슬람의 틀 안에서 표현되었다. 그들의 프산트렌은 점검을 받았고, 울라마들은 일본어와 승인받은 과목들을 그들의 교육 과정에 도입하도록 명령받았다. 보통사람들에 대한 디테일한 조사에 정보원들과 헌병의 네트워크가 더해져서 일본인들은 도시와 시골 지역을 감시할 수 있었다.

군사 점령의 도구들: 학자와 헌병

제16군을 따라 자바에 온 일본인 학자들은 4개의 마을을 자세히 연구했다. 서부 자바 치마히(Cimahi) 마을에 대한 연구는, 일본인들의 탐구의 정도와 성격만큼이나 "350년간의" 네덜란드 지배의 영향의 정도를 전해준다. 마을을 구성하는 12개 촌락 중 7개 촌락의 (전체 938가구 중) 574가구 구성원을 면접 조사했다. 협력을 장려하기 위해서, 일본 군부와 조사팀이 행한 사전 미팅에 인도네시아인 지역 정부 직원도 참여했다. 구하기 어려운 옷감이 사례로 지급되었다.

조사자들은 대부분의 마을 주민들이 (자기 이름 서명을 기준으로 할 때) 로마자건 아랍어 철자건 글을 쓰지 못한다고 기록했다. 지방 정부 관리들만이 인도네시아어를 알았고, 네덜란드어를 아는 마을 주민은 없었다. 네덜란드인들이 세운 학교는 아이들에게 순다 언어와 표기 체계로 교육을 했다. 많은 성인 남녀가 메카로 성지순례를 다녀왔다. 치마히는 고유의 모스크와 묘지를 유지했다. 일본인 연구자들은 지역에 있는 수 개의 프산트렌은 치마히의 생활에 거의 영향을 끼치지 않는다고 결론지었다. 그 학생들 중 그 지역 출신도 없었고, 자급적 프산트렌들은 마을과 거의 접촉이 없었다.

그 일본 기록은 순다인의 세계에서 기능하는 마을을 묘사한다. 고등학교에 진학할 열망과 돈이 있거나 외부에서 일을 찾으려는 마을 주민들은 식민지 공간 속으로 옮겨갈 수 있었다. 그대로 남은 사람들은 경제적 자급에 의해서, 그리고 지역 정체성을 영속화시키는 한편 인도네시아와 유럽 세계로 향한 창을 닫아버린 언어와 학교 시스템의 벽에 의해 외부와의 접촉이 막혔다. 일본 학자들은 일본의 할당량에 대한 책임이 마을 지도부에 주어지고 일본의 지휘권이 계속 가시화되지 않는다면, 농업 생산이 증가할 수 있고 마을 농민들이 계속 순종적으로 유지될 수 있다고 결론 내렸다.

헌병대를 의미하는 켄페이타이(Kenpeitai, 다른 표기는 kempeitei)는 1881년 질서 유지를 위해 군 내에 조직되었다. 일본이 국경을 중국과 동남아로 밀어내면서 헌병대도 무장한 부대들과 함께 이동했다. 헌병대는 점령된 영토에서 체제 전복의 징후를 찾기 위해 일본인과 인도네시아인을 감시했다.

헌병은 점령된 자바 인구를 네덜란드인, 유라시안, "화교(Overseas Chinese)", 인도네시아인, 암본인, 그리고 마나도인으로 분류했다. 유라시안과 암본인은 네덜란드의 세뇌의 결과로 극렬한 반일 성향일 것으로 여겨졌고, 적으로 인식된 또 다른 존재인 화교는 중국에 대한 애착 때문에 적대적일 것으로 분류되었다. 켄페이타이는 시위나 경솔한 발언을 조장해서 적의 정체를 드러내기 위해 인도네시아인 정보원을 채용했다. 그들은 인도네시아 주민들을 통제하기 위해 적을 신속하고 공개적으로 벌하거나 위협을 암시하는 방법을 사용했다.

일본 군정부는 삼아운동(三亞運動, Triple A Movement), 민중총력결집운동(Center of People's Power), 자바 봉공회(Java Service Association) 등의 조직을 만들고 수카르노 같은 정치인들을 그 수장으로 삼아서 인도네시아인들이 무슨 얘기를 하는지 파악하고 그들의 메시지를 장악하고 억제하려 했다. 일본은 또 신뢰 가능한 사람들의 부인들을 위한 조직을 후원했다. 전쟁 전에, 인도네시아 여성의회(Indonesian Women's Congress)같은 여성 조직 연합들은 독립 인도네시아에서의 여성의 역할을 토론했고, 공직, 교육, 경력, 일부일처제, 자의적 이혼으로부터의 보호, 초혼의 최소 연령 등에 대한 여성의 권리를 옹호했다. 일본인 여성 조직인 부인회(Fujinkai)는 남편에 대한 내조, (일본) 황제에 대한 헌신, 서구와의 전쟁을 위한 희생, 하층 여성에게 어떻게 더 열심히 일하고 더 많은 곡물을 기를지 가르치는 것을 여성의 목표로 설정했다. 잡지와 영화가 일본식 복식과 여성성을 선전했다.

일본인들은 중년의 전문 정치인들이 이끄는 조직에 관심이 없는 청년들을, 가족 부양 의무에서 유리되고 종종 무직인, 사회에서 부유하는 집단이며 잠재적으로 위험하다고 여겼다. 일부는 자신들이 노동자, 아편, 도박, 매춘을 장악한 지하 범죄 세계 출신이었다. 그들은 제복을 입은 젊은 일본 남성을 모방하기를 열망했다. 일본 치안부의 분석으로는, 인도네시아 청년들은 확고한 관점이 없었고, 얼마든지 많은 이유로 자연스럽게 약탈, 이슬람 국가 건설, 일본인 공격을 위한 집단을 만들 수 있었다. 자바와 수마트라에서는 그런 청년들이 일본군의 예비 병력으로 징집되었다. 그들은 일본군과 똑같은 체력 훈련과 세뇌를 받았지만 총은 지급받지 않았다. 징집된 사람들은 감옥을 지키고, 경찰로서 인도네시아 공동체를 감시하고, 총격과 공습을 방어하는 임무를 배정받았다. 1943년 10월 일본은 고국 수호자, 약어로 페타(PETA)로 알려진 일본군 외부의 자원 부대를 창설했다. 선발된 자들은 일본인 장교들로부터 게릴라 전투에 대한 교육을 받았고, 자신들이 일본이 인도네시아에 독립을 가져다주는 것을 돕는다고 생각하도록 훈련받았다.

1944년 청년 민병대들은 민간인 통제를 위해 기획된 조직들에 소속되어 있었다. 선봉대(Vanguard Column, *Barisan Pelopor*)라는 조직은 14세 이상의 모든 자바 남성을 자바 봉공회의 옹호자로 만들기 위한 곳이었다. 자바 군정감이 그 수장이었다. 수카르노와 나다툴 울라마의 하심 아샤리가 자문을 맡았다. 하타와 무함마디야의 키아이 하지 마스 만수르(Haji Mas Mansur)가 그 관리자였다. 1945년 5월, 연합군의 공격이 임박한 것으로 보이면서, 8천 명의 선봉대 구성원이 게릴라 훈련을 받았다. 이슬람의 목표에 헌신하는 청년들은 신의군부대(Army of God Column)에 편입되었다. 이 바리산 히즈불라(Barisan Hizbullah)는 마슈미의 군 조직으로 창설되었다. 전체적으로 1945년에 5만 명의 청년들이 훈련받고 무장되었다.

일본군은 이 모든 무장집단들을 연합군의 침공에 대비한 수비 일선에 편성하려 했다. 그들은 군대의 규율을 강제하고, 일본인 장교에게 복속시키고, 감시 가능한 임무를 그들에게 부과함으로써 제멋대로인 청년들을 억제했다. 일본군 장교들은 전쟁과 폭력을 사회 문제에 대한 해결책으로 미화시켰고, 인도네시아공화국의 공적 생활을 위한 한 패턴을 만들었다. 정당들은 무장조직들과 함께 독립을 맞았다. 국군은 직업 군대, 그리고 특정한 목표물을 위해 투입되도록 상비군에 의해 무장되고 훈련된 일련의 관련된 민병대로 구성되었다.

일본은 정부의 정점에 있는 신성한 일황, 군부 책임자들, 그리고 모든 사회 계층을 아우르는 애국 단체들의 네트워크라는 정치 모델을 제공했다. 만주와 베트남 같은 점령지에서, 일본인들은 그들의 제국 지배사의 하위 지도자로서 황제를 복위시켰다. 그들은 자바인들이 수라카르타의 파쿠부워노 11세(재위 1939~1945)를 자바 전역의 황제로 승격시키기를 요구할 것으로 기대했다. 그러나 일본과 협력한 정치인들은 군주들에게 종속되기를 원하지 않았다. 수카르노도, 혹은 무함마디아와 나다툴 울라마의 키아이들도 자바 황제에게 고개를 숙이려 하지 않았다. 자바에 있던 암본인, 바탁인, 미낭카바우인 정치인들도 마찬가지였다. 군주제를 지지하는 자바인들조차 수라카르타와 욕야카르타의 왕에 대한 지지가 나뉘었다. 수카르노는 민족의 영혼은 라키얏 인도네시아(rakyat Indonesia), 즉 인도네시아의 (보통) 사람들이라고 말했다. 이슬람 지도자들은 그것이 움마 이슬람(ummat Islam), 즉 무슬림 공동체라고 했다. 대부분의 정치인들이 식민주의뿐 아니라 "봉건주의"에 반대했고, 그래서 일본인들은 자바를 일본 제국 내 하위 국가로 하는 제국 시스템을 발전시킬 매력적인 후보자를 찾을 수 없었다. 일본 장교들에게 수카르노와 무함마디야 의장인 키 바구스 하디쿠수모(Ki Bagus Hadikusumo)라는 두 자바인과 수마트라인 하타가 자바에서 정치인들 중 가장 능력 있고 인기 있는 것으로 보였다. 군주제 지지자가 아니라 이들이 1943년 11월 히로히토 일황에게 예를 표하기 위해 일본에 가도록 선택되었다. 그것은 수카르노의 첫 해외 여행이었다. 그는 다녀와서도 군주제 지지로 선회하지 않았다.

일본과 협력했던 인도네시아 지도자들은 물자와 노동력, 여성들을 제공해주는 대신 정치적 양보를 얻을 것을 기대했다. 그들은 네덜란드 지배하의 평화시보다 일본 점령 하의 전시에 더 빠른 권력이양이 있을 것이라고 계산했다. 수카르노와 동료 민족주의자들은 인도네시아의 상징물들을 전시하는 것과 자바만이 아닌 인도네시아의 독립이라는 포부를 키우는 것을 허용해 달라고 요구했다. 만수르와 하디쿠수모 그리고 수마트라인 하지 아구스 살림(Haji Agus Salim) 같은 이슬람 지도자들은, 금요 기도회에서 회중이 도쿄 방향으로 절을 하도록 한 것을 철회할 때까지 일본을 압박했다.

정치적 양보가 주어진 것은 인도네시아인들의 달변, 혹은 일본의 산업을 위해 징발된 물자와 노동력의 결과가 아니었다. 1944년 일본의 해군 기지에 타격을 가한 미국에의 패배는 일본의 인도네시아 정책을 변경시켰다. 1944년 9월 미국 부대가 할마헤라 인근의 모로타이(Morotai)에 최초로 상륙하자, 일본의 고이소(Koiso) 수상은 인디스의 "장래의" 독립을 약속했고 자바 봉공회 사무실에 일본 제국기와 더불어 인도네시아 깃발을 즉각 거는 것을 허용했다. 1945년 3월, 미국 군대가 이오지마(Iwojima)에서 처음으로 일본 영토에서 일본군에 승리를 거두었다. 같은 달 일본의 자바 군정부는 인도네시아 독립준비조사회(Committee for Investigating Independence for Indonesia)를 열어 독립 국가의 모델을 현지 일본 권력자들에게 추천하게 하고 그들이 검토를 위해 그것을 도쿄로 보내도록 했다. 일황이 모델을 선택하면, 독립 이양을 준비할 위원회를 자카르타에 세우려 했다.

군 사령부는 4월 29일 독립준비조사회의 인도네시아인과 일본인 위원을 임명했다. 64명의 인도네시아 위원은 자바의 정치인들과 자바 사회의 명망가들 중 선택되었다. 식민 국가가 다양한 문화와 지향을 가진 많은 종족 집단들을 포함했었기 때문에, 수카르노와 무하마드 야민은 가장 포괄적인 정의와 가장 애매한 가이드라인을 추천했다. 수카르노는 1945년 6월에 모인 위원회에게 그들의 공동 제안을 판차실라(Panca Sila, 5개의 기둥) 연설을 통해 전달했다. 그는 인도네시아인의 국가의 건국 원칙은 (순서대로) 민족주의, 국제주의, 합의제에 의한 정부, 사회 정의, 하나의 신에 대한 믿음으로 할 것을 제안했다. 그는 이 다섯 개의 기둥이 고통 로용(gotong royong)을 구성한다고 주장하고, 그것이 부자와 가난한 자, 무슬림과 기독교인을 통합하는 인도네시아인의 협력의 원칙이라고 정의했다. 수카르노는 여성, 어린이, 노동자, 혹은 다른 범주의 권리에 대한 특정한 언급은 하지 않았다. 그는 계급, 나이, 부의 정도, 종교, 성별에 의해 차별되지 않는 "민중"에게 주권이 있는 사회를 요구했다. 그는 특히 권리장전을 거부했는데, 위원회의 동료 위원인 마리아 울파 산토소의 의견에 반대해서 국가가 민중을 포함하기 때문에 그런 보장은 불필요하다고 주장했다.

조사회는 새 국가에 핵심이 되는 세 주제를 토론했다. 새 국가가 차지할 공간, 누가 시민으로서 소속될 것인가, 이슬람 법을 집행하는 데 있어 정부의 역할. 39명의 회원은 네덜란드령 인도, 영국령 말라야, 싱가포르, 영국령 보르네오, 포르투갈령 티모르, 서뉴기니로 구성된 인도네시아에 찬성표를 던졌다. 19명은 네덜란드령 인도의 영토를 원했다. 6명은 말라야, 그리고 서뉴기니를 제외한 네덜란드령 인도를 원했다. 다수는 그들이 토착민 아버지를 두고 군도에서 태어난 사람이라고 정의한 "토착 인도네시아인"에게 자동적으로 시민권을 줄 것을 추천했다. 군도에서 태어났고 어머니가 인도네시아인이지만 아버지가 외국계인 사람들은 귀화를 신청할 수 있었다. 55명은 공화국 형태의 정부에, 6명은 군주제 부활에 찬성표를 던졌다. 이맘들이 이끄는 이슬람 국가 모델은 투표에 부쳐지지 않았다. 대신 위원회는 헌법 초안에 자카르타 헌장이라 알려진 문건을 첨부했다. 그것은 무슬림만이 국가 수반이 될 자격이 있음을 보장했고, 인도네시아 정부가 무슬림 시민들의 이슬람 법 준수를 감시하고 집행할 것을 요구했다.

미국이 히로시마에 원자폭탄을 투하한 하루 뒤인 1945년 8월 7일, 일본의 남방군 총사령관은 황실이 독립준비위원회 결성을 허가한다고 선언했고 9월에 인도네시아가 탄생할 것이라고 약속했다. 그는 새 국가는 즉시 연합군에 대한 전쟁을 선포하고 일본의 지휘하에 싸울 것이라고 발표했다. 일본군 간부들이 계속 새로운 국가를 이끌고 감시하고, 그 외교 관계를 통제할 것이었다. 새 국가는 네덜란드령 동인도와 같은 영토를 차지할 것이지만, 일단 자바만 통치할 예정이었다. 자바 군정감인 야마모토 장군은 독립준비조사회를 해산하고 일본의 관리 지역인 자바, 수마트라, 동인도네시아(East Indonesia), 그리고 중국인 공동체를 대표하는 21명을 새로운 준비위원회에 임명했다. 그 첫 회의는 8월 18일로 예정되었다.

두 번째 폭탄이 나가사키에 떨어진 8월 9일, 수카르노, 하타, 라지만 웨디오닝그랏(Dr. Rajiman Wedioningrat, 전쟁 전 부디 우토모 시도자)은 추가 지시를 받기 위해 사이공의 일본군 총사령부로 향했다. 그들은 자카르타로 돌아올 때 일본군의 힘을 너무나 확신해서, 일본이 8월 15일 공식적으로 전투를 멈추고 항복할 것이라는 연합군 방송을 8월 12일에 전달했던 인도네시아인 비밀 무선통신사들을 믿으려 하지 않았다(일본인들은 자바에서는 8월 21일까지, 수마트라에서는 9월까지 그들의 항복을 공표하지 않았다). 일본의 정보 독점으로 인해 자바의 정치인들은 1943년에 암본의 일본 공군기지에 대한 연합군의 폭격이 시작되었다는 것, 그리고 1944년에 일본군이 칼리만탄, 동부 인도네시아, 뉴기니 영토 통제권을 연합군에게 상실했다는 것을 인지하지 못했다. 자바 정치인들은 네덜란드와 영국 특공대가 1945년 6월부터 북부 수마트라에서 활동하고 있었다는 것을 모르고 있었다.

공중을 관찰해서 연합군과 일본군 비행기를 식별할 수 있었던 자바 청년들은, 자바의 정치인들과 울라마들이 일본의 보호막 속에서 알 수도, 상상할 수도, 믿을 수도 없는 것을 알고 있었다. 8월 16일 자카르타 청년 집단은 수카르노와 그의 측근들을 납치해서, 이미 패망한 일황의 선물로서 독립을 수용하기보다 단독으로 인도네시아의 독립을 선언하도록 강요했다. 1945년 8월 17일, 자택 앞에 서서 소수의 정치 동료들 앞에서, 그리고 인도네시아인 민병대의 감시하에, 수카르노는 인도네시아 민중의 이름으로 인도네시아의 독립을 선포했다. 그와 하타가 선언문에 서명했다. 인도네시아인 직원들이 그들의 일본인 관리자들로부터 자카르타 라디오 통제권을 장악했고 자바에 뉴스 방송을 시작했다.

일본 제국은 1944년과 1945년 필리핀, 뉴기니, 암본, 티모르, 칼리만탄에서의 격렬한 전투에서 패할 것으로 보였다. 다른 곳에서는, 보통 인도네시아인들 혹은 정부의 대리인으로 일하고 일본을 위한 전시 조직을 이끌었던 인도네시아인들에게, 연합군에 의한 일본의 패배는 예측하기 어려웠다. 사람들은 탄약 보급, 탱크, 트럭을 지키는 완전무장한 일본군으로부터 소식을 전해 들었다. 일본군은 도시, 교통, 통신 체계 통제를 유지했고, 일본 국기를 내걸었고, 정치인들과 대중 전반에게 지시를 내렸다. 연합군의 명령에 따라 그들은 연합군이 도착해서 그들을 무장해제 시킬 때까지 공공 질서를 유지하고, 전범 재판을 받을 개별 장교를 선별하고, 나머지는 일본으로 돌려보내도록 준비해야 했다.

1945년 8월 자바에는 7만 명의 일본군이 있었다. 수카르노는 종전과 독립을 축하하는 대중 집회가, 일본의 총기가 비무장한 인도네시아 군중에게 넘어가는 결과를 가져올 수 있다는 것을, 그리고 독립 지도자들이 즉각적인 응징을 당할 것을 두려워했다. 인도네시아 정치 지도자들은 청년 무리들이 무기를 얻기 위해 작은 초소들을 공격하는 것을 막을 수 없었다. 그들은 가족들이 굶주리는 동안에도 일본이 정한 할당량을 채우기 위해 쌀을 생산하도록 농민들을 압박했던 마을 수장들에 대한 집단 행동을 예방할 수 없었다. 그들은 친

일파에 대한 사적 복수나 위안부들에 대한 공개적 망신주기를 멈출 수 없었다. 밖에서 청년들이 "므르데카(Merdeka, 자유)", "브르시압(Bersiap, 준비하라)!"이라 외치며 거리를 뛰어다니고, 벽에 슬로건을 칠하고, 배신자들을 공격하고, 근거지와 무기를 얻기 위해 싸우는 동안, 그들은 단지 실내에 앉아 서류상의 정부를 건설하는 것을 할 수 있었다.

조사회의 64명의 인도네시아인 위원들은 모든 인도네시아인의 이름으로 토론을 해왔지만, 그들이 연령, 계급, 교육, 종교적 신념, 지역, 젠더에서 군도의 6천만 인구를 대표하는 것은 아니었다. 1930년에서 1945년 사이 1천 2백만 명이 늘어난 젊은 층에서 평균 48세의 위원들은 나이가 많은 편이었다. 이들 모두는 대부분의 인도네시아인들이 읽거나 쓰지 못하던 시기에 중등 학교와 대학을 졸업했다. 64명 중 57명은 네덜란드어 학교 졸업자였다. 인구의 87%가 무슬림이었지만, 일곱 명의 위원들만이 자바, 이집트, 혹은 메카의 이슬람 학교에서 교육받았다. 전전 최대 조직은 자바인의 종족성과 왕실에 대한 복종을 내세우는 욕야카르타 신민연합이었지만, 군주제 옹호자들은 단 한 명의 대표에 의해 대변되고 있었고, 독립 인도네시아가 종족 중심지들을 기반으로 한 연방이 되기를 원하는 집단의 대표도 없었다. 인구의 절반이 여성이었지만 오직 두 명의 위원만 여성이었고, 그들은 네덜란드식 교육을 받은 3천 명의 인도네시아 여성들을 대표했다. 그들은 네덜란드 로스쿨을 졸업한 최초의 인도네시아 여성인 마리아 울파 산토소와, 식민정부에 의해 스마랑의 시의회에 임명된 바 있는 수나르요 망운푸스피토(Sunaryo Mangunpuspito)였다. 두 여성 모두 네덜란드어를 할 줄 아는 자바인이었다. 그들은 공적 생활과 경력에서 식민지의 입법을 통해서 교육, 결혼, 직업에 있어서 여성의 권리를 확보하는 데 헌신한 전력이 있었다. 전전 최대 여성 조직인 아이샤(Aisyah), 혹은 개혁이 이슬람식 처방에 부합하고 이슬람 법을 통해 주도되기를 원하는 다른 여성 집단의 대표자는 없었다. 일본이 청년 조직들에게 2개의 의석을 할당했지만, 일본인 7명이 조사회에 있었기 때문에 그들은 참여를 거부했다. 좌파 지도자들은 샤흐리르처럼 일본이 만든 연합체에 참여하기를 거부했거나 아미르 샤리푸딘(Amir Syarifuddin)처럼 일본인의 감옥에 있었기 때문에 대표자가 없었다.

일반 대중과 그들의 차이에도 불구하고, 위원회 구성원들은 인도네시아인이 스스로 통제하는 미래를 계획하는 데 있어 자신들이 군도의 모든 주민들의 열망을 대표한다고 믿었다. 8월 18일 그들은 조직을 인도네시아 국가위원회(National Committee)로 개명했고, 조사회가 작성한 헌법을 채택했고, 수카르노를 대통령으로 하타를 부통령으로 임명했다. 수카르노는 대표성을 넓히기 위해 그 수가 135가 될 때까지 국가위원회 대표자들을 추가했다. 1946년 12월에 그 수는 514까지 늘어났다. 위원회는 준 의회로 자처했고 상황이 허락하는 대로 빨리 선거를 치를 것을 약속했다. 18세 이상 혹은 자녀를 가져 이미 성인이 된 모든 시민 남녀가 문해력, 재산의 유무, 종교 같은 조건 없이 투표권을 가지게 된 1955년까지, 정치인들은 그들이 진정으로 인도네시아인들을 대표하는지 살펴보지 않았다. 정치인들은 대부분의 전전의 정당들은 요구하지 않았지만 보통의 인도네시아 남녀가 호응한 투표권을 입법했다. 3천 9백만 명이 투표인 명부에 등록했고, 그 중 91.5%가 무기명 선거에 투표를 하기 위해 나타났다.

중년의, 부유한 정치인들이 1945년 8월과 9월에 정돈되고 고상한 결의안을 통과시켰지만, 거리와 도시, 촌락들의 상황은 폭력적이고 예측 불가였다. 질병과 노역, 기근 속에서 살아남은 네덜란드인들은 일본인의 수용소에서 나와 새롭게 선언된 공화국의 공간으로 비틀거리며 걸어 들어갔다. 일부는 1942년에 빼앗긴 집과 재산을 되찾으려 노력했다. 일부는 친지의 죽음을 혁명의 열광적 지지자들에게 복수했다. 대부분의 여성들과 아이들은 안전을 위해 수용소로 되돌아갔다. 많은 인도네시아인들은 네덜란드인이 나타나면 분노했기 때문에 그들은 종종 공격을 받았고, 기독교도 소수자들 중 인도네시아인 배신자에 대한 마녀사냥도 있었다. 많은 인도네시아인들은 기억, 단편소설, 시 안에 긴장감 넘치던 자바의 "브르시압" 시기의 기록을 보존했다. 이 시기 다른 섬들의 공동체들에 대한 정보는 적지만, 일본 제25군 장교가 남긴 회고록은 자바에서 수마트라로 관심을 돌린다는 점에서 가치가 있다.

타카오 후사야마: 몰락 이후

타카오 후사야마는 일본군에 징집되어 무선 통신 훈련을 받고, 1940년에 중국으로 파견되었다. 그는 베트남, 캄보디아, 태국, 말라야, 싱가포르를 침공한 일본 부대들과 동행했다. 1942년까지 후사야마는 수마트라에 있었고, 메단과 아체에 배속되었다. 1946년 7월 연합군은 후사야마를 일본으로 돌려보냈고, 거기서 그는 민간인으로서 경력을 재개했다.

후사야마가 회고록을 시작한 것은 1945년 8월, 일본의 항복 이후이다(1942년 1월부터 1945년 8월까지의 그의 수마트라 전쟁 복무 회고는 인도네시아어 학습과 민요 채집만 언급하고 있다). 그는 전쟁 말기 수마트라에 고착되고, 복수하려는 인도네시아인들에게 위협당하고, 농민들과 시장 상인들에게 계속 음식을 공급하도록 강제해야 했던 일본인의 시각으로, 수개월에 걸친 브르시압 시기를 묘사하고 있다. 그는 공공 질서를 유지하고 주전파를 멀리함으로써 인도네시아 독립 준비를 확실히 하려 시도하는 일본군 장교들의 모습을 그린다. 그는 연합군의 승리를 "작은 갈색 피부의 형제들"을 외국 지배에서 해방시키려는 일본의 계획에 비극적 중단을 가져온 것으로 묘사한다.

인도네시아 역사들은 독립을 지키기 위해 통합하도록 자극받은 한 민족을 기록한다. 후사야마의 기록은 멀리 떨어진 욕야카르타에서 나날이 수마트라에서 벌어지는 일들을 통제하려 분투하는 공화국 지도자들을 보여준다. 수카르노의 대표자들은 지역 갱단, 청년 민병대, 울라마 등과 권력 투쟁을 해야 했다. 성난 폭도들은 술탄, 유럽인들, 고립된 일본인들을 공격했다. 무장 집단들이 혁명이라는 이름으로 비난하고, 약탈하고, 공격했다. 네덜란드 학교에 다니고 서양 복장을 한 상류층 여성들이 살해되었다. 일본 위안소에서 일했던 보통 여성들은 발가벗겨진 채 거리를 행진해야 했다. 네덜란드 학교 졸업생인 인도네시아인들이 스파이라는 비난을 받은 후 사라지기도 했다. 인도네시아인과 중국인 소매상들은 혁명적 행위라는 명목으로 가게를 약탈당했다. 후사야마는 부유층이 그들의 성인 자녀를 네덜란드로 보내고, 현지인들이 대농장의 이주 노동자들을 공격하고, 무단 점유자들이 사유지로 진입한 것을 기록한다. 사업가들은 자신들 이익을 위해 공화국 정부의 자산을 싱가포르로 밀수했다. 청년 집단들은 도시의 통제를 둘러싸고 자기들끼리 싸웠다. 시골 지역이 불안정해지면서 논이 경작되지 않은 채로 방치되었고, 길을 막고 세금을 징수하는 무장세력 때문에 국내 무역이 죽어갔다. 혁명은 테러에 의해 진행되었다.

전쟁 마지막 몇 주 동안 일본은 관료 체제 내에서 인도네시아인들을 주지사 같은 고위직으로 승진시켰다. 새로운 공화국 정부가 이것을 승인했고, 관리들에게 일본과 인도네시아의 직원이라는 이중의 지위를 주었다. 공화국 정부는 또한 열정을 새 국가를 위한 봉사로 전환시키기 위한 단일 대중 조직이라는 일본 모델을 채택했다. 이것은 대통령에게 비상시의 권력을 주었고 모든 관리들이 개인적으로 대통령에게 책임을 지게 했다. 곧 서구에게 받아들여질 만한 외양을 제시할 필요성이 일본에게 그래야 할 필요성을 대신하게 되었다. 9월에는 영국군이 자바에 들어오게 되어 있었고, 인도네시아인 부역자들에 대한 재판이 열릴 것으로 예상되었다. 일부 정치가들은 수카르노와 하타가 공직에서 물러나야 하고, 새 공화국에서 단일 정당 같은 파시스트적 요소들이 와해되어야 한다고 역설했다. 1945년 10월 수카르노는 샤흐리르에게 수용 가능한 인도네시아를 건설할 임무를 넘겨주었다 - 수용 가능하다는 것은 새 공화국 시민에게가 아니라, 또 다른 일련의 외국 세력에게였다. 인도네시아의 초대 총리인 샤흐리르는 연합군 군사령관들과 민간 정책 입안자들에게 인정받을 수 있는 정부 형태를 만들었다. 그는 대통령의 비상시 권한을 축소하고, 임시 의회의 기능을 하는 국가위원회(National Committee)에서 위원회 직속의 내각을 선발했다. 그는 정당과 노동조합 건설을 장려하고, 군부에 대한 민간의 통제라는 원칙의 구축을 시도하고, 정치 생활의 실행에 있어 투명한 과정과 형식을 갖추려 노력했다.

무력에 의존한 인도네시아인들은 국가위원회의 정책에 거의 공감하지 않았다. 그들은 인도네시아인의 공적 생활에 대해 서구인들이 어떻게 생각하건 개의치 않았다. 그들은 무기를 얻고, 네덜란드 지배의 재확립을 막고, 독립 인도네시아에서 자신의 집단의 특권을 확립하기를 원했다. 정당과 민병대의 무슬림 다수는 또한 일본 파시즘이나 서구 민주주의를 복제한 인도네시아를 만드는 것에 반대했다. 그들은 인도네시아가 이슬람의 집(House of Islam)이 되기를 원했다. 마체테와 죽창을 휘두르는 소작농들은 지주와 중국인 소매상 - 은행가(shopkeeper - banker)에게서 등을 돌렸다. 도시 청년들은 네덜란드와 일본 행정부에서 일한 관리들을 공격하고 공화국의 종복으로 자처했다. 이 모든 집단들은 자신들의 영역을 표시하고 자신들의 해결책을 강요하기 위해 혁명의 시기를 이용했다. 중앙 지도부는 네덜란드인들이 "지상에서 가장 약한 민족"이라 무시한 사람들이 싸울 수 있었다는 자부심뿐 아니라 대중의 분노가 곧 모든 권위에 등을 돌리지 않을까 하는 두려움을 가졌다.

샤흐리르: 서구식 교육 대 동양적 미신

수탄 샤흐리르(Sutan Syahrir, 1909~1966)는 미낭카바우에서 작위가 있는 집안에서 태어났다. 아버지는 델리 술탄의 자문이자 메단의 검사로, 식민 국가의 쌍둥이 같은 기반인 인도네시아 군주제와 식민 관료제에서 모두 봉직했다. 샤흐리르는 메단에서 유럽인 대상 초등학교를, (서부 자바) 반둥에서 중등학교를, 네덜란드에서 로스쿨을 다녔다. 샤흐리르는 처음부터 식민 국가를 대체할 공화국에 천착했다. 그는 1926년 청년인도네시아(Young Indonesia)를 결성했고, 1928년 하나의 국가에의 충성이라는 개념을 만들어낸 청년회의(youth congress)의 회원이었다. 대학 때는 네덜란드 사민당 당원이자, 아벤다논(Abendanon)의 인디스 협회(Indies Association)에서 파생한 인도네시아 협회(Indonesian Association)의 회원이었다. 네덜란드 여성과 짧은 결혼 생활을 하기도 했다.

1931년 샤흐리르는 식민지로 돌아가서 정치 활동을 진행했다. 그의 접근방식은 스터디 클럽을 만들어서 네덜란드어를 아는 청년들을 지식인이자 지도자로 만들어내는 것이었다. 그는 수카르노의 현란한 감성주의에 맞서서, 새로운 인도네시아를 위해 수마트라인이 강력하게 기여하기를 원했다. 샤흐리르에게 "자바인"은 "후진성"과 동의어였다. 그는 봉건주의와 미신에 대해서, 혹은 정치적 결정을 내리는 데 있어 대중에게 거의 공감이 없었다. 그는 인도네시아인들이 지도와 강력한 지도력을 필요로 한다고 생각했지만, 일본의 것은 원치 않았다. 일황에 대한 경배, 무사 가치의 찬양, 군부 지배를 반대하던 샤흐리르는 일본이 후원하는 대중 조직의 지도적 지위를 구하지도 받아들이지도 않았다. 전전의 정치활동과 6년의 유배로 인해 그는 일본 점령기에 수카르노, 하타, 라지만(Rajiman), 아샤리(Asy'ari) 등이 누리던 특권과 명성을 가질 자격이 있었지만, 일본은 그를 적으로 취급해 억류하고 이후 치파나스(Cipanas)에 가택 연금했다. 거기서 샤흐리르는 일본의 눈을 피해서, 점령에 의해 자바에 발이 묶인 수마트라 학생들을 그의 정치적 미래를 위한 간부로 성장시키는 데 집중했다.

독립 투쟁 초기 수 년간 수상으로서 샤흐리르는 무력 투쟁보다 협상을 선택했다. 그는 공화국 영토를 자바와 수마트라로 축소하는 네덜란드와의 일련의 협약들 중 첫 번째에 서명을 했다. 그는 혁명을 테러로 경험했다. 1946년 탄 말라카를 위해 활동하는 무장 집단이 그를 납치했고, 1948년에는 네덜란드 군대가 그를 체포해서 다른 공화국 민간 지도자들과 함께 투옥했다. 샤흐리르는 1949년에 마침내 성취된 인도네시아를 반기지 않았다. 그의 인도네시아 사회당(Socialist Party of Indonesia)은 1955년 선거에서 2% 득표에 그쳤다. 그는 자바 정치인들과 자바인의 야심에 저항하기 위해 마슈미의 수마트라인 개혁가들과 수마트라 군 지도부와 연합했다. 1962년 수카르노가 그를 가택 연금에 처했다. 샤흐리르는 1965년 초 유럽에서 치료받도록 허가되었고, 1966년 4월 인도네시아가 체계적인 겁박과 살상을 통해 수카르노의 유산을 지워나가는 청년단과 민병대에 의해 요동치고 있을 때 유럽에서 사망했다.

인도네시아 일부 지역에서는 네덜란드인에 대항하는 전투가 없었다. 예를 들어 연합군의 앞선 암본 점령과 그곳으로의 네덜란드 군대의 복귀는 1945년에서 1949년까지 그곳에 전투가 없도록 만들었다. 그러나 이행기에는 무슬림과 기독교인 촌락들 간의 적개심이 폭력적인 양상을 보였다. 1942년 네덜란드 권력의 몰락과 일본 점령의 시행 사이에, 무슬림들은 네덜란드인 거주민 그리고 그들과 가까운 기독교도 암본인 지원자들의 가옥과 사업체를 약탈하고 불태웠다. 1945년 네덜란드인들이 복귀하면서 기독교도 암본인들이 무슬럼 암본인들에게 복수를 감행했다. 라자들과 기독교도 공동체에게 공화국은 자바인과 무슬림에 의한 지배를 의미했다. 그들은 1945년 10월 인도네시아 인민군(People's Army of Indonesia)이 네덜란드인들과 유라시안들, 암본인들에 대한 게릴라전과 경제 전쟁을 선언하는 것을 불안한 마음으로 들었고, 나다툴 울라마와 마슈미 정당이 네덜란드인에 대한 전쟁, 인도네시아 전역에 이슬람식 삶과 정부를 세우기 위한 전쟁을 선포했을 때 공포를 느꼈다. 기독교도 암본인 군인들이 재입대했고, 새로운 사람들이 군도 전역에서 네덜란드의 목표를 위해 싸우고자 참여했다. 네덜란드인 치하에서 같은 수준의 교육과 직업 기회를 가져본 적 없는 무슬림 암본인들은 공화국을 지지했다.

네덜란드 군대가 아체에는 다시 진입하지 않았기 때문에 이 지방에서는 네덜란드인들에 대한 투쟁이 없었다. 대신 아체는 분쟁이 있는 지역에 인력과 자금을 보냈다. 아체 내에서는 아체인들 사이에 다툼이 있었다. 1942년 전 아체 울라마연합(All - Aceh Union of Ulamas)은 일본인들을 환영했지만, 일본인들은 네덜란드 체제에 있던 울레발랑 행정가들을 그대로 두었고, 1945년 자카르타의 공화국 정부도 그들을 지역 대표로 공식화했다. 아체 울라마들이 본 바로는, 네덜란드가 재점령한 모든 지역에서 구 엘리트들은 공화국에 대한 의무를 버리고 네덜란드를 위해 일했다. 그래서 아체에서는 1946년 3월 살상이 시작되었다. 울라마들은 지주들, 공무원들과 그 가족들에 대항하는 무장 집단을 이끌었다. 소작인들이 농지를 장악했다. 1946년 말이 되면 울레발랑 계층은 아체 사회에서 축출되었다. 울라마가 군권과 민간인을 통제했고, 이 지역은 혁명기 내내 자치적이었고, 아체는 네덜란드 식민국가가 중단시켰던 말레이반도와 싱가포르와의 오랜 무역 관계를 재개했다.

네덜란드인들은 재점령한 지역에서 즉시 지역 엘리트들과 접촉을 재개했고, 자바의 공화국 지도부가 제안한 단일 국가에 대한 대안을 제공했다. 수도를 말루쿠에 두고 아낙 아궁 그데 아궁(Anak Agung Gde Agung)을 대통령(이자 군주)으로 하는, 술라웨시, 말루쿠, 발리로 구성된 동인도네시아국(the State of East Indonesia)이 1946년 12월 세워졌다. 1947년 5월에는 폰티아낙의 술탄 압둘 하미드 2세(Abdul Hamid II)가 서칼리만탄국(the State of West Kalimantan)의 수반이 되었다. 1947년 12월에는 동수마트라국(the State of East Sumatra)이 만들어졌고, 이어 1948년 2월에는 마두라국(the State of Madura)과 서자바국(the State of West Java), 11월에는 동자바국(the State of East Java)이 세워졌다. 이 국가들은 모두 그 행정을 왕립 네덜란드령 인도 군대(Royal Netherlands Indies Army)에 의존하는 인도네시아 귀족들이 이끌고 있었다. 1948년 7월 네덜란드인들은 인도네시아인 국가 수장들을 연방협의회(Assembly for Federal Consultation)에 편입시켰다. 네덜란드인들이 이끄는 이 의회는, 네덜란드와 예전 서인도 식민지인 수리남(Surinam)과 퀴라소(Curaçao)로 구성된 네덜란드 연합에 받아들여질 연방을 기획하기 위한 것이었다.

재점령된 지역에서 친(親)공화국 청년집단과 민병대들은 해산하거나 식민지 군대 군인들에 의해 살해되었다. 1946년 11월에서 1947년 2월 사이 남부 술라웨시에서 3천 명이 사망했다. 네덜란드인들이 만들어낸 조직들의 연결망에서도 인도네시아 민족주의라는 명분은 살아있었다. 예를 들어 친(親)공화국 암본인들은 혁명기 동안 네덜란드가 후원하는 동인도네시아 의회에 참여했고, 1947년과 1948년 무슬림과 기독교도 암본인들이 투표했을 때 그들이 남몰루카(South Moluccas) 의회의 다수 의석을 차지했다. 대부분의 인도네시아인들은 혁명기를 네덜란드 지배하에서 보냈다.

자바에서는 1945년 9월과 10월에 주요 북부 해안 도시들에 연합군이 상륙했다. 그들은 처음에는 공화국을 인정했지만, 곧 그 임명직들이 질서를 유지할 능력이 없다고 결론 내렸고, 정부 건물과 군대 기지를 네덜란드령 인도 민간 행정부와 군에 넘겨주기 시작했다. 공화국에 대한 지지는 자카르타에서 매우 가시적이고 강렬했었지만, 외국 지배로부터 자유로운 인도네시아에 대한 깊은 헌신은 수라바야에서 가장 극적으로 표출되었다. 수라바야는 조선소, 공장, 학교, 군 기지가 있는, 자바에서 두 번째로 큰 도시였다. 10월 25일 6천 명의 영국령 인도 부대가 수용소에서 생존한 네덜란드인들을 대피시키고 일본군을 무장해제하려 수라바야에 들어왔을 때, 근로자들, 학생들, 주변 대농장과 제분소에서 온 노동자들, 동북부 자바의 많은 프산트렌에 속한 사람들, 실업자들 등이 모두 이 도시에 모여 있었다. 그들은 곧 공화국 정규군의 인도네시아 군인 2만 명, 그리고 자신들의 영웅들의 명령에만, 그리고 그 민병대가 수라바야 방송을 장악하고 있던 수토모(Sutomo, 붕 토모 Bung Tomo)의 호소에만 귀기울이는 12만 명의 다른 부대들과 민병대들과 맞서게 되었다. 영국은 전쟁을 막을 수 있다고 기대한 공화국 지도자들을 데려왔다. 수카르노, 하타, 그리고 (영국이 켄페이타이 감옥에서 막 석방시켰고, 수카르노의 정보부 장관이자 국가위원회 간부회의 부의장인) 아미르 샤리푸딘. 그들의 영향력이 휴전을 가져왔지만, 영국 비행기가 그들을 자카르타로 다시 데려간 이후에도 휴전을 지속시킬 수는 없었다.

수라바야에 대한 영국의 공중, 해상 폭격은 1945년 11월 10일에 시작되었다. 거의 무장되지 않은 사람들이 이슬람과 공화국의 이름을 건 붕 토모의 호소에 호응했다. 영국이 전투를 끝내는 데 3주가 걸렸는데, 그 동안 수천의 인도네시아 남성들이 죽었고, 인구 다수가 도피했고, 수라바야는 심각하게 손상을 입었다.

인도네시아에서 영웅의 날로 기념되는 11월 10일은 자바에서의 독립전쟁에서 가장 큰 규모의 두 전투가 있었다. 나중에 군대와 민병대들은 구릉지대로 후퇴했다. 그들은 숨겨진 근거지로부터 매복, 저격, 교량 폭파, 도로 훼손 등의 방법으로 네덜란드 군대를 괴롭혔다. 정규군과 민병대에 대한 민간의 통제는 끝났고, 전쟁은 각자의 영역에서 활동하는 게릴라 부대들이 수행하게 되었다. 부대 단위와 조직된 전략에 근거해 생각하는 네덜란드식 훈련을 받은 인도네시아 군 장교들은, 일본인 교관에게 군대 기술을 배운 사람들에게, 그리고 트루나자야와 수라파티의 전사 전통을 모방한, 자신의 지도자의 신성함과 특별한 권능에 대한 소문을 퍼뜨리는 추종자들에 둘러싸인 사람들에게 패했다.

수디르만: 무장한 프산트렌

이슬람 학교 교사였던 수디르만(Sudirman, 1915~1950)은 네덜란드인 기독교도의 통치에 대해, 그리고 네덜란드인들과 협력하는 수라카르타 왕족들과 모든 자바인들에 대해 적대적 감정을 가졌다. 1943년 일본인들은 수디르만을 페타(Peta) 장교로 발탁해서 훈련시켰다. 그는 거기서 무술 실력을 발전시켰고, 전사의 연합과 일본 군법에 대한 영적 믿음에 매료되었다. 수디르만의 추종자들은 그의 금욕적 행실, 명상, 개인적 규율에서 성스러움의 징후를 보았다. 1945년 11월 민병대원들이 그를 군 최고 사령관으로 선출했다. 그들은 민간 정부에 대한 그의 경멸을 공유했고, 공화국 수상과 내각이 임명한 군 지도부를 인정하기를 거부했다.

수디르만은 계속 민병대를 통해 활동했다. 그는 파쿠부워노 7세와 공화국 정치인들에 대항하도록 그들을 부추겼다. 그에게 충성하는 세력이 수라카르타를 장악했다. 수디르만은 공화국 지도자들에게 궁궐 밖에서 수라카르타 왕족들의 권리를 박탈하도록 압력을 가했다. 그는 독립을 협상하는 것에 반대하고, 수상인 샤흐리르를 납치하기 위해 민병대를 보냈다. 그는 대의제 정부에 반대하는 인도네시아 군부의 전통을 확립했다.

1949년 네덜란드인들이 공화국 정부 전체를 사로잡았고 그 남은 영토마저 삼켜버렸다. 수디르만은 네덜란드에 저항하는 민병대 봉기를 지시했다. 당시 그는 결핵으로 죽어가고 있었고, 추종자들은 그의 민병대를 단결시키기 위해 그를 깔개 위에 놓고 끌고 다녔다. 그렇게 그의 전설이 탄생했다. 그의 적인 민간 정치인들은 이제 그의 신비로운 신성함을 수카르노에게 대입했다. 블리타르(Blitar) 박물관에는 자바 왈리들, 디포느고로, 수디르만의 초상이 인도네시아의 초대 대통령 근처의 좋은 위치를 차지한다. 수카르노와 만나는 세계 지도자들의 사진은 구석으로 밀려나 있다.

공화국 지도부는 붕 토모의 카리스마와 수라바야 투사들의 거친 열정에서 보통 인도네시아인들의 실제 감정에 대한 공포스러운 증거를 보았다. 그들은 이슬람적 언어로 표현된 호소문의 힘, 그리고 대중의 충성을 위한 전쟁에서 라디오의 새로운 중요성을 인식했다. 수라바야 이후, 자바의 공화국 민간 지도자들은 독립을 얻기 위해 네덜란드와의 협상에 의존했다. 장기적인 외교회의에 참여했을 때조차도, 그들은 도시와 시골에서 대중의 열정의 무서움을 느꼈다. 그들은 납치와 살해의 소식을 날마다 들었고, 자신들에 대한 물리적 위협을 두려워했다.

식민지와 마찬가지로, 혁명(Revolutions)도 모든 종류의 부적응자들, 모험가들, 가족에서 떨어져 나온 사람들, 법의 주변부에 있는 사람들을 끌어들인다. 이런 유형들은 종종 공화국의 목적을 위해 열정적으로 헌신했지만, 그들은 지나치게 자신만을 생각해서 개인적 만족을 중앙의 민간 지도부보다 경시할 수 없었고, 드라마에서 개인적 의미를 찾느라 너무 바빠서 좋은 시민이 될 수 없었다.

주변부의 단독 혁명가들: 크툿 탄트리의 예

혁명은 몇몇 여성들에게 집, 남편, 가족에게서 벗어나 살 수 있는 기회를 주었다. 크툿 탄트리(K'tut Tantri)는 인도네시아에서 자신의 삶을 극적으로 만들 영역을 찾은 영국 여성이 택한 발리식 이름이었다. 그녀는 1930년대 발리에 정착해서, 거기서 호텔 경영자로서 부유한 관광객들에게 이국적인 발리를 창조하고 판매하는 데 기여했다. 일본 점령기인 1942년 그녀는 일본의 전쟁 선전국을 위해 극도로 반 네덜란드적인 영어 라디오 방송을 만들었다. 1945년 그녀는 영어권 세계에 공화국을 지원할 것을 호소하는 방송을 시작하고, 붕 토모의 그룹과 함께 돌아다녔다. 1947년 그녀는 민족주의자들을 대표해 무기 거래에 뛰어들었다. 공화국 지도자들이 그녀가 인도네시아 밖으로 나갈 수 있게 도왔다.

크툿 탄트리는 계속해서 자유 인도네시아를 위한 여성 대변인으로서 여행을 했다. 1960년 그녀의 책 낙원에서의 봉기(Revolt in Paradise)는 예상대로 반향을 불러왔다. 그 책은 재인쇄되고 인도네시아어를 비롯한 12개 언어로 번역되었다. 독립 이후, 정부는 크툿 탄트리를 감성 여행과 과거 민병대 지도자들과 수카르노 대통령과의 만남을 위해 인도네시아로 데려왔다. 정부는 1999년 그녀가 호주에서 사망할 때까지 연금을 지급했다. 인도네시아 혁명에서의 크툿 탄트리의 역할은 오직 그녀의 회고록과 상상에서만 살아 있다. 인도네시아 교육부가 낸 어떤 역사책에도 그녀의 이름은 나오지 않는다.

1945년에 영국군과 함께 자바에 들어온 네덜란드 공무원과 장교들은 신속하게 자카르타에 행정 기구를 설치했다. 그들은 자카르타를 다시 바타비아로 개명하고, 도시를 샅샅이 뒤져 공화국 지지자, 특히 청년들을 색출해 투옥했다. 예전의 직원들은 일자리와 연금 재개를 제안받았다. 네덜란드 군대는 게릴라 전투병들이 잠입하는 것을 막기 위해 도시로 오는 길에 장벽을 설치했고, 거리, 시장, 기차역을 순찰했다. 수라바야 전투와 수마트라에서의 학살은 1946년 12월 영국군이 물러나기 전에 공화국 세력과 합의를 보도록 네덜란드를 압박했다. 그해 11월 네덜란드는 공화국 대표들과 휴전협정에 서명했다. 네덜란드는 수마트라, (바타비아와 인근을 제외한) 자바, 마두라에 대한 인도네시아공화국의 점유권을 인정했다. 공화국 세력은 동부 인도네시아의 권리를 네덜란드에 양보하고, 1949년까지 네덜란드 – 인도네시아 연합 내에 인도네시아합중국(United States of Indonesia)을 구성하기 위해 네덜란드와 협력하는 데 동의했다. 이것은 링가자티(Linggajati) 조약이라 불렸고, 정부 대표인 샤흐리르 총리가 서명했다. 사건들에 대한 그의 개인적 불만, 양보에 대한 대중의 분노에 대한 그의 인지는 공화국 정치에서 그의 역할을 종식시켰다.

네덜란드인들은 링가자티 조약 한달 후 첫 번째 연방국을, 1947년 7월에 두 번째 연방국을 구성했다. 이 때가 되면 인디스 군대가 재조직되어 십만 명에 이르렀다. 그 군대는 자바의 북부 해안 항구들과 마두라, 차와 커피 대농장이 있는 서부 자바, 설탕 농장이 있는 동부 자바를 장악했다. 인디스 군대는 또한 메단, 팔렘방, 파당을 점유했다. 일단 수마트라의 유전, 고무와 담배 농장, 주석 매장지를 장악한 후, 인디스 군대는 아체를 제외한 수마트라 전체를 장악했다. 공화국의 민간 지도자들은 다시 1948년 1월 축소된 영역을 인정하는 렌빌(Renville) 조약에 서명했다. 조인은 다시 한번 총리의 사퇴라는 결과로 이어졌는데, 이번엔 아미르 샤리푸딘이었다. 이제 공화국은 인도네시아 전반의 유권자들과의 접촉, 석유, 고무, 쌀에의 접근, 수출입을 통한 수입이 끊어진 채 중부 자바에 국한되었다. 피난민들이 시골에서 게릴라가 되거나 네덜란드 통제 도시에서 음식, 의약품, 교육, 직업을 구하려 하면서, 네덜란드인들이 관장하는 인구가 급증했다. 서부 자바에 있던 공화국의 실리왕이(Siliwangi) 사단이 중부 자바로 물러났다. 인도네시아 공식 역사에서는, 순다인 인구를 버린 이 사건이 아랍어 히즈라(hijrah)로 위엄있게 포장되었다.

히즈라: 민족 신화의 창조

히즈라(Hizrah)는 무하마드와 그 추종자들이 622년 메카에서 물러난 것을 의미한다. 그들은 적대적인 아랍 부족들에게서 달아나 메디나로 갔고, 거기서 무하마드는 이슬람 법에 의해 운영되는 사회를 건설하고 메카 재정복을 계획할 수 있었다. 무슬림력은 이 후퇴의 의미를 보여주기 위해 이 해를 원년으로 정한다. 인도네시아의 맥락에서 보면, 히즈라는 중부 자바 핵심 지역에 강력한 공화국이 세워진 이후, 실리왕이 사단이 적시에 돌아와 네덜란드인들을 물리친 것을 상징한다.

서부 자바에서는, 무슬림 민병대들은 실리왕이 사단의 귀환을 기다리지 않았다. 1948년 그들은 네덜란드인들에 대한 공격을 이끌었다. 줄어든 공화국 영토는 이제 백만 명 이상의 무장군인들, 경쟁하는 군 전투 참모들, 어떤 상급자도 인정하지 않는 민병대 지도자들을 수용했다. 동부 자바는 마디운(Madiun)에 중심을 둔 공산국가를 위한 전쟁을 개시했다. 민병대들, 정규 부대들, 민간인들은 싸우고, 수감자들을 죽이고, 적과 동료 촌락민들을 살해했다. 공산주의자, 마슈미 지지자, 나다툴 울라마 지지자들은 서로를 추적했다. 공산주의자들과 함께했던 아미르 샤리푸딘은 실리왕이 군인들에게 체포되어 처형당했다.

1948년 12월 네덜란드 군대는 공화국의 남은 영토를 침공했고, 그 민간인 지도자들을 포로로 잡아서 멀리 떨어진 네덜란드 영역 안쪽의 방카로 데려갔고, 공화국 중심부에 네덜란드 깃발을 게양했다. 포로가 된 지도부에 대한 국제적 관심에 초점을 둔 수카르노의 전술은 효과가 있었다. 국제연합(UN)은 인도네시아합중국공화국(Republic of the United States of Indonesia)에 수카르노의 공화국을 포함시키고 1949년 12월에 주권을 이양하도록 네덜란드에게 압력을 가했다. 그러나 무력에 의존한 인도네시아인들은 민간인들이 존경받거나 신뢰받을 수 있다는 것을 납득하지 못했다. 수카르노와 그의 내각이 스스로 체포에 동의하자마자 수디르만은 군사정부를 선언했다. 게릴라들은 산에 있는 그들의 은신처로부터 네덜란드 진지들을 공격했다. 실리왕이는 네덜란드와 다룰 이슬람 세력과 맞서기 위해 서부 자바로 돌아가려 분투했다. 독립 전쟁의 마지막 전투에서 싸운 사람들은 자신들을 인도네시아와 그 정당한 지도자들의 구원자라고 여겼다.

독립을 위한 인도네시아의 투쟁은 한순간에 끝난 것이 아니다. 국제적으로는, 1949년 12월 27일 인도네시아합중국공화국이 네덜란드로부터의 주권 이양을 받아들였을 때 투쟁이 끝났다. 많은 인도네시아인들에게는, 네덜란드가 만들어낸 국가들이 자카르타로부터의 지속적인 압력을 받은 후에 스스로 해체하고 단일 인도네시아공화국으로 들어온 1950년 8월 17일까지 투쟁이 끝나지 않았다. 다른 시각에서 보면, 인도네시아 국군 부대가 1950년 암본에서 인도네시아로부터의 독립을 위한 운동을 진압하기 위해 싸우는 동안 투쟁은 계속되었다. 그들은 1950년대 내내 아체, 술라웨시, 서부 자바에서 다룰 이슬람 반란을 그리고 지역 경제에 대한 자바의 지배에 저항하는 봉기를 진압하기 위해 싸웠다. 일부에게 독립을 위한 투쟁은 1969년 서뉴기니가 26번째 주(州)로서 인도네시아로 편입되었을 (혹은 인도네시아와 재결합했을) 때에야 끝났다.

그렇지 않으면, 1957년에 수카르노 대통령이 여전히 인도네시아에 살던 4만 6천 명의 네덜란드인들을 추방하고, 네덜란드인 소유 사업을 국유화하고 그 관리를 인도네시아 군부에 넘겼을 때 독립 투쟁이 끝났다고 할 수 있을 것이다. 다른 의미에서 수카르노와 군부의 분파들이 공화국 의회를 인도네시아인의 민족 정체성에 맞지 않는 서구적 기구이고 국민의 삶을 탈선시키는 네덜란드의 잔재라고 공격했을 때 독립투쟁은 계속되었다. 이런 시각에서 보면, 1957년 수카르노가 계엄령을 선포하고, 선출된 의회를 중지시키고, 교도민주주의 시행을 시작했을 때 투쟁이 끝났다. 1959년 수카르노와 군 중앙 지도부는 수마트라와 술라웨시의 새로운 독립운동을 물리쳤다. 이후 누구도 인도네시아의 정치적, 경제적, 문화적 삶에서 자바와 자바인의 지배에 도전할 수 없었다.

네덜란드가 축출되고 외부도서가 자바에 합쳐지면서, 수카르노는 자신이 이해하는 바 인도네시아의 역사와 인도네시아인의 특성에 부합한다고 생각한 정부 형태를 만들어내기 시작했다. 그는 "유대" 집단으로 구성된 사회라는 "인도네시아식" 이해를 선호해서, 개인이나 사회 계층으로 구성된 사회라는 개념을 거부했다. 그는 공적 생활이 상충되는 계급적 이익의 경쟁이라고 생각하지 않았다. 그는 반대파들을 단일 정부 내에 포함시키고, 상충되는 목표들을 투표가 아닌 합의제를 통해 조화시키고, 어떤 집단도 소외시키지 않는 것이 "인도네시아" 방식이라는 것을 발견했다. 1960년에 그는 이러한 세력들의 연합을 나사콤(Nasakom) 정부라 칭했는데, 그것은 민족주의자, 종교 집단, 공산주의자의 혼합을 뜻했다. 그는 후에 여기에 군부까지 끌어들여 이 개념을 "발이 네 개인 정부"로 확대했다. 그는 대통령에게 광범위한 권한을 주고 내각이 유권자가 선출한 대표가 아니라 대통령에 대해 책임을 지게 하는 일본 점령기의 헌법을 부활시켰다. 그의 포괄적 내각은 성장해서 1965년에는 3백 명 이상이 되었다. 그는 선출된 의회를 네덜란드의 인민위원회(People's Council)를 모방한 회의로 대체했는데, 이유는 그것이 정부가 승인한 지원자 명부에서 뽑힌 의원들과, "직능집단"을 대표하기 위해 정부가 임명한 의원들로 구성되기 때문이었다. 여성, 농민, 청년, 군부가 계층, 세대, 지역, 종족, 종교를 가로질러 하나로 묶여 있었다. 참여를 거부하는 반대자는 재판 없이 투옥되고 그들의 정당은 금지되었다.

이 모든 것은 군도 전역에 퍼져 있는 많은 자바인 공동체와 중국에게는 받아들일 수 있는 것으로 판명되었다. 수카르노의 교도민주주의는 서구, 인도네시아의 많은 종족 공동체들, 군부 내 중요한 분파들, 혹은 식민 지배를 이슬람 정부로 대체하기 위해 독립투쟁을 했던 인도네시아인들에게는 환영받지 못했다. 1960년대 초 군도의 서쪽 끝에서 말레이시아를 만들기 위한 영국의 후원 속에서 식민주의에 저항하는 인도네시아의 투쟁이 아직 끝나지 않았다는 것이 드러나면서, 그들의 목소리는 묻혀버렸다.

이름에 담긴 의미는? 쇠퇴 대 일탈

1957년 대통령 칙령에 따라 인도네시아 국군이 권력을 잡으면서, 정당, 유세, 선거, 선출 의회가 금지되고, 민법 재판소의 기능이 정지되었다. 네덜란드 시기의 정당들의, 혁명기의, 독립 이후 처음 7년간 다당제 정부의 역동적인 정치적 생활을 돌아보면서, 정치학자 허버트 피스(Herbert Faith)는 인도네시아 의회 민주주의의 쇠퇴를 포착했다. 그는 이 쇠퇴의 원인이 인도네시아에서의 민주주의 절차 경시, 정당과 정파의 목적을 위해 정부를 이용하는 것, 그리고 반대 세력을 겁박하고 거리에 깡패의 법칙을 가져오기 위해 무장 동조자들을 동원하려는 정당들의 의지에 있다고 보았다.

정치인들이 자카르타에서 음모를 꾸미는 동안, 보통 사람들은 급속한 인구 증가와 경제 위기로 인한 문제들에 직면했다. 피스는 맥락을 설정했다. 1942년 네덜란드의 몰락에서 1950년 인도네시아공화국의 탄생 사이, 인도네시아인의 수는 1천 7백만 명이 증가했다. 수카르노가 교도민주주의를 도입한 1960년 인도네시아 인구는 9천 7백만 명이 되었다. 자원 확보에 몰두한 인도네시아 정치인들은, 수백만의 인도네시아인들을 먹이고, 입히고, 살 집을 주고, 교육할 방법을 찾지 않았다. 의회 민주주의는 권위주의 정부에 의해 폐지될 때까지 쇠퇴했다. 피스의 분석에 의하면, 개혁을 시행하려 노력하는 실용적 정치인들이 민족 정신, 진행 중인 혁명, 계속되는 투쟁을 실업, 낮은 식자율, 높은 물가 상승의 해결책으로 내세운 "연대-창조자들(solidarity-makers)"에 의해 밀려났다.

역사학자 해리 벤다(Harry Benda)는 1950년대가 민주주의 쇠퇴의 시기가 아니라 일탈의 시기라 주장하면서, 쇠퇴와 실패라는 결론에 도전했다. 벤다의 시각으로 보면, 의회 민주주의 시기는 인도네시아의 공적 생활에서 급진적인 일탈이었다. 힌두 혹은 이슬람 군주제 시기에 민주적 기구는 존재한 적이 없었다. 네덜란드인들도 개인의 권리를 보호하거나 민주적 절차를 제도화하지 않았다. 벤다에 의하면, 수카르노와 군부가 민주적 권리를 분해했을 때, 인도네시아인의 공적 생활은 권위주의의

적 지배, 권력의 독점, 소수의 특권으로부터의 다수의 배제, (고용된 폭도, 민병대 등) 깡패들에의 의존, 그리고 공포를 통한 지배라는 유산으로 회귀했다.

수하르토 대통령 타도 이후로, 1950년대에 대한 이 암울한 전망은 일부 인도네시아인들에 의해 향수로 대체되었다. 이 21세기의 상상 속에서, 1950년대의 정치 생활은 자유롭고, 활기차고, 수하르토 시기의 무거운 정부, 검열, 그리고 "불가사의한 살해", 실종, 대량 학살을 통한 공포의 적용에 의해 구속받지 않았다.

• • • •

마자파히트 비전: 인도네시아 역사 속의 수카르노와 수하르토

1950년 1월부터 인도네시아공화국은 서뉴기니 영토를 제외한 네덜란드 식민 국가의 공간을 점유했다. 수카르노 대통령은 자카르타에서 그 군도 국가를 조망했다. 견고한 중심인 자바는 새 국가 인구의 절반과 근대 교육을 받은 인구의 대다수를 포함했고, 단일 국가에 충실한 정치인들이 가장 집중된 곳이었다. 자바는 또한 게릴라전으로 가장 피해가 컸고, 내부적으로 가장 분열된 지역이었다. 공화국 군대가 무슬림 군인들과 공산주의 게릴라들에 맞서 싸우게 한 두 번의 내전이 이곳에서 발생했다. 자바 거주자들은 수 년간의 일본의 대중 동원에 가장 충격을 받았었다. 자바는 또 정부 장악을 둘러싼 민간인과 군부의 경쟁이 가장 극적으로 전개되어 온 곳이었다.

자카르타에서 바라볼 때, 수마트라는 천연 자원, 어떤 상급자도 인정하지 않으며 어떤 조정 권한자로부터도 독립되어 활동해온 민병대, 그리고 지정된 계층들을 제거하는 수단으로 살상을 해온 역사를 가진 곳이었다. 아체는 자카르타 지배하에서 다른 지역과 동등한 지위를 받아들이기를 원하는 것으로 보이지 않았다. 네덜란드가 후원한 국가들 중 가장 오래되고 잘 기능했던 동인도네시아(Eastern Indonesia)에는 많은 군주들이 있었고 자바인에 대한 복잡한 감정을 가지고 있었다. 그 기독교 주변부는 고등 교육, 근대적 기술, 군도의 국가 행정 경험을 지닌 사람들을 포함하고 있었다. 군도 국가의 치안을 유지하고 지배층을 위해 문제를 없애는 데 가장 많은 경험을 지녔던 이 지역 군인들은 이제 소집 해제되고 네덜란드인들과의 동반자 관계로 인해 불신을 샀

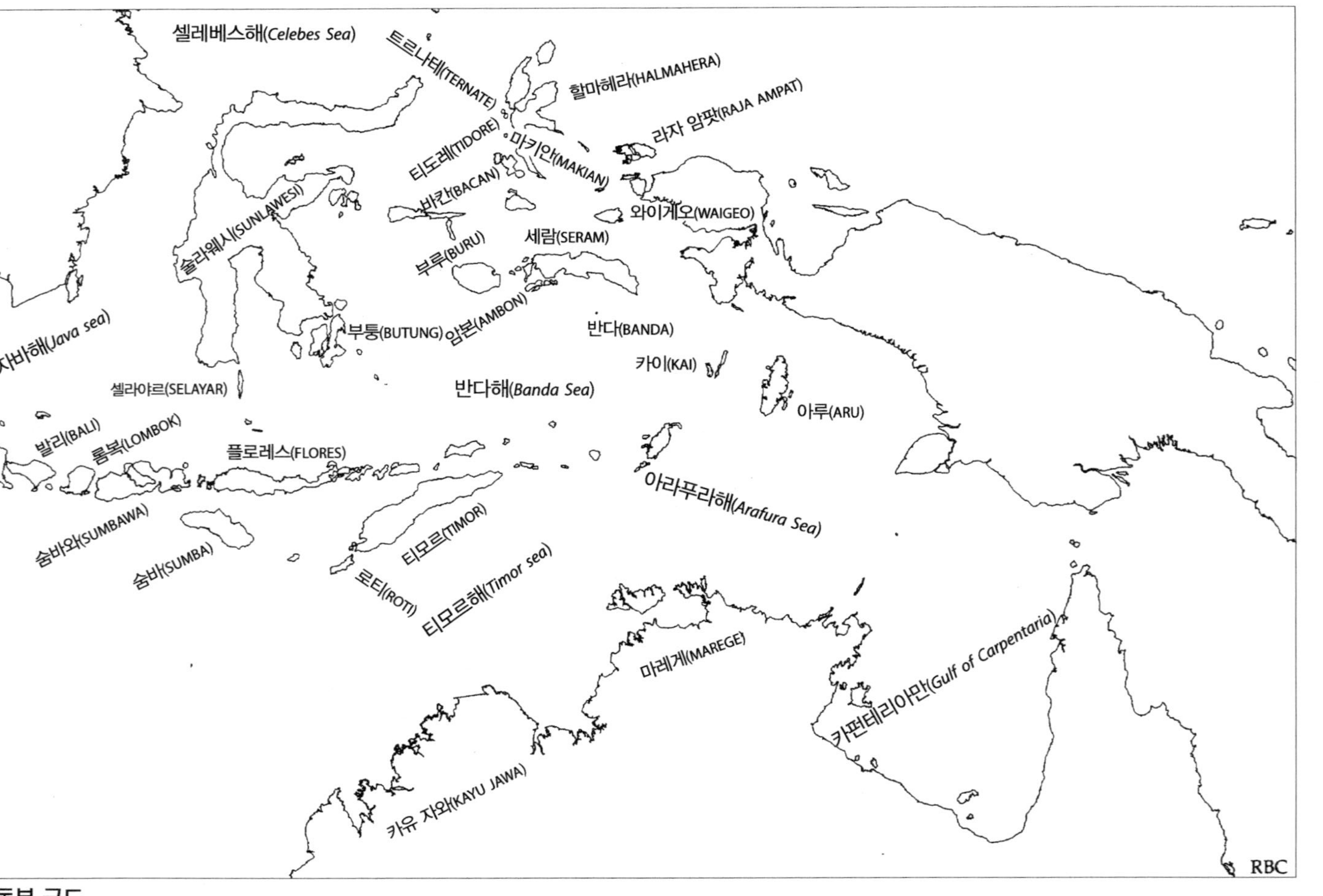
셀레베스해(Celebes Sea)
트르나테(TERNATE)
할마헤라(HALMAHERA)
라자 암팟(RAJA AMPAT)
티도레(TIDORE)
마키안(MAKIAN)
바칸(BACAN)
와이게오(WAIGEO)
술라웨시(SUNLAWESI)
세람(SERAM)
부루(BURU)
부퉁(BUTUNG)
암본(AMBON)
반다(BANDA)
자바해(Java sea)
카이(KAI)
셀라야르(SELAYAR)
반다해(Banda Sea)
아루(ARU)
발리(BALI)
롬복(LOMBOK)
플로레스(FLORES)
아라푸라해(Arafura Sea)
숨바와(SUMBAWA)
티모르(TIMOR)
숨바(SUMBA)
티모르해(Timor sea)
로티(ROTI)
마레게(MAREGE)
카펀테리아만(Gulf of Carpentaria)
카유 자와(KAYU JAWA)
RBC

동부 군도

다. 반(半)유목 주민들은 대개 이슬람과 기독교 같은 조직화된 종교 밖에 머물러 있거나, 자카르타 집권 세력이 매우 의심스럽게 여기는 양식을 따랐다.

1950년에 여전히 식민지였던 말라야, 새롭게 등장한 국가인 버마와 필리핀, 그리고 독립 전쟁으로 몸살을 앓고 있던 베트남 등 다른 국가들이 이 주변부를 둘러싸고 있었다. 자카르타에서 보면 인도네시아가 스스로의 운명을 책임진 것처럼 보였다. 역사가들은 새 국가를 위해 과거를 재구성하도록 요구되었다. 대개 자바에서 일어났던 독립 투쟁이 새 역사의 중심이 되었다. 인도네시아 지역사들은 그 중심 무대를 네덜란드인들에게 양보했고, 이 이야기에서 인도네시아인들의 역할은 저항, 용맹스러운 실패, 고통으로 국한되었다. 민족 영웅들은 네덜란드 부대에 저항해 무장 세력을 이끈 무슬림 남성들이었다. 국사에는 인도네시아 사회들의 병행하는 역사들을 위한 자리가 없었고, 인도네시아인 배우들이 더 큰 역할을 맡는 동안 네덜란드인들이 아주 작은 공간만을 점유하고 있던 것을 보여주는 시각도 없었다. 이 새 역사에서는 이슬람에 대한 충성과 유럽인의 지배에 대한 증오가 모든 시대와 장소에서 인도네시아인들에게 동기를 부여해왔다.

이 국사는 네덜란드식 교육을 받은 정치인들이 학교에서 배워온 역사와 극적으로 대비되었다. 식민주의 역사는 네덜란드에서 시작했고, 진정한 인도네시아의 과거를 이슬람 이전 시기에서 찾았고, 네덜란드의 군사적 승리와 기술, 복지에서의 혁신을 기록했다. 군도의 구전 그리고 기록된 설화들은 조상들을 하늘과 산 정상에 위치시켰고, 왜 왕은 통치하고 다른 모든 이들은 복종해야 하는가를 설명했다. 프산트렌에서 구성된 역사는 아담과 이브에서 시작했고, 이슬람으로의 길을 알려준 인도네시아인 조상들을 거명했고, 사회의 진정한 지도자를 무하마드 혹은 저명한 신학자들의 후손들이라 여겼다.

자바 외부에서는 무장 세력들이 통일된 국가보다 연방을 선호하는 지역에서 위협을 가했다. 자바에 기반을 둔 엘리트들은 지역의 상황에 둔감한 것으로 보였다. 네덜란드인들은 여전히 대농장을 운영하고, 유전을 가동시키고, 은행 영업을 하고, 대학에서 교육을 했다. 독립으로 인해, 일반인들은 독립을 지연시킨 비용을 그들의 세금으로 네덜란드 재무부에 갚을 의무를 가지게 되었다. 그들은 여전히 국유 삼림에서 주택 자재와 장작을 채집하거나 곡물을 심기 위한 벌목을 할 수 없었다. 대농장은 여전히 외국기업들의 사유재산이었고, 개간되고 비옥한 그들의 토지는 땅이 없는 인도네시아 농민들에게 금지되어 있었다. 농장 밖에는 일자리가 충분하지 않았고 학교에도 충분한 자리가 없었다. 국군에 의해 버려진, 무직의, 인정받지 못한, 미래가 없는 남성들이 도처에 있었다. 네덜란드인들의 웅장한 주택과, 자동차 같은 그들의 화려한 신분의 상징들이 이제 자카르타 정치인들의 것이 되었다. 번영은 보통의 인도네시아인들에게 흘러내려가지 않았다. 정부의 수입은 새로운 지배자들의 주머니로 들어가거나 자카르타에서 "영예로운 기획"에 사용되었다. 이제 인도네시아인 기독교도가 되기는 했지만, 기독교도들이 여전히 정부 부처들과 군 사령부들을 운영했다. 단일 인도네시아 정부는 토착어로 된 교과서와 언어 교육을 폐지함으로써 지역들의 언어와 정체성을 억눌렀다.

저항을 하기는 어려웠다. 결사와 표현의 권리를 제한하는 식민지기의 법이 유효한 상태였다. 비판과 반대 의견은 민족주의와 세계사의 흐름에 반하는 배신으로 여겨졌다. 충정어린 반대라는 문화는 존재하지 않았다. 교과서와 정부가 통제하는 언론에서는 혁명을 빛나는, 헌신적인 순간으로 표현했지만, 보통 사람들에게 그것은 권력 쟁취처럼 보였다. 처음부터 국군 지도부는 인도네시아의 보통 사람들이 공적 생활에 자유롭게 참여하는 것에 반대했다. 나수티온(Nasution) 대령이 이끄는 군부는 1952년 과도 의회를 해체하도록 수카르노에게 압력을 가했다. 1957년 군대는 경제 관리와 국가 치안에까지 영역을 확장했다. 군부는 정당들을 폐쇄하고, 내부의 적을 색출하고, 모든 지역 정부 단위에 장교들을 배치함으로써 군정을 수립했다.

수카르노가 공화국의 처음 21년을 지배했고, 수하르토가 다음 32년을 지배했다. 두 사람 다 자바 중심의 국가에 충실했고 지역 정치인들이 수도에서 경의를 표하기를 기대했다. 그들은 군도의 가장 먼 구석까지 국가의 영광을 방송으로 전달했다. 그들은 1950년대에 반란 지역에, 1963년에는 자카르타의 지배를 확대하기 위해 서뉴기니에, 1975년에는 동티모르에 군대를 파견했다. 그들은 그들이 생각하는 국가상을 자세히 설명하고 기념하기 위해 텔레비전 감독들과 (오늘날의 궁정 시인인) 박물관 큐레이터들에게 보수를 지불했다. 그 조상들이 사원의 조각된 판을 "읽었다"면, 보통 시민들은 이제 공공 건물, 스타디움, 동상, 개선문, 전쟁 기념물, 옥외 광고 예술 등을 통해 국가의 발전을 "읽었다." 수카르노와 수하르토 정부는 승진이 자카르타로부터의 후원에 달려 있게 만들었고, 자바인 공동체들을 군도 전역의 "빈 공간"에 이식해서 그 지역들에서 자바에 대한 충성을 확고히 했다.

수카르노와 수하르토가 인도네시아의 20세기 후반을 장악했지만, 그들은 혼자가 아니었다. 자바 대중은 수카르노를 사랑했다. 그들은 투쟁과 혁명에 대한 그의 긴 연설을 찬미했고, 정치인들과 군인들은 못할지라도 그가 음식, 학교, 직업을 그들에게 줄 것이라고 믿었다. 그들은 그를 "일반 대중"의 하나라고 주장하기 위해 그가 향유하는 사치를 못 본 척했다. 중산층은 수하르토를 인내하거나 사랑했다. 그들은 그가 자신들의 생명을 보호하고, 안락한 미래와 외국 학위를 확보해주고, 인도네시아의 많은 인구를 엄격히 통제하고, 지하드를 일으키거나 부동산을 장악하기를 원하는 말썽꾼들을 없애주기를 원했다.

수카르노와 수하르토가 이끌던 정부들은 종종 획일적인 체제로 규정되지만, 두 행정부는 각각 인도네시아에 대한 자신의 비전을 위해 일하는 여러 집단으로 구성되어 있었다. 그 모델인 마자파히트 안에는 불만을 품은 봉신들, 분개한 납세자들, 그리고 궁정의 힌두 엘리트들 속에 소수의 무슬림이 존재했었다. 수카르노와 수하르토의 인도네시아에서도 존경과 명백한 묵인이라는 표면 아래 적대 세력들이 서로 싸웠다.

시민권에 대해 인도네시아를 위한 비전을 각인시킨 한 기구는 공화국이 처음 창설한 부서인 종교부였다. 네덜란드와 일본 정부는 인도네시아 이슬람의 다양한 분파들을 억제하기 위해 종교 문제 담당 부서를 운영했었다. 종교부(ministry of religion)는 무슬림 국가의 무기로 자처했고, 과거의 불의를 바로잡고, 이슬람을 확산시키고, 국가의 비무슬림 소수자들을 억제하는 것을 임무로 여겼다. 수카르노가 1950년대 "인도네시아의 정체성"을 옹호하고 수하르토가 1970년대와 1980년대 경제 개발을 주창하는 동안, 종교부는 이슬람 국가의 기초를 다졌다.

종교부는 이슬람 교육을 공립 학교 체제에 도입했고, 이슬람 대학과 기구를 창설했고, 결혼법의 감시와 이슬람 법원의 조직을 정부 관할에 두었다. 그것은 이슬람 학교를 검사하고, 종교기관들을 감독하고, 성지순례자들을 다루기 위해 무슬림들을 임명했다. 종교부는 국내에서 보다 큰 이슬람 종교 의식을, 그리고 세계 이슬람과의 강한 유대를 권장했다. 그것은 성지순례와 해외에서의 종교 유학을 후원했고, 이집트에서 선교사를 수입했고, 모스크 디자인, 국내 건축, 개인 복식에 아랍 문화를 고취하는 프로그램을 운영했다. 그것은 선전물, 금요 기도회, 정부의 외교 정책에 대한 압력을 통해 아랍의 정치적 목적을 홍보했다.

이슬람 전통에서, 종교부는 국가 내에 비무슬림이 위치해야 할 곳을 정의했고, 종교부 내에 용인되는 종교들(기독교, 불교)을 위한 부서들을 만들었다. "이교도 신앙(paganism)"에 대한 종교부의 초기 정의는 발리의 힌두교도, 니아스(Nias)섬 사람들, 탱게르(Tengger), 다약, 이리안 사람들이 유일신에 대한 믿음에 기반한 국가에서 설 자리가 없다는 것을 의미했다. 1962년 종교부가 발리 힌두교를 용인되는 종교로 인정했지만, 그것은 여전히 지역 정령 숭배자들을 "잠재적 무슬림"으로 보았고 그들 사이에 개종 프로그램을 후원했다. 칼리만탄, 미나하사, 암본, 이리안, 그리고 1999년까지는 동티모르에서도, 종교부는 비무슬림 공동체에 무슬림을 이식하는 것과 무슬림을 권한 있는 자리에 임명하는 것을 후원했다.

많은 사람들에게, 인도네시아는 옳은 길을 가는 것으로 보였다. 자카르타 헌장은 헌법에서 빠졌지만, 유일신에 대한 믿음은 국가 이데올로기의 (다섯 번째가 아니라) 첫 번째 기둥이 되었다. 새로운 국가의 유혹과, 찾고자 하는 성과가 있었다. 수카르노 정권하에서, 나다툴 울라마 정치인들은 국민당과 기독교 정당들과의 연립 내각에서 국가의 자원을 손에 넣었다. 수하르토 정권하에서, 교조적 무슬림들이 정부 직책과 자문 위원회에 임명되었다. 조립식 모스크 패키지가 배포되었고, 모두가 무슬림의 시간 알림을 들을 수 있게 확성기가 설치되었다.

다른 무슬림들은 새 공화국에 실망했다. 기독교인들이 여전히 정부와 군 지도부에 있었다. 이슬람식 정치 생활이 방해받았다. 1960년 수카르노는 인도네시아의 최대 무슬림 정당인 마슈미를 금지시켰다. 1973년 수하르토는 이슬람 정강을 가진 모든 합법 정당들이 통합개발당(Unity and Development Party)에 합류할 것을 요구했다. 새 연합은 이름에 이슬람을 붙이거나 이슬람 상징을 게시하는 것이 불허되었다. 서구 학자들은 산트리(santri)와 아방안(abangan) 이슬람의 차이—교조성과 인도네시아 관습과의 조화—를 상세히 설명했고 자바의 이슬람에 초점을 맞췄다. 독립 인도네시아 내의 모든 지역에서, 논쟁은 종종 다른 방식으로 구성되었다. 다룰 이슬람(Darul Islam) 지지자들은 세속 국가의 선물로서 더 많은 공급이 이슬람의 목적을 위해 주어지는 것에 만족하지 않았고 네덜란드 법을 샤리아로 대체하기를 원했다. 후원 범위 밖에 있는 무슬림들과 기독교 정부에 의해 상처받은 무슬림은 인도네시아에서 이슬람이 여전히 소수자의 위치에 있는 것처럼 느꼈다.

초기에는 많은 사람들이 인도네시아인이라는 것, 그리고 서구 제국주의를 물리치는 전 지구적 유행의 일부라는 것에 자부심을 느꼈다. 언론은 수카르노를 세계적 지도자로 소개했다. "현지인(Native)"이라는 식민지적 용어 아래 살던 사람들은 이제 자신들의 영토와 지위를 갖게 되었다. 1955년 인도, 아프리카, 중국의 국가 수반과 외무장관들은, 인도네시아의 새 지도자들의 비전을 인정하고 세계 인구의 2/3가 미국과 소련의 지도력을 거부했다는 메시지를 지지한, 비동맹 국가들(Non-Aligned Nations)의 첫 번째 회의를 위해 서부 자바의 반둥까지 왔다.

과거, 인도네시아와 인도네시아인들은 유럽 수도들에서 열린 전시(exhibitions)에서 네덜란드의 방식으로 소개되었다. 파리와 암스테르담에서, 네덜란드인 건축가들이 설계한 "인도네시아식" 건물 안에, 식민지 상업 기업들의 고정 전시물 속에 살아 있는 인도네시아인들이 배치되었다. 살아 있는 사람의 전시는 근대 세계의 대량 생산에 익숙한 관람객들에게 "전통" 수공예품을 보여주었다. 그들은 네덜란드의 군사적 힘과 근대적 관리의 대상으로서 소개되었다. 이제 자바는 인도네시아인들의 전시의 장소였다. 현지 공예 대신, 근대적 무기, 언론과 정보의 장악력, 다수의 지도자와 측근, 경호원의 관리를 갖춘 국군이 있었다. 청년문화에 대한 서구의 영향과 아시아와 아프리카 경제를 계속 통제하려는 서구의 시도를 비난하면서, 피식민지배자들은 과거의 식민지배자들에게 도전했다.

마자파히트의 "영광"의 부활에 사로잡힌 인도네시아인들에게, 증오와 반란은 외부 세력의 산물이었다. 자바에 의한 지역 정치와 자원의 장악에 도전하는 지역 집단들은 통제되는 언론에 의해, 인도네시아가 국제 해상로를 장악한 것을 시기하는 서구의 앞잡이라고 조롱받았다. 쉽게 받아들여지던 음모론에 의하면, 서구는 인도네시아의 해체를 위해 작업하고 있거나, 세계 최대의 무슬림 국가를 분할하기를 원했다. 외부의 적은 1950년대 수마트라, 술라웨시, 암본에서의 분리 운동을 설명해주었다.

낙원으로 가는 다른 길: 남몰루카공화국

기독교도 암본인들에게 공화국은 자바와 무슬림의 지배, 그리고 지위의 상실을 의미했다. 일부는 암본, 마나도, 티모르로 구성되는 "기독교 인도네시아"를 해결책으로 본 반면, 다른 이들은 네덜란드의 일부가 되기를 원했다. 대부분은 연방공화국 내의 지역 자치에 희망을 걸었다.

무슬림 암본인의 경우, 독립 인도네시아는 진정한 소속감, 그리고 암본에서 권력을 잡을 기회를 제공했다. 1920년대와 1930년대 민족주의 운동은 그들이 그들의 라자(raja)에게서 벗어날 수 있게 해주고, 군도의 다른 무슬림 공동체들과 더 넓게 접촉하게 해주었다. 암본 이슬람은 자신의 신앙과 관례에 고립되어 왔었다. 지역 설화는 무하마드가 거기에 와서 암본 언덕에 묻혔다고 얘기했다. 네덜란드 정부 학교는 기독교인 거주지에만 건설되어 무슬림들은 기피했고, 그래서 더 넓은 식민지 세계는 그들에게 알려지지 않은 상태였다. 1924년 암본에 최초의 마드라사(madrasah)가 개설되었다. 1933년에는 무함마디야가 지부를 열었고, 일련의 정당들이 네덜란드인, 라자, 기독교 교사들의 편안한 연합에 도전하기 시작했다. 독립 투쟁 기간 동안, 친공화국 무슬림 암본인들은 국가 내에서 자신들의 위치와 암본에서의 우위를 확보하기 위해서, 인도네시아합중국공화국에 기대를 걸었다.

1949년 마지막 몇 달 동안, 군도 전역에서 독립군 게릴라에 맞서 싸웠던 기독교인 암본인 부대들은 암본으로 물러나서 수카르노 정부와 네덜란드 간에 협상되던 독립 협약을 기다렸다. 이들은 완전 무장되어 있었고 자신들의 급여, 연금, 그리고 새 국군으로의 편입에 대해 불안해했다. 개별 군인들이, 암본 수도에서 인도네시아 깃발을 들고 행진을 벌이고 죽창을 가지고 훈련하고 있던 친공화국계 무슬림 청년들을 공격했다. 1950년에는 독립을 위한 인도네시아의 해법으로 지역 자치를 자카르타의 지배로 대체하자는 엄청난 압력이 있었다. 3월 마카사르에서의 대규모 시위는 연방 해체를 지지했다. 4월초, 전직 식민지 군대 출신 암본인들이 자바에서 군대가 도착하는 것을 막기 위해 마카사르를 장악했다. 그들의 친연방 봉기는 4월 19일까지 진압되고 지도자가 체포되었는데, 이것은 일군의 기독교도들이 4월 25일 암본의 남몰루카공화국(Republic of the South Moluccas)의 탄생을 선언하도록 유도했다.

그 운동은 암본 제도, 세람, 부루, 아루와 케이 제도, 서뉴기니 해안의 특정 지점들을 영토로 선포했다. 그것은 네덜란드 안의 주가 되고자 하지는 않았지만, 네덜란드에 도움을 요청했다. 이 이탈한 공화국은 또한 1950년에 반대자들을 재판 없이 투옥하고 있던 수카르노에 대항해 서구의 지원을 얻으려 노력했다.

자카르타의 정부와 군부는 기독교도 암본인들에 대한 공감이 거의 없었다. 협상이 실패하자 해군은 남몰루카공화국 경제의 숨통을 조이기 위해 해상봉쇄를 실시했다. 국군 대대가 공중 지원과 함께 파견되었다. 암본인들이 침공을 기다리는 동안, 군이 기독교인들에게 총구를 들이대고 개종을 강요하고, 기독교인의 재산을 불태우고, 암본인 관리를 자바인으로 대체할 것이라는 소문이 퍼졌다. 군인들은 무슬림 마을들에 살상부대를 보냈다. 세람의 계곡과 서부 뉴기니, 혹은 네덜란드로 쫓겨 도주하기 전까지, 1,500명에서 2천 명 사이의 남몰루카 독립군은 10개의 인도네시아 육군 대대와 4개월간 전투를 벌였다. 1955년 12명의 분리주의 지도자의 재판이 자카르타에서 열렸다. 남몰루카공화국 대통령 수모킬(Soumokil)은 1962년에 붙잡혔다. 수하르토 정부는 1966년 그를 처형함으로써 이 인도네시아 역사를 종결지었다.

인도네시아에서, 암본인은 네덜란드 군인, 종복과 동의어가 되었다. 역사 서적들은 암본인들이 네덜란드를 위해 싸웠다고 기록했지만, 식민지 군대 내 부기스인과 자바인 부대에 대한 언급은 생략했다. 새 국가는 암본에서 무슬림들에게 근대 교육을 받고 기독교인들과 관료직을 위해 경쟁할 기회를 주었다. 수하르토 정부는, 무슬림들이 기독교인 이웃들이 교회를 건설하는 것을 돕고 기독교도들이 새 모스크를 건설하는 것을 돕는, 화해의 장소로서 암본 역사를 만들어냈다. 그러나 1968년부터 정부는 한편으로 자바인 무슬림을 암본 정부와 군사령부 수장으로 앉히는 정책을 취했다. 수하르토의 개발 시대는 군도 전역에 걸친 인도네시아인들의 이동, 그리고 기독교 영역에의 무슬림 이식을 촉진시켰다. 1930년에 암본인(ethnic Ambonese) 65%가 기독교인이고 32%가 무슬림이었다. 이미 이곳은 부퉁으로부터 무슬림들이 이주하는 영역이었고, 그래서 기독교도는 전체 인구 56%로 겨우 다수를 차지했다. 1980년대가 되면 암본에서 기독교도가 소수였다. 그들은 정부 내 직업과 후견인(patron) 지위의 독점을 상실해왔다. 암본은 무슬림을 위한 공간이 되었다.

1998년 수하르토 대통령 타도와 더불어 군도 여러 지역에서 폭력 사태가 폭발했고, 조화로운, 계급 없는 사회라는 국가의 수사를 무너뜨렸다. 12월에 암본에서 방화와 학살이 시작되었다. 자바는 암본의 기독교도 공동체에 대한 지하드를 위한 모집의 장이 되었다. 기독교도와 무슬림 청년 무장 집단이 세력권과 전리품을 위한 싸움을 교회, 모스크, 집으로 가져갔다. 20세기 벽두에 지하드 군인들이 (지키기 위해) 싸우던 낙원은, 1950년에 식민지 군인들이 건설하기 위해 싸우던 기독교인의 피신처를 지워버리려는 무슬림 암본이다.

다른 적들도 발견되었다. 중국인들은 네덜란드인들과 동반자 관계였던 외국인 소수자로서 그 역할을 충족했다. 중국인 공동체는 여러 방식으로 더 큰 인도네시아 사회를 반영했다. 인도네시아인처럼, 중국인도 매우 다양했다. 그들의 조상들은 남중국의 몇몇 지역과 가계에서 왔다. 일부가 여전히 중국

방언을 사용했지만, 다수는 인도네시아어를 사용했다. 일부는 이슬람으로, 일부는 기독교로 개종했다. 20세기 초 일부는 의식적으로 자신들을 인도네시아 중국인(Indonesian Chinese)이라고 규정했다. 1927년 그들은 그들의 연합체인 인도네시아 청년중국인협회연합(Union of Associations of Young Chinese in Indonesia)의 이름에서 네덜란드령 인도를 인도네시아로 대체함으로써, 민족주의 운동에 대한 공감을 보여주었다. 다른 이들은 중국의 명분들을 지지했다. 대부분은 어떤 정치적 목적에 헌신하는 것을 피하려 노력했다. "인도네시아인(Indonesian)"과 마찬가지로, "중국인(Chinese)"은 출신, 계급, 종교, 직업, 정치적 정서에서 매우 큰 다양성을 포괄하는 명칭이었다.

인도네시아의 건국 헌법은 중국계 조상을 둔 모든 사람은 귀화를 신청하기 전까지 외국인으로 분류했다. 1955년 중국(People's Republic of China)과 인도네시아 사이에 조인된 협약에서, 중국은 인도네시아 시민권을 택한 모든 이들에 대한 관할권을 포기하는 것과 중국 시민권을 요청한 사람들에게만 영사 서비스를 제공하는 것에 동의했다. 처음 대규모로 중국으로 귀환한 인원은 11만 9천 명이었다. 그들은 무슬림 인도네시아에서 더 이상 중국인의 미래가 없다고 보았다. 남은 사람들은 네덜란드인에게 특혜를 받았다고 여겨지는 오명에서 자유롭지 못했다. 군인으로서의 경력을 원한 청년들은 의료 병력을 제외하면 그들에게 군 복무 기회가 닫혀 있음을 알게 되었다. 대학에도 할당된 정원이 있었고 인도네시아식으로 이름을 바꾸라는 압력이 있었다. 1960년에 군부는(army) 외국 국적 중국인들을 자바 전역의 시골 마을에서 떠나도록 명하고 그들을 도시의 집단 거주지로 내몰았다.

중국계는 또한 정권이 약해지고 지역 영웅들이 무장한 지지자들을 집결시킬 때마다 학살과 방화의 목표가 되었다. 칼리만탄의 마두라인이나 자바의 암본인들처럼 그들도 쉽게 식별될 수 있었다. 중국식 복식, 이름, 식습관을 버린 사람들조차 폭도들의 공격을 피하지 못했다. 1946년에는 탕그랑(Tanggerang), 1960년과 1963년에는 수카부미(Sukabumi), 1965~1967년과 1973년에는 반둥, 1967년에는 서칼리만탄(West Kalimantan), 1980년에는 우중 판당(Ujung Pandang), 1982년에는 수라카르타, 1994년과 1998년에는 메단, 1996년에는 시투본도(Situbondo)와 타식말라야(Tasikmalaya)에서 중국인의 상점, 주택, 교회, 자동차가 불태워졌다. 1998년 5월에 수하르토 대통령 하야를 추진하는 군사적, 정치적 집단들을 위해 사업체들을 약탈하고 불태우고, 여성들을 강간하고, 살상을 실행한 조직된 폭도들의 희생자는 자카르타의 중국인들이었다.

학술적, 대중적 문헌에서 인도네시아의 중국인들은 인도네시아 기업인들이 사업을 확장하는 것을 가로막는 "문제"로 등장한다. 1950년대 인도네시아 민족주의 엘리트들은, 새 국가를 위한 자신들의 경제 계획 없이, "외국 자본"에 반대하고 "사회주의"를 선호하는 정서를 물려받았다. 1946년에 만들어진 공화국 노동부는 노동자의 건강과 안전을 지키고, 최저 생활 임금을 정하고, 식사와 버스비, 휴일과 축제를 위한 휴무를 제공하는 입법안을 만들었다. 전전의 노동조합들도 노동자 문제를 다뤘지만, 그들의 의제는 식민주의에 대한 반대로 전환되었었다. 1950년대 초 새로운 인도네시아공화국에서는 집회, 파업, 교육 프로그램이 일터와 거리를 채웠다. 모든 주요 정당에는 노동 분과가 있었다.

일하는 사람들의 인도네시아라는 노동 단체들의 비전은 수카르노의 그것과 달랐다. 그의 주위에서 온통, 통합된 하나의 인도네시아라는 그의 꿈이 산산조각났다. 암본, 아체, 서부 자바, 술라웨시에서 인도네시아인들이 네덜란드인을 대체해서 적이 되었다. 자카르타의 내각들은 겨우 몇 달간 유지되었다. 군 장교들은 권력을 탈취할 태세를 갖춘 것으로 보였고, 어떤 이들이 "정상적인 시대(zaman normal, 네덜란드 점령기를 뜻함)"라 부른 시기의 상대적 부유함은 자유 인도네시아에서 뿌리를 내리지 못했다. 수카르노의 해결책은 생계 유지라는 즉각적인 문제에서 멀리 떨어진 목적을 위해 대중의 분노를 활용하는 것이었다. 자바인들은 대중 동원에 익숙해져 있었다. 수카르노는 조직화된 노동, 공산당, 실업자들에 의존해서 이 국가 통제 모델을 부활시켰다. 1960년 그는 서이리안 해방전선(Front for the Liberation of West Irian)을 창설하고, 그것을 인도네시아 혁명의 끝나지 않은 과업으로 표현했다. 그는 인도네시아의 문제들에 대해 네덜란드의 계속되는 뉴기니 지배를 비난했고, 연설을 통해 군중들을 광란으로 몰아넣었다.

서뉴기니는 인도네시아는 무엇인가라는 질문을 유발했다. 민족주의자들에게, 인도네시아는 네덜란드인들이 손댔던 모든 것이었다. 식민 지배라는 공통의 경험은 사방에서 므라우케라는 단일한 정체성을 형성했다. 그러나 일부는 인도네시아가 이전의 통합된 역사에 기반해야 한다고 주장하면서, 네덜란드의 조약과 점령이 국가의 기반으로 충분하다는 데 동의하지 않았다. 어떤 이들은 그들의 인도네시아를 세우기 위해 마자파히트의 정복에 대한 프라판차의 기록을 떠올렸다. 야민은 인도네시아인들이 6천 년 동안 문화적 상징을 공유해왔다고 서술했다. 다른 이들은 이슬람의 경험이 인도네시아를 하나로 묶는다고 주장했다. 어떤 인도네시아인들에게 서뉴기니는, 도시와 국가를 건설해온 인도네시아의 역사를 따르지도 않고, 문자 체계를 빌리고 유일신 종교를 채택하는 지적 여정을 시작하지 않은 반(半)유목적 삼림 부족이 사는 야생의 땅이었다. 서뉴기니는 마자파히트와의 연결고리도, 자바와 연결된 민간의 기억도 없었다. 수마트라의 입장에서 볼 때, 뉴기니인들을 이슬람과 말레이 문화라는 인도네시아 역사로 묶을 수 있는 것이 없었다.

서뉴기니의 해안 지대 주민들은 인도네시아의 역사들 속에 살았다. 군도의 무역망은 뉴기니의 북서부 해안에서 끝났다. 마을 주민들은 세람, 아루, 카이 섬과의 무역을 통해 아메리카가 원산지인 식량을 획득해 왔다. 수입된 금속 도구와 옷감이 석기와 나무껍질 옷을 대체했다. 16세기부터 티도레와 바칸의 술탄들은 뉴기니 마을에 대리인을 두고, 마을 수장들을 그들의 봉신으로 임명하고, 그들에게 칭호와 깃발, 총, 담배, 쌀을 주었다. 그들의 대리인들은 현지 여성과 결혼했다. 해안 마을 내에는 말레이식 주상가옥에 살고, 말레이식 의상을 입고, 말루쿠 술탄국들을 그들 세계의 문화적, 정치적 경제적 중심으로 생각했던 무슬림 공동체가 발전했다. 19세기 말에 말루쿠 술탄들은 네덜란드령 인도에 그들의 모든 영토에 대한 종주권을 이양하는 계약에 서명했고, 이로써 네덜란드인들은 서뉴기니 해안에 대한 동부 인도네시아인의 권리를 계승했다. 1907년부터 군 순찰대가 네덜란드인들의 정치 권력을 내륙 산악 지대까지 확대했다. 1920년대에 식민 정부는 서뉴기니 정글에 유배지를 만들고 하나의 독립된 인도네시아를 주장하는 정치, 종교 활동가들을 그곳으로 보냈다.

서뉴기니 사람들은 노예로서, 무역 상품 제공자로서, 인도네시아의 공산품 소비자로서, 동부 인도네시아 술탄들의 납세자로서 인도네시아 역사에 진입했었다. 그들의 영토는 인도네시아에 대한 비전을 가진 지도자들의 감옥으로 이용되어 왔다. 서뉴기니는 또 네덜란드 공무원, 사업가, 기독교 선교사들을 위한 활동의 장을 제공했다는 점에서 식민지 경험을 공유해왔다. 그 긴 해안선은 군도의 무슬림, 기독교도 암본인, 중국인 공동체들의 거점이었다. 해안과 산악 주민의 관계에서 서뉴기니는 군도 전체의 패턴을 공유했다. 그 다종족 해안 주민들은 이동하는 바다 세계에 속했다. 그들은 내륙 삼림에서 수확물을 얻는 육지 정착민들에게 문지기이자 공급자로 활동했다.

자카르타 엘리트들의 시각에서 보면, 서뉴기니는 술라웨시와 칼리만탄과 공통점이 많았다. 남부 술라웨시에서는, 수 세기 동안 해안 공동체들이 이동이 많고 문해력이 높은 무슬림이었는데, 그들 뒤의 산악 지대에는, 부족 기반의 머리 사냥꾼이고, 정령 신앙을 가졌고, 숲의 산물을 수확하는 (언덕의 사람들이라는 뜻을 가진) 토라자인들(Torajans)이 있었다. 이와 유사하게, 칼리만탄에는 군도 역사와 연결된 무슬림의 해안 가장자리와 다약 부족들의 삼림 내륙 지대가 있었다. 자카르타에게 서뉴기니는 의심할 바 없이 인도네시아에 속했다. 1945년에 브루나이, 말라야, 남부 태국을 그 지역 거주자들의 의견도 묻지 않은 채 잠재적 인도네시아 영토로 논의했던 자카르타 정치인들이 1960년에 자카르타에서 집권하고 있었다. 그들은 서뉴기니 사람들에게 인도네시아의 일부가 되기를 원하는지 물을 필요가 있다고 생각하지 않았다. 수카르노는 투표가 비(非)인도네시아적이라는 이유로 폐지했다. 또 1960년이 되면 자카르타 정치인들은 반란을 일으키거나 의견이 다른 시민들에 맞서 국군을 이용하는 방법을 알았다. 암본이 무력으로 공화국에 편입되었다. 수마트라에는 폭탄이 투하되었다. 이제 뉴기니를 가져올 때였다.

서뉴기니 내부에서 작은 집단들이 네덜란드인, 유럽인 혼혈, 기독교도 암본인들이 독점해온 직업과 경력을 얻기 위해 인도네시아와의 연합을 원했다. 인도네시아인 민병대가 서뉴기니 지역으로 보내졌다. 수카르노는 자바에서 광분한 시위를 증폭시켰다. 1963년 그는 당시 중장이던 수하르토에게 국군 부대를 이끌고 가서 서뉴기니를 점령하고 인도네시아에 편입시키도록 명했다. 1969년, 서구와 국제연합의 이익을 위해, 1,022명의 선발된 부족 수장들이 인도네시아로의 편입 혹은 자치를 놓고 "자유선택행위(act of free choice)"를 했다.

(영광스러운 이리안이라는 뜻의) 이리안 자야로 개명된 서뉴기니가 인도네시아의 26번째 주로 편입된 것은, 인도네시아의 혁명을 마무리하기 위해 수카르노에 의해 시작되었다. 편입은 수하르토에 의해 완성되었는데, 그는 자바인들을 보내 이리안의 "빈 공간"에 정착하게 했다. 쌀농사를 짓는 이주민들은 뉴기니의 삼림 거주지를 깎아냈다. 자바는 이리안의 공간을 다스릴 수 있게 공무원과 군 사령관들을 공급했고, 자바에 기반을 둔 사업가들은 외국 투자자들과 함께 이리안의 구리광을 개발했다. 인도네시아의 상징, 건축, 축제가 도시들의 특징이 되었다. 정부가 세운 학교와 대학은 인도네시아인의 역사, 매너, 연설로 학생들을 기르쳤다. 이리안은 무슬림들은 통과해서 지나가는 인도네시아의 공간이 되었다. 이리안인들은 그들의 "원시" 예술의 견본을 인도네시아 청중에게 보여주며 자카르타 무대에 나타났다. 네덜란드가 "진정한" 발리와 자바 양식을 결정했던 것과 마찬가지로, 자카르타의 표준 - 집행자들은 "전통" 무용 공연을 지휘하기 위해 이리안인들에게 바틱 옷을 입혔다.

이리안 작전에서 고취된 열정은 말레이시아 타도 작전(Crush Malaysia Campaign)으로 전이되었다. 군도의 서쪽 끝에서 수카르노는 1963년 말레이시아의 형성이 인도네시아의 존재에 위협이 된다고 판단했다. 영국령 보르네오 식민지를 말라야에 덧붙이는 것은 그 지역을 지배하려는 말레이시아의 책략으로 보였다. 말레이시아의 형성은 또한, 술탄협의회(council of sultans), 그리고 무슬림의 정부 통제를 보장하고 비무슬림의 공간과 권리를 제한하는 특권을 보장하는 헌법을 갖춘 이슬람 국가의 외형을 지닌 아시아의 이웃과 인도네시아가 내륙 국경을 공유하게 되는 것을 의미했다. 인도네시아의 많은 집단이 이런 정부 형태를 열망했다. 또 말레이시아는 연방이었고, 그것은 많은 인도네시아인들이 자카르타에 반란을 일으키면서 지키고 싶었던 형태였다. 1964년 민병대가 보르네오 영토와 말레이반도로 파견되었다. 인도네시아인들에게 자신을 따르고 또 물가 상승, 부패, 정부의 독단을 잊으라고 호소하는(혹은 잊기를 기대하는) 가운데, 수카르노는 그의 지지층이 공산당임을 깨달았다.

인도네시아 공산주의의 기원은 인디스에서 노동조합, 스터디 클럽, 정당을 만든 네덜란드인 사회주의자들에게 있다. 네덜란드에 간 인도네시아인 정치 유배자들은 네덜란드 공산당에 입당하고 선출직에 출마했다. 인디스 공산당(Communist Party of the Indies)은 1914년 창설된 인디스 사회민주연합(Indies Social Democratic Union)에서 파생되어 1920년 5월에 탄생했다. 아주 초기부터 식민 정부는 철저한 감시와 당 지도부의 유배를 통해 공산주의를 뿌리뽑기 위한 조치를 취했다. 1922년 탄 말라카가 네덜란드로 보내졌다. 그의 동료 스마운(Semaun)은 다음 해에 유배를 떠났다. 러시아에서 공산주의자들이 승리한 지 불과 10년 후인 1927년, 인디스 정부는 인도네시아 공산주의자들을 고립시키기 위해 뉴기니 깊은 곳에 정치범 수용소를 만들었다.

처음부터 인도네시아 공산주의는 조직화된 이슬람과 얽혀 있었다. 1910년대에, 당 지도부는 "붉은 이슬람(Red Islam)"이라는 전략을 추구했다. 당원들은 사레캇 이슬람 지회에 가입했다. 사레캇 이슬람 중앙 지도부의 통제를 위한 경쟁에서 패하자, 그들은 사레캇 라키얏(Sarekat Rakyat, People's Unions)을 결성하고 농민들에게 호소했다. 인도네시아 공산주의자들은 1924년에 부르주아와 농민들과의 관계를 끊으라는 코민테른(Comintern)의 지시에 따라, 동부 자바에서 시작될 전 식민지 차원의 봉기의 준비로서 파업을 위해 임금 노동자들을 조직했다. 식민지 첩보원들이 그 계획을 종식시켰지만, 서부 자바의 북부 반텐 구역의 당 지부들이 1926년 말에 봉기를 일으켰다. 서부 수마트라 지부들이 1927년 1월에 그 뒤를 따랐다.

공산당 중앙당 지도자들은 러시아에 다녀오는 등 특권적 배경을 지닌 사람들이었지만, 지역 지도자들은 시골과 도시 생활을 직접 경험했었다. 그들은 평범한 사람들이 관습, 부채, 세습되는 의무에 의해 마을의 지주들과 노동력 징발자에게 얽매여 있고, 형제와 가족, 피부양자를 돌봐야 하는 부담을 안고 있고, 기독교인 지배자에 대한 증오에 사로잡혀 있다는 것을 알고 있었다. 마을 사람들과 빈민가 거주자들은 자신들이 유럽인 관리자들에 의해 아무렇지 않게 게으르고 신뢰할 수 없다고 무시된다는 것, 그리고 성지순례자(hajis)가 됨으로써 자신들의 세속적 성공을 선전하는 자바인 기업가와 지주들에 의해 멍청하고 신앙심이 부족하다고 무시된다는 것을 알고 있었다. 평범한 무산계층은 사회의 밑바닥에서 생계를 유지하기 위해 분투했지만, 그들은 또한 당면한 부정을 바로잡기 위해 마체테, 죽창, 횃불을 잡으려 할 때 자신들이 두려움의 대상이 된다는 것도 알고 있었다.

독립 전쟁 동안 중부와 동부 자바의 많은 빈민들은 공산주의 지도자들의 요청을 따랐다. 그들 모두가 독립을 추구하는 데 있어 공화국 정치의 복잡함을 이해한 것은 아니었지만, 그들은 무슬림 지주들의 많은 농장 재산을 부러워한 만큼이나, 자신들이 생각하는 이슬람을 강요하려는 무슬림들에 적대적이었다. 1948년 마디운에서의 공산주의 봉기는 공산당을 지지하던 민병대들이 공화국 군대에 맞서게 했다. 그것은 또한 마을 내에서의 싸움이었다. 젊은 남성들로 구성된 살상 부대는 지주들을 죽이고 그들의 재산을 약탈했다. 복수를 위한 지주들의 부대는 공산주의자로 식별되는 사람들을 죽이고 그들의 막사를 불태웠다. 양측 다 적들의 사체를 훼손하고, 강에 버리고, 알아볼 수 있게 머리를 공공 장소에 전시했다. 약 8천 명이 사망했다. 인도네시아라는 배경에서 공산주의는 부유한 사람들의 무심한 논쟁으로부터, 공간을 보호하고 조금 더 잘 사는 이웃을 공격하기 위한 광포한 공격으로 진화했다.

독립 인도네시아에서 공산주의는 자바에서 대부분의 신봉자를 모았다. 1955년 선거에서, 공산당 득표의 85%가 자바에서 나왔다. 공산당은 총선에서 16.4%를 득표해서, 국민당, 나다툴 울라마, 마슈미와 함께 "빅 4(big four)"의 일원이 되었다. 1957년 구(district)와 시(municipal) 의원 선출을 위한 자바의 선거에서 공산주의자들이 전체 유효 투표의 35%를 획득했다. 공산당은 군 지도부로부터 네덜란드에 저항하는 더 큰 전쟁 중에 내전을 일으킨 데 대한 힐난을 받으며 독립 인도네시아에서의 여정을 시작했다. 공산당은 샤리아에 의해 지배되는 국가를 원하는 사람들에게 적으로 인식되었다. 1950년에 공산주의자는 새로운 공화국 정부에 의해 여전히 재판 없이 체포되고 투옥되고 있었다.

자카르타 엘리트들은 1955년에 자바 유권자들에게 경악했다. 그들이 완전히 믿을 수 없다고 생각한 정당이 동부와 중부 자바 유권자의 절반에게 첫 번째 선택지였던 것이다. 이와 대조적으로, 협상을 통해 인도네시아를 독립으로 밀고 나갔던 정당인 사회당(the Socialist Party)은 거의 자취를 감췄다. 수카르노가 말한 마르헨(Marhaens, 보통 사람들)은 공산주의자들이 그들의 관심사에 가장 마음을 쓴다고 생각하는 것으로 보였다.

많은 이들이 종종 외부도서(Outer Islands)와 자바의 분열에 의거해서 왜 공산주의가 비자바인에게는 거의 호소력이 없었는지 설명하고자 노력했다. 외부도서 사람들은 보다 이슬람적이거나, 신심이 깊거나, 공산주의자들에게 속을 여지가 적거나, 종교를 존중할 것을 믿도록 만들어졌다고 얘기되었다. 인도네시아의 경우 결정적인 점은 공산주의자 유권자들이 무슬림 자바인 거주 구역에 가장 많다는 것이었다. 동부 자바에서는, 유권자들이 거의 균등하게 나다툴 울라마와 공산당으로 나뉘었다. 이 사실은 한 마을에서 지주, 사업가, 상인, 종교 지도자들은 나다툴 울라마 지지자였을 것이고, 그들의 소작인, 임차인, 구매자, 잠재적 회중은 공산당을 지지했을 것이라는 것을 뜻했다. 정치적 차이는 개인적인 것이었다. 그것은 주민들의 존재 자체에 영향을 주었다.

1950년대 말 공산당이 수카르노와 동맹을 맺으며 자신감을 얻게 되면서, 간부들은 토지개혁 요구를 지지하기 시작했다. 동부 자바 마을들에서, 토지개혁은 이웃들을 부자와 가난한 농민 범주로 분류하고 한 사람의 토지 몇 헥타르를 강제로 빼앗아서 그의 소작인들 사이에 분배하는 것을 의미했다. 마디운에서는 민족적 배신의 기억뿐 아니라, 이전에 공손한 피후견인(client)처럼 보였던 사람들에 의한 토지 강탈과 살해의 기억도 나왔다. 마디운의 사례는 또한 조금 가진 사람들이 자신의 재산을 지키기 위해 이웃을 죽이려 했다는 것을 보여주었다.

1950년대 새로운 공산주의 수뇌부가 수카르노의 환심을 사고 그에게 지지층을 제공하기 시작했을 때, 마을에서 정치를 개인화한 장기적 결과는 명확하지 않았다. 정당들과 내각이 운영하는 정부 아래서(1950~1957), 민족주의, 무슬림, 기독교 정당들이 권력을 장악했고 공산주의자들은 공직에서 배제되었다. 1955년 선거 이후에도 자카르타 정치인들은 공산당 당선자들을 내각 부서에서 배제시켰다. 이에 대한 대응으로, 의장인 아이딧(Aidit, 1923~1965)이 이끌던 공산당은 다른 모든 정당들의 당원 수가 왜소해 보이게 하는 대중 조직을 만들었고, 현수막, 행진, 요구 사항들로 공적 생활을 장악했다. 1960년 공산당 당원은 2백만 명에 달했다. 1965년까지 그 당은 3만 명의 훈련된 간부, 거의 3백만 명의 일반 당원, 그리고 더 나아가 관련된 조직들에 1천 5백만 명에서 2천만 명의 지지자가 있다고 주장했다. 공산당은 수카르노 뒤에서 그의 모든 정책을 지지하는 정당으로 자임했다.

공산당은, 정당들 간의 적대감이 강화되었던 시기에, 그리고 선출된 대표자들의 정부로부터 개인의 의견을 봉쇄하고 투표보다 자문을 선호하는 정부로의 강제적 전환의 시기에, 당원 수가 늘고 공론의 장을 장악했다. 1956년 3월, 수카르노 대통령은 교도민주주의를 위한 캠페인을 시작했다. 10월에 그는 "정당을 묻어버려라(Bury the Parties)"라는 제목의 연설을 했다. 1957년 3월 그는 민법을 보류하고 군부에 의한 지배를 제도화했다. 같은 해 인도네시아 군부는 수마트라와 술라웨시의 시위자들과 반란 세력에 적대적으로 돌아섰다. 9월에 전 인도네시아 이슬람학자회의(All Indonesia Congress of Islamic Scholars)는 무슬림이 공산주의자가 되는 것은 죄악이라 선언하고 공산당을 금지할 것을 요구했다. 1960년 1월에 의회가 해산되었고, 8월에는 대통령이 마슈미와 사회주의 정당들을 불법화했다. 1962년 3월 수카르노는 의장인 아이딧과 정치국 위원인 뇨토(Nyoto, 1925~1965)를 무임소 장관으로 외부 내각(outer cabinet)에 받아들임으로써 공산당을 행정 권력 가장자리로 끌어들였다.

1960년대 초에는 계속되는 투쟁, 토지 압류, 이리안 해방, 말레이시아 박멸에 대한 요구들이 다른 목소리들을 침묵시켰다. 수카르노는 인도네시아와 서구와의 접촉을 끊어냈다. 그는 1960년 네덜란드와의 외교 관계를 단절했다. 1965년 1월에는 인도네시아를 국제연합에서 탈퇴시켰고 8월에는 인도네시아가 세계은행(World Bank)과 국제통화기금(International Monetary Fund)을 탈퇴하게 했다. 학자들은 소비에트 국가들과 마오(Mao)의 중국으로 견학을 갔다. 국내에서는, 민중문화기구(Institue for People's Culture; LEKRA: Lembaga Kebudajaan Rakjat)가 유일하게 수용 가능한 예술적, 개인적 표현 양식의 경계를 정하고 대학의 교사, 작가, 언론인을 괴롭히면서, 지적 생활이 억압받았다. 검열은 오직 좌파 성향의 뉴스와 분석만을 허용했고, 서구 뉴스 논평은 차단했다. 그의 장군들이 러시아 무기를 구매하고, 공산권에서 빌린 융자로 쌀과 의약품의 수입 자금을 대는 동안, 1965년 8월 17일 수카르노는 자카르타 - 베이징 축(Jakarta - Beijing Axis)을 공표했다.

1963년 5월 수카르노 대통령은 계엄령을 해제했다. 그 해 말이 되면서 동부 자바의 공산주의자 간부들은 토지개혁을 위한 "일방적 행동"을 취했다. 그들은 몰수, 싸움, 방화, 납치, 살해 등의 방법으로 토지를 재분배했다. 토지를 둘러싼 충돌의 격화는 인구 증가로 설명될 수 있다. 20세기에 7천만이 늘어난 자바 인구에게는 그야말로 땅이 부족했다. 독립 후 인구의 급격한 증가는, 콜레라와 천연두의 창궐을 종식시킨 1920년대와 1930년대 식민지에서의 대규모 접종의 효과를 반영했다. DDT 같은 화학 약품 살포가 벌레의 온상을 줄이는 동안, 1940년대와 1950년대 서구 실험실에서 발전된 페니실린과 항생제는 폐렴, 이질, 말라리아, 매종(yaws), 구충병, 성병을 치료했다. 1960년대가 되면 유아 사망률이 떨어졌고, 자바의 인구 밀도는 1km² 당 500명에 달했다. 시골 엘리트들의 상대적 부유함이 긴장을 악화시켰다. 정부의 토지개혁 프로그램은 결코 자바의 시골 주민들에게 충분한 공급을 해줄 수 없었지만, 땅이 없는 사람들은 마을 수장들과 성지 순례자들의 재산 몰수가 그들의 토지 없음과 굶주림에 궁극적인 해결책을 제공해줄 것이라는 공산주의자들의 주장을 믿었다.

1965년 공산당은 수카르노 지지 조직들로부터 "제5군(fifth force)"을 만들어야 한다고 주장했다. 주요 무슬림 정당과 그 산하 조직, 무장 세력이 불법화되고 마지막 다룰 이슬람 운동이 패배했을 때, 공산주의 지도자들은 민간 무장 집단의 무기 보급의 확대와 무기의 축적을 요구했다. 수카르노와 그의 지지자들이 계속해서 대중의 분노를 부채질하는 동안, 1965년 7월 공군은 공산주의 대중 조직 회원 2천 명을 훈련시키기 시작했다.

1965년 9월 30일, 수카르노의 대통령 경호대가 권력을 잡았다. 그들은 국영 라디오의 통제권을 장악하고, 군대를 이끄는 장군들을 체포하고, 국가를 부패에서 구하고 수카르노의 지도력을 보존할 프로그램을 발표했다. 체포된 장군들은 살해되었고, 그들의 시신은 "제5군"이 훈련하던 할림(Halim) 공군기지에 숨겨졌다. 수카르노는 이 사건을 넘기고 권한을 지키기 위해 자카르타를 떠나기 전 할림을 방문했다.

봉기는 수하르토 장군에 의해 진압되었는데, 그는 신속하게 자카르타의 부대들을 자신의 지휘하에 끌어들였고 그 쿠데타를 공산당의 작업으로 규정했다. 그의 통제하에 놓인 뉴스 정보원들은 국가의 최고 군 사령관들의 시신을 훼손한 데 대해 공산주의자 남녀 무장세력을 비난했다. 수하르토는 수카르노에게 정부를 운영하는 비상 권한을 줄 것을 강요했다. 그는 말레이시아에 대항하는 소규모 전쟁을 종식시켰고 1966년에는 국제연합에 재가입했다. 1967년까지 그는 식재료를 수입하고, 국가 인프라를 재건하고, 공교육과 의료 체계를 확대할 기금을 위해 서구 은행과 투자회사를 쫓아다녔다. 1967

년 수하르토는 수카르노가 사임하도록 유도했고, 그를 공개적으로 불명예의 대상으로 만들었고, 1970년 사망할 때까지 가택 연금에 처했다. 1970년대와 1980년대 수하르토는 경제 개발을 국가의 목표로 만들었고 정치적 반대를 억압하기 위해 수카르노가 만든 기구들을 정교화했다.

한 정부가 흔들리고 다음 정부가 완전히 통제하기 전인 과도기에, 자바와 발리에서는 공산주의 쿠데타가 진행 중이고 먼저 공격하지 않으면 공산주의자들이 자신들을 죽일 것이라는 믿음하에 살상 부대가 규합되었다. 군대가 정부를 장악한 것이 확실해졌을 때, 부대는 이제 자신들의 생명과 재산에 위협으로 인식되는 대상을 완전히 없애기 위해 살상을 계속했다. 일부 지역에서는 얼굴을 가린 외부인들이 마을에 진입해서 알려진 공산주의자들과 동조자들의 집으로 향했다. 다른 지역에서는 군부대가 마을 수장들에게 공산주의자 목록을 요구했다. 그들은 사람들을 한 곳에 모으고, 자기 무덤을 파게 하고, 총으로 쐈다. 또 다른 곳에서는, 무슬림과 로마 가톨릭 청년 그룹의 무장 집단들이 군용 트럭을 제공받고 칼로 처형을 실행했다. 강, 바다, 도로변이 시신을 쌓는 장소이자 공산주의의 악함을 보여주는 끔찍한 공개 교실이 되었다.

국군이 처형 집행자들에게 많은 물자를 제공했지만, 모두에게 그런 것은 아니었다. 인도네시아 군대에는 헌신적인 수카르노 지지자들도 있었고, 상관들의 부정축재에 질린 장교들도 있었고, 군대란 인도네시아 시민에 대한 공격보다는 외부의 공격에 대한 방어를 위해 훈련되어야 한다고 생각한 이들도 있었다. 사회적 신분 상승 기회를 제공한 대표적인 기구였던 군대에는 또 가족들이 땅, 수입, 미래를 필요로 하는 사람들뿐 아니라, 이슬람에 헌신적이고 사유 재산을 보호하려는 정부를 원한 이들도 있었다. 왜 대부분의 희생자들이 자바와 발리에 있었는가를 한가지 이유로 설명할 수 없다. 지역들의 상황이 희생자와 그 처형 집행자를 만들어냈다. 중앙 군 지도부, 공산주의자들을 괴물로 만드는 무자비한 수사, 지역의 경험들이 보통의 인도네시아인들을 살인자로 변모시켰다.

발리의 살상 부대

1965년 자카르타 쿠데타에 이은 학살에서 발리 인구의 5%, 즉 8천 명이 사망했다. 대중의 기억 속에, 그들의 시간이 다했음을 깨달은 발리 공산주의자들은 흰 옷을 입고 밖에 나가 공격자들에 맞서거나 자신의 크리스로 자결했다. 그러나 집단 자살은 공격자에게서 희생자에게로 초점을 돌리고, 발리를 인도네시아 역사에서 독특한, 이국적인, 신비로운 곳으로 치켜세우는 지역적 허구이다. 발리가 다르기는 했다. 여기에는 이슬람 국가를 옹호하는 견고한 공동체가 없었다. 발리에서 공동체의 힌두 축제에 대한 반대는 시간, 비용의 강제에 대해, 그리고 "두 번 태어난" 계층인 라자, 귀족, 의례 집전자의 특권에 대해 분개하는 힌두교도들에게서 나왔다.

인도네시아 독립 초기 수 년간, 발리는 죽임의 땅이었다. 네덜란드를 지지했던 사람들과 수카르노의 인도네시아에 헌신한 사람들 사이에, 그리고 군주가 장악한 무장 세력과 정당의 무장 세력, 누구에게도 속하지 않는 무장 세력들 간에, 독립 전쟁기부터 이어져 온 적대감이 존재했다. 그리고 카스트에 의해 자격을 갖춘 사람들과 근대 교육을 통해 자격을 갖춘 사람들 사이에 일자리를 둘러싼 경쟁이 있었다. 정치 영역에서는 민족주의, 사회주의, 공산주의 정당들이 싸웠다. 수카르노 정부 말년에 관직의 전리품—기금, 후견, 사업 허가증을 줄 권리—은 공산주의자에게 돌아갔다. 아이딧의 공산당이 "일방 행동"을 후원하면서, 토지와 소작농의 권리를 둘러싼 갈등은 토지 점유와 학살로 변해갔다.

수하르토가 자바를 통제하게 되면서, 발리에서 수카르노의 주지사는 자리에서 밀려났다. 군부가 장악한 라디오와 신문은, 발리 공산주의자들이 배신자이고 무신론자라고 선언함으로써, 이미 무장 자경단들이 넘쳐나는 발리 사회의 긴장을 더 악화시켰다. 공산주의자들은 특히 발리의 종교, 문화, 특성을 파괴하려 한다는 비난을 받았고, 발리인들은 내부의 적을 없앤 자바의 모범을 따를 것을 촉구받았다. 1965년 10월, 자바에서 살상을 행했던 육군 공수부대와 브라위자야(Brawijaya) 부대가 도착하면서 힘의 균형을 변화시켰다. 자바인 군 사령관들의 허가를 받은 발리인 부대들은 학살을 멈추라는 명령을 받기 전까지 살인을 계속했다. 비율로 볼 때, 1965~1966년의 학살 기간 동안 공화국 내 어느 곳보다 발리에서 많은 사람이 죽었다.

수하르토의 신질서 정부가 써낸 공식 역사는 약 80만 남녀의 죽음에 대한 공식 기억을 지워버렸다. 그것은 궁정 경비대와 공산주의자들에 의한 여섯 장성의 살해를 강조했다. 그 장성들을 위한 기념 동상, 연례 기념식, 도로명 작명 등은 공적 기억을 창조해냈다. 정부는 기자, 작가, 학자들에게 대량 학살에 대한 침묵을 강요했다. 수개월간의 살상, 공산주의자와 동조자들에 대한 군부의 청소는 추모자들을 겁에 질리게 했다. 약 25만 명이 사회에서 격리되어 수용소로 보내졌고, 거기서 재판도 받지 못한 채 1979년까지 남아있었다. 석방되어 원래의 공동체로 돌아간 후에도, 전직 죄수들은 심한 감시와 반감을 경험했다. 인도네시아 내부에는 침묵이 계속되었다.

학살 이후 35년 이상이 흘렀다. 21세기를 사는 대부분의 인도네시아인들은 1966년 이후 태어났지만, 공산주의에 대한 공포는 수하르토의 집권과 이데올로기보다 오래 지속되었다. 2001년 3월, 1965~66년 학살조사기구(Institute to Investigate the 1965~66 Massacres)는 1965년 트망궁(Temanggung, 중부 자바)의 칼로란(Kaloran) 촌락에서 살해당한 26명의 유해를 종교 의례를 갖춰 재매장할 계획을 세웠다. 칼로란의 이슬람연대포럼(Islamic Solidarity Forum)에 의해 조직된 살해 위협과 군중 행동 때문에 이 재매장 계획은 무산되었다. 대부분의 공산주의 정부가 무너진 세계에서, "공산주의"는 인도네시아에서 반대파를 공격하는 치명적인 비난으로 남아 있다.

공산주의 동조자에 대한 학살과 일제 검거는 인도네시아 시민에게서 기아, 실업, 종교 분쟁 문제에 대한 세속적 해결책을 앗아갔다. 국가는 공산주의자들이 정부를 장악하려 하던 때의 모든 잔재를 청산했다. 용인된 군중들이 중국 대사관을 태워 없애버렸다. 국가는 1967년 10월 중국과의 관계를 단절했고, 대학에서 마르크스, 베버, 중국어의 교육을 금지했고, 공공장소에서 사회주의 예술을 배제했다. 이와 함께 정부는 서뉴기니와 부루섬을 수용소로 변모시켰다.

부루섬 유배: 강제 노역을 통한 개발

반다해에서 자바 북동쪽에 위치한 부루섬은 16세기 트르나테 술탄국의 일부가 되었다. 그 해안 저지대 주민들은 이슬람으로 개종했고, 그 항구들은 자바인, 부기스인, 부통인, 말루쿠의 섬사람들, 아랍인들이 정착했다. 내륙 사람들은 반(半)유목 삼림 채집자들이었다. 1949년 부루는 인도네시아 국가에 편입되었다. 이 곳은 1950년 남몰루카공화국을 물리친 첫 주요 전장이었다.

1967년 신질서 정부는 그들에게 버림받은 사람들을 수용할 정치범 수용소로 부루섬 동남쪽을 선택했다. 이때부터 부루는 인도네시아 역사에서 익숙한 패턴을 경험했다. 반(半)유목적 농민들이 정주하는 식량 생산자들에 의해 밀려났다. 인도네시아 정치범들이 이 강제 이동의 동인이었다. 가혹한 조건하에서 그들은 부루의 사냥터와 나무로 뒤덮인 삼림 농지를 개간했고, 관개 시설이 있는 농지를 만들었다. 법의 보호와 사회의 돌봄을 빼앗긴 채, 자바에서 거부당한 이들은 부루섬 사람들과 그들을 감시하는 군인들의 공격 목표가 되었다.

수감자들은 감금되고 한참 후에야 자바에서 부인과 아이들을 불러서 부루에 영원히 정착하는 선택의 기회를 받았다. 1987년 부루섬의 10만 2천 명의 주민 중 2만 3천 명이 자바인 정치범과 그 가족이었고, 이제 이들은 "초지역적 이주자(transmigrants)"라 명명되었다.

공산주의와 공산주의자들이 제거되고, 수하르토는 과거와의 완전한 단절을 선언했다. 수카르노의 구질서(Old Order)는 소음, 공적 혼란, 극심한 물가 상승, 기아, 그리고 인도네시아가 근대 세계에서 경쟁하기에 불충분한 기술의 시기였다. 수하르토의 신질서(New Order)는 조용하고, 평온하고, 주민들은 경제 개발에 동원되고, 확대된 교육, 높은 생활 수준, 물질적인 것에 대한 애착에 의해 공산주의적 열망에서 보호받아야 하는 시기였다. 고요하고 부유한 인도네시아를 만들기 위해, 수하르토는 계엄령, 직능집단에 의한 대표제, 의회와 정치 조직, 출판에 대한 강력한 통제, 판차실라 사상이라는 수카르노의 도구를 계승했다.

수카르노 그리고 나수티온 장군 같은 인도네시아의 군 고위 지도자들은, 경쟁하는 이데올로기들을 대표하는 선출된 정당인들의 의회에 의한 정부에 반대했었다. 수카르노는 공식적으로 지정된 사회에서의 (단일) 기능에 따라 집단이 분류되는 사람들을 대표하기 위해, 대통령이 구성원을 임명하는 의회를 설치했다. 군부, 국영 사업자, 노동자, 농민, 여성, 청년, 종교학자, 지식인, "1945년 세대", 지역, 직능집단은 사회를 구획화했다. 예를 들어 여성들은 성별에 의해 노동자와 지식인으로부터 고립되었다. 농민들은 지역 대표들로부터 분리되었다. 이 집단들은 대통령의 자문을 받았다. 그들은 정책에 대한 표결로 다수와 소수 의견을 정하지 않았다.

수하르토는 수카르노의 직능집단 체제를 발전시켰다. 인도네시아의 좌파들이 죽거나 투옥되고, 서구로부터의 대출이 식량 수입을 위한 재원을 마련해주고, 군부가 강력한 통제력을 가지게 되면서, 그는 5년마다 그의 지도력을 공개적으로 확인할 선거 체제를 도입했다. 수하르토는 골카르(Golkar, 직능집단의 약어)를 그 수단으로 선택했다. 1964년 10월 군 고위 지도부에 의해 반공 협회들의 연합으로 창설된 골카르는 정부의 정당 형태로 만들어졌고 인도네시아 사회의 살아 있는 축도라고 소개되었다. 모든 공무원들은 가입하도록 요구되었다. 골카르 대표자 수의 할당은 모든 수준의 정부의 협의회에서 정해졌다. 이 소(小)인도네시아 밖에 남겠다고 주장하는 사람들은 두 개의 다른 흐름으로 내몰렸다. 이슬람 정강을 가진 정당들은 통합개발당(Unity and Development Party)에 합류하도록 요구되었고, 민족주의나 기독교계로 분류된 정당들은 인도네시아 민주당(Indonesian Democracic Party)에 들어가야 했다. 인도네시아 국가 정당(party of Indonesia)과 두 외부 정당들이 5년마다 선거에서 경쟁했다. 개발당과 민주당의 수뇌부는 정부의 승인을 받기 위해 추천자 후보를 제출해야 했다. 정당들은 선거 기간에만 마을에서 활동할 수 있었다. 선거 사이 기간에는, 정부의 "중립" 정당인 골카르만이 활동이 허가되었다.

골카르는 해외 비평가들에 의해 종종 억압적인 정부의 순종적인 대리인이자, 정부의 계약 수주시 부패 행위로 이어지는 "연줄(connections)"의 결정적 중심이라고 무시받았다. 1983년부터 골카르는 개인 당원을 받기 시작했고, 80년대 말이 되면 1천만 명이 넘는 인도네시아인들이 가입했다. 1993년부터 이 조직은 군 고위급이던 지도부를 민간인들로 대체했고, 당원들의 생명, 재산, 기대를 보호할 의무가 있는 정당으로 자처했다. 그것은 수하르토와 그의 장군들보다 오래 살아남았고, 위협과 대중 집회의 인도네시아 정치에서 자신의 몫을 얻기 위한 싸움을 계속하고 있다.

수카르노의 판차실라는 인도네시아인들을 함께 묶는 것에 대한, 감정을 자극하는 선언이었다. 수하르토 치하에서 그것은 통제와 순응을 위한 곤봉이 되었다. 획일화된 메시지가 모든 연령, 사회 계층, 지역의 인도네시아 시민들에게 전달되도록 하기 위해, 언론과 텔레비전은 국가에서 규정한 가이드라인 내에서 기능했다. 1975년 정당들은 1945년 헌법과 판차실라를 그들의 강령에 포함하도록 요구받았다. 1985년 정부는 판차실라가 국가의 모든 조직의 유일한 설립 원칙이 되어야한다고 규정했다. 모든 공무원들은 한달간의 판차실라 훈련 과정을 이수하도록 제도화되었다. 유치원부터 대학까지 모든 수준의 학교 체계에 국가 이데올로기와 국사가 도입되었다. 그 결과, 모든 사회 경제 계층의 지금 세대 인도네시아인들은 이전 세대보다 역사에 대해 더 많은 정규 교육을 받아왔다.

단일 역사

30년에 걸친 수하르토 집권기 동안, 사립 학교의 급격한 성장과 더불어 초등, 중등 차원에서 공교육의 광범위한 확대가 있었다. 신질서 정부는 사립, 공립 학교 모두 모든 학생들에게 국가에서 정한 교과 과정을 가르치도록 요구했다. 판차실라 도덕과 더불어 국사는 한 주에 4~6시간을 가르쳐야 하는 의무 과목이 되었다.

공식 역사의 메시지는 토착 인도네시아인의 근본적인 통합이었다. 교육부 패키지는 어떤 계급 간 혹은 종족 간 대결도 지워버렸다. 사회적 종교적 갈등은 네덜란드인들과의 관계에서만 있었다. 교실 환경은 사안에 대한 비판적인 토론과 대안적 해석을 막았다. 전산화된 시험은 역사를 객관식 문제들과 정답-오답 조합으로 축소시켰다. 역사 수업은 차이에 대한 지식을 억압하는 기능을 했다.

교실 밖에서, 시민들은 국가의 목적을 확대 달성하기 위한 대중 조직에 차출되었다. 예컨대 공무원의 부인들과 여성 공무원들은 다르마 와니타(Dharma Wanita, 여성의 의무)라는 조직에 가입해야 했다. 이 조직은 정부 관료제와 병립되어서, 부서 수장의 부인이 지부장이 되었다. 회원들은 잦은 모임과 "올바른 행위(good deeds)" 프로젝트로 바빴는데, 그 계획을 통해서 그들은 하층 여성들에게 정부의 목표를 설명하고 재택 기반 기술을 가르쳤다. 정부가 만들어낸 여성 수칙(Women's Code)은 판차실라의 5가지 핵심과 유사했다. 국가의 보조적 구성원인 여성들은, 남편의 조력자, 집안의 관리자, 미래 세대의 생산자, 아이들의 교육자, 그리고 인도네시아 시민으로 정의되었다. 가난한 여성들은 공공 포스터, 학교 교육, 보건 진료소, 정부의 감시에 의해 장려되던 정부의 두 자녀 정책을 통해서 개발의 획일성을 경험했다.

신질서는 개발의 반대편 끝에 공산주의와 무질서의 악몽이 있다는 위협에 기반을 두었다. 신질서 정부는 풍족한 중산층을 만들어내고 일부에게는 막대한 부를 가져다주었다. 순응의 문화, 그리고 용인된 의견을 강제하는 문화는 또한 후견의 문화(culture of patronage)였다. 수입, 가내 생산, 건설 허가권은 정부 커넥션과 함수관계에 있었다. 사업을 할 권리는 독점권의 형태로 대통령 가족이나 측근에게 분배되거나, 초기 인도네시아 사회에서처럼 중국인들에게 판매되었다.

톨게이트, 주유소, 대통령 가족

세수를 늘리고 개인의 움직임을 체크하는 톨게이트 차단봉은 수 세기 동안 자바 정부의 도구였다. 수하르토 대통령 정부하에서, 유료 도로라는 근대적 시스템은 서부 자바 도시들과 국가 수도를 오가는 여행자들에게 세금을 부과했다. 거기에 톨게이트 부스 운영은 근대적 왕족, 수하르토 대통령의 큰 딸의 손에 있었다. 근대 톨게이트는 유료 도로를 따라 있는 주유소 연결망 안에 편의 시설들을 끌어모은다. 이들은 자동차 용품, 생수, 간식, 기념품을 팔고, 휴게소와 무슬림을 위한 기도소를 제공한다. 주유소 독점권은 2001년 메가와티 수카르노푸트리 대통령의 남편이 장악했다.

수하르토의 인도네시아에서의 규율의 공적 모습은, 인도네시아의 많은 사람들과 문화들이 건축과 예술적 다양성의 질서 있는 예시들을 통해 잘 표현되는 자카르타의 타만 미니(Taman Mini) 같은 큰 테마 파크에 의해, 그리고 서부 자바의 캄풍 나가(Kampung Naga)처럼 공식적으로 시간 왜곡 속에 보존된 것 같은 작은 마을들에 의해 상징되었다. 1980년 정부의 선물인 가파른 돌계단이 마을들을 전기, 수도, 기계화된 교통 수단, 제조업, 관리 감독으로 대표되는 바깥 세상과 연결한다. 역시 정부의 선물인, 전지식 라디오는 외부의 소음을 가지고 들어오고, 아이들을 초등학교에 데려가기 위해 버스가 매일 마을 입구에 정차한다. 정부에 의해 훈련받은 관광 가이드들은 나가(Naga) 사람들은 자급자족, 자신들의 무슬림 관습법을 계속할 기회, 그리고 모범적 시민이 되는 것을 원한다고 설명한다. 마을 사람들은 감사한 마음으로 정부에게 큰 질문을 남긴다. 그들의 대변인은 방문자들에게 자신들이 청결하고 순응적이라고 소개하는데, 이것은 거의 신질서가 바라는 질서 정연함의 패러디이다.

식민정부와 신질서는 표면적 평온함을 공유했는데, 그 아래에서는 많은 집단들이 공간 확보를 위해 서로 다투고, 지역에서 충성을 얻기 위해 경쟁하고, 바타비아-자카르타의 지배에 분개했다. 수카르노 정부와 마찬가지로, 수하르토 정부도 가능한 많은 적을 대중 조직으로 끌어들였다. 그것은 잠재적 반대자의 자녀들을 외국 유학 장학금과 일류 직장이라는 국가의 포상에 얽어매었다. 정부는 언론, 라디오, 텔레비전, 출판의 통제를 통해서 의견의 획일성 주입을 시도했다. 신질서는 8월 17일 기념, 공무원 제복, 대학 교직원의 통일된 상의, 시범 마을, 축제 때 대통령과 수행원들의 자카르타 이스티크랄(Istiqlal) 모스크 방문의 텔레비전 중계, 외국 기업과 그에 의존하는 중국인들에게 기부를 압박하는 "자선 재단" 등과 같은, 공적 생활의 연출된 드라마를 의도했다. 복종하지 않는 집단은 무력으로 설득했다. 정부는 1984년 탄중프리옥(Tanjung Priok) 조선소에서 시위자들에게 발포하도록 군대에 명령했고, 1978년 대학 캠퍼스에서의 정치 조직화를 금지했고, 비정부 기구들의 노동 조직가와 활동가들을 체포와 구타로 위협했다. 1980년대에 수하르토 정부는 의문사와 시신의 공개 전시를 통해 범죄자와 순종적인 사람들에게 똑같이 경고를 보냈다. 인도네시아 내에서는 차이에 대한 공개 토론을 허용하거나 차이를 받아들이는 습관을 함양하는 토론의 장이 거의 없었다. 대신, 인도네시아 사회에서 서로 대립하는 많은 분파들로부터 발생하는 문제들은 폭력을 통해 처리되었다.

자카르타에서 볼 때, 아체는 신질서 국가로 완전히 인도되어야 할 거친 지역으로 보였다. 군부가 인도네시아 이슬람국가 연방을 만들려던 반란을 진압한 뒤 1959년 수카르노는 아체를 특별지역으로 지정했다. 아체인들은 자신들 고유의 종교법, 관습, 교육으로 자카르타 행정 부처들의 통제를 대체할 수 있었다. 1965년 아체의 울라마 지도자 회의가 공산주의자 학살을 용인하는 파트와(fatwah)를 공표했을 때 아체는 자카르타의 수하르토 분파와 호흡을 맞춰 나아가는 것으로 보였다. 이슬람 청년 조직들은, 특히 자바인 초지역적 이주민 농업 정착지에서, 정부군에 합류해서 수천 명의 공산당 동조자를 살해했다. 일단 권력이 공고해지자, 수하르토 정부는 관점뿐 아니라 행정에서도 획일성을 추구했고, 자신만의 선을 추구하는 경계 지대에 대한 인내심이 거의 없었다.

신질서는 아체에서 통합과 폭력이라는 그들의 특별한 조합을 적용했다. "아체 우선(Aceh first)"이라는 정견을 가진 모든 정당들이 금지되었다. 1971년부터 아체인들은 자카르타에 본부가 있는 국가 정당들을 통해서 선거에 참여하도록 요구되었다. 1974년부터 주지사 후보자들과 구(district) 수준의 공무원들까지 자카르타 내무부 장관의 승인을 받아야 했고, 그들은 아체의 입법 의회가 아니라 자카르타의 내무부에 책임을 졌다. 1975년부터 아체의 모든 정부 관리들은 골카르에 가입하도록 요구되었다. 도로, 다리, 학교를 건설할 자금을 자카르타가 지원하고 통제했다. 지역 경제 개발의 기술적 전문가들은 중앙 정부에 고용된 사람들로, 자카르타의 이익을 위한 아체를 건설하는 데 전념했다. 군부와 내무부는 산업 지대를 국가 개발과 안보의 문제로 보고 통제했다. 울라마들은 신질서의 인도네시아 울라마협의회(Coulcil of Indonesian Ulama)의 아체 지부에 편입되었고 파트와를 통해 자카르타의 개발 정책을 마을의 신자들에게 설명하고 후원하는 임무를 할당받았다.

자치를 얻지 못하고 충분히 이슬람적이지 못한 데 대한 오랜 불만에, 자카르타와의 관계에 대한 새로운 반대의 이유들이 더해졌다. 아체의 풍부한 석유와 천연가스는 1970년대 인도네시아 경제를 호전시켰지만, 그 이익은 자카르타로 흘러 들어가 자바의 개발이나 자카르타에 기반을 둔 정치인들과 군부 인사들을 돕는 데 쓰였다. 아체의 풍부한 석유는 이 주를 세계에서 가장 부유한 국가의 하나인 브루나이처럼 만들었을 수도 있다. 도리어 그것은 아체인보다 자바인 이주자들에게 더 많은 일자리를 만들어주었다. 신질서의 기술 관료들은 산업 지대들이 아체 북부와 동부의 가난을 없애기 위한 수단이라기보다 우연히 아체에 위치한, 국가개발을 위한 동인이라고 여겼다. 아체의 산업 지대들은 외국인과 인도네시아인 기업가들의 집단 거주지였고, 외국의 태도와 가치가 우선인 곳이었고, 아체 소작농, 소규모 하청업자, 울라마라는, 불만을 가진 주변부에 의해 둘러싸인 부유한 섬들이었다. 자카르타는 아체의 특별한 이슬람적 성격을 간과했고, 종교 생활에 대한 자치의 약속은 산업 지대에서 멈췄다. 아체의 울라마들은 단지 그 집단 거주지 밖에 사는 아체 무슬림에게만 의무를 지우는 파트와를 선포할 수 있었다.

이런 상황에서 1976년 10월 트웅쿠 하산 무하마드 디 티로(Teungku

Hasan Muhammad di Tiro)가 자유아체운동(Free Aceh Movement)를 선언했을 때 일부가 환영했다. 그는 자신을 울라마이자 공식 국가 영웅인, 1881년부터 1891년 (독에 의해) 사망할 때까지 네덜란드에 대항해서 민병대를 이끌었던 피디의 트웅쿠 하지 칙 디 티로(Teungku Haji Cik di Tiro of Pidie)의 후손으로 내세웠다. 1976년 하산 디 티로는 아체가 여전히 식민 국가이기 때문에 투쟁이 재개되어야 한다고 주장했다. 자바인이 식민 지배자로서 네덜란드인을 대체했었다. 그의 역사 해석은 아체 술탄을 1873년 이전 수마트라 전체의 왕으로 내세웠다. 이런 시각은 1949년에 네덜란드가 수마트라의 통치권을 자바가 아닌 아체에 이양해야 했다는 디 티로의 주장의 근거를 이루었다. 그는 마자파히트와 네덜란드인들의 군도 건설을 부인했고, 외부도서와 자바의 역사적 연계의 존재를 부정했고, 인도네시아 민족주의를 이슬람을 배제하기 위한 서구의 도구라고 지칭했다. 1976년 12월 그의 자유아체운동은 아체－수마트라의 독립을 선언하고, 자바－인도네시아인 "침략자"의 축출을 호소하고, 새로운 국가가 코란을 헌법으로 삼을 것임을 약속했다.

수하르토 정부 군대는 곧 자유아체운동의 홍보 책자, 깃발, 군인들을 공적 영역에서 몰아냈고, 그 남은 병력을 삼림까지 추격했고, 아체 엘리트들을 포섭했다. 이 운동은 1989년 아체의 4개 지역 모두에 군 사령부를, 스웨덴에 망명 정부를, 말레이시아에 작전 지휘부를, 싱가포르에 선전 사무소를, 그리고 리비아에서 군사 및 사상 훈련을 이수한 250명의 핵심 인원을 갖추고 재등장했다. 1989~1992년의 아체 반란과 1990년대 말에 다시 시작된 투쟁에서 민병대와 정치 운동들은, 자치, 인도네시아로부터의 완전한 독립, 강한 권한을 가진 주들로 구성된 이슬람 인도네시아까지 다양한 목표를 가졌다. 모든 집단은 인도네시아 군대를 아체의 적으로 보았다. 민병대들은 경찰, 군인, 정부 관료, 정보원들, 자바인 이주자들을 목표로 삼았다. 아체의 이질적인 집단들을 진압하기 위해, 군대는 체포, 투옥, 살해, 시신의 공공 장소 유기, 가옥 방화, 강간 등의 획일화된 작전을 채택했다. 마을 사람들은 이주되었다. 남성들은 군대가 "적의 영역"을 수색하는 데 동반되었다. 아체인들은 군대의 지시에 의해 서로를 죽였다.

1980년대 아체 울라마들은 국군 부대와 함께 투어를 다니며, 마을 사람들이 독립운동에 합류하는 것을 금지하고, (정부 대변인에 의해 평화방해자운동이라고 불린) 자유아체운동 지지자들을 죽이는 것이 허용된다고 조언했다. 그러나 1990년대 말이 되면, 달라진 환경 속에서 많은 종교 지도자들이 독립을 후원했다. 울라마들은 가는 곳마다 공동묘지, 난민, 고아들을 남기는 국군의 폭주를 묵과할 수 없었다. 그들은 전투에 의해 집을 잃은 아체인들에게 거처를 제공하고 반란 진압 작전 중에 학교가 불타버린 아이들을 가르치기 위해 모스크를 열어야 했다. 국가적인 차원에서, 이리안 자야와 동티모르의 운동은 공화국으로부터의 분리를 추구했다. 아체 종교 지도자들도 "판차실라 무슬림"을 만들기 위한 수하르토의 프로그램의 수혜자인, 이슬람 인도네시아에 열성적인 무슬림 공동체의 성장을 알게 되었다. 수하르토의 퇴진과 혼란스러운 대통령 승계에 이르는 여러 달 동안, 특정한 이익과 국가적 명분을 지키기 위해 만들어진 이슬람 전선들, 방위대, 민병대, 기도회 또한 급증했다. 이런 맥락에서, 아체의 저항 그룹들은 자카르타 정부와 그들의 군부 대표자들에 대한 분노를 유지했다. 자치 그리고 종교 경찰을 수반한 이슬람법 제도화의 승인은 이제 아체를 인도네시아공화국 내에서 차별화된 경로에 위치시켰다.

일본에 의해 1943년에 이슬람 연합을 위한 대중 조직으로 탄생한 마슈미당(Masyumi Party)은 독립 초기 인도네시아의 유일한 무슬림 정당을 자임했다. 마슈미는 1955년 선거에서 21%를 득표해서 인도네시아에서 두 번째로 큰 정당임을 입증했다. 그것은 또 군도 전반에 걸친 선거구에서 거의 균등하게 표를 얻은 유일한 정당이었다. 국민당, 공산당, 나다툴 울라마는 득표의 85% 이상을 자바에서 얻고 인도네시아 다른 지역에서 15% 이하를 얻었던 반면, 마슈미는 득표의 51%를 자바에서, 49%를 수마트라, 칼리만탄, 술라웨시, 동부 인도네시아에서 획득했다. 마슈미는 유일한 진정한 전국 정당처럼 보였다. 마슈미 당원들은 세속 국가에서 기능하는 것부터 샤리아 기반의 통치까지 무슬림 의제의 모든 범위를 반영했지만, 모두가 공산주의에 반대했고 자카르타에 대항하는 지역의 권리를 지지했다. 그런 입장은 무슬림의 전국 정당을 국가의 대통령과 직접 충돌하게 만들었다. 1960년 수카르노는 마슈미의 해체를 명령했다. 수하르토는 그 금지를 해제하지 않았다.

그 결과, 무함마디야처럼 마슈미 연합(Masyumi federation)을 구성한 조직들은 보다 이슬람식으로 행동하는 사람들을 만들어내는 사회, 교육 프로그램을 가속화했다. 그들은 단기 정치 경쟁을 이슬람의 목표를 성취하기 위한 장기 전략으로 대체했다. 그 전략은 다크와(dakwah)라고 알려졌는데, 이것은 이슬람의 이상에 부합하도록 생각과 행동을 개선하려는 노력을 의미하는 아랍어 단어이다. 예전 마슈미 지도자였던 모하마드 낫시르(Mohammad Natsir)가 1967년 인도네시아 이슬람다크와협의회(Indonesian Islamic Dakwah Council)를 창설했다. 신비주의와 영적 지도자에 대한 복종을 강조하던 인도네시아 이슬람의 방식에 대항하기 위해, 다크와협의회는 종교 학교에 책을 공급하고, 인도네시아 무슬림들 사이에서 일할 선교사를 훈련시키고, 해외 유학을 위한 장학금을 제공하고, 종교 교사를 위한 고급 수업을 운영했다. 협의회는 기독교 선교사들에 의한 개종을 기독교의 이슬람 공간으로의 침투이자 무슬림에게 방해 혹은 유혹이 되는 것으로 보고 막기 위해 노력했다.

다크와 협의회는 전세계 무슬림 조직들과 긴밀한 관계를 형성했다. 그것은 세계 이슬람의 트렌드를 따라감으로써 현지 이슬람을 개혁하려 했다. 다크와 협의회는 인도네시아 외교 정책 결정자들이 국제 정치에서 "이슬람 진영"에 합류하도록 압박했고, 아닷과 지역 성인들이라는 특별히 인도네시아적인 문제에 머물기보다 많은 이슬람 사회들이 직면한 문제들에 달려들었다. 다크와는 국민의 삶에서 여성의 위치와, 그들이 직업을 가지고 공직에 출마하고 스포츠에 참여할 기회를 가질 권리를 포함하도록 인도네시아에서의 토론을 확대시켰다. 그것은 여성의 이슬람식 복장 규정을 권장했다.

1980년대에, 수하르토 대통령은 다크와 의제의 특정한 항목들을 지원하는 데 국가의 자원을 사용하기 시작했다. 그는 공개 기도회와 희사(alms-giving)에서 대통령 가족을 촬영하기 위해 텔레비전 카메라를 동원했다. 그는 국영 라디오와 텔레비전 방송망 그리고 그의 가족이 소유한 사설 네트워크에 "이슬람적" 내용을 늘릴 것을 장려했다. 그는 공영 복권을 금지시키고, 이슬람 은행을 후원하고, 더 많은 무슬림 학교에 기금을 제공하고, (개인적으로 그의 장녀에 의해 대표되는) 여성을 위한 인도네시아식 이슬람 복장 규정의 채택을 장려하고, 이슬람 신문의 출간을 허용했다. 그는 또 이슬람 신앙과 의제로 명성이 높은 사람들을 군 고위직에 임명했다. 1990년 수하르토는 전 인도네시아 무슬림지식인협회(All Indonesia Association of Muslim Intellectuals)의 결성을 후원했다. 그의 기술 개발 수석 보좌관이나 후에 부통령이 되는 하비비(Habibie)의 지도하에, 이 협회는 고위직에 기독교인의 수를 줄이고 중국인에게 정부 계약을 더 적게 줌으로써 인도네시아에 보다 이슬람적 외양을 밀어붙이기 위해 공무원, 활동가, 지식인들을 끌어들였다. 다크와에 대한 수하르토의 가장 큰 기여는 모스크와 기도소를 위한 기금에 있었다. 그 결과로 인도네시아의 도시와 시골 모두 이슬람식 건축물, 예배당, 기도 모임, 아랍어 간판들, 이슬람식 시간의 공식적 표시 등으로 시각적으로 더 이슬람적인 경관이 되었다. 인도네시아의 거리들은 종교적 의복을 착용한 남성, 여성, 아이들, 그리고 더 많은 모스크 건축과 복원을 후원할 기부를 위해, 지나가는 차들 사이로 다니며 일하는 기금 모금자들로 가득 차게 되었다. 자신감 있고 자기 주장이 강한 이슬람의 경관속에서, 다른 인도네시아인들은 그들만의 공간이 수축되고, 그들의 외면적 차이가 더 불편해지는 것을 느꼈다.

판차실라 인도네시아를 위한 모스크

이슬람 건축에 대한 인도네시아의 기여는 오래된 모스크의 지붕 디자인에서 찾을 수 있다. 건축가들은 아랍의 원형 지붕 대신 일련의 계단 형태로 지붕을 만들었는데, 이것은 이슬람 이전 건축의 성격이고 발리 사원 설계의 특징으로 남아 있다. 3층, 5층, 그리고 7층으로 된 인도네시아 모스크 지붕은 또한 중국인 건축가들과 중국인 무슬림의 유산을 반영한다. 자바의 많은 오래된 모스크에는 나무로 만든 가리개, 교단, 그리고 동식물 문양과 칼라의 머리, 연꽃이 새겨진, 지방 귀족을 위한 의자가 있었다. 거북이 같은 일부 장식 요소 역시 불멸의 상징으로서 이슬람 이전의 의미를 지니고 있다. 또 다른 토착 디자인 요소로는 아치형 입구가 없는 분리된 정문과, 옆이 개방된, 기둥이 세워진 강당이 있었다. 공개 기도회를 위해 사람들을 모으는 탑은 독립된 구조로 만들어진 것이 아니라, 종종 굴뚝 모양으로 모스크 지붕에 붙어 있었다.

1980년대 신질서 정부는 인도네시아의 경관에 획일화된 "인도네시아-스타일" 사원을 도입했다. 정부는 원목, 철, 강화 콘크리트, 시멘트를 사용해서 세 가지 크기로 미리 조립된 모스크를 건설한 대행사에게 기금을 보냈다. 이 모스크들은 창의 뾰족한 아치 같은 범이슬람적 특성을 포함했지만, 원형 지붕 대신 인도네시아식 계단식 지붕이 있었다. 그 위에는 인도네시아 공식 이데올로기인 판차실라의 5가지 기둥을 상징하는 5각형에 새겨진, 신의 이름을 뜻하는 아랍어 문자를 포함한 나선이 있었다. 수하르토 몰락 이후, 5각형은 사라지고, 아랍식 원형 지붕이 새로운 그리고 개조된 모스크의 지배적 특징이 되었고, 원형 지붕은 대로들에 늘어선 가판대에 눈에 띄게 전시되어 있다.

초기에 모스크는 호텔 기능을 했다. 그들은 공공 기도회 장소에 더해 회의장과 숙소를 제공했다. 식민 국가의 기구들과 병행하면서 완전히 구분되는 장소로서, 모스크는 무슬림 영토로서의 경관을 지녔고, 사람과 물자, 사상의 이동을 가능하게 했다. 같은 방식으로, 1980년대와 1990년대 수하르토의 기금으로 만들어진 모스크의 급증은 신질서기 인도네시아에서 차별화되는 세계를 조성했다. 모스크는 더 큰 경건주의와 보다 자의식적인 이슬람식 자기 인식을 장려하는 중심지가 되었다. 젊은 여성들은 이슬람식 행동과 차이의 모범을 보이기 위해 종교적 의상을 택했다. 모스크는 수하르토와, 또 신질서가 서구화, 막대한 부, 물질주의로 대표하는 모든 것과 대조되는 고정된 지점이었다. 자의식적 무슬림이 다수를 차지하는 동네에서, 그들은 마을 정령의 사당을 돌보는 것, 바틱을 입는 것, 그리고 가보인 크리스에 경의를 표하는 것 같

인드라푸리의 3단 지붕 모스크, 1875

라이덴, 왕립 언어학 인류학 연구소, 사진 자료, No. 3780. 사진 제공: KITLV.

동부 자바 파나타란 사원에서의 공양, 2000년 6월

알려지지 않은 방문자가 남긴 이 공양은 3단 파라솔이 눈에 띈다(marked). 사진 제공: 이스칸다르 P. 누그라하.

은, 그들이 비이슬람적이라고 여기는 행위들을 금지했다. 모스크는 또한 저항의 중심지 역할을 했다. 금요일 설교는 이란 혁명과 그것의 인도네시아에서의 적합성을 점검했다. 건물들은 신질서의 추적으로부터 도망자들을 수용했다.

다크와는 정부에서 배제된 무슬림들의 생산물이었다. 이 운동은 이슬람이 권력에 닿기 위한 조건을 만들었다. 1990년대 다크와는 수하르토로부터 양보를 얻어냈는데, 그는 이슬람식 관점과 헌신을 가진 사람들을 포함한 그의 군대에 대한 방어로서 무슬림의 지지를 구축하기를 희망했다.

그의 군부세력이 신질서 초기에 비해 관리하기가 어렵고 목적에 있어 통일성이 덜해진 것처럼 보이자, 수하르토는 소외되었다고 느끼는 또 다른 집단인, 수카르노 전 대통령을 존경하는 이들에게 양보를 했다. 신질서 초기에는 더 이상 수카르노의 사진이 게시되지 않았고 그의 책들은 서점에서 사라졌다. 1980년대 초부터, 수하르토는 많은 인도네시아인들이 여전히 독립을 만들어낸 인물로 존경하는 사람의 명예를 회복시키기 위해 움직였다. 그는 새로운 국제 공항을 수카르노-하타 공항이라 이름지었고, 블리타르(Blitar)에 있는 소박한 수카르노의 장지를 유리와 대리석으로 된 거대한 영묘(靈廟)로 바꾸는 것을 허가했다.

인도네시아 초대 대통령은 이제 그의 부모 사이에 누워 있다(자바 성소에서의 매장 형태와 보조를 맞추기 위해, 그리고 일부다처제의 딜레마를 반영해서, 위대한 남성의 경우 부인의 묘를 근처에 두지 않는다). 눈에 잘 띄는 장소에 발리 식의 과일 공양이 있다. 구석의 작은 스탠드 위에는 코란이 펼쳐진 채 놓여 있다. 존경을 표하러 온 사람들은 줄을 지어 붉은 꽃과 흰 꽃을 사고, 지정된 장소에 꽃을 뿌리고, 명상을 하고, 계속 이동한다. 벽으로 둘러싸인 내부는 커다란 분리형 입구들을 통해 접근할 수 있었다. 수카르노 지지자들에 대한 양보는 대담함을 부추겼다. 수하르토가 수카르노의 민족 기념물을 만들었다는 방문객 안내 현판은 곧 훼손되었다.

인도네시아 노동계층에게, 신질서는 대규모 내수와 수출 시장에 맞춰

수카르노 대통령의 이 초상은 이제는 블리타르 수카르노 박물관이 된 그의 어린 시절 집에 걸려있다.

그의 옆에는 부모님의 사진이 걸려있다. 의례용 금과 하얀 파라솔, 긴 창이 그의 높은 지위를 암시한다. 사진 제공: 이스칸다르 P. 누그라하.

진 제조업 저임금 일자리를 대규모로 확대했다. 1990년, 군도에서 인도네시아 생산물 수출의 긴 역사상 처음으로, 공산품의 가치가 농산물의 가치를 넘어섰다. 공장 노동자들이 들어간 신질서의 일터는, 그들을 조합 조직자들로부터 고립시키고, 국제 시장 가격과 윗사람들에게 취약하게 만들고, 가족과 마을의 작업 단위로부터 분리시키고, 글로벌 대중 문화, 즉석 음식, 근대적 기기의 소비자로 만들었다. 공장은 미혼 여성들을 고용하고 그들에게 가정 내에서 수입원이면서 독립적 가치를 지닌 존재라는 애매모호한 지위를 부여함으로써, 문화와 태도의 변화를 밀어붙였다. 농민들은 화학 살충제, 유전적으로 변형된 쌀 품종, 국가 대출, 그리고 농업 연구팀, 국제 은행기구, 투자 중개인들의 지시가 있는 세계로 들어섰다. 1980년대가 되면 인도네시아는 국민들이 먹고 사는데 충분한 쌀을 재배했다. 인도네시아의 석유와 천연가스 산지, 산업화, 농업에서의 "녹색 혁명", 그리고 아마도 국가의 산아 제한 프로그램 등에 의해 발생한 수입은, 1980년대에 인도네시아의 끔찍한 경제 문제를 해결하는 것처럼 보였다.

수카르노 대통령의 장지에 있는 자바, 발리, 이슬람 상징들

사진 제공: 이스칸다르 P. 누그라하.

더 커진 인구의 이동성은 모든 사람에게 엘리트의 부유함을 드러냈다. 한 때 비옥한 논이던 곳에 울타리가 둘러진 골프장이 들어섰다. 깨진 유리를 위에 꽂은 높은 담벼락 뒤에 숨은 거대한 빌라들이 도시 무단 점유자들의 생활공간을 장악했다. 한때 바타비아 사람들이 이슬람적인 민속 문화를 발전시켰던 곳에는 국제적 호텔들이 제트족(jet set, 여행 많이 다니는 부자들. 역자)을 위한 클럽을 제공했다. 보통의 인도네시아인들은, 산모 사망을 뿌리뽑고, 안전한 직장을 만들고, 큰 정부에 대항해서 개인의 권리를 지키는 데 헌신하는 비정부기구들의 중요한 관심사가 되었다.

안정과 개발이라는 신질서의 표면 아래에는 커다란 변화, 사회적 소요, 경쟁하는 이해관계들이 있었고, 공개적 토론과 공개적 의견 충돌을 위한 합법적 발산 수단은 극히 적었다. 인도네시아 지식인들과 활동가들은 그들의 질문을 서구 대학들로 가져갔다. 그곳의 학술 포럼에서, 그들은 신질서기 인도네시아의 전개 과정에 대해 논쟁했다. 다른 이들은 메카로 순례를 가고 이슬람 국가들의 정치를 경험하면서 논쟁을 계속했다. 어느 곳에 가건, 인도네시아 지식인들은 서구 인권 단체의 잡지와 웹사이트에서 인도네시아 망명자 정착지와 인도네시아인의 얼굴을 발견했다.

대부분의 인도네시아인들은 가족 돌보기, 자녀 교육, 하루하루를 보내는 것 같은 보다 사적인 문제를 걱정했다. 그들에게 정부는 피해야 할 것이었고, 경찰관들과 공무원들은 적은 돈을 지불하고 그 대가로 운전 면허 취득, 교통 과태료 면제, 신분증 획득 같은 근대적 문제를 빠르게 해결하게 해주는 사람들이었다. 그들의 혈통이 수익성 좋은 허가증과 계약을 가져다주었기 때문에, 인도네시아의 과거 왕족들은 사업가가 되었다. 인도네시아 독립전쟁을 지지했던 욕야카르타의 술탄 하멩쿠부워노 9세(재위 1940~1978)는 수카르노와 수하르토 정부에서 국방부와 경제부 장관을 지냈고, 1973년부터 1978년까지 인도네시아의 부통령이었다. 그러나 대부분의 인도네시아 왕족들은 세속 정부와 그 군부가 지배하는 근대 인도네시아에 맞지 않았다. 그들은 많은 사람들이 "황금기"라 부르지만 구체적으로 묘사할 수 있는 사람이 거의 없는 과거의 유물이었다.

왕족의 귀환

1992년, 식민지기와 공화국 시기를 거치고 생존해 있던 인도네시아 왕족들이, 네덜란드 왕족과의 선물 교환과 인도네시아 궁정 예술 전시 참석을 위해 헤이그에 모였다. 1938년, 또 다른 일군의 왕자들이 선물 교환과 줄리아나(Juliana) 공주 결혼식 참석을 위해 네덜란드로 떠났었다. 1898년에는 대표단이 암스테르담에서 열린 빌헬미나(Wilhelmina) 여왕 즉위식에 참석했다. 베아트리스(Beatrix) 여왕은 노르데인데 궁(Noordeinde Palace)의 인디스 룸(Indies Room)에서 수라카르타의 수수후난 파쿠부워노(Susuhunan Pakubuwono) 12세, 욕야카르타의 술탄 하멩쿠부워노(Hamengkubuwono) 10세와 푸게르(Puger) 왕자, 발리 기안야르(Gianyar)의 이데 아낙 아궁 그데 아궁(Ide Anak Agung Gde Agung) 왕자, 트르나테의 술탄 무다파르 샤(Mudaffar Syah), 그리고 그들의 수행원들 맞았다. 그 방은, (이슬람이 아니라) 힌두-불교 예술 전통을 통해 인도네시아를 상기시키기 위해 그리고 1901년 빌헬미나 여왕의 결혼 때 군도 왕들이 보낸 선물을 전시하기 위해, 네덜란드인 엔지니어들에 의해 설계되고 네덜란드인, 인도네시아인 기술자들에 의해 시공되었다. 시바 신 상, 칼라(kalas) 부조, 가보로 내려오는 크리스, 로로 장그랑(Loro Janggrang) 사원 모티브를 모델로 한 샹들리에, 연꽃이 수놓아진 커튼, 금과 은으로 된 미낭카바우 건물 모형, 그리고 삽화를 넣은 자바 문헌 등이 있었다. 이 인도네시아 예술의 보물들 다수가 1992년 사절단의 조상들의 선물이거나, 그들 자신의 수집품에서 나온 것이었다.

이전의 방문들에서, 군도 왕족들은 인도네시아 사회에서의 그들의 고양된 지위와 특권을 상징하기 위해 의례용 복장을 착용했다. 1992년, 정책 결정에서 왕족을 배제한 국가의 특권 시민이라는 지위를 상징하기 위해 군도 왕족들은 느슨한 바지와 재킷의 편안한 서구 의상을 입었다. 네덜란드로의 순례는 과거의 동맹에 대한 계속되는 향수와 왕가의 중요성을 암시했다.

계엄령과 이중 기능(Dual Function)의 원칙은 군대를 인도네시아의 거리로 불러들였다. 이중 기능은 군인들에게 국가의 내외적 방어뿐 아니라 그 복지에 대한 책임도 주었다. 군 장교들은 국영화된 사업의 관리자로서, 개인 사업가들의 동업자로서, 국가의 내각과 자문 회의의 구성원으로서, 또 주, 군, 읍의 행정가로서 공적 생활의 모든 측면에 관계되었다. 제복을 입은 군인들이 검문소에 배치되고, 관광지 매표소에 앉아 있고, 마을의 도로 건설 사업을 지원했다. 탱크가 거리를 지나서 고위 각료들의 집 마당에 주둔했다. 학생들이 캠퍼스에서 쏟아져 나와 시위를 했을 때, 군부대들이 동원되었다.

1970년대 동안, 학자들은 인도네시아 군부를 하나의 거대 단일 집단으로 취급했다. 수하르토는 다른 종족 집단을 통제하기 위해 군부대를 그들의 본거지에서 멀리 떨어진 곳으로 배치하고 사령관들을 순환시킨 거대한 조종자였다. 1980년대에 분석가들은 군부가 인도네시아 정치의 상충되는 많은 흐름을 대표하는 것으로 보았다. 고위 사령관들은 정치 게임을 했고, 민병대를 풀어서 적에 대항시키거나 국가 정책들을 좌절시키려 했다. 수하르토가 언제 정치에서 물러날 것인가, 어떻게 은퇴할 것인가, 누가 그를 계승할 것인가 하는 문제로 추측이 향했다.

인도네시아의 처음 두 대통령은 인도네시아 대중을 대표한다고 주장했지만, 그들은 언제나 반대파를 없애고, 위협하고, 대중의 순응을 확실히 하기 위해 군대를 풀어놓았다. 때로 그들은 반대파 진압을 위해 군의 정규 부대를 파견하기도 했다. 다른 때에는, 국군에 의해 무장되고, 훈련받고, 재정 후원을 받은 민병대들이 자카르타의 해결책을 얻기 위해 이용되었다. 민병대들은 고유의 제복과 휘장, 자신들만의 지도자, 그들만의 지역적 분노, 복수, 목적이 있었다. 그들은 자고(jago) 집단들에서 이어져왔고 문제 해결을 위해 힘을 사용하는 것을 식민지기에서 물려받았다. 그들은 혁명의, 그리고 독립 투사, 프리랜서, 프무다를 무비판적으로 칭송한 국사의 계승자였다.

프무다: 폭력의 유산

(남성)청년을 의미하는 프무다(pemuda)라는 단어는, 민족 독립에 헌신한 젊은이들을 지칭한다는 점에서 인도네시아 역사에서 특별한 의미를 지녔다. 처음에 프무다는 특권층 도시 청년들, 즉 새로 설립된 네덜란드 대학 학부와 직업 훈련 학교의 학생들을 암시했다. 졸업 이후 그들은 식민 정부와 관계된 직업보다 민족주의적 사립 학교에서 가르치는 길을 택했다. 그들의 여가 시간은 토론 모임과 정치 활동으로 채워졌다. 일본이 인도네시아를 지배했을 때, 청년 민족주의자들은 대중조직과 준군사 훈련을 처음으로 경험했다.

혁명기를 거치는 동안 프무다는 총을 가진 젊은이를 의미하게 되었고, 기존의 행동 방식을 거부하는 것을 암시하게 되었다. 혁명에 대한 공식 해석은 헌신, 열정, 단일한 목적이라는, 정화된 역사를 생산했다. 장편, 단편 소설, 그리고 그 시기를 살았던 여성들의 회고는, 기차역과 시장에 모여 있던 총을 가진 청년들에 대한 시민들의 공포를 강조했다. 그런 묘사에서 프무다는 강탈, 자의적 체포, 강간이라는 의미를 내포했다.

신질서기와 그 몰락 이후 시기에, 프무다에는 폭력배, 고용된 무장 단체, 도시 테러리스트라는 의미가 추가되었다. 프무다 판차실라(Pemuda Panca Sila) 같은 프무다 조직들은, 의회, 정치인, 중국인, 기독교인, 혹은 위협이나 공격 청부를 받은 어떤 집단이라도 겁박하기 위해 수천 명을 고용해서 거리에 풀어놓을 수 있다. (인원)수, 방화, 칼, 총, 언론이 그들의 무기이다.

근대 인도네시아의 많은 양상들이 동티모르에 함께 흘러 들어온 것처럼 보였다. 자카르타에서 볼 때, 동티모르는 군도의 거친 주변부의 일부였다. 그것은 마자파히트의 조공국이었다. 유럽 식민주의자들은 섬과 공동체들을 서쪽의 네덜란드와 동쪽의 포르투갈 지역으로 나눔으로써, 동티모르를 인도네시아 역사들에서 떼어냈다. 1945년 인도네시아 독립준비조사회에 모였던 민족주의자 엘리트들은, 2차대전 이후 등장한 국가에 동티모르를 편입시킬 것을 제안했다. 1950년대에, 자바에서 탄생한 공화국은 그 권력을 서쪽, 북쪽, 동쪽의 마자파히트 영토라고 주장되는 곳으로 확장하고, 네덜란드인의 국가(Dutch state)를 확실히 장악하고, "인도네시아인"의 의미를 재정의했다. 1966년이 되면 인도네시아는 공산주의자나 공산주의가 없는 곳을 의미했다. 그것은 분리주의 운동이 공화국을 해체하는 것을 막았고, 인도네시아를 이슬람 국가로 변모시키려는 시도를 잠재웠다. 1975년 국가는 동티모르로 확장해가고 그 주민들을 "집으로" 데려올 준비가 되었다. 직접적인 원인들은 1974년 포르투갈 식민지배의 갑작스러운 중단, 티모르 갭(Timor Gap)의 심해와 석유의 전략적 중요성, 동티모르인들을 서로 싸우게 한 전쟁에서 공산주의 성향의 동티모르 독립혁명전선(약어로 프레틸린, Fretilin)의 승리 등이었다.

동티모르인들과의 협의는 없었다. 자카르타의 지배 엘리트들에게 마자파히트와 식민 지배라는 공유된 유산은 공화국을 완성하기 위한 설득력 있는 이유였다. 신질서하의 인도네시아에는 의견 표현의 자유가 없었기 때문에, 그런 특권을 동티모르인들에게 베풀 이유가 없었다. 그리고 공산주의를 공격했던 인도네시아에서, 육상 국경을 따라 공산 국가가 등장하는 것을 막을 충분한 이유가 있었다. 자카르타는 무력으로 영토를 병합하고, 국사 교육을 이용해서 그런 해결책의 당연함을 시민들에게 설명한 경험이 있었다. 동티모르는 개발 정책을 적용할 새 장이자, 인도네시아인들이 정부, 군대, 사업 경력을 쌓는 와중에 거쳐갈 수 있는 새로운 무대가 되었다. 동티모르는 또 국가적 내분이 벌어졌던 무대로, 여기서는 군부의 분파들이 자카르타의 통제를 위한 특수작전을 진행시키기 위해 군부대와 프무다 민병대를 고용했다.

동티모르에 대한 대부분의 출판물들은 그 시작을 포르투갈 식민 제국에 둔다. 그런 문헌들은 식민 지배의 방치와 후진성의 역사를 기록하고, 그 뒤에 1974년의 탈식민지화, 1975년 12월 인도네시아의 침략, 잔인한 점령, 포르투갈과 호주의 동티모르인 디아스포라, 프레틸린이 이끈 민중 저항과 희망, 1999년 8월 30일 독립을 위한 역사적 투표, 인도네시아 군인들과 민병대에 의한 보복성 파괴, 국제연합 군대의 늦은 도착, 티모르 레스테(Timor Leste) 혹은 티모르 로로세라는 새 국가의 늦은 시작 등의 이야기가 이어진다.

그런 자료들에 동반된 지도들은 보통 티모르섬만을 보여주거나, 그 위치를 호주와의 관계 속에서 표시하거나, 티모르의 많은 이웃 섬들을 표시하지 않은 간소화된 인도네시아 지도 속에서 티모르를 보여준다. 인정받은 식민지 이전의 과거나 인도네시아와의 어떤 종류의 연결고리도 없는 상태에서, 동티모르는 인도네시아의, 더 특정해서 말하면 자바 제국주의의 장이 되었다. 동티모르인들은, 그 종족적 기원이 특정되지 않은 인도네시아인 민병대의 학살에 직면한 단일 종족 집단이 되었다.

티모르는 고립된 섬이 아니다. 그것은 소순다 열도(Lesser Sunda chain)에서 가장 큰 섬이고 자바와 뉴기니 사이에 있는 도서군 중 하나이다. 티모르 기원 신화들은 조상들이 바다를 통해 도착했고, 티모르의 동쪽 끝 주변을 항해해서 남쪽에 상륙했다고 기술한다. 몇몇 기원 설화에서는 티모르인의 조상들이 말레이반도나 수마트라의 미낭카바우 고지대로부터 여행을 한다. 인류학자들은 티모르에 11개의 구별되는 종족 언어 집단을 확인한다. 두 개의 가장 큰 집단이 서부 티모르의 아토니(Atoni)와 중부, 동부 티모르의 테툼(Tetum)이다. 대부분의 티모르 언어들은 인도네시아 전역에서 사용되는 오스트로네시아 어족에 속한다. 오스트로네시아 계통이 아닌 티모르 언어들은 할마헤라와 이리안에서 사용되는 언어들과 연관이 있다. 두 어족 모두 티모르인들을 근대 인도네시아 국가와 연결시킨다.

동부 인도네시아의 바다 세계에서 티모르인들은 내륙 사람들이다. 그들은 바다를 통해 다른 섬, 사람들과 접촉을 하거나 유지하지 않았다. 멀리 떨어진 세계와의 접촉은 티모르 역사의 외부인들이 한 것이었다. 티모르는 작은 섬들과 적은 인구로 구성된, 바다 사람들이 내륙 사람들을 위해 봉사하는 지역의 일부였다. 각각 다른 시점에, 바다 상인들의 네트워크가 지역 전체에 침투했다. 금속 제품, 쌀, 고급 섬유, 동전 같은 외부 생산품들이 지역의 향료, 백단유, 사슴 뿔, 봉납, 노예와 교환되었다. 티모르인 노예들은 트르나테와 반다 해군의 노잡이가 되었고 그들의 향료 대농장의 농민이 되었다.

무역 형태는 티모르를 동부 인도네시아의 특정 지방들과 연결시키지만, 티모르의 친족 시스템과 정치적 패턴은 보르네오, 수마트라, 동부 인도네시아의 사회들의 거대한 권역에 티모르인들을 연결시킨다. 숫자, 색깔, 방위의 상징주의 같은 티모르의 문화적 패턴은 섬 사람들을 모든 인도네시아와 연결시킨다. 다른 시기에 군도에서 지배적이었던 집단들—자바인, 포르투갈인, 네덜란드인, 인도네시아인—의 시점에서 티모르인들은 폭력의 문화에 참여했다. 강력한 외부인들은 티모르인들을 머리 사냥꾼으로, 그들의 사회를 지속적으로 부족 전쟁에 얽매인 것으로 묘사했다. 이런 특성은 지배적인 외부자들의 글에서 티모르인들을 인도네시아의 다른 주변부 사람들—다약인, 바탁인, 토라자인, 이리안인—과 연결시킨다.

티무르(*Timur*)는 인도네시아 언어들에서 "동쪽"을 뜻한다. 티모르섬은 자바의 동쪽에 위치한다. 그것은 자바의 케디리, 마자파히트 왕국의 공국으로 기록되어 있다. 오래된 자바 비문에 티모르인은 경외심을 가지고 경의를 표하는 자로 등장한다. 섬의 동쪽 절반에 있는 공동체들은, 16세기에 유럽, 아프리카, 남아메리카, 아시아의 해변을 따라 늘어선, 항구, 요새, 교회가 있는 포르투갈인의 세계에 어우러지면서, 인도네시아 세계의 공통된, 오랜 기반에서 떨어져 나오게 되었다. 그들은 내부적인 상호 결속은 강력했지만, 바로 옆의 이웃들과의 연계는 매우 약했다. 인도네시아 군도에서, 포르투갈인 해상로의 지류들은 믈라카, 반텐, 마카사르, 트르나테, 티도레, 암본, 솔로르, 플로레스, 티모르로 이어졌다. 17세기 동안 이들 지류의 정류장들과 티모르 서쪽 영역은 네덜란드인 해상 네트워크에 들어가게 되었다. 동티모르는 결국 포르투갈의 해외 벽지로 남았다.

16세기부터, 포르투갈인들이 동티모르 공동체들을 위한 외부자 역할을 수행했다. 그들은 자바로부터 티모르 사회의 기록자 역할을 넘겨받았다. 그들은 새로운 식용 작물인 옥수수와 새로운 수출 작물인 커피를 도입했다. 그들은 티모르의 세금과 노동 통제 체제를 유지했다. 1974년 포르투갈 지배가 끝날 때까지, 티모르인들은 그들의 노동, 그리고 백단유와 커피 수확의 일부로 세금을 납부했다. 포르투갈인들은 티모르 사회에 용병을 투입했다. 티모르 수장들은 이웃 부족들과의 전쟁을 위해 포르투갈 군인들을 고용했다. 포르투갈 머스킷총은 티모르인들을 사슴 사냥꾼 그리고 수출을 위한 사슴 뿔과 가죽 공급자로 변모시켰다.

포르투갈인들은 또 세계 종교, 로마자 표기 체계, 인쇄기, 정규 교육을 도입했다. 새 지배자는 포르투갈에서 온 사람들과 포르투갈계 아시아인이라는 새로운 두 집단을 동티모르에 더했다. 교회와 정부의 포르투갈인들은 라틴어와 포르투갈어를 소개했다. 포르투갈계 아시아인들은 포르투갈어와 말레이어를 사용했다. 포르투갈어를 사용하고 로마 가톨릭을 믿는 새로운 티모르인 엘리트가 등장했다. 포르투갈 해상 제국을 통과해서 여행한 관리들과 성직자들은 공통 의식의 망을 가로질렀다. 식민 정책은 포르투갈어, 문해력, 종교를 완전히 습득한 사람들에게 포르투갈 시민권을 부여했다. 1970년이 되면 70만 명의 인구 중 1,200명의 동티모르인이 포르투갈 시민권을 획득했다. 그들은 귀족 집안 구성원이고, 식민지 수도인 딜리(Dili) 혹은 구역 도시 거주자였다. 포르투갈이 1974년에 동티모르에서 물러났을 때, 인구의 30%가 로마 가톨릭 신자였다. 다수는 지역의 땅과 하늘의 정령을 숭배했다.

포르투갈령 티모르는 네덜란드령 동인도라는 훨씬 큰 식민지와 육상 국경을 공유했다. 티모르의 네덜란드 쪽 절반은 네덜란드인 해상로의 끝자락, 그리고 정부, 교통, 통신, 학교, 사업이라는 식민지 격자에 의해 바타비아에 초점이 맞춰진 무슬림 세계의 끝자락에 있었다. 네덜란드인들은 군도가 자바에다가 머리 사냥, 과부 불태우기가 있는 사회들의 권역을 더한 것이라는 마자파히트의 시각을 물려받았는데, 거기에는 상인들, 약탈자들, 해적, 란타우(rantau)를 행하는 사람들, 방랑하는 이슬람 교사들 같은 이동하는 사람들이 있었다. 식민 정책은 이 다루기 힘든 권역을 행정적으로 통제하고, 다른 유럽 세력을 봉쇄하고, 그것을 식민 문화를 통해 안정시키기 위해 군사적 팽창을 이용했다.

1914년 네덜란드와 포르투갈 당국은 티모르에서 국경의 위치 조정에 동의했다. 유럽 식민 세력들의 결정은 일본인들에게는 특별히 지켜야 할 의무가 아니었다. 일본인들은 인도네시아를 점령하는 동안 티모르섬을 개별 단위로서 육군의 행정권에 할당했다. 1942년 2월 일본 부대가 (서티모르의) 쿠팡(Kupang)과 딜리에 상륙했다. 동티모르는 연합군 저항 세력과 특공대가 있는 곳이었다. 일본의 정책은 일본인 군인들과 서티모르에서 양성된 민병대를 동원해서 동티모르를 진압하는 것이었다. 일본의 인도네시아 제국에 편입되는 과정에서 약 4만 명의 동티모르인이 사망했다.

독립 후 25년 동안 동티모르는 자카르타의 관심 밖에 있었다. 1974년 4월 포르투갈은 스스로 식민지들을 포기했다. 그 해 5월 동티모르에 3개의 정당이 창설되어 예전 식민지의 흩어진 공동체들에 대한 통제권을 얻으려 노력했다. 티모르 민주연합(Timorese Democratic Union)은 포르투갈과의 연합에 찬성했고, 포르투갈어를 국가의 공식어로 채택함으로써 그들의 지도력을 공고히 하고자 했다. 프레틸린은 자신을 포르투갈 식민 세계의 일부로 보았다. 그들의 모델에는 앙골라가 포함되었다. 그 지도자들 역시 포르투갈어를 국어로 유지하는 것을 선호했다. 세 번째 당인 티모르 대중민주연합(Timorese Popular Democratic Association)은 그들의 미래가 인도네시아 세계에 있다고 보았다. 그것은 식민 지배로 강제된 동티모르와 서티모르 공동체의 분리를 끝낼 것과 인도네시아어를 공식어로 만들 것을 지지했다. 각 당은 자신의 무장 조직을 결성했다. 1975년 8월 포르투갈과의 관계 지속을 지지하는 사람들이 정부 기구를 장악하면서 전투가 발생했다. 프레틸린은 승리를 선언하고 경쟁자 축출을 시작했다. 자신들의 미래가 더 큰 국가인 인도네시아 안에 있다고 본 동티모르인들은 동티모르의 내전을 종식시키려는 자카르타의 결정을 지지했다.

동티모르는 군사 점령을 통해 인도네시아라는 국가 안으로 들어왔다. 4년 이상 인도네시아 군부대들이 반대자들을 추적해서 잡았고, 민간인을 공격했고, 가옥과 농경지를 파괴했다. 대략 10만 명의 동티모르인들이 전사하거나 전쟁으로 인한 기근과 질병으로 사망했다. 1979년까지 프레틸린 군대의 80%가 사망하고, 그 지도자들은 살해당하거나 포로로 잡히고, 무기는 몰수되고, 그 기지들은 전멸했다. 점령의 여파로, 프레틸린은 동티모르 마을들 내의 지지 집단들과 함께 이동하는 대열을 위해서 근거지들을 버렸다. 그것은 또 그들의 투쟁을 티모르 밖의 서구 인권 단체, 서구 미디어, 국제연합에 전달했다. 동티모르 난민 공동체는 로마 가톨릭 교회의 지지를 확보했다. 50년 전 암본인 기독교도들과 달리, 그들은 노벨평화상 선정위원회같이 영예로운 국제 포럼에 진입할 연결고리가 있는 강력한 국제 로비를 발전시켰다. 인도네시아는 결국 서구 언론에서의 홍보전에서 패했다.

동티모르에서 포르투갈어는 금지되었고 인도네시아어가 정부, 학교, 공공 사업을 위한 언어가 되었다. 국가 교육 과정과 더불어 인도네시아 학교 시스템이 도입되었다. 판차실라가 새 주(州)의 공식 이데올로기가 되었다. 공무원직 임명은 판차실라 훈련 인증서를 보유한 인도네시아어 사용자에 국한되었다. 서티모르와 동티모르의 국경은 개방되어 서티모르 농민들의 유입을 불러왔다. 1989년 1월 그 27번째 주(州)는 개인 투자자에게 개방되었다. 부기스인과 마카사르인 이주자들이 곧 도시들의 경제 생활을 장악했다. 군 장교들이 동티모르 생산물의 수출을 위해 인도네시아 동업자와 사업 계약을 체결했다. 발리인 쌀 농민들이 초지역적 이주자(transmigrants)로 중부 티모르에 재정착되었다.

판차실라 국가로의 편입은 또 다른 결과를 가져왔다. 동티모르의 정령신앙 체계는 인도네시아 종교부에서 수용할 수 없는 것이었다. 일신교 신앙에 대한 국가의 요구에 부응하기 위해, 기독교로의 대규모 개종이 있었다. 1980년대까지, 80%의 동티모르인들이 로마 가톨릭 신자로 등록되었다. 종교부의 가톨릭 부서가 그들을 집중적 전도를 위한 대상으로 삼았다. 티모르인 사제는 거의 없었고 신학교는 전무했다. 떠나가는 포르투갈인 성직자들로부터 일을 넘겨받기 위해 인도네시아에서 온 사제들은 인도네시아 가톨릭을 정착시키기 시작했다. 그들은 포르투갈어와 라틴어 미사를 인도네시아어로 대체했다. 인도네시아라는 국가에 헌신적인 이 사람들에게, 동티모르는 무슬림 인도네시아 내에서 기독교 공간의 확대를 대표했다.

인도네시아어를 하는 새로운 엘리트가 동티모르의 인도네시아 학교 시스템과 인도네시아의 대학에서 형성되었다. 1998년까지 1천 명의 동티모르인들이 인도네시아 대학을 졸업했고, 그들의 학업은 자카르타에 의해 지원되었다. 그러나 인도네시아 교육을 받은 동티모르인들은 종종 그들이 무슬림이 아니라는 이유로 공무원이 될 기회가 봉쇄된 것을 알게 되었다. 인도네시아어를 하는 동티모르인들은 또한 그들이 테툼(Tetum) 언어에 기반을 둔 저항의 정체성을 발전시킨 동티모르인들과 뜻이 맞지 않음을 발견했다. 1981년, 포르투갈어로 훈련받은 고위 주교는 미사 언어로 인도네시아어가 아닌 테툼을 선택했다. 인도네시아인 이주자들과 군 관계자들이 소유한 사업들은, 인도네시아어를 하는 동티모르인들을 신질서 경제계획자들이 약속했던 번영에서 배제했다. 동티모르인들은 인허가와 계약을 통제하는 자카르타 커넥션이 부족했다. 자카르타에서 동티모르인들을 인도네시아인으로 변모시키기 위해 고안된 "도움주기(Do-good)" 계획은, 많은 사람들이 공화국에서 그들의 위치가 후진적이고 열등한 것임을 절실히 인지하게 해주었다. 인도네시아의 공식적 입장은 동티모르를 국가 개발 기금의 불균등한 분배를 받는 주(州)로 제시했다. 많은 동티모르인들에게, 인도네시아의 27번째 주(州)로 존재하는 것은 식민 지배의 잔혹한 형태였다. 그들은 억제력을 가진 사법 기관도 없이 외국 정부의 군사적 힘에 노출된 현지인(Natives)이었다.

인도네시아로부터 독립된 국가에 대한 동티모르인들의 주장은 인도네시아 지배의 개인적 경험의 산물이었다. 그러나 독립은 1998년 5월에 수많은 인도네시아 단체들이 수하르토 정부를 붕괴시켰을 때에야 가능해졌다. 신질서 지배하에서 타협이라는 시민의 기술을 배울 기회가 없었던 집단들은 비타협적 입장을 취했다. 무장한 자경 집단을 뒤에 업고 그들은 인도네시아 도시들의 거리를 휩쓸었다. 하비비 대통령의 과도 정부는, 세계 언론 앞에서 벌어지는 수도에서의 일상적 시위에 시달렸다. 그것은 군사 쿠데타의 소문, 탈중앙화 요구, 아체, 리아우, 이리안에서의 반란 위협 등으로 시달렸다. 하비비는 1998년 7월 동티모르에 자치를 부여함으로써, 그리고 1999년 1월 인도네시아로부터 완전히 떨어져 나갈 선택권을 부여함으로써, 국가의 한 구석에서 일시적인 유예기를 가지고자 했다.

군도 전반에 걸쳐서, 청년 실업자들, 즉 가정, 직업, 미래로부터 분리된 부유하는 다수의 남성들이 인도네시아를 장악하기 위해 공작을 벌이는 사람들에게 분노, 용기, 군사 활동을 통한 봉사를 제공했다. 그들은 민병대로 조직되었고 인도네시아 군대의 근대적 무기를 갖추었다. 그들은 또 보통 사람들이 사용하는 마체테, 칼, 봉화, 주먹을 가져왔다. 동티모르는 탈식민주의, 쿠바식 사회주의, 국제연합이 후원하는 의회 등의 대의들, 그리고 동티모르 장악을 위해 경쟁하는 무리들을 위한 무대가 되었다. 동티모르 여성, 아이들, 노인들은 평생 난민 행렬에 있어야 할 운명처럼 보였다. 그들은 그들의 마을에서 밀려서 쫓겨났다. 다수는 인도네시아 전반에 걸친 수용소로 이송되었다. 78.5%가 인도네시아 내의 자치보다 독립을 선택했던 투표 이후, 인도네시아 군부는 민병대를 보내서 그 영토의 공공 건물과 개인 주택, 산업과 농장들을 파괴했다. 1999년 10월 인도네시아의 인민 의회(People's Congress)가 1978년의 통합 명령을 폐지했을 때는, 남은 것이 별로 없었다.

2002년 동티모르는 티모르 로로세라는 새 국가로 역사의 새 장을 시작했다. 인도네시아에게 동티모르의 이탈은 50년간의 변화를 특징짓는다. 반란을 일으킨 지방들을 진압해야 했던 1950년대에는, 폭력의 규모는 보유하고 있던 무기와 통신 수단에 의해 결정되었다. 또 무슬림 인도네시아인들이 서로 싸운다는 인식이 있었기 때문에, 반란을 이끈 장교들도 용서받았고, 수카르노도 분열시키기보다 화합하게 하고자 했다. 20세기 마지막 수 년간, 인도네시아 군대와 민병대들은 예전에 불가능했던 규모의 폭력을 분출할 수 있었고, 적을 다루는 데 있어 오랜 경험을 가졌다. 신질서가 무너졌을 때, 아체와 이리안에서의 민간인에 대한 군부의 폭력이 드러났고, 동티모르에 대한 비탄 혹은 격분이 있었다. 인도네시아는 신성한 의도와 사악한 의도를 모두 가진 집단들이 대립하는 혼돈의 도가니처럼 보였다.

1990년대 말에는 인도네시아의 통신산업도 변화해 있었다. 1950년대와 1960년대에는 수카르노가 수입 잡지에서 문제가 되는 정치 논평에 직접 검은 잉크를 칠해서 검열을 지시하는 게 가능했다. 수하르토는 인권 단체들을 겁주기 위해 국가 폭력을 동원했지만, 인도네시아인들을 독립적인 정보원으로부터 고립시킬 수 없었다. 인도네시아는 세계 다른 지역과 함께 전자 통신 시대에 들어섰다. 정부가 인터넷과 이메일을 검열하는 것은 불가능했다. 수도와 군도 전역의 더 작은 도시들에는 인터넷 사용자들이 정보를 찾고 그들의 의견을 사이버 스페이스에 내놓는 분출구들이 등장했다. 서구에서 간간이 인도네시아에 주목했을 때, 언론과 텔레비전은 제멋대로 날뛰는 야만적인 군대와 방화와 살인을 일삼는 광신적 무슬림을 묘사했다. 그런 보도는 일상적으로 위성 뉴스 자료에 의존하거나, 해외 여행을 하거나, 인도네시아 문제에 집중하는 점점 늘어나는 웹사이트들을 추적하는 인도네시아인들 사이에 부끄러움 혹은 분노를 불러일으켰다. 전자 통신은 새로운 사회적 정치적 비전을 실현하려 분투하는 인도네시아인들에게 많은 거울을 가져다주었다.

전세계 그리고 인도네시아의 토론의 장에서 인도네시아인들은 그들의 미래에 대해 논쟁한다. 정서, 종교, 식민 지배의 경험 때문에 통합을 택했던 인도네시아는 연방 국가가 되어야 하는가? 인도네시아인은 민주주의자이면서 무슬림이 될 수 있는가? 인도네시아인 무슬림과 기독교인은 같은 공간을 공유할 수 있는가? 이주자들의 나라에서 종족 집단들은 토지와 자원에 대한 조상들의 권리를 주장해야 하는가? 파푸아(이리안 자야)는 분리 독립할 권리가 있는가? 과거에 대해 국가 차원의 심판이 있어야 하는가? 여성이 공직을 맡아야 하는가? 1997년 시작된 아시아 경제 위기 이후 인도네시아 경제는 어떻게 재구성되어야 하는가? 보통의 인도네시아인들은 국제 자본, 그리고 권력 엘리트의 부패로부터 어떻게 보호받을 수 있는가? 영광스러운 마자파히트의 신화가 21세기에 자바의 지배를 정당화하는가? 폭력은 어떻게 억제될 수 있는가? 정의, 조화, 번영을 보장하기 위해 헌법은 어떻게 다시 쓰일 수 있는가? 공적 생활에서 군부는 어떤 위치에 있어야 하는가? 서구적 가치와 겨룰 아시아적 가치가 있는가, 아니면 보편적 인간 가치가 있는가?

민간 정치인인 수카르노는 근대 마자파히트의 위대함의 이미지를 투사하기 위해 군복을 택했다. 군 장성인 수하르토는 마자파히트의 지배에 대한 그의 시각을 강요하기 위해 군복 대신 평상복을 입었다. 과거는 많은 인도네시아 역사들을 담는다. 자바, 이슬람, 기원 신화, 이동성, 외부인의 지배, 폭력, 친연성은, 오늘날 정의, 번영, 평화 속에서 어떻게 공존할 것인지 합의를 만들기 위해 분투하는 군도 사회들을 연결해준다.

화해의 두 가지 예: 압둘 하미드와 압두라흐만 와히드

1601년 아체 술탄 알라 우드-딘 리아얏 샤(Ala ud-Din Riayat Syah)는 71세의 압둘 하미드(Abdul Hamid)로 하여금 네덜란드로 가는 사절단을 이끌게 했다. 하미드는 1602년 미들부르크(Middelburg)의 남쪽 항구에 도달했다. 그 해 암스테르담에서는 동인도회사가 설립되었다. 프레데릭 데 하우트만은 이미 아체에 수감되었을 때 최초의 네덜란드어-말레이어 단어 목록을 편집하고 있었다. 아체의 대사는 임무를 수행하기 전에 사망했다. 그는 네덜란드 땅에서 사망한 최초의 인도네시아인이었고, 그의 매장은 논쟁을 불렀다. 대사로서, 하미드는 그의 왕을 대신한 위치에 있었다. 국가의 명예가 그에게 달려 있었다. 그는 또 무슬림이었고, 네덜란드인들은 그를 이슬람 의례에 따라 매장해야 한다는 것을 깨달았다. 17세기 네덜란드 신학자들은 이슬람을 신랄하게 비난했지만, 미들부르크에서 압둘 하미드의 장례는 세인트 페터(St. Peter's) 교회에서 이슬람식으로 치러졌다. 로마 가톨릭 사제와 신자들로부터 강제로 빼앗아 개혁교파 예배당으로 변모된 이 곳에서, 대사의 동료들은 아랍어 기도를 낭송했고, 그의 유해는 오른쪽이 메카를 향하도록 놓였다.

세인트 페터 교회는 19세기에 폐허가 되었고 그곳의 오랜 묘지들도 사라졌다. 1978년, 네덜란드인들과 아체인들이 다시 미들부르크의 한 교회에 모여 압둘 하미드를 추억하는 명판 제막식을 하고, 네덜란드인들과 인도네시아인들이 서로를 동등하게 대하던 시기를 추억했다.

4세기가 지난 2000년 2월, 인도네시아의 무슬림 대통령인 압두라흐만 와히드(Abdurrahman Wahid)가 신생 국가 티모르 로로세를 방문했다. 그는 딜리의 파괴된 장소들을 돌아보고 산타 크루즈(Santa Cruz) 묘지를 방문했다. 거기서 그는, 서로 싸우는 중에 죽음을 맞은 기독교인 동티모르인들과 무슬림 인도네시아인들에게 경의를 표했다. 그는 슬픔을 표하고 사죄했다. 20세기 말, 폭력의 역사 속에서, 자신의 재임 시기 혹은 전임자에 의해서 행해진 악행을 인정한 지도자는 거의 없었다. 인도네시아 역사들은 이 빛나는 순간 속에 21세기로 흘러 들어간다.

• • • •

용어해설(Glossary)

난양(nanyang) - 중국의 남부에 위치한 지역들, 중국의 연안 생산 지대

다크와(dakwah) - 이슬람의 이상과 기준에 맞게 생각과 행동을 개선하려는 노력

다룰 이슬람(Darul Islam) - 이슬람의 집, 즉 무슬림 정부가 이슬람 법을 시행하고 강제하는 영토, 식민 정부와 세속 정부에 대한 대안으로 제안된 정부 형태, 슬로건, 세속 정치인들의 권위에 저항한 집단들에 의해 실행된 정부 형태

다투(datu) - 세습 족장, 문벌 수장, 남부 술라웨시 왕국들에서 봉신의 칭호

라자(raja) - 지배자, 왕, 군주, 인도 지배자들로부터 빌려온 왕족 칭호

란타우(rantau) - 통상 무역이나 학습을 위한 남성들의 여행, 인도네시아 역사에서 란타우는 이동하는 사람들을 근거지의 여성들, 아이들과 연결해줌

론타르(lontar) - 글쓰기 재료로 준비된 야자수 잎, 때로 그림이 삽입된, 글귀가 있는 문헌, 책의 형태로 많은 잎이 표지와 함께 묶인 문헌, 연대기, 조약, 규율, 목록, 시를 포함한 필사 문헌

링가(lingga) - 시바 신의 상징, 남근 상징, 사원 건축의 한 특징

마드라사(madrasah) - 고급 이슬람 학습을 위한 대학

마하라자(maharaja) - 최고 지배자, 인도네시아 역사 속에서, 인도 지배자들로부터 빌려온 왕족 칭호

므르데카(merdeka) – 자유, 독립, 그리고 자유로운, 독립적인, 독립 전쟁 시기 인사말로 사용됨

바바드(babad) – 자바어 시구로 창작되고, 노래로 불리거나 낭송되고, 화려하게 장식되고 묘사된 글귀로 쓰여 보존된 연대기, 서사시, 무슬림 자바의 생산물

브라만(Brahmin) – 산스크리트 전문가로, 문해력과 관련된 직업을 가진 상위 카스트 남성, 인도네시아 역사에서는 정부에 의해 고용된 이동하는 전문가

사이드(sayyid) – 무하마드의 후손임을 자처하는 아랍 남성의 칭호

샤리아(sharia) – 무슬림의 신앙과 실행을 통제하는, 코란에서 나온 법과 규범

수난(sunan) – 자바에 이슬람을 들여온 아홉 명의 전설적 무슬림 성인들에게 주어진 칭호

수라(surah) – 제목이나 상징을 서두에 놓은, 코란의 한 장

수수후난(susuhunan) – 수난(sunan)의 완전한 형태, 마타람과 수라카르타 왕들이 채택한 칭호

술탄(sultan) – 그의 왕국에서 이슬람 법을 집행할 책임을 지닌 무슬림 왕, 인도네시아 역사에서, 개종 직후 혹은 메카 방문 이후 무슬림 왕들이 채택한 세습 칭호, 혹은 지배자의 자리를 빼앗기 위해 군대를 이끈 반군이 채택한 칭호

술타나(sultanah) – 이슬람 법을 집행할 책임을 지닌 무슬림 여왕, 아체와 부기스 왕국의 여왕들이 채택한 칭호

스투파(stupa) – 사원 건축에서 종 모양의 부처 상징으로, 때로 부처의 유품이나 형상을 안치함, 보로부두르 사원의 두드러진 특성

아닷(adat) – 구전과 문헌으로 남아 있는 관습, 민속, 조상들의 방식, 때로 이슬람 법보다 오래되고 그와 충돌하는 것으로 여겨짐

와양(wayang) – 평평한 혹은 둥근 인형, 혹은 인간 배우와 무희를 이용해서, 산스크리트 문학, 자바와 발리의 설화에서 가져온 이야기들로 하는 연극, 공연, 평평한

인형들이 불이 비춰지는 막을 배경으로 보여지고 그 그림자는 반대편에서 볼 수 있음, 텍스트는 구전과 기록된 설화에 속함, 공연은 여흥이자 영적 측면을 지닌 의례적 행위임

왈리(wali) - 이슬람 성인, 자바 역사에서는 자바에 이슬람을 들여온 선교사, 전사 왕자(warrior prince), 왕의 자문가, 자바 왕실과 관계 있는 성인, 무하마드의 후손, 혹은 아랍 국가에서 온 여행자, 기적을 행하는 자

울라마(ulama) - 이슬람 학자, 교사, 이슬람 원칙과 법의 해석자, 인도네시아 역사에서 이슬람 학식과 신앙으로 알려진 남성, 교사에게 주어진 칭호

울레발랑(uleebalang) - 세금 징수관, 농지와 마을의 행정관, 아체의 집안에서 대물림되는 직책, 독립 전쟁 시기에 제거된 계층

이맘(imam) - 이슬람 지도자, 모스크 수장으로, 종종 경전 연구와 신비로운 수행을 결합한 지도자, 추종자들에 의해 성인에게 부여되는 칭호, 반대파 이슬람 공동체의 수장

자고(jago) - 방황하는 도적, 양아치, 폭력배 무리의 우두머리, 자경단의 우두머리, 종종 마술적 힘이나 무기를 보유했다고 믿어지는, 신비한 기원의 낭만적이고 카리스마적 인물

자위(Jawi) - 동남아시아에서 메카로 간 성지 순례자들, 아랍 문자로 쓰여진 말레이어

지하드(jihad) - 성전, 즉 무슬림 정부가 장악한 영토를 확장하기 위한 전쟁으로, 무슬림 남성에게 부과되고 코란과 이슬람 법에 규정된 의무

카위(kawi) - 인도 표기 체계에서 파생된 자바 문자, 시

카피르(kafir) - 무슬림이 이슬람 신자가 아닌 사람에게 사용하는 경멸적 용어

칼라(kala) - 보통 사원 입구 위에 나무나 돌로 조각된 괴물의 머리, 수호 정령, 힌두 사원과 출입문 건축의 양상

칼리프(caliph) - 신과 무하마드의 대리인, 무하마드 사후 무슬림 공동체 지배자들과 이후 무슬림 왕들에 의해 채택된 칭호, 인도네시아 역사에서는 이슬람으로 개종하는 왕들, 그리고 왕위를 찬탈하려 군대를 이끌던 반란 세력에 의해 채택된 칭호

코라-코라(kora-kora) - 전함, 현외 장치가 부착되어 있고, 노를 저어 움직이고, 군인들을 위한 발판을 갖추고, 대개 선단으로 돌아다니는 배

코란(Koran) - 7세기 중반 최초의 두 칼리프의 지도하에 합쳐져 쓰여진, 무하마드에게 전해진 예언, 이슬람의 성전

크리스(kris, krises) - 무기로 그리고 의례 복장에서 사용되는, 휘어진 날의 단도, 왕실의 상징물에 속하는, 마술적 힘을 가진 가보 무기, 할례를 받은 남성의 소지품

키아이, 키(kiai, ki) - 이슬람에 해박하고, 신심이 깊고, 성스럽고, 은총을 내린다고 여기는 사람에게 추종자들이 붙이는 칭호, 신물 혹은 마법이 깃든 물건의 호칭

파트와(fatwah) - 선임 종교학자들이 어떤 행동이나 신념이 무슬림에게 적법한 것인지 설명하기 위해 내놓은 판결, 무슬림에 구속력이 있는 판결

판차실라(Panca Sila) - 다섯 기둥, 인도네시아공화국의 철학적 기반, 1945년 무하마드 야민과 수카르노에 의해 고안되고, 수카르노에 의해 모든 인도네시아인 공동체들을 하나의 민족으로 이끄는 방안으로 제시됨, 1985년 수하르토에 의해 모든 인도네시아 조직들에 허용된 유일한 강령으로 정해짐

프무다(pemuda) - 통상 젊은 남성을 지칭하는, 청년(여성형은 프무디), 열정적인 민족주의자, 독립전쟁기 투사, 민병대의 고용 군인, 자경단

프산트렌(pesantren) - 종종 기숙 학교 형태인, 면세 기관인 이슬람 학교, 종종 왕가와 관련 있는 가문에 의해 운영됨, 무슬림 자바 문화의 중심, 자바 왕족, 네덜란드 식민 정부, 인도네시아공화국 중앙 정부에 대한 저항의 장소

하디스(Hadith) - 무하마드의 격언들, 동시대인들과 최측근들에 의해 입증되고 9세기에 모아진 이야기들, 코란과 더불어 이슬람 원칙을 확립하는 핵심 근거

하지(haji) - 메카로 성지순례를 다녀온 사람, 성지순례를 마친 남성이 사용하는 칭호

히카얏(hikayat) - 아랍 문자를 사용해 말레이어로 창작된 역사, 연대기로, 문헌과 구전 형태 모두 존재하고, 원고로 보존되어 있고, 악기가 동반된 찬송으로 공연됨.

참고문헌

인도네시아 역사에 관한 필수 문헌

Cribb, Robert. 2000. *Historical Atlas of Indonesia*. Honolulu: University of Hawaii Press.

____________. 1992. *Historical Dictionary of Indonesia*. Metuchen, N.J.: Scarecrow Press.

Indonesian Heritage. 15 vols. Singapore: Editions Didier Millet, 1996 - .

Kumar, Ann, and John H. McGlynn (eds.). 1996. *Illuminations: The Writing Traditions of Indonesia*. Jakarta: Lontar Press.

Ricklefs, M. C. 2001. *A History of Modern Indonesia Since c. 1200*. Basingstoke: Palgrave, 3rd ed.

유용한 웹사이트

Royal Institute of Linguistics and Anthropology, Leiden: www.kitlv.nl/Images

VOC Collection: www.atlasmutualheritage.nl/general.html

www.nla.gov.au/asian/indo/indsites.html

1장

Bellwood, Peter. 1997. *Pre-History of the Indo-Malaysian Archipelago*. Honolulu: University of Hawaii Press, rev. ed.

Bosch, F. D. K. 1961. "The Problem of the Hindu Colonization of Indonesia." in F. D. K. Bosch, *Selected Studies in Indonesian Archaeology*. The Hague: M. Nijhoff, 1–22.

Bronson, Bennet. 1979. "The Archaeology of Sumatra and the Problem of Srivijaya." in R. B. Smith and W. Watson (eds.), *Early South East Asia*. New York: Oxford University Press, pp. 395–405.

______________. 1992. "Patterns in the Early Southeast Asian Metals Trade," in Ian Glover et al. (eds.), *Early Metallurgy, Trade and Urban Centres in Thailand and Southeast Asia*. Bangkok: White Lotus, pp. 63–114.

Caldwell, Ian. 1997. "A Rock Carving and a Newly Discovered Stone Burial Chamber at Pasemah, Sumatra." *Bijdragen tot de Taal-, Land- en Volkenkunde*, 153, no. 2, 169–182.

Christie, Jan Wisseman. 1995. "State Formation in Early Maritime Southeast Asia: A Consideration of the Theories and the Data." *Bijdragen tot de Taal-, Land- en Volkenkunde*, 151, no. 2, 235–288.

____________________. 1990. "Trade and State Formation in the Malay Peninsula and Sumatra, 300 BC–AD 700." in J. Kathirithamby-Wells and John Villiers (eds.), *The Southeast Asian Port and Polity, Rise and Demise*. Singapore: Singapore University Press, 39–60.

Coedès, G. 1968. *The Indianized States of Southeast Asia*. Canberra: Australian National University Press.

Diamond, Jared. 1997. *Guns, Germs, and Steel: The Fates of Human Societies*. New York: Norton.

Gianno, Rosemary. 1990. *Semelai Culture and Resin Technology*. New Haven: Connecticut Academy of Arts and Sciences.

Glover, I. C. 1979. "The Late Prehistoric Period in Indonesia." in R. B. Smith and W. Watson (eds.), *Early South East Asia*. New York: Oxford University Press, 167 - 184.

Hall, Kenneth R. 1985. *Maritime Trade and State Development in Early Southeast Asia*. Sydney: Allen & Unwin.

Higham, Charles. 1989. *The Archaeology of Mainland Southeast Asia from 10,000 B.C. to the Fall of Angkor*. Cambridge: Cambridge University Press.

______________. 1996. *The Bronze Age of Southeast Asia*. Cambridge: Cambridge University Press.

Horridge, Adrian. 1985. *The Prahu: Traditional Sailing Boat of Indonesia*. Singapore: Oxford University Press, 2nd ed.

Kulke, Hermann. 1986. "The Early and the Imperial Kingdom in Southeast Asian History." in David G. Marr and A. C. Milner (eds.), *Southeast Asia in the Ninth to the Fourteenth Centuries*. Singapore: Institute for Southeast Asian Studies, 1 - 22.

Manguin, Pierre-Yves. 1980. "The Southeast Asian Ship: An Historical Approach." *Journal of Southeast Asian Studies*, 11, no. 2, 266 - 276.

__________________. 1993. "Palembang and Sriwijaya: An Early Malay Harbour-City Rediscovered." in *Journal of the Malaysian Branch of the Royal Asiatic Society*, 66, part I: 23 - 46.

McPherson, Kenneth. 1993. *The Indian Ocean: A History of People and Sea*. Delhi: Oxford University Press.

Pluvier, Jan M. 1995. *Historical Atlas of Southeast Asia*. Leiden: Brill.

Reid, Anthony. 1997. "Inside Out: The Colonial Displacement of Sumatra's Population." in Peter Boomgaard, Freek Colombijn, and David Henley (eds.), *Paper Landscapes: Explorations in the Environmental History of Indonesia*. Leiden: KITLV Press, 61 - 89.

Schnitger, F. M. 1989. *Forgotten Kingdoms in Sumatra*. Singapore: Oxford University Press, reprint. Originally published as *The Archaeology of Hindoo Sumatra, 1938*.

Sellato, Bernard. 1994. *Nomads of the Borneo Rainforest: The Economics, Politics, and Ideology of Settling Down*. Honolulu: University of Hawaii Press.

Slamet-Velsink, Ina E. 1995. *Emerging Hierarchies. Processes of Stratification and Early State Formation in the Indonesian Archipelago: Prehistory and the Ethnographic Present*. Leiden: KITLV Press.

Wolters, O. W. 1967. *Early Indonesian Commerce: A Study of the Origins of Srivijaya*. Ithaca, N.Y.: Cornell University Press.

____________. 1970. *The Fall of Srivijaya in Malay History*. London: Lund Humphries.

____________. 1983. "A Few and Miscellaneous Pi-Chi Jottings on Early Indonesia." *Indonesia*, 36, October: 49-65.

Yesner, David R. 1987. "Life in the 'Garden of Eden': Causes and Consequences of the Adoption of Marine Diets by Human Societies." in Marvin Harris and Eric B. Ross (eds.), *Food and Evolution: Toward a Theory of Human Food Habits*. Philadelphia: Temple University Press, 285-310.

2장

Boechari. 1979. "Some Considerations on the Problem of the Shift of Mataram's Centre of Government from Central to East Java in the Tenth Century." in R. B. Smith and W. Watson (eds.), *Early South East Asia*. New York: Oxford University Press, 473-491.

Boomgaard, Peter. 1997. "Hunting and Trapping in the Indonesian Archipelago, 1500-1950." in Peter Boomgaard, Freek Colombijn, and David Henley (eds.), *Paper Landscapes: Explorations in the Environmental History of Indonesia*. Leiden: KITLV Press, 185-212.

Casparis, J. G. de. 1979. "Palaeography as an Auxiliary Discipline in Research on Early South East Asia." in R. B. Smith and W. Watson (eds.), *Early South East Asia*. New York: Oxford University Press, 380-394.

Casparis, J. G. de. 1986. "Some Notes on the Oldest Inscriptions of Indonesia." in C. M. S. Hellwig and S. O. Robson (eds.), *A Man of Indonesian Letters: Essays in Honour of Professor A. Teeuw*. Dordrecht: Foris, 242 - 256.

Casparis, J. G. de. 1986. "Some Notes on Relations Between Central and Local Government in Ancient Java." in David G. Marr and A. C. Milner (eds.), *Southeast Asia in the Ninth to Fourteenth Centuries*. Singapore: Institute for Southeast Asian Studies, 49 - 63.

Christie, Jan Wisseman. 1983. "Raja and Rama: The Classical State in Early Java." in L. Gessick (ed.), *Centers, Symbols and Hierarchies*, Yale Monograph No. 26, 9 - 44.

____________________. 1991. "States Without Cities: Demographic Trends in Early Java." *Indonesia*, 52, October: 23 - 40.

____________________. 1992. "Trade and Settlement in Early Java: Integrating the Epigraphic and Archaeological Data." in Ian Glover et al. (eds.), *Early Metallurgy, Trade and Urban Centres in Thailand and Southeast Asia*. Bangkok: White Lotus, 181 - 198.

Creese, Helen. 1993. "Love, Lust and Loyalty: Representations of Women in Traditional Javanese and Balinese Literature." Paper presented to Fourth Women in Asia Conference, University of Melbourne, 1 - 3 October.

Drakard, Jane. 1999. *A Kingdom of Words: Language and Power in Sumatra*. New York: Oxford University Press.

Dumarçay, Jacques. 1987. *The House in South-East Asia*. Singapore: Oxford University Press.

Ensink, J. 1967. *On the Old-Javanese Cantakaparwa and Its Tale of Sutasoma*. The Hague: M. Nijhoff.

Gallop, Annabel Teh. 1995. *Early Views of Indonesia: Drawings from the British Library*. London: British Library.

Goody, Jack. 1982. *Cooking, Cuisine and Class*. Cambridge: Cambridge University Press.

___________. 1986. *The Logic of Writing and the Organization of Society*. Cambridge: Cambridge University Press.

Goody, Jack, and Ian Watt. 1975. "The Consequences of Literacy." in Jack Goody (ed.), *Literacy in Traditional Societies*. Cambridge: Cambridge University Press, 27 - 68.

Hyams, Edward. 1971. *Plants in the Service of Man: 10,000 Years of Domestication*. London: J. M. Dent & Sons.

Jones, Antoinette M. Barrett. 1984. *Early Tenth Century Java from the Inscriptions*. Dordrecht: Foris.

Jordaan, Roy E., and Robert Wessing. 1996. "Human Sacrifice at Prambanan." *Bijdragen tot de Taal-, Land- en Volkenkunde*, 152, no. 1: 45 - 73.

Miksic, John N. 1990. *Borobudur: Golden Tales of the Buddhas*. Boston: Shambala.

Miksic, John N. (ed.). 1996. *Ancient History*. Singapore: Archipelago Press.

Noorduyn, J. 1965. "The Making of Bark Paper in West Java." *Bijdragen tot de Taal-, Land- en Volkenkunde*, 121, no. 4: 472 - 473.

Rubinstein, Raechelle. 1996. "Leaves of Palm: Balinese Lontar." in Ann Kumar and John H. McGlynn (eds.), *Illuminations: The Writing Traditions of Indonesia*. Jakarta: Lontar Press, 129 - 154.

Schoterman, J. A. 1981. "An Introduction to Old Javanese Sanskrit Dictionaries and Grammars." *Bijdragen tot de Taal-, Land- en Volkenkunde*, 137, no. 4: 419 - 442.

Sears, Laurie J. 1996. *Shadows of Empire: Colonial Discourse and Javanese Tales*. Durham, N.C.: Duke University Press.

Setten van der Meer, N. C. van. 1979. *Sawah Cultivation in Ancient Java: Aspects of Development During the Indo-Javanese Period, Fifth to Fifteenth Centuries*. Canberra: Australian National University.

Soejono, R. P. 1979. "The Significance of the Excavations at Gilimanuk (Bali)." in R. B. Smith and W. Watson (eds.), *Early South East Asia*. New

York: Oxford University Press, 185 - 198.

Soekmono. 1979. "The Archaeology of Central Java before 800 A.D.," in R. B. Smith and W. Watson (eds.), *Early South East Asia*. New York: Oxford University Press, 457 - 472.

Suryohudoyo, Supomo. 1996. "The Sovereignty of Beauty: Classical Javanese Writings." in Ann Kumar and John H. McGlynn (eds.), *Illuminations: The Writing Traditions of Indonesia*. Jakarta: Lontar Press, 13 - 32.

Swadling, Pamela. 1996. *Plumes from Paradise: Trade Cycles in Outer Southeast Asia and Their Impact on New Guinea and Nearby Islands Until 1920*. Papua New Guinea National Museum.

Zoetmulder, P. J. 1974. *Kalangwan: A Survey of Old Javanese Literature*. The Hague: M. Nijhoff.

3장

Abdullah, Taufiq. 1989. "Islam and the Formation of Tradition in Indonesia: A Comparative Perspective." *Itinerario*, 13, no. 1: 17 - 36.

Ali, Abdullah Yusuf. 1981. *The Holy Qur-an: Text, Translation and Commentary*. Lahore: Sh. Muhammad Ashraf.

Broeze, Frank (ed.). 1989. *Brides of the Sea: Port Cities of Asia from the Sixteenth to Twentieth Centuries*. Kensington: University of New South Wales Press.

Bruinessen, Martin van. 1994. "Najmuddin al-Kubra, Jumadil Kubra and Jamaluddin al-Akbar: Traces of Kubrawiyya Influence in Early Indonesian Islam." *Bijdragen tot de Taal-, Land- en Volkenkunde*, 150, no. 2: 305 - 329.

Daniel, Norman. 1962. *Islam and the West: The Making of an Image*. Edinburgh: Edinburgh University Press.

Dhofier, Zamakhsyari. 1980. "Islamic Education and Traditional Ideology on Java." in J. J. Fox (ed.), *Indonesia: Australian Perspectives*. Canberra: Australian National University Press, vol. II, 263 - 271.

Drakard, Jane. 1989. "An Indian Ocean Port: Sources for the Earlier History of Barus." *Archipel*, 37, 53 - 82.

Geertz, Clifford. 1960. *The Religion of Java*. Glencoe, Ill.: Glencoe Free Press.

Johns, A. H. 1961. "Sufism as a Category in Indonesian Literature and History." *Journal of Southeast Asian History* 2, no. 2: 10 - 23.

Jones, Russell. 1979. "Ten Conversion Myths from Indonesia." in Nehemia Levtzion (ed.), *Conversion to Islam*. New York: Holmes and Meier, 129 - 158.

Leur, J. C. van. 1967. *Indonesian Trade and Society: Essays in Asian Social and Economic History*. The Hague: W. van Hoeve, 2nd ed.

Levathes, Louise. 1994. *When China Ruled the Seas: The Treasure Fleet of the Dragon Throne, 1405 - 1433*. New York: Simon & Schuster.

Lewis, Bernard. 1993. *The Arabs in History*. Oxford: Oxford University Press, rev. ed.

____________. 1995. *The Middle East: A Brief History of the Last Two Thousand Years*. New York: Scribner.

Lindholm, Charles. 1996. *The Islamic Middle East: An Historical Anthropology*. Oxford: Blackwell.

Lovric, Barbara. 1987. "Bali: Myth, Magic and Morbidity." in Norman G. Owen (ed.), *Death and Disease in Southeast Asia*. Singapore: Oxford University Press, 117 - 141.

Mills, J. V. 1979. "Chinese Navigators in Insulinde about A.D. 1500." *Archipel*, 18: 69 - 93.

Reid, Anthony. 1989. "Elephants and Water in the Feasting of Seventeenth Century Aceh." *Journal of the Malaysian Branch of the Royal Asiatic Society*, 62, part II: 25 - 44.

Ricklefs, M. C. 1979. "Six Centuries of Islamization in Java." in Nehemia Levtzion (ed.), *Conversion to Islam*. London: Holmes & Meier, 100 - 128.

Ricklefs, M. C. (ed.). 1984. *Chinese Muslims in Java in the Fifteenth and Six-*

teenth Centuries: The Malay Annals of Semarang and Cerbon. Melbourne: Monash University Papers on Southeast Asia no. 12.

Southall, Aidan. 1998. *The City in Time and Space*. Cambridge: Cambridge University Press.

Wertheim, W. F. 1959. *Indonesian Society in Transition: A Study of Social Change*. The Hague: W. van Hoeve, 2nd rev. ed.

4장

Aelst, Arjan van. 1995. "Majapahit Picis, the Currency of a 'Moneyless' Society, 1300 - 1700." *Bijdragen tot de Taal-, Land- en Volkenkunde*, 151, no. 3: 357 - 393.

Behrend, T. E. 1996. "Textual Gateways: The Javanese Manuscript Tradition." in Ann Kumar and John H. McGlynn (eds.), *Illuminations: The Writing Traditions of Indonesia*. Jakarta: Lontar Press, 161 - 200.

Blussé, Léonard. 1986. "Trojan Horse of Lead: The *Picis* in Early Seventeenth Century Java." in Léonard Blussé, *Strange Company: Chinese Settlers, Mestizo Women and the Dutch in VOC Batavia*. Dordrecht: Foris, 35 - 48.

Boomgaard, Peter. 1991. "The Javanese Village as a Cheshire Cat: The Java Debate Against a European and Latin American Background." *Journal of Peasant Studies*, 18, no. 2, January: 288 - 304.

Breman, Jan. 1980. *The Village on Java and the Early Colonial State*. Rotterdam: Erasmus University.

Caldwell, Ian. 1995. "Power, State and Society among the Pre-Islamic Bugis." *Bijdragen tot de Taal-, Land- en Volkenkunde*, 151, no. 3: 394 - 421.

Casparis, J. G. de. 1986. "Some Notes on Relations Between Central and Local Government in Ancient Java." in David G. Marr and A. C. Milner (eds.), *Southeast Asia in the Ninth to Fourteenth Centuries*. Singapore: Institute for Southeast Asian Studies, 49 - 63.

Chambert-Loir, Henri. 1996. "Bima on the Edge of Tradition." in Ann Kumar and John H. McGlynn (eds.), *Illuminations: The Writing Traditions of Indonesia*. Jakarta: Lontar Press, 74-75.

Christie, Jan Wisseman. 1991. "States Without Cities: Demographic Trends in Early Java." *Indonesia*,52, October: 23-40.

Day, A. 1988. "Islam and Literature in South-East Asia: Some Pre-Modern, Largely Javanese Perspectives." in M. B. Hooker (ed.), *Islam in South-East Asia*. Leiden: Brill, 130-159.

Geertz, Clifford. 1963. *Agricultural Involution: The Process of Ecological Change in Indonesia*. Berkeley: University of California Press.

Hall, Kenneth R. 1991. "Coinage, Trade, and Economy in Early South India and Southeast Asia." in Amal Kumar Jha (ed.), *Coinage, Trade and Economy*. Bombay: Indian Institute of Numismatic Studies, 99-107.

Milner, A. C. 1983. "Islam and the Muslim State." in M. B. Hooker (ed.), *Islam in South-East Asia*. Leiden: Brill, 23-49.

Noorduyn, J. 1978. "Majapahit in the Fifteenth Century." *Bijdragen tot de Taal-, Land- en Volkenkunde*, 134, nos. 2-3: 207-274.

Padmapuspita, Ki J. 1966. *Pararaton. Teks Bahasa Kawi Terdjemahan Bahasa Indonesia*. Jogjakarta: Penerbit Taman Siswa.

Prapanca, Mpu. 1995. *Desawarnana (Nagarakrtagama)*. Translated by Stuart Robson. Leiden: KITLV Press.

Proudfoot, Ian, and Virginia Hooker. 1996. "Mediating Time and Space: The Malay Writing Tradition." in Ann Kumar and John H. McGlynn (eds.), *Illuminations: The Writing Traditions of Indonesia*. Jakarta: Lontar Press, pp. 49-78.

Ras, J. J. (1994). "Geschiedschrijving en de legitimiteit van het koningschap op Java." *Bijdragen tot de Taal-, Land- en Volkenkunde*, 150, no. 3: 518-538.

Reid, Anthony (ed.). 1995. *Witnesses to Sumatra: A Travellers' Anthology*.

Kuala Lumpur: Oxford University Press.

Robson, S. O. 1981. "Java at the Crossroads: Aspects of Javanese Cultural History in the Fourteenth and Fifteenth Centuries." *Bijdragen tot de Taal-, Land- en Volkenkunde*, 137, nos. 2-3: 259-292.

Sedyawati, Edi. 1994. "The State Formation of Kadiri." in G. J. Schutte (ed.), *State and Trade in the Indonesian Archipelago*. Leiden: KITLV Press, 7-16.

Soebardi, S. 1975. *The Book of Cabolek*. The Hague: M. Nijhoff.

Supomo, S. 1979. "The Image of Majapahit in Later Javanese and Indonesian Writing." in A. Reid and D. Marr (eds.), *Perceptions of the Past in Southeast Asia*. Singapore: Heinemann, 171-185.

Teeuw, A., and S. D. Robson. 1981. *Kunjarakarna Dharmakathana: Liberation Through the Law of the Buddha. An Old Javanese Poem by Mpu Dusun*. The Hague: M. Nijhoff.

Teeuw, A., et al. 1969. *Siwaratrikalpa of Mpu Tanakun*. The Hague: M. Nijhoff.

Wicks, Robert S. 1992. *Money, Markets, and Trade in Early Southeast Asia: The Development of Indigenous Monetary Systems to A.D. 1400*. Ithaca, N.Y.: Cornell Southeast Asia Program.

5장

Abdurachman, Paramita R. 1988. "'Niachile Pokaraga': A Sad Story of a Moluccan Queen." *Modern Asian Studies* 22, no. 3, July: 571-592.

Andaya, Leonard Y. 2000. "A History of Trade in the Sea of Melayu." *Itinerario*, 24, no. 1: 87-110.

Brierley, Joanna Hall. 1994. *Spices: The Story of Indonesia's Spice Trade*. Kuala Lumpur: Oxford University Press.

Brissenden, Rosemary. 1976. "Patterns of Trade and Maritime Society Before the Coming of Europeans." in Elaine McKay (ed.), *Studies in Indonesian History*. Melbourne: Pitman, 98-123.

Cipolla, Carlo M. 1970. *European Culture and Overseas Expansion*. Harmondsworth: Penguin.

Ellen, Roy F. 1979. "Sago Subsistence and the Trade in Spices: A Provisional Model of Ecological Succession and Imbalance in Moluccan History." in P. C. Burnham and R. F. Ellen (eds.), *Social and Ecological Systems*. London: Academic Press, 43 - 74.

Fraasen, Ch. F. van. 1994. "Ternate and Its Dependencies." in Leontine E. Visser (ed.), *Halmahera and Beyond*. Leiden: KITLV Press, 23 - 33.

Guillot, Claude. 1989. "Banten en 1678." *Archipel*, 37: 119 - 151.

Kathirithamby-Wells, J. 1986. "The Islamic City: Melaka to Jogjakarta, c. 1500 - 1800." *Modern Asian Studies*, 20, no. 2: 333 - 351.

______________________. 1990. "Banten: A West Indonesian Port and Polity During the Sixteenth and Seventeenth Centuries." in J. Kathirithamby-Wells and John Villiers (eds.), *The Southeast Asian Port and Polity: Rise and Demise*: Singapore: Singapore University Press, 107 - 125.

Lapian, A. B. 1994. "Bacan and the Early History of North Maluku." in Leontine E. Visser (ed.), *Halmahera and Beyond*. Leiden: KITLV Press, 11 - 22.

Leirissa, R. Z. 1994. "Changing Maritime Trade Patterns in the Seram Sea." in G. J. Schutte (ed.), *State and Trade in the Indonesian Archipelago*. Leiden: KITLV Press, 99 - 114.

___________. 1997. "The Myth of the Eternal Return in the Early Modern History of Maluku." Seminar on Indonesian Social History, University of Indonesia, Depok, 8 - 11 December.

Leong, Swo-Theng. 1997. *Migration and Ethnicity in Chinese History: Hakkas, Pengmin, and Their Neighbors*. Stanford, Calif.: Stanford University Press, 1997.

Lewis, Dianne 1995. *Jan Compagnie in the Straits of Malacca, 1641 - 1795*. Athens: Ohio University Monographs in Southeast Asian Studies,

No. 96.

Lombard, Denys (ed.). 1970. *Le "Spraeck ende Woord-Boek" de Frederick de Houtman*. Paris: Ecole Française d'Extrême Orient.

Mills, J. V. 1979. "Chinese Navigators in Insulinde about A.D. 1500." *Archipel*, 18: 69-93.

Reid, Anthony (ed.). 1993. *Southeast Asia in the Early Modern Era*. Ithaca, N.Y.: Cornell University Press.

Russell-Wood, A. J. R. 1992. *A World on the Move: The Portuguese in Africa, Asia, and America, 1415-1808*. New York: St. Martin's Press.

Sollewijn Gelpke, J. H. F. 1994. "The Report of Miguel Roxo de Brito of His Voyage in 1581-1582 to the Raja Ampat, the MacCluer Gulf and Seram." *Bijdragen tot de Taal-, Land- en Volkenkunde*, 150, no. 1: 123-145.

Throver, Norman J. W. 1996. *Maps and Civilization: Cartography in Culture and Society*. Chicago: University of Chicago Press.

Villiers, John. 1990. "The Cash Crop Economy and State Formation in the Spice Islands in the Fifteenth and Sixteenth Centuries." in J. Kathirithamby-Wells and John Villiers (eds.), *The Southeast Asian Port and Polity*. Singapore: Singapore University Press, 83-105.

6장

Abeyasekere, Susan. 1987. *Jakarta: A History*. Singapore: Oxford University Press.

Andaya, Barbara Watson. 1993. *To Live as Brothers: Southeast Sumatra in the Seventeenth and Eighteenth Centuries*. Honolulu: University of Hawaii Press.

Andaya, Leonard Y. 1979. "A Village Perception of Arung Palakka and the Makassar War of 1666-69." in Anthony Reid and David Marr (eds.), *Perceptions of the Past in Southeast Asia*. Singapore: Heinemann, 360-378.

_______________. 1981. *The Heritage of Arung Palakka: A History of South Sulawesi (Celebes) in the Seventeenth Century*. The Hague: M. Nijhoff.

Blussé, Léonard. 1979. "Chinese Trade to Batavia During the Days of the VOC." *Archipel*, 18: 195 - 213.

_______________. 1992. "In Praise of Commodities: An Essay on the Cross-Cultural Trade in Edible Birds' Nests." in Roderich Ptak and Dietmar Rothermund (eds.), *Emporia, Commodities and Entrepreneurs in Asian Maritime Trade, c. 1400 - 1750*. Stuttgart: Franz Steiner Verlag, 317 - 335.

_______________. 1996. "No Boats to China: The Dutch East India Company and the Changing Pattern of the China Sea Trade, 1635 - 1690." *Modern Asian Studies*, 30, no. 1, February: 51 - 76.

Curtin, Philip D. 1989. *Death by Migration: Europe's Encounter with the Tropical World in the Nineteenth Century*. Cambridge: Cambridge University Press.

Emmer, P. C. 1992. "European Expansion and Migration. The European Colonial Past and Intercontinental Migration: An Overview." in P. C. Emmer and M. Morner (eds.), *European Expansion and Migration: Essays on the Intercontinental Migration from Africa, Asia, and Europe*. Oxford: Berg.

Fell, R. T. 1988. *Early Maps of South-East Asia*. Singapore: Oxford University Press.

Gaastra, F. S., and J. R. Bruijn. 1993. "The Dutch East India Company's Shipping, 1602 - 1795, in a Comparative Perspective." in J. R. Bruijn and F. S. Gaastra (eds.), *Ships, Sailors and Spices: East India Companies and Their Shipping in the Sixteenth, Seventeenth and Eighteenth Centuries*. Leiden: KITLV Press, 177 - 208.

Goens, Rijklof van. 1995. *Javaense Reyse: De bezoeken van een VOC-gezant aan het hof van Mataram 1648 - 54*. Amsterdam: Terra Incognita

(1667).

Goor, J. van (ed.). 1986. *Trading Companies in Asia, 1600 - 1830*. Utrecht: HES.

Grijns, Kees, and Peter J. M. Nas (eds.). 2000. *Jakarta-Batavia: Socio-Cultural Essays*. Leiden: KITLV Press.

Haan, F. de. 1910. *Priangen: De Preanger-Regentschappen onder het Nederlandsch Bestuur tot 1811*. Vol. II: Personalia, Batavia: Bataviaasche Genootschap van Kunsten en Wetenschappen.

Hoadley, Mason C. 1990. "State-sponsored Migration: Java in the Seventeenth Century." in Robert R. Reed (ed.), *Patterns of Migration in Southeast Asia*. Berkeley, Calif.: Center for South and Southeast Asian Studies, 25 - 42.

Houben, V. J. H. 1994. "Trade and State Formation in Central Java Seventeenth to Nineteenth Century." in G. J. Schutte (ed.), *State and Trade in the Indonesian Archipelago*. Leiden: KITLV Press, 61 - 76.

Kartodirdjo, Sartono. 1987. *Pengantar Sejarah Indonesia Baru: 1500 - 1900*. Jakarta: Gramedia.

Knaap, G. J. 1986a. "Coffee for Cash: The Dutch East India Company and the Expansion of Coffee Cultivation in Java, Ambon and Ceylon, 1700 - 1730." in J. van Goor (ed.), *Trading Companies in Asia, 1600 - 1800*. Utrecht: HES, 33 - 49.

__________. 1986b. *Shallow Waters, Rising Tide: Shipping and Trade in Java Around 1775*. Leiden: KITLV Press.

Knaap, Gerrit, and Luc Nagtegaal. 1991. "A Forgotten Trade: Salt in Southeast Asia 1670 - 1813." in R. Ptak and D. Rothermund (eds.), *Emporia, Commodities, and Entrepreneurs in Asian Maritime Trade, c. 1400 - 1750*. Stuttgart: Franz Steiner Verlag, 127 - 157.

Lombard, Denys. 1978. "Agon, Sultan de Bantan: Tragédie en 5 Actes et en Vers." *Archipel*, 15: 53 - 64.

______________. 1981. "Questions on the Contact Between European Companies and Asian Societies." in Léonard Blussé and Femme Gaastra (eds.), *Companies and Trade*. Leiden: Leiden University Press, 179 - 187.

Mansurnoor, Iik A. 1995. "Rato and Kiai in Madura: Are They Twins?" in Kees van Dijk et al. (eds.), *Across Madura Strait: The Dynamics of an Insular Society*. Leiden: KITLV Press, 25 - 48.

Meilink-Roelofsz, M. A. P. 1962. *Asian Trade and European Influence in the Indonesian Archipelago Between 1500 and About 1630*. The Hague: M. Nijhoff.

Pelras, Christian. 1985. "Religion, Tradition and the Dynamics of Islamization in South Sulawesi." *Archipel*, 29, 1: 107 - 135.

Reid, Anthony. 1993. *Southeast Asia in the Age of Commerce, 1450 - 1680*. Vol. 2, New Haven: Yale University Press.

Sollewijn Gelpke, J. H. F. 1995. "Afonso de Albuquerque's Pre-Portuguese 'Javanese' Map, Partially Reconstructed from Francisco Rodrigues' Book." *Bijdragen tot de Taal-, Land- en Volkenkunde*, 151, no. 1: 76 - 99.

Taylor, Jean Gelman. 1983. *The Social World of Batavia: European and Eurasian in Dutch Asia*.Madison: University of Wisconsin Press.

Tooley, R. V. 1952. *Maps and Map-Makers*. New York: Crown.

Trocki, Carl A. 1997. "Chinese Pioneering in Eighteenth Century Southeast Asia." in A. Reid (ed.), *The Last Stand of Asian Autonomies*. London: Macmillan, 83 - 101.

Velde, Pieter van de. 1988. "On an Early Salt Industry on Java's South Coast." in David S. Moyer and Henri J. M. Claessen (eds.), *Time Past, Time Present, Time Future: Essays in Honour of P. E. de Josselin de Jong*. Dordrecht: Forris, 78 - 84.

Villiers, John. 1990. "Makassar: The Rise and Fall of an East Indonesian Maritime Trading State, 1512 - 1669." in J. Kathirithamby-Wells and John Villiers (eds.), *The Southeast Asian Port and Polity: Rise and*

Demise. Singapore: Singapore University Press, 143 - 159.

Vos, Reinout. 1994. *Gentle Janus, Merchant Prince: The VOC and the Tightrope of Diplomacy in the Malay World, 1740 - 1800*. Leiden: KITLV Press.

7장

Ammarell, Gene. 1999. *Bugis Navigation*. New Haven: Yale University Southeast Asia Monograph Series, No. 48.

Andaya, Barbara Watson. 1997. "Adapting to Political and Economic Change: Palembang in the Late Eighteenth and Early Nineteenth Centuries." in A. Reid (ed.), *The Last Stand of Asian Autonomies*. London: Macmillan, 187 - 215.

Black, Ian. 1985. "The 'Lastposten': Eastern Kalimantan and the Dutch in the Nineteenth and Early Twentieth Centuries." *Journal of Southeast Asian Studies*, 16, no. 2, September: 281 - 291.

Blussé, Léonard. 1986. "Batavia 1619 - 1740: The Rise and Fall of a Chinese Colonial Town." in Léonard Blussé, *Strange Company: Chinese Settlers, Mestizo Women, and the Dutch in VOC Batavia*. Dordrecht: Foris, 73 - 96.

Dijk, Kees van et al. (eds.). 1995. *Across Madura Strait: The Dynamics of an Insular Society*. Leiden: KITLV Press.

Djaja, Tamar. 1965. *Pusaka Indonesia: Riwajat Hidup Orang-Orang Besar Tanah Air*. Djakarta: Bulan Bintang, 4th ed., 2 vols.

Graaf, H. J. de. 1987. *Disintegrasi Mataram di bawah Mangkurat I*. Jakarta: Penerbit P. T. Pustaka Grafitipers.

Groot, Hans. 1997. "Society of Arts and Sciences (1838 - 1848)." Seminar on the Social History of Indonesia, University of Indonesia, Depok, 8 - 11 December.

Hadisutjipto, S. Z. 1971. *Pieter Erberveld mentjoba meraih bintang*. Jakarta: Dinas Museum dan Sedjarah.

Heidhues, Mary F. Somers. 1992. *Bangka Tin and Mentok Pepper: Chinese Settlement on an Indonesian Island*. Singapore: Institute for Southeast Asian Studies.

Heuken, Adolf. 1982. *Historical Sites of Jakarta*. Jakarta: Yayasan Cipta Loka Caraka.

Houben, V. J. H. 1994. "Trade and State Formation in Central Java Seventeenth to Nineteenth Century." in G. J. Schutte (ed.), *State and Trade in the Indonesian Archipelago*. Leiden: KITLV Press, 61 - 76.

King, Victor T. 1993. *The Peoples of Borneo*. Oxford: Blackwell.

Kumar, Ann. 1976. *Surapati, Man and Legend: A Study of Three Babad Traditions*. Leiden: Brill.

__________. 1979. "Javanese Historiography in and of the 'Colonial Period': A Case Study." in Anthony Reid and D. Marr (eds.), *Perceptions of the Past in Southeast Asia*. Singapore: Heinemann, 187 - 206.

__________. 1987. "Literary Approaches to Slavery and the Indies Enlightenment: Van Hogendorp's *Kraspoekoel*." *Indonesia*, 43, April: 43 - 65.

__________. 1997. *Java and Modern Europe: Ambiguous Encounters*. London: Curzon.

Lombard, D., and C. Salmon. 1993. "Islam and Chineseness." *Indonesia*, 57, April: 115 - 131.

Moeis, Abdoel. 1979. *Surapati*. Jakarta: Balai Pustaka, 5th printing.

Nagtegaal, Luc. 1986. "The Dutch East India Company and the Relations Between Kartasura and the Javanese North Coast, c. 1690 - c. 1740." in J. van Goor (ed.), *Trading Companies in Asia, 1600 - 1830*. Utrecht: HES, 51 - 81.

Nagtegaal, Luc. 1994. "Diamonds Are a Regent's Best Friend: Javanese Bupati as Political Entrepreneurs" in G. J. Schutte (ed.), *State and Trade in the Indonesian Archipelago*. Leiden: KITLV Press, 77 - 97.

__________. 1996. *Riding the Dutch Tiger: The Dutch East Indies Company and the Northeast Coast of Java, 1680 - 1743*. Leiden: KITLV Press.

Nieuhof, Johan. 1988. *Voyages and Travels to the East Indies, 1653 - 1670*. Singapore: Oxford University Press, reprint (1669).

Noorduyn, J. 1986. "The Bugis Auxiliaries from Tanete in the Chinese War in Java, 1742 - 1744." in C. M. S. Hellwig and S. O. Robson (eds.), *A Man of Indonesian Letters: Essays in Honour of Professor A. Teeuw*. Dordrecht: Foris, 271 - 292.

Onghokham. 1984. "The Jago in Colonial Java, Ambivalent Champion of the People." in A. Turton and S. Tanabe (eds.), *History and Peasant Consciousness in Southeast Asia*. Osaka: Senri Ethnological Studies No. 13, 327 - 343.

Pelras, Christian. 1996. *The Bugis*. Oxford: Blackwell.

Remmelink, W. 1988. "Expansion Without Design: The Snare of Javanese Politics." *Itinerario*, 12, no. 1: 111 - 128.

____________. 1994. *The Chinese War and the Collapse of the Javanese State, 1725 - 1743*. Leiden: KITLV Press.

Ricklefs, M. C. 1974. *Jogjakarta Under Sultan Mangkubumi 1749 - 1792: A History of the Division of Java*. London: Oxford University Press.

____________. 1978. *Modern Javanese Historical Tradition: A Study of an Original Kartasura Chronicle and Related Materials*. London: School of Oriental and African Studies, 1978.

____________. 1992. *War, Culture and Economy in Java, 1677 - 1726: Asian and European Imperialism in the Early Kartasura Period*. Sydney: Allen & Unwin.

Ricklefs, M. C. 1998. *The Seen and Unseen Worlds in Java, 1726 - 1749: History, Literature and Islam in the Court of Pakubuwono II*. Sydney: Allen & Unwin.

Saleh, M. Idwar. 1978. "Pepper Trade and the Ruling Class of Banjarmasin in the Seventeenth Century." in *Papers on the Dutch-Indonesian Historical Conference*, May 1976. Leiden: Bureau of Indonesian Studies, 203 - 221.

Salmon, Claudine. 1980. *Les Chinois de Jakarta: Temples et vie collective*. Paris: Eds. de la Maison Sciences de l'Homme.

Schoorl, J. W. 1994. "Power, Ideology and Change in the Early State of Buton." in G. J. Schutte (ed.), *State and Trade in the Indonesian Archipelago*. Leiden: KITLV Press, 17-59.

Taylor, Jean Gelman. 1990. "Politics and Marriage in VOC Batavia." in Fia Dieteren and Els Kloek (eds.), *Writing Women into History*. Amsterdam: University of Amsterdam Historical Series, No. 17, 97-110.

Tio Ie Soei. 1982. "Pieter Elberveld: Satoe kedjadian jang betoel di Betawi." in Pramoedya Ananta Toer (ed.), *Tempo Doeloe*. Jakarta: Hasta Mitra, 91-115.

Velthoen, Esther J. 1997. "'Wanderers, Robbers and Bad Folk': The Politics of Violence, Protection and Trade in Eastern Sulawesi, 1750-1850." in Anthony Reid (ed.), *The Last Stand of Asian Autonomies*. London: Macmillan, 367-388.

8장

Ahmad, Raja Ali Haji Ibn. 1982. *The Precious Gift (Tuhfat al-Nafis)*. Kuala Lumpur: Oxford University Press.

Andaya, Barbara Watson, and Virginia Matheson. 1979. "Islamic Thought and Malay Tradition: The Writings of Raja Ali Haji of Riau (ca. 1809-ca. 1870)." in Anthony Reid and David Marr (eds.), *Perceptions of the Past in Southeast Asia*. Singapore: Heinemann, 108-128.

Andaya, Leonard Y. 1975. *The Kingdom of Johor, 1641-1728*. Kuala Lumpur: Oxford University Press.

Bayly, C. A. 1986. "Two Colonial Revolts: The Java War, 1825-1830, and the Indian 'Mutiny' of 1857-1859." in C. A. Bayly and D. H. A. Kolff (eds.), *Two Colonial Empires: Comparative Essays on the History of India and Indonesia in the Nineteenth Century*. Dordrecht: M. Nijhoff, 111-135.

Barnard, Timothy P. 1997. "The Timber Trade in Early Modern Siak." Paper presented at the Association of Asian Studies, Chicago, March.

Carey, P. B. R. 1977. "The Sepoy Conspiracy of 1815 in Java." *Bijdragen tot de Taal-, Land en Volkenkunde*, 133, nos. 2 - 3: 294 - 322.

____________. 1979. "Aspects of Javanese History in the Nineteenth Century." in Harry Aveling (ed.), *The Development of Indonesian Society*. St. Lucia: University of Queensland Press, 45 - 105.

____________. 1981. *Babad Dipanagara: An Account of the Outbreak of the Java War (1825 - 30)*. Kuala Lumpur, *JMBRAS* Monograph No. 9.

____________. 1984. "Changing Javanese Perceptions of the Chinese Communities in Central Java, 1755 - 1825." *Indonesia*, 37, April: 1 - 47.

____________. 1986. "Waiting for the 'Just King': The Agrarian World of South-Central Java from Giyanti (1755) to the Java War (1825 - 30)." *Modern Asian Studies*, 20, no. 1: 59 - 137.

Carey, Peter (ed.). 1992. *The British in Java, 1811 - 1816: A Javanese Account*. Oxford: Oxford University Press.

Crawfurd, John. 1820. *History of the Indian Archipelago*. Edinburgh: A. Constable.

Durie, Mark. 1996. "Poetry and Worship: Manuscripts from Aceh." in Ann Kumar and John H. McGlynn (eds.), *Illuminations: The Writing Traditions of Indonesia*. Jakarta: Lontar Press, 79 - 100.

Florida, Nancy K. 1995. *Writing the Past, Inscribing the Future: History as Prophesy in Colonial Java*. Durham, N.C.: Duke University Press.

Gallop, Annabel Teh. 1995. *Early Views of Indonesia: Drawings from the British Library*. London: British Library.

Houben, V. J. H. 1994. *Kraton and Kumpeni: Surakarta and Yogyakarta, 1830 - 1870*. Leiden: KITLV Press.

Ismail, Muhammad Gade. 1994. "Trade and State Power: Sambas (West Borneo) in the Early Nineteenth Century." in G. J. Schutte (ed.), *State and Trade in the Indonesian Archipelago*. Leiden: KITLV Press,

141 - 149.

Kathirithamby-Wells, J. 1997. "Siak and Its Changing Strategies for Survival, c. 1700 - 1870." in Anthony Reid (ed.), *The Last Stand of Asian Autonomies*. London: Macmillan, 217 - 243.

Lombard, Denys. 1967. *Le sultanat d'Atjeh au temps d'Iskandar Muda, 1607 - 1636*. Paris: Ecole Française d'Extrême Orient.

______________. 1989. "Une description de la ville de Semarang vers 1812 (d'après un manuscrit de l'India Office)." *Archipel*, 37: 263 - 277.

Marsden, William. 1966. *The History of Sumatra*. Kuala Lumpur: Oxford, reprint (1783).

Putten, Jan van den, and Al Azhar (eds.). 1995. *Di dalam Berkenalan Persahabatan. "In Everlasting Friendship": Letters from Raja Ali Haji*. Leiden: Leiden University Press.

Raffles, Thomas Stamford. 1830. *The History of Java*. 2nd ed. London: John Murray.

Reid, Anthony (ed.). 1983. *Slavery, Bondage and Dependency in Southeast Asia*. St. Lucia: University of Queensland Press.

9장

Alexander, Paul, Peter Boomgaard, and Ben White (eds.). 1991. *In the Shadow of Agriculture: Non-Farm Activities in the Javanese Economy, Past and Present*. Amsterdam: Royal Tropical Institute.

Baardewijk, Frans van. 1994. "Rural Response to Intensifying Colonial Exploitation: Coffee, State and Society in Central and East Java, 1830 - 1880." in G. J. Schutte (ed.), *State and Trade in the Indonesian Archipelago*. Leiden: KITLV Press, 151 - 176.

Bachtiar, Harsja. 1978. "Raden Saleh: Aristocrat, Painter, and Scientist." in *Papers of the Dutch-Indonesian Historical Conference*, May 1976. Leiden, Jakarta: Bureau of Indonesian Studies, 46 - 63.

Bengal Civilian. 1987. *Rambles in Java and the Straits in 1852*. Singapore:

Oxford University Press, reprint, 1852.

Bigalke, T. 1983. "Dynamics of the Torajan Slave Trade in South Sulawesi." in Anthony Reid (ed.), *Slavery, Bondage and Dependency in Southeast Asia*. St. Lucia: University of Queensland Press, 341 - 363.

Boomgaard, Peter. 1987. "Morbidity and Mortality in Java, 1820 - 1880: Changing Patterns of Disease and Death." in Norman G. Owen (ed.), *Death and Disease in Southeast Asia*. Singapore: Oxford University Press, 48 - 69.

________________. 1989a. *Between Sovereign Domain and Servile Tenure. The Development of Rights to Land in Java, 1780 - 1870*, Amsterdam: Free University Press.

________________. 1989b. *Children of the Colonial State: Population Growth and Economic Development in Java, 1775 - 1880*. Amsterdam: Free University Press.

________________. 1994. "Colonial Forest Policy in Java in Transition 1865 - 1916." in R. Cribb (ed.), *The Late Colonial State in Indonesia*. Leiden: KITLV Press, 117 - 137.

Boomgaard, P., et al. (eds.). 1990. *Changing Economy in Indonesia*, vol. 10: *Food Crops and Arable Lands, Java 1815 - 1942*. Amsterdam: Royal Tropical Institute.

Breman, Jan. 1989. *Taming the Coolie Beast: Plantation Society and the Colonial Order in Southeast Asia*. Delhi: Oxford University Press.

Breman, Jan, and E. Valentine Daniel. 1992. "Conclusion: The Making of a Coolie." *Journal of Peasant Studies*, 19, nos. 3 - 4: 268 - 295.

Bustaman, Soekondo. 1990. *Raden Saleh, Pangeran di antara para pelukis romantik*. Bandung: Abardin.

Campo, J. N. F. M. à. 1994. "Steam Navigation and State Formation." in R. Cribb (ed.), *The Late Colonial State in Indonesia*. Leiden: KITLV Press, 11 - 29.

Ellen, Roy F. 1983. "Practical Islam in South-East Asia." in M. B. Hooker (ed.),

Islam in South-East Asia. Leiden: Brill, 50 -91.

Elson, Robert E. 1979. "Cane-burning in the Pasuruan Area: An Expression of Social Discontent." in Francien van Anrooij (ed.), *Between People and Statistics: Essays on Modern Indonesian History*. The Hague: M. Nijhoff, 219 -234.

______________. 1990. "Peasant Poverty and Prosperity Under the Cultivation System." in Anne Booth et al. (eds.), *Indonesian Economic History in the Dutch Colonial Era*. New Haven: Yale Southeast Asia Monograph Series No. 35, 34 -48.

______________. 1994. *Village Java Under the Cultivation System, 1830 - 1870*. Sydney: Allen & Unwin.

Emmer, P. C. 1992. "European Expansion and Migration: The European Colonial Past and Intercontinental Migration, An Overview." in P. C. Emmer and M. Morner (eds.), *European Expansion and Migration*. Oxford: Berg, 1 -12.

Fasseur, Cornelis. 1992. *The Politics of Colonial Exploitation: Java, the Dutch, and the Cultivation System*. Ithaca, N.Y.: Cornell University Southeast Asia Program.

Fernando, [M.] Radin. 1980. *Famine in Cirebon Residency in Java from 1844 - 1850: A New Perspective on the Cultivation System*. Melbourne: Monash Working Paper No. 21.

____________________. 1996. "Growth of Non-Agricultural Economic Activities in Java in the Middle Decades of the Nineteenth Century." *Modern Asian Studies*, 30, no. 1, February: 77 -119.

Gooszen, Hans. 1999. *A Demographic History of the Indonesian Archipelago, 1880 - 1942*. Leiden: KITLV Press.

Gouda, Frances. 1995. *Dutch Culture Overseas: Colonial Practice in the Netherlands Indies, 1900 - 1942*. Amsterdam: Amsterdam University Press.

Harris, Marvin, and Eric B. Ross. 1987. *Death, Sex, and Fertility: Population*

Regulation in Preindustrial and Developing Societies. New York: Columbia University Press.

Headrick, Daniel R. 1981. *The Tools of Empire: Technology and European Imperialism in the Nineteenth Century*. Oxford: Oxford University Press.

__________. 1988. *The Tentacles of Progress: Technology Transfer in the Age of Imperialism, 1850 - 1940*. Oxford: Oxford University Press.

Henley, David. 1995. "Minahasa Mapped: Illustrated Notes on Cartography and History in Minahasa, 1512 - 1942." in Reimar Schefold (ed.), *Minahasa Past and Present: Tradition and Transition in an Outer Island Region of Indonesia*. Leiden: KITLV Press, 32 - 57.

Knight, G. R. 1992. "The Java Sugar Industry as a Capitalist Plantation: A Reappraisal." *Journal of Peasant Studies*, 19, nos. 3 - 4: 68 - 85.

__________. 1994. "Gully Coolies, Weed-Women and *Snijvolk*: The Sugar Industry Workers of North Java in the Early Twentieth Century." *Modern Asian Studies*, 28, no. 1: 51 - 76.

__________. 1999. "Coolie or Worker? Crossing the Lines in Colonial Java, 1780 - 1942." *Itinerario*, 23, no. 1: 62 - 77.

Kraan, Alfons van der. 1980. *Lombok: Conquest, Colonization and Underdevelopment, 1870 - 1940*. Singapore: Heinemann.

__________. 1994. *Bali at War: A History of the Dutch-Balinese Conflict of 1846 - 49*. Melbourne: Monash Asia Institute Paper No. 34.

Kumar, Ann. 1985. *The Diary of a Javanese Muslim: Religion, Politics and the Pesantren 1883 - 1886*. Canberra: Australian National University, Faculty of Asian Studies Monographs, New Series No. 7.

__________. 1997. "Java: A Self-Critical Examination of the Nation and Its History." in A. Reid (ed.), *The Last Stand of Asian Autonomies*. London: Macmillan, 321 - 343.

Lombard, Denys. 1990. *Le carrefour javanais: Essaie d'histoire globale*, vol. 1. Paris: Editions de l'Ecole des Hautes Etudes Sociales.

Marasutan, Baharudin. 1973. *Raden Saleh, 1807 - 1880: The Precursor of Painting in Indonesia*. Jakarta: Dewan Kesenian.

McDonald, Peter. 1980. "An Historical Perspective to Population Growth in Indonesia." in J. J. Fox (ed.), *Indonesia: Australian Perspectives*. Canberra: Australian National University, vol. I, 81 - 94.

Moor, J. A. de. 1989. "Warmakers in the Archipelago: Dutch Expeditions in Nineteenth Century Indonesia." in J. A. de Moor and H. L. Wesseling (eds.), *Imperialism and War*. Leiden: Brill, 50 - 71.

O'Malley, William J. 1990. "Plantations 1830 - 1940: An Overview." in Anne Booth et al. (eds.), *Indonesian Economic History in the Dutch Colonial Era*. New Haven: Yale University Southeast Asia Monographs, No. 35, 136 - 170.

Onghokham. 1984. "The Jago in Colonial Java, Ambivalent Champion of the People." in A. Turton and S. Tanabe (eds.), *History and Peasant Consciousness in Southeast Asia*. Osaka, Senri Ethnological Studies No. 13, 327 - 343.

Reid, Anthony. 1969. *The Contest for North Sumatra: Atjeh, the Netherlands and Britain 1858 - 1898*. London: Oxford University Press.

Reid, Anthony (ed.). 1993. *The Making of an Islamic Political Discourse on Southeast Asia*. Clayton, Victoria: Monash Papers on Southeast Asia No. 27.

Ricklefs, M. C. 1986. "Some Statistical Evidence on Javanese Social, Economic and Demographic History in the Later Seventeenth and Eighteenth Centuries." *Modern Asian Studies*, 20, no. 1: 1 - 32.

Schoffer, I. 1978. "Dutch Expansion and Indonesian Reactions: Some Dilemmas of Modern Colonial Rule (1900 - 1942)." in H. L. Wesseling (ed.), *Expansion and Reaction: Essays on European Expansion and Reaction in Asia and Africa*. Leiden: Leiden University Press, 78 - 99.

Schulte Nordholt, Henk, and Margreet van Till. 1999. "Colonial Criminals in Java, 1870 - 1910." in Vincent L. Rafael (ed.), *Figures of Criminality in Indonesia, the Philippines, and Colonial Vietnam*. Ithaca, N.Y.: Cornell University Southeast Asia Program, 47 - 69.

Selosoemardjan. 1962. *Social Changes in Jogjakarta*. Ithaca, N.Y.: Cornell University Press.

Steenbrinck, Karel. 1993. *Dutch Colonialism and Indonesian Islam: Contacts and Conflicts, 1596 - 1950*. Amsterdam: Rodopi.

Stoler, Ann Laura. 1985. *Capitalism and Confrontation in Sumatra's Plantation Belt, 1870 - 1979*. New Haven: Yale University Press.

Tagliacozzo, Eric. 2000. "Kettle on a Slow Boil: Batavia's Threat Perceptions in the Indies." *Journal of Southeast Asian Studies* 31, no. 1: 70 - 100.

Van Niel, Robert. 1992. *Java Under the Cultivation System*. Leiden: KITLV Press.

Vreede-de Stuers, Cora. 1996. "Adriana, een kroniek van haar Indische jaren, 1809 - 1840." *Bijdragen tot de Taal-, Land-en Volkenkunde*, 152, no. 1: 74 - 108.

Wachlin, Steven. 1994. *Woodbury and Page, Photographers Java*. Leiden: KITLV Press.

Wiener, Margaret J. 1995. *Visible and Invisible Realms: Power, Magic and Colonial Conquest in Bali*. Chicago: University of Chicago Press.

Wolters, Willem. 1994. "From Corvee to Contract Labour: Institutional Innovation in a Central Javanese Village Around the Turn of the Century." in Robert Cribb (ed.), *The Late Colonial State in Indonesia*. Leiden: KITLV Press, 173 - 189.

Yen Ching-hwang. 1985. *Coolies and Mandarins: China's Protection of Overseas Chinese During the Late Ch'ing Period (1851 - 1911)*. Singapore: Singapore University Press.

10장

Abeyasekere, Susan. 1987. "Death and Disease in Nineteenth Century Batavia." in Norman G. Owen (ed.), *Death and Disease in Southeast Asia*. Singapore: Oxford University Press, 187–209.

Aburrachman Surjomihardjo. 1978. "National Education in Colonial Society." in H. Soebadio and C. A. du Marchie Sarvaas (eds.), *Dynamics of Indonesian History*. Amsterdam: North Holland Publishers, 277–306.

Anderson, B. R. O'G. 1993. "Census, Map, Museum." in *Imagined Communities: Reflections on the Origin and Spread of Nationalism*. London: Verso, rev. ed., 163–185.

Benda, H. J. 1972. "The Samin Movement." in *Continuity and Change in Southeast Asia: Collected Journal Articles of Harry J. Benda*. New Haven: Yale University Southeast Asian Studies, Monograph No. 18, pp. 23–36.

Boomgaard, Peter. 1993. "The Development of Colonial Health Care in Java; An Exploratory Introduction." *Bijdragen tot de Taal-, Land- en Volkenkunde*, 149, no. 1: 77–93.

________________. 1996. "Dutch Medicine in Asia, 1600–1900." in David Arnold (ed.), *Warm Climates and Western Medicine*. Amsterdam: Rodopi, 42–64.

Boomgaard, Peter. 1986. "The Welfare Services in Indonesia, 1900–1942." *Itinerario* 10, 1: 57–81.

Brown, Colin. 1981. "Sukarno on the Role of Women in the Nationalist Movement." *Review of Indonesian and Malaysian Affairs* 15, no. 1: 68–92.

Coppel, Charles. 1997. "Emancipation of the Indonesian Chinese Woman." in Jean Gelman Taylor (ed.), *Women Creating Indonesia: The First Fifty Years*. Clayton, Victoria: Monash Papers on Southeast Asia, No. 44, 22–51.

Cote, Joost (ed. and trans.). 1992. *Letters from Kartini, An Indonesian Feminist, 1900 – 1904*. Clayton, Victoria: Monash Asia Institute: Hyland House.

Cote, Joost J. P. 1997. "The 'Education' of Java: A Modern Colonial Discourse, 1860 – 1905." Ph.D. diss., Monash University.

Djelantik, A. A. M. 1997. *The Birthmark: Memoirs of a Balinese Prince*. Hong Kong: Periplus.

Drooglever, P. J. 1980. *De Vaderlandsche Club 1929 – 1942. Totoks en de Indische Politiek*. Franeker: T. Wever.

Fasseur, C. 1994. "Cornerstone and Stumbling Block: Racial Classification in the Late Colonial State in Indonesia." in R. Cribb (ed.), *The Late Colonial State in Indonesia*. Leiden: Brill, 31 – 56.

Fernando, M. R. 1995. "The Trumpet Shall Sound for Rich Peasants: Kasan Mukmin's Uprising in Gedangan, East Java, 1904." *Journal of Southeast Asian Studies* 26, no. 2: 242 – 262.

Horikoshi, Hiroko. 1975. "The Dar-Ul-Islam Movement in West Java (1948 – 1962): An Experience in the Historical Process." *Indonesia* 20, October: 58 – 86.

Hugo, Graeme J. 1980. "Population Movements in Indonesia During the Colonial Period." in J. J. Fox (ed.), *Indonesia: Australian Perspectives*. Canberra: Australian National University Press, vol. I, 95 – 135.

Hull, Terence H. 1987. "Plague in Java." in Norman G. Owen (ed.), *Death and Disease in Southeast Asia*. Singapore: Oxford University Press, 210 – 234.

Husken, Frans. 1994. "Declining Welfare in Java: Government and Private Enquiries, 1903 – 1914." in R. Cribb (ed.), *The Late Colonial State in Indonesia*. Leiden: KITLV Press, 213 – 227.

Ingleson, John. 1986. *In Search of Justice: Workers and Unions in Colonial Java, 1908 – 1926*. Singapore: Oxford University Press.

Kartini, R. A. K. 1981. *Surat-Surat Kartini: Renungan tentang dan untuk*

Bangsanya. Bandung: Djambatan, 2nd ed., translated by Sulastin Sutrisno.

_____________. 1992. *Letters from Kartini, An Indonesian Feminist, 1900 - 1904*.Trans. Joost Cote Clayton. Victoria: Monash Asia Institute.

_____________. 1995. *On Feminism and Nationalism: Kartini's Letters to Stella Zeehandelaar, 1899 - 1903*. Trans. Joost Cote Clayton. Clayton, Victoria: Monash Asia Institute.

Kartodirdjo, Sartono. 1972. "Agrarian Radicalism in Java: Its Setting and Development" in Claire Holt (ed.), *Culture and Politics in Indonesia*. Ithaca, N.Y.: Cornell University Press, 71 - 125.

Kuntowidjojo. 1986a. "The Indonesian Muslim Middle Class in Search of Identity, 1910 - 1950." *Itinerario* 10, no. 1: 177 - 196.

___________. 1986b. "Islam and Politics: The Local Sarekat Islam Movements in Madura, 1913 - 20." in Taufik Abdullah and Sharon Siddique (eds.), *Islam and Society in Southeast Asia*. Singapore: Institute for Southeast Asian Studies, 108 - 138.

Larson, George D. 1987. *Prelude to Revolution: Palaces and Politics in Surakarta, 1912 - 1942*. Dordrecht: Foris.

Leirissa, Richard. 1995. "Dynamics of the History of Manado." in Reimar Schefold (ed.), *Minahasa Past and Present: Tradition and Transition in an Outer Island Region of Indonesia*. Leiden: KITLV Press, 107 - 116.

Maier, H. M. J. 1993. "From Heteroglossia to Polyglossia: The Creation of Malay and Dutch in the Indies." *Indonesia* 56, October: 37 - 65.

Mobini-Kesheh, Natalie. 1999. *The Hadrami Awakening: Community and Identity in the Netherlands East Indies, 1900 - 1942*. Ithaca, N.Y.: Cornell Southeast Asia Program.

Nakamura, Mitsuo. 1980. "The Reformist Ideology of Muhammadiyah." in James J. Fox (ed.), *Indonesia: Australian Perspectives*. Canberra: Australian National University Press, vol. I, 273 - 286.

Noer, Deliar. 1973. *The Modernist Muslim Movement in Indonesia, 1900-1942*. Singapore: Oxford University Press.

__________. 1979. "Yamin and Hamka: Two Routes to an Indonesian Identity." in A. Reid and D. Marr (eds.), *Perceptions of the Past in Southeast Asia*. Kuala Lumpur: Heinemann, 249-262.

Nugraha, Iskandar P. 1995. "The Theosophical Educational Movement in Colonial Indonesia (1900-1947)." M.A. thesis, School of History, University of New South Wales.

Onghokham. 1978. "The Pulung Affair: A Tax-Payers Revolt from Patik. Aspects of Rural Politics in Java." in *Papers in the Dutch-Indonesian Historical Conference*, May 1976. Leiden: Bureau of Indonesian Studies, 64-78.

Penders, C. L. M. 1977. *Indonesia: Selected Documents on Colonialism and Nationalism: 1830-1942*. St. Lucia: University of Queensland Press.

Reid, Anthony. 1998. "Merdeka: The Concept of Freedom in Indonesia." in David Kelly and Anthony Reid (eds.), *Asian Freedoms: The Idea of Freedom in East and Southeast Asia*. New York: Cambridge University Press, 141-160.

Rush, James. 1991. "Placing the Chinese in Java on the Eve of the Twentieth Century." *Indonesia*, Special Issue: 13-24.

Shiraishi, Takashi. 1990. *An Age in Motion: Popular Radicalism in Java, 1912-1926*. Ithaca, N.Y.: Cornell University Press.

Siegel, James T. 1997. *Fetish, Recognition, Revolution*. Princeton, N.J.: Princeton University Press.

Sjahrir, Sutan. 1969. *Out of Exile*. New York: Greenwood.

Suryadinata, Leo (ed.). 1979. *Political Thinking of the Indonesian Chinese, 1900-1977*. Singapore: Singapore University Press.

Sutherland, Heather. 1979. *The Making of a Bureaucratic Elite*. Kuala Lumpur: Heinemann.

Svensson, Thommy. 1983. "Peasants and Politics in Early Twentieth Century West Java." in Th. Svensson and Per Sorensen (eds.), *Indonesia and Malaysia. Scandinavian Studies in Contemporary Society.* London: Curzon Press, 75 - 138.

Taylor, Jean Gelman. 1984. "Education, Colonialism and Feminism: An Indonesian Case Study." in Philip G. Altbach and Gail P. Kelly (eds.), *Education and the Colonial Experience*. New Brunswick, N.J.: Transaction Books, 2nd rev. ed., 137 - 151.

__________. 1989. "Kartini in Her Historical Context." *Bijdragen tot de Taal-, Land- en Volkenkunde*, 145, nos. 2 - 3: 295 - 307.

__________. 1993. "Once More Kartini." in Laurie Jo Sears (ed.), *Autonomous Histories, Particular Truths*. Madison, Wis.: Center for Southeast Asian Studies, 155 - 171.

Vreede-de Stuers, Cora. 1960. *The Indonesian Woman: Struggles and Achievements*. The Hague: Mouton.

Wal, S. L. van der. 1961. *Some Information on Education in Indonesia up to 1942*.The Hague: Nuffic.

11장

Anderson, B. R. O'G. 1961. *Some Aspects of Indonesian Politics Under the Japanese Occupation, 1944 - 1945*. Ithaca, N.Y.: Cornell Modern Indonesia Project.

Anderson, B. R. O'G. 1972. *Java in a Time of Revolution: Occupation and Resistance, 1944 - 1946*. Ithaca, N.Y.: Cornell University Press.

Benda, Harry J. 1958. *The Crescent and the Rising Sun: Indonesian Islam Under the Japanese Occupation 1942 - 1945*. The Hague: Van Hoeve.

__________. 1965. *Japanese Military Administration in Indonesia: Selected Documents*. New Haven: Yale University Southeast Asia Monographs.

__________. 1972a. "The Communist Rebellions of 1926 - 27 in Indonesia."

reprinted in *Continuity and Change in Southeast Asia: Collected Journal Articles of Harry J. Benda*.New Haven: Yale University Southeast Asia Monographs, No. 18, 23 - 36.

____________. 1972b. "Democracy in Indonesia." in *Continuity and Change in Southeast Asia: Collected Journal Articles of Harry J. Benda*. New Haven: Yale University Southeast Asian Studies, Monograph No. 18, 162 - 169.

Cribb, Robert. 1991. *Gangsters and Revolutionaries: The Jakarta People's Militia and the Indonesian Revolution, 1945 - 1949*. Honolulu: University of Hawaii Press.

Dijk, C. van. 1981. *Rebellion Under the Banner of Islam: The Darul Islam of Indonesia*. The Hague: M. Nijhoff.

Djajadiningrat, Roswitha T. 1974. *Herinneringen van een vrijheidsstrijdster*. The Hague: M. Nijhoff.

Djojohadikusumo, Margono. 1973. *Reminiscences from Three Historical Periods*. Jakarta: P. T. Indira.

Feith, Herbert. 1962. *The Decline of Constitutional Democracy in Indonesia*. Ithaca, N.Y.: Cornell University Press.

Frederick, William. 1989. *Visions and Heat: The Making of the Indonesian Revolution*. Athens: Ohio University Press.

Fusayama, Takao. 1993. *A Japanese Memoir of Sumatra 1945 - 1946: Love and Hatred in the Liberation War*. Ithaca, N.Y.: Cornell Modern Indonesia Project.

Goto, Kenichi. 1996. "Indonesia Under the 'Greater East Asia Co-Prosperity Sphere,'" in Donald Denoon et al. (eds.), *Multicultural Japan: Paleolithic to Postmodern*. Cambridge: Cambridge University Press, 160 - 173.

Hanifah, Abu. 1972. *Tales of a Revolutionary*. Sydney: Angus & Robertson.

Hatta, Mohammad. 1981. *Mohammad Hatta, Indonesian Patriot: Memoirs*. Singapore: Gunung Agung.

Hicks, George. 1995. *The Comfort Women*. Tokyo: Yenbooks.

Hillen, Ernest. 1993. *The Way of a Boy: A Memoir of Java*. Toronto: Viking.

Hirschman, Charles. 1994. "Population and Society in Twentieth Century Southeast Asia." *Journal of Southeast Asian Studies*, 25, no. 2: 381-416.

Huie, Shirley Fenton. 1992. *The Forgotten Ones: Women and Children Under Nippon*. Sydney: Angus& Robertson.

Kahin, Audrey R. 1996. "The Communist Uprising in Sumatra: A Reappraisal." *Indonesia* 62, October: 19-36.

Kahin, George McT. 1959. *Nationalism and Revolution in Indonesia*. Ithaca, N.Y.: Cornell University Press.

Krancher, Jan (ed.). 1996. *The Defining Years of the Dutch East Indies, 1942-1949*. London: McFarland.

Kurasawa, Aiko. 1991. "Films as Propaganda Media on Java Under the Japanese." in G. K. Goodman (ed.), *Japanese Cultural Policies in Southeast Asia During World War 2*. New York: St. Martin's Press, 36-92.

Legge, John D. 1988. *Intellectuals and Nationalism in Indonesia: A Study of the Following Recruited by Sutan Sjahrir in Occupation Jakarta*. Ithaca, N.Y.: Cornell Modern Indonesia Project, Monograph Series.

Lindsey, Timothy. 1997. *The Romance of K'tut Tantri and Indonesia: Text and Scripts, History and Identity*. Kuala Lumpur: Oxford University Press.

Lucas, Anton. 1977. "Social Revolution in Pemalang, Central Java, 1945." *Indonesia* 24, October: 86-122.

___________. 1997. "Images of Indonesian Women During the Japanese Occupation 1942-1945." in Jean Gelman Taylor (ed.), *Women Creating Indonesia: The First Fifty Years*. Melbourne: Monash Asia Institute, 52-90.

Mangkupradja, Raden Gatot. 1968. "The Peta and My Relations with the Japanese." *Indonesia*, 5: 105 - 134.

McIntyre, Angus (ed.). 1993. *Indonesian Political Biography: In Search of Cross-Cultural Understanding*. Melbourne: Monash Papers on Southeast Asia No. 28.

McVey, Ruth T. 1965. *The Rise of Indonesian Communism*. Ithaca, N.Y.: Cornell University Press.

Mortimer, Rex. 1980. "The Place of Communism." in James J. Fox (ed.), *Indonesia: Australian Perspectives*. Canberra: Australian National University Press, vol. III, 615 - 631.

Mrazek, Rudolf. 1994. *Sjahrir: Politics and Exile in Indonesia*. Ithaca, N.Y.: Cornell University Southeast Asia Program.

____________. 1996. "Sjahrir at Boven Digoel: Reflections on Exile in the Dutch East Indies." in Daniel S. Lev and Ruth McVey (eds.), *Making Indonesia: Essays in Honor of George McT. Kahin*. Ithaca, N.Y.: Cornell University Southeast Asia Program, 41 - 65.

National Federation of Kenpeitai Veterans' Associations. 1986. *The Kenpeitai in Java and Sumatra*. Ithaca, N.Y.: Cornell Modern Indonesia Project, Translation Series No. 65.

O'Malley, William J. 1980. "Second Thoughts on Indonesian Nationalism." in James J. Fox (ed.), *Indonesia: Australian Perspectives*. Canberra, Australian National University Press, vol. III, 601 - 613.

Reid, Anthony. 1974. *The Indonesian National Revolution, 1945 - 1950*.Melbourne: Longman.

____________. 1979. *The Blood of the People: Revolution and the End of Traditional Rule in Northern Sumatra*. Kuala Lumpur: Oxford University Press.

____________. 1980. "Indonesia: From Briefcase to Samurai Sword." in A. W. McCoy (ed.), *Southeast Asia Under Japanese Occupation*. New Haven: Yale University Southeast Asia Monographs.

Reid, Anthony, and A. Oki (eds.). 1986. *The Japanese Experience in Indo-*

nesia: Selected Memoirs of 1942 – 1945. Athens: Ohio University Center for International Studies.

Said, Salim. 1991. *Genesis of Power: General Sudirman and the Indonesian Military in Politics, 1945 – 1949*. Singapore: Institute for Southeast Asian Studies.

Sastroamidjojo, Ali. 1979. *Milestones on My Journey*. St. Lucia: University of Queensland Press.

Sato, Shigeru. 1994. *War, Nationalism and Peasants: Java Under the Japanese Occupation, 1942 – 1945*. Sydney: Allen & Unwin.

Simatupang, T. B. 1972. *Report from Banaran: Experiences During the People's War*. Ithaca, N.Y.: Cornell Modern Indonesia Project.

Smail, J. R. W. 1964. *Bandung in the Early Revolution*. Ithaca, N.Y.: Cornell Modern Indonesia Project.

Swift, Ann. 1989. *The Road to Madiun: The Indonesian Communist Uprising of 1948*. Ithaca, N.Y.: Cornell Modern Indonesia Project Monograph No. 69.

Tantri, K'tut. 1960. *Revolt in Paradise*. New York: Harper.

Taylor, Jean Gelman. 1996. "Images of the Indonesian Revolution." in Jane Drakard and John Legge (eds.), *Indonesian Independence Fifty Years On, 1945 – 1995*.Monash Asia Institute, Annual Indonesia Lecture Series No. 20, 13 – 36.

Ueno, Fukuo. 1988. *Desa Cimahi: Analysis of a Village on Java During the Japanese Occupation (1943)*. Rotterdam: Erasmus University Comparative Asian Studies Program.

Wild, C., and P. Carey (eds.). 1988. *Born in Fire: The Indonesian Struggle for Independence: An Anthology*. Athens: Ohio University Press.

Yamin, Muhammad. 1959. *Naskah Persiapan Undang-Undang Dasar 1945*. Jakarta: Jajasan Prapantja.

Zainu'ddin, Ailsa Thomson. 1997. "Building the Future: The Life and Work of Kurnianingrat Ali Sastroamijoyo." in Jean Gelman Taylor (ed.),

Women Creating Indonesia: The First Fifty Years. Clayton, Victoria: Monash Asia Institute, pp. 156 - 202.

12장

Abaza, Mona. 1993. *Changing Images of Three Generations of Azharites in Indonesia*. Singapore: Institute for Southeast Asian Studies Occasional Paper No. 88.

Adam, Ahmat. 1995. *The Vernacular Press and the Emergence of Modern Indonesian Consciousness*. Ithaca, N.Y.: Southeast Asia Program.

Anderson, B. R. O'G. (ed.). 2001. *Violence and the State in Suharto's Indonesia*, Ithaca, NY: Cornell University Southeast Asia Project, 2001.

Anderson, B. R. O'G., and A. Kahin (eds.). 1982. *Interpreting Indonesian Politics: Thirteen Contributions to the Debate*. Ithaca, N.Y.: Cornell Modern Indonesia Project.

Anderson, B. R. O'G., and R. T. McVey. 1971. *A Preliminary Analysis of the October 1, 1965 Coup in Indonesia*. Ithaca, N.Y.: Cornell Modern Indonesia Project.

Bourchier, D. 1984. *Dynamics of Dissent in Indonesia: Sawito and the Phantom Coup*. Ithaca, N.Y.: Cornell Modern Indonesia Project.

Bourchier, David, and John Legge (eds.). 1994. *Democracy in Indonesia 1950s and 1990s*. Clayton, Victoria: Monash Papers on Southeast Asia, No. 31.

Budiman, Arief (ed.). 1990. *State and Civil Society in Indonesia*. Clayton, Victoria: Monash Centre of Southeast Asian Studies.

Chauvel, Richard. 1990. *Nationalists, Soldiers and Separatists: The Ambonese Islands from Colonialism to Revolt, 1880 - 1950*. Leiden: KITLV Press.

Coppel, Charles. 1983. *Indonesian Chinese in Crisis*. Kuala Lumpur: Oxford University Press.

______________. 1997. "Emancipation of the Indonesian Chinese Woman." in

Jean Gelman Taylor (ed.), *Women Creating Indonesia: The First Fifty Years*. Melbourne: Monash Asia Institute, 22–51.

Cribb, Robert (ed.). 1990. *The Indonesian Killings of 1965–1966: Studies from Java and Bali*. Melbourne: Monash Papers on Southeast Asia No. 21.

Cribb, Robert, and Colin Brown. 1995. *Modern Indonesia: A History Since 1945*. London: Longman.

Crouch, Harold. 1978. *The Army and Politics in Indonesia*. Ithaca, N.Y.: Cornell University Press.

Dake, Antonie C. A. 1973. *In the Spirit of the Red Banteng: Indonesian Communists between Moscow and Peking, 1959–1965*. The Hague: Mouton.

Dijk, Kees van. 1995. "From Colony to Independent State." in Reimar Schefold (ed.), *Minahasa Past and Present: Tradition and Transition in an Outer Island Region of Indonesia*. Leiden: KITLV Press, pp. 72–91.

Emmerson, Donald K. (ed.). 1999. *Indonesia Beyond Suharto*. Armonk, N.Y.: M. E. Sharpe.

Federspiel, Howard M. 1994. *Popular Indonesian Literature of the Qur'an*. Ithaca, N.Y.: Cornell Modern Indonesia Project.

Feith, Herbert, and L. Castles (eds.). 1970. *Indonesian Political Thinking, 1945–1965*. Ithaca, N.Y.: Cornell University Press.

Grimes, Barbara Dix. 1994. "Buru Inside Out." in Leontine E. Visser (ed.), *Halmahera and Beyond*. Leiden: KITLV Press, 59–78.

Harsono, Ganis. 1977. *Recollections of an Indonesian Diplomat in the Sukarno Era*. St. Lucia: University of Queensland Press.

Harvey, Barbara S. 1977. *Permesta: Half a Rebellion*. Ithaca, N.Y.: Cornell Modern Indonesia Project.

Hefner, Robert W. 1985. *Hindu Javanese: Tengger Tradition and Islam*. Princeton, N.J.: Princeton University Press.

________________. 2000. *Civil Islam: Muslims and Democratization in Indo-*

nesia. Princeton, N.J.: Princeton University Press.

Hill, Hal (ed.). 1994. *Indonesia's New Order: The Dynamics of Socio-Economic Transformation*. Sydney: Allen & Unwin.

Hobsbawm, Eric. 1983. "Introduction", Eric Hobsbawm and Terence Ranger (eds.), *The Invention of Tradition*. Cambridge: Cambridge University Press, 1 - 14.

Hugo, Graeme J., Terence H. Hull, Valerie J. Hull, and Gavin W. Jones. 1987. *The Demographic Dimension in Indonesian Development*. Singapore: Oxford University Press.

Jenkins, David. 1984. *Suharto and His Generals: Indonesian Military Politics, 1975 - 1983*. Ithaca, N.Y.: Cornell Modern Indonesia Project.

Kahin, Audrey R. (ed.). 1985. *Regional Dynamics of the Indonesian Revolution*. Honolulu: University of Hawaii Press.

Kell, Tim. 1995. *The Roots of Acehnese Rebellion, 1989 - 1992*. Ithaca, N.Y.: Cornell Modern Indonesia Project.

Legge, John. 1972. *Sukarno: A Political Biography*. London: Allen Lane.

Lev, Daniel. 1966. *The Transition to Guided Democracy: Indonesian Politics 1957 - 1959*. Ithaca, N.Y.: Cornell Modern Indonesia Project.

Locher-Scholten, Elspeth (ed.). 1987. *Indonesian Women in Focus*. Dordrecht: Foris.

Lowry, Robert. 1996. *The Armed Forces of Indonesia*. Sydney: Allen & Unwin.

O'Neill, Hugh. 1993. "Islamic Architecture Under the New Order." in Virginia Matheson Hooker (ed.), *Culture and Society in New Order Indonesia*. Kuala Lumpur: Oxford University Press, 151 - 165.

Parkin, David, and Stephen C. Headley (eds.). 2000. *Islamic Prayer Across the Indian Ocean: Inside and Outside the Mosque*. London: Curzon.

Penders, C. L. M., and Ulf Sundhaussen. 1985. *Abdul Haris Nasution: A Political Biography*: St. Lucia: University of Queensland Press.

Reeve, David. 1985. *Golkar of Indonesia: An Alternative to the Party System*. Singapore: Oxford University Press.

Reid, Anthony (ed.). 1996. *Sojourners and Settlers: Histories of Southeast Asia and the Chinese*. Sydney: Allen & Unwin.

Reid, Anthony. 1998. "Political 'Tradition' in Indonesia: The One and the Many." *Asian Studies Review*, 22, no. 1: 23 - 38.

Riddell, Peter. 2001. *Islam and the Malay-Indonesian World*. London: Hurst.

Robinson, Geoffrey. 1995. *The Dark Side of Paradise: Political Violence in Bali*. Ithaca, N.Y.: Cornell University Press.

Robison, Richard. 1986. *Indonesia: The Rise of Capital*. Sydney: Allen & Unwin.

Schwarz, Adam. 1994. *A Nation in Waiting: Indonesia in the 1990s*. Boulder, Colo.: Westview Press.

Sjamsuddin, Nazaruddin. 1985. *The Republican Revolt: A Study of the Acehnese Rebellion*. Singapore: Institute for Southeast Asian Studies.

Sudisman. 1975. *Analysis of Responsibility: Defence Speech Before the Special Military Tribunal, Jakarta, 21 July 1967*. North Melbourne: Workers Co-operative.

Sukarno. 1965. *An Autobiography As Told to Cindy Adams*. New York: Bobbs-Merrill.

Sundhaussen, Ulf. 1982. *The Road to Power: Indonesian Military Politics*. Kuala Lumpur: Oxford University Press.

Tjandrasasmita, Uka. 1985. "Le rôle de l'architecture et des arts décoratifs dans l'islamisation de l'Indonésie." *Archipel*, 29, no. 1: 203 - 212.

Toer, Pramoedya Ananta. 1999. *The Mute's Soliloquy*. New York: Hyperion.

Wassing-Visser, Rita. 1995. *Royal Gifts from Indonesia: Historical Bonds with the House of Orange-Nassau (1600 - 1938)*. Zwolle: Waanders.

Wessel, Ingrid, and Georgia Wimhofer (eds.). 2001. *Violence in Indonesia*. Hamburg: Abera.

White, Benjamin. 1976. "The Economic Importance of Children in a Javanese Village." in David Banks (ed.), *Changing Identities in Modern Southeast Asia*. The Hague: Mouton, 269 - 289.

Wolf, Diane Lauren. 1992. *Factory Daughters: Gender, Household Dynamics and Industrialization in Rural Java*. Berkeley: University of California Press.

Woodward, Mark R. 1989. *Islam in Java: Normative Piety and Mysticism in the Sultanate of Yogyakarta*. Tucson: University of Arizona Press.

• • • •

옮긴이의 글

이 책은 인도네시아사 연구자인 진 테일러(Jean Gelman Taylor)의 저서 *Indonesia: Peoples and Histories*의 번역서이다. 저자인 테일러는 호주 University of New South Wales의 명예 부교수(honorary associate professor)로, 17-18세기 바타비아(Batavia, 지금의 자카르타)의 다양한 사회상을 그린 첫 저서(*The Social World of Batavia*)를 통해 근세(early modern) 인도네시아사 연구의 권위자로 부각되었다. 이 책에서 테일러는 17세기 초 네덜란드인들에 의해 만들어진 도시였지만 중국인, 자바인을 비롯한 다양한 구성원이 혼재하는 바타비아 사회에서의 유럽인과 혼혈 인구, 그리고 여성의 삶에 주목했고, 그를 통해 일반화된 정치사, 경제사, 그리고 엘리트 남성 중심의 서술을 벗어나 일상사의 시각에서 당시 바타비아의 모습을 그리는 신선한 접근방식을 제시했다.

이번에 번역된 책은 이러한 다층적, 사회문화사적 접근을 계승하면서 보다 다양한 역사 서술의 관점을 제공한다. 이 책은 왕조의 교체와 식민 지배, 국민국가를 기준으로 한 일국사의 관점, 그리고 "중심부(자바, 자카르타)"와 정치 엘리트를 초점으로 한 정치사 중심의 서사에서 탈피해서 대중, 물질문화, 일상을 포함한 사회사적 시각으로 인도네시아 역사를 조망한다. 그리고 기존 개설서들이 정치/경제적 시대 구분을 기반으로 서술된 것과 달리, 이 책은 기본적으로 시대순으로 서술되었지만 그 구분선과 무관하게 혹은 그것을 넘나드는 사회문화적 흐름에 주목한다. 이런 새로운 시각으로 인해 테일러의 책은 출판 이후 인도네시아/동남아시아 역사학계에 큰 반향을 일으켰고, 지금까지도 대표적인 인도네시아사 개설서로 인정받고 있다.

인도네시아 사회의 복수성과 이동성

> "이 책의 부제가 "사람들과 역사들(*Peoples and Histories*)"인 것은, 다수의 과거가 합쳐져서 인도네시아라는 국가를 이루었기 때문이다." (서론 중)
> "인도네시아인"이라는 명칭은 보기에는 단순하지만, 그것은 인도네시아 군도, 중국, 인도, 아라비아, 유럽 등지에서 온 조상을 둔 시민들을 포괄한다."
> (서문 중)

이 책에서 우선 눈에 띄는 특징은 책의 제목에 표현된 복수성(plurality)이다. 책 전반에 걸쳐 잘 설명된 것처럼 현재의 인도네시아, 말레이시아, 필리핀 등의 국가가 포함된 해양부 동남아시아 지역은 느슨한 지리적 경계와 다양한 사람들의 이동과 교류를 통해 연결된 하나의 사회문화적 권역이었다. 식민지기 이전 이 지역에는 여러 힌두/불교 왕국, 이슬람 왕국, 그리고 그와 교류/경쟁하는 여러 정치체들이 산재했고, 그들의 영토와 경계는 현재 인도네시아(그리고 말레이시아)의 정치적 구분선처럼 명확하게 구분되지 않았다. 인도네시아 역사 "계보"에서 원형으로 제시되는 스리비자야, 마자파히트 등의 거대 왕국 역시 그 정확한 경계를 특정하기 어렵다. 따라서 지금의 인도네시아라는 국가를 최종 완성체로 놓고 그 기원을 찾는 단선적 접근으로는 이 지역의 역사를 온전하게 그리는 데 한계가 있을 수밖에 없다. 테일러가 시도하는 것처럼 시공간적으로 복수의 역사들(histories)이 중첩되어 새로운 국가가 등장하게 된 과정을 다층적으로 파악하는 접근이 유용하다고 할 수 있다.

이런 복수성, 다양성은 이 지역에 사는 사람들, 즉 "인도네시아인"이라는 존재를 이해하는 데에도 연결된다. 책에 나오는 것처럼 인도네시아 군도에는 이른바 "원주민"뿐 아니라 오랜 시간에 걸쳐 인도, 중국, 아라비아, 유럽 등에서 진입한 다양한 사람들이 그 역사의 일부를 형성했다. 일례로 정화 원정 이전부터 인도네시아 군도에 진입한 중국인들은 오랜 기간에 걸쳐 인도네시아 군도에 정착하면서 이 지역과 중국을 연결하는 역할을 해왔고, 16세기 이후 유럽인들의 진입 이후에도 지역 경제에서 가장 중요한 기능을 수행했다. 식민 지배와 민족주의의 성장을 경험하면서 "인도네시아인"이라는 범주에서 외국계, 특히 중국계 주민들을 "원주민"과 구별하는 경향이 강해졌지만, 이 "외부자"들 역시 인도네시아 역사들이 형성되는 과정에서 중요한 구성원으로 활동해왔다.

테일러는 이런 다양한 구성원들, 정치체들을 이동성(mobility), 그리고 이동하는 사람들(mobile men)이라는 개념을 통해 하나의 서사 안에 연결시킨다. 그는 우선 초기 왕국들의 성장에 중요한 영향을 가져온 인도계 상인/지식인을 비롯해 아라비아, 서구, 중국에서 온 다양한 배경의 "외부인"들의 역할을 드러내고, 인도네시아 역사들이 이들과의 교류를 통해 형성되었음을 보여준다. 군도라는 지리적 특성상 바다의 존재가 지역 간의 사람들의 이동을 어렵게 하는 측면도 있었지만, 다른 한편 바다를 통한 사람들의 이동과 진입은 인도네시아 군도 지역 사회의 성장과 국제적 무역/문화 교차로로서의 발전에 기여했다. 책의 에세이 박스 중 "바람과 부인들"편에 소개된 것처럼 이 외부인들과 지역 토착민들은 다양한 방식으로 관계를 맺으며 군도 사회의 일원이 되고 이 지역의 경제적, 문화적 변화에 기여했다.

이런 이동과 교류는 또한 인도네시아 군도와 해양부 동남아시아 내부에서도 활발하게 진행되었다. 책에 소개된 것과 같이 란타우(rantau) 전통에 따라 다양한 주체들이 경험과 경력을 위해 (느슨한) 지리적, 정치적 경계를 넘어 이동했고, 그것은 자신의 고향 혹은 새로운 정착지 사회에서의 사회 변화로 연결되었다. 자바에서 최초로 이슬람을 전파한 왈리(wali)들의 이야기 역시 지역 내의 이동과 연결을 보여 주는 사례라 할 수 있다.

1824년과 1871년 네덜란드와 영국 간의 조약으로 이른바 말레이 세계(Malay World)가 믈라카 해협을 기준으로 제도적으로 양분되었고, 이 구도가 현재의 말레이시아와 인도네시아의 구분으로 이어졌다. 그러나 이런 정치적 경계의 형성과 별개로 테일러가 주목한 인도네시아 사회의 복수성과 이동성은 계속적으로 지역 역사 형성에서 중요한 역할을 해왔다. 식민지기 인도네시아의 플랜테이션 경제의 운영에서 외부(중국, 인도 등)와 내부(자바)에서 이주한 노동력의 역할이 결정적이었고, (탈)식민지기 믈라카 해협, 술루해(Sulu Sea) 등에서는 해상 국경을 넘나드는 "밀무역"이 지속되었다. 이런 탈경계 이동들은 이 지역의 오랜 문화적, 경제적 활동 영역이 새로운 정치적 영토와 일치하지 않음을 보여준다. 또 안다야(Andaya 2008), 바나드(Barnard 2004) 등의 연구처럼 말레이인(Malays)을 비롯한 이 지역의 종족적, 종교적 정체성의 가변성과 유연성이 주목받았다. 테일러가 제시하는 다양성과 이동성에 기반한 인도네시아 역사도 이런 초국적, 초지역적 연구 경향과 궤를 같이 한다.

다중심(multi-central) 역사와 자율사관

> "모든 역사가들에게, 자바를 다루면서 "나머지" 지역을 어떻게든 포함하는 역사를 어떻게 쓸 것인가 하는 것은 매우 어려운 문제이다. 각 공동체는 자기 역사의 중심이다." (서문 중)

이런 내용들을 고려할 때, (특히 식민지기 이전의) 인도네시아 역사를 서술할 때 고려해야 할 것은 어떤 입장과 시점을 택할 것인가 하는 점이다. 이런 시각은 인도네시아사 연구 선구자 중 한 명이며, 테일러의 스승이자 그가 이 책을 헌정한 존 스메일(John Smail)이 주창한 "자율사관(autonomous history)"과 밀접하게 연결된다. 스메일은 1961년 발표한 논문에서 지금까지 식민지기 관료, 학자들이 주류가 된 동남아시아 역사 연구가 자료와 시각 등에서 지배자의 "유럽중심적" 입장을 벗어나지 못했음을 지적하면서 "동남아시아의 입장에서" 동남아시아 역사를 서술하기 위해 노력할 것을 주창했다. 이런 그의 주장은 후대 동남아시아/인도네시아 역사 연구에 큰 영향을 끼쳤다.

가장 가시적인 것은 인도네시아/동남아시아와 외부 세계의 관계에 대한 관점의 변화이다. 스메일의 지적처럼 당시까지 이 지역의 역사에 대한 연구들 다수가 식민지배와 관련된 연구자들에 의해 생산되었기 때문에 자료와 시각 면에서 다분히 "유럽중심적" 입장을 보이는 경우가 많았고, 그것은 자연스럽게 동남아시아가 역사적으로 외부 거대 문명(인도, 아랍, 중국)의 "발전된" 문화를 "수용"해 왔다는 시각으로 발전되었다. 동남아시아 초기 정체체들을 "인도화된 국가들(Indianized States)"이라 지칭한 쇠데스(Coedes 1968. 프랑스어 원문 1948)의 연구가 대표적인 사례라 할 수 있다. 외부의 발전된 문명의 세례를 강조하는 이런 시각은 자연스럽게 식민지기 당시 동남아시아 사회를 부정적으로, 식민 지배로 인한 변화를 긍정적으로 해석하는 근거가 되기도 했다. 1970년대 이후 연구들은 이런 입장에서 벗어나서, 동남아시아 사회가 일방적으로 외부 문명을 수용한 것이 아니라 자체적인 선택과 변용을 통해 독자적인 문화를 만들어냈다고 해석한다. 더 나아가 2000년대 이후 등장한 연구들은 (Pollock 2009, Ricci 2011) 당시 (특히 인도양과 연결된) 아시아 사회의 문화 교류가 명확히 구분되는 지역 간의 전파와 수용이 아닌, 일종의 문화적 권역(cultural cosmopolis) 내에서 산스크리트, 이슬람 등의 주류 문화가 다양하게 유통되는 방식이었음을 보이고 있다. 이런 연구들은 스메일의 사관과 같은 맥락에서 이해할 수 있다.

이런 시각은 인도네시아 역사를 이해하는 데도 유용하다. 테일러의 지적처럼, 오랫동안 인도네시아 역사는 자바를 중심으로 서술되는 경우가 많았다. 이런 현상은 바타비아와 자바가 정치적 중심이었던 식민지기는 물론, 식민지기 이전에도 마자파히트 왕국을 비롯해 자바에 기반한 정치체들이 지역 역사에서 큰 역할을 했다는 점에서 불가피한 현상일 수도 있다. 그러나 복수성과 이동성에 기반한 지역의 특성을 생각할 때, 그리고 각 지역의 역사적 맥락을 고려할 때 여러 지역의 관점에서 본 보다 다양한 인도네시아 "역사들"에 대한 서술이 가능하고 필요하다는 것이 테일러의 입장이다. 앞서 언급된 인도네시아 군도 내부의 인구 이동과 그로 인해 추동된 정치/경제/문화 변동은, 구분된 정치체들의 관계보다 하나의 사회문화적 권역에서의 이동성을 고려할 때 보다 다층적으로 이해할 수 있다.

이런 이유로 스메일은 바타비아(자카르타)를 중심으로 인도네시아를 보는 것은 식민사관의 영향에서 벗어나기 어려움을 지적하면서, 현대 인도네시아 역사를 반둥, 아체 등 다른 지역의 상황과 시각을 통해 보려고 시도했다. 바타비아 사회에 대한 것이지만 정치 엘리트가 아닌 다른 집단에 주목한 테일러의 연구도 이런 문제의식을 공유한다. "각 공동체는 자기 역사의 중심이다"라는 테일러의 명제는 스메일의 자율사관이 강하게 반영된 것으로, 이 책의 핵심 주제인 복수성, 다중심의 역사와 연결된다.

다양한 주체들, 다양한 근거들

> "나는 보통사람들의 삶, 문제, 만남을 포함시키기 위해서, 큰 사건들과 더불어 사소한 주제들과 잘 알려지지 않은 인물들을 통해서 인도네시아 역사들(Indonesian histories)을 서술하려 노력했다. 아주 많은 인도네시아 역사들이 존재한다." (서문 중)
>
> "이 책은 정치사라기보다는 사회사이다. 이 책은 군도 사람들이 현재의 인도네시아 공화국에 이르기까지 한 여행을 기술한다. 이 책은 보다 큰 그림에 영향을 주면서 한편 영향을 받고, 거기에 잠겨들지만 그것 때문에 사라지지 않는 병행하는 역사들을 보여주기 위해서 남녀 성인들과 아이들의 삶을 오두막, 작업장, 왕궁 등의 배경 속에서 보고자 한다." (서론 중)

스메일의 자율사관은 이른바 "유럽중심" 시각을 벗어나서 인도네시아/동남아시아, 그리고 권력관계와 무관하게 각 공동체의 입장에서 역사를 서술해야 한다는 시각을 확산시켰다는 점에서 큰 의미가 있다. 그러나 동시에 스메일은 동-서를 넘어서 단일 사상 체계(single thought world)에 기반한 객관적 역사가 가능하다는 믿음을 견지했고, 어떤 위치에서 역사를 보건 그런 역사 서술을 위해 노력해야 한다고 주장한 바 있다. 이런 주장에 대해 1980년대 이후 새로운 학계의 흐름을 수용한 후대 학자들에 의한 비판이 등장했다.

인상적이게도 이런 비판은 스메일의 제자들에 의해 먼저 제기되었는데, 그들은 스메일의 자율사관의 기본 인식을 수용하고 그 학술적 성과와 의미를 인정하면서도, 단일 사상 체계와 객관적 역사에 대한 그의 믿음이 정치/사회의 구조적 불평등, 지식과 권력의 관계를 간과하는 엘리트주의의 한계를 보임을 지적한다. 시어스(Sears 1993)는 스메일에 대한 헌정 논문집 서문에서 스메일 자율사관의 해체적 발전을 제시하면서, 새로운 (자율사관) 역사는 탈식민주의, 서발턴 그룹 등 탈중심(de-centering) 조류를 수용하고, 지금껏 논의되지 않고 가시성이 부여되지 않은 주체들(여성, 혼혈, 소수 종족 등)에 보다 주목하고, 예술사, 일상사 등으로 역사 서술의 영역을 넓혀야 한다고 주장했다. 인도네시아 그림자 연극(wayang)의 정치성에 대한 시어스의 연구, 바타비아 사회의 혼혈, 여성 인구에 대한 테일러의 연구는 이런 인식의 변화를 잘 드러내는 것으로, 이들은 지리적, 정치적 측면에서의 자율성 뿐 아니라 연구 주제와 주체, 자료에 있어서도 보다 자율성과 복수성이 반영되어야 함을 보여주었다.

테일러의 책은 이런 경향이 잘 반영된 개설서이다. 이 책은 우선 "외부 도서" 등 상대적으로 관심을 받지 못한 지역, 또 여성, 농민 등 다양한 주체들에 주목해서 보다 종합적인 역사 이해를 도모한다. 그리고 오랜 시간에 걸쳐 인도네시아 군도에 진입한 외부인들, 그리고 본인의 주 연구분야인 유라시안(Eurasian)을 비롯한 혼혈 인구와 종족적 소수자들의 존재에 주목함으로써, 역사 서술의 다양한 주제와 주체의 가능성을 드러낸다. 또한 정부 문서를 비롯한 이른바 "공적" 자료 뿐 아니라 여행기, 가계도, 법전, 그림, 문학, 설화 등 다양한 자료를 활용하고 있다. 소재, 주제, 자료 등 다양한 측면에서 이 책은 앞서 언급한 스메일 사관의 "해체적 발전"에 부합하는 모습이라고 하겠다.[1]

1 자율사관에 대한 평가의 변화는 동남아시아 역사 개설서에서도 잘 나타난다. 1971년 동남아시아 각국 연구자들이 모여 출간한 *In Search of Southeast Asia*는 "동남아시아의 시각"을 반영한 역사 개설서로 큰 반향을 일으켰고, 인도네시아 관련 집필을 스메일이 담당

종합적으로 볼 때 이 책은 인도네시아 군도라는 느슨한 사회문화적 권역이 앤더슨이 말한 "상상된 공동체(imagined community)", 즉 "인도네시아"라는 국가로 변해 가는 한 과정을 기술한 것으로, 그 복잡하고 다양한 과정을 "복수성"과 "이동성" 이라는 키워드를 중심으로 풀어간 것이다. 정치 변화 중심의 전개에 익숙한 독자들에게는 다분히 낯설게 다가올 수 있겠지만, 다양한 지역들과 사람들을 "인도네시아사"라는 통합된 서사 안에 포함시키려 노력했다는 점에서 기존 역사서와 차별화되고, 보다 넓고 유연한 시각에서 인도네시아 역사를 이해하는 데 도움을 줄 것이라 생각된다.

책이 21세기에 진입하는 시점에 마무리되어 그 이후의 상황에 대한 저자의 해석을 볼 수 없는 것이 아쉽지만, 이 책에서 부각된 인도네시아 군도 역사의 특징은 현재 인도네시아의 상황을 이해하는 데 유용하다고 생각된다. 1998년 수하르토 정권 몰락 이후 "개혁(Reformasi)" 과정에서 폭력 사태를 비롯한 많은 문제가 있었지만, 권위주의 정권 이후의 새로운 시대에 대한 기대 또한 존재했었다. 책의 마지막에 부분에 나온 것처럼, 저자도 21세기 인도네시아 사회가 직면한 수많은 과제와 불확실성에 대한 질문을 던지면서도, 새로운 인도네시아가 다양성과 복수성에 기반한 사회로 발전할 것이라는 암묵적인 기대 혹은 희망을 보이고 있다. 글의 마지막에 배치된 "화해의 두 가지 예"라는 에세이 박스의 내용이 그것을 잘 보여준다.

그러나 21세기 인도네시아 사회의 모습은 그런 기대와 어느 정도 거리가 있어 보인다. 제도적 민주정치의 발전과 주목할 만한 경제 성장에도 불구하고, 사회 전반에 걸쳐 정치 보수화와 종교 정치화, 민족주의 강화의 기운이

했다. 2005년 그 속편이라 할 수 있는 *The Emergence of Modern Southeast Asia*가 출간되었는데, 그 저자들은 *In Search of Southeast Asia*의 업적과 의미를 인정하면서도 시대의 변화에 따른 변화가 필요함을 강조했고, 문화 변동/젠더/계급/인종 등의 주제에 대한 서술을 대폭 추가했다. 이 책의 인도네시아 관련 집필을 테일러가 담당했다는 사실은 스메일 학파의 변화와 발전을 잘 보여준다.

감지되었다. 2008년 통과된 반외설 법안(pornography law)은 표현의 자유 제한에 대한 우려와 비판을 불렀고, 2017년 자카르타 주지사 아혹(Ahok, Basuki Tjahaja Purnama)이 신성모독죄로 유죄 판결을 받은 사건은 인도네시아 사회에서 종교(이슬람)의 관용에 대한 의문을 불러일으켰다. 이런 현상들 또한 "인도네시아" 역사의 한 부분이겠지만, 한편으로 인도네시아 군도의 오랜 특성인 개방성과 다양성의 퇴색처럼 느껴지기도 한다. 현재의 인도네시아 정치와 사회를 이해하고 평가하는데 있어, 그리고 미래의 인도네시아를 어떻게 구상할 것인가를 생각할 때 이 책에 소개된 인도네시아 "역사들"이 의미 있는 시사점을 줄 수 있을 것으로 생각된다.

한국에서 인도네시아에 대한 관심이 늘어나면서 관련 서적이 늘어나고 몇몇 인도네시아사 저작이 출판되었지만, 그 다수는 경험에 기반해 정보를 제공하는 것이거나 정치적 사건과 체제 변화에 중점을 둔 것으로 보인다. "인도네시아"라는 국가를 넘어 그 이전부터 존재하던 인도네시아(군도)의 사회문화를 깊이 있게 이해할 수 있는 역사서인 테일러의 *Indonesia: Peoples and Histories*의 한국어 번역은, 경제/문화 교류와 인구 이동의 확산으로 한국과 인도네시아의 관계가 점차 중요해지는 상황에서 한국 사회와 학계에서 인도네시아의 사람들과 역사들에 대한 관심과 이해를 제고하고, 인도네시아 사회와 역사를 획일적이지 않은 다양한 모습으로 바라보는 데 도움이 될 것으로 기대한다.

책을 번역하는 과정에서 많은 분들께 마음의 빚을 졌다. 우선 처음 이 책의 번역을 권유해주신 오명석 선생님께 감사드린다. 인도네시아 역사에 관한 좋은 개설서가 소개되기를 바라는 마음으로 번역을 권유하시고 출판을 기대하셨는데, 결과물을 너무 늦게 내게 되어 죄송할 따름이다. 장기간에 걸쳐 지연된 번역 과정을 끈기 있게 기다려 주신 서울대학교 아시아연구소 학술연구부의 인내와 배려에 진심으로 감사드린다. 일정이 밀리는 중에도 늘 역자의 상황을 먼저 고려해주시고 짧은 시간에 훌륭한 교정 작업을 해주신 도서출판

진인진의 배원일 팀장님과 편집진께도 진심으로 감사드린다.

원고 수정 작업에서 동료 연구자들께 큰 도움을 받았다. 송승원 선생님, 서지원 선생님은 원고 전반에 걸친 실수를 짚어 주셨고, 무엇보다 인도네시아와 관련된 용어와 개념상의 착오를 바로잡아 주셨다. 정지희 선생님은 원고 전체의 문장과 흐름을 꼼꼼하게 검토해서 글의 가독성을 높여주셨고, 특히 일본 점령기 관련 부분에서 많은 오류를 수정해 주셨다. 세 분의 노고와 후의에 깊이 감사드린다. 책이 좀 더 읽을 만한 모습이 된 것은 이 분들 덕분이다. 여전히 남아 있는 오류는 전적으로 역자의 책임이다.

참고문헌

Andaya, Leonard Y. 2008. *Leaves of the Same Tree: Trade and Ethnicity in the Straits of Melaka*. Honolulu: University of Hawaii Press.

Barnard, Timothy P. (ed). 2004. *Contesting Malayness: Malay Identity across Boundaries*. Singapore: NUS Press.

Coedes, George. 1968. *The Indianized States of Southeast Asia*, translated by Sue Brown Cowing, Honolulu: University of Hawaii Press.

Owen, Norman G. (ed). 2005. *The Emergence of Modern Southeast Asia*. Honolulu: University of Hawaii Press.

Pollock, Sheldon. 2009. *The Language of the Gods in the World of Men: Sanskrit, Culture, and Power in Premodern India*. Berkeley: University of California Press.

Ricci, Ronit. 2011. *Islam Translated: Literature, Conversion and Arabic Cosmopolis of South and Southeast Asia*. Chicago: University of Chicago Press.

Sears, Laurie. 1993. "The Contingency of Autonomous History." In Laurie Sears (ed), *Autonomous Histories, Particular Truths: Essays in Honor of John R. W. Smail*. Madison: University of Wisconsin Press, 3-35.

Smail, John. 1961. "On the Possibility of an Autonomous History of Modern Southeast Asia." *Journal of Southeast Asian History*, 2, no. 2, 72-102.

Steinberg, David Joel (ed). 1985 (1971). *In Search of Southeast Asia: A Modern History*. Honolulu: University of Hawaii Press.

찾아보기

ㄷ

ㄹ

ㅁ

ㅂ

ㅅ

ㅊ

ㅋ

ㅌ

인도네시아: 사람들과 역사들

초판 1쇄 발행 | 2023년 8월 10일

지은이 | 진 테일러(Jean Taylor)
옮긴이 | 여운경
편　집 | 배원일, 김민경
발행인 | 김태진
발행처 | 진인진
등　록 | 제25100-2005-000003호
주　소 | 경기도 과천시 관문로 92(힐스테이트 과천중앙), 101동 1818호
전　화 | 02-507-3077-8
팩　스 | 02-507-3079
홈페이지 | http://www.zininzin.co.kr
이메일 | pub@zininzin.co.kr

ISBN 978-89-6347-565-3 93910

* 책값은 표지 뒤에 있습니다.
** 아시아시대를 맞이하여 서울대학교 아시아연구소는 아시아 근현대사에 대한 정확하고 기본이 되는 역사연구들을 소개하고자 〈아시아연구소 근현대사〉 총서를 기획했다.